珍藏本
纪念版

汉译世界学术名著丛书

塔西佗《编年史》

上册

王以铸 崔妙因 译

商务印书馆
SINCE 1897
The Commercial Press

2017年·北京

Tacitus

THE ANNALS

English Translation by

John Jackson

The Loeb Classical Library

Reprinted in Great Britain, 1951

根据 1951 年英国洛布古典丛书再版本译出

汉译世界学术名著丛书
（120年纪念版·珍藏本）
出 版 说 明

2017年2月11日，商务印书馆迎来120岁的生日。120年前，商务印书馆前贤怀揣文化救国的理想，抱持“昌明教育，开启民智”的使命，立足本土，放眼寰宇，以出版为津梁，沟通中西，为中国、为世界提供最富智慧的思想文化成果。无论世事白云苍狗，潮流左右激荡，甚至战火硝烟弥漫，始终践行学术报国之志，无改初心。

迻译世界各国学术名著，即其一端。早在20世纪初年便出版《原富》《天演论》等影响至今的代表性著作，1950年代后更致力于外国哲学和社会科学经典的译介，及至1980年代，辑为“汉译世界学术名著丛书”，汇涓为流，蔚为大观。丛书自1981年开始出版，历时三十余年，迄今已推出七百种，是我国现代出版史上规模最大、最为重要的学术翻译工程。

丛书所选之书，立场观点不囿于一派，学科领域不限于一门，皆为文明开启以来，各时代、各国家、各民族的思想与文化精粹，代表着人类已经到达过的精神境界。丛书系统译介世界学术经典，引领时代思想，为本土原创学术的发展提供丰富的文化滋养，为推动中国现代学术和现代化进程做出了突出的贡献。

为纪念商务印书馆成立120周年，我们整体推出“汉译世界学术名著丛书”120年纪念版的珍藏本，寄望既利于文化积累，又便于研读查考，同时向长期支持丛书出版的译者、编者和读者致以敬意。

两甲子后的今天，商务印书馆又站在了一个新的历史时间节点上。我们不仅要铭记先辈的身影和足迹，更须让我们的步伐充满新的时代精神。这是商务人代代相传的事业，更是与国家和民族的命运始终紧密相连的事业。我们责无旁贷，必须做好我们这代人的传承与创造，让我们的努力和成果不仅凝聚成民族文化的记忆，还能成为后来人可以接续的事业。唯此，才能不负前贤，无愧来者。

商务印书馆编辑部

2017年10月

目　　录

编年史

译者的话

——写在《编年史》及《历史》中译本前面

《编年史》主要译自洛布古典丛书(The Loeb Classical Library)拉英对照本中约翰·杰克逊(John Jackson)的英译本,翻译过程中参考了企鹅古典丛书(The Penguin Classics)中迈克尔·格兰特(Michael Grant)的英译本、万人丛书(Everyman's Library)中阿瑟·墨菲(Arthur Murphy)的英译本和比尔努(J. L. Burnouf)的法译本。

《历史》(中译本另行出版)主要译自洛布古典丛书拉英对照本中穆尔(C. H. Moore)的英译本,翻译过程中参考了万人丛书中阿瑟·墨菲的英译本、比尔努的法译本和昂利·葛尔策(Henri Goelzer)的法译本。

在这几种译本里,洛布古典丛书中的两种拉英对照本(原书两种分订四册)译文一般说来比较准确,但文采稍逊。万人丛书中的墨菲译本,虽然在相当长的一段时期里是标准的英译本,但严格说来,这几乎不是翻译,而是用自己的话加以复述,即英国人所说的paraphrase。由于这个译本在文字上不受原文的限制,所以在原文难于理解的地方,译者可以根据自己的理解不吝笔墨地把字里行间的意思替原作者表达出来。这种译法虽有其可取的一面,但是离开原文却远了。

比尔努的法译本(1861年版),直到目前为止仍不失为较好的一个译本,但这个译本也有不少偏重意译而不够准确的地方。后来的葛尔策的《历史》的法译本(1921年)基本上弥补了这个缺陷。

此外,墨菲的译本和比尔努的译本还受到时代的限制。比如说,近百年来罗马史的研究成果和对原文的研究成果就不能反映在他们的译文上。这个译本的参考价值毋宁说更多是在原文的理解和表达方面。

企鹅古典丛书中格兰特译的《编年史》(译本的名称是 The Annals of Imperial Rome)是另一种风格的译文。译者根据内容给原作重新分了章节,把一些枝节性的叙述改为脚注。由于译者过分注意了便利读者的阅读这一点,因此对译文的处理方式比较大胆灵活,这样在一定的程度上就引起了和墨菲的译本相同的情况:原文的风格和译文的准确多少受到了一些影响。

然而我们还应当肯定,这几个译本都具有一定水平和特点,这些译者从各种不同的角度去探索并用不同的方式来表达《编年史》和《历史》这样的原作的含义,这就便利了中译者对译文的理解。

* * *

我们在翻译时,遇到几个译本相去很远或完全不同而需要核对原文才能最后确定的地方,则核对拉丁原文解决。核对原文时除了使用洛布古典丛书本的原文部分之外,还使用了韦兹(C. H. Weise)编订的原文本(1870年版)和戈德利(A. D. Godley)编订的《历史》原文本(1891年初版,1950年第14版)。

《编年史》的注释主要是根据洛布古典丛书的英译本的注释编

译而成的，酌量加入了其他译本的注释。《历史》的注释则主要是根据洛布古典丛书的英译本和戈德利编订本的原文的注释编译的，并根据其他译本的注释作了适当的补充。

现在我们终于把这两部西方古典历史名著全部介绍过来了，这是我们感到欣慰的。原著的内容艰深复杂，尽管我们用了很大的力量想把这一工作做好，但我们知道肯定还会有误漏不妥的地方，希望读者能不吝指教，以便再版时改正。

译者　一九六四年冬

附　　记

上面是我们在十四年前脱稿时所写的说明，为了保留原样，这次未作很大的改动。现在，在经过林彪、“四人帮”的一场浩劫之后，我们竟还能参照原文和原来的几个译本把此稿重看一遍，真不禁有隔世之感！这里首先应当感谢商务编辑部，他们居然把这部未留副本、既大又洋且古的作品的译稿完整地保存下来！

当然，如果没有林彪、“四人帮”这些丑类捣乱，这个中译本也许能早十来年同读者见面，但它肯定也会带着较多的错误出去。虽然在这十年的漫漫长夜里，我们失学了，同整个史学界隔绝了，本来比较熟悉的东西也都生疏了，但毕竟保留了一对冷眼，使我们能以在这次重校中又看出一些错误，这也可以说是坏事变成好事吧。

原来保存在译者手中的一篇引言的草稿和有关的资料卡片，

十年前早已作为废纸处理了。这次的引言“关于塔西佗”全部是重写的，目的在于提供读者一个极为概括的介绍。但因译者手头资料散失，一时又找不回来，许多地方只能凭记忆，故而无法一一注明出处，这是要请读者见谅的。

附录中两书的提要是这次根据墨菲的译本编译的，略作一些调整。有关皇帝家系的说明是用来代替系图的，我们觉得这个家系的说明比系图反而实用一些，希望读者在读本书之前，用点时间把这个附录看一遍（本书注释部分也随时作了适当说明）。东方两个国家的世系是从格兰特的译本选用来的，年代只是个大略，未与其他材料核对，仅供参考，希读者使用时注意。

此外，译文中所用的“皇帝”、“皇子”之类的词都是一种假定的译名，和我们中国历史上的“皇帝”、“太子”等等不是一回事。中国的皇帝和罗马帝国的“皇帝”，无论就历史背景、理论上和法律上的依据而论，都不是对等的。二十年前译者之一翻译《古代罗马史》时，曾建议用“元首”的译名，但这又同罗马帝国的名称有格格不入之感。在有更合适的译名出现之前，我们还是暂时沿用了旧的译法，读者只需了解这是披着共和外衣的个人专政就可以了。

译者　一九七八年九月

关于塔西佗

——生平、作品（主要是他的《编年史》和《历史》）和思想

塔西佗是世界最伟大的历史学家之一，又是古代罗马最伟大的历史学家，这一点在史学界可以说没有很多争论了。

但说来奇怪，这样一位伟大的史学家竟没有一篇哪怕是十分简略的传记留下来。我们不但对他的生平事迹不甚了然，就连有关他的一些起码的知识，诸如姓名、籍贯、家庭也不能确定。在古代罗马的史料（包括他本人的作品）当中，直接或间接涉及他本人的，尽管百余年来经过许多学者的探求，所得者仍然不过是一鳞半爪。因此对于他的生平，在大多数情况下，我们也只能是略加推断而已。

先说他的姓名。大家知道，古罗马人的姓名通常是由三部分组成，第一部分约略相当我们的名，第二部分是氏族的名称，最后部分约略相当我们的姓。塔西佗的全名，我们目前能够确定的只有后两个部分，即科尔涅里乌斯·塔西佗（Cornelius Tacitus）。至于第一部分，有的史料是普布里乌斯（Publius），有的是盖乌斯（Gaius），迄无定论。

再说他的籍贯。历来的研究者都倾向于认为塔西佗是山南高卢（Gallia Cisalpina）或纳尔波高卢（Gallia Narbonensis）地方的人，也就是今天意大利北部或法国南部的人。[①] 这种设想没有为直接史料所证实，但是有一定根据。塔西佗（Tacitus）在拉丁语中虽然有它的含义（“沉默的”），但作为姓氏来说，却只见之于高卢文献，并非罗马本地的著姓。再者，从塔西佗本人的作品可以看出，他熟悉高卢并且是带着依恋和同情的心情来描述这个地方的。他的岳父阿古利可拉和他的老师阿佩尔也都是高卢人，而在他提到他的岳父出身高卢的马西利亚（Massilia，即今天法国的马赛）时，就特别指出这个地方的风气是希腊的典雅和行省的淳朴兼而有之。

关于家庭出身。科尔涅里乌斯虽说是著名氏族，但我们并不能据以判断塔西佗就一定是贵族出身，因为我们知道，例如苏拉就曾把这个名字大量地赐给被释奴隶。各国罗马史家几乎一致认为他出身于骑士等级的一个相当富裕的家庭（他的岳父和老师也是骑士等级出身）。他的父亲可能就是皇帝在该行省的财务代理官（procurator）。老普利尼在《自然史》（VII，16，76）中提到过同他相识的一个叫科尔涅里乌斯·塔西佗的罗马骑士，而如果我们联想到后来小普利尼同塔西佗本人的亲密关系，那么这个塔西佗就很可能是塔西佗本人的父亲或从父。

---

① 有的研究者，如苏联的罗马史家玛什金把塔西佗的生地定为意大利中部的翁布里亚。翁布里亚南部的城市音提拉姆那（今天的特尔尼）曾宣称那里是塔西佗的生地，并在 1514 年为他立了像。他的坟墓也被认为在那里。但这都是后人的附会，并无史料可以证明。这就和说三世纪的皇帝塔西佗是历史学家塔西佗的后人一样，因为作为根据的材料都不足信。

如果上面的假设可以成立，那么他的家庭一般说来就必然同当时罗马帝国的上层社会有广泛的联系。而事实上，塔西佗就娶了阿古利可拉这个著名人物的女儿。而且也只有在这样的前提下，他才有机会受到在当时来说是最好的教育。从他较早的作品我们知道，当时罗马的两位大演说家玛尔库斯·阿佩尔（Marcus Aper）和优利乌斯·谢恭都斯（Julius Secundus）都做过他的导师；有人认为塔西佗还向当时的修辞学大师玛尔库斯·法比乌斯·克温提里亚努斯（Marcus Fabius Quintilianus）请教过。此外，小普利尼的书信还反映出他同塔西佗的亲密关系，这一点也足以说明他们两人的经济状况和所受的教育有其相似之处。塔西佗和小普利尼甚至是当时社会上人们所公认的文学界的双璧。

在他一生的经历中，可以系年的事情很为有限。历来的研究者大都把他的生年定在公元 55 年左右，这正是尼禄即位之后不久的时候（尼禄在公元 54 年 10 月 13 日即位），相当我国东汉光武帝和明帝之交。生平经历一般是根据他担任公职的年代大致推算出来的，因为在古代罗马，担任某一公职都有一定年龄的限制。此外，小普利尼的书信所提供的情况，即他们二人辈分相同而塔西佗年龄稍长，也可以作为一个旁证（按小普利尼生于公元 61 年）。

塔西佗在自己的著作，特别是他的两部历史作品（就传世的部分而言）中，为了证明他在写作时公正无私，他极力声明他个人同他写的时代没有利害关系，并且尽量避免把自己放到书里去，甚至在他叙述他当时的事件时似乎也注意到了这一点。然而这恰恰给我们在探索作者的生平方面增加了很多困难。

按罗马仕途的惯例，再参照他本人作品中十分有限的一些暗示，他开始担任公职是在维斯帕西亚努斯时期。他最初担任的大概是所谓 Vigintiviri(这是一次对二十个青年人集体任命的低级官吏，无特定官衔，也不清楚他们的具体工作）和军团将领(tribunus militaris)(和共和时期不同，这种类似一般军官的军职在帝国时期多由骑士等级出身的年轻人担任，在 legati 即副帅之下，但实际上这不一定是实授的军职，而只是一种空头军衔)。

公元 77 年，他同阿古利可拉的女儿结婚。阿古利可拉就是那一年的执政官，卸任后就到不列颠领导军团去了。

塔西佗在公元 81 年应当是在某个行省担任财务官(quaestor)。当然，在帝国时期，所谓财务官，也不一定就从事具体的财务工作，只是青年人要通过这一官阶在行省取得从政的经验而已。

公元 88 年，塔西佗任行政长官(praetor)。这时已经是残暴的多米提安的统治时期。同时，他还是保管西比拉预言书(libri sibyllini)和管理外来宗教的祭司团的一名成员。这之后，他可能不在罗马，而是在某个行省担任军团的将领，直到公元 93 年阿古利可拉去世时，他才返回罗马，在多米提安的淫威之下战战兢兢地过着缄默的日子(后来在《阿古利可拉传》里，他曾痛苦地回忆了多米提安统治的十五年间的可怕的日子)。

公元 96 年，多米提安垮台了。年迈的涅尔瓦即位后，政治气氛为之一变。在随后的一年(公元 97 年)，塔西佗首次担任执政官。同年，塔西佗又作了维尔吉尼乌斯·路福斯(Virginius Rufus)的临葬演说。路福斯曾两次拒绝被推选为皇帝，因而被认为是忠于共和理想的人物。他和涅尔瓦本人就是这一年度的两位执政官。

也是在多米提安垮台后，塔西佗才在长期的沉默之后开始发表作品（或开始拿起笔来写作）。他在公元98年发表了《阿古利可拉传》(De Vita Iulii Agricolae)和《日耳曼尼亚志》(De origine et situ Germanorum)两篇篇幅较短的专著。这之后不久，他又发表了《演说家对话录》(Dialogus de Oratoribus)。过去的研究者大多因《对话录》所标举的年代而把此书的写作年代定在公元80年左右，但最近，研究者则更多倾向于认为此书写于公元98年到102年之间。

公元100年，他和小普利尼弹劾了马利乌斯·普利斯库斯(Marius Priscus)在阿非利加的勒索罪行。再者，小普利尼在公元104或105年的一封信上提到欢迎塔西佗到罗马来，可以推知这时他不在罗马，但原因不清楚，离开时间的长短也不清楚。公元105年，他大概已经写出了《历史》的一部分（此书的完成时期大约在公元109年）。公元112—113年，他是亚细亚行省的总督（根据后来发现的一个铭文推定）。他的最后，也是最有名的一部作品《编年史》的发表时间可能在公元116—117年间。他也可能在这时去世，而没有来得及最后完成这部著作（因为后人发现作品没有最后完成的痕迹）。在这之后，就没有任何一个确切的年代可以同塔西佗联系在一起了。因此，一般把塔西佗的卒年定在公元120年左右，大体上可以说是妥当的。

塔西佗的著作保存下来的有五种，其中三种是比较完整的短篇著作，两种是篇幅长但已残缺的历史著作。

如前所述，多米提安的统治时期是万马齐喑的残暴统治时期，要想在这时发表作品是不可想象的。因此，《阿古利可拉传》和《日耳曼尼亚志》的发表时期只能是在公元98年，即涅尔瓦当政时期。当然，这并不等于说，这两部短篇著作就是在这一年里写出来的。

《阿古利可拉传》名义上是一部传记，但从内容来看，它用很大一部分篇幅来记述不列颠本身和阿古利可拉在不列颠的军功和治绩。这部作品涉及了历史、地理等等方面，所以也有人认为这是一部历史作品。它和《日耳曼尼亚志》之于塔西佗，正如《卡提里那的阴谋》和《优古儿塔战争》之于他的前辈史家撒路斯提乌斯，可以说是历史巨著之前的两部试笔或习作。

《阿古利可拉传》又可以说是作者为阿古利可拉本人，也就是为他自己所作的一篇辩护。作者同时还对当时国内的形势提出了自己的看法。他对涅尔瓦和图拉真作了恰如其分的称颂，借以报答他在头一年取得了执政官职位。

《日耳曼尼亚志》是现存的有关古代日耳曼人的最早的，也是最详细和系统的一部作品。作为史料，这部著作的价值比《阿古利可拉传》要高得多。恩格斯在写作《家庭、私有制和国家的起源》和《论古代日耳曼人的历史》时，就把《日耳曼尼亚志》作为主要史料之一。《日耳曼尼亚志》的篇幅不大，但是记述得简单扼要，鲜明生动，特别在风俗习惯和经济生活方面，提供了极有价值的材料。我们在塔西佗后来的历史作品中，常常感到他有一个比较显著的缺点，就是把注意力过分放在罗马，特别是罗马的上层人物和政治事件上面，而忽略了特别是罗马和行省的经济生活。但从此书来看，塔西佗在这方面其实并不缺乏深入观察和描述的才能，只是他的历史作品的重点不放在这方面罢了。

《演说家对话录》，过去人们大多认为写于公元 80 年左右，有人因为这一著作用的是西塞罗体(Ciceronean style)而把它认成是伪作(有人甚至认为《编年史》也是文艺复兴时代的伪作)。诺登(Norden)认为这一作品发表于公元 91 年，商茨(Schanz)则认为它是和上面提到的两部作品在同一年(公元 98 年)发表的。

从内容来看，此书的主题是探讨演说术在罗马帝国时期所以衰落的原因。虽然在这之前，佩特洛尼乌斯和克温提里亚努斯都已讨论过这个问题，但是对于塔西佗来说，此书的写作正好是作者从研究演说术转向研究历史的一个转折点。所以我们倾向于认为，把此书的写作年代放在公元 98 年到 102 年之间比较恰当。

其实早在公元 98 年塔西佗便有了撰述历史作品的想法。在《阿古利可拉传》里，他作过如下的保证："我打算把我们先前那种受奴役的状况记载下来，并证实我们当前的幸福……"可以设想，从公元 102 年前后开始，塔西佗已着手历史作品的写作。到公元 104—105 年，可能有几卷《历史》已经脱稿。此书的完成时期估计在公元 109 年左右。

《历史》(*Historiae*)全书过去一般估计有十四卷(后面还要谈这个问题)，记述的时期是从公元 69 年元旦到多米提安之死(公元 96 年)。但此书保存下来的只有第 1 至 4 卷和第 5 卷的开头部分，即到公元 70 年 8 月为止。

《历史》是作者写出的第一部正式历史著作。这部书虽然标名为《历史》(这可能是作者自己所定的书名),但体裁仍是当时通行的编年体,和后来他的《编年史》并无不同,因此不少情节便不得不中断,以保持年代的顺序。

《历史》可以说是帝国内战时期的历史。全书的背景要回溯到尼禄的统治时期。由于对尼禄的统治的不满,公元68年4月,贵族出身、当时已经七十三岁的伽尔巴在塔尔拉科西班牙被拥戴为统帅(imperator,皇帝)。此人早就受到了奥古斯都和提贝里乌斯的赏识。公元33年他已经是执政官了;公元39年卡里古拉当政时期,他任高卢长官时,曾击退日耳曼人的进攻;卡里古拉死时,他拒绝过友人要他争取担任皇帝的要求。公元45年,克劳狄乌斯派他担任阿非利加行省的总督,到那里去整顿军纪。在完成了这一任务之后,他就光荣地引退了。但是到公元60年,他却再度为尼禄所起用,去治理塔尔拉科西班牙。

公元68年初,路格杜努姆高卢(Gallia Lugdunensis,Lugdunum即今天的法国里昂)的长官温代克斯建议伽尔巴发动反对尼禄的政变,并推举伽尔巴为皇帝。年事已高的伽尔巴不敢冒这个险。温代克斯发难之后,伽尔巴虽被宣布为统帅(皇帝),但他只称自己为元老院和罗马人民的代表(Legatus senatus populique Romani)。路西塔尼亚的总督奥托和巴伊提卡的财务官凯奇纳都站到了伽尔巴的一面。温代克斯失败自杀之后,伽尔巴的处境一度极为危险,但这时尼禄的近卫军长官尼姆皮狄乌斯·撒比努斯也站到伽尔巴的一面来,元老院这时才正式宣布尼禄的死刑。公元68年6月9日晚上,尼禄死在他的被释奴隶帕昂的市郊别墅里。七天之后，消息传到在西班牙的克鲁尼亚伽尔巴那里，伽尔巴才正式接受了皇帝称号。由于要排除种种干扰，他向罗马进军的速度是缓慢的。直到这一年10月，他才在克服了一些水手的反抗之后，通过穆尔维乌斯桥进入罗马。

《历史》一书现存的前四卷和第5卷的开头部分，其数量估计只不过是原书的三分之一弱。对照着较早发表的《阿古利可拉传》和后来的《编年史》中对提贝里乌斯的描述来看，此书最着意描写的必然是作者亲历的多米提安统治时期的那一部分，但可惜正是这一部分遗失了。

多米提安死后，塔西佗虽然称赞纳尔瓦能够把权威和自由这两个难以调和的事物结合到一起，但另一方面，对于多米提安的残暴统治仍然难以释怀。《历史》的写作实际上应当说是痛定思痛，是一场痛苦回忆的记述。但事情并不能到此为止，他需要作进一步的探索才能解决共和何以竟然会蜕变为暴政的问题。塔西佗就是带着他对这一探索的认识回过头来补写帝国初期的历史《编年史》的。《编年史》是他最后一部著作，最有特色的一部著作，同时也是他最精彩的一部著作。

《编年史》的确切写作年代也难以确定，但时期大体上可以定在公元115—117年间。由于此书第2卷第61章有 nunc rubrum ad mare patescit（现在已经扩展到红海了）的话，它常常被研究者用来确定此书的大致写作时代。这里的 rubrum mare，大多数研究者认为是泛指今天的波斯湾，也有人认为指的就是今天的红海。如果是后一种情况的话，则这里指的应当是公元105或公元106

年罗马的叙利亚军团将领吞并阿拉伯地方纳巴泰伊人(Nabataei)的王国的事情。关于这一点,且不说罗马的阿拉伯行省的版图是否能达到红海沿岸,作者在公元105年也还只能是刚刚着手《历史》的写作呢。

我们认为所谓rubrum mare在当时不过是泛指地中海以外的东方海域,因此今天的红海、波斯湾,乃至更大范围的印度洋都应包括在这一地理概念之内。把作者诸书的写作次序和当时罗马的历史背景对照起来看,这里仍以指公元116年图拉真征服帕尔提亚(安息)一事为妥。有人认为这一句话可能是在修改时加上的。因此,虽然我们不能确定作者着手撰写《编年史》的年代,但完成时期在公元116—117年间或更晚到公元120年的时候,即阿德里亚努斯当政时期,大致上是妥当的。

《编年史》在美狄凯乌斯手稿上所附标题是ab excessu divi Augusti(自圣奥古斯都之死)。我们没有直接的证据说明这就是作者本人所加的标题。这标题是抄者或手稿收藏者加上的也未可知。《编年史》全书记述的是从奥古斯都之死到《历史》一书开始前的一段时期,即优利乌斯—克劳狄乌斯朝的四个皇帝的当政时期。他们是提贝里乌斯(公元14—37年)、卡里古拉(公元37—41年)、克劳狄乌斯(公元41—54年)和尼禄(公元54—68年)。

《编年史》也没有全部保存下来,我们现在能看到的只是第1到4卷、第5卷的开头几章、第6卷(缺开头部分)和第11卷到第16卷第35章。第16卷是我们看到的此书的最后卷次。这样,关于提贝里乌斯统治时期的两年、卡里古拉的全部统治时期、克劳狄乌斯统治的早期,也是他最好的统治时期加上尼禄统治末期的记述就失传了。不过总的说来,《编年史》残缺的情况比《历史》要好一些,在全书记述的五十四年当中只缺了十四年。

《编年史》全书到底有多少卷,也还是个没有解决的问题。从耶罗美(Jerome)的记述来看,我们知道塔西佗的《历史》和《编年史》加起来一共是三十卷。如果像一般认为的那样,把《历史》定为十六卷,那么,按现存部分的写法和材料分配情况来推测,《编年史》的第16卷第35章之后,断然容纳不下从中断时起到公元68年年底所发生的那些事情。按前面各卷的平均篇幅来计算,第16卷后面最多也只能还有五十到五十五章,然而在这里面要记述的却是相当紧张的一段:提里达特斯的来访、犹太的起义、维斯帕西亚努斯和提图斯的崛起、尼禄出巡希腊、处死科尔布罗、温代克斯的发难、维尔吉尼乌斯·路福斯的胜利和他之拒绝担任统帅、伽尔巴的 pronunciamiento 和尼禄的垮台和自杀。把这些事件压缩到只有半卷多一点的篇幅之中的这种布局显然是难以想象的。因此我们只能同意希尔施费尔德(Hirschfeld)、里特尔(Ritter)和韦尔夫林(Wölflin)等人的看法,即《编年史》的全书应当是十八卷。这样《历史》就只能有十二卷了。

依据传世的部分来推测,《历史》和《编年史》的三十卷,可以整齐地分成五个单元,每个单元各包括六卷。《编年史》部分的前六卷以提贝里乌斯为中心,中六卷记述卡里古拉和克劳狄乌斯,后六卷是尼禄。有的研究者认为《编年史》可能没有最后定稿,因为他们发现在第15和16卷里有类似临时增补的地方和文字草率的痕迹。

《编年史》记述的虽然是罗马帝国初期的历史,但可以说它是以整个古代罗马的历史，甚至可以说是以罗马为中心的西方世界历史为背景的。它在西方的史书中集中地有力地提出了由共和向帝国过渡的原因这样一个带有根本性的、千百年来争论不绝的问题。学过一点世界史的人都知道，罗马最初只不过是意大利中部台伯河畔一个城邦。传说中的罗马是公元前8世纪建城的（具体说法不一）。最早是所谓王政时期，由国王统治。几代之后就转入共和阶段，由逐年选出的执政官来管理国家，即所谓公物（res publica，多数西欧文字共和一词即由此词变化而来）。这个城邦通过不断的战争和征服而逐步扩大其版图，到公元前3世纪，它的声威已扩大到海外。而在这之后的百余年，罗马进而发展成为一个横跨欧亚非三洲的世界强国。地中海第一次（应当说也是最后一次）成为罗马一个国家的“内海”（Mare internum）。在古罗马人开始感到有写一部历史的需要的时候，他们总是忘不了从他们祖先的创业活动（即建城）讲起，这似乎永远是他们最光荣的一段。这一段虽然几乎不过是一连串的故事（根据后人的研究，这些故事都有其真实的历史内核，其中不少已为考古发现所证实，未可一概斥之为荒唐无稽），但他们却津津乐道，把它们当做真正的历史来叙述。《编年史》的作者却抛弃了在他之前许多罗马史家的这样一个框框。他一开头只是极为扼要地回顾了罗马从建城到帝国时期的全部历史，几乎等于三言两语就交代过去；虽然在叙述中不免有一些事实的出入（参见《编年史》开头的有关注释部分），但这毕竟是古代罗马的大手笔为罗马本国的古代历史所作的一个最概括的叙述。

这之后，作者就以史家的身份开门见山地讲出了自己的看法

(特别是没有放过“神圣不可侵犯的”奥古斯都!)并且总结了帝制的产生和巩固的过程。

面对罗马版图之日益扩大、内外事务日趋复杂这一情况,以前用来治理一个城邦的体制显然不能适应了。在这期间,罗马各种制度当然也必然为适应不断改变的内外形势而加以调整、修改。在罗马历史上的非常时期,有过暂时把全部权力集中于独裁官一人之手的情况,例如苏拉和恺撒就分别在公元前81—79年和公元前48—44年独揽大权于一身,但到奥古斯都当政时期,这种专制制度就在共和的外衣下变相地正式固定下来了。这就是元首制(principate),即帝制。这一制度是适应罗马和行省已经扩大的奴隶主阶级利益的必然产物。奥古斯都一手结束了罗马的长期混战局面,但是他这个从内战中厮杀过来的人多少知道一些人民群众的力量,又接受了他的外舅祖父恺撒的教训,因此他只能在尊重和保卫共和传统的外衣下逐步地把一切统治大权集于己身。他的统治给全国带来了一定程度的安定,使经济、文化都得到了发展,即所谓“罗马和平”(pax Romana),虽然,对于这种和平,塔西佗也不能不痛苦地指出:和平是建立起来了,但这是血腥的和平;和平下面掩盖的是ignavia(萎靡、卑怯)。然而这种和平无论如何仍是人们普遍希望的,尽管还有其消极的一面,就像塔西佗在上面指出的:生杀予夺一切取决于个人;元老院成了应声虫和附庸,成了歌功颂德的场所;人民实际上从权力的主体变成了臣民。奥古斯都当政时期由于个人和历史的特殊情况,人们对这一阴暗面的感觉还不太突出,而到提贝里乌斯当政时期,消极的一面就突出了,最后竟发展到尼禄那样的胡作非为。人们到了忍无可忍时,就只好

用宫廷政变或军队哗变的办法来解决问题,从此全国再度陷入混战的局面,军队,甚至少量的军队,也可以参加皇帝的推举,决定帝国的命运。《编年史》和其后的《历史》所记述的就正是这样一个过程。问题在于作者的阶级局限性,使他不能联系社会的发展和当时的物质生产条件来分析他所看到的现象,而单纯从个人的心理上、道德上的因素加以解释,这就不能不产生主观片面的缺点了。

为了阐明塔西佗的著作在罗马史学上的地位,下面我们有必要把塔西佗的历史著作产生前,罗马历史作品的演变情况作一极为简略的回顾。

罗马最早勉强可以称之为历史(其实是史料)的东西,大概是公元前5世纪时的一种极其简单的编年纪事,这种编年纪事和另一种纯属宗教性质的大祭司释义书后来大都经过种种改编。它们原来是怎样的情况,因为没有直接的史料可以拿来参证,我们已无法推测了。

真正可以称得上历史的作品,是到公元前3世纪后半(布匿战争时期)才在希腊的影响下开始出现,因为直到这时,罗马人才开始感到有必要记述先人的丰功伟绩和说明自己祖先所以伟大的原因。罗马这时虽然已是一个强大的国家,是征服者和胜利者,但文化的主导权却在被征服的希腊人手里,因此罗马人最早的比较系统地记述自己历史的作品,都是用希腊语写成的。

最初用希腊散文记述罗马历史的,早些的(公元前3世纪)有克温图斯·法比乌斯·庇克托尔和洛奇乌斯·琴启乌斯·阿里门图斯这两人所写的历史,目的在于向希腊人宣传罗马人的声威。

用诗体的拉丁语记述罗马史的，最早的是格涅乌斯·涅维优斯和克温图斯·恩尼乌斯。涅维优斯生于公元前270年左右，他本来是受希腊影响很深的一位喜剧作家，但他同时又是第一部罗马史诗的作者。他的史诗对后来的恩尼乌斯和维吉尔都有影响。恩尼乌斯用诗体写的《编年史》有十八卷，但保存下来的只有六百行。

但是这两个人的作品严格地说只能算是具有历史因素的史诗，而不是真正的历史。第一个用拉丁语散文写作历史的是玛尔库斯·波尔奇乌斯·加图（公元前234—前149年）。他在史学方面的功绩，是写了一部称为《创始记》（*Origines*）的通史。这部书不仅记述了罗马城的历史，而且记述了意大利其他一些城市的历史。加图还突破了历史的编年体的写法而按章节来叙述同类的事件，并在写作时广泛利用并细心研究了前人的作品、官方文件、各种传说等等。

加图的同时代人路克优斯·卡西乌斯·赫米那和格涅乌斯·盖里乌斯也是用拉丁语散文写作罗马历史的。赫米那第一个用拉丁语散文写了编年史，所以人们认为他是最早的编年史家，即所谓“老编年史家”。

公元前133年度执政官路奇乌斯·卡尔普尔尼乌斯·披索也是老编年史家。他的编年史（至少有七卷）也是从远古叙述到他当时的。大概也是受了加图的影响，他把古代理想化，有很浓厚的说教气味。后来的瓦罗、西塞罗、李维、狄奥尼修斯等人都很熟悉并引用过他的作品。

在这之后，到公元前一世纪，则是所谓“小编年史家”的时代。

现在我们知道名字的“小编年史家”有克温图斯·克劳狄乌斯·克瓦德里伽里乌斯、瓦列里乌斯·安提亚图斯、盖乌斯·李启尼乌斯·玛尔库斯和克温图斯(或路奇乌斯)·埃里乌斯·吐贝罗等人。“小编年史家”受到希腊修辞学的很大影响。他们的作品由于民族虚荣心和大国主义的影响而加上了大量虚构和想象的成分,使得记述的事情真伪莫辨,所以几乎不能把它们认成是真正的历史。但由于这些作品故事性强,加上文字流畅,通俗易懂,所以能吸引大量读者,影响十分广泛。历史学家李维、普鲁塔克主要就是拿他们的作品作为蓝本,这给研究者造成了一定程度的混乱。

如果李维的作品可以认为是罗马史学史上一座里程碑的话(在这点上,李维的作品的确当之无愧),那么在他之前的一切历史作品,都只能算是一个准备阶段罢了。

李维的历史作品保存下来的只有三十五卷。他的最大功绩是第一次把自古以来的罗马历史用优美流利的散文写成一部完整的作品,有人甚至认为他的历史的前十卷(从建城到公元前293年)可以同维吉尔的史诗比美,称之为史诗般的散文。在希腊史论和罗马修辞学的双重影响下,李维的文章达到很高的成就:他的文章词汇丰富,语言流转生动,对当时和后世的影响都相当大。作为帝国时期一位有很高教养的人,塔西佗无疑熟悉李维的著作。李维的共和情绪,他的文章的严谨结构,他的人道主义思想,肯定都会对后来的塔西佗发生深刻的影响。

但是塔西佗史学著作的源流,除了李维之外,还应提到和李维同时的哈利卡尔那索斯人狄奥尼修斯。狄奥尼修斯是历史学家,又是修辞学家和文学批评家。狄奥多洛斯的作品对共和末期的罗马史学也很重要。他写了一部有四十卷的《文库》(*Bibliotheke*),这实际上是一部从远古到恺撒征服高卢(公元前54年)时的世界史。这部书完全保存下来的只有第1—5卷和第11—20卷,其他各卷则只有断片。罗马的早期历史保存在第11—20卷中。狄奥多洛斯的著作以希腊史为中心,罗马史只起陪衬作用。他的作品与其说是著作,毋宁说是一种史料汇编。他的某一时期的历史一般是以某一特定史料为依据的,所以此书的史料价值很大。

综上所述可以看到,塔西佗的历史著作在古典史学中虽然具有独特风格,却又不是无所依傍。可惜他使用的各种史料(无论直接的或间接的),就和他本人的经历一样,除了在极少的场合下他自己提起过之外,我们都不甚清楚了。

但是考虑到塔西佗的出身和社会地位以及当时罗马"出版业"(即抄写和贩售书籍的行业)之发达和书籍之浩瀚(必然有大量作品已完全失传,我们连这些作家的名字都不知道了),塔西佗肯定有机会接触到大量的史料和历史专著,更何况他记述的又基本上是他自己的历史时代,而其中最晚的一部分,他本人就是登场人物之一呢;对于其中较早的一部分,他也可以根据大量档案材料,甚至当事人的追述和回忆取得第一手材料。因此,即使抛开本来很高的文学价值不论,他的历史著作也是我们研究帝国初期历史的最早的也是最珍贵的史料。

然而上面我们提到的塔西佗以前的作家,大都涉及从罗马的建城到共和末期的一段。对塔西佗的历史著作较少直接史料的意义。而与塔西佗的作品所记述的时代相同或略早的历史作品,例如我们知道的路斯提库斯、巴苏斯、老普利尼、克路维乌斯的历史作品就都失传了，保存下来的也寥寥无几，而且它们的价值又都比不上塔西佗的著作，因而只能起对照的作用。

塔西佗的历史著作的史料价值如何？对这个问题，近百年来人们作过不少研究。帝国初期的许多史书已经失传，仅就传世的作品来看，通过比较、核对，我们不能不承认：塔西佗的著作尽管在史实方面有错误或不准确的地方（这些地方，译者都在译文的注释里适当加以说明），但总的说来是可以相信的。作者的写作态度无疑是严肃认真的。当然，为了本身的政治目的，他对材料有所取舍，但也只能说是材料的取舍，却从来没有发现捏造和歪曲的地方。

和任何一部古典史学名著一样，塔西佗的历史著作的文学价值足以同它的史学价值相媲美。他的著作可以不折不扣地称为古罗马帝国初期历史的一个绚丽的绘卷，这个绘卷即使在古今中外的历史上也堪称稀有。

塔西佗的历史著作（尤其是《编年史》）的文学价值最突出地表现在他的独特的文字风格上面。这一点早就引起了许多读者的注意。塔西佗的早期著作，且不说《演说家对话录》，就是早些年动笔的《历史》也同他最后的一部历史著作《编年史》在风格上有很大的差异。同时代人的著作可以拿来对照的，例如小普利尼、优维纳尔斯、苏埃托尼乌斯、克温提里亚努斯等人的文风，也都和他的文风迥然不同。在历史作品方面，我们可以拿来同他的作品作比较的只有恺撒、撒路斯提乌斯和李维的作品，但他们最晚的也要比塔西佗早一个世纪，而和他在时代上较近的，除了苏埃托尼乌斯之外，几乎都已失传。或者他的独特的文风确有所本，但在新的史料发现之前，这一点我们是不能随意作出肯定结论的。

此外，他的两部历史著作，只保存在唯一的两个中世纪的抄本上，没有别的抄本可供对勘。这一点也大大增加了研究者的困难。塔西佗的文字的突出特点是简洁、含蓄、有力，他的文字往往从简洁到晦涩，读者只能联系上下文对其含义加以揣摩。后来的学者付出了辛勤的劳动，为他的作品编了专门的辞书，对之作了几乎是逐字的分析。他们在这方面虽然取得了一些成绩，但到目前为止新的资料和新的见解仍然不多，许多问题提出来了，但都未能最后解决。

文字的形式是同内容密切相关的。塔西佗的历史著作意在鞭挞，意在揭露，意在发泄一个共和派对于专制制度的蓄积已久的愤怒情绪，这就不是恺撒、西塞罗或李维的语言所能做到的了。西塞罗的得力之作《反卡提里那的演说》是学拉丁语的人都读过的，但那力量比起塔西佗的独特的文体来显然要差得多。首先在用词上，塔西佗就有他极大的特色，而《编年史》一书在这方面尤为突出。拉丁语这时已趋成熟，又有克温提里亚努斯所提出的西塞罗这一典范摆在前面。但塔西佗偏偏要摆脱这些“陈言”，来独特地表现自己的思想，那真不是一件容易的事！为了准确有力而又出色地表达自己的思想，已经用滥了的政治术语、粗俗生硬的词、平庸无奇的词、最流行的西塞罗式的词以及在演说中常见的说教用词，他都要极力回避。此外，他还有如布尔诺所指出的，看来是他自己创造的词(如果不是误抄的话)。也许这些只见于他的作品中的词也都有所本吧,因为文献不足,我们就不去作更多的猜测了。

除了塔西佗文体上的特色和他描写心理性格与处理大场面的能力之外,人们还注意到他那表现力极强并为后人传诵的许多著名短语和警句,这种警句在他的短篇作品以及在两部史书中真可以说是俯拾皆是。

塔西佗动手写历史时,罗马帝国已经有了一百多年正反两方面的经验了。尽管他无可奈何地承认共和到帝国是一种不可逆转的趋势,而且他本人在帝国又跻身高位,是行省骑士等级中的既得利益者,但他的贵族奴隶主的共和情绪始终是十分强烈的。这种情绪典型地表现在:反对皇帝个人的专断残暴;极度蔑视元老的阿谀奉承(相反地,颂扬例如斯多噶派特拉塞亚的刚正);把古老的共和制度理想化,而排斥违反古朴的罗马风习的一切内外事物;维护古老的宗教信仰,排斥基督教;等等。恩格斯把塔西佗说成是罗马贵族思想方式的最后代表人物,这一概括确实为不刊之论。

然而塔西佗又是诚实而公正的。他是罗马的一位爱国主义者,一位贵族奴隶主古老道德准则的维护者,他自称他的史书目的就在于惩恶扬善;即使如此,对于敌视罗马的日耳曼人、东方民族等等,他从不讲一句违心的诬蔑之词,也绝不故意歪曲他们的领袖人物的崇高形象;甚至对于他作为反面人物着意刻画的如皇帝提贝里乌斯,他依然采取诚实的、实际的态度,绝非一笔抹杀;这就使我们仍然能从他笔下的提贝里乌斯看到此人应予肯定的一面。

因此,后世的人们(特别在启蒙时期和法国资产阶级革命时期)由于塔西佗的反专制的精神而重视他的作品,乃至称他为“暴君的鞭子”、说他的名字使暴君变色，就没有什么奇怪的了。

《编年史》和《历史》的残篇是靠着仅有的两个抄本传下来的。读者只能看到它的残篇，这当然是不幸，但又可以说是大幸，因为它毕竟保存下来了这样多，而不知又有多少作品(我们知道的和更多是不知道的)却永远地遗失了。我们知道，直到四世纪，人们都在阅读和传抄塔西佗的历史著作，因为阿米亚努斯·玛尔凯里努斯就曾写过一部历史接续塔西佗的作品。这之后，直到它们重新被发现的时候，我们就不太清楚塔西佗作品的命运了。这两个抄本是现在保存在佛罗伦萨劳伦提亚图书馆的美狄凯乌斯第一抄本(mediceus primus)和第二抄本(mediceus secundus)。保存在第一抄本上的是《编年史》第1卷至第6卷，保存在第二抄本上的则是《编年史》的第11卷至第16卷和《历史》现存的全部，此外还有阿普列乌斯(Apuleius)的《变形记》(*Metamorphoses*)等三个作品。第一抄本是九世纪的；第二抄本是十一世纪的，是在蒙特卡西诺(Monte Cassino)用朗哥巴德字母(Langobard script)抄写的。它们的重新发现是很久以后的事情了。第一抄本是在1510年左右，而第二抄本是在1430年左右重新发现的。发现当时正是西塞罗文体盛行的时候，塔西佗的作品似乎没有引起人们的注意。关于两个抄本的发现经过以及意大利作家薄伽丘(1313—1375年)据说见到过其中一个抄本的事情，就不在这里详说了。

《编年史》和《历史》的印本最早的是1470年在威尼斯由温代里努斯·德·斯皮拉(Vindlelinus de Spira)出版的所谓editio prikceps。这个本子包括《编年史》的第11—16卷，《历史》、

《日耳曼尼亚志》和《演说家对话录》。至于全部传世作品的印本则以1515年在罗马由倍罗阿尔都斯(Beroaldus)的版本为最早。

关于近代学者对此书的编订本，我们知道的很少，见到的更少，可以举出的编订本有1760年的拉勒芒(Lallemand)本；1776年的布洛提耶(Brotier)本；1801年的欧伯兰(Oberlin)本；1870年的威兹(Weise)本；1884年哈姆(Halm)本；1900年的范·德·弗利特(Van der Vliet)本和1910年的费舍(C. D. Fisher)本等。

本书提要

第 1 卷记述了公元 14 年和 15 年的事情。

第 1—5 章：略述从罗马建城到奥古斯都之死这段时期中的罗马情况；奥古斯都的政策；他的死亡和性格。

第 6—15 章：提贝里乌斯即位；他的虚伪；元老院的辩论；奥古斯都的遗嘱；他的葬仪；一切阶层都极力表明自己甘居奴役地位。

第 16—30 章：潘诺尼亚三个军团的哗变，佩尔肯尼乌斯和维布列努斯这两个头目作煽动性演说；皇帝的儿子杜路苏斯奉派镇压叛乱；月食吓住了士兵；他们开进了冬营。

第 31—41 章：下莱茵地区的士兵发生叛乱；日耳曼尼库斯的行动。

第 42—45 章：他对士兵发表演说；叛乱平定，但在另一营地里发生新的骚动。

第 46—49 章：骚乱的消息传到罗马；提贝里乌斯的作为；日耳曼的骚乱平息；对叛乱者的惩处。

第 50—52 章：日耳曼尼库斯率军攻打日耳曼人；玛尔喜人在节日时受到出其不意的进攻并遭到屠杀；布路克提里人、图邦提斯人和乌西皮提斯人被征服。

第 53 章：奥古斯都的女儿优利娅在列吉乌姆的流放中死去；

她的情人显普洛尼乌斯·格拉古在阿非利加被杀。

第 54 章:建立奥古斯都的祭司团;剧场上的纷争。

第 55—57 章:日耳曼尼库斯再次渡过莱茵河进攻卡提伊人;对日耳曼人的大屠杀;日耳曼人的两个首领阿尔米尼乌斯和塞盖司特斯的性格;塞盖司特斯受到他本国人的围攻,但日耳曼尼库斯解救了他;他的女儿嫁给了阿尔米尼乌斯;她的行为。

第 58 章:塞盖司特斯的演说。

第 59—62 章:阿尔米尼乌斯向日耳曼人发出号召;对凯路斯奇人的战争;日耳曼尼库斯到达伐鲁斯和他的军团被歼的地点,并埋葬那里的遗骸;提贝里乌斯表示不满。

第 63—68 章:凯奇纳和他的一部分军队在进军莱茵河的途中受到很大的骚扰;他的勇敢行为;阿尔米尼乌斯(和他的叔父音吉奥美路斯)被打败和赶跑。

第 69—71 章:阿格里披娜的行为;她使莱茵河上的桥未被摧毁;提贝里乌斯的想法;谢雅努斯煽起了提贝里乌斯的忌妒心。

第 72 章:实施有关大逆罪的法律。

第 73—75 章:这一法律的沿革;第一个告密人希斯波·洛玛努斯;另一些迫害。

第 76—78 章:台伯河的水灾;优伶的放荡行为;对他们发布的命令。

第 79 章:元老院辩论防止水灾的计划;意大利各地对这一措施的反对。

第 80 章:提贝里乌斯的政策;他不愿轻易撤销人们的职务;这样做的理由。

第 81 章：他操纵执政官选举的办法；自由的假象；罗马更深地陷入了奴役。

第 2 卷记述了公元 16 年到 19 年间的事情。

第 1 章：东方的骚动。

第 2 章：应帕尔提亚人之请，沃诺尼斯奉派从罗马返回帕尔提亚进行统治。

第 3—4 章：帕尔提亚人废黜了沃诺尼斯；阿尔塔巴努斯继位；沃诺尼斯逃往亚美尼亚人处并在那里被推举为国王，但不久又被废掉，成了叙利亚长官西拉努斯的囚犯。

第 5—8 章：提贝里乌斯提出借口，想把日耳曼尼库斯从日耳曼调回；日耳曼尼库斯离开日耳曼前的功勋；他修建了一支舰队，对凯路斯奇人作战。

第 9—22 章：阿尔米尼乌斯同他的兄弟佛拉乌斯的会见；阿尔米尼乌斯被打败；他同样成功地进行了第二次战斗。

第 23—25 章：罗马舰队因暴风而蒙受巨大损失；日耳曼尼库斯的做法；他修复了战舰；对玛尔喜人进行惩处，在蹂躏了那个地方之后返回冬营。

第 26 章：提贝里乌斯坚持召回日耳曼尼库斯的决定；日耳曼尼库斯返回罗马。

第 27—32 章：里波·杜路苏斯被控有叛国行为；对他的审判；他的横死；告密者的行为。

第 33—36 章：元老院注意到了当时的奢侈之风；路奇乌斯·披索退出元老院并扬言自愿流放；他和里维娅的亲信乌尔古拉尼

娅的纠纷;他的坚定态度;乌尔古拉尼娅的横傲。

第 37—38 章:著名演说家霍尔田西乌斯的孙子玛尔库斯·霍尔塔路斯的贫困;他向元老院请求救济;提贝里乌斯表示反对。

第 39—40 章:一个叫克利门斯的人自称是阿格里帕·波司图姆斯;此人引起了骚动;最后判明此人过去是阿格里帕的一名奴隶。

第 41 章:由于在日耳曼取得的胜利,为日耳曼尼库斯举行了凯旋式。

第 42 章:卡帕多奇亚国王阿尔凯拉乌斯被骗至罗马;对他的接待和他的死亡;他的王国改为一个行省。

第 43 章:日耳曼尼库斯被指定为东方的长官;叙利亚行省委托给了披索;他得到了里维娅和提贝里乌斯的秘密指示。

第 44—46 章:杜路苏斯被派往伊里利库姆,因为在那里的日耳曼人中间发生了纠纷;阿尔米尼乌斯对苏埃比人的国王玛洛波都斯取得了一次胜利。

第 47—49 章:一次地震吞没了亚细亚的十二座城市;提贝里乌斯赈济灾民。

第 50—51 章:实施有关大逆罪的法律;一名妇女被控以对奥古斯都、对提贝里乌斯和他的母亲都有不敬的言辞。

第 52 章:努米地亚人的领袖塔克法里那斯在阿非利加发动叛乱,但是为卡米路斯所击败。

第 53—56 章:日耳曼尼库斯在赴亚细亚途中和提贝里乌斯一道当选为执政官;他进入亚美尼亚,使吉诺登上王位。

第 57—61 章:披索之倔犟;他同日耳曼尼库斯的会晤;日耳曼

尼库斯进入埃及并游览了那里的古迹。（本书将传统分章的第59—61章调整至第67章之后，理由见第62章注释，但此处仍按传统分章排列，希读者注意。）

第62—63章：被日耳曼的一个头目卡图阿尔达驱出日耳曼的玛洛波都斯逃入意大利；他在拉温那住了二十年之后默默无闻地死在那里；卡图阿尔达本人也同样被他的国人驱逐；罗马人把他安置在佛路姆·优里乌姆。

第64—67章：色雷斯国王列司库波里斯杀死了他的侄子而被解送到罗马；他被送到亚历山大，在那里被处死。

第68章：沃诺尼斯想逃出奇里奇亚；他被一名老兵杀死。

第69—72章：日耳曼尼库斯自埃及返回；他和披索之间的敌意；日耳曼尼库斯生病；他疾病的好转和复发；他被怀疑是中了毒；他和朋友们告别；他对妻子的遗言；他的死亡和各个等级人们的悲伤。

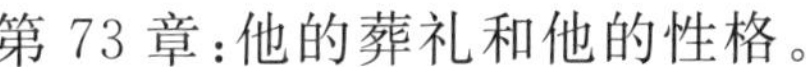

第73章：他的葬礼和他的性格。

第74章：森提乌斯接管对叙利亚的统治。

第75—82章：披索在科斯岛听到了日耳曼尼库斯的死讯；他返回叙利亚，试图重掌军权；阿格里披娜带着日耳曼尼库斯骨灰罐上了船；披索的企图失败并被送往罗马。

第83—84章：日耳曼尼库斯的哀荣。

第85章：禁止妇女的放荡行为的法律。

第86章：维司塔贞女欧克奇娅死后，选择一个人继承她。

第87章：提贝里乌斯拒绝了国父和主人的称号。

第88章：阿尔米尼乌斯被国人出卖，死于日耳曼；他的性格。

第 3 **卷**记述公元 20 年到 22 年间的事情。

第 1—6 章:阿格里披娜带着日耳曼尼库斯的骨灰来到布伦地西乌姆;她前往罗马;同盟城市对她的重视;提贝里乌斯和里维娅的做法;葬仪。

第 7 章:杜路苏斯再次奉派前往伊里利库姆。

第 8—19 章:披索到达罗马;他被控毒死日耳曼尼库斯;他为自己辩护,失败后自杀。

第 20—21 章:塔克法里那斯在阿非利加重新发动战争,但是为路奇乌斯·阿普洛尼乌斯所击退。

第 22—24 章:列庇妲·埃米里娅被控以通奸和放毒罪;她受到审判并被定了罪。

第 25 章:帕披乌斯·波培乌斯法;提贝里乌斯对之加以限制和缓和。

第 26—29 章:法律的起源和演变。

第 30 章:两位著名人物路奇乌斯·沃路西乌斯和撒路斯提乌斯·克利司普斯之死。

第 31 章:提贝里乌斯退居康帕尼亚。

第 32—36 章:塔克法里那斯在阿非利加引起新的骚动;尤尼乌斯·布莱苏斯被任命为那里的总督。

第 37 章:一些罗马骑士按有关大逆罪的法律被定罪。

第 38—39 章:色雷斯的骚动。

第 40—48 章:高卢某些城市的叛乱;叛乱的首脑优利乌斯·撒克罗维尔和优利乌斯·佛洛路斯被打败。

第 49—50 章:一名罗马骑士克路托里乌斯·普利斯库斯因写

了一首诗而被控犯了大逆罪，并被元老院处死。

第51章：提贝里乌斯作出了不同意的姿态，他对此事写了含混其词的信。

第52章：提出限制奢侈之风的法律。

第53—55章：提贝里乌斯对此事的意见；改革中止。

第56—57章：杜路苏斯和他父亲提贝里乌斯分享保民官的权力。

第58—59章：朱庇特神的祭司不准当选为行省的长官。

第60—65章：希腊神殿的数目；核定它们的权利并作出规定。

第66—72章：盖乌斯·西拉努斯被控以勒索罪，从而犯了大逆罪；他被定罪并受到放逐。

第73章：塔克法里那斯遣使到提贝里乌斯处要求土地并以战争相威胁。

第74章：布莱苏斯停止前进并俘虏了塔克法里那斯的兄弟。

第75章：两位著名公民阿西尼乌斯·撒罗尼努斯和阿泰乌斯·卡皮托去世；他们的性格。

第76章：玛尔库斯·布鲁图斯的姊妹、卡西乌斯的遗孀优尼娅之死；她的遗嘱和葬仪。

第4卷记述公元23年到28年间的事情。

第1章：埃里乌斯·谢雅努斯的家世和性格。

第2章：他用不正当的手段引诱军队和元老院。

第3—4章：谢雅努斯勾引皇帝的儿子杜路苏斯的妻子小里维娅，要她参加谋害她丈夫的阴谋。

第 5 章:罗马舰队和军团的驻地。

第 6—7 章:罗马的高级官吏和政治制度。

第 8—11 章:杜路苏斯被毒死;谢雅努斯觊觎统治大权;提贝里乌斯把日耳曼尼库斯的儿子们交元老院监护。

第 12 章:提贝里乌斯发表杜路苏斯的悼词;谢雅努斯企图杀死阿格里披娜和她的儿子。

第 13—14 章:提贝里乌斯接待行省代表;优伶被逐出意大利。

第 15 章:在亚细亚为提贝里乌斯、里维娅和元老院修建神殿。

第 16 章:朱庇特神的新祭司;一些新的法律对这一职务作出规定。

第 17 章:祭司们对日耳曼尼库斯的儿子尼禄和杜路苏斯所表示的热情受到提贝里乌斯的谴责。

第 18—20 章:谢雅努斯想除掉日耳曼尼库斯的朋友们;盖乌斯·西里乌斯和提齐乌斯·撒比努斯受到控告;玛尼乌斯·列庇都斯和美撒里努斯·科塔的性格。

第 21 章:卡尔普尔尼乌斯因言论而受控,但因他的死亡而未作出判决。

第 22 章:普劳提乌斯·西尔瓦努斯将其妻掼出窗外;他的辩护;提贝里乌斯亲临他家调查;西尔瓦努斯之死。

第 23—26 章:多拉贝拉结束阿非利加的战争;努米地亚的首领塔克法里那斯被处死。

第 27 章:奴隶在意大利酝酿的一次战争在萌芽状态中被消灭。

第 28—35 章:维比乌斯·谢列努斯被他的儿子控告;他的辩

护和放逐；普布里乌斯·苏伊里乌斯被定罪；科列姆提乌斯·科尔杜斯因在一部历史作品里称赞布鲁图斯和卡西乌斯而受到追究；他的辩护和自杀；他的书被烧掉但仍有人暗中阅读。

第36—38章：库吉库斯城被剥夺了它的特权；提贝里乌斯拒绝了西班牙人民献给他的宗教上的尊号；他对此事的意见。

第39—40章：谢雅努斯请求皇帝允许他和杜路苏斯的未亡人里维娅结婚；提贝里乌斯用巧妙的回答拒绝了他。

第41—42章：谢雅努斯决心使提贝里乌斯离开罗马。

第43章：希腊各城市提出了对各神殿的权利。

第44章：格涅乌斯·楞图路斯和路奇乌斯·多米提乌斯的死亡；他们的性格。

第45章：西班牙行省长官路奇乌斯·披索被一个农民杀死；凶手被捕；此人虽经拷打但不肯供出同伙。

第46—51章：波培乌斯·撒比努斯弭平色雷斯的叛乱并得到凯旋的荣誉。

第52章：克劳狄娅·普尔克拉因通奸罪受到追究并被定罪。

第53—54章：阿格里披娜请求皇帝准许她结婚；提贝里乌斯听到她的请求时面色阴沉，不作回答。

第55—56章：亚细亚的十一个城市竞相争取为皇帝和元老院修建神殿的荣誉；士麦拿获准。

第57—59章：提贝里乌斯离开罗马去康帕尼亚；洞穴上的石块落下来时，谢雅努斯冒着生命的危险掩护了提贝里乌斯，因此得到了更大的宠信。

第60—61章：谢雅努斯为陷害日耳曼尼库斯的长子尼禄而唆

使提出伪证。

第 62—63 章：费迪纳的一座半圆形剧场因建筑不坚固而塌陷，观众五千人被砸死。

第 64—66 章：罗马大火；凯利乌斯山被烧光。

第 67 章：提贝里乌斯从陆地上退隐到卡普利埃岛上去；谢雅努斯一心想害死尼禄和阿格里披娜。

第 68—70 章：提齐乌斯·撒比努斯因为和日耳曼尼库斯及其一家要好而受到拉提亚里斯及其同谋者的陷害；阴谋的经过；撒比努斯在元旦被定罪、处死，此举使人民大为震动，因元旦是宗教上的吉日。

第 71 章：奥古斯都的外孙女优利娅之死。

第 72—74 章：弗里喜人的叛乱；罗马人弭平这一叛乱时付出了重大的代价。

第 75 章：日耳曼尼库斯的一个女儿小阿格里披娜经提贝里乌斯同意和格涅乌斯·多米提乌斯结婚。

第 5 卷应当记述公元 29 年到 31 年间的事情。原来在手稿上，第 5 卷末尾 testarentur 和第 6 卷开头 Quattuor et quadraginta 之间有三四个字母大小的一个残缺处，但由于看不出有重新另起一卷的标记，所以过去的编者一直把第 5 卷（残篇）和第 6 卷（到第 51 章）合编为第 5 卷，直到优斯图斯·利普西乌斯编订此书时，才感到有必要分成现在这样的两卷。哈兹则认为第 5 卷应以谢雅努斯的垮台而结束，而第 6 卷的开头部分已经遗失，这一看法已得到学术界的一致同意。

第 1 章：提贝里乌斯的母亲优利娅·奥古斯塔去世；她的性格。

第 2 章：提贝里乌斯致书元老院，不同意给奥古斯塔较多的哀荣。

第 3—4 章：提贝里乌斯致书元老院指控阿格里披娜和她的儿子尼禄；民众包围元老院；谢雅努斯对元老院和人民大为不满。

第 5 章：提贝里乌斯愤怒地写信给元老院，声明保留对阿格里披娜事件的处理权；元老院所作的辩解。

第 6—7 章（本书编入第 6 卷，下同）：一位著名的元老（名字已佚）发表演说，他的坚定性和死去的方式。

第 8 章：普布里乌斯·维提里乌斯和彭波尼乌斯·谢孔都斯被指控，但是没有受到审判；维提里乌斯自杀，谢孔都斯却在提贝里乌斯死后还活着。

第 9 章：谢雅努斯一家最后留下的一个儿子和女儿也因元老院的命令而被处死。

第 10 章：一个伪杜路苏斯在希腊出现；波培乌斯·撒比努斯拆穿了这个骗子。

第 11 章：两位执政官之间的不和。

〔本卷第 5 章和第 6 章之间遗失的部分，即公元 29 年到 31 年的事情，根据其他史料所作的概括补充，参见正文第 5 卷第 5 章注[①]。〕

第 6 卷记述了公元 32 年到 37 年间的事情。

第 1 章：提贝里乌斯在卡普利埃岛隐居时暗纵情欲。

第2—3章：迫害趋于激烈；小里维娅的雕像被毁掉；谢雅努斯的财产被没收。

第4章：拉提尼乌斯·拉提亚里斯受到控告并被定罪。

第5章：由于向皇帝求救，科塔·美撒里努斯得救。

第6—7章：提贝里乌斯的一封叙述他内心恐怖的信。

第8章：玛尔库斯·提伦提乌斯的一篇动人的崇高的辩护词。

第9章：安尼乌斯·波里欧、阿庇乌斯·西拉努斯、玛美尔库斯·司考路斯等人受到控告；皇帝保留审判的权利。

第10章：一个妇女由于为她的儿子流泪而被控；罗马市长路奇乌斯·披索之死；他的杰出性格。

第11章：罗马市长的职务、起源和沿革。

第12章：关于西比拉预言书的辩论；承认它们时应注意的限制。

第13章：由于缺粮而发生的动乱。

第14章：被控以有阴谋活动的罗马骑士被定罪和处决。

第15章：日耳曼尼库斯的两个女儿分别同路奇乌斯·卡西乌斯和玛尔库斯·维尼奇乌斯结婚。

第16—17章：追究高利贷者；对他们进行取缔的新规定；由于提贝里乌斯的慷慨，恢复了国家的贷款。

第18—19章：根据大逆法进行的控诉；谢雅努斯的不少同谋者立即被处决。

第20—22章：盖乌斯·恺撒（卡里古拉）同克劳狄娅结婚；他的作风、虚伪和性格；提贝里乌斯预言伽尔巴的统治；他同特拉叙路斯研究预言术；有关那个占星家的一个著名的故事。

第 23—25 章：日耳曼尼库斯之子杜路苏斯的惨死和他母亲阿格里披娜的横死。

第 26—27 章：大法学家涅尔瓦的自杀及其原因；其他著名人士的命运。

第 28 章：埃及出现凤凰；关于这一神鸟的记述。

第 29—30 章：种种控诉与处决。

第 31—32 章：帕尔提亚贵族派出代表要求一个新的国王；提贝里乌斯相继送去二人；东方的统帅权交给路奇乌斯·维提里乌斯；他的性格。

第 33—37 章：帕尔提亚人和亚美尼亚人之间的战争；帕尔提亚人将阿尔塔巴努斯赶下王位；他到西徐亚去寻求庇护；维提里乌斯使提里达特斯登上王位。

第 38 章：在罗马大肆进行迫害，受害者颇多；富尔奇尼乌斯·特里奥的死亡和遗嘱。

第 39 章：波培乌斯·撒比努斯之死和他的性格。

第 40 章：维布列努斯·阿格里帕在元老院服毒自杀；亚美尼亚前国王提格拉尼斯和其他一些人被处死；埃米里娅·列庇妲自杀。

第 41—44 章：卡帕多奇亚的奇耶塔伊人的叛乱；他们的失败；帕尔提亚人废黜提里达特斯；阿尔塔巴努斯再次复位。

第 45 章：罗马大火；竞技场一部分被烧毁；提贝里乌斯的慷慨救济。

第 46 章：提贝里乌斯关于继承人的考虑；他对卡里古拉的性格的认识和他预言卡里古拉会横死。

第 47 章:在罗马播下了新的迫害的种子。

第 48—49 章:路奇乌斯·阿尔伦提乌斯的崇高的演说和他的自杀。

第 50 章:提贝里乌斯最后的疾病、伪装和死亡。

第 51 章:他的出身、经历和性格。

〔关于在第 6 卷和第 11 卷之间所缺部分,即从公元 37 年到 47 年的主要记事,见本书正文第 6 卷第 51 章注。〕

第 11 卷记述了公元 47 年和 48 年的事情。

第 1—3 章:由于美撒里娜的奸计,瓦列里乌斯·亚细亚提库斯和波培娅被定罪处死。

第 4 章:由于一个梦,一些罗马骑士被处死。

第 5—7 章:辩护人的不法行为;元老院有人提议恢复禁止收费的琴奇乌斯法;在这个问题上的辩论;确定合法费用,超过的部分被视为勒索行为。

第 8—10 章:帕尔提亚人的骚动;瓦尔达尼斯被处死;哥塔尔吉斯即位。

第 11 章:罗马建城八百年,举行非宗教性的赛会。

第 12 章:美撒里娜和盖乌斯·西里乌斯的罪恶的恋爱。

第 13—14 章:克劳狄乌斯不知他的妻子的通奸行为;他交卸了监察官职权;他增加了三个罗马字母;记述字母的起源。

第 15 章:为卜人团作出新的规定。

第 16—17 章:凯路斯奇人派人赴罗马要求一个国王;阿尔米尼乌斯的侄子意大利库斯被派到日耳曼并得到很好的接待;结成

了一个反对他的派别，但他在随后发生的内战中取得了胜利。

第 18—19 章：科尔布罗被派往下日耳曼去统率那里的军队；他实施了最严格的纪律；征服了卡乌奇人；他杀死了干纳斯库斯；他从克劳狄乌斯那里得到了重新渡过莱茵河的命令。

第 20—21 章：由于发现了一处矿藏，库尔提乌斯·路福斯取得了凯旋的荣誉；他的身世；他的显达和性格。

第 22 章：格涅乌斯·诺尼乌斯被发现带着匕首来见皇帝；他在受到拷问时的坚定表现；罗马之最初设监察官职位；这一职位的沿革。

第 23—25 章：关于补充新元老的辩论；高卢贵族要求参加元老院；反对这一措施的发言；皇帝对整个辩论的回答；高卢人达到目的；克劳狄乌斯拒绝元老院之父的称号。

第 26—28 章：美撒里娜和西里乌斯的疯狂恋爱；西里乌斯提出要和皇帝的夫人结婚，她同意了；克劳狄乌斯不在时，他们公然举行婚礼。

第 29—30 章：被释奴隶们立意要除掉她；两个妓女在纳尔奇苏斯的指使下把这事告诉了皇帝。

第 31—36 章：美撒里娜尽情寻欢作乐；克劳狄乌斯自奥斯蒂亚返回；被释奴隶纳尔奇苏斯领他去军营；西里乌斯和他的同谋者被处死。

第 37—38 章：克劳狄乌斯在宴会上有宽恕美撒里娜之意；纳尔奇苏斯下令把她处死；克劳狄乌斯的愚蠢；纳尔奇苏斯得到监察官的标记。

第 12 卷记述了公元 49 年到 54 年间的事情。

第 1 章：在为皇帝选择妻子一事上，被释奴隶分成几派；争取这一地位的是洛里娅・宝琳娜、优利娅・阿格里披娜和埃里娅・帕伊提娜。

第 2 章：克劳狄乌斯同纳尔奇苏斯、卡利司图斯和帕拉斯考虑问题。

第 3—7 章：皇帝的侄女阿格里披娜由于帕拉斯而被选中；监察官维提里乌斯建议元老院宣布叔父与侄女之间的结婚是合法的；为此公布了一项法令。

第 8 章：结婚当天，西拉努斯自杀；他的姊妹卡尔维娜被逐出意大利；由于阿格里披娜的斡旋，塞内加从流放地召回；她这样做的理由。

第 9 章：皇帝的女儿屋大维娅许给了阿格里披娜的儿子尼禄。

第 10—14 章：帕尔提亚遣使前来要求美赫尔达特斯从罗马前去做他们的国王；美赫尔达特斯出发；他对哥塔尔吉斯作战，但是被打败了；哥塔尔吉斯病死；沃诺尼斯继任帕尔提亚国王；不久沃洛吉西斯又取代了他。

第 15—21 章：米特利达特斯试图恢复本都王国；他被打败并被解送罗马；他对皇帝的坚定态度。

第 22 章：洛里娅・宝琳娜因阿格里披娜的奸计而被放逐；她在流放中死去；卡尔普尔尼娅受到惩处，但未被处死。

第 23—24 章：克劳狄乌斯扩大罗马城；罗马的城界后来逐步扩大。

第 25—28 章：克劳狄乌斯过继了尼禄；阿格里披娜为了提高

自己的声誉，在她的出生地乌比伊人的地方建立了一个移民地；卡提伊人蹂躏和掠夺了这个地方；他们被平定。

第29—30章：苏埃比人的国王万尼乌斯被逐出他的王国；在潘诺尼亚把土地分给他和他的追随者。

第31—38章：普布里乌斯·欧司托里乌斯在不列颠统率军队；他对卡拉塔库斯的胜利；卡尔提曼杜娅把卡拉塔库斯交给罗马人；他被解送到罗马；他之坚定不屈和他对克劳狄乌斯发表的演说；对他、他的妻子和兄弟的赦免。

第39—40章：欧司托里乌斯尽瘁而死；奥路斯·狄第乌斯奉派到不列颠去接替他。

第41—42章：尼禄穿上成人的服装；不列塔尼库斯受到轻视，并由于阿格里披娜的奸计而被放在次于尼禄的地位；不列塔尼库斯的侍从和教师被从他身边调开；阿格里披娜给他指定了一些新人。

第43章：罗马的朕兆和怪事；人民苦于粮食缺乏；依靠埃及和阿非利加的粮食之非策。

第44—51章：伊伯利亚人和亚美尼亚人之间的战争；帕尔提亚人和罗马人卷入纠纷；伊伯利亚国王帕拉司玛尼斯派其子拉达米司图斯去其叔父亚美尼亚国王米特利达特斯处；拉达米司图斯的叛卖；因其父之命令，他对亚美尼亚开战；米特利达特斯被包围在一个要塞之内，要塞的守卫者是凯里乌斯·波里欧；波里欧之贪财；米特利达特斯被他出卖，并被拉达米司图斯杀死。

第52章：福利乌斯·司克里波尼亚努斯被放逐；占星术士被逐出意大利。

第 53 章:禁止妇女与奴隶通婚的法令;帕拉斯因提出此一法令而受赏。

第 54 章:犹太恢复平静;帕拉斯的兄弟费里克斯虽行为不当但逃脱惩罚;库玛努斯担起了惩罚。

第 55 章:奇耶塔伊人的骚动为安提奥库斯所平定。

第 56—57 章:克劳狄乌斯在富奇努斯湖上举行海战;山中开一隧道,工程开头并不顺利,最后终于完成;纳尔奇苏斯受到阿格里披娜的指责。

第 58 章:尼禄为伊利昂和其他城市的居民辩护。

第 59 章:司塔提里乌斯·陶路斯受到塔尔克维提乌斯·普利斯库斯的控告;后者虽有阿格里披娜这一后台,仍为元老院所驱逐。

第 60 章:各行省皇帝财务代理官的职权;对此事的评论。

第 61—63 章:豁免科斯岛的租税;免除拜占庭五年间的贡赋。

第 64—65 章:朕兆和怪事;尼禄的姑母多米提娅·列庇妲由于想讨好尼禄而受到阿格里披娜的不公正的指控;纳尔奇苏斯想救她但未成功;她被处死。

第 66—67 章:克劳狄乌斯生病;他移居西努埃撒;阿格里披娜准备了一盘放毒的蘑菇;御医色诺芬假作促使皇帝呕吐而把浸毒的羽毛探入他的喉咙。

第 68—69 章:不列塔尼库斯被阿格里披娜留在宫中,尼禄则被军队宣布为皇帝;元老院同意并下令给克劳狄乌斯以神圣的荣誉。

第 13 **卷**记述了公元 55 年到 58 年间的事情。

第 1 章:亚细亚总督西拉努斯由于阿格里披娜的唆使被毒死;克劳狄乌斯的被释奴隶纳尔奇苏斯虽因其奸计而为尼禄所喜爱,但仍被迫致死。

第 2—3 章:布路斯和塞内加的性格;克劳狄乌斯的葬仪;尼禄发表悼词。

第 4—5 章:尼禄的统治初期形势似有好转;元老院可以独立地处理事务。

第 6—11 章:帕尔提亚人提出对亚美尼亚王国的权利;科尔布罗奉派率军去对付他们;他带信给帕尔提亚国王沃洛吉西斯;后者送出了人质;元老院建议以 12 月 1 日为元旦,因为尼禄生于此月;皇帝拒绝了这一建议。

第 12—13 章:尼禄爱上了被释女奴隶阿克提;阿格里披娜生气;她的权力被削弱。

第 14 章:帕拉斯被驱出宫廷;尼禄对此事的意见。

第 15—17 章:不列塔尼库斯被毒死;他的葬仪在深夜举行。

第 18—22 章:尼禄讨厌阿格里披娜,因此把她迁出宫殿而使她住到另一地方;她被控以叛国罪;尼禄主张处死她;布路斯前去听取她的辩护;她的高傲的神色;她惩罚敌人、赏赐友人。

第 23—24 章:帕拉斯和布路斯受到控告;二人被赦免;控告人被放逐。

第 25 章:尼禄的放荡行为。

第 26—27 章:元老院辩论有关被释奴隶的不逊问题;建议他们服从原来的约束。

第 28—29 章:缩小保民官与营造官的职权;有关岁入管理的简略回顾。

第 30 章:维普撒尼乌斯·莱纳斯被定罪;路奇乌斯·沃路西乌斯死(终年九十三岁);他的性格。

第 31—32 章:行省当选的长官不再举行表演;保护主人使不受他们的奴隶的侵犯的规定;彭波尼娅·格莱奇娜被控信奉外国宗教并为她的丈夫所驱逐。

第 33 章:普布里乌斯·凯列尔、科苏提亚努斯·卡皮托和埃普里乌斯·玛尔凯路斯被控以勒索罪。

第 34—41 章:尼禄赏赐瓦列里乌斯·美撒拉等人;在亚美尼亚问题上同帕尔提亚人的新纠纷;科尔布罗整肃军纪;他进入亚美尼亚;他的军队备受严冬之苦;提里达特斯(帕尔提亚国王沃洛吉西斯的兄弟)向他进攻但未得逞;他从罗马人面前逃走:科尔布罗攻克和烧毁阿尔塔克撒塔城。

第 42—43 章:普布里乌斯·苏伊里乌斯在罗马被控;他痛斥塞内加;他受审并被定罪。

第 44 章:奥克塔维乌斯·撒吉塔因求婚不遂而刺死彭提娅;他的被释奴隶的忠诚;撒吉塔被定罪。

第 45—46 章:尼禄倾心于波培娅·萨比娜;她的经历、她的美貌和权术;奥托引诱她离弃了她的丈夫路福里乌斯·克利司披努斯;尼禄爱上了她;尼禄派奥托去治理路西塔尼亚。

第 47—48 章:尼禄现出原形;他放逐了科尔涅里乌斯·苏拉;普提欧里的叛乱为军队所平定。

第 49 章:特拉塞亚·帕伊图斯反对元老院的一项动议;他的

敌人攻击他的品行;他对友人们的回答。

第 50—52 章:收税人的不法行为受到限制;尼禄想免除一项税收,但是被谏止;向人民公开有关岁入的法律。

第 53—56 章:日耳曼平静无事;弗里喜人乘机移居莱茵河岸;他们的两个头目去罗马向皇帝请求;他们在庞培剧场的行动;尼禄下令消灭弗里喜人;波约卡路斯领导下的安普西瓦里人有同样的企图但未获成功;波约卡路斯对罗马将领所作的勇敢回答。

第 57 章:赫尔孟都利人和卡提伊人之间的战争;两族人都迷信产盐的一条河,因此他们的争端日益激烈;赫尔孟都利人战胜;卡提伊人几乎被割裂。

第 58 章:一株被称为卢米那里斯的树(曾荫蔽过列穆斯和罗木路斯)开始枯萎;人们认为这是凶兆,但后来此树又抽出新枝。

第 14 卷记述了公元 59 年到 62 年间的事情。

第 1—10 章:尼禄更爱波培娅,也更恨他的母亲阿格里披娜;阿格里披娜想重新取得尼禄对她的爱,但未成功;尼禄同意把她淹死在海里的一次阴谋;为此造了一只船;阿格里披娜在阴谋中幸免于难;激怒的尼禄把米塞努姆的舰队司令官阿尼凯图斯派去杀死了她。

第 11—12 章:尼禄致书元老院为这一谋杀辩护;对诸神所作的祈求;特拉塞亚·帕伊图斯在激怒之下走出元老院。

第 13—16 章:尼禄不顾一切地胡作非为;他驾驶马车,强迫世家子弟登台表演;他本人也登台表演、作诗。

第 17 章:努凯里亚和庞培两地居民之间的一次可怕的摩擦。

第 18—19 章:库列涅人在元老院所作的怨言;著名演说家多米提乌斯·阿菲尔和玛尔库斯·塞尔维里乌斯之死;他们的性格。

第 20—21 章:尼禄规定的每五年举行一次的赛会;他对这一规定的意见。

第 22 章:彗星预示政府的更迭;路贝里乌斯·普劳图斯被放逐。

第 23—26 章:科尔布罗在亚美尼亚的明智而又勇敢的行动;他先后攻克了阿尔塔克撒塔和提格拉诺凯尔塔,并使提格拉尼斯登上了亚美尼亚的王位。

第 27 章:亚细亚的城市拉欧狄凯亚被地震摧毁;罗马当局对移民地的不慎重而又不策略的治理。

第 28 章:皇帝决定了行政长官的人选。

第 29—39 章:不列颠的一次大规模叛乱;苏埃托尼乌斯·保里努斯被派出去统率军队;他攻占了莫纳岛并摧毁了圣林;但当他不在那些地方时,对罗马人又进行了一次全面的屠杀;行省几乎失守,但苏埃托尼乌斯·保里努斯又收复了这地方;他打败了布狄卡,进行了大屠杀。

第 40—45 章:罗马的长官被他的一名奴隶杀死;元老院就主人被杀死时全体奴隶都要偿命的问题展开辩论。

第 46—50 章:塔尔克维提乌斯·普利斯库斯被定罪;美米乌斯·列古路斯之死;他的性格;尼禄奉献一座大竞技场;恢复大逆法;行政长官安提司提乌斯因为写了一首诗讽刺皇帝而受到追究;元老院想对他处以极刑;特拉塞亚·帕伊图斯反对这一动议;大部分元老同意他的意见。

第51章：布路斯去世；举国哀悼。

第52—56章：陷害塞内加的企图；他的敌人在皇帝面前诋毁他；他同尼禄见面：他的发言和尼禄的回答。

第57—59章：提盖里努斯受宠；出于他的意思，苏拉在马赛被杀，普劳图斯在亚细亚被杀。

第60—65章：尼禄驱逐了他的妻子屋大维娅，娶了波培娅；民众的骚乱；通过尼禄的收买，阿尼凯图斯承认自己和屋大维娅通奸；尼禄把她放逐到庞达提里亚岛，随即把她杀死。

第15卷记述了从公元62年到65年间的事情。

第1—5章：帕尔提亚国王沃洛吉西斯进攻亚美尼亚；他由于科尔布罗的得体措施而退走了。

第6—17章：尼禄把凯森尼乌斯·帕伊图斯派至亚美尼亚单独负起统帅大权；此人的冒失、好虚荣和不懂军事；他和他的军团被包围；科尔布罗前往救援，但为时已晚；帕伊图斯被迫投降。

第18章：战争胜负未决之际，罗马方面已决定修建纪念战胜的设施。

第19—22章：元老院就虚假的过继所进行的辩论。

第23章：尼禄和波培娅生了一个女儿；他的过度的高兴；修造了一些公共纪念物，但无效；婴儿在四个月内死去；她被尊崇为神；为她修建了一座神殿。

第24—31章：帕尔提亚人派来了一个代表团，宣称有权保有亚美尼亚；使节未获成功即被送回；委托科尔布罗进行战争；他再次进入亚美尼亚；帕尔提亚人大为惊恐；缔结了一项条约，帕尔提亚人同意了和约条件；提里达特斯将把王冠放在尼禄像的脚下，不经尼禄的许可永不再戴它。

第32—34章：阿尔卑斯山附近沿岸诸城市取得拉丁权；尼禄在那不勒斯的舞台上歌唱；他到处胡作非为。

第35—37章：托尔克瓦图斯·西拉努斯被迫自杀。

第38—46章：罗马大火；尼禄有纵火嫌疑；他霸占烧光的土地自用，修建了一所宏伟的宫殿；基督教徒被控纵火，虽系诬陷，但被残酷处死。

第47章：各种异常的朕兆。

第48—55章：一次拥护盖乌斯·披索、反对尼禄的阴谋；一些罗马骑士和元老参加了阴谋；不知阴谋之首倡者为谁；苏布里乌斯·佛拉乌斯是坚决的参加者之一；一名被释女奴隶埃皮卡里丝鼓动阴谋者；由于她不谨慎和米利库斯的告密而使阴谋败露。

第56章：阴谋者供出了他们的同谋者；路卡努斯出卖了他的母亲阿奇里娅。

第57—59章：埃皮卡里丝在受到拷问时的坚定态度；法伊尼乌斯·路福斯本人虽参加了阴谋，但却卖力地反对其他阴谋者；一些著名人物被处死。

第60—65章：塞内加受到指控；一名将领被派到他那里去通知指控的细节；他的回答；他接到要他自杀的命令；他的妻子彭培娅·宝琳娜因尼禄的命令而得救；塞内加死于浴室。

第66章：法伊尼乌斯·路福斯受到其余共谋者的控诉。

第67章：苏布里乌斯·佛拉乌斯的坚定行动；他对尼禄的无畏的回答；他的死亡。

第 68—69 章:执政官维司提努斯虽系无辜,但仍有一将领通知他割断脉管。

第 70—71 章:诗人路卡努斯在背诵自己的诗篇时死去。

第 72—73 章:尼禄赏赐士兵;元老院召集会议;他们的卑鄙的谄媚行为;下令向诸神奉献供物;以尼禄之名为 4 月命名。

第 16 **卷**记述了公元 65 年和 66 年的事情。本卷的一部分事情是发生在前执政官任上的。

第 1—3 章:尼禄妄想在阿非利加发现大量被隐藏起来的财富;原来一个叫凯谢里乌斯·巴苏斯的人在梦的哄骗之下报告了这一秘密,从而使皇帝毫无节制地浪费财富。

第 4—5 章:每五年举行一次的赛会,尼禄争取歌唱和演说的优胜奖;他登上了公开的舞台;维斯帕西亚努斯(后来的皇帝)害怕尼禄的暗探而留在剧场里。

第 6 章:波培娅之死;她的葬仪;尼禄发表对她的颂词。

第 7—9 章:盖乌斯·卡西乌斯和路奇乌斯·西拉努斯被放逐;列庇妲交由皇帝处理。

第 10—11 章:路奇乌斯·维图斯、塞克司提娅和波利塔被处死。

第 12 章:5 月和 6 月分别使用克劳狄乌斯和日耳曼尼库斯的名字。

第 13 章:康帕尼亚发生了极严重的旋风;罗马发生瘟疫。

第 14—16 章:安泰乌斯和欧司托里乌斯被迫自杀。

第 17 章:安奈乌斯·梅拉(诗人路卡努斯的父亲)、阿尼奇乌斯·凯里亚里斯、路福里乌斯·克利司披努斯和提图斯·佩特洛尼乌斯被处死。

第18章:佩特洛尼乌斯的性格。

第19章:他在临死前的行为。

第20章:西里娅因被怀疑发现尼禄暗中的丑行而被放逐。

第21章:尼禄一心想害死特拉塞亚·帕伊图斯和巴列亚·索拉努斯。

第22章:科苏提亚努斯控诉特拉塞亚。

第23—26章:欧司托里乌斯·撒比努斯指控巴列亚·索拉努斯;尼禄决定当提里达特斯到罗马接受亚美尼亚王冠时害死特拉塞亚和索拉努斯;特拉塞亚和他的朋友辩论参加元老院的会议是否合适的问题;对这一问题的不同意见。

第27章:元老院四周加设警卫。

第28—29章:埃普里乌斯·玛尔凯路斯攻击特拉塞亚。

第30—33章:索拉努斯的女儿谢尔维里娅遇到和她父亲相同的危险;她的崇高的辩护;和特拉塞亚一样,二人被定罪;死的方式交由二人自己选择;赫尔维狄乌斯被逐出意大利;蒙塔努斯被控写过一首反对尼禄的讽刺诗;他被赦免,但此后不准担任任何公职;三个告密人埃普里乌斯、科苏提亚努斯和欧司托里乌斯得到丰厚的赏赐。

第34—35章:一位财务官被派去看特拉塞亚自杀;特拉塞亚非凡的行为和他对财务官的忠告。〔此卷后面部分遗失。〕

关于与本书有关的皇帝家系的若干说明

《编年史》是从提贝里乌斯的统治时期开始叙述的，提贝里乌斯是奥古斯都的养子，而奥古斯都（屋大维）又是以继承优利乌斯·恺撒的事业为号召的，所以我们就从优利乌斯·恺撒介绍起。

盖乌斯·优利乌斯·恺撒（约公元前 102—前 44 年）的父亲也叫盖乌斯·优利乌斯·恺撒，母亲是奥列里娅。

恺撒的妻子是科尔涅里娅，他们生了一个女儿优利娅，优利娅嫁给了格涅乌斯·彭佩乌斯（庞培）。

恺撒有一个姊妹也叫优利娅，她嫁给了玛尔库斯·阿提乌斯·巴尔布斯，他们生了一个女儿阿提娅，阿提娅嫁给了盖乌斯·屋大维。阿提娅和盖乌斯·屋大维生了奥古斯都（屋大维）和屋大维娅。

因此，奥古斯都的外祖母是恺撒的姊妹，按亲属关系来说，恺撒是奥古斯都的外舅祖父，而不是一般所误传的外祖父。

奥古斯都先是同司克里波尼娅结婚，奥古斯都是司克里波尼娅的第三个丈夫，但是不久就离婚了。他们生了一个叫优利娅的女儿。

奥古斯都随后又同里维娅结婚，他是里维娅的第二个丈夫。里维娅原来的丈夫是提贝里乌斯·克劳狄乌斯·尼禄，他们生了提贝里乌斯和尼禄·杜路苏斯。提贝里乌斯后来就被过继为奥古斯都的继子。

奥古斯都的姊妹屋大维娅先是嫁给盖乌斯·玛尔凯路斯；玛尔凯路斯死后，她又嫁给安托尼乌斯。她和玛尔凯路斯生了一男二女：玛尔库斯·玛尔凯路斯、大玛尔凯拉和小玛尔凯拉；后来又和安托尼乌斯生了两个女儿：大安托尼娅和小安托尼娅。

安托尼乌斯在和屋大维娅结婚之前，曾和富尔维娅结婚（他是富尔维娅的第三个丈夫）。

屋大维娅和安托尼乌斯所生的女儿小安托尼娅嫁给了提贝里乌斯·克劳狄乌斯·尼禄和里维娅二人所生的儿子尼禄·杜路苏斯（提贝里乌斯的兄弟）。小安托尼娅和尼禄·杜路苏斯二人生了日耳曼尼库斯和克劳狄乌斯。

日耳曼尼库斯和阿格里披娜结婚。阿格里披娜则是奥古斯都的女儿优利娅嫁给玛尔库斯·阿格里帕之后所生的。

日耳曼尼库斯和阿格里披娜的子女有下列数人：

（1）尼禄·恺撒（他娶了里维娅·优利娅）

（2）杜路苏斯·恺撒（他娶了埃米里娅·列庇妲）

（3）盖乌斯·优利乌斯·恺撒·日耳曼尼库斯（即继提贝里

乌斯为皇帝的卡里古拉）

（4）阿格里披娜（她后来嫁给了他的叔父皇帝克劳狄乌斯）

（5）杜路西拉（她嫁给了路奇乌斯·卡西乌斯·隆古努斯和玛尔库斯·埃米里乌斯·列庇都斯）

（6）优利娅·里维拉（她嫁给了玛尔库斯·维尼奇乌斯）

奥古斯都的女儿优利娅和阿格里帕所生的子女除了阿格里披娜（日耳曼尼库斯的妻子）之外，还有下列数人：

（1）盖乌斯·恺撒（他娶了里维拉，里维拉则是尼禄·杜路苏斯和小安托尼娅二人所生的女儿，克劳狄乌斯的姊妹）

（2）路奇乌斯·恺撒

（3）阿格里帕·波司图姆斯

（4）优利娅（她嫁给路奇乌斯·埃米里乌斯·保路斯后，生了儿子玛尔库斯·埃米里乌斯·列庇都斯和女儿埃米里娅·列庇妲。埃米里娅·列庇妲的女儿优尼娅·卡尔维娜是皇帝维提里乌斯的兄弟路奇乌斯·维提里乌斯的妻子）

提贝里乌斯的妻子最初是维普撒尼娅·阿格里披娜（玛尔库斯·阿格里帕的女儿），他们二人有一个儿子杜路苏斯，后奉奥古斯都之命，和她离婚而娶了奥古斯都的女儿优利娅，维普撒尼娅·阿格里披娜则再嫁给阿西尼乌斯·伽路斯，又和他生了五六个儿子。

优利娅在同提贝里乌斯结婚之前，她的第一个丈夫是玛尔凯路斯。玛尔凯路斯是奥古斯都的姊妹屋大维娅的儿子，所以是优利娅的表兄弟。玛尔凯路斯死后，她的第二个大夫是阿格里帕，他们生了五个孩子(见上)。提贝里乌斯则是她的第三个丈夫。优利娅的淫乱行为据说是提贝里乌斯退居到罗得岛上去的原因,公元前 2 年,奥古斯都把她放逐出罗马。

再说奥古斯都的姊妹屋大维娅和安托尼乌斯之间所生的女儿大安托尼娅。大安托尼娅同路奇乌斯·多米提乌斯·阿埃诺巴尔布斯结婚后生了格涅乌斯·多米提乌斯·阿埃诺巴尔布斯(还有女儿多米提娅·列庇妲)。这就是皇帝尼禄的父亲。尼禄的母亲则是日耳曼尼库斯的女儿阿格里披娜(阿格里披娜和她的母亲是同样的名字)。

尼禄的第一个妻子是屋大维娅。这个屋大维娅是克劳狄乌斯和美撒里娜所生的女儿,但尼禄后来遗弃了她而同波培娅·萨比娜结了婚。这个波培娅是提图斯·欧里乌斯和老波培娅·萨比娜的女儿。她最初嫁给了路富里乌斯·克里司披努斯,后来又嫁给奥托,同时又勾搭上了尼禄。随后就正式嫁给了尼禄。他们生了一个女儿克劳狄娅,几个月就死了。

不列塔尼库斯也是克劳狄乌斯和美撒里娜二人所生。他是屋大维娅的兄弟,后来被尼禄毒死。

伽尔巴(塞尔维乌斯·苏尔皮奇乌斯·伽尔巴)的父亲是盖乌斯·苏尔皮奇乌斯·伽尔巴,母亲是穆米娅·阿卡伊卡。

维斯帕西亚努斯(提图斯·佛拉维乌斯·维斯帕西亚努斯)的

父亲佛拉维乌斯·撒比努斯是一个包税人。维斯帕西亚努斯是被尼禄派到东方去对犹太人作战的。他和他的两个儿子提图斯和多米提安都做过皇帝，构成罗马帝国史上的所谓佛拉维乌斯王朝。而从奥古斯都经提贝里乌斯、盖乌斯（卡里古拉）和克劳狄乌斯到尼禄，在罗马帝国史上，则称为优利乌斯—克劳狄乌斯王朝。伽尔巴、奥托和维格里乌斯三人当政时间则是内战时期。

东方两王国的世系

帕尔提亚诸王

普拉提斯四世	前 37—前 32
提里达特斯二世	前 31—前 25
普拉提斯五世(普拉塔凯斯)	前 2—公元 4(或 6)
欧洛狄斯三世	统治时期在公元 7 年前后
沃诺尼斯一世(罗马指定)	8(或 9)—11(或 12)
阿尔塔巴努斯三世	11(或 12)—38
普拉提斯六世(罗马指定)	35
提里达特斯三世(罗马指定)	35—36
? 琴那木斯	37
哥塔尔吉斯二世	38—40
瓦尔达尼斯一世	38(或 40)—45(或 46)
哥塔尔吉斯二世(复位)	45(或 46)—51
美赫尔达特斯(罗马指定)	49
沃诺尼斯二世	51
沃洛吉西斯一世	51—77
瓦尔达尼斯一世之子	55—58

亚美尼亚诸王

阿尔塔瓦斯德斯一世	前56—前34
阿尔塔克西亚斯二世	前33—前20
提格拉尼斯二世(罗马指定)	前20—前7
提格拉尼斯三世和埃拉托王后	前7—公元2
阿尔塔瓦斯德斯二世(罗马指定)	前3—前1
阿里奥巴尔扎尼斯(罗马指定)	公元2—4
阿尔塔瓦斯德斯三世(罗马指定)	4—6
提格拉尼斯四世(? 来自犹太)(罗马指定)	约在6—12之间
埃拉托王后　在提格拉尼斯四世前后进行过短期的统治	
虚位时期	? —12
沃诺尼斯(来自帕尔提亚王位)	12—16
欧洛狄斯	16—18
阿尔塔克西亚斯三世(来自本都)(罗马指定)	18—34
"阿尔撒凯斯"	34—35
欧洛狄斯(复位)	35
米特利达特斯(来自伊伯利亚,罗马指定)	35—37
虚位时期(帕尔提亚太守戴莫纳克斯)	37—41
米特利达特斯(罗马指定复位)	41—50年代初期
拉达米司图斯(来自伊伯利亚)	50年代初期两次短期的统治
提里达特斯	
统治时期从50年代初期到60年代初期,中间有间断	
提格拉尼斯五世(来自犹太)(罗马指定)	

60 前后进行过短期的统治

虚位时期(罗马占领时期) 63—66

提里达特斯(罗马指定复位) 66—?

色雷斯诸王

莱美塔尔凯斯一世 前 11—公元 12

西色雷斯	东色雷斯
列司库波里斯二世 12—19	科提斯四世 12—19
莱美塔尔凯斯二世 19—40	〔特列贝列努斯·路福斯摄政〕
	莱美塔尔凯斯三世
	37(或 38)—46

编 年 史

第 一 卷[①]

（1）[②]罗马最初是在国王统治下的一个城邦。路奇乌斯·布鲁图斯制定了自由的政体和执政官当政的制度。独裁官的制度始终是一种应急之策；十人团的权限不能超过两年，军团将领所掌握的

① 这一卷包括公元 14 和 15 年两年，即传说罗马建城第 767 和 768 年的事情。公元 14 年度的执政官是塞克斯图斯·庞培和塞克斯图斯·阿普列乌斯；公元 15 年度的执政官是杜路苏斯·恺撒和盖乌斯·诺尔巴努斯·佛拉库斯。

② 本章开头所提到的一些史实，按年代排列如下：

公元前 753 年，传说为罗马建城的一年。

公元前 509 年，路奇乌斯·布鲁图斯担任执政官。

公元前 451—前 450 年(以及公元前 449 年的一部分)，十人团执政时期。

公元前 445 年，设置拥有执政官权力的军团将领的职位(公元前 408 至前 367 年短时期中断)。

公元前 87—前 84 年，秦纳四次连任执政官。

公元前 82—前 79 年，苏拉独裁。

公元前 53 年，卡尔莱之役和克拉苏斯之死。

公元前 48 年，帕尔撒里亚之役和庞培之死(在埃及)。

公元前 36 年，屋大维剥夺了列庇都斯的权力。

公元前 31 年，安托尼乌斯在阿克提乌姆战败。

公元前 27 年，屋大维取得奥古斯都的尊号。

执政官的权力也不能长久。秦纳和苏拉的专制统治时期都不长；庞培和克拉苏斯的大权很快就转入恺撒之手，接着列庇都斯和安托尼乌斯的军权也就归奥古斯都掌握了。奥古斯都则以普林凯普斯[①]的名义把在内争中被搞得残破不堪的国土收归自己的治下。著名的历史学家已把古老的罗马共和国的光荣和不幸载入史册。甚至奥古斯都当政的时期也不乏出色的作家为之执笔；但阿谀奉承之风一旦盛行起来，历史学家便不敢再动笔了。提贝里乌斯、卡里古拉、克劳狄乌斯和尼禄的历史都是人们在他们炙手可热时怀着惶恐心情胡编乱造出来的，而在他们死后撰述的作品，又受到余怒未消的愤恨情绪的影响。因此我想稍稍谈一下奥古斯都，特别是他当政的后期，然后再来谈提贝里乌斯及其继承者的当政时期。我下笔的时候既不会心怀愤懑，也不会意存偏袒，因为实际上我没有任何理由要受这些情绪的影响。

（2）布鲁图斯和卡西乌斯横死以后，共和国已丧失了武装力量；庞培在西西里已被击败，[②]列庇都斯已被排除，安托尼乌斯已被杀死，到了这时，甚至优利乌斯的一派，除恺撒（即屋大维——中译者）本人外再也没有别的领导者了。屋大维放弃了三头之一的头衔，声称自己只不过是一个普通的执政官，只要有保护普通人民的保民官的权力便感满足。他首先用慷慨的赏赐笼络军队，用廉价的粮食讨好民众，用和平安乐的生活猎取世人对他的好感。然后

① 普林凯普斯（princeps）这个头衔并不意味着授予任何民政的或军事的权力。共和国时期以来，这个头衔授予被监察官列在元老名单的首位的元老，因此这个人就被称为首席元老（princeps senatus）。当奥古斯都把一切高级官吏的大权全部集中到他自己一人之手的时候，他宁肯选用这样一个最不会引起别人忌妒的头衔。

② 公元前36年塞克斯图斯·庞培（彭佩乌斯）在佩洛鲁姆海角附近海面上被阿格里帕打败。

再逐步地提高自己的地位，把元老院、高级长官乃至立法的职权都集于一身。反对他的力量已荡然无存：公然反抗的人或在战场上或在罗马公敌宣告名单的法律制裁下被消灭了；剩下来的贵族则觉得心甘情愿的奴颜婢膝才是升官发财的最便捷的道路；他们既然从革命得到好处，也就宁愿在当前的新秩序之下苟且偷安，不去留恋那会带来危险的旧制度了。新秩序在各行省也颇受欢迎。元老院和人民[①]在那里的统治却由于权贵之间的倾轧和官吏们的贪得无厌而得不到信任；法制对于这些弊端也拿不出什么有效的办法，因为暴力、徇私和作为最后手段的金钱早已把法制搅得一塌糊涂了。

(3) 奥古斯都这时为了加强自己的统治，提拔他姊妹[②]的儿子克劳狄乌斯·玛尔凯路斯[③]这个十分年轻的小伙子担任祭司和高级营造官[④]，又使那虽非贵族出身但精通军事，并曾协助他打过胜仗的玛尔库斯·阿格里帕享受了两次连任执政官的荣誉；稍后，在玛尔凯路斯死后，他又选阿格里帕为自己的女婿。他使他的继子(他妻子的儿子——中译者)提贝里乌斯·尼禄和克劳狄乌斯·杜路苏斯两人[⑤]都取得统帅(imperator)的称号。他虽然这样做了，其实家里人数仍然未变：因为他已经过继了阿格里帕的两个儿子

① 元老院和人民(Senatus populusque Romanus)实际上是罗马的代名词。

② 即屋大维娅。

③ 此人在维吉尔的叙事诗《埃涅阿斯》(参见第 6 卷，第 860 行以次)中极有名。他娶了奥古斯都的女儿优利娅，在罗马建城第 731 年他二十岁的时候就死了。

④ 就是有座椅资格的(curulis)营造官，一般高级官吏都有这种特权。

⑤ 提贝里乌斯·尼禄(即后来的皇帝提贝里乌斯)和克劳狄乌斯·杜路苏斯是提贝里乌斯·克劳狄乌斯和里维娅·杜路西拉所生的儿子；提贝里乌斯把里维娅让给奥古斯都的时候，她正在怀着杜路苏斯。

盖乌斯和路奇乌斯[①]到自己家里来。尽管他装出不愿这样做的样子，他心里却极想使他们甚至在他们还未成年的时候就为他们保留执政官的职位并取得青年元首[②]的称号。阿格里帕死了。路奇乌斯·恺撒和盖乌斯·恺撒跟着也相继丧命。路奇乌斯死在他到西班牙军队那边去的途中，盖乌斯则是在从亚美尼亚回来的道上因伤致死的。他们的死亡或许是因为他们两人天生短命，或许是因为他们的继母里维娅下了毒手。杜路苏斯早就死了，继子当中只有尼禄一人活了下来。他成了全国瞩目的中心人物。他是奥古斯都的继子，与奥古斯都共同治理帝国，分享保民官的权力，并且有机会在全军面前显示自己的风采。不过和先前不同的是，这次并不是由于他母亲的暗中策划，而是她公开这样要求的。里维娅把上了年纪的奥古斯都已经管得这样服服帖帖，她竟然把他仅有的一个未死的外孙放逐到普拉纳西亚岛[③]去。尽管这个外孙阿格里帕·波司图姆斯没有什么优点可说，尽管他蛮勇甚至到粗野的程度，但他在外面却没有什么秽行丑闻。可是，令人费解的是，他却要杜路苏斯的儿子日耳曼尼库斯领导莱茵河一带的八个军团，并且命令提贝里乌斯过继日耳曼尼库斯为继子，尽管提贝里乌斯自己家里已经有了一个业已成年的儿子。他这样做的目的在于使自己在继承方面多一层保证。

① 盖乌斯和路奇乌斯是阿格里帕和优利娅所生的儿子，他们都是奥古斯都的外孙。

② princeps juventutis 是监察官在名单上列为第一名的罗马骑士（princeps equestris ordinis），在帝国时期这是皇子的头衔。

③ 今天的皮亚诺扎岛（Pianosa），它位于科西嘉岛和托斯卡纳的正中间。

这时除了对日耳曼人的引人注目的战事以外，别的战争都结束了。进行这场战争与其说是要扩充帝国的疆土或是要取得什么切实的利益，却毋宁说要为克温克提里乌斯·伐鲁斯的军队的惨败湔雪耻辱。[①] 国内是平静无事的。官吏的称号仍旧一如既往地保持着。年青一代的人都是在阿克提乌姆一役战胜之后出生的。甚至老一辈的人大部分也都是在内战时期诞生的；剩下来的人又有谁是真正看见过共和国的呢？

（4）世界的局面改变了，浑厚淳朴的罗马古风业已荡然无存。政治上的平等已经成为陈旧过时的信念，所有的人的眼睛都在望着皇帝的敕令。只要奥古斯都还年富力强，足以维持他本人、他全家，以及全国的和平，那么人们在当前就不会有什么忧愁。但是当他年老多病、体力不支、大去之日不远，而人们的新希望初露之时，一些人就开始闲谈自由的幸福了；更多的人则担心会爆发战争；还有一些人却又希望发生战争；大多数人只是交换一些贬损未来统治者的流言蜚语："性情粗暴的阿格里帕一受到屈辱就会发火；这样的人就年龄和经验而论都担不起统治帝国这一重任。提贝里乌斯·尼禄正当壮年，久经沙场，但却有克劳狄乌斯家族那种古老的、与生俱来的傲慢习气，此外他还流露出一些残忍嗜杀的迹象，尽管他自己尽力想抑制它们。他从一降生，就是在皇室的环境中抚养大的。他年轻时，脑子里想的全都是执政官的职位和凯旋之类的事情。甚至在他居住于罗得岛的那几年里[②]——表面上是退

① 普布里乌斯·克温克提里乌斯·伐鲁斯（奥古斯都的侄孙女婿）和他的三个军团在威斯特伐里亚的森林中被阿尔米尼乌斯歼灭是公元 9 年的事情。

② 从公元前 6 年至公元 2 年。

隐，实际上是被放逐——他心头充满了愤懑、伪善，并且暗纵情欲。人们还谈到他母亲的种种女人任性表现。这样看来，他们就一定要做一个女人和两个小伙子[①]的奴隶了！这几个人目前还只是在全国实行压制，但到最后会把国家弄得四分五裂的！”

(5) 正当人们谈论着这一类话题的时候，奥古斯都的病情更加恶化了。有些人怀疑是他的妻子在暗中捣鬼。因为外边传说，几个月之前，在只有少数心腹知悉的情况下，皇帝由法比乌斯·玛克西姆斯陪同乘船到普拉纳西亚岛去看阿格里帕。据说两个人见面时都动了感情，并痛哭了一场，因此这个年轻人看来就很有希望被接回他的外祖父家中去。玛克西姆斯把这件事告诉了他的妻子玛尔奇娅，玛尔奇娅又告诉了里维娅。恺撒(即奥古斯都——中译者)知道消息泄露的情况；不久之后，玛克西姆斯就死了，他可能是自杀的；据说玛尔奇娅在丈夫的葬仪上哭着责怪自己，说正是她本人断送了丈夫的性命。且不管这件事的真相如何吧，提贝里乌斯几乎是在他刚刚到达伊里利库姆之后，立刻就被母亲的一封急信召了回来。在他到达诺拉时，他看到的是活着的，还是已经去世的奥古斯都，这一点已无法确定了。原来皇帝的行宫和附近的街道都已经给里维娅的卫队严密封锁起来了。使人乐观的消息不时地发布出来，最后，危急的局势决定必须采取相应的措施。两件事情在一个通告上同时发表：奥古斯都逝世，尼禄(即提贝里乌斯——中译者)继位。[②]

---

① 指日耳曼尼库斯和杜路苏斯。

② 这是公元 14 年 8 月 19 日的事情。按奥古斯都生于公元前 63 年，提贝里乌斯生于公元前 42 年。

(6) 新皇帝继位后所犯下的头一件罪行就是杀死了阿格里帕·波司图姆斯。阿格里帕·波司图姆斯在猝不及防的情况之下受到一个硬干到底的百人团长的进攻时,尽管他手里没有武器,却不是那么容易地就断送了自己的性命的。提贝里乌斯在元老院里根本没有提这件事情。他借口这是他父亲奥古斯都的命令;他说他父亲曾指令负责监视阿格里帕的一位军团将领在他(指奥古斯都——中译者)一去世的时候,立刻把阿格里帕杀死。毫无疑问,奥古斯都对这个年轻人的品行不断进行的严厉责难,曾促使元老院作出了放逐他的决定。但另一方面,他却从不曾冷酷无情到要杀死他自己的亲人的程度;而且,为了使自己的继子减轻顾虑而把自己的外孙杀死,这种事情也令人难以置信。比较可能的情况是,提贝里乌斯出于恐惧而里维娅出于继母的憎恶,这才赶忙杀死他们所怀疑和讨厌的青年人。但是当百人团长向提贝里乌斯作例行的军事报告,说他的命令业已执行的时候,他却说他从来没有发过这样的命令,并且表示干这件事的人必须向元老院说明自己这一行动的理由。皇帝的心腹撒路斯提乌斯·克利司普斯[①]听到了皇帝讲的这些话。他参与过宫廷的机密,而且又正是他把这个命令传达给那个军团将领的;故而他害怕他本人会受到这件事的牵累,因为无论他讲真话还是说谎话,对他都同样十分危险。因此他就劝里维娅最好不要把宫闱秘事、朋友们出的主意以及军队干的事情声张出去。他还要她注意不要使提贝里乌斯把任何事情都交给元老院,从而削弱了皇帝的权力。克利司普斯指出,专制统治的一个重要条件,就是大

① 参见本书第 3 卷,第 30 章。他是著名历史学家撒路斯提乌斯的侄子和继子。

家只对统治者一个人负责，这样事情才能得到妥善的处理。

（7）但这时在罗马，执政官、元老和骑士都在争先恐后地想当奴才。一个人的地位越高，也就越是虚伪，越是急不可待地想当奴才；他需要控制自己的表情：既不能为皇帝的去世表示欣慰，又不能为一位皇子的登极表示不当的忧郁。他流泪时要带着欢乐，哀悼时要带着谄媚。执政官塞克斯图斯·彭佩乌斯和塞克斯图斯·阿普列乌斯二人首先向提贝里乌斯恺撒宣誓效忠。然后在这两位执政官的面前，由近卫军长官塞乌斯·斯特拉波和粮务长官盖乌斯·图尔拉尼乌斯宣誓效忠。再后是元老、士兵和普通人民。提贝里乌斯不管做什么事情，总是要执政官先提出来，仿佛过去的共和国依然存在，而他本人还不能肯定是否应当掌握统治大权似的。甚至在发布敕令召集元老到元老院开会时，他所使用的也只不过是他在奥古斯都时期取得的保民官的权力。他的敕令的内容十分简洁，措辞也非常谦逊："他（提贝里乌斯，本书直接引语中的'他'，往往指说话者自己。——中译者）想和元老们商量料理父亲后事的问题，而他又不能不守在他父亲的遗体的旁边。这是他敢于执行的唯一的国家大事。"尽管在口头上是这样讲，在奥古斯都逝世的时候，提贝里乌斯就以统帅的身份向近卫军发布了口令；他拥有哨兵、卫士等等宫廷的一套人马；他到广场和元老院去的时候都有士兵卫护着；他写信给军队时所用的口吻，俨然是已经做了皇帝。只有在元老院里讲话时，他多少还露出一些犹豫的神气。他这样做主要是因为对于日耳曼尼库斯还有所顾忌：要知道，日耳曼尼库斯这时在国内声望极高，又有许多罗马军团和行省的大批辅助军队作为自己的后盾。他害怕日耳曼尼库斯会立刻夺取帝位，而不

愿在那里等待将来再传给自己。此外，提贝里乌斯为了猎取舆论对他的好感，还想要人们把自己看成是奉国家之召而被推选出来，并不是由于奥古斯都的妻子暗使阴谋和奥古斯都在晚年收养了他。后来我们才看到，他之所以忸怩作态还有一个原因：他想了解贵族们的心思，他一直把人们的每一句话、每一个表情都曲解成是犯罪行动，并且深深地记在脑海里。

(8) 在元老院的第一次会议上，他只许人们讨论奥古斯都葬仪的问题。维司塔贞女[1]首先把皇帝的遗嘱拿了出来，遗嘱指定提贝里乌斯和里维娅为继承人，里维娅被过继为优利乌斯家族的一员，并被加上奥古斯塔的尊号。他提出了他的孙子和重孙作为第二亲等的继承人。奥古斯都指定了一些显要贵族为第三亲等的继承人，这些人中的大多数其实是他所讨厌的，他这样做，目的不外是想在身后受到赞扬罢了。他的遗产的数目并不超过罗马的普通公民的水平，如果不把他赠赐的钱计算在内的话。赠赐的钱分配如下：给国家和人民的是四千三百五十万谢司特尔提乌斯，近卫军士兵每人一千谢司特尔提乌斯，驻在罗马的士兵每人五百，罗马的军团士兵或辅助步兵中队[2]的士兵每人三百。

有关葬仪问题的讨论随即开始了。阿西尼乌斯·伽路斯和路奇乌斯·阿尔伦提乌斯两个人的意见最为引人注意。伽路斯建议葬仪的行列应当穿过一座凯旋门，阿尔伦提乌斯建议在遗体前面

---

① 按照习惯，遗嘱和条约都存放在神殿里，特别是维司塔神殿里。维司塔贞女则是维司塔神殿的住持。

② 辅助步兵中队不属军团编制，但其他方面的地位与军团完全相等；帝国时期这样的步兵中队我们知道的有三十多个。

应当用一列牌子标明奥古斯都生前所通过的一切法律和征服的一切民族的名称。瓦列里乌斯·美撒拉[①]则建议每年人们都要向提贝里乌斯重新宣誓效忠。当提贝里乌斯问他是不是提贝里乌斯曾授意他提出这样的建议的时候,美撒拉就说这完全是他自己的意思,并且表示,只要是涉及公众利益的时候,他永远是发表自己的独立见解,不会跟在任何人的后面跑,即使这样做会得罪别人也在所不惜。其实,他说这番话,正是留传下来的一种谄媚方式。元老院嚷嚷说,要由元老们把奥古斯都的遗体抬到火葬堆上去。恺撒[②]以傲慢的但又温和的言辞免除了他们这项义务,并且发布敕令,告诫人民不要强求在罗马广场上火葬奥古斯都,免得像先前为圣优利乌斯(即优利乌斯·恺撒——中译者)举行葬仪时,由于人们过分热心反而惹起了不少麻烦。敕令规定火葬将在奥古斯都生前指定的葬地玛尔斯广场举行。[③]

在举行葬仪的这一天,军队全部处于武装戒备状态。这种情况引起了亲眼看过或是听老一辈的人们谈过刺杀恺撒那一天的情况的人们的嘲笑:在人们新受奴役而恢复自由的行动又极不顺利的那一天里,独裁者恺撒的被刺[④]在一些人眼里就成了极为可怕的罪行,而在另一些人眼里却又成了极其光荣的功勋。“这个年老的专制君主尽管统治了很久,甚至能在事先注意到使他的继承者拥有足够的力量来制服国家,却仍然需要军队的卫护,来保证葬仪

① 玛尔库斯·瓦列里乌斯·美撒拉·美撒里努斯。

② 即提贝里乌斯。

③ 陵寝是当他第六次担任执政官时(公元前28年)在玛尔斯广场北部修建的。

④ 这是公元前44年的事情,恺撒这一年五十六岁。

的平安无事!”

(9)大家的谈论中心转到奥古斯都本人身上来了。引起大多数人的注意的是那些无关紧要的情节,比方说,他取得皇帝大权的日子和他去世的日子是相同的;他和他的父亲屋大维[1]一样,死在诺拉的同一所房子的同一间屋子里等等。关于他担任执政官的次数(这等于瓦列里乌斯·考尔武斯和盖乌斯·马利乌斯二人担任次数总和[2]),关于他在连续三十七年中间保持着保民官的权力,关于他二十一次取得统帅的头衔,关于其他的得过多次的或新的荣誉,人们谈论的也很不少。有见识的人从不同的角度去颂扬他或责难他。有些人认为,“对继父的孝心和当时法纪废弛的国家紧急情况,驱使他发动了内战——而人们在发动或进行内战时是不能考虑手段问题的。为了追究谋杀他继父的凶手,他向安托尼乌斯、向列庇都斯作了许多让步。当列庇都斯上了年纪,变得懒散起来而安托尼乌斯也放纵自己的缺点的时候,对于这个陷于混乱的国家来说,唯一的补救办法就是由一个人来全权统治。不过他在治理国家时并不是使自己成为专制君主或是独裁官,而是创立了普林凯普斯的名义。帝国的藩篱是海洋或遥远的河流。军团、行省、舰队、全部行政机构的统治权都已集中起来。罗马公民有法律保护,同盟城市的人们受到尊重。罗马城本身被装点得极为壮丽豪华。使用武力解决问题的情况极少。只有在要保证全国人民的安宁时才这样做。”

(10)但是另一方面却又有一些人认为,“对继父的孝心和国

① 盖乌斯·屋大维。

② 考尔武斯六次,马利乌斯七次,共十三次。

家的危急情况，只不过是一种借口。说老实话，屋大维正是为了取得统治大权，才用金钱的赏赐刺激老兵，在尚未成年而且还没有担任过任何公职的时候便征募了一支军队，贿买了一位执政官[①]的军团，并装出要倒向塞克斯图斯·庞培一面的姿态。继而在他通过元老院的命令夺取到行政长官的身份和权力之后，两位执政官盖乌斯·维比乌斯·庞撒和奥路斯·希尔提乌斯就死了。[②] 这两个人或许是死在敌人的手里，或许是被谋害致死的：庞撒的伤口给撒上了毒药，希尔提乌斯则是被自己手下那些受到恺撒教唆的士兵杀死的。不管怎样，两位执政官的军队都转到他手里来了。他并且迫使内心不愿意的元老院任命他担任执政官，而交给他用来制服安托尼乌斯的军队，却被他用来反对共和国了。公民的公敌宣告（proscriptio）和土地的分配[③]，甚至连执行这些任务的人也不赞同。卡西乌斯和布鲁图斯的丧命还可以说是因为他们自己种下了仇恨的种子而自食其果（尽管按道理讲，私人之间的仇恨应当让位给公众的利益），然而塞克斯图斯·庞培却受了一项虚伪的和约[④]的欺骗，列庇都斯受到了一种虚假的友谊的欺骗，继而安托尼乌斯则受到塔伦特和布伦地西乌姆条约[⑤]的引诱，又惑于屋大维

① 指安托尼乌斯。事情发生在公元前 44 年。

② 木提那之役（公元前 44 年）。“外面传说两个人都是死在他的奸细手里的。这样在安托尼乌斯逃亡在外，共和国又没有执政官的情况下，作为唯一的胜利者，他便攫取了三军的统率权。”（苏埃托尼乌斯：《奥古斯都传》，第 11 章）

③ 这里指分配给士兵。

④ 指屋大维、安托尼乌斯和庞培三人在公元前 39 年缔结的米塞努姆条约。条约未履行，第二年就发生了战争。

⑤ 布伦地西乌姆条约（实际上是屋大维和安托尼乌斯瓜分了罗马世界）缔结于公元前 40 年；塔伦特条约缔结于公元前 37 年。

把自己的姊妹嫁给他，结果却为着这一骗人的裙带关系断送了性命。在这之后，和平的的确确是建立起来了，但这是血腥的和平：在这段时期里，洛里乌斯[①]和伐鲁斯遭到了惨败，瓦罗·埃格纳提乌斯和优鲁斯在罗马被处死。"[②]人们在谈论时也没有把他家里的事情放过去：他诱拐过提贝里乌斯·克劳狄乌斯·尼禄的妻子；他向祭司们提出过一种令人发笑的问题：她在怀有身孕而尚未分娩的时候，结婚是否合法；维狄乌斯·波里欧[③]胡作非为；最后，还有里维娅，她作为一个母亲，是国家的祸害，而作为一个继母，却又是恺撒一家的祸害了。[④] 人们还议论说，奥古斯都要求国人在神殿中给他设立神像，受祭司和僧侣的膜拜，这样一来，他就把罗马人对诸神的崇拜几乎全部抹杀了！甚至他过继提贝里乌斯为自己的继承人，这都不是因为他个人喜欢提贝里乌斯，也不是从国家的利益着眼。他已经看透了提贝里乌斯内心的横傲和残忍，因此他就想选一个极坏的继承人，以便在对比之下，可以特别增加他本人的荣誉。原来在几年之前，当奥古斯都向元老们请求把保民官的权力重新授予提贝里乌斯的时候，他就在作为祝词的一次发言中提到了提贝里乌斯的品行、衣着和习惯，这些话看起来是对缺点的辩

① 公元前 16 年，他在日耳曼战败，并失掉了军旗。

② 瓦罗·穆列纳和埃格纳提乌斯·路福斯因叛国罪分别在公元前 23 年和公元前 19 年被处死。优鲁斯·安托尼乌斯是三头之一安托尼乌斯的儿子，由于他和优利娅通奸，而在公元前 2 年被迫自杀(参见本卷第 53 章)。

③ 出身卑微但是拥有巨大财富的罗马骑士，奥古斯都的朋友，参见狄奥·卡西乌斯，第 54 卷，第 23 章。

④ 这是因为作为母亲，她生了提贝里乌斯，而作为继母，她又被认为害死了盖乌斯和路奇乌斯·恺撒。

解，但是在骨子里却是一种责难。

奥古斯都的葬仪总算顺利地过去了。奥古斯都随即被元老院宣布为神，元老院并且决定用一座神殿来奉祀他。

（11）在这之后，提贝里乌斯就成了人们恳求的对象。他在元老院发言时，对于帝国的伟大和他本人因能力薄弱而感到的信心不足作了各种各样的说明。他说，“只有圣奥古斯都的智慧才配得上这样一副沉重的担子。当他奉奥古斯都之召前来同他分掌大权的时候，他本人根据自己的经验，深知治理国家是一件多么困难，多么需要碰运气的事情。因此他认为，在一个要依靠许多杰出人物来维持的国家里，这些人不应当把全部责任推到任何个人的身上去。如果一些人共同协力的话，那么国家的治理就要容易多了。”不过，诸如此类的话说起来冠冕堂皇，实际上却没有说服力。而且提贝里乌斯的讲话方式，甚至在他不是故意隐瞒自己的真实意图时，也永远是曲曲折折、吞吞吐吐，永远是晦涩难解的。这或许是出于他的本性，或许是由于习惯。既然现在他尽力不使自己的真实感情有丝毫流露，因此他的话就变得更加暧昧、含混、不可捉摸了。可是元老们害怕的却正是皇帝看出他们似乎已猜透了他的心思，于是他们就纷纷悲叹、痛哭并祈求起来。他们向上苍和奥古斯都的神像伸手祷告，又匍匐在提贝里乌斯本人面前乞怜。而就在这时，他下令取出并宣读一个文件[①]。这个文件是全国实力的清单。文件里列举了正规军队和辅助军队的人数，海军实力；罗

① 奥古斯都留下的三个遗嘱之一。其他两个，一个是关于他的葬仪的，一个记述了他本人的功业。

马保护下的王国和行省的数目，直接的和间接的税收；必要的开支和例行的赏金。所有这些项目都是奥古斯都亲手定的，最后他还附上一个条款，这就是帝国的疆土今后不许再加扩充。这或许是因为他害怕危险，或许是由于他的忌妒。①

（12）到了这时，元老院就更降一格，提出了最卑鄙的恳求。这时提贝里乌斯偶然地说了一句话：尽管他觉得自己没有力量负起整个国家的重担，但他仍然愿意把分配给他的任何一个部门的工作担任起来。于是阿西尼乌斯·伽路斯②就问道："恺撒，请问，你希望把哪个部门的工作分配给你呢？"这个出其不意的问题使他一时茫然不知所对。他沉默了一会儿，定了定神，回答说，他宁愿把全副重担都卸下来，因为对于这副重担中的任何一个部分的工作，无论是接受或是推辞，他都深感踌躇。伽路斯从提贝里乌斯的面色猜出他很不高兴，于是就辩解说，他向提贝里乌斯提出这个问题，并不是要他把那不可分割的职权分出来，而是想要他亲口承认，国家乃是必须由一个人来统治的一个有机整体。接着伽路斯就颂扬了奥古斯都，并且请求提贝里乌斯不要忘记他自己过去的胜利，以及在没有战争的那许多年代里他的辉煌业绩。不过他却未能平息皇帝的怒气：自从伽路斯和他的前妻维普撒尼娅③即玛

① 作者的意思似乎是：疆土的开拓会给他的继承者带来荣誉，从而就会引起他的忌妒。

② 阿西尼乌斯·伽路斯是著名演说家，奥古斯都的密友阿西尼乌斯·波里欧的儿子。

③ 维普撒尼娅·阿格里披娜是玛尔库斯·维普撒尼乌斯·阿格里帕的女儿，她嫁给提贝里乌斯，但是由于奥古斯都的干预而和他离婚，这样提贝里乌斯便可以和奥古斯都的女儿优利娅（当时是阿格里帕的未亡人）结婚了。

尔库斯·阿格里帕的女儿结婚以来，提贝里乌斯就一直对伽路斯怀恨在心，因为他的这种做法使提贝里乌斯觉得，他怀有臣民所不应有的野心，而且他保有和他的父亲阿西尼乌斯·波里欧同样的蛮勇气质。

(13) 路奇乌斯·阿尔伦提乌斯接着发言；他发言的意向与伽路斯的发言并没有多少不同，因此他也触怒了提贝里乌斯，尽管提贝里乌斯对他并不是一直怀有敌意的。阿尔伦提乌斯引起了他的怀疑，因为这是一个有钱财、有魄力、才华出众、素孚众望的人物。原来奥古斯都在逝世前的谈话中论及哪些人有能力担任，但是不想担任皇帝，哪些人有这样的野心，但又不配担任皇帝，或哪些人适于担任皇帝而又有这样的意图担任皇帝的时候，他评述说，玛尼乌斯·列庇都斯有这样的能力，但是他不想担任；阿西尼乌斯·伽路斯在那里跃跃欲试，可是他没有这样的能力；路奇乌斯·阿尔伦提乌斯配得上这个地位，而且在有这样机会的时候，他会冒险一试的。关于前面两个人的名字，大家的说法没有争论，但关于后面的那个人，有些人认为奥古斯都说的是格涅乌斯·披索，而不是阿尔伦提乌斯。上面提到的那些人，除去列庇都斯以外，不久都在提贝里乌斯的主使之下借着不同的罪名铲除了。[①] 克温图斯·哈提里乌斯和玛美尔库斯·司考路斯也引起了提贝里乌斯的猜忌。原来哈提里乌斯曾经提出过这样的问题："恺撒啊，你到底要使国家多长时间没有首脑呢？"司考路斯则说过这样的话：既然提贝里乌斯

① 塔西佗本人几乎都不能证明这样的说法。关于披索的说法，这是同他的全部说法相矛盾的；关于阿尔伦提乌斯，他在本书第 6 卷第 47 章给提贝里乌斯洗刷了此事的一半责任；而且伽路斯的被捕和被杀，还分别要在十三年和十六年之后。

从来没有用自己的保民官的权力否决过执政官的建议，因而人们便很有可能指望元老院的请求都会实现。提贝里乌斯立刻就把哈提里乌斯痛斥了一顿。对于司考路斯，他的怒气就更难平息了，但是他当场并没有讲什么话，而是暂时地把司考路斯放了过去。提贝里乌斯终于对这一片喧闹和个人的请求感到厌倦了，于是他就一点一点地让步，不过还不是让步到接受统治大权的程度，而是让步到不再拒绝和让大家再作恳求。大家都知道，哈提里乌斯到宫殿里去向皇帝请罪的时候，看到提贝里乌斯正走过来，他便跪倒在提贝里乌斯的跟前，但是他几乎给卫士们杀死，因为提贝里乌斯也趴倒在地上：这或是出于偶然，或是因为哈提里乌斯用手拽了他一下。这位伟大的公民虽然冒了很大的危险这样做，但是皇帝的心并没有软下来，最后哈提里乌斯只得去恳求奥古斯塔——这是里维娅现在的称呼——而通过她的迫切恳求，哈提里乌斯才算保全了性命。

（14）奥古斯塔也是元老院大事谄媚的一个对象。有些人建议给她加上“太后”的尊号；有些人建议给她加上“国母”（mater patriae）的尊号；但大多数的人则认为应把“优利娅之子”这个头衔加到恺撒（Caesar）的名字里面去。不过提贝里乌斯却说，公众给予妇人的荣誉必须有个限度，而对于人们加到他本人身上的荣誉，他也同样要采取比较克制的态度。实际上他却是多疑而忌妒心很重的，他认为提高一个妇人的地位是对自己的威信的一种贬损。他甚至不允许她有一名侍从，也不同意修建一座纪念过继的祭坛[①]，

① 用以纪念她被过继到优利乌斯家族里来的祭坛。

或给她以诸如此类的其他荣誉。但是他却为日耳曼尼库斯·恺撒请求授予总督的权力,[①]并且派出一个使团把这些权力授给他,同时还安慰日耳曼尼库斯,要他为奥古斯都的去世而节哀。提贝里乌斯并没有为杜路苏斯[②]提出同样的请求,因为这时杜路苏斯正在罗马,准备担任下一任的执政官。

提贝里乌斯指定了十二个人候选行政长官,这个人数是奥古斯都生前规定的。尽管元老院请求他增加候选人的数目,但是提贝里乌斯却发誓说,他绝不增加人数。

(15) 选举[③]现在第一次从玛尔斯广场转到元老院来了。在此以前,最重要的选举虽然都由皇帝一人裁决,但有一些还是由各特里布斯(Tribus)斟酌决定的。人民对于自己被剥夺了这种权力,除了嘟哝几句之外,并没有表示抗议。元老院从此之后不必再去收买或乞求选票,所以很欢迎这种变革。提贝里乌斯则答应推荐候选人不超过四名,[④]但一经指定别人便不得拒绝或有人与之竞争。与此同时,几位保民官请求允许他们自费举办赛会,赛会即以故去的皇帝的名字为名,并且把这一赛会列入了岁时表,称为奥古斯塔里亚赛会(Augustalia)。不过经过人们的讨论后决定,赛会的费用仍由国库担负。赛会举行时允许保民官在大赛马场中穿凯

① 远方军队的将领常被授以总督的权力。不过这里还不是统治元老院所辖行省的总督的一般权力(imperium),而是恢复了日耳曼尼库斯在高卢和日耳曼已经享有三年的 imperium maius。

② 提贝里乌斯的儿子。

③ 这里是指选举高级官吏的权力。

④ 这里指十二名行政长官候选人中间的四名候选人。

旋袍[①],然而他们却不准乘坐马车。但是不久,每年举行这种赛会的权力便转到负责审判罗马公民与异邦人之间的争讼的行政长官的手里去了。

(16) 以上是罗马城内的情况。现在再谈潘诺尼亚的正规军团里爆发的一次兵变。兵变并不是由于什么新的不满,无非是新皇帝的继位给了他们一种幻想:他们可以不受惩罚地为非作歹,并且有望在内战中捞一把。在克温图斯·尤尼乌斯·布莱苏斯统率下的三个军团全部驻扎在夏营里。布莱苏斯得到奥古斯都逝世和提贝里乌斯继位的消息,便下令停止日常例行的军务,以便大家表示哀悼或庆祝。从此他们就乱来了,队伍不听命令并且吵吵闹闹,容易受到任何一个能说会道的煽动者的影响,一句话,他们贪图安逸和享乐,讨厌劳苦和纪律了。军营里有一个叫做佩尔肯尼乌斯的人,早年在剧场里干过领头喝彩的行道,后来才到军队里来当兵,他是个最爱挑拨是非的家伙。为舞台上的优伶捧场的经验使他学会了一套鼓动听众的本领。普通的士兵看到奥古斯都死了,都在担心这会为部队带来什么影响,佩尔肯尼乌斯看到了这种情况,就一点一点地通过夜间或傍晚的谈话向这些头脑单纯的人做工作。那些比较正派的人都各有去处,这样他就把军队里的渣滓纠合在自己身边了。

(17) 最后,行动的时机成熟了——佩尔肯尼乌斯已经拉过来了一批准备和他一道发动兵变的人——于是他就发表一篇正式演说,在演说中提出了这样的问题:他们为什么要像奴隶一样地服从

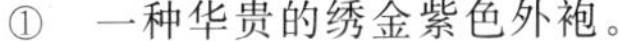

① 一种华贵的绣金紫色外袍。

一些百人团长和几个军团将领？如果他们不敢向一个地位还不巩固的新皇帝提出请求或进行武力威胁，那他们在什么时候才敢要求改善现状呢？这些年无所作为，已经造成了够多的错误；在这期间，服役了三四十年的人已是满头白发，其中许多人是身负重伤，肢体不全的。甚至在他们正式退役之后，他们的作战任务还没有了结：那时他们还要作为后备军继续留在营地的军旗之下，以另一个名义受着和先前一样的劳苦。① 即使一个人在经历了这样多的危险之后居然还能活下来，他却仍然要给送到边远的土地去，他在名义上是取得一个“田庄”，但实际上却是一块积水的沼泽或荒瘠不毛的山边土地。老实说，当兵这个行道真是又艰苦，又无利可图啊。肉体加上灵魂，一天才值十个阿斯：他们还必须用这点钱来购置衣服、武器、营帐，来贿赂那些残暴的百人团长，以便使他们少分配给自己一点苦差事！② 但是鞭痕加刀痕，严寒的冬天和难熬的夏天，残暴不仁的战争或无利可图的和平，老天在上，这些东西都是我们永远摆脱不掉的。改进的办法只有一个，就是应征入伍时由契约明确规定，饷银是每天一个狄纳里乌斯③；十六年服役期满

① 公元前16年，创建了常备军的奥古斯都规定军团士兵的服役期为连续十六年，近卫军士兵为十二年。二十年后，服役期限分别延长到二十年和十六年，但在期满时士兵可以领到一笔退役金，以代替过去半个世纪中间施行的授予土地的办法。但退役时愿意留下的老兵可以留下，不过他们没有军旗(signum)，而只有自己的队旗(vexillum)。至少从理论上来说，他们不需再做军团士兵的日常工作，而另行组成一支精锐的老兵战斗队伍。

② 关于这一点，参阅塔西佗：《历史》，第1卷，第46章。

③ 在第二次布匿战争期间，每一阿斯(as)的价值由1/10狄纳里乌斯降到1/16狄纳里乌斯。那时军队的饷银每天是1/3狄纳里乌斯，即5⅓阿斯。优利乌斯·恺撒把它提高到10阿斯。这里佩尔肯尼乌斯是要求每天一狄纳里乌斯，即十六阿斯。

之后不得再留为后备军。而且在退役时还应当从他们原来所在的营地领一笔现金的养老金。近卫军士兵的军饷是每天两个狄纳里乌斯，并且是在十六年服役期满后回家。但近卫军士兵比你们需要冒更多的危险吗？警卫着罗马城确实要算是一件光荣的任务，可是他们的任务却是在蛮族中间执行的，而且从自己的营帐中就可以望得见敌人啊。

（18）他的发言中所提出的这一点或那一点引起了士兵们的热烈赞同，因为他的话中有某一点说到他们的心坎里去了。这时一些人愤怒地把鞭痕袒露出来，另一些人要人们看他们的灰白头发，大多数人要人们看他们那褴褛的衣衫和裸露的身体。他们的情绪越来越激昂，最后竟然要求把三个军团合并为一。但是军人之间的相互忌妒使这个建议未能通过，因为每个人都要求把其余的军团合并到自己的军团里面来。于是他们便想出一个变通的办法，这就是把步兵中队的队旗[①]和军团的三面军旗[②]都并排地立在一起。同时为了使这个集合地方特别引人注目，他们用草根土堆成了一个土台。正当他们忙着运土的时候，布莱苏斯来了。他斥责他们，有时还用力把某些人拉开。他叫道："把你们的手浸在我的血里吧，杀死你们的将领的罪行总比背叛皇帝的罪行轻一些！如果我活着，我就要使我的军队保持忠诚，如果我被杀死的话，我的死亡会使他们感到后悔的。"

（19）尽管布莱苏斯讲了这些话，土台却仍在不断加高。但是

① 这里指每个步兵中队里三个步兵小队的旗帜，每一个军团有三十面这样的队旗。

② 鹰形的标记，作为一个军团的军旗。

当土台已经堆到齐胸高的时候，布莱苏斯的坚持说服终于发生了效力，士兵们放弃了自己的企图。布莱苏斯随即十分巧妙地向他们发表了讲话。“兵变和暴动并不是向皇帝提出自己要求的最好办法。在先前，罗马士兵从来没有向自己的将领提出过这样骇人听闻的建议，他们本身对已故的奥古斯都本人也没有这样做过。而且在皇帝刚刚登极的时候就增加他的麻烦，这种做法也不合时宜。但是，如果在承平时期他们竟然有决心敢于提出甚至内战的胜利者都不敢坚持的要求的话，那么他们又何必诉诸暴力从而破坏纪律原则和服从的习惯呢？他们可以指派一些使节，当着他的面给他们发指令。”于是士兵们便齐声号叫着回答说，应当把布莱苏斯的那个担任军团将领的儿子派去执行这个任务，要求使服军役已满十六年的一切士兵退役；如果这一要求得到满足，他们再委托他提出别的要求。这个年轻人到罗马去以后，军队中就比较平静了。但军队是感到得意的，因为他们看到他们的统帅的儿子为着他们的共同利益去和皇帝讲话，而这一点清楚地说明，军队的这种成果不是用规规矩矩的办法能够得到的。

（20）在军队发生骚乱之前的这段时期里，有一些小队曾被派到纳乌波尔图斯[①]去，执行筑路修桥之类的任务。他们一听到在军营中发生变故，立刻便把旗帜扯了下来，劫掠了附近的村庄，甚至纳乌波尔图斯本地。这地方很不算小，差不多可以说是一个城镇了。那些百人团长制止他们这样做，结果却遭到了嘲笑和侮辱，

① 凯拉利乌斯（Cellarius）认为该地即今天的欧柏莱巴赫（Ober-Laybach），大概在莱巴赫（Laybach，即今天南斯拉夫的卢布尔雅那）西南三十英里。

最后甚至挨了打。使他们最恼火的是营帅[①]奥菲迪耶努斯·路福斯。他们把他从马车上拖了下来，要他背着行李走在队伍的前面，并且不断地用嘲笑的口吻问他，对于这些重负和令人厌倦的行军，他是否觉得很有味道。路福斯是从一个多年的普通士兵升任百人团长，后来又提拔为营帅的。他一直想把过去那极其严格的军纪重新建立起来，他过去是习惯于干活和受苦的，而正是由于他自己受过苦，因此他对别人也就更加残酷无情。

(21) 这群人从纳乌波尔图斯回来后，叛乱又起来了。这附近一带都开始遭受到处抢劫的士兵的蹂躏。为了吓唬一下其他人——当时布莱苏斯还受到百人团长和比较规矩的士兵的服从——布莱苏斯便下令鞭打那些劫掠了最多赃物的士兵，并把这些人关进牢房。当这些人被卫兵拉走时，他们拼命挣扎，抱住旁观者的膝头。他们呼叫他们个人朋友的名字，呼叫他们所属的百人团、步兵中队和军团的名称，他们说所有的人不久都要遭到相同的命运。他们这时还不断咒骂统帅，恳求上苍。他们用一切办法来引起人们的憎恶或同情、惊惶或义愤。很多人跑来解救他们，冲破了牢房，救出了犯人。这样，开小差的士兵和因重罪而被判刑的囚犯就和他们会合了。

(22) 大家的情绪从此更加激昂起来了。叛乱找到了新的领导人。一个叫做维布列努斯的普通士兵被一些在布莱苏斯的座坛

① 营帅(praefectum castrorum)，英译是 camp-marshal。这是为常备军的军营而设置的一种官职，负责设营、运输、战械、伤病等事宜。这种官职只在公元前两个世纪里才开始设置，一般都是从有长期作战经验的百人团长中选任。严格来说，他们的处分权力并不包括死刑。

前面旁观的人抬在肩膀上。骚动不安的人们在好奇地望着他，不知道他要做什么，只听见他向人群说："我知道是你们使得这些无辜的和备受虐待的人们重新得到了阳光和生命；可是谁能够使我的兄弟起死回生，谁能把我的兄弟还给我呢？日耳曼的军队把我的兄弟派到你们这里来讨论我们的共同利益，但是在昨天夜里，他却下令他豢养的那些被他武装起来以屠杀士兵的剑奴把我的兄弟杀死了。[①] 回答我吧，布莱苏斯，你把他的尸体抛到什么地方去了？即使是敌人，也不会不给他一个葬身之地吧！等我尽情地拥抱了他的尸体和尽情地痛哭他一场之后，那么就叫他们把我也杀死了吧。但是请在这里的同伴们把我们埋葬入土，因为我们不是由于犯罪，而是为了为军团的利益才送掉性命的。"

（23）为了使自己的话更能激发听众的情绪，维布列努斯大声哭泣，捶面捶胸。然后他把用肩头抬着他的人们猛力推开，一直冲到前面去，跪在人们面前一个一个地恳求。他的话激起了人们的极大的同情和愤怒，结果一部分人把布莱苏斯豢养的剑奴抓了起来，给他们带上了镣铐。还有一部分人捉起了布莱苏斯家中的其他人。再有一部分人则四出寻找尸体。老实说，如果不是人们很快就弄清楚下列情况：没有发现什么尸体，奴隶们在受到拷问时仍然否认杀过人，而且维布列努斯根本就没有这样一个兄弟，那么他们几乎就要把统帅杀死了。实际上，他们赶跑了军团将领和营帅，劫掠了逃跑者的行李。百人团长路奇里乌斯也丧了命。营地里的

① 实际上，剑奴在行省是供表演搏斗之用的，这一习俗以后为尼禄所禁止（参见本书第 13 卷，第 31 章）。

那些爱开玩笑的人给他起了个绰号“再来一个”(cedo alteram),因为每次在他用藤棍[1]抽打普通士兵背部的时候,他习惯上总是高声呼唤第二个人,然后是第三个人。他的同僚都因为躲了起来才获得了安全。例外的只有优利乌斯·克利门斯被保留了性命,因为叛乱的士兵们认为在提出自己的要求时,他的机智会有一些用处。还应指出,第八军团和第十五军团相互间几乎火并起来,因为第八军团要求处死一个名叫西尔披库斯的百人团长,但是第十五军团却出面保护他。最后幸亏是第九军团的士兵一面请求,一面威胁说在不服从时也要使用武力,这才把双方的争吵平息下来。

(24)提贝里乌斯从来就使人难于猜透他的意图,在遇到最不利的消息时就更加隐秘;尽管如此,从潘诺尼亚来的不利消息使他不得不把自己的儿子杜路苏斯派到出事地点。和杜路苏斯同行的,是一批作为僚属的贵族,还有近卫军的两个步兵中队。杜路苏斯没有得到什么明确的指示,他到那里将见机行事。选拔出来的精锐士兵使步兵中队大大地加强了它们的正常实力。此外还增添了一大部分近卫军骑兵和精锐的日耳曼军队,这些日耳曼军队在当时乃是皇帝的卫队。和他们同行的还有一个对提贝里乌斯影响很大的人物,这就是埃利乌斯·谢雅努斯,他和他的父亲路奇乌斯·塞乌斯·斯特拉波一道担任近卫军长官;他这次去是担任皇子的顾问,并且使同行的其他人等记住他们怎样才能得到奖赏,怎样又会受到惩罚。[2] 当杜路苏斯快到的时候,军团的士兵们都前

① 葡萄蔓的棍子是百人团长的常用标志。

② 这里的意思是说谢雅努斯在场几乎和提贝里乌斯本人在场一样。

去迎接他;这种做法在表面上是对他的忠诚;但是这时人们并没有平时的那种欢乐表现,也没有佩戴光彩夺目的装饰品[①]出来迎接。他们肮脏得使人望而却步,他们的表情只是要说明他们内心的忧郁不快,但实际上,他们却更多地流露出一种阴谋不轨的情绪。

(25) 杜路苏斯一进入外层的堡垒,他们就在各个门口设下了哨兵,[②]并且下令武装的队伍在营地的各个重要地点做好战斗准备。其他的人则全部大批地集结在他的座坛四周。杜路苏斯站着以手势要大家安静下来。叛乱的士兵们一看到在自己的这边有这样多的人,就发出一阵粗暴的喊声。随后他们看到了恺撒,却又颤抖起来。听不分明的私语、粗声厉气的呼号和倏然而止的沉默交互出现,这表明他们心情的矛盾,这种矛盾心情使得他们一时感到害怕,一时又使别人感到恐怖。但杜路苏斯终于在喧嚣声稍微平静的时候,宣读了他父亲写的一封信。信里说,对于在多次战役中和他共过患难的英勇的罗马军团,[③]他本人是特别关心的,等他的悲痛情绪镇定下来以后,他将立即把他们的要求提交元老院。目前,他先把他的儿子派到这里来,以便立刻答应可以当场作出的任何改革。其他各项则必须提交元老院定夺,而他们应当知道,元老院是既能慷慨应允,又能严词拒绝的。

(26) 士兵们回答说,百人团长优利乌斯·克利门斯已经被授权提出他们的要求。于是他开始谈到服役期限为十六年,退役时

① 似指 dona militaria,即战功标记,参见塔西佗:《历史》,第 2 卷,第 89 章。

② 这显然是为了不许杜路苏斯的卫队的主力进来。

③ 这里指公元前 12—前 9 年,当时他把国境推到上多瑙河,以及公元 6—9 年,当时潘诺尼亚和达尔马提亚发动了起义,形势极为严重。

发给养老金，兵饷每天规定为一狄纳里乌斯，退役后不再被留下来服兵役。杜路苏斯尽力想把事情的解决向元老院和他父亲身上推，说他们一定会作出适当的处理。但是这种说法被士兵们的怒号打断了。他们说，“既然他不能提高他们的军饷，又不能减轻他们的痛苦，一句话，既然他根本没有权为他们做任何一件好事，那么他又何必到这里来呢？苍天可以作证，任何人在这里都有权力随便打人，杀人！提贝里乌斯先前常用的办法是用奥古斯都作挡箭牌来回避军团士兵所提出的要求，现在杜路苏斯又来玩弄这一套把戏了。难道除了他这样的、上有父亲的年轻人之外，就派不出别的人到他们这里来？凡是有关改善士兵处境的事情（而不是其他事情），皇帝就必定要把它交给元老院去处理，这的确是怪事一桩。如果他将这件事交给元老院处理的话，那么在遇到死刑和作战的问题的时候，他也应当征求元老院的意见才是。是不是可以这样说，谈赏赐的时候，要由许多人来做主；而在谈惩罚的时候，又不许任何人插手？[①]”

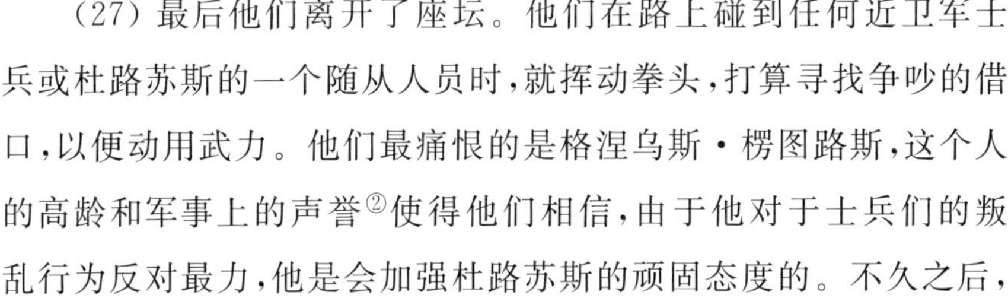

（27）最后他们离开了座坛。他们在路上碰到任何近卫军士兵或杜路苏斯的一个随从人员时，就挥动拳头，打算寻找争吵的借口，以便动用武力。他们最痛恨的是格涅乌斯·楞图路斯，这个人的高龄和军事上的声誉[②]使得他们相信，由于他对于士兵们的叛乱行为反对最力，他是会加强杜路苏斯的顽固态度的。不久之后，

① 这是说：赏赐时拖延不决，惩处时又十分专断，不容别人讲话。

② 如果在公元前 18 年他担任执政官时他是三十五岁，那么这时就是六十七岁了。这里所说他的“军事上的声誉”是他在多瑙河上对南方的达奇人即盖塔伊人作战时取得的。

他们就发现他和皇子一道离开:原来楞图路斯已经预见到自己的危险处境,正想向冬营走去。叛乱的士兵们于是把他围了起来,问他到什么地方去,是到皇帝那里去,还是到元老院去,再干反对军团士兵利益的勾当?说这话时他们就把他围在中心,开始用石头砸他。一块石头把他砸出了血,他料定性命难保了。就在这时,杜路苏斯的许多卫士为他解了围。

(28)这一夜形势极为险恶,预示第二天将会发生血腥的屠杀,但是偶然的事件却带来了和平。原来月色在澄明的天空中突然变暗了。[①] 士兵们不知道这是什么原因,便认为这正是他们当前情况的朕兆:这个光辉暗淡下来的星球正是他们自身斗争的象征,如果月亮女神能重新恢复皎洁的光辉,那么他们目前走的这条路将使他们达到圆满的境地。为了使月亮重新得到光辉,他们敲起铜器,并且把各种号角全都吹了起来。月光亮一些,他们就高兴;月光暗一些,他们就悲哀,最后云层把月亮完全遮住,大家就认为它永远沉没到黑暗之中去了。精神过分激动的人是很容易陷入迷信的,于是他们就哭泣起来,因为无穷的苦难在等待着他们,而他们所犯的罪过竟使得上天都不愿意再看他们了。

杜路苏斯认为必须及时利用形势的这一转变:智者是不放过任何一个机会的啊。他下令对军营进行一次巡视。他把优利乌斯·克利门斯和另一位由于某些优秀品质而在士兵中享有威信的百人团长召来,要他们到各个营帐去巡视。他们在卫兵、巡逻兵、守门的哨兵们中间作出暗示,时而鼓励他们,使他们充满希望,时

---

① 这是9月26日早上3点钟的事情。

而又用叛乱时会受到的惩罚恐吓他们。“我们要把皇子包围到什么时候？我们的这场纠纷要得到什么样的结果？我们是不是要向佩尔肯尼乌斯和维布列努斯宣誓效忠？佩尔肯尼乌斯和维布列努斯会不会把军饷发给士兵，会不会在士兵退伍时把土地分给他们？这两个人最后会不会废黜尼禄和杜路苏斯家族而成为罗马人民的主人？我们虽然是最后一批犯上作乱的人，但怎见得我们就不会是第一批悔改的人呢？集体要求的改革是不会迅速实现的，但个人的好感却容易取得并且是很快能得到报偿的。”在士兵中间讲的这一番话发生了很大的效力。由于他们相互之间的怀疑，新兵和老兵又发生了裂痕，军团和军团间也不再团结一致了。渐渐地他们的服从的本能又回来了。他们不再去守卫堡垒的门，而在兵变开始时集中到一处的大小旗帜也都又各自送回原来的地方去了。

（29）天亮时分，杜路苏斯召集了一次会议。他讲话的能力虽不高明，却以一种天生的尊严责备了他们过去的行为，但他认为他们当前的做法值得赞许。他说，恫吓和威胁是不能把他吓倒的，但如果他看到他们能重新安分守己，如果他们对自己过去的行为有悔改表现，那他就会写信给他的父亲，建议皇帝从宽考虑军团的恳求。他们恳求他这样做，于是小布莱苏斯便再一次接奉使命到提贝里乌斯那里去，和他同行的还有杜路苏斯的一个随行人员、罗马骑士路奇乌斯·阿波尼乌斯和优斯图斯·卡托尼乌斯，后者是一个主力的百人团长。这时人们的意见是有分歧的。[1] 一种意见是等使节们回来再作定夺，在这期间对士兵们采取宽容的态度，以便

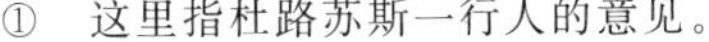

① 这里指杜路苏斯一行人的意见。

取得他们的好感。另一种意见则主张采取比较严厉的办法:“群众总是走极端的,如果不使他们俯首听命,他们就会胡作非为;目前他们既然被镇服下来,那么即使对他们置之不理,也不会引起什么不良的后果;既然他们由于迷信而情绪沮丧,则对于统帅来说,为了加强士兵们的恐惧情绪,这时正应当把兵变的罪魁铲除掉。”杜路苏斯的性格倾向于采取严厉的措施。他把维布列努斯和佩尔肯尼乌斯召来,下令立刻把他们处决了。大多数作家的说法是,他们被埋葬在统帅的营帐里,另外的一些人却说他们的尸体被抛到营地外面去,让大家都能看到,以示儆戒。

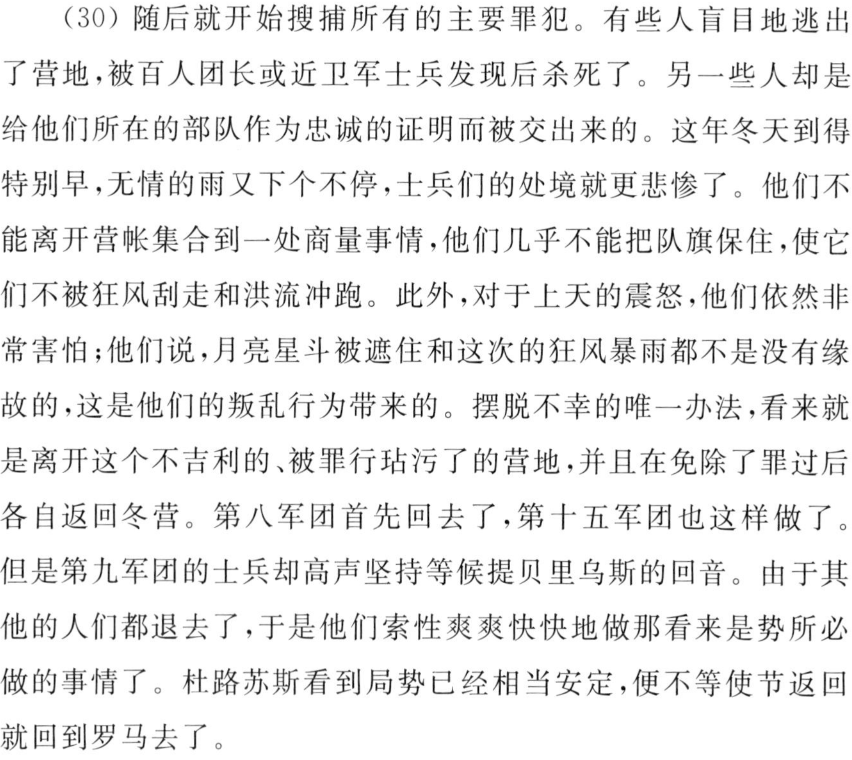

(30) 随后就开始搜捕所有的主要罪犯。有些人盲目地逃出了营地,被百人团长或近卫军士兵发现后杀死了。另一些人却是给他们所在的部队作为忠诚的证明而被交出来的。这年冬天到得特别早,无情的雨又下个不停,士兵们的处境就更悲惨了。他们不能离开营帐集合到一处商量事情,他们几乎不能把队旗保住,使它们不被狂风刮走和洪流冲跑。此外,对于上天的震怒,他们依然非常害怕;他们说,月亮星斗被遮住和这次的狂风暴雨都不是没有缘故的,这是他们的叛乱行为带来的。摆脱不幸的唯一办法,看来就是离开这个不吉利的、被罪行玷污了的营地,并且在免除了罪过后各自返回冬营。第八军团首先回去了,第十五军团也这样做了。但是第九军团的士兵却高声坚持等候提贝里乌斯的回音。由于其他的人们都退去了,于是他们索性爽爽快快地做那看来是势所必做的事情了。杜路苏斯看到局势已经相当安定,便不等使节返回就回到罗马去了。

(31) 几乎就在同时,而且由于同样原因,日耳曼的军团也发动了叛乱，他们的人数更多，[①]所以情绪也就更加愤激。他们抱着很大的期望，因为他们知道日耳曼尼库斯·恺撒既然不会容忍另一个人的统治，他是会使自己任凭他麾下那力能横扫天下的军队的摆布的。在莱茵河一带地方有两支军队，盖乌斯·西里乌斯统率着上军，奥路斯·凯奇纳统率着下军。最高统帅是日耳曼尼库斯，他当时正在高卢行省征收财产税。[②] 西里乌斯麾下的士兵对于别人发动的一次兵变只不过是抱着犹疑不定的同情心旁观着，但这时下军群情激昂。最先发动的是第二十一军团和第五军团；第一军团和第二十军团也跟着卷进激流，这两个军团那时都在乌比伊人居住区的边界[③]的一个夏营里，任务很轻或干脆没有任务。因此，听到奥古斯都逝世的消息，不久前从首都征募来[④]的那些好逸恶劳、在城市长大的大群新兵就开始影响别人的简单头脑。他们说，“现在，老兵应当要求早已过期的退伍，新兵应当要求提高微薄的饷银了。现在所有的人都应当要求减轻苦难，对百人团长横加到自己身上的残暴行为进行报复了。”这并不像那次佩尔肯尼乌斯单人独马对潘诺尼亚的军团士兵进行的煽动；他们的这些话也不是说给那些由于身旁有更加强大的军队而深感不安的部队听

① 上军有四个军团，下军也有四个军团（潘诺尼亚只有三个军团）。在莱茵河左岸的两个军区当中，上日耳曼（Germania superior）从康斯坦茨湖到布罗尔（Brohl，位于波恩与科布伦茨之间）；下日耳曼（Germania inferior）从布罗尔直到大海。

② 即根据财产取得的收入而规定的定期税金。

③ 在科伦地区。

④ 伐鲁斯在损失第十七、十八、十九军团之后，奥古斯都用最果断的方法征募了第二十一和二十二军团：第二十一军团（拉帕克斯）由凯奇纳率领，第二十二军团（戴奥塔利亚纳）驻在埃及。

的。在这次叛乱中可以听到许多呼声：罗马的命运就在他们手里；帝国是通过他们的胜利而成长起来的；历代恺撒僭取了他们的名字！①

(32) 副帅凯奇纳并没有采取任何对策。叛乱的规模和气势确实把他吓坏了。士兵们怒火万丈，突然抽出剑来向着百人团长们冲了去，这些百人团长从来都是士兵们最憎恨的对象，又总是泄愤的头一批牺牲者。他们把这些百人团长打倒在地，每人鞭打六十，因为每个军团里有六十个百人团，每一鞭子代表一个。在这之后，他们就把那些被打得血肉模糊、四肢折断、有的已不省人事的百人团长抛到堡垒外面，或者投进莱茵河。一个叫谢普提米乌斯的逃到统帅的座坛那里去，匍匐在凯奇纳的脚下，但是人们坚决要求把他交出来，因此他也只好被交出去任凭命运的摆布了。卡西乌斯·凯列亚这个不久之后因为杀死卡里古拉而留名史册的人，在当时是一个天不怕地不怕的青年，②他拿着剑在截击他的武装人群中杀出了一条血路。军团将领和营帅现在已没有权威了。哨兵、巡逻兵以及当时情况所需要的任何重要职务都由叛乱的士兵们自己指定。对于任何一个细心研究过士兵情绪的人来说，这次叛乱的特别使人吃惊的、严重的不可调和的性质是表现于下述一点：这次叛乱绝不是由少数各不相干的人挑起来的，而是到处都爆

① 这些军团是 legiones Germanicae，元老院的一项命令曾把 Germanicus（日耳曼尼库斯）的头衔授予提贝里乌斯的兄弟杜路苏斯和他的后人。因此他们现在的统帅和他的兄弟克劳狄乌斯都有这个头衔，提贝里乌斯本人时而也用这个头衔。

② 塔西佗记载他杀死卡里古拉的部分已佚，因此只能参见狄奥（第 59 卷，第 29 章），苏埃托尼乌斯（《卡里古拉传》，第 56—58 章）和约瑟普斯（《犹太古代史》，第 19 卷，第 1—4 章）。

发同样的强烈愤怒情绪,或者到处都表现出同样的沉默,他们的行动是同样地坚决、一致,正仿佛有人根据严格的纪律在那里发号施令似的。

(33)我上面已经说过,日耳曼尼库斯这时正在高卢各行省巡视并整顿税收。他在那里听到了奥古斯都去世的消息。他的妻子是故去的皇帝的外孙女阿格里披娜(她给他生了几个孩子),而他本人又是皇太后的孙子(因为他是提贝里乌斯的兄弟杜路苏斯的儿子)。虽然关系是这样,但对于他的叔父和祖母心里恨他这一点他却感到非常痛苦;他们憎恶他的理由是不正当的,而正因为是不正当的,所以他们的憎恨就更加强烈。要知道,人们对杜路苏斯记忆犹新,而且大家都相信,如果他当政的话,他一定已恢复了自由制度。于是,人们把这种希望和爱戴的心情,从他身上转到他的儿子日耳曼尼库斯身上来,因为这个年轻人的谦逊的性格和极为平易近人的作风,同提贝里乌斯那种令人无法捉摸的高傲言语和表情形成了极为鲜明的对比。女性之间的互相仇视使形势更加紧张:里维娅像个继母似的对于阿格里披娜十分厌恶,动辄发火。阿格里披娜自己的脾气也不是很好的,虽然她的纯洁心灵和对丈夫的热爱,使她能将自己的反叛精神引导到正当方面来。

(34)不过,日耳曼尼库斯越是接近取得统治大权,就越是热心地为提贝里乌斯的事业效劳。他要自己,并且要他的属下和比尔伽伊人的城市都向皇帝宣誓效忠。他一听到军团发生叛乱的消息,就火速地赶了回去。他看到士兵都跑到营地的外边来迎接他,眼睛望着地上,看起来仿佛是很后悔的样子。但是当他走到队伍中间,他们就纷纷地向他诉起苦来。有一些人抓住了他的手好像是要亲吻的样子，实际上却是要他把手伸到他们嘴里触一触他们无齿的牙床。再有一些人则要他看到他们那因年老而不能伸直的肢体。他们最后终于杂乱地站在他的四周，准备听他讲话。日耳曼尼库斯却要他们排成队伍，但是他们说，这样站能听得更清楚些。日耳曼尼库斯坚持，无论如何他们也得把他们的队旗立到前面来，以便使他能够识别他们是属于哪些步兵中队的。他们服从了，但是动作慢慢吞吞。日耳曼尼库斯先是衷心赞扬了奥古斯都的功绩，随即提到了提贝里乌斯的胜利和凯旋，并特别赞扬了他率领的这些军团在日耳曼取得的辉煌胜利。① 在这之后，他又称赞了意大利的同心协力和高卢行省的忠诚不二，那些地方都没有发生什么骚动或叛乱。

（35）士兵们听着这些话，默不作声或喃喃私语。但是当他谈到叛变，并且问他们那作为士兵本分的服从、他们过去的作为他们的荣誉的纪律都到什么地方去了的时候，当他问他们把军团将领、百人团长都赶到什么地方去了的时候，他们情不自禁地把外衣脱掉、把自己在战争时的伤疤和鞭痕显露出来，表示指责。他们于是就乱糟糟地喊成一片，向他抱怨豁免任务时的高额费用、饷银的微薄，任务的艰苦，这些任务诸如：修筑堡垒，挖掘战壕，准备粮秣，搜集建筑用的木料和薪柴，还有营地里的其他苦役，这些苦役有些当然是必需的，有些却只不过是用来防止安逸而已。叫喊得最凶的是老兵，他们在列举他们三十多年的兵役的时候，请求他把他们从

① 提贝里乌斯曾在公元前9—前8年、公元4—5年和公元9—11年对日耳曼人作战。

精疲力竭的状态中解救出来，不要让他们在过去那样的悲惨环境里了结一生。他们请求他把他们从这种难熬的兵役生活中解脱出来，使他们一贫如洗的生活稍稍得到一些喘息。他们当中有一些人竟然要求圣奥古斯都遗赠给他们的钱，[①]并且向日耳曼尼库斯表示了自己对他的支持。如果他想取得皇位的话，他们表示他们是准备站到他的一面的。他听了这话之后，立刻从座坛上跳了下来，就好像他已经被这种罪过玷污了似的。他们拿着武器拦住了他的去路，说如果他不回到座坛上，他们就要动武了。但是他说，他宁死也不叛国，于是他抽出腰间挂着的剑来，想刺入自己的胸膛，幸而旁边的人们用力抓住了他的胳臂，这才制止了他这样做。但是外面的密密麻麻的那一群人，而且难于置信的是还有挤到他跟前的几个人，却鼓励他自戕。一个名叫卡路西狄乌斯的士兵竟而把自己的剑拔出来交给他，并且说，“这把剑锋利得多。”甚至在这些失去理智的人的眼里，这样的行动都是野蛮的，不怀好意的，而就在这样一个停顿期间，恺撒被他的友人送回自己的帐营去了。

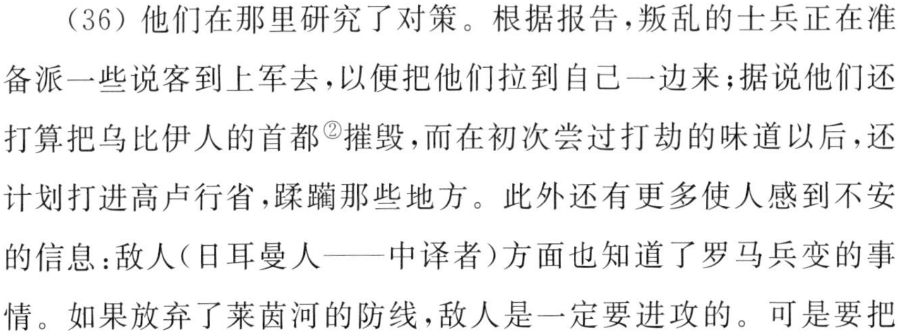

（36）他们在那里研究了对策。根据报告，叛乱的士兵正在准备派一些说客到上军去，以便把他们拉到自己一边来；据说他们还打算把乌比伊人的首都[②]摧毁，而在初次尝过打劫的味道以后，还计划打进高卢行省，蹂躏那些地方。此外还有更多使人感到不安的信息：敌人（日耳曼人——中译者）方面也知道了罗马兵变的事情。如果放弃了莱茵河的防线，敌人是一定要进攻的。可是要把

① 参阅本卷第 8 章。

② 科隆，即科洛尼亚·阿格里披嫩西斯（Colonia Agrippinensis）。

辅助部队和联盟者的军队武装起来，以对付叛乱的士兵，这就等于燃起一场内战了。严厉的手段是危险的，宽容却又是罪恶。完全满足或全部拒绝叛乱士兵的要求，这同样会使罗马遭到极大的危险。在各种意见都经过反复思考和权衡得失之后，便决定以皇帝的名义发出一道敕令，申明凡是服役满二十年的，一律可以退役。服兵役满十六年的则免除日常的服役，但是要留在军中。他们虽无须日常服役，但是却要协助击退敌人的进攻。此外，他们所要求的遗赠不但照付，而且要加倍。

（37）士兵们看出这一切让步不过是应付当前局势的权宜之计，因而要求立刻执行。军团将领们立刻迅速地安排了退役事宜。至于钱的问题，则要等士兵们各自返回他们的冬营之后才能领到。但是第五和第二十一军团拒绝到冬营去，他们要求在夏营这里，立刻用日耳曼尼库斯本人和他的随从人员的私人行囊中把款子筹集起来，并全部付给他们。副帅凯奇纳则率领第一和第二十军团回到乌比伊人的首府。[①] 这是一次很不像样的行军；他们走在大小军旗中间，还夹着他们从统帅手里夺来的钱柜。日耳曼尼库斯到上军去，劝诱第二军团、第十三军团和第十六军团三个军团宣誓效忠，得到他们的赞同，只是第十四军团在开头时有一些犹豫。他们虽然没有提出要求，他却自动地给他们金钱，让他们退役。

（38）可是在卡乌奇人[②]那里，有一队执行卫戍任务的士兵[③]是从叛乱的军团那里派出来的，他们想发动新的叛乱，但是这一叛

① 但在本卷第 48 章里却说他在克桑顿(Castra Vetera)。

② 这里指住在艾姆斯河与威悉河之间的小卡乌奇人(Chauci minores)。

③ 这里指军团士兵，不是老兵。

乱由于立刻处决了两个士兵而被镇压下去了。处决的命令是营帅玛尼乌斯·恩尼乌斯发出的，营帅在法律上本来没有这样的权力，不过他的这一措施却是有益的。后来兵变的规模越来越大，他就跑开，但是被士兵们发现了。既然躲起来并不能使他得到安全，他就索性壮起胆子来，喊着说他们的行动不是侮辱了他一个营帅，而是侮辱了他们的统帅日耳曼尼库斯和他们的皇帝提贝里乌斯。就在这时，为了镇服反抗者，他便把军旗拿了起来指向莱茵河，宣布说所有擅自离开队伍的人都将被视为逃兵，这样他就把队伍领回了冬营。士兵们这时尽管心中不服，但是已被慑服，不敢轻举妄动了。

(39) 就在这个时候，元老院派来的使团已经来到日耳曼尼库斯这里。日耳曼尼库斯这时已经返回了乌比伊人的祭坛[①]。第一军团和第二十军团正在那里过冬；最近被免除军役的老兵也还留在营地里。士兵们意识到自己的罪行，心里正七上八下，紧张万分，而且还有使他们感到害怕的事情，那就是元老院派来的使团会全部取消他们在叛乱时争得的让步。群众习惯上在这个时候总是爱找替死鬼的，不管这个替死鬼是多么冤枉；于是他们就责怪这一使团的团长、前任执政官路奇乌斯·穆纳提乌斯·普朗库斯，说元老院的命令正是在他的倡议之下才发布的。入夜不久，他们开始高声要求拿到存放在日耳曼尼库斯的住所那里的队旗。[②] 他们冲进了日耳曼尼库斯住所的大门，把他从床上拖起来，要他把旗帜交给他们，否则便要处死。稍后，他们在街道上走来走去的时候，遇到了使团的成员；

① 祭坛是在科隆为奥古斯都修建的，它显然是整个罗马日耳曼的祭祀中心。

② 老兵和日耳曼尼库斯大概是住在城里而不是住在营地。他们要求队旗(vexillum)是为了保证他们的地位，以防备使团对他们有什么不利的企图。

这些成员是在听到骚乱的消息之后，赶到日耳曼尼库斯这里来的。士兵们对这些人倍加侮辱，甚至想把他们杀死，特别是普朗库斯；普朗库斯想保持个人尊严，没有逃走。在这种极端危急的时刻，他只能逃到第一军团的驻地去。他到了那里，就抓住了保存在营地圣所里[①]的军旗和队旗。如果不是一个名叫卡尔普尔尼乌斯的旗手保护了他，使他免遭毒手的话，罗马人民的使者的鲜血就会在罗马军队的营地里玷污了诸神的祭坛[②]，这甚至在敌人之间都几乎是没有前例的罪行。但是在天亮之后，军官、士兵和夜间的种种行为都终于弄清楚了的时候，日耳曼尼库斯便来到营地，命令把普朗库斯请到他这里来，并且要普朗库斯登上座坛。然后他便责怪这种"致命的暴行，并认为它的重新爆发与其说是士兵的愤怒表现，毋宁说是诸神愤怒的表现！"随之他又陈述了使团此行的目的，以忧郁的口吻滔滔不绝地陈述了使节们应有的权利和普朗库斯本人遭到的严重的、不当的侮辱，而这对于军团来说确乎是一件极不光彩的行为。日耳曼尼库斯几乎未能使士兵们安静下来，但他总算是镇住了他们；在这之后，他就派遣辅助的骑兵部队把使节护送走了。

(40) 在这样的危急时刻里，所有的人一致责怪日耳曼尼库斯，说他没有到能够听从命令并且可以协助镇压叛军的上军那里去。人们认为遣散、赠赐和好心的措施业已造成了太多的错误。他可以不爱惜自己的性命，但是他为什么竟然使他那年幼的儿子[③]和怀孕的妻子也置身在这些不把神圣的和人间的任何法律放

① 队旗和军旗被认为是神圣不可侵犯的。

② 这个祭坛和军旗等等都在营地的司令部(principia)。

③ 即未来的皇帝卡里古拉。

在眼中的狂人中间呢？无论如何他也应当把这两个人送回他们的祖父那里去，送回共和国去。日耳曼尼库斯犹疑了很久。他的妻子阿格里披娜则蔑视这样的建议，她说她是神圣的奥古斯都的后裔，而任何危险都不会使她变节的。但最后日耳曼尼库斯哭了，他拥抱怀孕的妻子和他们的孩子，这样才劝她离开了这里。于是一群可怜的妇女出发了。逃难的统帅夫人把自己的孩子紧紧地搂在胸前，在她身边的则是统帅的朋友们的流泪的妻子，她们是被迫和她一道离开自己的丈夫的。不过留下来的人也是同样地悲痛。

（41）这幅景象使人联想到一座被攻克的城市，而绝不像是一位功业如日中天的恺撒置身在自己的营地里。妇女们的抽泣声和悲号声引起了士兵们的注意，他们都从营帐里跑出来问她们为什么哭，有什么伤心事。她们都是有地位人物的夫人，身边却没有一个百人团长或一个士兵来保护她们，没有统帅夫人常有的卫队或其他任何可以表示出她的这一身份的事物。她们正被送到特列维利人[①]那里去，以便取得外国人的保护。对于这种情况，人们感到又羞耻又同情，因为他们联想到了她的父亲阿格里帕，想到了她的祖父奥古斯都。她是尼禄·杜路苏斯的儿媳，而她本人也是子嗣繁多，并且对丈夫极其忠贞的妇女。她的小儿子盖乌斯生在营地里，并且是在军团士兵的环境中抚养起来的。他们按照士兵的习惯给他起了一个绰号卡里古拉[②]，因为他为了讨普通士兵的欢心，通常穿的就是和士兵们一模一样的靴子。不过使他们感到最大波

① 高卢的一个部族，他们的首都是今天的特里夫斯。

② 卡里古拉（Caligula），意思是“小靴子”。这个词来自称为 Caliga 的一种钉着平头钉的靴子，这种靴子一般只有普通士兵才穿。

动的是对特列维利人的忌妒。[①] 他们拦住了阿格里披娜,请求她无论如何也要回来,留在这里。一些人阻拦她,但大多数的人则是跑回到日耳曼尼库斯那里去。他站在大群士兵中间,依然带着悲伤而又恼怒的情绪对他们说:

(42)“我爱自己的妻子和儿子,并不甚于爱自己的父亲和国家。但是,我的父亲有帝王的尊严保护他,我的国家还有其他的军团保护它。我是乐于使我的妻子和孩子为你们的光荣事业献出生命的。现在只是由于你们正在盛怒之中,我才把他们送走的。不管你们将来要闹出什么残暴不仁的事情来,只能由我一个人的鲜血来抵偿,你们切不可杀死奥古斯都的重孙,不要杀死提贝里乌斯的儿媳,否则你们就要罪上加罪了。最近这几天里,你们什么事没有干过?什么东西没有亵渎过?这样的一群人,应当称做什么才合适呢?用堡垒和武器把你们的皇帝的儿子包围起来的人,我能称他们为士兵吗?对于这样藐视元老院的权力的人,我能称他们为公民吗?你们还破坏了种种特权(这些特权甚至连敌人都可以享受到)、使节的神圣不可侵犯的身份和万民的法律。神圣的优利乌斯·恺撒用一个词就平定了兵变:当士兵们拒绝向他宣誓效忠时,他就称他们为公民(Quirites)。[②] 神圣的奥古斯都只要投以一瞥,只要目光一扫,就慑服了阿克提乌姆的士兵。[③] 我自己不能和他们相比,但我是他们的后裔。即使西班牙或叙利亚的士兵不尊

① 因为他们觉得特列维利人受到比他们更大的信任。

② 指公元前47年第十军团的一次兵变。公民是同士兵相对的。这里的意思是说士兵一般还是爱惜自己的军人称号的。

③ 这是公元前30年冬天在布林迪西发生的事情。

重我，那已经够令人吃惊和气愤的了。然而你们是什么人呢？你们是从提贝里乌斯手里领到了军旗的第一军团，[①]是随他出征过多次并且受过他的丰富赠赐的第二十军团。[②] 可是对于你们过去的统帅，你们的报答慷慨得很啊！我的父亲从各个行省都得到很好的消息，我能向他报告这样的消息吗？他亲手招募来的士兵，他自己的老兵在得到金钱，获准遣散之后还不满足，他们还要屠杀百人团长，驱逐军团将领，拘捕副帅，把营地和河流变成一片血泊；而我本人则在那些虎视眈眈想要我的命的人中间朝不保夕地过着生活。

（43）“我的眼光短浅的朋友们，在第一天见面的时候，你们为什么从我手中把我准备刺入胸膛的宝剑夺走了？那位把自己的剑拿出来交给我的人才是我喜爱的好人！那时我自杀身死，至少我可以看不到在这之后我的军队犯下的种种的罪行！你们可以给自己再选一位统帅，这位统帅尽可以不必为我的死亡报仇，但是他却应给伐鲁斯[③]和他的三个军团报仇。尽管比尔伽伊人表示愿意效劳，但上天是不允许那维护罗马的尊严和制服日耳曼诸民族的荣誉和光荣落到这些外族人的身上的！神圣的奥古斯都，我向你的在天之灵呼吁，我向我的父亲尼禄·杜路苏斯的雕像[④]恳求，让你的精神存留在这些已经懂得荣辱的士兵的心中，以便洗去这种污点，并且把这种发动内乱的情绪变成击溃外敌的精神吧。你们各位，我看你们的表情和内心已经有了转变，如果你们愿意把使节送回给元老院，

① 参见本卷第 39 章。

② 提贝里乌斯是为了应付公元 6 年潘诺尼亚的起义而征募了第二十军团的。

③ 即普布里乌斯·克温克提里乌斯·伐鲁斯。

④ 雕像就放在军旗和队旗当中。

重新听从皇帝的命令，如果你们愿意交还我的妻儿，那么就摆脱别人的坏影响，把坏人孤立起来，那才是真悔过，才是真正的忠诚。”

(44) 听了这番话之后，士兵们就开始求他宽恕。他们承认他对他们的指责是正当的，他们要求惩办罪犯，赦免他们的错误。他们还恳求他带领他们去杀敌。他们要他把他的妻子召回来，把他那在军团士兵中抚养起来的儿子也召回来：无论如何不能把他送到高卢人那里去做人质！日耳曼尼库斯回答说，他还是希望他的妻子能够离开，因为冬天即将到临，她的临盆的日期也逼近了。[①] 不过他却同意把自己的儿子召回来，至于以后还要怎样做，那就由他们自己去安排了。这些士兵现在回心转意了，他们立刻奔向各处，给兵变的罪魁祸首加上了镣铐，并且把他们拖到第一军团的副帅盖乌斯·凯特洛尼乌斯那里去；凯特洛尼乌斯则用下述的办法依次加以审讯和惩罚。军团士兵们全部抽出剑来拿在手里集合在副帅面前，军团将领把这些罪魁祸首一个个地拉到座坛上面来；如果士兵们高呼有罪，那么这个人就被打倒在地，并立即砍死。士兵们放手进行屠杀，他们把这件事情看成是对自己的罪行的一种洗刷。日耳曼尼库斯虽然没有发布这样的命令，却也无意限制他们这样做，犯了残暴罪行的人必然会招人痛恨的。老兵们也这样做了，而在不久之后，他们就给派到莱提亚[②]去了；他们此行的目的表面上是为了防御苏埃比人[③]的入侵，但实际上却是为了使他们

① 蒙森认为这可能是一次死产。

② 这一行省包括多瑙河和伊恩河上游地带的格利松斯、蒂罗尔和巴伐利亚的一部分。

③ 在易北河以东，多瑙河以北的部族。

离开这样一个营地:人们在想到不久之前犯下的各种罪行和在进行清洗时同样恐怖的行为时就觉得这个营地是阴森可怕的。在这之后,日耳曼尼库斯对百人团长的名单作了一次核定。每个人都被统帅召到面前,向他报告自己的姓名,队伍的番号、籍贯、服役年限以及他可能有的任何战功和得过的勋记。如果军团将领和他所在的军团的士兵都能证明他既肯干又公正的话,那么他就保留他的地位;如果他们一致认为他贪得无厌或者残暴成性的话,那么就解除他的职务。

(45) 这种做法立刻使当前的骚动平息下去了。但是还有一个障碍,也是同样难以解决的,这就是第五军团和第二十一军团的桀骜不驯的态度;他们这时正在离这里大约六十英里的一个名叫"老营"[①]的冬营里。他们是最早发动兵变的队伍,他们所干的事情也最残暴无情。目前他们仍然满腔怒火,不怕惩罚,对于其他士兵的悔过表现也无动于衷。因此日耳曼尼库斯便着手装备军队、船只和辅助部队,要他们沿莱茵河下行,准备在这些士兵不听从他的命令时诉诸武力。

(46) 这时罗马方面还不知道伊里利库姆[②]骚乱事件的结果如何,却又得到了日耳曼兵变的消息。惊惶失措的全部罗马居民于是把话题转到提贝里乌斯的身上来了:"他利用虚假的犹豫不决来愚弄既无权力又无武力的元老院和老百姓,但是士兵们却发动了叛乱! 两个没有成年的男孩子,是没有足够的威信来制服叛乱的。

① 在克桑顿(Xanten)附近。
② 伊里利库姆在这里泛指潘诺尼亚、达尔马提亚和美西亚等地。

提贝里乌斯应当亲自去一趟，用他至高无上的皇帝大权去对付他们。他们看到富有经验又有最高赏罚大权的皇帝一到，就会服从啦。既然奥古斯都在晚年还多次访问日耳曼，那么为什么提贝里乌斯在盛年时期[①]反而坐在元老院里挑剔元老们的发言呢？他对罗马的奴役已经足够了，现在到了应当镇静一下士兵们的情绪，并且使他们适应于和平生活的时候了。”

（47）这些不满的言论对提贝里乌斯并没有发生任何影响。他已经下定了不可动摇的决心，不离开首都，以免使他本人和他的国家的安全受到威胁。使他感到麻烦的事情的确多得很呢。日耳曼拥有比较强大的军队，潘诺尼亚离开罗马却比较近。日耳曼拥有高卢诸行省的资源，潘诺尼亚对意大利则是一个威胁。他应当先到哪个地方去呢？如果他先到一个地方去，但另一个地方的士兵疑心自己受到轻视而动起火来，他又怎么办呢？可是，如果把自己的儿子派出去，那他就可以同时和两个地方发生接触，同时又不致使自己的皇帝尊严发生危险，因为距离越远越显得皇帝尊严啊。再说，如果年轻的皇子日耳曼尼库斯和杜路苏斯把一些问题推到他们父亲身上去，那也是说得过去的，而且对皇子们的反抗也可以由他出面抚慰或粉碎。不过，倘若士兵们连皇帝本人也完全不放在眼里，那么他还有什么办法？不管怎样，他还是作出了在任何时候都可能会出发的姿态：他选拔护卫人员，准备军事用品并装备船只。然后又以各种借口：冬天天气不好，事情太忙等等来进行欺

① 奥古斯都最后到日耳曼是公元前 8 年（狄奥：第 55 卷，第 6 章），当时他是五十四岁，但这时提贝里乌斯实际上已五十六岁。

骗，对最机警的人欺骗的时间不长；对一般人，时间要长一些；对各行省的人，欺骗的时间最久。

(48) 日耳曼尼库斯这时已经把他的军队集结起来，准备用武力来解决叛军了。不过他认为在这之前依然可以给这些叛军一些考虑的时间，这样，他们为了本身的安全也许会仿效其他军团的榜样。他写了一封信给凯奇纳，说他即将率领一支军队前来，如果他们事先不把闹乱子的罪魁祸首处决的话，他就要不加区别地把他们一律处死。凯奇纳偷偷地把这封信念给军旗的旗手、中队的旗手和营地里他最信任的人们听，并且请他们挽救全军的荣誉和他们自己的性命。他说，如果和平解决，处理时会考虑各人过去的功劳大小的；可是如果动起武来，则不管有罪无罪，大家可就一同遭殃了。因此他们便对他们认为合适的人进行了试探，发现两个军团的大部分人仍然是忠诚的。于是在得到了统帅的同意之后，他们便定下了一个时期，决定向那些最顽固的和最活跃的叛兵发动武装袭击。在约定的信号传出去之后，他们便冲到营帐里去，出其不意地把他们的进攻对象杀死，而且除了参与机密的人们之外，没有人知道这次屠杀是怎样开始的，做到什么程度才会结束。

(49) 任何其他内战都没有这次内战的特色：人们并不像在战场上那样来自两个敌对的阵营，大家都是同营的士兵，白天同吃，夜晚同住。现在他们各站到一边相互攻击，把投枪刺向对方。到处是惨叫声，到处是创伤，是流血，清楚极了！但是为什么会这样，谁也不清楚；偶然性在主宰着一切。在忠于皇帝的士兵当中也有不少丧命的，因为当叛兵看清楚什么人是攻击目标的时候，他们也就拿起武器来了。副帅、军团将领毫不制止这种杀戮，还让他们放手地胡作非为，尽情地进行报复。不久之后，日耳曼尼库斯便来到了营地。他看到这种情景淌下眼泪，他说，“这不是解决问题的办法，这是灾难。”于是下令烧掉这些尸体。

士兵们正杀到兴头上，突然想到应和敌人厮杀一场：只有这样才能够为自己的疯狂行为赎罪；只有使自己的邪恶胸膛光荣负伤，他们同伴的幽灵才能得到慰藉。恺撒为了适应他的士兵们的这种热情，就在莱茵河上造了一座桥，把一万二千名军团士兵，辅助军队的二十六个步兵中队和八个骑兵中队渡了过去。这次兵变并没有对这些士兵的纪律发生影响。

（50）由于奥古斯都的逝世，后来又由于兵变，我们这方面一直没有什么军事行动，在这期间，日耳曼人却得意洋洋地在我们边界附近大肆活动。罗马军队利用一次急行军穿过了凯西亚森林和提贝里乌斯开始构筑的边界。[①] 他们在这道边界上筑营，营地的前后都有土垒防卫着，两侧则是伐倒的树木构筑起来的栅栏。再向前走则是一片阴暗的森林，于是大家商量在两条前进的道路中择取哪一条：一条较短，是人们常走的道路；另一条路没有走过，也难以行军，因此没有敌人防守。罗马士兵在研究之后，选了较长的那条道路，但是他们尽力加快进军的速度。原来根据侦察兵的报告，那夜正是日耳曼人的一个节日，不但有各种游艺，而且有盛大的宴会。凯奇纳奉命率领一些轻装的步兵中队打前锋，在森林里开路，军团士兵

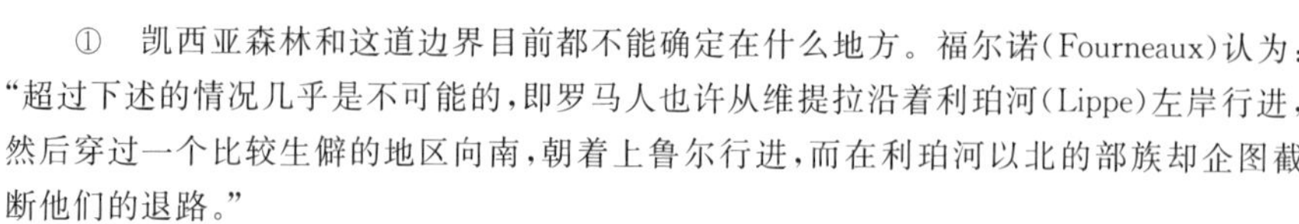

① 凯西亚森林和这道边界目前都不能确定在什么地方。福尔诺(Fourneaux)认为：“超过下述的情况几乎是不可能的，即罗马人也许从维提拉沿着利珀河(Lippe)左岸行进，然后穿过一个比较生僻的地区向南，朝着上鲁尔行进，而在利珀河以北的部族却企图截断他们的退路。”

就跟在后面,距离不远。晴朗多星的夜晚对我方是有利的。他们一到达玛尔喜人的村庄,就派出前哨包围了敌人。这时日耳曼人有的正卧在床上,有的正在桌旁,[①]他们的心中泰然无事,也没有派出哨兵。到处都毫无戒备和一片混乱。大家根本没有担心会发生战争,他们当前的和平状态甚至竟是烂醉如泥,昏睡不醒。

(51) 为了扩大进攻的规模,恺撒把他的士气高涨的军团士兵分成了四个部分,这些士兵在周边五十英里的地方大肆烧杀。年龄和性别都不能引起他们的怜悯心。不拘是宗教的还是世俗的建筑物都不分青红皂白被彻底摧毁。在这些被摧毁的建筑物中间,有这些部族的最著名的宗教中心坦法那神殿[②]。罗马的军队在撤走时没有受到任何损伤,因为他们所屠杀的敌人都是半睡半醒、手无寸铁或者是分散的。

这一屠杀把布路克提里人、图邦提斯人和乌西皮提斯人都引到战场上来了;他们占领了森林中罗马军队回去时必经的通路。皇子知道了这种情况,便采取了准备进军或作战的阵势。一队骑兵和辅助部队的十个步兵中队在前头开路,后面跟着第一军团;辎重行李走在中间;左翼是第二十一军团,右翼是第五军团;第二十军团断后,其余的联盟军则都跟在后面。敌人一直安静地埋伏着,直到罗马全军在森林中单列前进的时候,他们才对前锋和两翼作

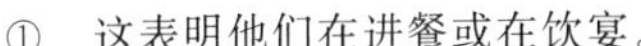

① 这表明他们在进餐或在饮宴。

② 这里所谓“神殿”可能就是一片献给神的森林和一座祭坛。参见塔西佗:《日耳曼尼亚志》(第9章):“把诸神围在墙垣之中或将诸神塑成人的形象都是亵渎神明的行为。他们将森木丛林献给诸神。”关于坦法那,这个名称仅见于日耳曼九世纪或十世纪文献中的一个诗句:“赞(坦)法那在早上送去了一只小肥羊”(Zanfana sentit morgane feiziu scâf cleiniu)。

了小规模的进攻,但是却把全力用来进攻后卫部队。在密集的日耳曼大军面前,轻武装的步兵中队的队伍陷入了混乱,这时日耳曼尼库斯骑着马来到第二十一军团这里,喊着对他们说,现在是他们洗刷他们叛乱污点的时候了。前进!快把耻辱变为光荣。由于战斗热情激发起来,他们一下子就冲到敌人中间去,把他们赶到空旷的地方,杀死了他们。正在这个时候,先锋的部队已经走出了森林,构筑了一座设防的营地。从这个时候起,行军便顺利了。士兵们在冬营里住了下来,他们由于最近取得的胜利,勇气十足,把过去的事都抛到脑后去了。

(52)这些消息使提贝里乌斯感到放心,同时又使他感到不安。对于叛乱被击溃这一点,他是感到欣慰的;但另一方面,日耳曼尼库斯由于发放金钱和加速遣散工作(更不用说他在军事上取得的胜利),而取得士兵们好感,这却使他感到不快!不过,他还是主动地向元老院报告了日耳曼尼库斯的功勋,并且大大地称赞了他的勇气;但是他过甚其词,使人怀疑不是真心话。他也称赞了杜路苏斯在伊里利库姆平息了叛乱,他称赞的话比较简短,但他的感情却是真挚的,他的言语也是诚恳的。此外,他又把日耳曼尼库斯对他自己的士兵所作的一切让步,也给予了潘诺尼亚的士兵。

(53)这一年,优利娅死了。[①] 由于她的行为放荡,她的父亲奥

① 她是奥古斯都和司克里波尼娅所生的女儿,也是他唯一的孩子(公元前39—前14年)。公元前25年她和堂兄玛尔库斯·玛尔凯路斯结婚(无嗣),后者死后二年她又嫁给了玛尔库斯·维普撒尼乌斯·阿格里帕,他们生了三个儿子:盖乌斯·恺撒、路奇乌斯·恺撒和阿格里帕·波司图姆斯,两个女儿:优利娅和日耳曼尼库斯的妻子阿格里披娜;阿格里帕死后,她又被强嫁给提贝里乌斯(公元前11年),提贝里乌斯为此竟不得不和自己的妻子维普撒尼娅离婚。公元前2年,她被贬黜并被放逐。

古斯都不得已把她禁闭在庞达提里亚这个小岛[①]上，继而又把她囚禁在俯临西西里海峡的城市列吉乌姆[②]。当盖乌斯·恺撒和路奇乌斯·恺撒还活着的时候，她就嫁给了提贝里乌斯，不过她却瞧不起他，认为他低她一等。而这一点实际上也正是他隐退到罗得岛去的真正原因。但当提贝里乌斯成为皇帝的时候，他就放逐了她，给她难堪，并且因为铲除了阿格里帕·波司图姆斯而使她失去最后的指望，[③]最后竟使得她在贫困与饥饿中慢慢死去。他认为长时期的放逐会使人们不再注意她是怎样死亡的。他残酷地虐待显普洛尼乌斯·格拉古也是出于同样的动机。这个机智、讲话尖刻的显贵人物在优利娅还是玛尔库斯·阿格里帕的妻子时，便曾经引诱过她。不过奸情并不是到此结束，当优利娅再嫁给提贝里乌斯的时候，她的这个恋恋不舍的旧情夫唆使她对自己的丈夫采取了一种极端蔑视和憎恶的态度。优利娅写给她父亲奥古斯都的那封对提贝里乌斯大肆攻击的信，据说就是出自格拉古的手笔。结果是显普洛尼乌斯被放逐到阿非利加海上的凯尔奇那岛[④]去，在那里过了十四年的亡命生活。一些被派到那里去结束他的性命的士兵发现他带着完全绝望的神情站在一个海岬上，等待着最坏情况的到临。士兵们登陆之后，他请求他们给他一些时间，最后写几句话给他的妻子阿利亚里亚。信写好了，他便把脖子伸给那些

---

① 那不勒斯湾西北部的一个荒岛，现称万多提那(Vandotena)或温托提尼(Ventotene)。

② 今天意大利的勒佐。

③ 参见本卷第5—6章。这里似是说她不能在她的女婿日耳曼尼库斯身上再抱什么希望。

④ 实际上是加贝斯湾的两个小岛凯尔凯纳(Kerkena)。

屠杀者。他一生的堕落行径玷污了显普洛尼乌斯一家的声名，但他临死时的镇定却是配得上这种声名的。有一种说法，说这些士兵不是从罗马来的，而是阿非利加的总督路奇乌斯·阿司普列那斯派来的。不过这种说法是提贝里乌斯所授意的，他妄图把谋杀的罪名转嫁到总督阿司普列那斯身上。

(54) 这一年在宗教仪式方面也有了新的措施：设置了奉祀奥古斯都的一个新的祭司团，这与先前提图斯·塔提乌斯(国王——中译者)为了保护萨比尼人的祭仪而设置的古老的提齐乌斯祭司团[①]一样。从罗马的显要家族中用抽签的办法选出二十一人；此外，又加上提贝里乌斯、杜路苏斯、克劳狄乌斯[②]和日耳曼尼库斯。但是初次举行的奥古斯塔里亚赛会[③]却因为优伶之间的竞争引起了混乱而中途作罢。奥古斯都过去为了照顾迈凯纳斯的愿望而对这些戏剧表演表示赞助的态度：迈凯纳斯迷上了巴图路斯[④]。此外，奥古斯都本人也不讨厌这类的娱乐，他认为与民同乐看来有些民主味道，是文雅的行为。提贝里乌斯的性格则有所不同，但是他还没有胆量迫使多年来过惯了养尊处优生活的罗马人再去过简朴严肃的生活。

罗马建城768年，即公元15年

(55) 这一年的执政官是杜路苏斯·恺撒和盖乌斯·诺尔巴努斯。尽管战争还在继续进行，但是已经把凯旋的荣誉授予日耳

① 这个古老的祭司团的起源和任务均不详。

② 日耳曼尼库斯的兄弟，未来的皇帝。在他本人被奉祀为神之后，这个祭司团的全名就是 sodales Augustales Claudiales。

③ 参见本卷第15章。

④ 他是一个被释奴隶，奥古斯都的朋友，皮拉迪斯(Pylades)的劲敌，哑剧的创始人。

曼尼库斯了。他原计划在夏天时倾全力进行战争，但是在初春便出其不意地向卡提伊人[①]发动了进攻。他指望敌人的阵营中发生阿尔米尼乌斯[②]和塞盖司特斯之间的分裂。这两个人都十分出名，不过一个是由于对我们背信弃义，一个是由于对我们忠诚不渝。阿尔米尼乌斯是日耳曼叛乱的鼓动者。塞盖司特斯则屡次提醒我们注意策划中的叛乱，特别是在诉诸武力之前的那次盛大宴会上，他曾请求伐鲁斯把他本人，把阿尔米尼乌斯和其他显贵人物都逮捕起来，理由是在领袖被逮捕之后，人民群众便会陷入无能为力的状态，而这之后他也就可以有充分的时间来分辨谁是有罪的谁是无罪的了。然而伐鲁斯命中注定要死在阿尔米尼乌斯的刀下。[③] 在当地人民团结一致的意志的压力之下而不得不参加战争的塞盖司特斯，依然采取反对的态度，而私人方面的事件更加深了他们二人之间的不和。原来阿尔米尼乌斯拐跑了塞盖司特斯的已经许配给别人的女儿，这样便使岳父和女婿成了冤家。婚姻关系本来会增进友情，但现在却使仇人之间的敌对情绪加深了。

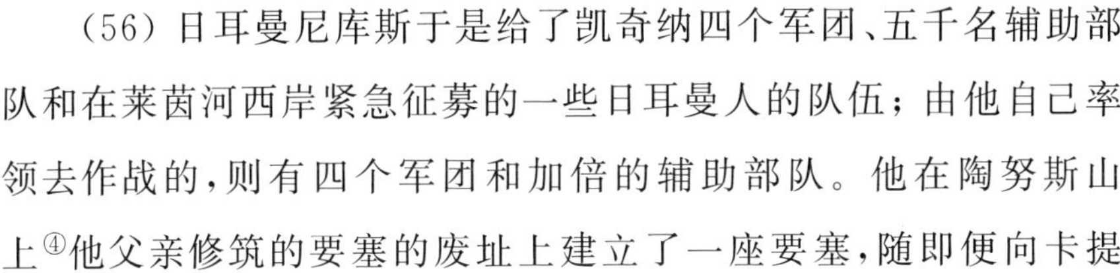

（56）日耳曼尼库斯于是给了凯奇纳四个军团、五千名辅助部队和在莱茵河西岸紧急征募的一些日耳曼人的队伍；由他自己率领去作战的，则有四个军团和加倍的辅助部队。他在陶努斯山上[④]他父亲修筑的要塞的废址上建立了一座要塞，随即便向卡提

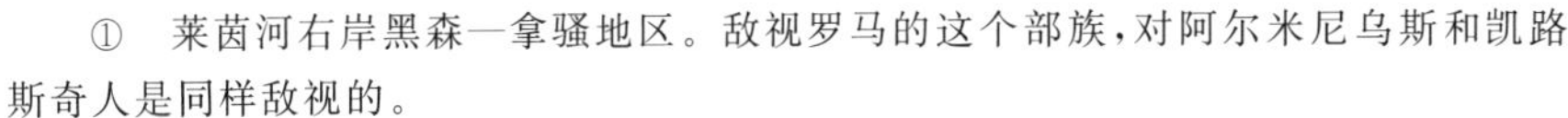

① 莱茵河右岸黑森—拿骚地区。敌视罗马的这个部族，对阿尔米尼乌斯和凯路斯奇人是同样敌视的。

② 赫尔曼（Hermann）的拉丁化写法。他的事迹大都散见于本书第1、2卷。

③ 参见本卷第3章注。

④ 在莱茵河和尼达河之间。

伊人全速进军。路奇乌斯·阿普洛尼乌斯奉命留在后面修路架桥。由于当地发生了一次罕见的旱魃，河道干涸，因此日耳曼尼库斯进军时毫无阻碍。不过人们担心暴雨和洪水会阻碍归路。卡提伊人完全没有预料到日耳曼尼库斯的到来，妇女老幼立刻被俘虏或残杀了。青壮年男子游过了埃德尔河[①]，力图打退已开始架桥的罗马人，但是他们自己却被我们的投射器械和射出的箭击退了。他们想求和，但是没有答应。有人投到日耳曼尼库斯这边来，其他的人则逃出自己的村镇，分散到森林里去了。恺撒先烧掉了这个民族的首要地区玛提乌姆[②]，随后又蹂躏了原野，在这之后，就返回了莱茵河。敌人不敢骚扰撤回的部队的后方；虽然这是这些民族的拿手杰作，当他们不是由于害怕而是由于战略上的考虑而撤退时总喜欢这样做。凯路斯奇人[③]打算前来援助卡提伊人，但是凯奇纳发动的一连串的迅速军事行动使他们做不到这一点。敢于向他发动攻击的玛尔喜人，也被他击败了。

(57) 不久之后，从塞盖司特斯那里有一些求援的使节前来，因为和他敌对的同族人把他包围了。这时阿尔米尼乌斯已经成了主要人物，因为他是主战的。原来在蛮族那里一旦发生骚乱，越是不怕死的人就越受到信任，人们就越是愿意拥戴他作领袖。塞盖司特斯使自己的儿子西吉孟都斯也参加了这个使团，但是西吉孟都斯考虑到自己过去的行为而犹豫起来。原来在日耳曼人发动叛

---

① 这河流入威悉河支流富尔达河。

② 埃德河以北，确实地址不详。

③ 住在卡提伊人东北，在威悉河与易北河之间。

乱的那一年里，尽管他当时被罗马人任命为乌比伊人的祭坛[①]的祭司，但他却把作为圣职标帜的饰带扯下来，逃到叛变者那边去了。不过既然他相信罗马人会宽恕他，于是就接受了父亲交给他的任务。他受到了善意的接待，并且被护送到高卢人那一面的河岸[②]去。日耳曼尼库斯认为回师是值得的，于是便进攻包围塞盖司特斯的蛮族，并把塞盖司特斯和他的许多亲族和侍从救了出来。这些人当中有一些门第很高的妇女，其中有塞盖司特斯的女儿，也就是阿尔米尼乌斯的妻子。她的脾气比较像她的丈夫，却不大像她的父亲；她不掉一滴眼泪，不讲一句恳求的话。她站在那里，把那紧握着的双手放在外袍的衣褶里，她的两只眼睛则向下望着她那怀孕的腹部。这一行人带来了因伐鲁斯战败而取得的战利品，许多这样的战利品当时曾分配给现在前来投诚的人们。

这时塞盖司特斯本人也来了，他身材高大，毫无畏惧之色，因为他记得，他始终是罗马的忠诚不渝的联盟者。

(58) 他说了大意如下的话："我对罗马人民的忠诚并不是从今天开始的。自从神圣的奥古斯都使我成为罗马的公民，我就根据你们的利益来选择朋友和敌人了。我这样做，并不是由于我憎恨自己的国家(因为卖国贼甚至在他选为同党的人们看来都是可憎的)，而是因为我认为罗马和日耳曼的利益是一致的，我认为和平比战争好一些。正是由于这个原因，我才在你们先前的统帅伐鲁斯面前控诉阿尔米尼乌斯，他诱拐了我的女儿，破坏了同你们缔

① 参见本卷第 36 章。

② 即河的左岸。

结的条约。统帅的耽搁使我的控诉得不到什么结果,同时我又不相信法律能给予什么真正的保护,于是我请他把阿尔米尼乌斯,他的同谋者和我都逮捕起来。那一夜可以为我的话作证,我真希望就在那一夜里结束自己的性命!然而后来发生的事情只能使人叹惜不已,却不能对它们进行任何辩护。但我还是把阿尔米尼乌斯逮捕起来,可是我自己也被他的同党逮捕了。而现在,在我同你们第一次会面的时候,我仍然希望恢复过去的和平,而不是当前的这种紧张的敌对关系;我不是来要求报酬的,我只是想来说明自己并没有背信弃义,同时如果日耳曼人愿意改悔而不自寻死路的话,那么我就是一个适当的仲裁者。我为我的儿子和他因年轻而犯下的过错请求你们的宽恕。我承认,我的女儿是迫不得已才来到这里的。她的哪一种身份更重要一些,请你们判断吧:使她怀孕的是阿尔米尼乌斯,使她出生的是我。"

日耳曼尼库斯的回答宽宏大量,他保证塞盖司特斯的孩子和亲属的安全,并答应他定居在一个古老的行省里。[①] 随后他就率军返回,并在提贝里乌斯的建议之下接受了统帅(Imperator)的称号。阿尔米尼乌斯的妻子后来生了一个男孩子,这个孩子在拉温那长大成人。我在以后适当地方还要谈到这个孩子所受的屈辱。[②]

(59) 塞盖司特斯投诚和他受到善意接待的消息传开之后,蛮族中间主战或反战的人的反响不同,反战者有了希望,主战者感到

---

① 在左岸高卢境内。伐鲁斯战败后,日耳曼的领土在理论上(虽然不再在实际上)仍被视为一个行省。

② 塔西佗关于这部分的作品已佚。但从本书第 11 卷第 16 章可以知道,这个孩子已经死了。

忧愁。生性暴烈的阿尔米尼乌斯知道自己的妻子被俘，尚未出生的孩子会遭到奴役，气得发了疯。他在凯路斯奇人中间跑来跑去，要他们发动反对塞盖司特斯的战争，反对恺撒的战争。他破口大骂："多么出色的父亲！多么伟大的统帅！多么勇敢的军队！他们竟然联合起来劫走一个可怜的妇女。他曾经歼灭过三个军团，三个统帅，因为他当年是在光天化日之下对拿着武器的人作战，而不是靠着谋叛，也不是对怀孕的妇女作战。在日耳曼的那些森林里依然可以看到罗马的军旗，这些军旗是他为了纪念他们祖先的神灵才悬挂起来的。让塞盖司特斯定居在被征服的河岸上，并且重新使他的儿子担任以凡人为奉祀对象的祭司吧。[①] 日耳曼人对于在易北河和莱茵河之间的土地上出现罗马的笞棍、斧头和长袍，绝不能容忍下去。没有经受过罗马统治的其他民族从来没有领教过他们的惩罚和勒索。既然日耳曼人已经摆脱了这二者，既然被奉为神明的奥古斯都和他所选定的提贝里乌斯都曾败退而还，那么他们就没有任何理由在一个乳臭未干的小伙子[②]，在一支心怀不满的军队的面前畏缩不前。如果他们爱他们的国家，他们的父母、他们的古昔的独立生活而不愿受暴君的统治，不愿看到自己的国土成为新的移民地的话，那么他们就应当追随阿尔米尼乌斯去争取光荣和自由，而不要和塞盖司特斯一道去遭受可耻的奴役！"

（60）他的呼吁不仅仅是把凯路斯奇人发动起来，而且把邻近的各民族也都发动起来了。在罗马人中间长久以来一向很有威信

① 这里指对奥古斯都的崇拜。

② 但阿尔米尼乌斯的年纪也并不很大（参见本书第 2 卷，第 73 章；第 88 章）。

的音吉奥美路斯（阿尔米尼乌斯的叔父）也被他争取过来了。这一点使得日耳曼尼库斯深为吃惊，而为了使未来的袭击不致汇合成为一支巨大的力量，他命令凯奇纳率领四十个罗马步兵中队[①]通过布路克提里人的地区到埃姆斯河去，以便牵制敌人。指挥官（praefectus）佩多[②]则率领着骑兵沿着弗里喜人地区[③]的边境前进。

日耳曼尼库斯本人则和四个军团乘船穿过湖区。[④] 这样，步兵、骑兵和舰队便同时在上述埃姆斯河会合了。在罗马的军队里，也有卡乌奇人所提供的一部分士兵。当布路克提里人焚烧他们的财物时，他们被路奇乌斯·司特尔提尼乌斯赶跑了；路奇乌斯·司特尔提尼乌斯曾奉日耳曼尼库斯之命率领一队轻武装的队伍。当这支队伍士兵正在杀戮和打劫的时候，他发现了第十九军团的军旗，这是伐鲁斯战败时丢下的。全军[⑤]又从这里到布路克提里人的地区的边远地带，蹂躏了埃姆斯河和里普河之间的整个地区。现在他们离开提乌托布尔格森林[⑥]已经不远了，据说伐鲁斯和他的军团士兵的尸体还留在那里没有掩埋。

（61）这时日耳曼尼库斯极想对这些阵亡的士兵和他们的统帅表示最后的敬意；他所率领的士兵则想到他们的亲属和友人，想

① 这里指下军的四个军团（参见第31章）。

② 佩多可能是奥维狄乌斯的朋友佩多·阿尔比诺瓦努斯。他写过一篇有关日耳曼尼库斯的战役的叙事诗。

③ 弗里喜人住在沮伊德湖（Zuydersee）和埃姆斯河之间的沿岸地区（弗里斯兰，Friesland）。

④ 指上军的四个军团，湖似是今天的沮伊德湖。

⑤ 不只是司特尔提尼乌斯率领的那一小部分。

⑥ 关于它的地点，争论颇多，但迄无最后确定的意见。一般认为在威斯特伐里亚的荷恩（Horn）附近。

到战争和人类命运的变幻无常，不由得有了感伤怜悯之情。凯奇纳奉令先去探查人迹罕至的林中小道，并在遍处是水的沼泽地和不坚实的地面上架桥铺路。在这之后，大军就到这块看起来和回想起来都非常阴森可怕的地方来了。他们看到伐鲁斯的第一个营地，营地广阔，每隔一段距离都有安置军官和军旗的地方，这一情况表明这乃是三个军团的劳动成果；此外还可以看到一些已经一半颓圮的土墙和一道浅沟，那是残兵败将们在被击溃之前用作掩护的所在。在这附近的平原上是分散的或是成堆的白骨，因为有的人是分头逃命，有的人则没有跑动。在那里还有残破的投枪和战马的肢体，还有钉在树干上的髑髅，十分显眼。在附近的森林里有一些蛮族的祭坛，罗马军队的军团将领和主力的百人团长就是在这里被日耳曼人处死的。当时逃出战场或挣脱他们的锁链的那些幸免于祸的人则叙述副帅们在什么地方阵亡，军旗在什么地方被夺走，伐鲁斯在什么地方第一次负伤，在什么地方他用自己那不幸的手结束了性命。他们还指出阿尔米尼乌斯是在哪个座坛上发表演说的，他们指出了为囚犯准备的所有的绞架和地牢，以及他侮辱军旗和队旗时的那种横傲态度。

（62）就这样，罗马军队在六年之后，来到这个灾难场所掩埋了这三个军团的士兵的遗骨；谁也不知道自己掩埋的是一个生人还是一个亲人的尸骨，但是他们却把这些尸骨作为朋友和亲人的尸骨埋葬起来，他们在内心中满怀对敌人的愤怒，他们感到悲哀和憎恨。

在修建坟山的时候，恺撒放置第一份草土，用以表示对死者的衷心尊敬并与大家一同致以哀悼之忱。但是这些做法却没有得到提贝里乌斯的赞许，这可能是因为提贝里乌斯从恶意的方面来看待日耳曼尼库斯的一切行动，也可能是因为他认为，军队看到未被掩埋的死者会厌恶战争，更加重视敌人。而且，一位担任占卜官职务并主持最严肃的宗教仪式的统帅是不应当处理任何有关葬仪的事务的。[①]

（63）阿尔米尼乌斯退到了荒野，但日耳曼尼库斯紧紧地逼在后面。机会一到，他便下令骑兵出击平原上的敌人阵地。但是，阿尔米尼乌斯在使自己的队伍尽量靠拢在一起，退入森林以后，突然间又包抄到日耳曼尼库斯的背后；他发出信号命令埋伏在森林里面的士兵向罗马军队发动袭击。这个新的战术扰乱了我们的骑兵队伍。后备的步兵中队被派上去，但是这些士兵在逃跑的军队的压力下乱了阵脚，他们被派上去只会增加队伍的惊恐情绪；他们所有的人一直被压到沼泽地带上去，这种地带是胜利的敌人所熟悉的，然而对于外人来说却极为危险。但这时恺撒率领着正规军团赶到了，他把他的士兵排成了正规的战斗行列。这种阵势吓住了敌人，壮大了罗马军队的胆量，结果双方不分胜负，各自收兵。

不久以后，日耳曼尼库斯率领他的军队返回了埃姆斯河，他的军团是乘船撤退的，就和来的时候一样。一部分骑兵奉命沿着北方海洋的海岸向莱茵河前进。凯奇纳则率领着自己的军队从一条熟悉的道路回去，但他却依然被提醒，要尽快地穿过长桥[②]。所谓

---

① 罗马人认为神圣的事物一般是不能同死者接触的。参见《旧约全书》，利未记，第21章，第10—11节：“在弟兄中做大祭司，头上倒了膏油，又承接圣职，穿了圣衣的……不可挨近死尸。”

② 不详。

长桥，就是几年之前路奇乌斯·多米提乌斯[①]在一片广大的沼泽地带上敷设的一道狭窄的堤路。在堤路以外的地方则是一片泥泞难行的沼泽地，到处都是纵横交错的小河。在周边的地方则是从平原地带缓缓升起的森林；它们现在已被阿尔米尼乌斯占领，原来他的军队曾以急行军的方式通过了近路，这样便赶过了辎重装备都很重的罗马军队。如何修补旧的已经塌陷的堤路同时又要戒备敌人的进攻，在这一点上凯奇纳是没有把握的。因此他决定在他停驻下来的地方构筑一个营地，这样一部分人进行修补，另一部分则可以准备迎击敌人了。

(64) 蛮族以小规模战斗、两翼包抄以及正面进攻的办法企图突破罗马军队的外围据点，并强攻正在修路的士兵。修路的士兵和作战的士兵的叫喊声响成一片。一切都对罗马人不利。到处都是很深的淤泥，站不住，要前进又动不了——此外他们背负的武器太重——他们站在水里更无法把投枪拿稳之后再投出去。但另一方面，凯路斯奇人却习惯于沼地的战斗，他们的身材高大，可以把很大的投枪投到很远的地方去刺伤敌人。当夜幕的降临结束了这场实力不平衡的战斗时，罗马的军团实际上已经支持不住了。

胜利使得日耳曼人的劲头越来越大。甚至到了此刻他们也不休息，而是着手把发源于周边小山中的一切小河的水都引到下面这个平原上来。平原上涨满了水，这样就使那稍稍修补过的堤路被淹没，而士兵的工作也就倍加困苦了。不过，凯奇纳在军队里，

① 路奇乌斯·多米提乌斯·埃诺巴尔布斯是皇帝尼禄的祖父，参见本书第 4 卷，第 44 章。

不拘作为被领导的士兵或作为统帅，已经有了四十年的经验。他亲身经历过危险和胜利，因此他不是那么容易惊惶失措的。在考虑了各种可能发生的情况之后，他知道唯一的办法是把敌人遏阻在森林里，直到他的军队中负伤的和辎重较多的一部分人渡过河去。在小山和沼泽地之间有一块不大的平地，因此这里只能有一道稀疏的战线。第五军团奉命担任右翼，第二十一军团担任左翼的战斗，第一军团当先锋，第二十军团断后，以防止必然会发生的追击。

（65）这一夜，双方都没有休息，但是双方情况大不相同。蛮族大张饮宴，低谷里充满了他们的胜利的歌声或强烈的呼喊，这声音在森林里来回激荡着。在罗马人这边，却是有气无力的篝火，断断续续的抱怨声，一些人躺在栅栏旁边，还有一些人在营帐的四周踱来踱去，他们虽然没有睡着，却迷迷糊糊的也不像是醒着。统帅在这一夜里做了一个阴森可怕的梦：仿佛见到浑身是血的克温提里乌斯·伐鲁斯从沼泽地里站起身来叫他，但他没有听从伐鲁斯的话，当伐鲁斯伸出手来的时候，他把伐鲁斯推了回去。天亮了，被派到两翼去的军团，或是由于害怕或是由于任性，放弃了他们原来的阵地，却匆匆忙忙地占领了沼泽地外面的一块平地。这样阿尔米尼乌斯就很容易对他们发动进攻了。不过他并没有立刻这样做。当他看到辎重陷在泥里和沟里的时候，他们才发动进攻，于是周围的士兵乱成了一团。队旗的次序被打乱了（正像发生了混乱的情形那样），人人都随着一时冲动赶忙为自己寻求安全的地方，却把命令置于脑后。阿尔米尼乌斯下令日耳曼人发动进攻。他叫道："伐鲁斯和他的军团又遇到和先前一样的命运啦！"他一面叫着，一面率领一支精锐部队杀向罗马的队伍。他们首先是砍马。

马满身是血，滑倒在泥泊里，这样就把它们身上的骑兵摔了下来，把它们路上遇到的人冲散，并把倒在地上的人踏在蹄下。军旗引起的困难最大，因为在密集的投枪的打击之下，旗手没有办法举着军旗前进，也没有办法把军旗插在泥泞土地里。凯奇纳企图保持队形的完整，但是他的坐骑被杀死了。他从马上摔下来之后，立即便被敌人包围起来，但是这时第一军团为他解了围。不过敌人的贪欲对我们是有利的，因为他们放弃了屠杀而去追求战利品；罗马的军团到晚上才算杀出了一条路，来到了一块开敞的干地上。但罗马士兵的灾难还没有结束。必须修筑堡垒，并且为工事搜集材料。挖土或割草的工具大部分都丢了。队伍没有营帐，伤兵得不到必要的包扎。当士兵们分配那被泥土或鲜血沾污得一塌糊涂的口粮时，他们悲叹这死亡一般的阴暗，以及成千上万的人只能活到明天。

（66）这时偏巧有一匹挣脱了缰绳的马正在四处乱跑，它被人们的呼号声吓坏了。有一些人跑来想拉住它，造成很大混乱，以致人们以为是日耳曼人冲进来了。于是大家一齐向几个营门冲去，特别是全营的那个后门（decuman）[①]。这个后门正在背着敌人的那一面，因而被认为是最适于逃跑的。凯奇纳看出这种恐惧是毫无根据的，但是他的命令、他的请求，甚至他动用武力，都不能捉住或挡住他们。于是他自己就横躺在大门的地方。士兵当然不忍心从自己的统帅的身上踏过去。这时军团将领和百人团长们也都解

① 罗马的营地是方形的，每一面的正中有一个门；营地的面对着统帅的营帐的一个主门称为帅门：军队开拔或作战去的时候便走这个门。后门是和帅门相对的那个门，人们所以把这个后门称为decuman，是因为拉丁文中decumanus有“第十步兵中队”的意思，而这个门离开每一军团的第十步兵中队最近。

释说，这次的惊惶是没有道理的。

(67) 凯奇纳于是把士兵集合在他的营帐前面，先要他们静下来听他讲话。他提醒士兵们当前的局面十分危急。他说，他们唯一得救的办法、唯一的出路就是作战，不过他们在作战时必须先要有周密的计划。如果敌人不是为了发动猛攻而迫近的话，他们一定要留在营地内部。如果敌人猛攻，他们就必须从四面八方冲到外面去，这样一直冲到莱茵河那里。如果他们逃跑的话，那他们就会遇到更多的森林、更深的泥沼和凶猛的敌人。只要他们能得到胜利，那么光荣和功勋就肯定是他们的了。他向他们提醒了他们家中所爱的一切，提到他们过去的战勋，但是关于过去的挫折，他却只字未提。在这之后，他便大公无私地把统帅和军团将领们的马，首先是自己的马，分配给军队中作战最勇敢的人。得到马的人在最前面进攻，步兵跟在后面。

(68) 期望、贪欲和领袖人物之间的不同意见使得日耳曼人的阵营同样也很混乱。阿尔米尼乌斯的意见是先让罗马人出来，然后把他们再次围困在一个泥泞难行和崎岖不平的地方。音吉奥美路斯则主张使用蛮族所喜欢的那些更加激烈的办法。他认为，如果把营地包围起来，就更便于发动猛攻。这样不但可以得到更多的俘虏，而且可以把战利品完整无缺地拿过来。因此，在天亮的时候，他们就开始填平壕沟，把树枝荆条编的篱笆投到里面并力图攀登到堡垒上面去。堡垒上只有少数士兵守卫着，他们显然吓得动也不敢动了。不过当他们爬到堡垒上的时候，各步兵中队得到了信号。号角和喇叭立刻都响起来了。罗马的军队一声呼啸，就向着日耳曼人的后方冲去。他们用嘲笑的口吻说，“这里既没有蛮族所习惯的森林，也没有沼泽地，地形对双方是平等的，上天也是公正的。”敌人以为他们所遇到的只是少数装备窳劣的部队，因而很快就可以结束战斗。但是突如其来的喇叭声和武器的闪光产生了很大的效果。日耳曼人被打倒了，他们在胜利时任性胡为，失败时则又不顾一切。阿尔米尼乌斯和音吉奥美路斯退出了战斗，前者没有受伤，但后者受了重伤。日耳曼人溃不成军，遭到了屠杀；直到黄昏时分罗马人的怒气稍消时，屠杀才告结束。天黑时，罗马军团返回了营地。他们疲劳已极，因为伤号更多了，口粮也同样缺乏，但是他们在胜利中找到了力量、健康、给养和一切。

(69) 这时流传着这样一个谣言：罗马军队中了敌人的伏击，日耳曼军队正向高卢挺进。一些人听了这个消息心慌起来，竟想把莱茵河上的桥[①]拆毁，如果不是阿格里披娜制止的话，这些人就真敢干出那样丢脸的事了。在那些日子里，这位心地高洁的妇人一直执行统帅交派的任务。她送衣服给无衣的士兵，亲自护理伤兵。写日耳曼战争史的历史家普利尼[②]记述说，她亲自站在桥头上，赞颂和感谢回师的军队。提贝里乌斯把她的这种做法深深记在心里。“在她对士兵的这种关怀的背后还另有文章。她对军队这样讨好也绝不是为了对付外敌。如果由一个妇人去巡视小队，在队旗近旁活动并亲自颁赐奖赏的话，那么统帅在今天岂不就成为一个虚设的职位了么。就好像让统帅的儿子穿着普通士兵的衣服，并且要人们称他为恺撒·卡里古拉这样的做法还不够哗众取

① 在维提拉(克桑顿)。

② 这里指老普利尼(Gaius Plinius Secundus，公元 23—79 年)。他的记述战争的作品已佚。这部著作可能是塔西佗《日耳曼尼亚志》的主要参考书之一。

宠似的！[①] 阿格里披娜在军队士兵眼中的地位看来已经盖过了任何将领或最高统帅，而且一位妇人竟然平定了皇帝签署的命令都不能平定的兵变。”谢雅努斯煽起并加深了提贝里乌斯的怀疑情绪。提贝里乌斯的性格如何，心里是怎样想的，他都清清楚楚，因此他就在提贝里乌斯心里播下了未来的仇恨的种子。这种仇恨现在是藏在皇帝的内心深处，但有朝一日它是会产生出大量恶果的。

（70）这时，日耳曼尼库斯[②]考虑到舰船必须在浅水中航行或在退潮时搁浅，便把他配置在船上的两个军团，即第二和第十四军团，交给了普布里乌斯·维提里乌斯[③]，要他把军队从陆路带回去，这样可以减轻船只的负担。维提里乌斯起初走得还算顺利，因为他经过的地方都是干地，或者只有很浅的海潮。但是不久，秋分时的强劲北风吹起猛烈的海浪，海浪袭来，打乱了他的队伍。整个土地成了泽国。海洋、海岸和平地的景色混成一体。人们根本无法辨别哪是陆地，哪是能使人陷下去的地带，哪是浅水，哪是深水。人们被浪头冲倒或被旋涡卷到水底。在水面上游动的驮马、行李和死尸撞在士兵们的身上。队伍乱了，一时水深齐胸，一时又到了下巴。这样他们就无法站稳，不是被水冲散，就是灭顶了。他们那相互激励的言辞并不能帮助他们对付洪水。勇敢的人和卑怯的人，聪明的人和愚蠢的人，谨慎的人和大胆的人，都同归于尽。普布里乌斯·维提里

① 参见本卷第41章和注。

② 参见本卷第63章和注。

③ 他是日耳曼尼库斯的副帅和后来的皇帝维提里乌斯的叔父；关于此人其他情况参见本书第2卷，第6章，第74章；关于他在审判披索时所起的作用，参见第3卷，第10章以次；关于他的死亡，参见第5卷，第8章。

乌斯终于挣扎到一块高地上去，在那里把他的队伍集合起来。他们在那里过了一夜，没有火，没有必需品，许多人赤身露体或是受了重伤。这种狼狈情况与被敌人包围的其他士兵一模一样。[①] 不过那些士兵至少还可以光荣地战死，不像这里士兵这样无声无臭地丧命。天亮时水退了，陆地重新出现了，他们来到河边，[②]这时日耳曼尼库斯的舰队已经先到了。军队登上了船。外面都传说这些军队淹死了，人们直到看到日耳曼尼库斯率领军队回来，才打消了疑虑。

(71) 在这个时候，那位奉命去接受塞盖司特斯的兄弟塞吉美路斯的投降的路奇乌斯・司特尔提尼乌斯，已把塞吉美路斯和他的儿子护送到乌比伊人的首都来了。这两个人都受到了赦免。对于塞吉美路斯的问题，大家没有什么不同的意见，对于他的儿子，人们则有一些踌躇，因为据说他曾经侮辱过克温提里乌斯・伐鲁斯的遗体。至于其他地方，如两个高卢、西班牙诸行省和意大利，则都争相努力弥补军队的损失，他们尽着本行省的力量提供了武器、马匹或是黄金。日耳曼尼库斯赞扬了他们的热情，但他只接受了作战用的武器和马匹。他用自己的钱周济士兵，并且为了减轻他的士兵们在回忆到不久之前所遭受的灾难时的痛苦，他表现了个人对他们的关切：他巡视伤员，赞许他们个人的功勋。在探看他们的伤处时，他用希望鼓励这个人，用光荣鼓励另一个人，并且到处给予亲切的慰问和关怀，从而使士兵们的心更加归向于他，并使

① 这里指凯奇纳麾下的军队。

② 麦塞尔(Mercer)定为 ad amnem Visurgin，这里是从杰克逊本 ad amnem，因为，如果从埃姆斯河回到莱茵河，则这里的 Visurgin 即威悉河，显然是不对的。

他们增强作战的信心。

(72) 根据命令,奥路斯·凯奇纳、路奇乌斯·阿普洛尼乌斯和盖乌斯·西里乌斯由于他们随同日耳曼尼库斯作战的功勋而在这一年里取得了凯旋的荣誉标帜。[1] 提贝里乌斯拒绝了"国父"[2]的称号,尽管人民一再要把这样的称号强加给他。他还拒绝了元老院的这样一个建议:人们要宣誓服从他的法令。[3] 他解释说,"人间的万事万物都变幻无常,一个人爬得越高,就越是容易跌下来。"虽然如此,他依然未能使人民相信他是共和制度的拥护者[4]。因为他恢复了大逆法(Lex Majestatis)。古人的法律中也有过这个名称,不过它所要对付的罪行却不相同,这些都是由于官吏渎职而玷污了"罗马人民的尊严"的罪行,诸如军队的背叛,煽动人民发动叛乱等等。实际行动要受到惩罚,但言论却是无罪的。奥古斯都第一个利用这一法律追究在文字上进行诽谤的罪行。因为一个名叫卡西乌斯·谢维路斯[5]的人曾经肆无忌惮地诽谤过显要的男

① 取得这种凯旋的荣誉标帜(triumphalia insignia)的统帅在某些日子里和典礼时有权穿凯旋袍,人们还给他们立穿着这种袍和头戴桂冠的像,但是不为他们举行凯旋式。因为在帝国时期,只有掌握统治大权(imperium)的皇帝和他的共治者才有特权举行正式的凯旋式。

② 公元前 2 年元老院曾授给奥古斯都这样的称号。提贝里乌斯则始终未撤回自己的拒绝(参见本书第 2 卷,第 89 章;狄奥·卡西乌斯,第 58 卷,第 12 章),在他的钱币上也没有出现过这样的头衔。

③ 高级长官和元老院每年元旦都要宣誓承认皇帝和包括独裁官优利乌斯·恺撒在内的前任皇帝的一切裁断(acta)有效。

④ 拉丁文 civilis;提贝里乌斯想使人们相信他不过是一个普通公民(civis inter cives)。但是这种表示和"大逆法"的实施是有矛盾的,因为从"大逆法"的观点来看,皇帝本人已不是公民,而是国家了。

⑤ 著名演说家。公元 8 年(一说 12 年)被奥古斯都放逐到克里特;提贝里乌斯把他移至塞里波司,并在公元 24 年没收了他的财产。他死在放逐生活的第二十五年。

女人士，故而激怒的奥古斯都采取了这一步骤。后来一位行政长官彭佩乌斯·玛凯尔曾请示提贝里乌斯，还应当不应当受理涉及大逆法的案件，提贝里乌斯回答说，这一法律肯定是应当执行的。和奥古斯都一样，他曾因为一些匿名的诗而深为震怒，因为这些诗讽刺了他的残酷、横傲和对自己的母亲的疏远。

（73）现在在这里回溯一下人们如何在两个普通罗马骑士法拉尼乌斯和卢布里乌斯身上最初试验大逆法，这不能算是浪费篇幅吧。我们从这件事可以看出，提贝里乌斯是怎样巧妙地想出这种可憎的措施，这个措施是怎样在开头不声不响地执行，中间有一个短时期被抑制，但最后终于爆发为把一切都会烧光的大火。[①]法拉尼乌斯被告发的罪名是，他曾经叫一个演滑稽戏的同时又是娈童的、名叫卡西乌斯的人参加了一个奥古斯都奉祀团，所有的显贵人家都按照教团一样的方式参加这种奉祀团；其次，他在出售他的花园时，把奥古斯都的一座雕像也卖掉了。加到卢布里乌斯身上的罪名则是由于伪誓而亵渎了奥古斯都的圣名。

提贝里乌斯听到了这些控诉，就写信给执政官说，元老院明令把奥古斯都列为上天的神灵，并不是为了使他的国人遭殃。他又说，优伶卡西乌斯和与他同一行业的其他人经常参加他的母亲为纪念自己的丈夫奥古斯都而举行的赛会[②]，而且在出卖房屋或花园时，把皇帝的像，如同其他诸神的神像那样与财产一齐卖掉，这

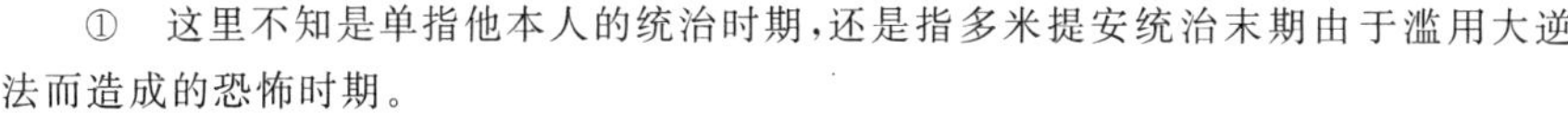

① 这里不知是单指他本人的统治时期，还是指多米提安统治末期由于滥用大逆法而造成的恐怖时期。

② 帕拉提努斯赛会（ludi Palatini），卡里古拉就在这样的日子里被杀死的（参见狄奥·卡西乌斯，第 56 卷，第 46 章）。

并不能算是渎神的行为。至于伪誓，这就和以朱庇特神的名义发伪誓一样，诸神自己会进行报复的。

（74）不久之后，比提尼亚的行政长官格拉尼乌斯·玛尔凯路斯被他自己手下的财务官凯皮欧·克利司披努斯控以大逆罪，希斯波·洛玛努斯也参加了对他的控告。凯皮欧发明了这样一种行业，而时代的不幸和人们的厚颜无耻很快地就使这种行业成了时髦的勾当。[①] 这个贫穷、卑贱并且喜欢闹事的人物由于告密而取得了他那残暴的主子的信任，后来连那些最显要的人物也都害怕陷入他的魔掌。这样，他便取得了一个人的宠爱，但是却成了所有的人的憎恨对象。自从他开了这种风气以后，仿效他的人们就从叫花子变成富人，从被人蔑视的人变成被人畏惧的人，并且在把别人搞垮之后，最后把他们自己也毁掉。

他说玛尔库斯·格拉尼乌斯·玛尔凯路斯讲了许多中伤提贝里乌斯的话。这是一种恶毒之极的控诉。控诉者把皇帝的品行中那些最可憎的品质搜集起来，然后说它们是被控诉的人讲出来的。要知道，讲出来的这些坏事情既然并非出自虚构，那么玛尔凯路斯曾经讲过这些东西，那也就是完全可信的了！希斯波还说玛尔凯路斯把自己的像放得比恺撒的像还要高，而且把奥古斯都像的头打掉，然后把提贝里乌斯的头安放上去。

提贝里乌斯听了这话之后勃然大怒，他立刻打破了自己的沉默，声称在这样的情况下，他要公开地并在发誓之后表示自己的意

① 罗马当时没有检察官，所以法律的应用必须通过私人之手，于是便出现了职业的告密人（delatores），告密人在得逞之后按规定是有奖赏的。

见。他这样说的目的就是要迫使其他元老也都这样做。可是行将消亡的自由这时总还有一些残留的痕迹，因此格涅乌斯·卡尔普尔尼乌斯·披索就提出了一个问题："恺撒啊，你将以怎样的程序提出自己的意见呢？如果你第一个发表意见，我就按照你的意见发表我个人的意见；如果你最后发表意见，那我害怕会不小心而发表和你相反的意见。"这正中要害的话使提贝里乌斯感到很难应付，于是他便温和地表示（这说明他很后悔这样不假思考地动起火来）同意赦免被告的大逆罪。侵吞公款的案子也交给有关的法庭去处理了。

（75）提贝里乌斯并不满足于仅仅在元老院里审理案件，他还到一般的法庭去。他坐在行政长官的审判台的边上，为的是不致把行政长官从自己的席位上排挤下来。由于有他本人在场的缘故，行政长官可以不顾事先的勾结和大人物的请托而作出许多公正的判决。虽然如此，尽管在他个人的影响之下公道取得了胜利，然而自由依然是受到了损害。大概也就是在这个时候，有一个元老奥列里乌斯·披乌斯抱怨说，由于一条公用的道路和水道的修筑，他的房屋竟而有了塌陷的危险。他要求元老院给以赔偿。管理国库的官吏[①]坚持反对他的请求，但是提贝里乌斯却帮了他的忙，把他的房屋的价款照付了。只要是有充分理由，这位皇帝是愿意而且不吝惜花钱的，他的这种美德保存了很久。甚至在他的其他美德都已失掉的时候，这一美德依旧保存着。当一位卸任的行政长官普洛佩尔提乌斯·凯列尔由于贫穷的缘故而请求解除他的元老职务的时候，[②]提

① 罗马建城 726 年，奥古斯都任命两位行政长官负责国库的管理。

② 也许是想去经商，因为按规定元老是不能经商的。

贝里乌斯知道他的贫困确实是因为他的父亲什么财产也没有留给他，于是就赐给了他一百万谢司特尔提乌斯[①]。别的人也做了同样的申请。但是他却要他们向元老院证实自己提出的理由是正当的。由于他的性格严峻，因此甚至当他行为公正的时候，他仍旧给人以暴烈从事的印象。这样一来，其他的人就宁肯在默默中忍受贫困，而不去用公开坦白本身情况的办法去取得补助了。

(76) 这一年阴雨连绵，台伯河河水泛滥，淹没了罗马城的地势低的地方；水退之后，查明有大量房屋和生命的损失。因此阿西尼乌斯·伽路斯就建议去看一下西比拉预言书。提贝里乌斯不同意，他在世俗的以及在宗教的事物上都是宁肯保守秘密的。[②] 然而阿泰乌斯·卡皮托和路奇乌斯·阿尔伦提乌斯却奉命控制洪水的肆虐。由于阿凯亚和马其顿对苛重的租税表示不满，因此决定暂时撤销总督对这两个地方的统治，而把它们直接交给皇帝治理。[③] 杜路苏斯以他的兄弟日耳曼尼库斯的名义主持了一次剑斗士的比赛。杜路

① 这是奥古斯都所规定的元老的最低财产额。约合一万英镑(参见本书第 2 卷，第 37 章)。

② 提贝里乌斯对西比拉预言书总是抱着怀疑态度(参见本书第 6 卷，第 12 章；狄奥·卡西乌斯，第 57 卷，第 18 章)。过去搜集的各种西比拉预言书在公元 12 年由奥古斯都从卡披托里乌姆神殿移至帕拉提努斯山的阿波罗神殿。而这些预言书只有十五人团(quindecimuiri)经元老院批准才能查阅。

③ 公元前 27 年奥古斯都把行省分成国家的(元老院的)和皇帝的行省两类。前者仍然用抽签的办法由担任过执政官或行政长官的人治理，这些官吏受元老院的监督。后者则由直接向皇帝负责的副帅(legati，或译特使)治理。阿凯亚(希腊本部再加上帖撒利亚和埃庇路斯)当时已与马其顿分开并且被变成了元老院行省。现在，在公元 15 年，它成了皇帝的行省并在这种情况下继续了二十九年。由于这一改变而引起的财政情况的好转，部分是由于维持这个机构的费用省下了，因为这一行省由美西亚的长官代管，但主要的，也还是由于行政上的更有效的改革。

苏斯特别喜欢这种流血的表演，不管它是多么邪恶；这种表演使公众感到胆战心惊，据说他的父亲为此曾斥责过他。提贝里乌斯自己未来参观，这有种种不同说法。一些人认为他不喜欢到人多的地方去；一些人认为他生性乖僻，并且害怕人们将他和奥古斯都相比，因为奥古斯都是一个兴致很高的观众。还有一个我不大同意的说法：他故意使他的儿子有一个表现残忍性格的机会，以便引起人民对他的憎恶。不过，这样的看法还是有人提出来了。

（77）从上一年起人们就明显看出的舞台上的混乱[①]，现在变得更加严重了。民众中间发生了伤亡事故，死了几名士兵和一名百人团长，伤了近卫军的一个军官，因为他们想制止人们对高级官吏的侮辱和群众中间发生的冲突。元老院对这次暴乱进行了讨论，有人建议说，应当授权行政长官鞭打优伶。人民保民官哈提里乌斯·阿格里帕表示反对，但是受到了阿西尼乌斯·伽路斯在一次演说中的攻击。提贝里乌斯则一言不发，他这样做，目的在于在元老院里造成一种自由的假象。不过反对的意见还是通过了，原来神圣的奥古斯都一次在回答问题时曾经指出，优伶是不应当受到体罚的；在提贝里乌斯来说，奥古斯都的话是绝对不能亵渎的。然而还是制定了很多措施，限制娱乐方面的开支和限制捧角的人的放纵行为。特别值得注意的一项措施是：任何元老都不能到优伶的家里去。如果优伶在群众中出现，他们身边不能有骑士作他们的护卫，[②]此外，除了在剧院之内，其他任何地方都不能进行表

① 参见本卷第 54 章。

② 在罗马，显贵人物外出时总是有一大群人跟着作为保护，同时也是为了炫耀。

演；观众中间发生任何骚乱，行政长官有权加以放逐，作为惩罚。

（78）西班牙人获准在塔尔拉科移民地[①]为奥古斯都修建一座神殿，这样就给所有的行省开了先例。人民群众普遍反对在内战之后制定的、对拍卖的商品所征收的百一税。但是提贝里乌斯却指出，军用库[②]是需要这笔款项的。[③] 他还说，除非老兵在服役二十年之后才退伍，否则国家是无力负起这样的重担的。这样一来，由于最近的兵变而进行的不当的改革（军团士兵就通过兵变强使服役期最多不超过十六年），在今后就被取消了。

（79）接着又开始讨论由阿尔伦提乌斯和阿泰乌斯提出的问题，即台伯河的水患是否可以通过改变涨水的上游河流和湖泊的水路的办法加以控制。自治市和移民地的代表们发表了意见。佛罗伦萨人请求不要把克拉尼斯河[④]引离旧道而导入阿尔诺河，因为这样做会使他们受到巨大的灾害。印提拉姆那提斯人[⑤]的情况也与此相似。如果按照这个计划把纳尔河[⑥]疏导到一些小河里去，在水涨时意大利的最肥沃的土地便都毁了。列阿提尼斯人[⑦]

① 西班牙东北部的首府，今天的塔拉戈纳。

② 奥古斯都在公元 6 年捐资设立，最初的目的是用它来支付退役士兵的养老金和赏金。

③ 实际情况不完全如此。除去偶然额外收入之外，奥古斯都特别指定 5%的遗产税（vicesima hereditatum）的收入也归入这个新的财库。

④ 现在的奇亚纳（Chiana）河。

⑤ 他们是翁布利亚的印提拉姆那·纳哈尔提乌姆（Interamna Nahartium，即今天的特尔尼，Terni）地方的居民。由于这里是皇帝塔西佗的故乡，故而在这里也给历史家塔西佗修建了一座坟墓，但这座坟墓后来因教皇庇护五世的命令而被毁，因为他是基督教的敌人。

⑥ 今天的内拉河（Nera）。

⑦ 列阿特（Reate）人，列阿特即今天的利耶提（Rieti）。

也讲话了。他们反对把维里涅湖[①]流入纳尔河的那个口子堵起来,因为这样一来,它的水就要泛滥到附近的地方去了。他们认为,为了人类的利益,大自然给每一条河流安排了它们的适当的河口、适当的河道、适当的起讫界限。对于他们祖先的宗教信仰也应当加以尊重,因为他们的祖先曾把宗教仪式、森林和祭坛献给了他们家乡的河流。而且,台伯河本身被截断了支流,这也是他们不同意的,因为这样一来,这条河的奔流的气势就不会像目前那样雄伟了。不管最后是由于什么理由吧——由于自治市的请求、由于工程方面的困难或是由于迷信方面的考虑——披索的这样一个“一切原封不动”的意见被通过了。

(80) 盖乌斯·波培乌斯·撒比努斯继续治理美西亚行省[②],阿凯亚和马其顿也划归这个行省了。提贝里乌斯有一个延长他发布的命令的效力的脾气,他往往使同样的人统率同一支军队或治理同一个行政区直到这个人去世的时候。他为什么这样做,人们提出了很多理由。有些人认为提贝里乌斯不耐烦处理那要不断重新作出决定的问题,因此他宁愿在作出一次决定之后就使它永远有效。还有些人认为他不愿意看到有过多的人受到提拔。也有人认为他那机敏的才智反而使他处于进退两难的地位。一方面,他既不喜欢下流的品行,另一方面却又不喜欢突出的才智。优秀人物对他本人是一种威胁,但品行坏的人又会引起外界的非议。最

① 今天的披耶-狄-路果湖(Lago di Piè - di - Lugo),位于列阿特和印提拉姆那之间,这个湖口实际上是人工开成的(参见西塞罗:《致阿提库斯书》,第 4 卷,第 15 章)。

② 属于皇帝的行省,大约相当于今天的保加利亚,和南斯拉夫的一部分即塞尔维亚。

后，这种摇摆不定竟至使他把行省的统治权交给他从来不许离开罗马的人物。

(81) 至于执政官的选举，则从这一年（第一年）直到这个朝代结束时为止，我并不想得到一个最确实的说法，因为不仅历史学家所提供的材料，甚至皇帝本人的发言都是非常混乱的。有时他不说出竞选人的名字，而只是说他们每个人的出身、生平和战事上的经历，从而使人很清楚地知道他所指的是哪个人。有时他连这些线索也不提，却一味地警告“竞选人”不要用阴谋手段来糟蹋选举，而且他自己也保证协助做到这一点。他通常总是说，除了他已经把名字提交给执政官的人之外，就没有另外向他申请的人了。如果别的人对自己的声望或资历有把握的话，那是完全可以提出竞选的。这种办法说起来真是一本正经，但事实上它是毫无价值或不真实的，它那“自由”的幌子打扮得越是漂亮，只说明它必将产生更加可憎的“奴役”！

第二卷

(1) 在司塔提里乌斯·西森纳[①]和路奇乌斯·里波担任执政官的这一年里，在东方的独立王国和罗马各行省里发生了骚乱。首先闹事的是帕尔提亚人；他们向罗马要求并且从罗马得到了一位国王，这个人出身于他们的阿尔撒奇达伊王族[②]，但是他们却瞧不起他，把他当成外国人。这个人名叫沃诺尼斯，先前他是被普拉提斯[③]作为人质送到奥古斯都那里去的。普拉提斯虽然已经把罗马的军队和统帅们打退，[④]但是对于皇帝，他仍然是倍加尊敬的。为了进一步表示友好，他把自己的几个孩子送到罗马人这里来，这与其说是害怕我们罗马人，却毋宁说他不信任自己臣民的忠诚。

罗马建城769年，即公元16年

(2) 普拉提斯和他的继承者们因同室操戈而死掉以后，帕尔提亚的贵族便派遣了一个使团来到罗马，请他的长子沃诺尼斯回去继位。恺撒认为这对他本人是一种荣誉，于是就在年轻人离开时给了他十分丰厚的赠赐。蛮族也十分高兴地接待了他，而每在

---

① 这个名字在里特尔(Ritter)本的写法是司塔提里乌斯·陶路斯(Statilio Tauro)。

② 帕尔提亚的阿尔撒奇达伊王族，统治时期约当公元前250到公元230年，亡于萨萨尼朝的新波斯帝国。他们的祖先是王国的建立者阿尔撒凯斯。

③ 普拉提斯四世(公元前37年—公元2年)。

④ 指公元前36年安托尼乌斯对帕尔提亚的失败的出征。

新国王即位时他们总是这样表示的。但是他们的高兴情绪很快就变成了耻辱感。“帕尔提亚人越来越不行了:他们竟到另一个世界去寻求一个沾染了敌人习气的人来当国王,而且阿尔撒奇达伊王族的王权被摆弄得就和罗马的一个行省一样!如果这些年来一直在恺撒的手下忍受着奴役之苦的一名奴隶当了帕尔提亚人的国王的话,那么曾经杀死过克拉苏斯①并且打败过安托尼乌斯的人们的光荣又在什么地方呢?”沃诺尼斯这个人对于他本国世代相传的风俗习惯已经非常生疏了,他很少出现在狩猎场上,对马肉的兴趣不大,②到城里去时总要坐肩舆,而且不喜欢参加本国的宴会,③这一切都加深了国人对他的蔑视。他的随从都是希腊人,他还把他日常使用的最普通用具都封存起来,这也引起了帕尔提亚人对他的嘲笑。另一方面,他有十分平易近人的态度和非常温和有礼的作风,这本来是很好的品质,但是却被对之不习惯的帕尔提亚人看成是外来的恶习;帕尔提亚人对他身上的好的和坏的品质都同样不习惯,因而也就同样厌恶。

(3) 结果,属于阿尔撒奇达伊王族的另一个叫做阿尔塔巴努斯④的人就出来和沃诺尼斯争雄了。阿尔塔巴努斯是在达阿伊人⑤中间长大成人的,他在开头时虽然战败,但后来他重新集合了自己的力量,夺取了王位。

---

① 公元前 53 年在卡尔莱(Carrhae)。

② 参见优斯提努斯,第 41 卷,第 3 章。

③ 指国王和他的贵族(megistanes)的宴会。

④ 阿尔塔巴努斯三世(公元 11—40 年)。

⑤ 居住在里海东南面的一个西徐亚人的部落。

被打败的沃诺尼斯跑到亚美尼亚去避难，亚美尼亚位于帕尔提亚帝国和罗马帝国之间，当时正是一个虚位的国家。由于安托尼乌斯的罪过，亚美尼亚和罗马帝国之间的关系很不妙。原来安托尼乌斯曾以友好为名，把中计的前国王阿尔塔瓦斯德斯捉将起来，最后把他杀了。[①] 他的儿子阿尔塔克西亚斯由于记住了杀父之仇而敌视我们，他借助于阿尔撒奇达伊族的武力以保卫他自己和他的王位。在他由于他的亲族的阴谋而被暗杀之后，恺撒便使提格拉尼斯做了亚美尼亚的国王，而提贝里乌斯・尼禄[②]又使他做了他本国的国王。提格拉尼斯做国王的时间不长；他的孩子们尽管根据东方的惯例相互通婚[③]并进行了共同统治，但他们的统治时期也很快地便结束了。

① 为了帮助读者更清楚地了解本章和下一章的内容，这里列出有关亚美尼亚统治者的一览表：

公元前 56 或 55 年至公元前 34 年：阿尔塔瓦斯德斯一世（此人在公元前 36 年与安托尼乌斯在帕尔提亚作战时欺骗过安；但两年之后此人被安托尼乌斯设计捉住，并被交给了克利欧帕特拉，后者在公元前 30 年将此人处死）。

公元前 33 年至公元前 20 年：阿尔塔克西亚斯二世（此人曾杀死他领土上的全部罗马人）。

大约公元前 20 年至公元前 6 年：(a)提格拉尼斯二世（他是被提贝里乌斯安置到王位上的）；(b)提格拉尼斯三世和埃拉托王后（他们是夫妻，又是兄妹；他们是共同统治的）。

大约公元前 6 年至公元前 1 年：(a)阿尔塔瓦斯德斯二世；(b) 提格拉尼斯三世和埃拉托王后（复位）。

大约公元前 1 年至公元 11 年：(a)阿里奥巴尔扎尼斯；(b)阿尔塔瓦斯德斯三世（他的儿子）；(c)提格拉尼斯四世（参见本书第 6 卷，第 40 章）；(d)埃拉托王后（再度复位?）。

公元 11 年或 12 年：沃诺尼斯。

② 即后来的皇帝提贝里乌斯。

③ 这里指兄弟姊妹结婚的习惯。

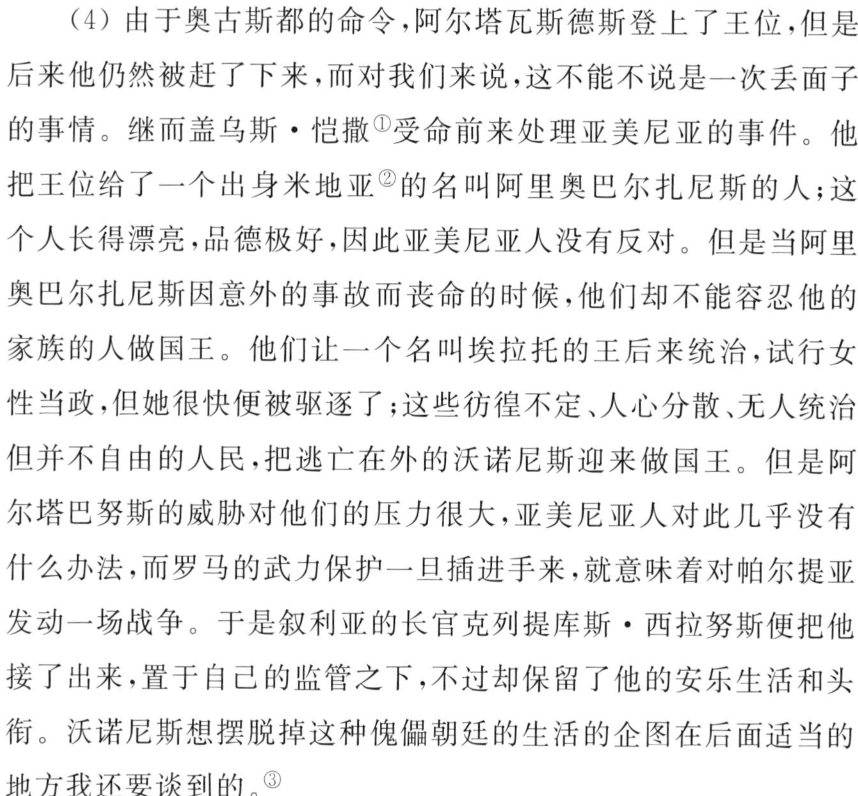

(4) 由于奥古斯都的命令,阿尔塔瓦斯德斯登上了王位,但是后来他仍然被赶了下来,而对我们来说,这不能不说是一次丢面子的事情。继而盖乌斯·恺撒[①]受命前来处理亚美尼亚的事件。他把王位给了一个出身米地亚[②]的名叫阿里奥巴尔扎尼斯的人;这个人长得漂亮,品德极好,因此亚美尼亚人没有反对。但是当阿里奥巴尔扎尼斯因意外的事故而丧命的时候,他们却不能容忍他的家族的人做国王。他们让一个名叫埃拉托的王后来统治,试行女性当政,但她很快便被驱逐了;这些彷徨不定、人心分散、无人统治但并不自由的人民,把逃亡在外的沃诺尼斯迎来做国王。但是阿尔塔巴努斯的威胁对他们的压力很大,亚美尼亚人对此几乎没有什么办法,而罗马的武力保护一旦插进手来,就意味着对帕尔提亚发动一场战争。于是叙利亚的长官克列提库斯·西拉努斯便把他接了出来,置于自己的监管之下,不过却保留了他的安乐生活和头衔。沃诺尼斯想摆脱掉这种傀儡朝廷的生活的企图在后面适当的地方我还要谈到的。[③]

(5) 东方的混乱局势对提贝里乌斯来说是一个不坏的机会;他正好找到一个借口使日耳曼尼库斯离开他所熟悉的那些军团,到对他生疏的各行省,去面对各种阴谋和危险。但是日耳曼尼库斯的士兵对他越是忠诚不二,他的叔父对他越是反感,他本人也就

① 参见本书第 1 卷,第 3 章。他在公元前 1 年被授以总督的权力并以副王的身份被派往东方行省。公元 3 年他在亚美尼亚中计负伤,未到意大利就死了(公元 4 年 2 月 12 日)。

② 米地亚·阿特洛帕提尼(Media Atropatene)即今阿塞拜疆,位于亚美尼亚和米地亚本土之间,是阿尔撒奇达伊族的属地。

③ 参见本卷第 68 章。

越是急于想在日耳曼迅速取得胜利。于是他便根据过去两年来战胜的和失败的经验开始考虑今后作战的办法;他看到,在正式的战斗中以及在普通平地上作战时,日耳曼人是打不了胜仗的,然而森林、沼地、短促的夏天和提早到来的冬天却对他们有利。他自己的士兵因负伤所受的影响,还不如令人厌倦的长途行军和武器的丢失对他们的影响大。高卢诸行省已不再能供应马匹了。长长的辎重队很容易受到伏击,保卫起来十分困难。但如果他们冒险走海路的话,他们就容易发动进攻,而不易被敌人侦察到。而且走海路可以使战役提前开始,罗马的军团和军需可以同时运送;骑兵的人员马匹可以从河口逆流而上,精神饱满地在日耳曼腹地登陆。

(6)于是他决定这样做了。普布里乌斯·维提里乌斯和盖乌斯·安提乌斯被派到高卢去征收租税;西里乌斯和凯奇纳则奉命负责修造一支舰队。估计一千只船可以够用,它们很快地就造成了。有一些船船身短而阔,船头船尾都很小,这是为了使它们比较容易经得住海上的风浪;有一些船是平底的,这可以保证它们在被冲到陆上时不致受到损失。还有更多的舰船在两端都安装着舵,这样划手就可以突然改变划行的方向而驶向任何一方。许多舰船上有安置放射机械的甲板,这种甲板同样可用于运送马匹或给养。整个舰队装备得既可以张帆航行,也可以用桨划行,它蔚为壮观,令人胆寒,特别是士兵们的士气极其旺盛,给人的印象十分深刻。巴塔维亚岛[①]定为集合地点,因为那里容易登陆,那个地方不但便于军队的集合,而且适于作为渡河作战的基地。原来莱茵河在这

① 即莱茵河口的三角洲。

个地方以上是一个河道，河里只有一些不重要的小岛，但是到巴塔维亚边界处，它却分成了两条河流。在日耳曼的那一面，河流的名字没有改变，它一直汹涌地流入北海。[①] 在高卢的这一面，河道较宽，水流也较缓，当地人称它为瓦尔河，不久以后，它再次改名，称为默兹河了，默兹河也是通过它的巨大河口流入北海的。

（7）但是，当舰船开来时，恺撒就命令他的副帅西里乌斯率领一支轻装人员去进攻卡提伊人的地区。而他本人在听到里普河上的要塞[②]遭到围攻的时候，就率领着六个军团前去救援。但是由于突然下起雨来，西里乌斯并没有达到目的，只是取得少量的战利品和俘虏了卡提伊人的首脑阿尔普斯的妻子和女儿。另一方面，包围要塞的敌军也未给予日耳曼尼库斯以交战的机会，因为他们一听见日耳曼尼库斯到来，就偷偷溜掉了。不过他们却毁坏了为了纪念伐鲁斯的军团士兵而在不久之前才修筑起来的坟山，[③]还毁坏了奉献给杜路苏斯的一座古老的祭坛。他修复了祭坛，并且亲自领导着军团士兵举行了纪念他父亲的游行仪式。不过那座大坟山却决定不再修复了。此外，从阿里索要塞[④]到莱茵河这一整块地方，都用新修的一道壁垒和工事被彻底地防御起来了。

（8）舰队现在已经到了。日耳曼尼库斯要军需粮草先送出去，继而又把船只在军团士兵和联盟军中间分配，然后他就进入了所谓

① 即今天的所谓旧莱茵河。乌特勒支和莱登就在它的岸上。

② 可能就是后面所说的阿里索要塞。

③ 参见本书第1卷，第62章。

④ 如果阿里索是阿尔姆（Alme），要塞当在帕德勃恩（Paderborn）附近；如果阿里索是阿兹（Ahse），要塞当在哈姆（Hamm）附近；如果阿里索是斯提渥（Stever），要塞当在哈尔特恩（Haltern）一带。

杜路苏斯运河[①]。他首先向他的父亲祈祷，恳求他施恩和护佑，以便通过他的智慧和英勇事迹的遗范来帮助他的一个继承了他的事业的儿子，[②]随后他便穿过湖[③]和海洋继续他的行程，并安然无事地达到了艾姆斯河。舰队停泊在河口的左岸，但是在这里犯了一个错误，这就是没有使军队进一步逆流上行，或者使他们在作为他们的目的地的右岸登陆。结果是有好几天耗费在修桥上面。骑兵和军团士兵在涨潮之前十分勇敢地渡过了附近的河口。但是最后面的辅助部队和在军队的同一部分里的巴塔维亚人，却在跳到水里去表现他们的泅水能力时陷入了混乱，结果他们当中有一些人溺死了。当恺撒正在安排营地的时候，有消息说在他后方的安格里瓦利人[④]发动了叛乱；于是他立刻派司特尔提尼乌斯率领一支骑兵和一支轻武装的步兵用纵火和残杀的手段对这一叛乱进行了报复。

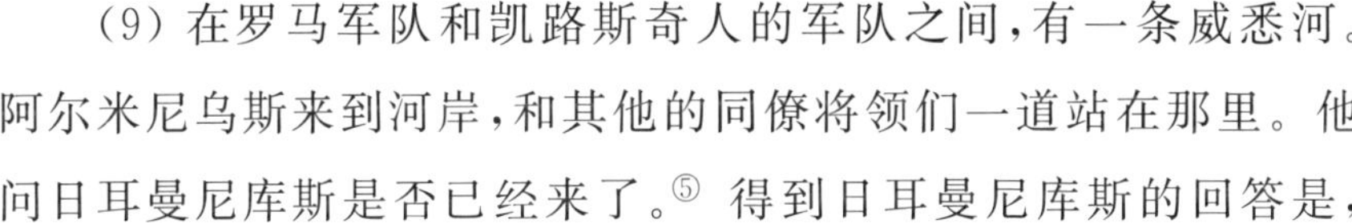

（9）在罗马军队和凯路斯奇人的军队之间，有一条威悉河。阿尔米尼乌斯来到河岸，和其他的同僚将领们一道站在那里。他问日耳曼尼库斯是否已经来了。[⑤] 得到日耳曼尼库斯的回答是，

---

① 这道运河不仅包括约二英里长的一道运河（杜路苏斯就用这道运河把阿恩海姆〔Arnheim〕附近莱茵河的北部支流和依赛尔河〔Yssel〕连接起来），而且包括河流本身的加宽的河道。

② 参见苏埃托尼乌斯：《克劳狄乌斯传》，第 1 章：杜路苏斯在担任财务官和行政长官的时候曾领导过莱提亚的战争和后来日耳曼的战争。在罗马统帅当中，他是第一个在北海上航行的人物。

③ 这里指沮伊德湖。

④ 在本卷第 19 章这个部族是在威悉河以东，因此吉弗斯（Giefers）认为 Angrivariorum 可能是 Ampsivariorum。也可能原文 metanti castra 前面有脱漏，因为很难设想从埃姆斯河向威悉河西岸的进军，作者能一字不提。

⑤ 梅里瓦尔（Merivale）认为威悉河的宽度使下述的记述不大可信。在本卷第 14 和 17 章也有过分夸张的记述（如日耳曼尼库斯的梦和八只鹰的出现）。

他就在这里，他便请求和他的兄弟说话。他那名叫佛拉乌斯的兄弟当时正在罗马军队中服役；佛拉乌斯是个有名的人物，因为他对罗马人非常忠诚，并且在几年前提贝里乌斯担任统帅时因伤失掉了一只眼睛。在得到了允许之后，〈司特尔提尼乌斯就把他领到了河边的地方。〉[①]在佛拉乌斯向河岸这边走来的时候，阿尔米尼乌斯就向他打招呼；阿尔米尼乌斯把自己的卫队打发开之后，就要求我们方面配置在河岸上的弓手也都撤走。当这些弓手都退下去的时候，他就问他的兄弟，为什么他的面容被毁。佛拉乌斯把战斗的地点告诉了他之后，他就问佛拉乌斯得到了什么样的赏赐。佛拉乌斯告诉他提高了饷银，以及得到的项链、花冠和其他军事勋记。阿尔米尼乌斯于是嘲笑他为人役使所取得的廉价赏赐。

（10）于是他们以相反的立场展开了论辩。佛拉乌斯强调罗马的伟大，恺撒的威力，对于战败者的严厉惩罚以及对于归顺者的一贯的宽大。甚至阿尔米尼乌斯的妻子和一个孩子都没有被当做敌人看待。他的兄弟则着重指出了对于他们的祖国的神圣天职，他们的自古以来享有的自由，保卫日耳曼的炉灶的神灵，而他们的母亲则同他本人一起祈求他不要甘心充当他的亲戚、他的妻子的亲戚、实际上也就是他的全族的叛徒和卖国贼，而不去做他们的解放者。他们谈着谈着就相互责难起来；若不是司特尔提尼乌斯跑来制止佛拉乌斯的话，即使在他们二人中间隔着一道河流，他们也会格斗起来的，因为佛拉乌斯已怒气冲冲地要人给他把他的武器

① 据尼佩尔第：Tum permissu〈imperatoris deducitur a Stertinio〉，progressusque……

和马匹送来。在那边，人们看到阿尔米尼乌斯高声发出威胁，进行挑战：在他的话里夹杂着许多拉丁语，因为他曾经在罗马的军队中服务，担任凯路斯奇人的辅助部队的首领。

(11) 第二天，日耳曼人就在威悉河的那一面摆开阵势。恺撒认为，如果不事先修造一些具有足够保卫力量的桥梁，就使正规的军团士兵去作战，这在策略上是十分不智的事情，于是他便要他的骑兵从水浅的地方渡过去。率领这支骑兵的是司特尔提尼乌斯和一个退休的主力百人团长[①]埃米里乌斯。为了分散敌人的注意力，他们在相互间隔得很远的不同地点展开了进攻。在水流最急的地方发动进攻的是巴塔维亚人的领袖卡利奥瓦尔达。凯路斯奇人伪装撤退的样子把他引到一块四边有森林的平地上来，然后就从四面八方的隐蔽地点冲出，他们压倒了敢于反抗的巴塔维亚人，并且在对方退却时全力进逼，而当巴塔维亚人集合成一个圆的队形的时候，凯路斯奇人便通过白刃战和投枪把对方击退。卡利奥瓦尔达对于敌人的猛烈进攻抗击了很久，最后他激励他的士兵全体集合到一处，在进攻的敌人中间杀出了一条血路。随后他便投身到战斗最激烈的地方去，在大量投枪的攻击之下阵亡了。他胯下的坐骑和他身边的许多贵族也都和他一同牺牲了。其余的军队所以脱险，部分是由于他们自己的力量，部分是由于司特尔提尼乌斯和埃米里乌斯麾下的骑兵的解救。

① 在一个军团的六十个百人团长中间，最重要的是 primipilus，他是第一步兵中队第一步兵小队的第一个百人团长。在服役期满之后，他往往取得骑士等级的地位并且被任用在十分负责的职务上。埃米里乌斯在这里的身份可能是骑兵长官(praefectus equitum)，他也许就是本书第 4 卷，第 42 章中的 vir militaris。

（12）日耳曼尼库斯渡过威悉河之后，从逃跑过来的人得知阿尔米尼乌斯已经选择了他的作战场所：其他的民族也都在赫尔克里士的圣林[①]里集合起来了。他们的意图是想对营地发动一次夜袭。这个人的报告是值得相信的：人们确实可以看到日耳曼人的篝火；而那些曾迫近敌人营地的侦察兵也报告说，他们可以听到马嘶声和一大群杂乱无章的军队的嘈杂的声音。决定命运的时刻已经临近，恺撒认为需要试探一下他的军队的情绪，他在考虑怎样才能使他的试验确实有效。军团将领和百人团长的报告一般说来大多是听了令人高兴的，然而却不大确实；那些已被释放的奴隶在内心里还是奴隶；朋友中间的意见则带有谄媚的味道；如果他召集一次会议，即使是少数人提出建议，其余的人也一定会拍手赞同。要想知道士兵们心里想些什么，他认为只有在他们吃饭的时候最好，因为那时他们觉得没有人监视他们，从而可以毫无顾忌地谈出他们所希望的和害怕的是什么了。

（13）到了晚上，他披着一张野兽皮，[②]从哨兵们所不知道的一个秘密小门偷偷地溜出营帐，身边只带一名侍从。他在营地的各条通路巡视，站在营帐的附近，这样便感到了自己在士兵中间享有的声望，原来这时人们不管是说正经话还是开玩笑，都在称颂统帅的高贵的身世，或是赞扬他的风采，但大多数的人则是推崇他的耐性、他的礼貌；他们都说他们必须在战场上报答他对他们的恩情，同时他们还必须使背信毁约的敌人成为光荣和复仇之下的牺牲

① 参见塔西佗：《日耳曼尼亚志》，第 3 章。

② 他可能是想把自己打扮成一个当地的辅助军队的士兵的样子。

品。就在这时，一个懂得拉丁语的敌人骑马来到了壁垒面前，代表阿尔米尼乌斯高声宣布说，每一个投顺过去的人都可以得到妻子和土地，作战时每天还可以得到一百谢司特尔提乌斯的饷银。这种侮辱性的话使军团士兵怒火高烧。他们说，“天亮之后就可以打仗啦！罗马士兵自己会取得日耳曼的土地，带回日耳曼的妻子的。朕兆很好啊：敌人的妇女和财物注定将成为我们的战利品啦！”在三更左右的时候[①]，对罗马的营地发起了一次试探的攻击行动，不过一支枪也没有投出来。进攻的敌人发现工事的城壁有步兵中队防守着，而且这里的警惕性非常之高。

（14）就在这一夜里，日耳曼尼库斯做了一个使他放心的梦。他梦见自己正在献上牺牲，但是当他的外袍被溅上了牺牲的血的时候，他却从他的祖母奥古斯塔手中得到了一件更漂亮的外袍。这一朕兆使他感到振奋，同时他又发现各种朕兆对他也都是有利的，于是他便把他的全部军队召集起来，向他们介绍了根据自己的经验所拟采取的措施和为即将到来的战争所拟订的各项计划。“平原并不是有利于罗马士兵的唯一的战场：如果罗马士兵在行动中随时注意的话，森林和林中的空地同样是有利的战场。在树干和丛生的灌木林当中，蛮族的巨大的盾和投枪是不可能像我们的投枪、短刀和贴身的甲胄那样灵便的。他们的战术是密集突击并把锋刃指向敌人的正面。日耳曼人既没有胸甲也没有头盔，甚至他们的盾牌下面都没有金属或牛皮垫着，而只是柳条编成的盾牌

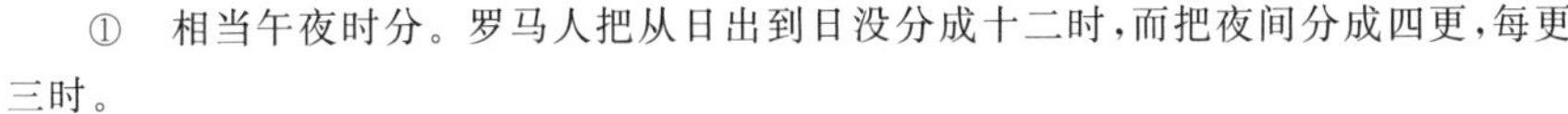

① 相当午夜时分。罗马人把从日出到日没分成十二时，而把夜间分成四更，每更三时。

或是薄薄的一层涂色的板子。他们只是最前面一排的士兵使用相同样式的枪。其余的人只有投枪,而且这种投枪不是枪头用火煅烧尖了的就是太短。再说,他们的体格尽管看起来很可怕,而且在短时间的进攻中也很孔武有力,可是一旦受伤,他们的精力便支持不住了。他们这种人在转身逃跑时一点也不觉得羞耻,而且完全不把他们的首领放在心里。他们在失败的时候惊惶失措,垂头丧气,可是在胜利时却又把神圣的和人间的法律全部置诸脑后。如果罗马的士兵对陆上和海上的行军感到厌倦而想结束这种生活的话,那么这次战争就可以使他们达到目的。易北河现在已经比莱茵河更近,一旦罗马士兵循着我的父亲和叔父走过的途径,在同一个地区为我取得胜利,那么以后便不会再有任何战争了![①]"

(15)听了这话之后,军队的士气非常振奋,于是作战的信号发出了。

阿尔米尼乌斯和日耳曼的其他首领这一面同样没有忘记要他们的一些氏族证实,"这些罗马士兵不过是伐鲁斯麾下的最善于逃跑的军队,他们宁可发动叛乱,也不愿意作战。他们的一半人要再一次向他们的充满仇恨的敌人露出他们那伤痕累累的后背,还有一半人要露出他们那给海上的暴风雨所伤残的肢体,他们的这种行动是上天所厌弃的而且是绝无成功的希望的!为了避免敌人的进攻,而在失败逃跑时又没有人能跟踪追击他们,他们便求助于船只和没有道路的大海。但是一旦双方展开了战斗,风和桨对于被

① 在易北河以东地区,苏埃比人和玛尔波德王国(参见本书第1卷,第44章)对罗马是友好的,至少也是中立的。

打败的人也就没有什么用处了。他们只消记住罗马人是何等贪婪、残酷和横傲就够了。或是继续保持他们的自由,或是被奴役而死,在这之外难道他们还有别的道路可走么?”

(16)日耳曼人听到这话之后激愤起来,喧嚷着要进行战斗,他们随着他们的将领到一个叫做伊狄希亚维索的平原上来。这个平原不规则地蜿蜒在威悉河和一些小山之间,在一个地方河流让出了一块地方,而在另一个地方平原又被突出的小山占去。后面是一片森林,树枝高耸入云,但树干和树干之间却都是空地。蛮族的战线布置在平原上森林的边缘地带:只有凯路斯奇人驻扎在那些小山的山头上,准备在罗马人进攻的时候从上面向下出击。我们的军队是按照如下序列向前推进的:最前面是高卢人和日耳曼人的辅助部队,他们后面跟着徒步的弓手;其次是四个军团,恺撒和两个近卫军步兵中队以及骑兵的精锐部队;再次又是四个军团、轻武装的军队、骑马的弓手和其余的联盟军步兵中队。士兵都处于高度的战斗戒备状态,他们在行军时的序列使他们可以随时在保持战斗队形的情况下停下来。

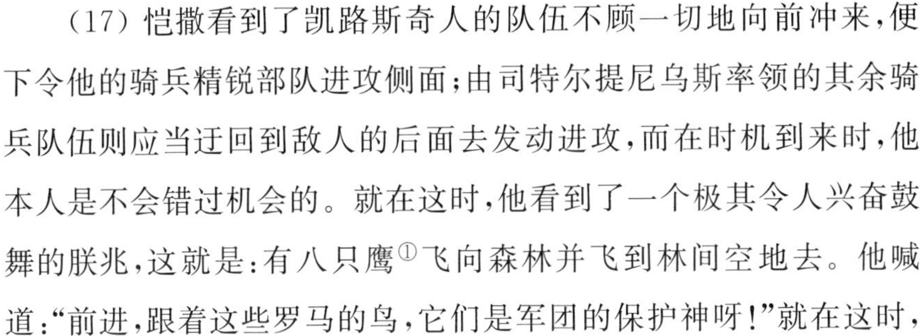

(17)恺撒看到了凯路斯奇人的队伍不顾一切地向前冲来,便下令他的骑兵精锐部队进攻侧面;由司特尔提尼乌斯率领的其余骑兵队伍则应当迂回到敌人的后面去发动进攻,而在时机到来时,他本人是不会错过机会的。就在这时,他看到了一个极其令人兴奋鼓舞的朕兆,这就是:有八只鹰[①]飞向森林并飞到林间空地去。他喊道:“前进,跟着这些罗马的鸟,它们是军团的保护神呀!”就在这时,

① 每一只鹰代表一个军团。

步兵的队伍开始进攻,而被派到前面去的骑兵也都向敌人的后方和两翼展开了进攻。结果就出现了一种十分奇怪的情况:敌人的两支军队以恰恰是相反的方向逃跑,森林里的军队冲向平原,平原上的军队却冲向森林。这两支军队中间的凯路斯奇人则被赶下了山,在他们当中就有阿尔米尼乌斯,他的形象看得很清楚。他在攻击着,呼喊着,流着血,尽力使战斗持续下去。他冲到弓手那里去,如果不是莱提亚人、文戴里奇人和高卢人的步兵中队用队旗把他挡住的话,他会突破弓手的阵地的。即使如此,他由于力气很大,坐骑能冲能撞,终于得以脱身。为了不使别人认出他来,他满脸都抹上自己的血。不过,根据一些人的说法,在罗马军队中服役的卡乌奇人虽然认出了他是谁,还是把他放走了。音吉奥美路斯也由于同样的勇气或同样的诡计而得以逃命。其他的人则被大批地杀死。许多人在企图泅过威悉河时丧了命,起初一些人是死于投枪或被水冲走,后来一些人是被大量跳到河里去的人和塌陷的河岸压死的。一些人可耻地爬到树顶上去逃命,当他们想躲到树枝中间去的时候,被一队弓手嘲弄地射了下来。另一些人则是由于砍倒树木而摔下来的。

(18) 这是一次辉煌的、同时对我们来说代价并非惨重的胜利。从白天的5点钟(相当于中午。——中译者)到夜幕的降临,我们一直在屠杀着敌人,在十英里的地段上,到处都是敌人的尸体和武器。在战利品当中我们发现了无疑是为罗马人所准备的锁链,[①]因为他们对于战争的胜利信心是很大的。

---

① 在波利比乌斯(第3卷,第82章),佛洛路斯(第3卷,第7章),和希罗多德(第1卷,第66章)等古代历史家的作品中有类似的说法。

军队在战场上把提贝里乌斯欢呼为统帅(Imperator)之后,[①]便筑起了一座土丘,把武器作为战利品装饰在上面,土丘的脚下刻上了被征服部族的名字。

(19) 这种情景比负伤、苦难和毁灭更使日耳曼人感到痛苦和愤怒。刚才正准备离开自己的家园移居到易北河对岸去的人,现在却渴望作战并跑去拿起武器了。普通人和贵族,青年人和老年人,都出其不意地向着正在行进的罗马军队展开了进攻,并且使罗马的队伍陷入了混乱。最后,他们选定了被河流和森林夹在中间的一个阵地,阵地的中心是一块狭窄的到处是水的平原;森林也被深深的沼泽地包围着,只有一面是例外,而安格里瓦利人早就在那里修筑了一道很宽的土堤,作为他们与凯路斯奇人的边界。日耳曼人的步兵驻守在这里;但他们却把骑兵隐蔽在附近的丛林里,这样在军团进入森林时,他们就可以紧紧跟踪在后面了。

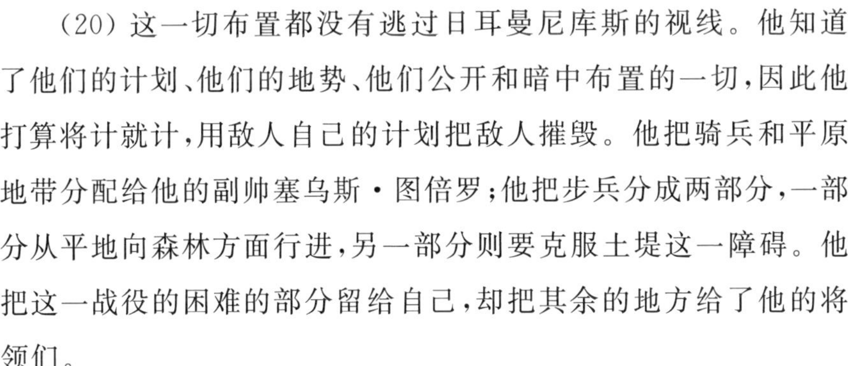

(20) 这一切布置都没有逃过日耳曼尼库斯的视线。他知道了他们的计划、他们的地势、他们公开和暗中布置的一切,因此他打算将计就计,用敌人自己的计划把敌人摧毁。他把骑兵和平原地带分配给他的副帅塞乌斯·图倍罗;他把步兵分成两部分,一部分从平地向森林方面行进,另一部分则要克服土堤这一障碍。他把这一战役的困难的部分留给自己,却把其余的地方给了他的将领们。

被分配在平地上的那部分军队不费什么气力便攻入了森林。奉命攻打土堤的罗马士兵,实际上与攀登一道城墙差不多,因此他

① salutatio imperatoria。见本书第 3 卷,第 74 章。

们由于从上面来的沉重反击而受到了相当大的损失。日耳曼尼库斯觉得双方在迫近后交锋对他不利，于是他就把军团的士兵稍稍后撤，然后下令弓手弩手把放射器械开动起来，打散了敌人。器械把投枪射了出去；防御者自身暴露得越明显，他们的死伤也就越严重。土堤被攻占之后，恺撒身先士卒率领着近卫军士兵攻到森林里面去。在那里展开了白刃战。敌人的后方被一片沼泽包围着，罗马人的后方则是河流和小山。这种阵势使双方都别无选择：只有勇气才有希望，只有胜利才能得救。

（21）日耳曼人战斗得和我们同样顽强，但是他们的战术和他们的武器却使他们处于不利的地位。他们的人数过多，这使他们在一块有限的地方无法刺出或是拉回他们那巨大的投枪，在那里他们也不能运用他们那以迅猛见称的战术和灵活的身体，结果他们就只能站在固定的地位作战了。但另一方面，我们的士兵把盾牌紧紧贴在胸前，手里紧握着刀柄，却一直在砍杀着敌人的高大肢体和光着的脑袋，这样便在他们的敌人中间杀开了一条血路。这时阿尔米尼乌斯杀得已不是那样起劲，这或许是因为他接连不断地遇到危险，或许是因为他不久前负的伤对他起了妨碍的作用。但是音吉奥美路斯在战场上杀来杀去的时候觉得自己尽管勇敢作战，但是运气却很不佳。日耳曼尼库斯为了使自己容易被士兵辨认，把头盔摘了下来，他要求他麾下的士兵尽自己的力量厮杀。“任何战俘都不需要，只有把对方斩尽杀绝战争才能以结束。”最后到傍晚的时候，他才把一个军团从战场上撤了下来以便设营。而其余的士兵则直到夜里，都在继续尽情地砍杀敌人。骑兵的战斗却没有分出胜负来。

（22）恺撒先是向胜利的士兵表示祝贺，继而就把武器堆了起来，并且附以这样的自豪的铭文："提贝里乌斯·恺撒的军队在征服了莱茵河和易北河之间的各族之后，把这一纪念物献给玛尔斯、朱庇特和奥古斯都。"但是在铭文上他没有一句话谈到他本人，这或是害怕别人的忌妒，或是觉得人们已知道他自己建立了什么功业，这就足够了。不久之后，他就把司特尔提尼乌斯派出去对安格里瓦利人作战，①如果对方不及早向他投降的话。而且事实上对方也确是向他们无条件地投降了，结果他们也就在一切方面都得到了宽恕。

（23）这时已到盛夏，②因此一部分军团就从陆路调回了冬营，但大部分的军队却奉恺撒之命在埃姆斯河上乘船，随同他一道下行到了北海。最初，浩瀚的海洋上一片寂静，人们听到的只是行驶中的一千只船上船帆和摇桨的声音。不一会儿，从一片浓黑的云中落下了雹子，与此同时，被狂风从四面八方卷起的浪头开始使人们看不到任何东西，并且使船只无法行驶。惊恐万状并且没有经历过海上的风险的士兵们碍手碍脚或是帮忙帮不到点子上，从而使专业水手无法正常地执行自己的任务。接着，天空和海洋都受南风的摆布。这种风从日耳曼的沼泽，从深深的河流，无边无际的云取得了力量，③而相邻的北方的严酷的自然条件更使它凌厉万分。南风袭击和冲散了船舶，使它们飘散在海洋之上，或是把它们冲到岩石嶙峋的或是布满危险的暗滩的岛屿上去。④ 经过一定时

① 见本卷第8章。

② 这时应当是7月。夏天和其他季节一样也分三个月。第一个月 nova，第二个月 adulta，第三个月 praeceps。

③ 当时的理论是沼泽地和河流蒸发成云，而风又从云产生出来。

④ 在些岛屿在威悉河和荷兰之间。

间的艰苦努力，这些危险总算是躲过去了。但是当潮水开始改变而与风暴采取了相同的方向的时候，则不拘是抛锚，还是想把涌入船中的洪水戽出去，这都已办不到了。战马、驮马、行李甚至武器都被投到海里去，以便使船载变轻，因为它们的两侧都漏水，并且都已经被浪头淹没了。

(24) 大洋[①]是一切海洋当中最狂暴的，而日耳曼的气候又是一切气候当中最恶劣的，所以这一灾难的确是规模空前，又是前所未闻的。在他们四周，是怀着敌意的海岸，或是一片又深又阔的海洋，以致人们认为这是最边远的海洋，再也没有什么陆地在它以外了。一些船沉没了，更多的船被狂风吹到远处的岛屿上去；[②]由于那里从来无人居住，士兵们就都饿死在那里，只有少数人是例外，因为他们可以以被冲到同一海岸上来的死马为食。只有日耳曼尼库斯的那只舰船在卡乌奇人居住的地区靠了岸。在从海岸突出去的山岩上度过的所有那些日日夜夜当中，日耳曼尼库斯一直在责怪自己，说他自己是这次大灾难的罪魁祸首；他的朋友们好不容易才使他没有投海自尽。最后在潮水改变了流向并且又刮起了顺风的时候，残破的船只才开始转了回来，其中的一些船只剩下了几把桨，另一些船则是用衣服作风帆，还有一些船被损伤较少的船拖着。这些船立刻做了修理，然后被派到各岛去巡视。由于这一周密考虑的措施，许多人被集合起来，还有许多人则是通过我们的新臣民安格里瓦利人之手从内地部落那里赎回来的。有一些船一直

① 这里指北海。

② 可能是指什勒苏益格沿海一带的岛屿。

被吹到了不列颠，被那里的酋长们送了回来。从远处回来的人，没有一个不带回各种各样的奇异故事：狂暴的旋风，从未听说过的鸟儿，一半像人一半像兽的怪物，这是他们亲眼看到的，或者是他们在受惊时自己想象出来的。

（25）舰队遇难的传闻虽然使日耳曼人想再打一仗，但另一方面也促使恺撒有了制伏他们的意图。他命令盖乌斯·西里乌斯率领三万步兵和三千骑兵去攻打卡提伊人，他本人则率领一支更庞大的军队去进攻玛尔喜人；玛尔喜人的将领玛洛文都斯不久之前曾向罗马人投降，现在他报告说，伐鲁斯的一个军团的军旗被埋葬在附近的一个丛林里面，而且只有一小队人在那里看守着。恺撒立刻派了一队人到敌人的前线活动，以便把敌人吸引住；又派一队人绕到敌后去发掘军旗。这两队人的运气都不错。于是恺撒便更加精神振奋地向内地推进，蹂躏并歼灭了敌人：敌人或是不敢对他们作战，或是在陷入绝境时被击溃。根据被俘人员的说法，日耳曼人的士气从来还没有沮丧到这样的程度。他们一致说，“罗马人是不可战胜的，是经得起任何灾难的考验的！他们的舰队遇了难，他们失掉了武器；海岸上到处都是人马的尸体；但是他们再度打过来时依然勇气十足，依然凶狠顽强，而且人数显然比先前更多了！”

（26）随后军队就返回了冬营。他们感到高兴的是，由于这次顺利的出征，他们使海上的灾难得到了补偿。再者，恺撒表现得很慷慨，每个人只要申明自己受到了什么损失，他都给予充分的赔偿。人们普遍深信不疑地感到，敌人的士气已经垮了，他们正在商讨求和的问题；只要来年夏天再努一把力，战争就可能结束了。但是从提贝里乌斯那里却经常有信给恺撒，要他“回去接受明令授予他的凯旋的荣誉:他所经历的各种成功和灾祸也实在是够多的了。他打了不少大胜仗,但是他也不应当忘记由于海上的风浪而遭到的损失,这是严重而悲惨的损失,尽管这绝不是统帅的过错。提贝里乌斯说他本人曾被圣奥古斯都九次派到日耳曼去;他在外交方面的成就要超过武力方面的成就。他通过外交方式使苏甘布利人投降;他用同样的办法使得苏埃比人和他们的国王玛洛波都斯不能挑起战争。凯路斯奇人和其他背叛了罗马的部落既然已经受到了罗马的充分的报复,因此同样也可以让他们自己去内讧吧。”当日耳曼尼库斯请求再给他一年的时间以便结束这里的工作时,提贝里乌斯对他的谦逊进行更为巧妙的进攻,他建议,让日耳曼尼库斯担任第二次的执政官,因而他必须亲自回来上任。同时皇帝还暗示,如果战争非继续下去不可的话,他不妨让他的兄弟杜路苏斯也能有机会分享到一点荣誉;因为目前没有别的全国性的敌人,而且除了日耳曼之外,他[1]不能在任何其他地方取得统帅(Imperator)的称号和凯旋的荣誉。日耳曼尼库斯虽然知道对他的这些客套话都是假的,而且使那已经到手的荣誉失掉的原因正是皇帝的忌妒,但他还是不再犹豫,立刻便同意了。

(27)几乎就在同时,出身司克里波尼乌斯家族的里波·杜路苏斯被控犯有叛国罪行。[2] 下面我就要比较详细地叙述一下这件事的起因、经过和结果,因为这件事情表明,人们发现了一种在今

---

① 这里指杜路苏斯。

② 参见塞内加的警句:这个年轻人出身有多么高贵,性格也就有多么愚蠢。他的野心是当时任何人所无法想象的,也是任何其他时代像他那样的人所绝对无法企及的。(Epp. 70,10)

后多年中注定要使共和国的命脉受到折磨的罪恶制度。元老费尔米乌斯·卡图斯是里波的最亲密的友人，他鼓励这个行事荒唐、目光短浅的青年人向占星术士的预言、魔法师的仪节以及圆梦人求助。卡图斯提醒里波说，庞培是他的曾祖父，司克里波尼娅是他的伯祖母（她一度是奥古斯都的配偶），恺撒们都是他的堂兄弟，在他家里有许许多多祖先的雕像。卡图斯不但教唆里波乱花钱和借债，而且还跟他一块儿过放荡生活，一块儿过困难生活，这样，在将来反目时，卡图斯便有了更多的可以揭发他的证据。

（28）当他搜罗了足够的证人并且找到一些奴隶来给他干同样的事情的时候，他就请求晋见皇帝。原来皇帝早已经知道了谁将受到控告以及控告的罪状了，这是和皇帝很亲近的一名罗马骑士维司库拉里乌斯·佛拉库斯[①]告诉他的。提贝里乌斯并不拒绝卡图斯所提供的情报，但是不同意与卡图斯见面，他说他们之间有什么事情同样可以通过佛拉库斯来传达。在这期间，他提拔了里波担任行政长官，并且几次召他来和自己共同进餐。提贝里乌斯的表情中没有任何表示对他疏远的地方，讲话的口气也一点不严厉。他把他的愤怒深深地藏在心里。对于里波的每一句话和每一个行动，他本来是能够制止的，但是他不这样做，他只想知道有这些话就便行了。有一个曾被里波请去为他念咒招魂[②]的名叫尤尼乌斯的人终于把他的底细全都告诉了富尔奇尼乌斯·特里奥[③]，

① 参见本书第6卷，第10节。

② 目的是向亡魂问未来的吉凶祸福。

③ 关于此人后来的情况可参见本书第3卷，第9、19章；第5卷，第11章；第6卷，第4、38章。

特里奥的告密本领在职业告密者当中是十分出名的。这是一个不惜使用任何卑鄙手段以达到个人出名的目的的家伙。特里奥立刻就抓住了陷害被告里波的这个机会,他到执政官那里去控告并且要求元老院开会来审理这一案件。元老们被召集起来,讨论(据通知)十分重要、罪恶滔天的一个案件。

(29)这时里波穿上丧服,[①]在一些贵族妇女的陪伴之下,挨家挨户地恳求他的妻子的亲戚,请他们出来给他这个陷于危险之境的人讲情。但是他这样做一点效果也没有,人们用不同的借口拒绝他的请求,但他们之间相同的一点是害怕。元老院开会那天,他害怕和痛苦到这样程度(有人认为他是装病),以致他是坐着肩舆被人抬到元老院的门口的,他倚在他的兄弟的胳臂上,张开双臂向提贝里乌斯求情。但提贝里乌斯听到他的呼唤时,脸上的表情丝毫没有改变。于是皇帝宣读起诉书和证人的名字。他极力克制自己,不露出任何表情,人们看不出他是想减轻还是想加重他所控诉的罪行。

(30)除了特里奥和卡图斯之外,丰提乌斯·阿格里帕和盖乌斯·维比乌斯也参加了这次控诉。他们争执不决,不能确定四个人中间哪个人应当代表其他人对被告提出控诉。维比乌斯看到,既然四个人互不相让而里波又没有正式的辩护人,于是他就宣布说,他要把控诉的条款一项一项地提出来。[②] 于是他便把里波的那些荒唐的文书拿了出来。在一份文书里,里波竟然问占卜者他会不会富到

① 这种做法是为了引起人们对他的同情。

② 这样里波就可以对每一条控诉立刻作出回答,而双方无须作长篇大论的演说。

能用钱把直到布伦地西乌姆的阿披亚大道给遮盖起来；此外还有更多愚蠢、无聊，如果用原谅的眼光来看，也可以说是可怜的诸如此类的东西。控诉者说，在一份文书里，里波在皇族的成员和一些元老的名字上亲手作了一些不怀好意的，或至少是十分可疑的记号。当被告否认这一种说法的时候，最后决定在拷问的威胁之下[①]要奴隶们前来辨认，结果奴隶们认出确是里波的笔迹。既然有一条古老的法令禁止在涉及奴隶的主人的性命的重大案件中对他们进行审问，于是提贝里乌斯便十分巧妙地发明了一条新的法律。他下令把他们个别地转售给掌理国库的官员，这样做的目的只不过是要奴隶证明里波的罪行，同时却又不致破坏元老院的法令！被告于是请求一天的延期，而在把他的一个亲戚普布里乌斯·克维里尼乌斯留在那里向皇帝作最后的恳求之后，他就回家去了。

（31）皇帝回答说，他必须把他的请愿书呈交到元老院去。这时，他家里已经被士兵监视起来了。这些士兵就在门口的柱廊里用沉重的脚步走来走去，全家人都看得见、听得见他们；这时在自己安排的可说是生前最后一次享乐的宴会上倍感痛苦的里波叫嚷着，要执行死刑的人前来，他抓住了他的奴隶们的手，强行把刀塞到他们手里，要他们用刀杀死他。奴隶们在慌乱中后退，弄翻了桌子和烛台，就在这时，他在对他来说是死亡的黑暗中用刀子向自己的腹部刺了两下。他一声呻吟，倒下去了。他的被释奴隶跑了过来。士兵们既然亲眼看到了自杀的情景，就退走了。

① 否则的话，他们的证据是不能接受的。

但是，在元老院里，依然认真地进行控诉。提贝里乌斯发誓宣称，不论被告犯了什么罪，他会出面干预来挽救他的，如果他不是这样快地自杀了的话。

(32) 里波的财产在控诉者中间分配了，临时增加的那些行政长官的职位则由一些元老担任。接着，科塔·美撒里努斯提出建议，将来在里波的后人举行的葬仪行列中，不得把里波的胸像抬出来；格涅乌斯·楞图路斯建议司克里波尼乌斯家族的任何成员今后不应再使用杜路苏斯的姓氏。根据彭波尼乌斯·佛拉库斯的建议，制定了举行全民感恩的节日。由于路奇乌斯·披索、阿西尼乌斯·伽路斯、帕披乌斯·木提路斯和路奇乌斯·阿普洛尼乌斯等人的建议，通过一项法令，决定向朱庇特、玛尔斯和协和神上供还愿；而9月13日，即里波自杀的日子应定为节日。我把这些显赫的名字和阿谀奉承的行为联系到一处，目的不外在于说明，这种恶习在我们的国家，是由来已久的啊。元老院的另一些决议是，下令把占星术士[①]和魔法师逐出意大利。其中一个叫做路奇乌斯·皮杜亚尼乌斯的人被从塔尔培亚岩上抛下去，另一个叫做普布里乌斯·玛尔奇乌斯的人则按照古老的惯例在喇叭声中被执政官在埃斯克维里努斯门外处决[②]。

(33) 元老院下一次会议时，前任执政官克温图斯·哈提里乌斯[③]和前任行政长官奥克塔维乌斯·佛隆托发表了长篇演说，反

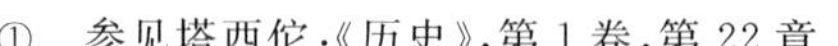

① 参见塔西佗：《历史》，第1卷，第22章。

② 指砍头。

③ 这时已上了年纪的著名演说家，参见本书第1卷，第13章；第3卷，第57章；第4卷，第61章。

对当前国内的奢华风习。会议决定不许用黄金制造食具，[①]男子也不应再穿东方的丝织品，因为这会使他们堕落下去。佛隆托提出的做法更进一步，他要求用法律明文规定银器、家具和奴仆方面的限制。因为当时仍然有这样一种惯例，就是一位元老在轮到自己发言时，他可以提出任何他认为对国家有利的事情。阿西尼乌斯·伽路斯反对他的看法。他说，随着帝国的扩大，私人的财富也增长了，这绝不是什么新事，这是符合极其古老的风俗习惯的。财产在法布里奇乌斯家族看来是一回事，在斯奇比奥家族看来是另一回事。这一切都应当联系着国家的情况来看。当国家贫穷的时候，人们只得住在简陋的房屋里过清苦的日子，可是国家一旦达到目前这样强大的地步，每个个人当然也就兴旺起来了。在奴隶、食具或日用的其他任何东西方面，必须看主人的财产情况如何，才能说是浪费，还是适度。元老和骑士都有他们自己的财产资格，[②]这并不是因为他们和他们的同国人在本质上有什么不同之处，而是因为他们在地位、官阶和高贵的身份方面的优先地位也应当使他们在生活中优先取得有益于他们精神上宁静和物质上幸福的安乐。这样的做法是合理的，否则的话，那些身上的责任和危险都更大的显要人物，就不能取得为补偿他们的那些责任和危险而需要的游憩了。伽路斯对恶习所作的这种听来好像是入情入理的认许，很容易地引起了抱有同感的人们的同情。提贝里乌斯也说，当前还不是矫正风俗的时候；如果公民有道德败坏的地方，他将来会

① 食具用来同宗教祭祀用的明器相区别。

② 财产资格：前者是一百万谢司特尔提乌斯，后者是四十万谢司特尔提乌斯。

提出改正的办法的。

（34）在辩论的时候，路奇乌斯·披索[①]痛斥广场上的欺诈行为、法官的贪污和辩护人的那种不断以告发相威胁的专横行为；他声明他将要退休，离开罗马住到一个偏僻、边远的乡村去。在说这话时，他就要走出元老院。提贝里乌斯为此深感不安；他不仅对披索尽力进行委婉的抚慰，而且还劝他的亲属也利用自己的威望或通过自己的请求使他留下来。

不久之后，这个路奇乌斯·披索再一次同样明显地表现了自己的那种独立不倚、不畏强暴的性格：他控告了那仗着同奥古斯塔的友谊关系而藐视法律、胡作非为的乌尔古拉尼娅。乌尔古拉尼娅拒绝服从，她不把披索放到眼里，却径直乘坐肩舆到皇宫去；路奇乌斯·披索这方面也同样毫不让步，尽管里维娅抱怨说，他的这种做法对她本人的尊严是冒犯和侮辱。提贝里乌斯认为，对于自己的母亲支持到这样一种程度，那就是他答应到行政长官的法庭上去为乌尔古拉尼娅辩护，这不能算他滥用自己的职权。于是他便离开了皇宫，命令他的侍卫远远地跟着他。聚拢来观看的大群的人们看到他带着十分安详的神色一面走着，一面谈论各式各样的事情以排遣时间。但后来路奇乌斯·披索的亲属想使他放弃诉讼却没有成功；而为了了结这一诉讼，里维娅只得下令归还应付的款项。这一事件的结果使披索有理由感到自豪，同时也提高了皇帝的声望。不过乌尔古拉尼娅在国内的势力仍然是如此之大，以致在一次审判中要她到元老院去作证的时候，她竟然拒绝出席。

① 参见本书第 4 卷，第 21 章。

于是不得不派一位行政长官亲自到她那里去询问；可是按照正式的规定，甚至维司塔贞女在审问中作证时都应当亲自到罗马广场和法庭来。

(35) 关于这一年的休会，[①]我没有什么可以讲的，值得一提的只是格涅乌斯·披索和阿西尼乌斯·伽路斯之间在这个问题上的意见分歧而已。虽然提贝里乌斯曾经表示他要离开一个时候，但披索却认为国事更加有理由不应该中断下来，这样元老和骑士在皇帝离开罗马时，才得以把他们执行本身职务的才能用到有利于国家的事情上来。在表现独立不倚的精神方面后于披索一步的伽路斯，却提出了这样的反对理由，这就是，不在皇帝亲自监督之下处理国事，这种做法不好，而且是同罗马人民的尊严不相容的。因此，从意大利以及各个行省前来的大群的人们必须等待皇帝的到来。在辩论激烈进行的时候，提贝里乌斯默无一言，在那里听着。最后就宣布休会了。

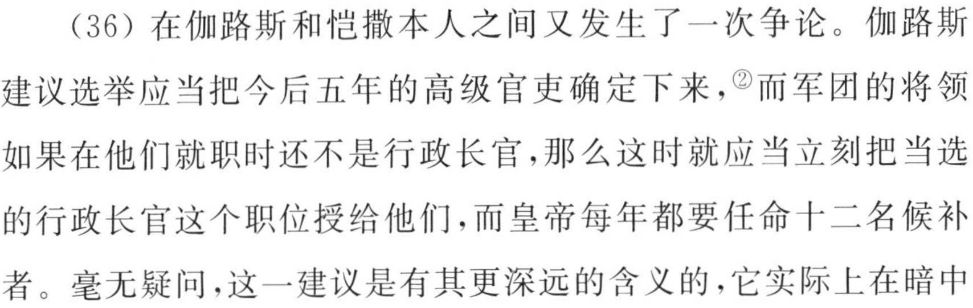

(36) 在伽路斯和恺撒本人之间又发生了一次争论。伽路斯建议选举应当把今后五年的高级官吏确定下来，[②]而军团的将领如果在他们就职时还不是行政长官，那么这时就应当立刻把当选的行政长官这个职位授给他们，而皇帝每年都要任命十二名候补者。毫无疑问，这一建议是有其更深远的含义的，它实际上在暗中

① 这里指元老院和法庭的休会。在这种情况下，困难之点在于：如果皇帝不在时休会，这时正好有大量意大利人、行省居民带着公私的案件要到罗马来解决。

② 如果这一建议通过，选举还是要每年都举行。首先是确定今后五年的全部高级官吏职位，而在第二年的选举中，则要确定从当时起第五年的高级官吏，如此一直顺延下去。

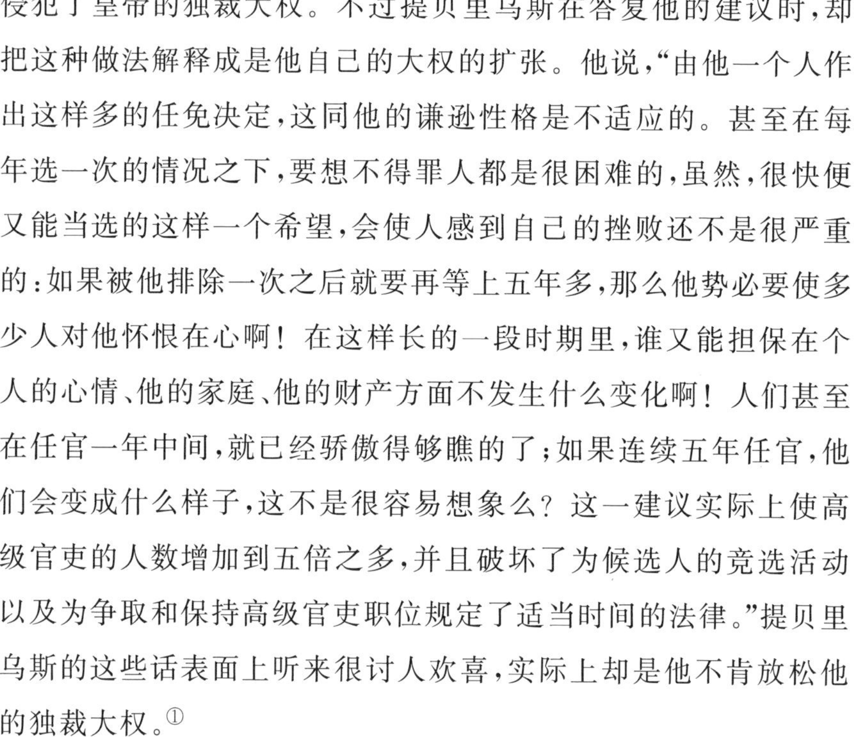

侵犯了皇帝的独裁大权。不过提贝里乌斯在答复他的建议时，却把这种做法解释成是他自己的大权的扩张。他说，“由他一个人作出这样多的任免决定，这同他的谦逊性格是不适应的。甚至在每年选一次的情况之下，要想不得罪人都是很困难的，虽然，很快便又能当选的这样一个希望，会使人感到自己的挫败还不是很严重的：如果被他排除一次之后就要再等上五年多，那么他势必要使多少人对他怀恨在心啊！在这样长的一段时期里，谁又能担保在个人的心情、他的家庭、他的财产方面不发生什么变化啊！人们甚至在任官一年中间，就已经骄傲得够瞧的了；如果连续五年任官，他们会变成什么样子，这不是很容易想象么？这一建议实际上使高级官吏的人数增加到五倍之多，并且破坏了为候选人的竞选活动以及为争取和保持高级官吏职位规定了适当时间的法律。”提贝里乌斯的这些话表面上听来很讨人欢喜，实际上却是他不肯放松他的独裁大权。①

（37）此外，他又在金钱方面帮助了几名元老。因此，下述的做法便更加使人感到惊讶了：原来他毫无理由地、非常横傲地拒绝了一个显然是十分贫穷的年轻贵族玛尔库斯·霍尔塔路斯的请求。霍尔塔路斯是演说家霍尔田西乌斯的孙子；已故的奥古斯都曾赐给他一百万谢司特尔提乌斯，②这样才使他有了家室子女，使这一著名的家族免遭灭亡的命运。当元老院辩论他的问题而他本人等待发言的时候，他的四个儿子就在会场的门口站着。他先是

① 这是说，五年的期限会限制皇帝随时改变自己的意图，并使皇帝较难对高级官吏加以控制。

② 这是元老的财产资格（参见本书第1卷，第75章）。

望着演说家的像中间的霍尔田西乌斯的像[①](元老院是在皇宫中开会的[②]),继而又望着奥古斯都的像,然后才发言说:"元老们!请你们自己看看这样多年幼的孩子吧,他们成了我的儿子并不是出于我的本愿,而是因为皇帝劝我这样做,同时也因为我的祖先有权利繁衍后世子孙。在这个已经变化了的世界里,我不能继承也不能取得金钱、声望、口才等等我们全家生来就有的权利。对于我这样的人,只要我的微薄的资产对我不是一种耻辱,对我的邻人不是一种负担,那我便感到满足了。我是遵照皇帝的命令才结婚的。现在就请你们看一看这样多的执政官的子孙和这样多独裁官的后裔吧![③] 我讲这话的目的并不是要引起你们的憎恶,而是要唤起你们的同情。恺撒啊,在你的幸福的统治之下,这些孩子将来有一天是会取得你愿意授予他们的任何荣誉的。因此现在就请你救一救克温图斯·霍尔田西乌斯的曾孙和圣奥古斯都抚育起来的人们免于贫苦的处境吧。"

(38)元老院对他的同情激使提贝里乌斯立刻提出了反对的意见。他的发言的内容大意是这样:"如果世界上所有的穷人都到这里来为他们的孩子乞求金钱,我们是永远也满足不了这些乞求者的,我们只会耗尽国家的财富。如果我们的祖先规定,元老在发言的时候,有时可以离开他的建议的主要事项,而提出有利于公益的

① 参见本卷第 83 章。

② 帕拉提乌姆宫的拉丁图书宫(参见苏埃托尼乌斯:《奥古斯都传》,第 29 章;狄奥·卡西乌斯,第 53 卷,第 1 章)。在奥古斯都的晚年,元老院的会议常常在这里召开。

③ 实际上只有一名独裁官、一名执政官和一名当选的执政官。

事情来,这确实不是为了我们坐在这里为我们的私事谋利益和增加我们个人的财富。元老院和皇帝遇到涉及私人利益的事情时,的确感到左右为难,不知道是给还是不给这笔救济金为好。而且这根本不是什么恳求,而是一种强硬的要求,一种出人意料的和不适时的要求。当大家正在开会讨论别的事情的时候,一个元老站起来列举自己孩子的数目和年龄,以此向元老院的善良愿望施加压力,而且他这种做法间接地对我本人也是一种强制,可以说,他是向国库发动了进攻;但是,如果我们因为照顾别人而把国库弄空,我们就得用罪恶来把它重新填满。霍尔塔路斯,圣奥古斯都确实把钱给了你,但他是出于自愿才这样做的,同时他也没有声明说,这种钱应当永远给下去。否则的话,如果一个人对他本身无所期望或恐惧,那时人们就不再注意勤勉,懒惰也就滋长起来,这样我们全国的人们便都漠不关心地等待着外来的救济,对于自己的事情一点办法也不肯想,而这些人对于我们整个社会来说,结果就成了一个极大的负担。”诸如此类的话得到了一部分人的赞同,因为这些人对于皇帝的行为,不管是光荣的还是不光荣的,照例是赞不绝口。但大多数的人听了他的话却默不作声,或是暗地里叨念着一些不同意的话。提贝里乌斯感觉到了这种冷淡的反应。因此在停了一会儿之后,就说他的发言就是对霍尔塔路斯的答复,但如果元老院认为适当的话,他是愿意给霍尔塔路斯的儿子每人以二十万谢司特尔提乌斯的。其他元老对这一点表示感谢,霍尔塔路斯本人则没有讲话。这或许是因为他慌了神,或许是因为他在时运不济时,仍旧坚持他的家族的传统。后来,霍尔田西乌斯一家越来越深地陷到很不体面的贫困境地,但是提贝里乌斯就再也不救济他们了。

(39) 就在这同一年里，由于一个奴隶的胆大妄为，国家险些就被分裂并卷入一场可怕的内战，如果不是采取了紧急措施的话。这人名叫克利门斯，他是阿格里帕·波司图姆斯[①]的奴隶，但是他干的事却完全不像是一个奴隶所能想到的；他听到奥古斯都去世的消息时，立刻就想去普拉纳西亚岛，用武力或是用计谋救出阿格里帕，然后把他送到日耳曼的军队那里去。运货船到晚了，耽误了他的冒险行动；这时他的主人已经被杀，于是他便想出了一个野心更大的和更加冒险的计划。他盗走了阿格里帕的骨灰，航行到科撒[②](这是埃特路里亚沿岸海角上的一个城市)，在那里躲了起来，直到他的胡须和头发都长长了的时候；原来就年纪和一般相貌而论，他和他的主人是相似的。于是通过和他共同进行这一阴谋的适当的亲信，他巧妙地在四处散布消息，说阿格里帕还活着；起初，像传播不准公开的消息那样，人们只是耳语相传；不久之后，在有听了什么都相信的愚人和总想造反的不逞之徒的地方，这个消息就成了不胫而走的谣言。他总是在一天黑下来的时候才到行省的各个城市去。他绝不在公开露面，也绝不在一个地方耽搁过久；公开露面，停着不走，会使真理获得力量，假的东西却只能靠着行踪不定和扑朔迷离来为自己打掩护。因此他或是在走开之后才散布关于他的谣传，或者说，在谣言散布之前他先来到。

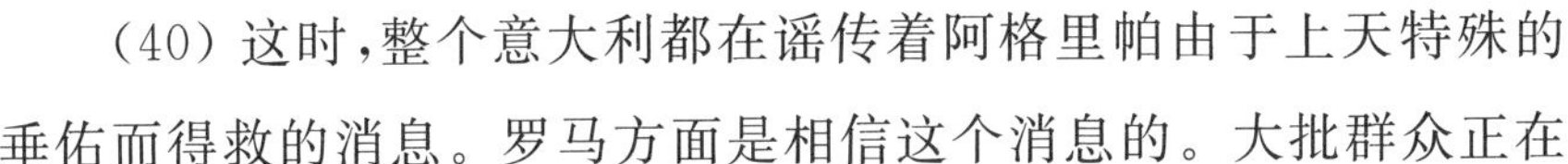

(40) 这时，整个意大利都在谣传着阿格里帕由于上天特殊的垂佑而得救的消息。罗马方面是相信这个消息的。大批群众正在

① 参见本卷，第 3、5、6 章。

② 银山海角(Mons Argentarius)的颈部的一个城市。今安塞多尼亚(Ansedonia)。

奥斯蒂亚等着他的到临，首都的人们也在暗中准备接待他。这时提贝里乌斯感到左右为难，他不知道是用军事力量镇压他自己的一个奴隶为好，还是让时间自然而然地把人们的轻信消灭掉为好。他时而感到难堪，时而感到害怕，他一时认为此事绝不可等闲视之；但过了一会儿，又觉得什么都不足畏。

最后，他把这件事情交给了撒路斯提乌斯·克利司普斯，[①]克利司普斯又选出了自己的两名食客（有人说是士兵），指令他们装作同谋者接近克利门斯，把金钱给他，并且保证不拘遇到什么样的危险都给他以支持。他们执行了这些命令，于是在一天夜里，当克利门斯这个骗子身边没有警卫人员的时候，他们就带着一支足够的士兵把他捉起来加上镣铐和口衔，然后解送到王宫。提贝里乌斯问他，他是如何使自己成为阿格里帕的，据说他的回答是，“这和你使自己成为恺撒的做法一样。”[②]他无论怎样也不肯把他的同谋者招供出来。提贝里乌斯也不敢冒险公开处决他，而是下令在宫中一个僻静的地方将他处死。他的尸体被偷偷地运走了。虽然据说皇室中的许多人，以及骑士和元老都曾资助过他，或是给他出过主意，但是后来没有进行过任何追究。

（41）这一年年底，在撒图尔努斯神殿[③]附近修建了一座凯旋门，用以纪念伐鲁斯的军旗[④]的失而复得，因为这件事是“在日耳

① 参见本书第1卷，第6章；第3卷，第30章。

② 参见本书第1卷，第7章。

③ 在广场上的黄金标柱附近。

④ 参见本书第1卷，第60章；第2卷，第25章；第三个军旗是在克劳狄乌斯当政时期收回来的（参见狄奥·卡西乌斯，第60卷，第8章）。

曼尼库斯的领导之下和在提贝里乌斯的赞助之下”实现的。其他的奉献物有在台伯河河畔为幸福之神（Fors Fortuna）修建的神殿（神殿是在独裁官恺撒赠给罗马人民的花园里面），[1]有奉献给优利乌斯家族的一座圣堂，还有波维莱[2]地方圣奥古斯都的一座雕像。

在盖乌斯·凯里乌斯和路奇乌斯·彭波尼乌斯担任执政官的那一年的5月26日，日耳曼尼库斯·恺撒庆祝了他对凯路斯奇人、卡提伊人、安格里瓦利人和易北河以西其他部族的胜利。在游行的行列里有战利品，有俘虏，有山脉、河流和战役的模型、图画。既然不允许他结束战争，因此只得假设已结束了战争。统帅本人的高贵形象和跟他在同一个战车里的五个孩子特别是观众的注意中心。但是在人们心中却隐藏着一种说不出的恐惧，因为他们还记得，他的父亲杜路苏斯虽然深得人心，却没有得到好下场；而他那为众人所爱戴的舅父[3]也是很早便去世了。罗马人所爱的人物都是活不长久，没有福分的啊！

罗马建城770年，即公元17年

（42）此外，皇帝又以日耳曼尼库斯的名义，发给每个罗马人民三百谢司特尔提乌斯，同时又任命他自己和日耳曼尼库斯一同担任执政官。但是，罗马人民认为他的这种爱护并不是真心实意的。他决定使用冠冕堂皇的办法来除掉这个年轻人。他自己制造

① 在台伯河右岸。

② 在拉提乌姆。优利乌斯家族同这一城市的长时期的关系是由于传统认为这个地方是阿尔巴·隆伽的移民地，而阿尔巴·隆伽则是优路斯建立的。

③ 玛尔凯路斯，在公元前21年去世，年二十岁。杜路苏斯在公元前9年去世，年三十岁。

了一些借口，又利用了当时偶然发生的一些事件作为借口。阿尔凯拉乌斯国王统治卡帕多奇亚已有五十年。[①] 由于提贝里乌斯在罗得岛时[②]阿尔凯拉乌斯根本不把他放在眼里，因此提贝里乌斯便怀恨在心。对提贝里乌斯的这种忽视并不是由于对方的横傲，而是出自奥古斯都的亲信们的授意，因为那时盖乌斯·恺撒正是炙手可热的时候，当时他正奉派到东方来处理事务，因此这时同提贝里乌斯表示友好是一件危险的事情。不过到恺撒的一家断嗣，而提贝里乌斯取得了大权的时候，他便要他的母亲写一封信，把阿尔凯拉乌斯从卡帕多奇亚引来。她并不隐瞒她的儿子对阿尔凯拉乌斯的仇视，但她说如果他到这里来恳请的话，他是可以得到她的儿子的宽恕的。他匆匆赶到首都，这或者是由于他并不怀疑有什么阴谋诡计，或是由于害怕武力行动，如果他在事先已感到有武力行动的话。他受到了皇帝的冷酷无情的接待，而在不久之后，又在元老院受到了弹劾。使他一垮到地的并不是那些毫无根据的控告，而是衰老之年再加上痛苦的焦虑。再说呢，国王一般是不能容忍别人和自己处于平等地位的，当然更不用说屈辱了。他可能是老死的，也可能是自杀的。他死之后，他的王国就被变成了一个行省；皇帝说从这里所取得的收入可以使他减轻百分之一的贩卖税，[③]而在今后把它规定为百分之零点五。大概就在这个时候，两

① 精确地说，这句话必须认为是回溯到提贝里乌斯继位之时（公元 14 年）：因为在公元前 36 年，安托尼乌斯把卡帕多奇亚给予阿尔凯拉乌斯（苏拉在米特利达特斯战争中的那一同名对手的孙子）；奥古斯都后来又加上小亚美尼亚和奇里奇亚的一部分。

② 参见第 1 卷，第 4 章。

③ 参见第 1 卷，第 78 章。

个国王，即孔玛盖尼[1]的安提奥库斯和奇里奇亚的庇洛帕托尔[2]死了。他们的死亡在他们本国引起了混乱，大多数的人希望一个罗马的统治者，但少数的人则希望仍旧保持王国的体制。叙利亚和犹太两行省也感到它们的租税负担太重了，它们切望减轻租税。

（43）提贝里乌斯对元老院所谈的就是这些情况以及我在上面谈到的亚美尼亚发生的事件。他还说，“东方的骚乱只有日耳曼尼库斯的智慧才能解决，因为他本人年纪已经老了，但是杜路苏斯又还不够成熟。”[3]于是元老院便发布命令，把海外诸行省委托给日耳曼尼库斯，他不管到什么地方去，都有权节制元老院所委派或皇帝所任命的地方长官。不过提贝里乌斯却把克列提库斯·西拉努斯调离了叙利亚，[4]因为他和日耳曼尼库斯是儿女亲家，日耳曼尼库斯的长子尼禄同西拉努斯的女儿定了亲。提贝里乌斯任命格涅乌斯·披索接任西拉努斯的职务，这是一个性情暴烈而生来就不驯顺的人物。他那与生俱来的狂妄高傲的性格是从他父亲披索那里传下来的；这个老披索在内战时期曾大力帮助过在阿非利加复活起来的共和派以反对恺撒，后来又支持过布鲁图斯和卡西乌斯，而在他以后得到允许返回罗马的时候，他仍然拒绝请求任何官职，最后才在奥古斯都的特别邀请之下接受了执政官的职位。但

① 这是作为塞琉古帝国的残余的一个小王国，北面是卡帕多奇亚、南面是叙利亚，西面是奇里奇亚、东面是幼发拉底河。它的首府是路奇亚努斯的诞生地撒莫撒塔（Samosata）。这个国家是进入幼发拉底河上游一带的重要孔道。

② 实际上他的统治权仅限于该国东部的一个小王国。

③ 这种说法未免夸张，因为这时提贝里乌斯是五十九岁，日耳曼尼库斯是三十一岁，而杜路苏斯也有二十九岁。

④ 参见本卷第 4 章。

是，除了从父亲那里继承来的性格之外，披索的妻子普朗奇娜[①]的身世和财富也助长了他的脾气。他让提贝里乌斯占先原是很勉强的，但是他认为提贝里乌斯的孩子们远比自己的身份为低。披索肯定知道，他的这次受命主管叙利亚，是为了抑制日耳曼尼库斯的野心的。[②] 有一种看法认为，在这方面，他的确是从提贝里乌斯那里得到过秘密指令的。普朗奇娜也毫无疑问曾从奥古斯塔那里接受过指示，奥古斯塔是由于妇女的忌妒而一心想迫害阿格里披娜的。因为在宫廷里面，人们虽然不公开说，但实际上是分成拥护日耳曼尼库斯的一派和拥护杜路苏斯的一派的。提贝里乌斯支持杜路苏斯，因为这是他的亲生儿子；日耳曼尼库斯却由于他的叔父对他的歧视，反而有很高的人望。此外，他的母亲一家的显赫地位对他也很有利；从母系来说，玛尔库斯·安托尼乌斯是他的外祖父，而奥古斯都又是他的外舅祖父。另一方面，杜路苏斯的曾祖父辈的[③]彭波尼乌斯·阿提库斯却是个普通罗马骑士，这个人看来是不能给克劳狄乌斯家族的系谱增加什么光彩的。日耳曼尼库斯的妻子阿格里披娜在子嗣方面以及在声誉方面也超过了杜路苏斯的

---

① 穆纳奇娜·普朗奇娜（参见狄奥·卡西乌斯，第 58 卷，第 22 章）；可能是著名的路奇乌斯·穆纳提乌斯·普朗库斯的女儿。

② 福尔诺（Furneaux）指出："他在元老院中已经指出谁是当时还留下来的最显贵家族之一的最自豪的成员（见第 1 卷，第 74 章），这个成员也许过去曾被奥古斯都认为是危险人物（第 1 卷，第 13 章）。但是，他的妻子是奥古斯都所宠信的，在分配行省时他又是很难被忽略的人物。因此我们有理由假定，这是让一个不受信任的人去对付另一个，从而使这个人对他的年轻的统帅起抑制作用，而另一方面，年轻的统帅又能对他起抑制作用，因为他在手里掌有'最高大权'（imperium maius）。"

③ 阿格里帕的第一个妻子是西塞罗的友人的女儿彭波尼娅。他们生了维普撒尼娅·阿格里披娜，她是提贝里乌斯的第一个妻子和杜路苏斯的母亲。

配偶里维娅[①]。不过他们兄弟二人却十分要好，他们的情谊并没有受到周围亲属的不同意见的影响。

（44）不久之后，杜路苏斯就被派到伊里利库姆去，一则是让他熟悉熟悉军队的生活，一则是让他取得军队的好感。同时提贝里乌斯认为，在首都过着花天酒地的生活的皇子以到军队里去为好，[②]而且让他的两个儿子都当军团的领导，这可以使他本人更加安全一些。不过，他这样做的借口是苏埃比人[③]要求他给予帮助，以对付凯路斯奇人。原来现在罗马人已经撤走，外来的威胁不复存在了，这样一来，各自遵守本国的风俗习惯并且为了争夺领导地位而反目的部族，就互相动起武来了。这两个部族的实力和它们的领袖的武勇可算是旗鼓相当。不过苏埃比人并不喜欢玛洛波都斯的国王称号，而阿尔米尼乌斯作为一个拥护自由的人却在国内享有很高的声望。

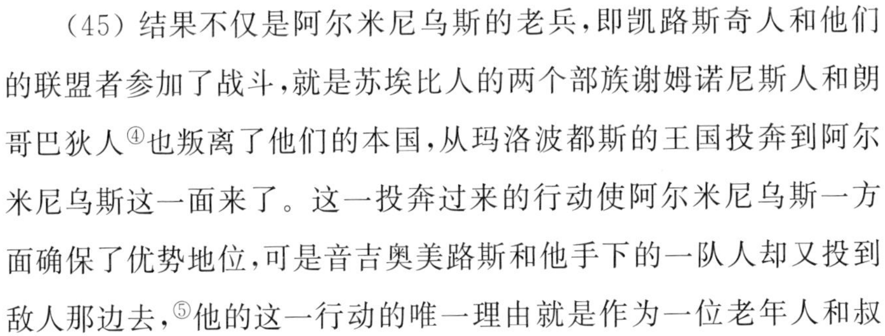

（45）结果不仅是阿尔米尼乌斯的老兵，即凯路斯奇人和他们的联盟者参加了战斗，就是苏埃比人的两个部族谢姆诺尼斯人和朗哥巴狄人[④]也叛离了他们的本国，从玛洛波都斯的王国投奔到阿尔米尼乌斯这一面来了。这一投奔过来的行动使阿尔米尼乌斯一方面确保了优势地位，可是音吉奥美路斯和他手下的一队人却又投到敌人那边去，[⑤]他的这一行动的唯一理由就是作为一位老年人和叔

① 日耳曼尼库斯和克劳狄乌斯的姊妹，杜路苏斯的妻子，后来把杜路苏斯毒死。

② 参见本书第 3 卷，第 32 章；第 1 卷，第 76 章。

③ 参见本书第 1 卷，第 44 章。

④ 在易北河以东，波希米亚以北。

⑤ 参见本书第 1 卷，第 60 章。

父,他不愿意服从他的年轻侄儿的统治。当两军摆开战斗阵势时,双方的战斗情绪都很旺盛。过去日耳曼人作战时的那种混乱的队列或是分散的混战已经不复存在了。他们从对我们进行的长期的战争中,已经学会了按照军旗的指挥作战,学会了配备后备部队来接应主力部队,并注意将领们发出的号令。在这种情况下,阿尔米尼乌斯骑马巡视全军,他在走近一队队的士兵时,告诉他们说,他们已经恢复了自由,他们曾歼灭过罗马的军团,而且他们许多人的手里还拿着从罗马战死者手中取得的战利品和投枪呢。另一方面,阿尔米尼乌斯却把玛洛波都斯说成是"逃兵,他一次仗都不打,却躲在赫尔库尼亚森林[①]里,要使节带着礼物到罗马去乞求和平。他又是祖国的叛徒,是恺撒的走狗。他们应当毫不留情地把他驱逐出去,就像当年他们杀死克温提里乌斯·伐鲁斯一样。他们都不应当忘记他们经历过的多次战争!那些战争的结果以及罗马人最后被驱逐出去,都明显不过地说明,谁人将在战场上得胜利!"

(46)玛洛波都斯当然也禁不住要称赞自己,咒骂敌人。他拉着音吉奥美路斯的手,说他本人"真正代表了凯路斯奇人的全部荣誉,"正是由于他的筹划,凯路斯奇人才取得了他们过去的一切成就。阿尔米尼乌斯是个无经验无头脑的人,他由于背信弃义地使三个军团的残部和心地坦荡而不疑心有任何阴谋诡计的统帅上了当,这才窃取到别人的名誉。不过,他的这一行动对日耳曼的损害是惨重的,而且对他本人来说是可耻的,他的妻子儿女到现在还受

① 即波希米亚。

着奴役呢。但是他本人[①]，当他受到提贝里乌斯所率领的十二个军团的进攻时，并没有玷污日耳曼的荣誉，不久他们双方便在打成平手的情况下各自收兵了。[②] 而且他还能毫无遗憾地宣布，在对罗马的问题上面，他们既有力量毫不妥协地对罗马作战，又可以同罗马缔结一项不流血的和约。除了受到演说的鼓动之外，军队的士兵们也都各有自己的作战动机激励着自己。凯路斯奇人是为他们的光荣的过去而战斗，朗哥巴狄人则是为他们不久之前争取到的自由而战斗的。他们的敌人作战的目的是为了扩张国土。任何一次战争都不曾有过这样猛烈的进攻，都不曾杀得这样难分难解。双方的右翼全都被击溃了。人们认为战斗会重新开始，但是这时玛洛波都斯却把营地移转到小山上。这一点表明他已经被打败了。临阵脱逃的士兵逐渐削弱了他的实力，于是他便退到玛尔科曼尼人[③]的地区中去，并且派出一个使团到提贝里乌斯那里去请求援助。但是他所得到的回答却是，过去罗马人自己对凯路斯奇人作战时请求过他的帮助，那时他不来，现在他自己对凯路斯奇人作战又来请求罗马人的帮助，这种做法是不恰当的。虽然如此，上面我们已经说过，杜路苏斯还是被派了出去，安排双方缔和事宜。

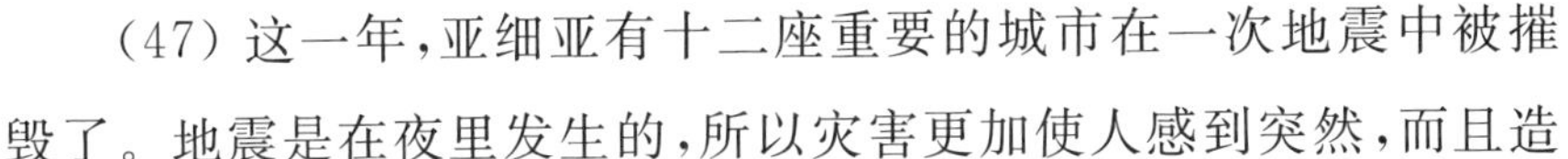

(47) 这一年，亚细亚有十二座重要的城市在一次地震中被摧毁了。地震是在夜里发生的，所以灾害更加使人感到突然，而且造

① 这里指玛洛波都斯。

② 这里指公元6年的事件，当时罗马方面曾决定击溃玛洛波都斯新纠合起来的一支强大的军队。但正当罗马以绝对优势的兵力向波希米亚发动进攻时，潘诺尼亚和达尔马提亚的一次大规模的动乱阻止了这次进攻，因为意大利本土受到了威胁。

③ 意思可能是“边境人”，他们是一个强大的部落，但是在作战中被日耳曼尼库斯的父亲从美因河畔赶到波希米亚。他们则把凯尔特人从波希米亚赶走。

成的损害也更加惨重。通常在遇到地震时，人们可以赶忙逃到平地上去，但这种做法这次并不能对他们有什么帮助，因为裂开的大地把逃跑的人吞没了。据记载，大山沉陷，平原隆起，火焰喷射，周围是一片废墟。撒尔迪斯人受害最重，因而也就得到最大的同情。恺撒答应赐给他们一千万谢司特尔提乌斯，并且在五年间免除了他们向国家以及向皇室缴纳的租税。西皮路斯河畔的玛格涅喜人在损失方面以及所得的补偿都占第二位。至于铁姆尼人、披拉德尔佩涅斯人、埃吉亚提斯人、阿波洛尼迪人和所谓莫司提尼人和叙尔卡尼亚的马其顿人，以及希耶洛恺撒利亚、米利纳、库美和特莫路斯诸城市，[①]则决定在同样的时期中间豁免他们的租税，并且决定由元老院派一名要员去进行视察和给予救济。由于亚细亚的总督是一位前任的执政官，所以这次派出去的是一位前任的行政长官玛尔库斯·阿泰乌斯，这样做是为了避免在两位身份相等的官吏之间因相互忌妒而会产生的麻烦。

(48) 皇帝除了代表国家所做出的给人以深刻印象的善行之外，他在私人的慷慨作风方面也有同样颇得人望的表现。一位很有钱的妇人埃米里娅·姆撒死的时候因为没有遗嘱，便按照规定归皇帝所有，但是他却把这笔钱给了埃米里乌斯·列庇都斯，因为这个妇人很显然属于列庇都斯家族。富有的罗马骑士庞图列乌斯在遗嘱中曾决定把他的一部分遗产给予皇帝，但是皇帝却把他的全部财产都给了玛尔库斯·塞尔维里乌斯，因为他发现，在更早的

① 在十二个城市当中，铁姆诺斯、埃吉阿伊、米利纳和库美是在埃奥利斯(Aeolis)，其他城市是在吕地亚内地。

和无可怀疑的一份遗嘱上提出了他的名字。他在做这两件事情之前都表示,高贵的出身需要金钱的帮助。除非他和死者有交情,否则他是不肯接受任何遗赠的。对于和他不相认的人,以及由于和别的人不合才指定他为遗产继承人的那些人,他是不准备和他们打交道的。他一方面使一些清白的元老免除了光荣的贫困,另一方面却又免掉了一些元老的职务,或是同意了下面一些元老的辞职,他们是维比狄乌斯·维尔罗、马利乌斯·涅波斯、阿庇乌斯·阿庇亚努斯、科尔涅里乌斯·苏拉和克温图斯·维提里乌斯。这些人生活腐化,挥霍无度,财产已经荡尽。

(49) 差不多就在同时,他又奉献了一些神殿,这些神殿原来由于年深日久或因火灾[①]而毁坏,奥古斯都曾经修复过。其中有在大跑马场附近献给里倍尔、里倍拉和凯列司的一座神殿[②](由独裁官奥路斯·波司图米乌斯发愿修建);在同一地方的佛洛拉神殿,这是路奇乌斯和玛尔库斯·普布利奇乌斯在他们担任营造官的时候[③]修建的;盖乌斯·杜伊里乌斯在菜市场修建的雅努斯神殿[④],杜伊里乌斯使罗马第一次在海上战胜了迦太基人并且为此得到了海战凯旋的荣誉。日耳曼尼库斯则奉献了奥路斯·阿提里

① 这里所说的火灾可能是指公元前 31 年的一次(狄奥·卡西乌斯,第 50 卷,第 10 章)。起因据说是由于征收财产税而引起的被释奴隶的一次暴动。

② 即狄奥尼西乌斯(Dionysius)、佩尔赛波妮(Persephone)和戴美特尔(Demeter)。据说这是在列吉路斯湖一役(公元前 496 年)前由波司图米乌斯发愿修建的,但在三年之后才建成。

③ 公元前 240 年左右。

④ 在卡庇托里努斯山和台伯河之间。杜伊里乌斯统率下的罗马舰队的第一次胜利是在西西里的米莱(Mylae)附近海面上取得的(公元前 260 年)(参见波利比乌斯,第 1 卷,第 20—23 章)。船头柱(columna rostrata)就是纪念这次胜利的。

乌斯[①]在同一战争期间许愿修建的“希望神殿”。

(50) 这时，大逆法开始发挥了作用；奥古斯都的姊妹的侄女阿普列娅·瓦莉拉被人、根据大逆法告发，因为她对圣奥古斯都，对提贝里乌斯和他的母亲都讲了侮辱性的话，此外她还由于通奸罪而玷污了她和恺撒的亲属关系。人们都认为，通奸罪完全可以按照优利乌斯法[②]来处理。至于大逆罪，皇帝则认为应当区别对待，如果她对奥古斯都讲了任何不敬的言语，那应当治罪；如果是针对他本人讲了什么话，那他是不希望这些话成为调查对象的。执政官问他，据说阿普列娅对他的母亲也诽谤过，这件事他有什么意见。他没有回答；但是在元老院下一次集会的时候，他代表他的母亲提出要求，对她进行过诽谤的人，在任何情况下都不应当受到法律的追究。这样他就给阿普列娅免了大逆罪。在通奸罪方面，他也反对对她进行较重的惩罚，[③]不过他建议根据古老的惯例，把她交给她的亲属们，由他们把她迁移到离罗马二百英里之外的一个地方去。她的情夫曼里乌斯则被禁止居住在意大利或阿非利加。[④]

(51) 一位名叫维普斯塔努斯·伽路斯的行政长官去世以后，在继任人选方面发生了意见分歧。当时还在罗马的日耳曼尼库斯和杜路苏斯支持哈提里乌斯·阿格里帕，这个人是日耳曼尼库斯

---

① 奥路斯·阿提里乌斯·卡拉提努斯(Aulus Atilius Calatinus)是公元前258，254年的执政官，公元前249年的独裁官。

② Lex Iulia de adulteriis et stupris(公元前17年)。

③ 即没收她的一半嫁妆和她的三分之一的财产，并把她放逐到一个岛上去。

④ 严格说来，他应被剥夺他的一半财产，并且被放逐到同阿普列娅不在一处的另一个岛上去。

的一个亲戚。另一方面，却又有许多人坚持，决定的因素应是候补者的孩子的数目，这一点在法律上是有根据的。[①] 提贝里乌斯看到元老院分成拥护他的儿子的和拥护法律的两派时是极其高兴的。拥护法律的一派不消说是遭到了失败。不过另一派也不是立刻就取得了胜利，而且表决时在票数方面也只占很小的优势。甚至在法律已经生效之后，法律就是以这种方式被毁弃的啊！

（52）同年，阿非利加行省爆发了战争；那里敌人的领袖是塔克法里那斯[②]。他是努米地亚人，曾在罗马军队的辅助军队中服过役；后来逃跑，纠合了一群一向惯于打家劫舍的无赖，企图进行劫掠。接着他又把这些人像军队那样组成了一支支的队伍。最后，他就被承认是穆苏拉米人[③]的领袖，而不是乌合之众的头目了。居住在阿非利加沙漠边缘地带的、这一当时还不知有城市生活的强大部族，拿起武器，并使邻近的玛乌利人[④]也参加了他们的战斗。玛乌利人也有自己的领袖，他的名字是玛吉帕。联盟的军队分成两部分，这样塔克法里那斯就可以把一支按照罗马方式装备起来的精锐部队留在营地，在那里训练他们遵守纪律和习惯于服从，另一方面玛吉帕则率领一队轻武装的士兵到处进行烧杀等恐怖活动。当阿非利加行省的总督福利乌斯·卡米路斯把他的军团士兵和全部辅助军队正式集合起来向敌人进攻的时候，塔克法

① 这里所指是 Lex Papia Poppaea，即帕披乌斯·波培乌斯法（参见本书第 3 卷，第 25—28 章）。

② 关于他后来的活动，参见第 3 卷，第 20、22、73 章；第 4 卷，第 23 章。

③ 在撒尔图斯·奥拉西乌斯即今奥列山（Mt. Aurez）以南，罗马行省的沙漠边界就是从这里开始的。

④ 居住在玛乌列塔尼亚东部的努米地亚部族。

里那斯和玛吉帕又迫使一个相当大的部族奇尼提人[①]参加到自己的一方面来。罗马人的这支军队比起努米地亚人和玛乌利人的大批人马，显得十分单薄。不过总督极力想避免的一种情况却是，敌人因害怕而回避同他进行正式的武装较量。但求胜的指望却诱使他们(指罗马的对方。——中译者)失败了。罗马的军团部署在中央，轻武装步兵中队和两个骑兵中队则部署在两翼。塔克法里那斯没有拒绝作战：努米地亚人被赶走了。多年以后，福利乌斯家族又获得了军事的荣誉。原来自从罗马的伟大复兴者[②]和他的儿子[③]那时以来，在指挥战争时取得军事胜利的荣誉便转到其他家族的身上去了。我们在这里所提到的卡米路斯并不被认为是一位军人。因此提贝里乌斯就更加愿意在元老院称颂他的功绩了。元老们一致通过把凯旋的标记授给他，这对于没有个人野心的卡米路斯来说，应当说是一个不会引起不良后果的尊敬表示吧。[④]

罗马建城771年，即公元18年

(53)[⑤]下一年，提贝里乌斯第三次担任执政官，日耳曼尼库斯第二次担任执政官。不过日耳曼尼库斯是在阿凯亚的一个城市尼科波利斯[⑥]就职的，他是在看望了当时在达尔马提亚的杜路苏斯之后沿着伊里利亚的海岸到达了尼科波利斯的。由于在亚得里亚海以及后来在爱奥尼亚海一路上都有风暴，所以他就在尼科波利

① 居住在小叙尔提斯(即今加贝斯湾)以东。

② 指公元前390年玛尔库斯·福利乌斯·卡米路斯在阿里亚击败高卢人的事情。

③ 应当是他的孙子。而且在这之后，他们一家还取得过两次小凯旋的荣誉。

④ 意思是说他受到的尊敬不会引起皇帝的忌妒。

⑤ 从本章开始，中心事件是日耳曼尼库斯之死。

⑥ 奥古斯都为纪念阿克提乌姆之役而在他的营地的原址建立的移民地；在今阿尔塔湾入口处的北岸。人们在普列维扎—维奇亚附近曾发现这一城市的废墟。

斯停留几天，整顿自己的舰队。这时由于缅怀先人的业绩，他参拜了以阿克提乌姆一役的胜利而名垂千古的海湾，以及奥古斯都献给神的战利品和安托尼乌斯的营地①。我在上面说过，②奥古斯都是他的外舅祖父，安托尼乌斯则是他的外祖父。他看到的这些事物使他联想到过去所发生的灾难和胜利的伟大场面。随后他又到达雅典；为了对我们和这一古老名城所缔结的盟约表示敬意，他身旁只带了一名侍从。③ 希腊人唯恭唯谨地接待了他；为了使他们的奉承显得高尚一些，他们特别强调了古希腊人的事业和言论。

（54）他离开雅典，又访问了优卑亚，然后渡海到列斯波司去；在这里，阿格里披娜最后一次分娩时生了优利娅。④ 从这里他又巡视了亚细亚行省的沿海地带，访问了色雷斯的城市佩林图斯和拜占庭，随后便穿过博斯普鲁斯海峡进入了黑海，热心地参观了那些历史上著名的古迹，同时又设法对这些因内战或暴政而残破不堪的行省给以救济。归途中，他努力设法去参观撒莫色雷斯的密仪⑤，但是他遇到的北风使他无法靠岸。于是他就到特洛伊去游

① 在海湾南岸的阿克提乌姆。

② 参阅本卷第 43 章。

③ 按照惯例，罗马高级官吏在进入雅典这样的自由市时，是不应当有持束棒的侍从的。在这种情况下，一名侍从并没有任何公务上的意义。

④ 在公元 33 年和玛尔库斯·维尼奇乌斯结婚的优利娅·里维拉（参见本书第 6 卷，第 15 章）四年后被她的兄弟卡里古拉所放逐（参见狄奥·卡西乌斯，第 59 卷，第 3 章；苏埃托尼乌斯：《卡里古拉传》，第 24、29 章）；她虽为她的叔父克劳狄乌斯召回，但后来却又因美撒里娜的教唆以所谓同塞内加私通的罪名被处死（参见狄奥·卡西乌斯，第 60 卷，第 4 章；同上，第 8 章；苏埃托尼乌斯：《卡里古拉传》，第 59 章；《克劳狄乌斯传》，第 29 章）。

⑤ 指卡比里人的祭仪。

历，在那里参观了那些足以证明变幻无常的命运和罗马的源流的远古遗迹；然后再度巡视了亚细亚的沿岸并在科罗彭登陆，以便向克拉路斯的阿波罗请示神谕。这里不同于戴尔波伊，不是女祭司，传达神谕的是一个男祭司，他是从数目有限的一些家族中选拔出来的，而且大多是米利都的家族。这个祭司只问一下前来请示神谕的人的人数和名字，然后就钻到一个地穴里去，喝一口神秘之泉的水；这个人一般虽然既不识字又不会作诗，但是却能针对每个请示神谕的人心里想问的事情用正式的诗句作出答复。据说他曾向日耳曼尼库斯预言了他的早丧，虽然所用的是神谕的那种十分暧昧难解的语言。

(55) 这时格涅乌斯·披索为了赶快执行他的计划，便闹哄哄地进入雅典城，首先使雅典人吃了一惊。接着他在一次对他们进行恶毒攻击的演说当中，又旁敲侧击地暗示，日耳曼尼库斯“由于过分客气而损害了罗马这个名字的尊严，客气的对象不是这些雅典人(雅典人由于一再遭难已经死绝了)，而是当前全人类的一些渣滓。[①] 要知道，这些人本身曾经和米特利达特斯一道结成了联盟与苏拉对抗，[②]曾经和安托尼乌斯一道结成联盟来反对圣奥古斯都！”[③]他甚至对他们古时的历史进行责难；他们反对马其顿，因时运不济遭到了失败，他们压迫他们本国的人民。他个人也有理由仇视雅典这座城市，因为雅典当局曾拒绝他的这样一个请求：释

① 因此奥古斯都认为必须禁止出售雅典的公民权的做法(参见狄奥·卡西乌斯，第 54 卷，第 7 章)。

② 在公元前 87—前 86 年第一次米特利达特斯战争时期。

③ 在阿克提乌姆。

放因伪造文件的罪名而被雅典最高法庭(Areopagus)判了罪的一个名叫提欧披路斯的人。在这之后,他利用海上的一条便捷的道路,迅速地穿过基克拉季斯岛来到罗得岛日耳曼尼库斯这里。尽管日耳曼尼库斯已经知道披索对他进行过恶毒的攻击,然而他的态度依旧十分温和,以致虽然一次暴风把披索吹到岩石嶙峋的海岸上去,而他本来可以把他的对头死亡的原因归之于意外事故,但是他还是把战船派了出去,把披索从困境中解救出来。即使这样,披索仍然没有和解的意思。披索在日耳曼尼库斯那里勉强待了一天,就离开了他,并且首先完成了自己的行程。他在到达叙利亚的军团那里的时候,到处送礼行贿,对最下级的士兵表示关切,用他自己的人或品行恶劣的人替换久经战场的百人团长和要求比较严格的将领,他容许营地的人们懒散下去,使城市习于安逸放纵,使附近地方到处都有放荡的士兵在活动,这样他就使人们堕落到这样的程度,以致在这些下流的人们的口中,他竟然被称为军团之父。普朗奇娜的作风对于一个规矩的妇人来说也是过分的。她参加骑兵演习和步兵操练,她嘲弄阿格里披娜和日耳曼尼库斯。结果甚至一些正派的士兵都不正当地准备为她效劳了。因为人们都在暗中传说,这些做法都是皇帝事先同意的。日耳曼尼库斯知道这里的情况,但是他当前更迫切的事情是先到亚美尼亚去。

(56) 从很早的时候起,亚美尼亚这个地方的民族性格和地理形势就都是难以捉摸的,因为它同我们各行省接壤的边界很长,它向内地一直伸展到米地亚的地方。这样一来,亚美尼亚人就被夹在罗马和帕尔提亚两大帝国之间。不过他们和这两个帝国,却一直都不和；它厌恶罗马，又忌妒帕尔提亚。这时由于沃诺尼斯[①]被赶下王位，他们正没有国王。全国上下都属意于本都的国王波列莫[②]的儿子吉诺，因为吉诺从很小的时候，在习惯和衣着方面就喜欢模仿亚美尼亚人。而且他由于喜欢狩猎、饮宴和蛮族喜爱的其他各种娱乐而取得了举国上下的好感。结果在贵族的同意之下，日耳曼尼库斯就在阿尔塔克撒塔城[③]当着集会的人群，宣布吉诺为国王。罗马人之外的所有的人都向他致敬，并且给他加上国王阿尔塔克西亚斯（三世）的称号，这一称号是根据这个城市的名字而取的。[④] 但是，另一方面，卡帕多奇亚却被变成了一个行省，由克温图斯·维拉尼乌斯担任长官。[⑤] 为了使人得到仿佛罗马人的统治比过去还要温和些的印象，减少了国王先前所征收的一些租税。孔玛盖尼第一次被并入叙利亚行省，交给行政长官统治，负责治理它的是克温图斯·谢尔瓦埃乌斯。

（57）日耳曼尼库斯圆满而顺利地安排了东方联盟者的事务。不过由于披索的横傲无礼，这件事并没有使日耳曼尼库斯称心如意。日耳曼尼库斯曾命令披索本人或他的儿子率领一部分罗马军队到亚美尼亚去，但是披索自己不去，也不派他的儿子去执行这一

① 参见本卷第1—4章。

② 死去已久，目前是他的未亡人在统治着。

③ 在阿拉克西斯河（今天的阿拉斯河）上，阿勒拉特山下，它的遗址目前仍然叫阿尔达斯卡尔（Ardaschar）。

④ 实际上，在他以前已有两个人用过这个名字。

⑤ 这只是临时措施，因为不久他和谢尔瓦埃乌斯便又回到日耳曼尼库斯的麾下去了。

命令。然而他们终于在库尔路斯地方[1]第四军团的冬营里相遇了。他们应当有怎样的表情都是经过了一番考虑的，在披索这方面，他是要用一切办法表示出绝没有害怕的意思，但在日耳曼尼库斯这方面，则是尽量避免有半点威胁的神气。因为我在前面已经讲过，他实际上是一个过分宽厚大度的人。但是他的朋友们却设法煽动他的憎恨情绪。这些人夸大事实，制造谎言，千方百计地中伤披索、普朗奇娜和他们的儿子。最后，在一次只有很少亲密友人在场的会晤时，日耳曼尼库斯首先说话，他说话时的口吻说明他在强压着自己心中的愤怒情绪。但是披索作了横傲不逊的辩解；他们于是就在悻悻然的情绪中分手了。从这时起，披索就很少到日耳曼尼库斯的坐席这边来。而有时他到日耳曼尼库斯的坐席这边来，他的表情也是很阴郁的，毫不掩饰自己的敌对情绪。还有一次，在纳巴泰伊人[2]的国王举行的宴会上，当主人把沉重的金冠送给日耳曼尼库斯和阿格里披娜，却把较轻的金冠送给披索和其他人的时候，有人听他说，这是为罗马皇帝的儿子，而不是为帕尔提亚的国王的儿子举行的宴会。[3] 同时他还把他的金冠推到一边去，咒骂起奢侈之风来。日耳曼尼库斯听了这话虽然觉得很不好受，但他还是忍耐下来了。

(58) 这时从帕尔提亚的国王阿尔塔巴努斯那里来了一些使

① 在叙利亚北部，今天的科洛司(Khoros)。

② 纳巴泰伊人这时在阿拉伯西北部成立了一个附属王国，后来在公元105年被改为阿拉伯·佩特莱亚行省。

③ 罗马皇帝的拉丁文 principis 本来是第一公民的意思，这同帕尔提亚众王之王的头衔(regis)有明显的区别。

节。他们此行的目的，是要这里记起两国之间的友谊和缔结的盟约，并且表示，"国王希望为这一点双方重新交换信誓。帕尔提亚的王国为了对日耳曼尼库斯致敬，愿意在幼发拉底河的河岸上和他会晤。但这时他又要求把沃诺尼斯从叙利亚驱逐出去，[①]否则的话，处在近旁的沃诺尼斯就会把奸细从边境派过来，教唆那些部族的酋长们心怀不轨。"日耳曼尼库斯十分得体地回答了关于罗马和帕尔提亚之间的联盟的问题。关于国王之前来和国王对他的致敬，他作了谦逊有礼的而又不失自己身份的回答。沃诺尼斯被迁移到奇里奇亚沿海的一个叫做庞培欧波里斯[②]的城市去。这一让步行动不仅是对于阿尔塔巴努斯的要求的一种应许，同时也是使披索感到难堪的一种举动。原来沃诺尼斯这个觊觎者曾通过向普朗奇娜大献殷勤和大量送礼的办法，而取得了披索的很大好感。

(62) [③]正当日耳曼尼库斯在各个行省过夏时，杜路苏斯由于诱使日耳曼人重新自相残杀而取得了很高的声望。同时他又利用玛洛波都斯的力量业已摇摇欲坠的情况，极力想使这个人彻底垮台。在哥特尼斯人[④]中间有一个名叫卡图阿尔达的年轻贵族，这

① 参见本卷第4章。

② 现在的美泽特路(Mezetlu)，先前的索里(Soli)。

③ 司托伊普(Steup)最先注意到传统的分章次序所引起的严重困难。按照这个次序，第62—67章中的事件和日耳曼尼库斯的埃及之行都是在公元19年。可是第62章开头的话却肯定是指日耳曼尼库斯在公元18年的活动。此外，玛洛波都斯垮台和阿尔塔克西亚斯被宣布为国王的消息是同时到达罗马的(第64章)，但是这两件事中间却隔了一年。而且使人难解的还有，杜路苏斯在公元17年到伊里利库姆去(参见第44、51、53章)，但直到公元19年才重新听到他的消息。

④ 居住在维斯杜拉河下游东岸。在2世纪后期的移居之后，他们来到黑海地带，并有了一个更著名的名称"哥特人"。

个人先前曾被玛洛波都斯用武力驱逐出去，但现在看到玛洛波都斯处于极端困难的境地，于是他就有了复仇的胆量。他带领一支精强的士兵进入了玛尔科曼尼人的领土，诱使那里的部落领袖站到自己的这一面来，然后就攻进皇宫和附近的要塞。他们在那里发现了苏埃比人的古老的战利品，还有从罗马各个行省来的许多随军商贩。他们都是从各自的故乡到敌人的土地上来的，促使他们到这里定居下来的首先是那些商业上的特权，[1]其次是厚利，最后则是因为他们忘记了自己的祖国。

(63) 为大家所抛弃的玛洛波都斯现在没有别的办法，只有请求皇帝对他宽大了。在渡过了作为诺里库姆行省[2]的边境的多瑙河之后，他便上书给提贝里乌斯，不过口气不像是一已经没有土地的人或是一个恳求者，而像一个还没有忘记过去的声望的人。他说，尽管他过去是一个许多国家都愿意拉拢的，显赫的国王，但是他却宁愿得到罗马的友谊。皇帝回答说，如果他愿意来的话，那么他在罗马将会有一个安全和体面的住处。如果他认为离开意大利对他更加有利，那么也可以像他来时一样安全地离开。不过，在元老院里他却明确地表示，菲利浦斯[3]本人对于雅典，或庇鲁斯[4]与安提奥库斯[5]之对于罗马人民，都不足以构成像玛洛波都斯这样严重的威胁。这一讲话已留传下来，其中着重谈到了“这人[6]的伟

① 根据在第 45 章中所提到的、曾激怒了阿尔米尼乌斯的那个条约。

② 在莱提亚和潘诺尼亚之间，它的北界是从帕绍几乎到维也纳的这一段多瑙河。

③ 指马其顿的菲利浦斯·亚历山大大帝的父亲。

④ 埃庇路斯的国王，公元前 278 年曾进攻过意大利。

⑤ 这里指安提奥库斯三世。

⑥ 指玛洛波都斯。

大，他所统治的各族人民的凶悍，敌人与意大利距离很近，还有皇帝本人采取的除掉他的措施”。其实玛洛波都斯还被拘留在拉文纳；苏埃比人每在有不驯服的表现的时候，玛洛波都斯复位的威胁对他们就能起一些抑制作用。但是在十八年中间他从没有离开过意大利，人已老了，由于过分贪生怕死，他的名誉也受到了很大的玷污。卡图阿尔达遇到了同样的灾难，他的归宿也和玛洛波都斯相似。不久之后，他就被在维比里乌斯领导之下的赫尔孟都利人[①]打败，而不得不逃到罗马的境内去避难。结果他就被安置在纳尔波高卢的一个移民地佛路姆·优里乌姆地方[②]。这两个国王的本国的追随者如果和罗马行省的当地居民混居在一处，这会使和平的生活受到侵害，因此他们便被移居到多瑙河对岸玛路斯河和库苏斯河[③]之间的地方，并且给他们立了一个克瓦地人[④]出身的国王万尼乌斯。

（64）这时消息传来，说日耳曼尼库斯已经使阿尔塔克西亚斯做了亚美尼亚的国王，于是元老院便决定，日耳曼尼库斯和杜路苏斯二人在进入罗马的时候要受到小凯旋式的（ovatis）的欢迎。此

① 苏埃比人的一支，住在莱提亚以北的地方。参见《日耳曼尼亚志》，第 41 章。维比里乌斯后来见于本书第 12 卷，第 29 章。

② 位于通向阿尔（Arles）的奥列里娅大道（Via Aurelia）的边上，现在是瓦特县（Vat）的弗雷儒斯（Frejus）。

③ 玛路苏河是摩拉瓦河（Morava），库苏河是瓦格河（Waag）或格朗河（Gran）或古森河（Gusen）。

④ 住在莫拉维亚和上匈牙利，和玛尔科曼尼人相邻。他们曾领导蛮族的大联合同玛尔库斯·奥列里乌斯治下的罗马相对抗。关于万尼乌斯的王国的命运，参见本书第 12 卷，第 29—30 章。

外，还决定在复仇者玛尔斯神[①]的神殿每一面，都修建上面有他们两位恺撒的雕像的拱门。提贝里乌斯不喜欢通过在战场上取得的多次胜利而结束战争，而比较喜欢通过外交手法保持和平。因此，现在他就利用自己的这一巧妙手法来对付色雷斯[②]的国王列司库波里斯。整个那个地方过去是由莱美塔尔凯斯统治着的，但是在他死后，这块地方的一半却被奥古斯都送给了他的兄弟列司库波里斯，另一半则送给了他的儿子科提斯。由于这次划分，科提斯取得了耕种过的土地、城市和邻接希腊诸城市的各个地区；列司库波里斯得到的其余部分却是荒瘠不毛的土地，民风粗野而且门口就是敌人。两个国王的性格也形成了同样鲜明的对照，科提斯禀性温和而亲切近人，[③]列司库波里斯则阴郁、贪婪而又不能容忍别人。不过开头的时候，他们在表面上还做出和谐相处的样子。过了不久，列司库波里斯便越过了自己的国界，掠夺分给科提斯的地区，而在遭到反对时便动用武力。在奥古斯都活着的时候，他还不敢明目张胆地这样做，因为他对于缔造了这两个王国的人是畏惧的，如果对这个人不尊重，他会遭到惩办。但是他一听到奥古斯都去世，立刻就把打劫的队伍派到国境之外，摧毁要塞，到处挑起战争。

(65) 提贝里乌斯最担心的是，局面定下来以后又发生变故。

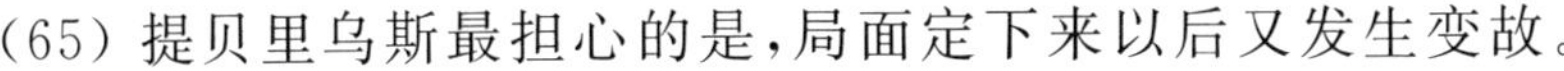

① 奥古斯都为纪念他对谋杀独裁官恺撒的人们的复仇而在广场上修建的。目前还有几根柱子保存下来。参见本书第 3 卷，第 18 章；第 13 卷，第 8 章。

② 这个地方到克劳狄乌斯当政时期(公元 46 年)才成为一个行省。在提贝里乌斯时期，除了连接爱琴海的南岸(属马其顿行省)和色雷斯的凯尔索尼斯(这是皇帝的私产)之外，它是被一些半独立的土著王公统治着。

③ 关于他的诗才，参见奥维狄乌斯对他的请求(参见《本都书信》〔*Epistulae ex Ponto*〕，第 2 卷，第 9 章)。

他选派一名百人团长通知两个国王，不许他们诉诸武力。科提斯得到了这项通知后，立刻把他已经征募起来的辅助部队解散了，但是列司库波里斯却装作很懂得道理的样子，要求他们会晤协商问题。他说他们之间的纠纷是可以口头调解的。会晤的时间和地点没有遇到很多困难就定下来了；最后，和解的条件也确定下来，因为一方的脾气好，能让出一切，另一方口是心非，能接受一切。列司库波里斯举行了一次宴会，他说这为的是批准这一条约。正当人们十分欢乐地饮宴到深夜的时候，他却把对此没有任何疑虑的科提斯逮捕起来。科提斯发现自己竟然被骗，他援引了国王的神圣权利、他们共同的家神和被款待的客人的豁免权为自己辩解，但是这已不起什么作用了。列司库波里斯占有了整个色雷斯之后，就写信给提贝里乌斯说，这里组织了反对他的一次阴谋，但是阴谋者已经在事先被他逮捕起来了。与此同时，他又借口对巴斯塔尔奈人和西徐亚人作战，重新征募步兵和骑兵，从而加强了自己的军事力量。提贝里乌斯回了他一封措辞圆滑的信："如果他是问心无愧的话，那么他就可以相信自己是无罪的。但除非是皇帝和元老院亲自审问这一案件，他们是无法判明谁是谁非的。因此他最好还是把科提斯释放，自己到罗马来，这样就可以自己摆脱掉指控的恶名了。"[①]

(66) 这封信是由拉提尼乌斯·潘杜撒[②]送到色雷斯来的；潘杜撒是美西亚的长官，和他同来的还有一队士兵，他们是接科提斯

① 这句话的意思是叫科提斯承担这个恶名。

② 尼佩尔第定为潘杜斯(Pandus)。

来的。列司库波里斯这时心里是既害怕，又恼怒，最后他决定，与其被控以有犯罪的企图，倒不如索性被认为犯了罪倒好些，因此他决定在诡称科提斯自杀的托词之下把科提斯处死了。不过恺撒一旦作了什么安排，他是绝不改变的。但这时被列司库波里斯说成是敌视自己的潘杜撒死了，于是提贝里乌斯就派彭波尼乌斯·佛拉库斯来接替他担任美西亚的长官；这主要因为：佛拉库斯这个久经战场的老军人和列司波库里斯有深厚的交情，这样他也就更易于欺骗对方了。[①]

(67) 佛拉库斯渡海进入了色雷斯，他用各种慷慨的许诺把列司库波里斯引诱到罗马的防地里来。当然，当列司库波里斯想到自己所犯的罪行时，他是有一些犹豫的。一队精壮的卫士被派来跟在他身边，这从表面上看来，是对于他的国王身份的尊敬。军团将领和百人团长们不断地对他进行忠告和劝说，同时对他的监视也变得一步紧似一步，因此列司库波里斯终于认识到他必须面临的事情。军团将领和百人团长于是把他捉到罗马去了。科提斯的妻子向元老院控告了他，他被判处监禁在他的王国之外的一个地方。色雷斯则分给了他的儿子莱美塔尔凯斯(据说他曾反对过他的父亲的做法)和科提斯的孩子们。由于科提斯的孩子们还没有成年，他们便被委托给一位卸了任的行政长官特列贝列努斯·路福斯[②]照管，由路福斯以摄政的身份治理王国；在前代也有过类似

① 根据苏埃托尼乌斯的说法，他是陪着提贝里乌斯饮酒作乐的一个人(参见《提贝里乌斯传》，第 42 章)。

② 他们并没有同路福斯一道返回色雷斯，而是被提贝里乌斯留在罗马同卡里古拉一同受教育。

的事件，那就是把玛尔库斯·列庇都斯派到埃及去监护托勒米的孩子。[①] 列司库波里斯被押送到亚历山大去，并且在一次真的或是强加给他的逃跑企图中被杀死了。

罗马建城772年，即公元19年

(59) 在玛尔库斯·西拉努斯和路奇乌斯·诺尔巴努斯担任执政官的一年里，日耳曼尼库斯到埃及去参观古迹。不过在表面上，他此行的目的是为了关心行省的安全。[②] 实际上，他也确实用开放国家粮仓的办法压低了粮价，并且执行了不少获得人民群众好感的措施。他到各处去的时候不带侍卫，他脚上穿着希腊式的皮带鞋，身上穿着和希腊人一样的服装。这种做法是模仿普布里乌斯·斯奇比奥。据说布匿战争还在激烈进行的时候，斯奇比奥在西西里就是这样打扮。[③] 提贝里乌斯对他的衣着和作风给了温和的批评，但是对于他之未经皇帝的许可便进入了亚历山大，从而违背了奥古斯都的遗训一事，却作了极为严厉的谴责。原来作为保持专制统治的秘密手法之一，奥古斯都曾禁止任何元老或高级骑士[④]进入埃及，除非是得到了他的许可。他通过这种做法封锁了埃及，[⑤]以便不使任何一个人(在这里不管他的守卫的力量何等

① 这里指托勒米·埃披帕尼斯(Ptolemy Epiphanes)(死于公元前18年)的儿子庇洛美特尔和庇司孔。

② “当日耳曼尼库斯在亚历山大突遭严重歉收之际未经皇帝的允许而到达那一城市时，提贝里乌斯便在元老院中责备他”(苏埃托尼乌斯:《提贝里乌斯传》，第52章)。

③ 指第二次布匿战争，参见李维，第29卷，第19章。

④ 拥有元老的财产资格的骑士，如迈凯纳斯、撒路斯提乌斯·克利司普斯。他们自愿留在骑士等级之内，但成为帝国的权贵的一个构成部分。

⑤ 埃及从来不是一个真正的行省，而是皇帝的私人领地(参见塔西佗:《历史》，第1卷，第11章)。

小，而他要抗击的兵力又有多么强大）企图通过控制这一行省以及海上和陆上的枢纽地点而陷意大利于饥饿之地。[①]

（60）不过这时日耳曼尼库斯还不知道他此行并没有得到皇帝的赞同，因此他便逆着尼罗河上行；他首先访问了一个叫做卡诺普斯的城市：这个城市是斯巴达人为了纪念埋葬在那里的一个名叫卡诺普斯的舵手而建立起来的，埋葬的时期正是美涅劳斯返回希腊之际，被烈风吹到遥远的大海之上从而来到了利比亚的海岸的时候。从卡诺普斯他又访问了附近奉献给赫尔克里士[②]的一个河口。根据当地居民的说法，赫尔克里士是埃及人，他在同名的人们当中是最古老的，后来与他同样勇敢的那些人也采用了他的名字。在这以后，他又拜访了古老的底比斯的那些巨大的古迹[③]。在那些巨大的石造建筑物上还有埃及的字母刻在上面，记述了昔日的壮丽豪华，而奉命把埃及语传译过来的一位高级祭司说，这个国家一度曾拥有七十万服军役的人；而国王拉姆吉斯[④]便依靠着这一支军队依次地征服了利比亚和埃塞俄比亚，征服了米地亚人和波斯人、巴克妥利亚人和西徐亚人、叙利亚人、亚美尼亚人以及相邻的卡帕多奇亚人所居住的国土，这样他便统治了从一面的比

① 海上要地是帕鲁斯（Pharus），陆上要地是佩路西乌姆（Pelusium）。关于意大利对外部粮食的依赖，参见本书第 3 卷，第 54 章；第 12 卷，第 43 章。

② 希罗多德在《历史》的第 2 卷第 43 章以次详细地论述了“埃及的赫尔克里士”。布鲁克什（Brugsch）认为它就是底比斯的太阳神孔苏-尼费尔赫提普（Khonsu-nefer-hetep）。

③ 今天卡尔纳克（Karnak）、路克索尔（Luxor）和美迪尼特-哈布（Medînet-Habu）的废墟。

④ 拉姆吉斯二世（原文 Rā-messu，公元前 1333 年）；列举的这些征服当然大部分是荒唐无稽的。

提尼亚海到另一面的吕奇亚海的全部土地。他治下各民族的贡物表，到现在还可以读得出来：每一个国家应缴纳的黄金和白银的分量、武器和马匹的数目、在神殿中作供物用的象牙和香料，还有粮食和其他日用品的数量。这种税收规模之大，比起强大的帕尔提亚王国或是罗马帝国目前征收的租税来并无逊色。

(61) 但其他一些壮丽之极的观览物也引起了日耳曼尼库斯的兴趣，特别是美姆农的巨大石像[①]，这座石像每在太阳照射到它上面的时候，便发出人一样的呼叫声；那些争强好胜的国王们化无数金钱在那有狂风扫过的，几乎无路可通的沙漠上修建的像山那样高的金字塔；从尼罗河引进了泛滥的河水的人工湖[②]；还有别的地方的那些人们无法测量的狭窄的峡谷和深渊。随后，他又来到了埃列芳提尼和昔耶涅[③]，这里曾一度是罗马帝国的边界，不过现在[④]这个边界已经扩展到红海了。[⑤]

(68) 大概就在这个时候，沃诺尼斯（我在上面已经提到他被放逐到奇里奇亚的事情[⑥]）企图通过贿买看守人的办法逃到亚美尼亚去，然后再从那里到阿尔巴尼亚[⑦]、赫尼欧奇人[⑧]和他的一个

---

① 阿门-赫提普三世（Amen-ḥetetp III）（约公元前 1450 年）在美迪尼特-哈布的两座大石像的靠北的一座。

② 即希罗多德所说的莫伊利斯湖，位于孟斐斯之南。现在法尤姆（Fayyûm）的比尔凯特·阿尔-卡伦（Birket al-Karûn）。

③ 阿苏安（Assouan），埃列芳提尼是同它相对的一个岛。

④ 公元 115 年左右，在图拉真的征服之后。

⑤ 一般指波斯湾。

⑥ 参见本卷第 58 章。

⑦ 住在高加索东部里海沿岸地带。

⑧ 住在黑海东北沿岸地带。

亲属西徐亚的国王那里去。在出去打猎的借口之下，他从沿岸地带进入内地无路可通的森林地带，然后利用他的乘骑赶到披拉木斯河[1]去；但是当地的居民在接到他逃跑的消息之后，就拆毁了那里的桥；河流本身则是无法渡过的。因此他就在河岸的地方，被一个名叫维比乌斯·佛隆托的骑兵长官捉住了。过了一会儿，一个叫做列米乌斯的退伍老兵，也就是过去看守沃诺尼斯的那些士兵的头目，便用刀把他戳死了。他这样做从表面看起来像是出于一时的盛怒，但是他的这种行动却使人更加相信这样一点，那就是他曾受沃诺尼斯的贿买，但是这次又害怕沃诺尼斯会把这件事揭发出来，故而便采取了杀人灭口的办法。

(69) 日耳曼尼库斯在离开埃及的时候，才得悉他给军团或是给城市所发出的命令不是被取消，就是被换掉了。于是他就痛斥披索，披索这方面对他也是针锋相对，一步不让。这样一来，披索便决定离开叙利亚了。几乎就在这个时候，日耳曼尼库斯病了，于是披索不得不留下；但是后来，当他听到日耳曼尼库斯的病情好转，并且人们为了他的好转而正在通过祭献以还愿的时候，他便派遣自己的侍从把街上祭坛上的牺牲以及奉献牺牲的明器夺走，并且驱散了安提奥克地方为日耳曼尼库斯病情的好转而欢欣鼓舞的人群。后来他便到塞琉西亚[2]去，在那里等候日耳曼尼库斯病症复发以后的结果。由于日耳曼尼库斯相信披索给他吃了毒药，因此他那本来十分沉重的病就更重了；而人们在检查日耳曼尼库斯

---

① 奇里奇亚的吉罕河(Djihân)上游。

② 塞琉西亚·披耶里亚(Seleucia Pieria)，安提奥克的港口。参见《使徒行传》，第13章，第1—4节。

的卧室的地面和墙壁的时候，也确实发现了人的尸骸、咒语、咒诅、上面刻有“日耳曼尼库斯”这个名字的铅饼[①]、烧焦的和带血的骨灰[②]以及其他施行巫术的用具：人们相信利用这些东西，活人的灵魂就会受墓中幽灵的摆布。与此同时，还有人控告说，披索派来的密使对严重的病情进行了追根问底的打探。

（70）日耳曼尼库斯听到这一切情况时既吃惊又气愤：如果他的住宅被人包围，如果他必须当着敌人的面咽最后一口气，那么他那不幸的妻子和那些年幼的孩子们将来的命运如何就可想而知了。[③] 毒药的效力看来是太慢了。披索显然是迫不及待地想独自统治行省和军团！但是日耳曼尼库斯却还没有软弱到对谋杀者一点不能加以报复的程度。他写了一封绝交的信，人们还说，他曾命令披索离开行省。披索毫不耽搁地拔锚起程，不过他却故意放慢自己的速度，这样当他听到日耳曼尼库斯的死讯的时候，他便可以较快地回到叙利亚来了。

（71）日耳曼尼库斯的病情在一个时期里颇有起色。但是随后他的体力便不支了。他在弥留之际，在病榻上对他的朋友们说了这样的话：“即使我是善终的，我仍然有正当的理由抱怨上天，因为它正当我盛年之时就过早地把我从我的双亲，子女和祖国的手中夺走了。然而现在，我是因为披索和普朗奇娜对我下了毒手而丧命的，

① 铅饼主要是在施行降神术（defixio）时使用的，术者把钉子或针钉在被咒诅的人的像或名字上面，以达到致对方于死命的目的。

② 这是从火葬堆上取来的。

③ 这时在日耳曼尼库斯身边，除了年幼的优利娅（参见本卷第 54 章）之外，还有卡里古拉（参见本书第 3 卷，第 1 章；苏埃托尼乌斯：《卡里古拉传》，第 10 章）。

我希望你们能牢牢地记住我最后的恳求：在我这最可怜的一生以最悲惨的死亡结束之前，请你们把我身受的痛苦以及我所受的阴谋陷害告诉我的父亲和我的弟弟吧。那些因我所激起的希望而情绪激动过的人，那些因亲属关系而情绪激动过的人，甚至那些因羡慕我而情绪激动过的人，他们在听到一个曾在这样多次的战争中厮杀过来之后仍能幸运地活下来的人却死于一个妇人的阴谋之手，是会流下眼泪的。你们必将会有机会向元老院控诉并且要求用法律来解决问题。朋友们的首要义务并不在于跟在死者的身后消极地哀悼，而是要记住他的愿望和执行他的指令。甚至不相识的人都会为日耳曼尼库斯的死亡表示悲痛。你们如果爱我，而不是爱我的地位的话，那么**你们**要给我报仇啊！把圣奥古斯都的外孙女，也就是我的妻子指给罗马人民看吧；把她的六个子女都一一指出来吧。控告者会得到人们的同情，谋杀者如果捏造出什么可耻的理由的话，没有人会相信他们，而且就是相信他们，也不会原谅他们！”他的朋友们摸着垂死的病人的右手发誓说，他们拼出性命也要给他报仇。

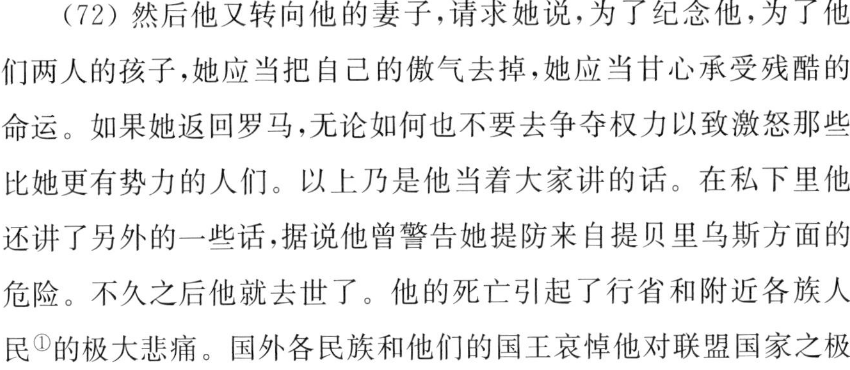

(72) 然后他又转向他的妻子，请求她说，为了纪念他，为了他们两人的孩子，她应当把自己的傲气去掉，她应当甘心承受残酷的命运。如果她返回罗马，无论如何也不要去争夺权力以致激怒那些比她更有势力的人们。以上乃是他当着大家讲的话。在私下里他还讲了另外的一些话，据说他曾警告她提防来自提贝里乌斯方面的危险。不久之后他就去世了。他的死亡引起了行省和附近各族人民[①]的极大悲痛。国外各民族和他们的国王哀悼他对联盟国家之极

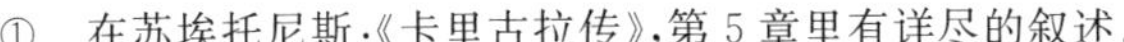

① 在苏埃托尼斯：《卡里古拉传》，第 5 章里有详尽的叙述。

有礼貌和对于敌人的宽厚仁慈：他的相貌和言谈都令人起敬，他有与他的功业相称的威严，但是并不骄傲，从而不会引起别人的忌妒。

（73）他的葬仪没有祖宗的雕像，也没有仪仗的行列，但是人们颂扬他，并且怀念他的美德。有些人想到他的风采、他的早丧和他去世时的种种情况，甚至还注意到他去世的地点离亚历山大大帝去世地点也不远。人们感到他和亚历山大大帝有相似之处：都长得十分漂亮，出身都很高贵，都活到三十岁出头一点，[①]又都是由于本国人的谋害而丧生于异域。[②] 不过这个罗马人对他的朋友是温和的，在享乐方面是有节制的，他只娶了一个妻子，而且孩子都是合法婚姻的结晶。然而他也是一个相当出色的战士，尽管他还不像亚历山大那样的大胆。当他通过多次的胜利而挫败了日耳曼人的时候，他却得不到允许把对方彻底加以制服。但是，如果他能独立自主地处理事务，如果他拥有皇帝的权力和头衔，那么他在军事上就可以容易地赶上希腊的亚历山大，就如同他可以同样容易地在仁慈、自制和所有其他优秀品质方面超过他一样。在火葬之前，日耳曼尼库斯的遗体被安放在安提奥克的广场上，这里也就是举行葬仪的地方。他是不是被人毒死的，这件事大家还有不同的意见：人们对于尸体表现出来的征象抱有不同看法，因为同情心和先入为主的怀疑使一些人站在日耳曼尼库斯的一面，而对披索的偏爱又使一些人站在披索的一面。

① 亚历山大比日耳曼尼库斯还要早死一年。

② 亚历山大被毒死的事情可参阅普鲁塔克：《亚历山大传》，第 77 章；优斯提努斯，第 12 卷，第 13 章；阿里安：《远征记》，第 7 卷，第 27 章。

（74）各个副帅和在场的其他元老[①]随后便就叙利亚的新的统治人选问题进行了商谈。其他的人的兴致不高，但是维比乌斯·玛尔苏斯[②]和格涅乌斯·森提乌斯[③]二人提出的主张却争论了很久很久仍不能确定下来。最后由于森提乌斯年纪较长，而且又要求得比对方迫切，玛尔苏斯就让步了。维提里乌斯[④]、维拉尼乌斯[⑤]和其他一些人于是开始准备对披索和普朗奇娜的控诉条款，就仿佛诉讼已经开始了似的。在他们的请求之下，森提乌斯把一个叫做玛尔提娜的女人派到罗马去，这个女人在行省这里因制造毒药而声名狼藉，但普朗奇娜对这个女人却十分赏识。

（75）悲痛和疾病虽然使阿格里披娜筋疲力尽，但她还是抱着迫不及待的复仇心情——她不能容忍任何足以拖延她的复仇行动的情况——带着日耳曼尼库斯的骨灰和她的孩子们登上了船。这位出身帝王家族的妇女，她的显赫的婚姻关系，过去总要引起敬畏而又羡慕的群众对她的注意。但现在人们却普遍对她抱着同情了。她把亡人的遗骨抱在胸前，她对于复仇的结果没有把握，对自己的前途又忧心忡忡；她的多子成了她的累赘，因为这些孩子一出生就成了命运的抵押品。

① 所有的副帅至少要有监察官的身份，因而他们都是元老。

② 公元 17 年的补缺执政官，27—30 年（?）是阿非利加的总督；克劳狄乌斯时期是叙利亚的长官。参见《编年史》，第 2 卷，第 79 章；第 4 卷，第 56 章；第 6 卷，第 47—48 章；第 11 卷，第 10 章。

③ 公元 4 年的补缺执政官。一个铭文证明他的任命被提贝里乌斯承认为有效。

④ 即普布里乌斯·维提里乌斯。

⑤ 即克温图斯·维拉尼乌斯。

披索在得到日耳曼尼库斯的去世的消息时，他正在科斯岛[①]上。他听到这个消息欢喜得都要发疯了。他奉献了牺牲，参拜了神殿，但是他的狂喜在普朗奇娜的胆大妄为面前却显得黯然失色了。原来正在给自己的一位姊妹戴孝的普朗奇娜在这时竟第一个脱了孝服，换上了节日的服装。

（76）百人团长们[②]于是纷纷到他这里来献策。他们说军团士兵都十分拥护他；因此他必须回到被非法从他手中夺走并且现在没有领导者的行省去。在商量他这时应当如何行动的时候，他的儿子玛尔库斯·披索认为他应当立刻赶到罗马去，因为“他根本并没有犯下什么不可挽回的罪过，而且没有根据的怀疑或没有实际内容的谣传又不是什么可怕的事情。他和日耳曼尼库斯之间的摩擦也许会使他的声望受到一些损失，然而不会受到惩罚。放弃他的行省，这已经使他的私人仇敌满足了。回到叙利亚去，如果遭到森提乌斯的抗拒，这将会引起内战。百人团长和普通士兵也不会坚定不移地站在他的一面，因为这些人对于他们的统帅记忆犹新，而且对恺撒的深深爱戴，在他们身上比其他任何情绪都占着更加重要的地位。”

（77）但是披索的最亲密的友人之一多米提乌斯·凯列尔却提出了不同的看法。他认为，“披索最好利用这样的一个机会。被任命为叙利亚的长官的是披索，而不是森提乌斯。长官的标记(fascis)、行政长官的职权以及军团都是交给他的。如果有人用武

① 在卡里亚海面上，属亚细亚行省。

② 他们是叙利亚军团的百人团长，可能受过披索的恩惠。

力抗拒他，那么像他这样一个接受了副帅的权力以及私人指示的人物岂不是比任何人都更能名正言顺地首先发动战争吗？而且，经过一段时间之后，谣言就会消停下去；无辜者敌不过人们最初对他的不友好态度，这是常有的事。但是，如果他保持军队并加强实力，那么在目前不能预见到的许多事情上是会发生有利的转机的。”他又说，如果披索急急忙忙地赶到罗马去，弄得和日耳曼尼库斯的骨灰同时到达，那么谣传一传播出去，他就会被一个哭哭啼啼的妻子和愚昧的人群弄得身败名裂，而且你无法为自己进行辩护，即使为自己辩护也是没有人肯听的。奥古斯塔和你站在一起，恺撒也喜欢你，但这只是私下里的情况。越是在表面上为日耳曼尼库斯的命运而悲痛的人，其实越是对这件事感到高兴。

(78) 要使有匹夫之勇的披索接受这样的意见，并不十分困难。他在写给提贝里乌斯的一封信里，控诉日耳曼尼库斯的奢侈和横傲；他说他本人遭到驱逐，以致那里发生了叛乱，但是现在他已经重新取得兵权，他和从前领导军队时一样，对皇帝忠诚不二。在这同时，他要多米提乌斯乘上战船，命令他从海上穿过诸岛一直到叙利亚去，不要靠着海岸行进。当那些逃亡者都集中到他这里来的时候，他就把他们组成了小队，又把武器分配给随军的非战斗人员。随后他便率领着海军渡海到大陆上去，截留了开到叙利亚去的一支新兵，并且写信给奇里奇亚的小国王们①，要他们把辅助军队派出来支援他。小披索虽然不主张作战，但是却也积极地参

① 在庇洛帕托尔死后(参见本卷第 42 章)，这样的小王国还有两个：庞培欧波里斯以北的欧尔巴(Olba)和奇里奇亚西部的特拉凯亚(当时由卡帕多奇亚的阿尔凯拉乌斯统治)。

加了作战的准备工作。

(79) 他们沿着吕奇亚和潘披里亚的海岸航行时，遇见了送阿格里披娜到意大利去的船队。双方敌视竟到了这样程度：一见面便准备动手。但是由于双方都还有所顾忌，所以事情只发展到相互责骂。在责骂的时候，维比乌斯·玛尔苏斯要披索回到罗马去准备应付控诉。披索则讽刺地回答说，在审理放毒案的行政长官把日期通知原告和被告时，他会到那里去的。[①]

在这期间，多米提乌斯在叙利亚的一个叫做拉欧狄凯亚的城市[②]登陆了。他到第六军团的冬营那里去，因为他认为这个军团最适于执行他的兵变计划。但是他的这个计划因被军团的一个将领帕库维乌斯在事先识破而失败了。于是森提乌斯便写信把这一事件通知披索，警告他不要妄想通过他的代理人在军队身上打主意，或者企图在行省挑起战争。随后，他便把他所知道的怀念日耳曼尼库斯的那些人，或至少是反对他的敌人的那些人集合起来，要他们记起皇帝的至大至尊，而披索的行为正是对国家的一次武装侵犯，接着他便亲自领导了这支做好战斗准备的强大军队。

(80) 披索的事情看来也发展得不妙，但是在这种情况下，他采取了一种最稳妥的办法，就是夺取奇里奇亚的名叫凯伦德利斯[③]的

① 玛尔苏斯所提出的传讯并没有法律的效力，而只有在法庭庭长正式受理这一诉讼，并定出了双方出庭的日期(受理后第十天)时，传讯才有效力。但是，披索答复的横傲从下面一点可以看出来：他暗中假定，这次诉讼没有什么足以改变一般法律程序的特别之处。

② 今天的拉塔基亚，这地方几乎正对着塞浦路斯岛的东北端；另一个同名的叙利亚城市在黎巴嫩附近。

③ 今天的基林德里亚(Kilindria，土耳其语 Tchilindere)。

一座极为坚固的要塞。奇里奇亚的小国王们送来了辅助部队。他又使逃兵、不久之前截获的新兵、他本人和普朗奇娜的奴隶参加这些辅助军队，这样就人数而论便凑成了一个军团。他要他们来作证，他这个受恺撒委派来的统治者现在却被排除在恺撒交给他的行省之外，不过他不是被军团(因为他是应军团之请而来的！)，而是被一个叫做森提乌斯的人排除在行省之外的，这个人正在用一套诽谤掩盖着私人的仇恨。他们应当坚守自己的战线：对方士兵在看到他们一度称为“父亲”的披索时，是绝不会对他作战的。他说，如果公理得以伸张的话，不用说他是会占上风的；如果对方悍然动武的话，那么他也绝不是一点力量都没有的。说了这话之后，他就在城市工事前面一座陡峭的高山上部署了自己的小队，其他方面因为临海所以是安全的。和他相对的是按百人团列队的老兵和他们的后备部队。那一面是坚强不屈的队伍，这一面地势虽比对方好，但是士兵却没有勇气，没有希望，甚至可以说没有武器，有的只是农民用土法制造的长枪和临时应急的一些兵器。战斗开始时，只有在罗马的步兵中队爬到平地上来以前的一段时候，双方算是处于对峙状态；接着奇里奇亚人就逃进要塞，关起要塞的门不再出来了。

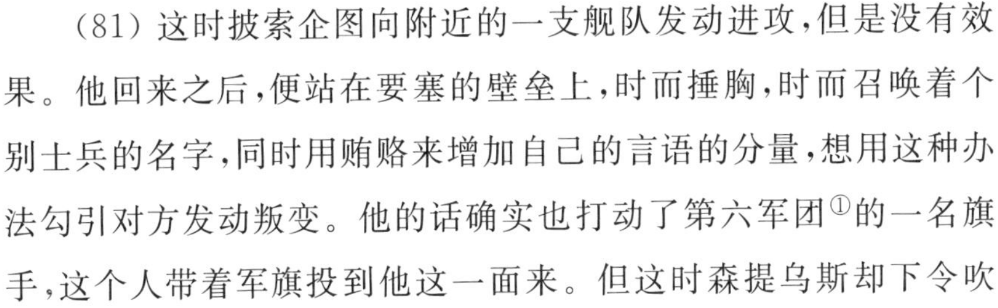

(81) 这时披索企图向附近的一支舰队发动进攻，但是没有效果。他回来之后，便站在要塞的壁垒上，时而捶胸，时而召唤着个别士兵的名字，同时用贿赂来增加自己的言语的分量，想用这种办法勾引对方发动叛变。他的话确实也打动了第六军团①的一名旗手，这个人带着军旗投到他这一面来。但这时森提乌斯却下令吹

① 就是受披索影响最大的那个军团(参见本卷第79章)。

起号角和喇叭，于是人们就在城下准备堆起土山的材料，把梯子也架了起来；最坚决的士兵一直爬上梯子，其他的士兵则用战争器械把投枪、石块和引火物投射到城上去。披索最后终于支持不住，于是他请求对方允许他把武器交出去，但是他自己留在要塞内部，以便等候恺撒如何确定治理叙利亚的人选。这些条件并未为对方所接受，而对方所作的唯一的让步就是答应给他一些船只，把他安全地送回罗马。

(82) 但是罗马这里，当日耳曼尼库斯得病的消息传开以后，而且正像从远道传来的消息所常有的情况那样，每种情况都被夸大到很严重的程度，人们莫不感到悲痛和愤慨。于是人们就都抱怨说，“他被派到边远的地方去，原来是为了这件事啊；把一个行省交给披索，原来是为了这件事啊；奥古斯塔和普朗奇娜在一起暗中捣鬼，原来也是为了这件事呀！老一辈的人谈到杜路苏斯时说得不错，当政的父亲[①]是不喜欢具有民主作风的儿子的。日耳曼尼库斯和杜路苏斯之所以被斥，唯一的原因就是他们两个人都想把旧日的自由还给罗马，想使罗马人民享有同等的权利。”[②]日耳曼尼库斯去世的消息使人们的这类的论调更加激烈了，以致人们还没有等到高级长官发布任何命令，没有等到元老院的决定公布出来，公民的生活便停顿了，法庭里面没有人了，家家户户也都关上了大门。全城一片叹息，一片沉默，但是谁也没有特别流露出悲

① 杜路苏斯是奥古斯都的继子，日耳曼尼库斯是提贝里乌斯的继子。

② 关于杜路苏斯有恢复共和的意图的说法，参见本书第 1 卷，第 33 章和苏埃托尼乌斯：《克劳狄乌斯传》，第 1 章。他是由于骑马发生事故而死在日耳曼的。关于他因奥古斯都的命令而被毒死的说法，在苏埃托尼乌斯的著作中提到过，并加以驳斥。

痛；人们虽然戴上服丧的一般标志，但他们的内心却怀着更深的哀悼之情。在日耳曼尼库斯生前便离开叙利亚的一批商人，偶然又带来了一个说他病有起色的比较令人高兴的消息。人们立刻相信并立刻传播了这个消息。人们相遇，总要谈起他那没有得到证实的消息，于是越传越广，而且每次传述都因心里高兴而加上一些新东西。人们在街上跑来跑去，强行冲开了神殿的大门。[①] 轻信，活跃起来了——这时已是夜间，人们在黑暗中能作出最大胆的肯定。提贝里乌斯并没有制止这些谣传，他让这些谣传随着时间的流逝而自然消失。人民群众得悉真实情况之后，觉得日耳曼尼库斯好像又死了一次似的，因此就更加痛苦地悼念他了。

（83）人们出于爱戴，或是由于机敏，都在找寻日耳曼尼库斯的各种哀荣，然后明令加到日耳曼尼库斯的身上。他的名字将放进撒利人的赞美诗[②]，让大家歌唱；在奉祀奥古斯都的祭司们[③]有权坐的任何地方，也都要为日耳曼尼库斯设置一把高级官吏的座椅，上面还要安放橡冠；在举行赛马时的仪仗中，他的象牙像要排在最前面；[④]继承他生前担任的祭司[⑤]或占卜师的人，必须是优利乌斯家族出身的人。在罗马，在莱茵河畔，在叙利亚的阿玛努斯山[⑥]上都修造了拱门，上面铭记着他的功勋和他殉国的事迹。在

① 参阅苏埃托尼乌斯：《卡里古拉传》，第 6 章。

② 一种原始的和难以理解的赞美诗。参见克温提里亚努斯，第 1 卷，第 6 章。

③ 参见本书第 1 卷，第 54 章。

④ 此外还有诸神的像。

⑤ 奉祀奥古斯都的祭司。

⑥ 尼佩尔第认为是今天的阿克玛·达克（Akma Dagh）。

他火葬的地点安提奥克,修造了一座坟墓;在埃披达普尼[①](他就是在这里的郊外逝世的),为他修造了一座墓碑。人们给他造的像和奉祀他的地方几乎可以说是不计其数。还有人建议为他铸造一个巨大的金质圆形浮雕像,放置在那些古代的著名演说家的胸像中间。[②] 但是提贝里乌斯这时却说他本人只想奉献一个和一般相同的、普通大小的:因为外表的豪华并不能作为口才的标准,而且把他和古代的大师并列,这对他来说已经是够光荣的了。罗马的骑士阶级把剧场中他们坐的那一部分座位,即先前所谓的"低级座位",重新起了日耳曼尼库斯的名字;他们还规定每年的7月15日[③],他的像要举在骑兵队伍的前面。许多这样的荣誉是保留下来了,然而也有一些立刻被废掉或是随着时间的推移一点一点地湮没了。

(84) 正当公众对日耳曼尼库斯的死亡还在深致哀悼的时候,日耳曼尼库斯的姊妹、杜路苏斯的妻子里维娅生了一对双胞胎男孩。这件喜事在普通人家都属罕见,皇帝欢喜极了,禁不住向元老们夸耀说,像这样一个显贵的罗马人得双生子的,先前从来没有过。因为任何事情,甚至偶然发生的事情,都被他利用来进行自我吹捧。不过,在当前的情况下,在人民看来,甚至这件事也是一件令人遗憾的事情,因为杜路苏斯家中增添人口只会使日耳曼尼库

① 达普尼(Daphne)的郊区。

② 在帕拉提乌姆的图书宫里(参见本卷第37章)。原文clipeus通常是一个青铜的圆盘,上面刻着图像。老普利尼认为这个词来自希腊语的"刻"。参见《自然史》,第35卷,第3章。

③ 每年举行travectio的日子。这个日子早已废掉,但为奥古斯都所恢复(参见苏埃托尼乌斯:《奥古斯都传》,第38章)。

斯一家遭到更多的不幸。

(85)同年，元老院发布严厉的法令，限制女人们的淫乱行为。法令规定，凡其父亲、祖父或丈夫曾是罗马骑士的妇女，一律禁止卖淫。原来有一个行政长官家庭出身的妇女维司提里娅曾到营造官那里去公开登记卖淫，这是我们的祖先的正规手续，因为我们的祖先认为，一个淫乱的女人公然申请干这样的丑事，这已经是一种相当严厉的惩罚了。她的丈夫提提狄乌斯·拉贝欧[1]也受到质询，为什么他的妻子公然犯罪他却不依法控诉她。他的理由是，给他的六十天的考虑期限还未过期，[2]于是元老院认为这便足以对维司提里娅宣布处分，而她便被流放到塞里波司岛[3]去了。讨论的另一件事情是关于禁止埃及的和犹太的仪节。[4] 元老院还规定把四千名沾染上这种宗教信仰的被释奴隶的成年后人用船送到撒丁去，执行清剿盗匪的任务。"如果他们死于当地的不利于健康的气候，那么这一损失是很小的。"其他信奉异教的人们，如果到规定的日期不声明放弃他们那不敬的仪节，他们就不能再留在意大利。

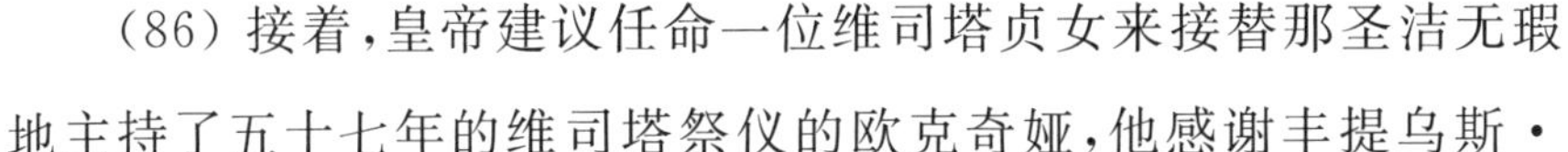

(86)接着，皇帝建议任命一位维司塔贞女来接替那圣洁无瑕地主持了五十七年的维司塔祭仪的欧克奇娅，他感谢丰提乌斯·

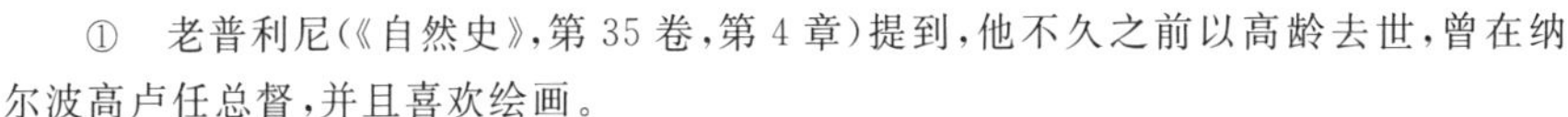

① 老普利尼(《自然史》，第 35 卷，第 4 章)提到，他不久之前以高龄去世，曾在纳尔波高卢任总督，并且喜欢绘画。

② 根据 Lex Julia de Adulteriis，妻子犯罪后，丈夫可以在六十天中间准备起诉事宜。

③ 这是一个有名的小荒岛，现在的塞尔波岛(Serpho)，在基克拉季斯群岛中基特诺斯岛和西普诺斯岛之间。

④ 关于促使提贝里乌斯采取这一措施的原因，参见约瑟普斯:《犹太古代史》，第 18 卷，第 3—5 章。

阿格里帕和多米提乌斯·波里欧两人，因为他们为了公家的事务争着要把自己的女儿献出来。结果选定了波里欧的女儿，[1]选定的理由不外是她的母亲还和自己原配的丈夫住在一起，而阿格里帕的离婚却使他家的声名受到了玷污。为了安慰失败的候选者，恺撒赠她一百万谢司特尔提乌斯，作为妆奁钱。

（87）由于民众都反对粮价太高，于是他便为买粮食的人规定了一个应付的价格，他本人答应粮商每一莫狄乌斯的粮食由他贴补两谢司特尔提乌斯。但他拒绝接受先前确曾建议过的要授给他"国父"的尊号。[2] 有一些人把他的事业说成是神圣的，又称他本人为主人：[3]他对这些人进行了严厉的斥责。这位皇帝害怕自由，却又讨厌谄媚的言语，人们的言路就十分狭窄而又容易摔跤了。

（88）从担任过元老的同时代作家的作品中，我发现，在元老院里曾宣读过从卡提伊人的酋长阿德刚德司特利乌斯那里来的一封信。信里保证说，如果给他送去毒药，他可以把阿尔米尼乌斯害死。但是给他的回答却是，"罗马人民对他们的敌人进行报复时从来不使用阴谋诡计，而是进行公开的作战。"这句崇高的言语的意图是想使提贝里乌斯置身于那些古代统帅的行列，因为他们曾阻止并且揭发了毒死国王庇鲁斯的建议。阿尔米尼乌斯本人看到罗马人逐步撤走，而且玛洛波都斯也被放逐，因而又开始有了做国王

---

① 维司塔贞女于六岁至十岁间选出，但是必须到三十岁才正式发愿。

② 参见本书第 1 卷，第 72 章。

③ 据他本人的说法（参见狄奥·卡西乌斯，第 57 卷，第 8 章），他是他的奴隶的主人（dominus），是他的士兵的统帅（imperator），对其他人说，他是元首（princeps），关于他做的事情，他愿意被说成是"辛苦的"，而不愿被说成是神圣的（参见苏埃托尼乌斯：《提贝里乌斯传》，第 27 章）。

的野心，但是他发现他的国人在反对他，因为他们想过独立自主的生活。人民用武力反抗他，战事的结果变化多端，但最后阿尔米尼乌斯还是死在他的亲戚的阴谋之手。他毫无疑问是日耳曼的解放者，他和他先前的那些首领和国王不同，他不是对童年时期的罗马，而是对一个权力正如日中天的罗马作战，他对罗马进行的战斗有胜有负，但整个战争没有失败过。他一共活了三十七年，在位十二年，[①]直到今天他本族的歌谣还在传颂他的事迹。但是那些只赞颂希腊历史事件的希腊历史家们把他忽略了。而我们那些只醉心颂扬古昔而漠视我们当前时代的罗马人，也没有对他加以足够的重视。

① 他当权的年代应当从他击败伐鲁斯的时候算起，这样他的卒年应当是公元 21 年。

第 三 卷

罗马建城773年，即公元20年

(1) 阿格里披娜日夜兼程地在冬天的海上赶路，[①]到了和卡拉布里亚的海岸相对峙的科尔启拉岛[②]。由于内心极感悲哀，又不善于忍受自己的痛苦，阿格里披娜在那里停留几天，以便使自己的心情平静下来。这时，人们听说她的到来，立刻都拥到布伦地西乌姆来，因为这里是航行者最近的、最安全的登陆地点。所有亲近的朋友都来了，又有许多曾在日耳曼尼库斯的领导下服过军役的人，甚至还有从附近各个市镇来的陌生人；有些人认为他们这样做是为了向皇帝致敬，而大多数的人则是学习他们的榜样。当阿格里披娜的船队出现在海上的时候，不仅海港和离海最近的各个地点，就是城墙、屋顶和所有能据以瞭望的地方都挤满了致哀的人，他们相互询问，在阿格里披娜登岸时，他们是沉默好呢，还是用声音来表示悲痛情绪好。他们还不清楚，在这种情况下怎样做才算得体，但这时船队已经逐渐靠近了海岸，不过没有常见的那种紧张热烈的摇桨场面，而是所有的人都一致表示出悲伤情绪。她两眼看着

---

① 阿格里披娜启程是前一年的事情(参见本书第 2 卷，第 75、79 章)，因此这里已经到了公元 20 年，只是没有预先说明执政官是谁罢了。按公元 20 年即罗马建城 773 年的执政官是玛尔库斯·瓦列里乌斯和盖乌斯·奥列里乌斯(见后第 2 章)。

② 现在的科孚(Corfu)岛。

地面，捧着骨灰瓶，带着两个孩子走下船，这时人们齐声发出了悲痛的呼号。人们分不清谁是亲属，谁是生人，男男女女哭声混成一片。如果说有不同，那只是和阿格里披娜同行的人们由于长期悲痛已筋疲力尽，因此他们的悲痛情绪就不像前来迎接的那些人表现得显著了。

（2）皇帝派来了近卫军的两个步兵中队。他还下命令，要卡拉布里亚、阿普里亚和康帕尼亚的高级官吏们为他的继子举行追悼仪式。因此日耳曼尼库斯的骨灰便由军团将领和百人团长们抬在肩头上，在他们前面则是不加装饰的军旗和倒持的斧头；每当他们经过一个移民地的时候，穿着黑色衣服的平民和紫条的外袍[①]的骑士便按照当地的经济情况焚烧衣服、香料和其他通常用来送葬的供物。甚至远地各个市镇的居民也来迎接送葬的行列，奉献牺牲，为死者修造祭坛，并且用号泣证明自己的悲痛心情。

杜路苏斯偕同日耳曼尼库斯的亲兄弟克劳狄乌斯和他的留在罗马的孩子们来到了特拉契约[②]。已经就任的执政官玛尔库斯·瓦列里乌斯[③]和玛尔库斯·奥列里乌斯[④]，元老们和很大一部分人民都拥集在路旁，尽情地哭泣着。这种表现根本没有讨好皇帝的意思，因为大家全都知道，提贝里乌斯在接到日耳曼尼库斯的死讯

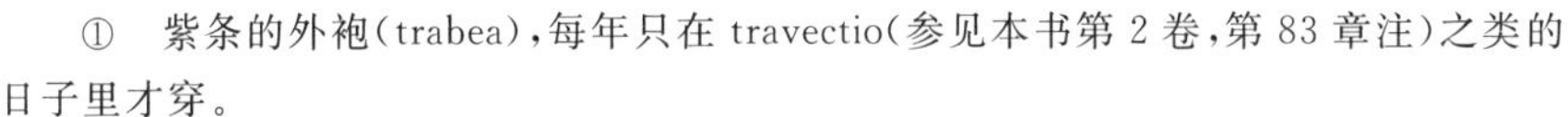

① 紫条的外袍(trabea)，每年只在 travectio(参见本书第 2 卷，第 83 章注)之类的日子里才穿。

② 以前的安克苏尔(Anxur)，现名特拉契纳(Terracina)；这是拉提乌姆的一座古老的滨海城镇，在阿披亚大道上，距罗马本城六十英里。

③ 本书第 1 卷，第 8 章中所提到的瓦列里乌斯·美撒拉的儿子。

④ 即第 2 卷，第 32 章中所提到的科塔·美撒里努斯；奥维狄乌斯的朋友。他是瓦列里乌斯·美撒拉的兄弟，因而也就是他的同僚执政官的从父了。

时，好不容易才掩盖了自己的喜悦心情。

(3) 他和奥古斯塔没有在公开的场合出现。这或者是因为他们认为当着人们的面表示哀悼有失他们的尊严，或者是害怕大家在注视他们的面容时，会看到一种伪善的表情。无论在历史学家的著作，还是在政府的官报①中，我都未能发现日耳曼尼库斯的母亲安托尼娅②曾在这些仪式中起过任何显著的作用，虽然，在阿格里披娜和杜路苏斯和克劳狄乌斯之外，还提到了他的别的血亲的名字。她也许由于身体不好而未参加仪式；也许是因为一个悲伤过度的人不忍看到会使他陷入极大痛苦的事物；但是我觉得比较可信的理由是，没有离开皇宫的提贝里乌斯和奥古斯塔把她留在那里，以便给人以这样的印象：祖母和叔父的做法不过是老老实实地模仿了母亲的榜样而已，他们的行动说明他们同死者的母亲是一样悲痛的。

(4) 骨灰送到奥古斯都灵庙③去的那一天，到处是凄凉的沉默，这种沉默不时为一阵阵的悲泣声所打断。城里的街道上挤满了人，玛尔斯广场上点着火炬。武装的士兵④、不佩戴勋章的官吏、按照特里布斯组成的公民都在那里不断地大声叫道："共和国

① 从公元前59年恺撒担任执政官时开始公布的一种官方公报。

② 安托尼乌斯和奥古斯都的姊妹屋大维娅二人所生的两个女儿中间的幼女，她大约生在公元前36年，嫁给提贝里乌斯的兄弟杜路苏斯，她一直活到卡里古拉当政的时候。

③ 参见第1卷，第8章和该章中的注释。

④ 在平时首都的卫兵穿普通的外袍(toga)，而不是军用的短服(sagum)，他们带着刀和枪，却没有盾、盔和胸甲(参见本书第12卷，第36章；第16卷，第27章；《历史》，第1卷，第38、80章)。

垮了，一点希望也没有了”。他们当着众人，毫无顾忌地说这样的话，看来并不把统治者放在眼里。不过最使提贝里乌斯震动的却是人们对阿格里披娜所表现的狂热。人们称她为“祖国的光荣，奥古斯都的仅存的后裔、古老的德行的独一无二的典范”。人们向上天和诸神祷告，希望她的后人能活得比他们的敌人长久。

（5）有一些人觉得这次国葬的气派不够大，他们拿奥古斯都为日耳曼尼库斯的父亲杜路苏斯所作的苦心安排和这次葬仪相比。在严冬的日子里，皇帝亲自到提奇努姆[①]去，陪着遗骨一直伴送到罗马。棺架的四周摆满着克劳狄乌斯家族和里维乌斯[②]家族的胸像；在广场[③]为死者开了追悼会，人们在讲坛上对他作了各种各样的赞颂；我们的祖先所发现或是他们的后人所能想到的一切荣誉都被加到他的身上。但是日耳曼尼库斯连任何一个普通贵族所应得的荣誉都没有得到！他死在远地，因而不管怎样也得在外地把遗体火化，就算这个理由成立吧，但是无论如何也应当在事后追授哀荣，因为偶然的情况使得当初不能授予他这些哀荣。他的兄弟[④]为了迎他的遗骨，只走了不过是一天的道路。他的叔父甚至连门都没有出。在灵床的头部放置的胸像，歌颂死者的德行的

① 今天的帕维亚(Pavia)；杜路苏斯在公元前 9 年死于日耳曼，提贝里乌斯到二百英里外去奔丧（参见狄奥·卡西乌斯：第 55 卷，第 2 章；普利尼：《自然史》，第 7 卷，第 20 章）。

② “他（提贝里乌斯）也是里维乌斯家族的一员，因为他的外祖父被过继到这个家族里来”（苏埃托尼乌斯：《提贝里乌斯传》，第 3 章）。

③ 提贝里乌斯本人在广场发表演说；奥古斯都在佛拉米尼乌斯跑马场发表演说（参见狄奥·卡西乌斯：第 55 卷，第 2 章）。

④ 这里当指日耳曼尼库斯的过继的兄弟杜路苏斯。作者这里用拉丁文 patruum 一词，而未用 patrem，这样就把他说成了亲兄弟。

那些规定的诗篇、颂词，眼中的泪水，假心假意的(如果不说还有什么别的意思的话)悲伤：这些古老的习惯现在都到什么地方去了呢？

(6) 这些话，提贝里乌斯全都知道。为了把人们的这种纷纭的议论压制下去，他向他们发表了这样的一个声明，“许多显赫的罗马人为国捐躯，但是从来没有一个人受到像日耳曼尼库斯今天这样深切的哀悼。这种尊敬的表示是他本人和所有的人都感到十分欣慰的，但是这件事情要做得适当。因为一种做法如果对于普通家庭或一般人士是合适的，对于国家的领袖或是皇室的成员却不合适。人们在刚刚遇到极大痛苦的时候，痛哭流涕以表示哀悼是合乎常情的安慰。但是现在到了必须克制自己的时候了。他们不应当忘记，当圣优利乌斯在失去他唯一的女儿[①]时，以及圣奥古斯都在失去他的外孙[②]时，是怎样抑制自己的悲痛的。更不用说罗马人民在历史上，在军队被歼、将领阵亡和名门世家灭门绝族时表现得何等英勇不屈。首脑们是要死的，国家却永世长存。因此大家还是回到本业，甚至还可以恢复娱乐活动，因为美伽利修斯节[③]即将到临。”

(7) 哀悼的日子过去了，人们又各自回去做自己的事情了。杜路苏斯动身回伊里利库姆的军队。人们都很希望看到披索能够

① 恺撒和科尔涅里娅的女儿，生于公元前83—前82年。公元前59年嫁给庞培，五年后去世。关于她去世的情况参见普鲁塔克：《庞培传》，第53章。

② 盖乌斯与路奇乌斯·恺撒(参见第1卷，第3章)。

③ 每年4月4—10日举行的节日，以演剧为主。节日是为了纪念诸神之母，伟大的母神库倍列(Cybele)的。

得到应有的制裁。人们常常抱怨说，披索在这段时期里却在亚细亚和阿凯亚到处游山玩水，趁他那厚颜无耻和掩人耳目的漫游的机会把罪证消灭掉。因为外面已经有消息说，那臭名昭著的放毒犯玛尔提娜——我在前面说过，[①]她是被格涅乌斯·森提乌斯送到罗马来的——突然在布伦地西乌姆丧命了。在她的一个发结里找到了隐藏着的毒药，但是在她的尸体上看不出自杀的痕迹。[②]

（8）这时，披索先派他的儿子[③]到罗马来，代他向皇帝进行恳求，然后再去会见杜路苏斯，他希望杜路苏斯不会由于兄弟的死亡而憎恨他，反而会由于除掉一个敌手而对他表示好感。提贝里乌斯为了表示公正不倚，很有礼貌地接见了这个年轻的使者，并且赐给他不少的东西，他对于名门的子弟一般都是这样做的。但是杜路苏斯对于披索的回答却是，“如果外面传说的对披索的指责确有其事，那么他将会感到比任何人都要强烈的愤怒；不过他希望那些说法只是毫无根据的谣传，并且希望日耳曼尼库斯的去世不会使任何人遭殃。”这话是他当着众人的面讲的，他避免一切私下会晤。[④] 大家都认为，杜路苏斯讲这番话是他父亲的授意，因为像他这样年纪的一个单纯而又温和的青年人是不会讲出这种只有老头子才讲得出的世故很深的话的。[⑤]

① 参见第 2 卷，第 74 章。

② 有人说，她无疑是在披索的逼迫之下服毒自杀的。如果她的毒药在发作后在身体上能不留痕迹，那么人们争辩日耳曼尼库斯是否毒死的问题显然就没有很大意义了（参见本书第 2 卷，第 73 章）。

③ 即玛尔库斯。

④ 从下面的话可以看出，杜路苏斯避免在私下里会见的做法，是提贝里乌斯授意的。

⑤ 我们没有忘记，日耳曼尼库斯和杜路苏斯兄弟二人的感情一直很好。

(9) 在渡过了达尔马提亚的海面[①]之后，披索就在安科纳登陆，穿过皮凯努姆，然后沿着佛拉米尼乌斯大道，[②]赶上了从潘诺尼亚到罗马去的一个军团。这个军团是准备以后到非洲去参加那里的防务的。[③] 他在行军和在路旁休息的士兵中一直显示自己，因此人们对他的样子谈论很多。或是为了逃避嫌疑，或是由于心怀鬼胎的人容易改变主意，他在纳尔尼亚坐上了船，沿纳尔河，继而是台伯河下行，不过使大家更加感到激愤的却是，他在恺撒们的灵庙所在地的附近登岸。当时正是一天当中最忙碌的时候，又是河岸上人多之处。可是带着一大群侍从的披索和有许多妇女簇拥着的普朗奇娜却洋洋得意地走着。还有其他令人看了生气的事情。比如说，他那俯临着广场的住宅被披上了节日的盛装，在那里并且举行了招待客人的宴会。在那样热闹的地方，任何事情是逃不过大家的眼睛的。

(10) 第二天，富尔奇尼乌斯·特里奥[④]就向执政官请求追究披索。[⑤] 不过，维提里乌斯、维拉尼乌斯和曾在日耳曼尼库斯麾下

① 即亚得里亚海。

② 从罗马到阿里米努姆(今天的里米尼)的大道。披索穿过皮凯努姆北部西行，走上了翁布里亚境内的佛拉米尼乌斯大道(Via Flaminia)，顺着这条道同军团一直走到纳尔尼亚(古时的涅奇努姆〔Nequinum〕，今天的纳尔尼〔Narni〕)。为了避免给人以贿买士兵的印象，他又顺纳尔河乘船下行，直到它同台伯河汇合处，再从水路到达罗马。

③ 为了戒备塔克法里那斯。在本书第4卷，第23章可以看到，这个军团(第九军团)过早地被提贝里乌斯撤走了。

④ 参见本书第2卷，第28章。

⑤ 即向元老院提出控诉；人们可以向行政长官和陪审法官们，可以向执政官和元老院，也可以向皇帝的私人法庭(皇帝身旁有一批非正式的顾问官协助他)提出诉讼。实际上，这要由提贝里乌斯来决定，而提贝里乌斯自然会做出决定，把这一案件交给元老院处理。

任职的其他人等反对富尔奇尼乌斯·特里奥的这种做法。他们说,特里奥和这一案件根本没有关系,他们自己也不打算担任控诉人,他们只是执行日耳曼尼库斯的遗志,做个证人,谈他们目睹的事实。特里奥并不坚持在这件事情上控诉披索,但是他却取得了对披索先前的行径加以弹劾的权利。于是,提贝里乌斯被请求来主持这次审讯。甚至被告对这种做法都不反对,因为他自己认为人民和元老院对他是抱有成见的。同时他还知道,提贝里乌斯有魄力排除流言蜚语,而且皇帝自己对于他母亲之参加阴谋也不是没有关系的。此外他还认为,由一个人断案就更容易把真相和外面相信的诽谤区分开来。如果断案的人多了,憎恶和敌视情绪也就多了。对于审讯时会发生的困难,以及对于外面关于他本人的各种流言蜚语,提贝里乌斯心里是完全清楚的。因此他就偕同几名和他有深交的陪审官先听取了原告的威胁和被告的请求,随后便把这案件全部交给元老院处理了。

(11) 就在这时,杜路苏斯从伊里利库姆回来了。由于他平定了玛洛波都斯以及他在前一年的夏天所成就的功勋,[①]元老院决定为他举行小凯旋式;但是他却推迟了这一小凯旋式而自己偷偷地进入了罗马。

再说被告披索这边,他请求路奇乌斯·阿尔伦提乌斯、普布里乌斯·维尼奇乌斯、阿西尼乌斯·伽路斯、玛尔凯路斯·埃塞尔尼努斯和塞克斯图斯·彭佩乌斯五个人做他的辩护人。但是这五个

---

① 这里所说的“功勋”当是公元 18 年的事情。因而这里或是作者有笔误或者原文 priore aestate(前一年的夏天)是错误地加进来的。

人却用各种不同的借口回绝了他，不过玛尼乌斯·列庇都斯、路奇乌斯·披索和李维涅乌斯·列古路斯却愿意为他效劳。举国上下一致密切地注意着日耳曼尼库斯的朋友对他是否忠诚，注意着披索如何为自己进行申辩，注意着提贝里乌斯是不是还能把自己心里的想法包得严严的。人民群众对国家的事情在任何时候都没有这样关心过。人们对于皇帝本人从来也没有像今天这样窃窃私语地议论过和暗地里怀疑过。

(12) 元老院集会那天，皇帝的话是讲得极有分寸的。他说，"披索过去是我的父亲的副帅[①]和朋友，而我本人又是由于元老院的建议，任命披索为日耳曼尼库斯的副帅以处理东方的事务的。担任这一职务的披索是由于固执己见和喜好争论而触怒了年轻的恺撒，从而在恺撒去世时表现出了高兴的样子，还是他真正使用阴谋诡计害死了恺撒的性命，这个问题大家可以本着公正无私的精神去加以研究。如果实际的情况是一个属员在自己的职位上僭越行事，藐视上级并且在日耳曼尼库斯去世而我感到悲痛的时候，他却表现出欢喜雀跃，那我就要同他绝交，不许他再到我家里来，这就是我对他应当采取的态度。但是我不能因为个人的不满而使用皇帝的权力向他报复。如果日耳曼尼库斯确实是他害死的，则不管被害者是怎样卑贱的身份也是应当报复的，那么就请**你们**酌情处理，应当如何恰当地为日耳曼尼库斯的孩子们以及为我们，也就是他的双亲报仇吧。不过同时你们还应当考虑到下述诸点：披索是否曾煽动军队发动骚乱或是哗变？他是否曾贿买军团的士兵支持他？为了自己重

① 作为近西班牙的长官(legatus pro prætore Augusti)，参见本卷第13章。

新取得行省的统治权,他是否曾挑起了战争?还是这些说法是控诉者散布的谎言,而且是被夸大了的谎言。对于他们的这种过分莽撞的做法,我本人是有理由感到生气的。把尸体剥得精光精光的,任凭那些贱民们观览,而且在争论还没有最后确定而还需要调查的时候便放出风声,使得甚至异邦人也都知道,说他是被毒死的,这样的做法到底是什么打算呢?我确实是为儿子的死亡感到悲痛,并且永远会这样。可是我绝不想阻止被告提出任何一个证据,足以证明他的无辜和日耳曼尼库斯的不公正,如果有这种不公正的情况的话。我请求你们不要因为这一件事引起了我本人的悲痛,就径直地把别人说他犯罪就认成是犯罪的证据。如果有人因为同披索有亲属关系或是为了保持对他的忠诚而出来为他辩护,在他的危险时刻施展自己的全部口才并用出全部精诚来帮助他,那么对于原告一面的人,我希望他们也能表现得同样地努力和坚定。关于日耳曼尼库斯的死亡的案件,我们只给他一个不按一般法律手续的特典,这就是:他的死亡案件只在元老院内部审理,而不是交给法官们在广场上审理。[1] 诉讼的其他方面也应当有同样的限制。让大家不要受到杜路苏斯的眼泪和我自己的痛苦的影响吧,让大家不要受到人们对我们的恶意诽谤的影响吧。"

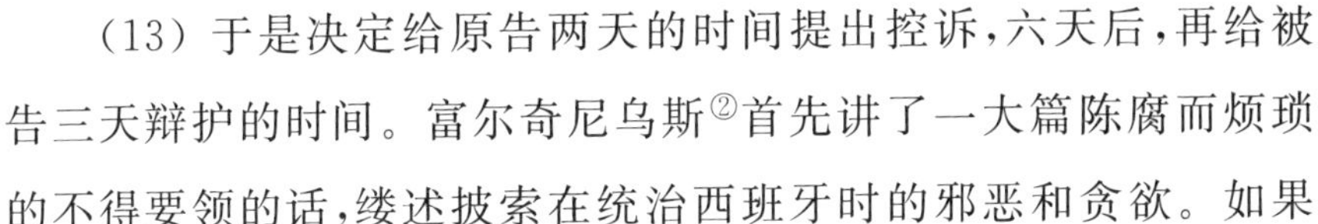

(13)于是决定给原告两天的时间提出控诉,六天后,再给被告三天辩护的时间。富尔奇尼乌斯[2]首先讲了一大篇陈腐而烦琐的不得要领的话,缕述披索在统治西班牙时的邪恶和贪欲。如果

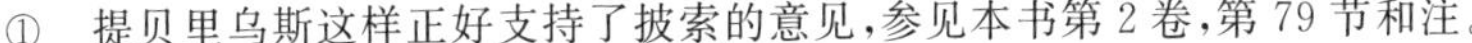

① 提贝里乌斯这样正好支持了披索的意见,参见本书第 2 卷,第 79 节和注。

② 即路奇乌斯·富尔奇尼乌斯·特里奥。

被告胜诉，这些关于邪恶和贪欲的说法即使成立，对于被告也不会造成任何损害；这些说法如果被驳倒，但是他若犯了更严重的罪行，那么这仍然不能给他开脱罪名。随后发言的是塞尔瓦埃乌斯·维拉尼乌斯和维提里乌斯，他们的情绪也是十分激昂的，但是论口才却以维提里乌斯为最好。[①] 他们控诉说，"披索由于憎恨日耳曼尼库斯和力图制造混乱，而放松纪律和任凭士兵凌辱行省居民，结果他使普通士兵堕落到这样的程度：士兵中的最坏的分子竟称他为军团之父。另一方面，对于好人，特别是日耳曼尼库斯的同僚和朋友，他却残忍得很；而最后更借助于毒药和巫术害死了日耳曼尼库斯本人。这之后他本人和普朗奇娜就举行了亵渎神明的仪式和祭献，[②]随后他们又对共和国发动了叛乱，不过为了使他受到应得的追究，他在战场上被打败了。"[③]

（14）在辩护的理由中，除去一点之外都是站不住的。无可否认的事实是：他曾经贿买过士兵，他曾使行省任意受到军中败类的蹂躏，他甚至曾经侮辱过统帅。他可以驳回的唯一的一条就是放毒的问题。控诉者说在日耳曼尼库斯举行的一次宴会上，坐在他的上手的披索把毒药放到他吃的东西里，这种说法难以令人信服。他竟敢在别人的奴隶之中，在众目睽睽之下，并且当着受害者本人的面，干这样的事情，作这样的假设真是愚蠢得很。为了证实自己的说法，披索要求对他自己的奴隶进行拷问，同时还要求拷问当时侍宴的那些奴隶。不过，由于各种不同的原因，法官们并没有受到双方的说

① 老普利尼（参见《自然史》，第 11 卷，第 187 章）记述了这篇发言。

② 在科斯（参见本书第 2 卷，第 75 章）。

③ 在凯伦德利斯（参见本书第 2 卷，第 80 章）。

法的影响。提贝里乌斯[1]所以这样，是因为对行省发动了战争，元老院则是因为他们始终不能肯定日耳曼尼库斯是善终的。……[2]对于交出私人间的信件的提议，遭到了提贝里乌斯本人和披索的坚决反对。这时就听见拥立在元老院门外的人民群众呼叫道，即使是他幸免了元老院的惩罚，他们也会把他自行处死的。实际上他们已经把他的像拖到盖莫尼埃台阶[3]，就要把它们砸碎，幸而这时皇帝下了命令，这些胸像才得以保全并被安置到原来的地方。因此，他就被放到肩舆上在近卫军中队的一名军官的护送之下被送回了家。人们对于这名军官有着各种不同的说法，有人说他是保护披索的生命的，也有人说他是去监督执行披索的死刑的。

(15) 普朗奇娜同样遭人憎恨，但是她却拥有较之披索更大的势力，因此人们就不知道皇帝对她到底要追究到什么程度。只要披索的问题还有希望，她本人就坚决表示，不管披索的遭遇如何，她将要同他共命运，必要时可以与他同死。但是当里维娅的私下斡旋使她得到皇帝的谅解，她就逐步把自己和丈夫的关系区分开来，并把她为自己进行的辩护当成一个单独的案件。披索心里知道，兆头是不祥的。他甚至怀疑是否还有必要作进一步的努力。

① 作为元老院的成员，他当然也就是审判官之一。

② 这个地方原文脱漏了一段，而且显然是很大的一段。这可能包括停审(comperendinatio)过后与第二次审讯(redintegrata accusatio)之间的事情(参见本书第 15 章)。控诉者要求交出信件，但被告和皇帝都拒绝这样做。这些信不外是披索和普朗奇娜写给提贝里乌斯和奥古斯塔的信。

③ 从卡披托里乌姆神殿(Capitolium，奉祀朱庇特神)通向广场的一列台阶。监狱中被绞死的罪犯的尸体在投入台伯河之前都要先在这里示众。参见本书第 5 卷，第 9 章；第 6 卷，第 25 章；《历史》第 3 卷，第 74、85 章。关于群众用胸像发泄怒气的行动，参见优维纳尔，第 10 卷，第 58 行。

但是由于他的儿子们的催促，他才下了狠心，再次走进元老院。他忍受了元老们不断的攻击、敌意的叫声，到处对他表示的不可调和的对立情绪，但是使他最害怕的却是提贝里乌斯的目光。这种目光中没有愤怒，也没有怜悯，它把人间的一切感情都拒之于外。披索被送到家之后，他就写了一点东西，显然是为了第二天作辩护用；他把写的东西封了起来，交给了一个被释奴隶。随后他自己就像通常那样地把自己打扮了一番。最后，到了深夜，当他的妻子已经离开了寝室以后，他就叫人把门关上。第二天破晓，人们发现他已割断了自己的喉咙，一把刀放在地上。

(16) 我记得听老一辈的人讲过，人们常常看到披索手里拿着的一个文件。他自己从来不说明这里面写的是什么，但是他的朋友却总是说，那是提贝里乌斯有关日耳曼尼库斯的一封指示信；如果他不是受了谢雅努斯的空洞诺言的欺骗，那他一定会下决心把这封信交给元老院，这样就连皇帝也都处于被告的地位了。但是人们认为，他这次的死亡并不是自杀，而是有人叫一个刺客干的。我不能确定哪一种说法正确。另一方面，我却认为我有义务把我在年轻时听当时还在世的老一辈的人们所谈的事情记录下来。

皇帝以忧郁的表情向元老们表示遗憾，他说披索的这种死法，目的就是要引起人们对皇帝的憎恨。……[①]他反复而详尽地向玛尔库斯·披索探询披索在死前的一天一夜里的种种情况。尽管有一两处不谨慎的地方，玛尔库斯的应对一般说来是十分得体的。提贝里乌斯念了披索写给他的一个便条，内容大致是这样：

① 原文在这里有脱落。

“我的敌人们的合谋和他们的谎话连篇的控诉所激起的对我的憎恨毁了我，我的真诚和纯洁在这个世界上已无容身之地了。但是，恺撒啊，我敢向上天起誓，我对你始终是忠诚的，对于你的母亲也一直是恪尽职守的。我恳求你们两位保护我的孩子们的利益。我做的事情无论功过如何，格涅乌斯与它们都没有关系，因为在这段时期里他一直在首都。玛尔库斯则劝说过我不要回到叙利亚去。我自己能够给我的年轻的儿子让路，而不是让他给自己的年老的父亲让路，这正是我求之不得的事情！因此，我更加恳切地请求你，不要把对我的罪过的惩罚加到他这个无辜的孩子头上。我过去四十五年中[①]忠诚于你，我曾和你一道担任执政官，[②]我曾受过你的父亲圣奥古斯都的信任，我是你今后不再作别的任何请求的一个朋友，我现在恳求你饶恕我的不幸的儿子吧。”但信中对于普朗奇娜却只字未提。

(17) 提贝里乌斯随即赦免了小披索对内战的责任。他说，“儿子是不能不服从父亲的命令的。”同时他还对于这样一个显贵的家族和它的代表人物的悲惨命运（且不论他的功过如何）表示痛心。他在为普朗奇娜进行忸怩的、极不光彩的辩解时，提出了他的母亲的恳求作为理由。这样一来，所有正派人士都在私下里对奥古斯塔进行了更加强烈的指责：“身为祖母的奥古斯塔竟而容忍谋害了自己孙子的凶手前来和自己讲话，并且在元老院的面前庇护她！法律使每个公民都能得到的赔偿，唯独日耳曼尼库斯却不能

① 他的政治生涯实际上是和帝制同时开始的。

② 公元前 7 年，他和提贝里乌斯同任执政官。

得到。维提里乌斯和维拉尼乌斯为日耳曼尼库斯的遭遇感到悲痛：皇帝和奥古斯塔竟给普朗奇娜辩护。下一步要做的就是把使用起来如此有效的毒杀人的阴谋诡计加到阿格里披娜和她的孩子们的身上，以便用这悲惨的一家的鲜血来满足这个‘出色的’祖母和叔父的心愿！”

对普朗奇娜的这次装模作样的审讯一共进行了两天。提贝里乌斯促使披索的儿子们为他们的母亲进行辩护。当原告和证人争先恐后地进行控诉时，没有一个人出来答辩。人们对她的同情，而不是憎恶，越来越加深了。被请求最先发言的是执政官奥列里乌斯·科塔，因为按照规定，如果会议是由皇帝主持的话，甚至高级长官也必须发表自己的意见。[①] 科塔建议把披索的名字从编年表中删除，[②]他的财产一半充公，一半给他的儿子格涅乌斯，不过格涅乌斯要更改他的第一个名字，[③]应当剥夺玛尔库斯·披索的元老头衔，并且把他黜免十年，[④]不过要补助给他五百万谢司特尔提乌斯。由于皇太后的干预，普朗奇娜的罪过就不予追究了。

(18) 皇帝大大地减轻了执政官提出的这些惩罚办法。他说，既然曾对祖国宣战的玛尔库斯·安托尼乌斯[⑤]和侮辱过奥古斯都

---

① 如果不是皇帝主持，则应由执政官主持。这时首先发言的是当选的(次年度的)执政官而不是现任的高级官吏，虽然他们在诉讼的任何阶段都有发言的权利。

② 罗马的编年表是用执政官的名字标示的，披索担任过执政官，因此那里有他的名字。

③ 他的名字的第一部分似乎是“路奇乌斯”，因此可以认为就是本书第4卷，第62章的路奇乌斯·卡尔普尔尼乌斯·披索(公元27年度执政官)。

④ 较轻的放逐方式(relegatus)，被黜免的人可以保留公民权和自己的财产。

⑤ 这是公元前44年和公元前32年的事。他的名字曾从公共纪念物上被删除，但大概在奥古斯都的晚年又被恢复了。

一家的优路斯·安托尼乌斯[1]的名字还保留在编年表上，那么披索的名字也就没有必要从那上面删掉了。他保留了玛尔库斯·披索的官职和他应得的遗产。因为正像我常常提到的，[2]他在金钱上是毫不介意的，而且由于在赦免普朗奇娜这事上感到羞愧，因此他就表现得更加慷慨了。同样，当瓦列里乌斯·美撒里努斯[3]建议在复仇者玛尔斯的神殿立一座金像，而凯奇纳·谢维路斯[4]建议修筑一座复仇祭坛时，他也否决了这些建议。他说，只有在国外取得胜利时才应修建这类的纪念物，而在国内发生灾难时，大家只应在内心里致哀。美撒里努斯还说，提贝里乌斯、奥古斯塔、安托尼娅、阿格里披娜和杜路苏斯由于替日耳曼尼库斯复仇有功，应当受到国人的感谢。不过在这里他没有提到克劳狄乌斯。而只有在路奇乌斯·阿司普列那斯[5]在元老院里单刀直入地问他是不是故意把克劳狄乌斯的名字漏掉的时候，这个名字才又加了进去。至于我本人，我越是深入思考古往今来所发生的一切，我越是感到人间的万事万物是一种莫大的讽刺。从外界的舆论来看，从人们的属望来看，以及从一个人所受的尊重来看，任何人都比克劳狄乌斯更有资格来充当皇帝的候补人，但谁又料到命运在暗中安排的未来的罗马统治者，却正是这位默默无闻的克劳狄乌斯呢。

(19) 几天之后，提贝里乌斯建议元老院把圣职授予维提里乌

① 参见本书第1卷，第10章。

② 参见本书第1卷，第75章；第2卷，第48章。

③ 这个人大概不是本年度的执政官，他的父亲才是(参见本卷第2章注)。

④ 即统帅日耳曼下军的那个凯奇纳(参见本书第1卷，第31章等)。

⑤ 参见本书第1卷，第53章。

斯、维拉尼乌斯和谢尔瓦埃乌斯。他还答应支持富尔奇尼乌斯取得更高的官职，但是又警告富尔奇尼乌斯，不要因为过分倔强的性格而糟蹋了自己的口才。[①]

为日耳曼尼库斯的死亡而要求的惩罚措施至此结束。这件事不仅对于曾经耳闻目睹的一代人，就是对于后代，都是针锋相对的两种传说的争论之点。重大的事件照例总是扑朔迷离的。一派人相信一切传闻的证据，不管这种证据具有怎样的性质，都是无可争辩的；另一派人则把真相歪曲成同它正好相反的东西。这两种情况到后来都会随着时间的推移而增加其错误程度。

离开罗马去重新接管统帅大权的杜路苏斯，不久便回到罗马，接受了小凯旋式。[②] 几天之后，他的母亲维普撒尼娅[③]去世。在阿格里帕的所有的孩子当中，她是唯一得到善终的人。其余的孩子，大家知道，一部分死于刀剑之下，一部分则据说是被毒死或饿死的。

（20）同年，塔克法里那斯——前面我已说过，他是在去年夏天[④]被卡米路斯打败的——又在阿非利加挑起了战争。他最初进

① 意思是要他讲话留余地，不要使人过分难堪。

② 要先有了统帅大权（imperium）才能接受小凯旋式，但是按照法律的规定，他进城之后这一权力就不复存在了。

③ 阿格里帕和他的前妻彭波尼娅所生的女儿。至于他和奥古斯都的女儿优利娅所生的孩子的命运可参看本书第 1 卷，第 3 章（盖乌斯和路奇乌斯・恺撒），第 6 章（阿格里帕・波司图姆斯）；第 4 卷，第 71 章（优利娅）；第 6 卷，第 25 章（阿格里披娜）。但他第二次结婚和玛尔凯拉所生的孩子却没有提到（参见苏埃托尼乌斯：《奥古斯都传》，第 63 章）。

④ 这里的“去年夏天”（priore aestate）也可能是错误地插入的，因为无论如何，卡米路斯打败塔克法里那斯是公元 17 年的事情（参见本书第 2 卷，第 52 章）。

行出其不意的、闪电式的袭击，简直使对方无从进行反击；后来他就毁坏村落并且进行较大规模的劫掠了。到了最后，他竟在离帕吉打河[①]不远的地方包围了一支正规的罗马步兵中队。这个驻防地点的将领是戴克里乌斯，此人是行动敏捷而又有作战经验的人，他把这次包围看成是对自己的侮辱。在对士兵作了一番鼓励之后，他就在自己的营地前面拉开战线，准备在空地上迎击敌人。中队的士兵在敌人一进攻的时候就溃退了，但是他本人却不顾一切地冲到大量的投枪中间去，企图阻住逃跑的士兵；他咒骂旗手，因为他们竟然使罗马士兵在一群乌合之众和叛逃者面前逃跑。同时他自己则带着胸部和面部的伤——他的一只眼睛已被刺穿——对敌奋战，一直继续战斗到阵亡的时候。他的士兵则抛开他逃掉了。

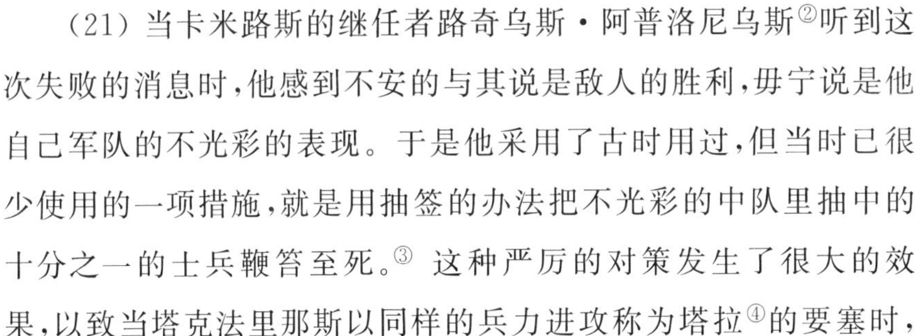

（21）当卡米路斯的继任者路奇乌斯·阿普洛尼乌斯[②]听到这次失败的消息时，他感到不安的与其说是敌人的胜利，毋宁说是他自己军队的不光彩的表现。于是他采用了古时用过，但当时已很少使用的一项措施，就是用抽签的办法把不光彩的中队里抽中的十分之一的士兵鞭笞至死。[③] 这种严厉的对策发生了很大的效果，以致当塔克法里那斯以同样的兵力进攻称为塔拉[④]的要塞时，

① 此河不详。

② 参阅本书第 1 卷第 56、72 章；第 2 卷，第 32 章；第 3 卷，第 64 章；第 4 卷，第 13、22、73 章；第 6 卷，第 30 章；第 11 卷，第 19 章。从钱币学的材料可以确定，他在阿非利加担任总督的年代是公元 18 到 20 年。

③ 十中杀一（decimatio）的措施后来也偶然施行过。最初实施这个办法的是阿庇乌斯·克劳狄乌斯（参阅李维，第 2 卷，第 59 章）。

④ 在今突尼斯靠近沙漠的地方，毁于恺撒对优巴的战争。

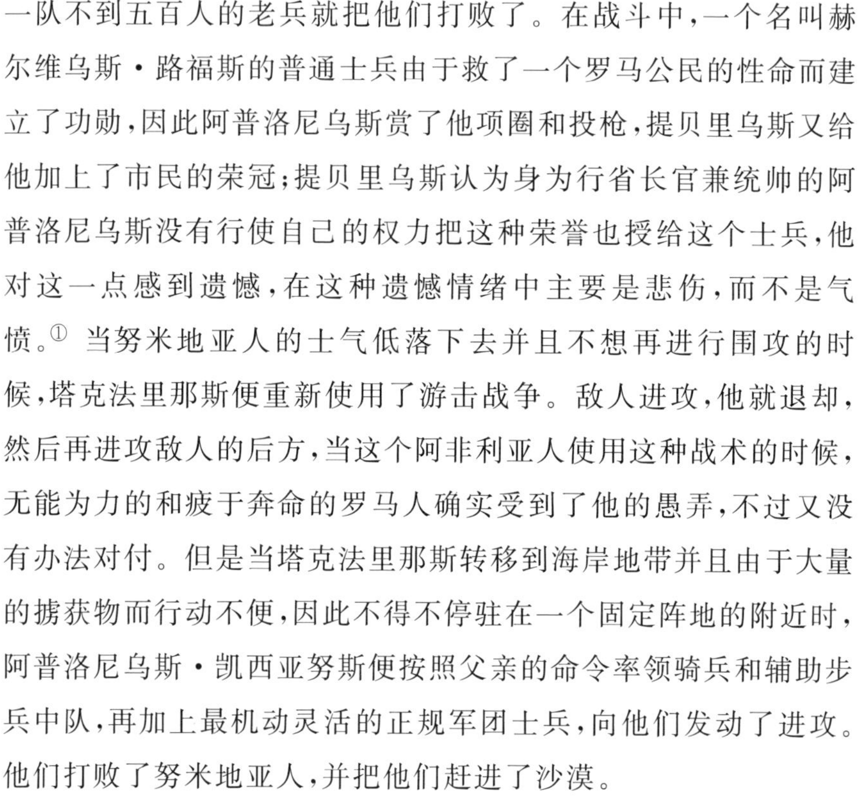

一队不到五百人的老兵就把他们打败了。在战斗中，一个名叫赫尔维乌斯·路福斯的普通士兵由于救了一个罗马公民的性命而建立了功勋，因此阿普洛尼乌斯赏了他项圈和投枪，提贝里乌斯又给他加上了市民的荣冠；提贝里乌斯认为身为行省长官兼统帅的阿普洛尼乌斯没有行使自己的权力把这种荣誉也授给这个士兵，他对这一点感到遗憾，在这种遗憾情绪中主要是悲伤，而不是气愤。① 当努米地亚人的士气低落下去并且不想再进行围攻的时候，塔克法里那斯便重新使用了游击战争。敌人进攻，他就退却，然后再进攻敌人的后方，当这个阿非利亚人使用这种战术的时候，无能为力的和疲于奔命的罗马人确实受到了他的愚弄，不过又没有办法对付。但是当塔克法里那斯转移到海岸地带并且由于大量的掳获物而行动不便，因此不得不停驻在一个固定阵地的附近时，阿普洛尼乌斯·凯西亚努斯便按照父亲的命令率领骑兵和辅助步兵中队，再加上最机动灵活的正规军团士兵，向他们发动了进攻。他们打败了努米地亚人，并把他们赶进了沙漠。

（22）这时，列庇妲在罗马受到了控告，她的罪名是冒称给一

① 项圈(torques)和"无头枪"(hasta pura)是一般的军事赏赐；但用橡树叶编成的"市民的荣冠"却是所有这类赏赐当中最不易得到的，也是人们最向往的。这实际上是皇室的一种永久的标志，虽然提贝里乌斯没有采用过（参见苏埃托尼乌斯：《提贝里乌斯传》，第26章）。取得这种赏赐的必要条件是受赏者必须是罗马公民；必须在战场上救过罗马公民的性命；必须在救命时杀死过一个敌人；而且在立功的地点，他必须是坚持到底绝不后退（参见普利尼：《自然史》，第16卷，第4章；盖里乌斯：《阿提卡之夜》，第5卷，第6章）。由于阿非利加在元老院的行省当中是唯一长官麾下有一个军团的行省，因此阿普洛尼乌斯就有权将荣冠授予市民；否则就只有皇帝才有这样的权利（参见本书第15卷，第12章）。根据现存的铭文，我们知道，赫尔维乌斯曾起了"奇维卡"的名字，迁升到主力百人团长的地位，并且用沐浴款待与他同市的瓦里亚市民（瓦里亚，今天是维科瓦罗〔Vicovaro〕，在蒂沃利附近）。

个没有子嗣的富人普布里乌斯·克维里尼乌斯[①]生了一个儿子。列庇妲不但出身于显赫的埃米里乌斯家族，而且还是苏拉和庞培的曾孙女。此外还有人控告她和人通奸、放毒以及通过占星术士打探皇帝家族的事情。[②] 替她进行辩护的是她的兄弟玛尼乌斯·列庇都斯。尽管她声名狼藉而且又犯了罪，但是由于克维里尼乌斯在和她离婚之后依旧虐待她，[③]这样竟使她得到了人们的一些同情。在这次审讯的时候，皇帝心里有什么想法是不易揣测的：因为他巧妙地变换愤怒和慈祥的表情，而且在做出这些表情时叫人看不分明。他最初要求元老院不要受理这一大逆罪的案件，继而暗示前执政官玛尔库斯·塞尔维里乌斯偕同另外一些证人列举出他表面上好像想隐瞒的若干事实。受到了武装监视的列庇妲的奴隶们，被他交给了执政官；他并且不许就他自己的家族的问题对这些奴隶进行拷问。同样地，他又免除了已被选定为执政官的杜路苏斯在这一事件上首先发言的权利。[④] 有一些人认为这种做法是一种让步，因为这样可以使别人不致必须表示对杜路苏斯的同意；但是还有一些人认为这是一个不祥之兆，因为只有在定罪的时候他才会表示谦让态度。[⑤]

---

① 参见本卷第 48 章的讣告。

② 这是一种大逆罪。参见本书第 2 卷，第 27 章；第 12 卷，第 22、52 章；第 14 卷，第 14、30 章。

③ 这事恶劣之处在于他们已离婚多年。

④ 参见本卷第 17 章和附注。

⑤ 他们认为杜路苏斯是他的父亲的唯一传声筒。如果设法不使他首先发言，则唯一可能的推论是提贝里乌斯一心想定下罪名，而打算避开由于通过他的儿子提出定罪而引起的人们对他的憎恶。

(23) 这时正在节日期间[①],审讯暂时中止。列庇妲和一些贵族妇女到剧场去,她在那里高声哭号,叫着她的祖先们和庞培本人的名字,这座剧场[②]就是为了纪念庞培修建起来的,而且他的半身像就在人们的面前。群众非常同情她的遭遇,结果都哭了起来;他们咒骂克维里尼乌斯,骂得凶狠恶毒极了,因为当初人们竟然使原来许配给路奇乌斯·恺撒的人,也就是圣奥古斯都的儿媳,嫁给了这个老糊涂的、没有后代和出身卑微的家伙。随后,她的那些受到拷问的奴隶揭发了她的罪行。通过了路贝里乌斯·勃兰都斯[③]的建议:正式宣布她不再受法律的保护,别的人虽然认为他的建议未免过严而提出较和缓的建议,但是已经被任命为执政官的杜路苏斯却赞同他的建议。后来由于司考路斯——他和列庇妲生过一个儿子——的要求,决定保留了她那本应予以没收的财产。[④] 但是最后提贝里乌斯却揭露说,他已从克维里尼乌斯本人的奴隶们那里弄清楚,列庇妲确曾企图用毒药害死他们的主人。

(24) 对于显赫家族所遭受到的灾难来说(因为在不长的时期之内,卡尔普尔尼乌斯家族失去了披索,埃米里乌斯家族失去了列庇妲),戴奇姆斯·西拉努斯之回到尤尼乌斯家族应当是一种安慰。关于他的苦难历史,这里应作一点简单的回顾。圣奥古斯都

① 可能是大罗马节(Ludi Romani magni,9 月 4—19 日)。

② 玛尔斯广场上的庞培大剧场于公元前 55 年竣工。

③ 参见本书第 6 卷,第 27 章。

④ 她同克维里尼乌斯离婚之后,可能嫁了司考路斯。财产的充公通常是在放逐之后执行的。

的政治生活虽然一帆风顺，但是他的家庭生活却由于女儿和外孙女[1]的淫乱而不很如意。他放逐或处死了她们的情人，[2]又把她们也赶出了首都。由于他把渎神罪和大逆罪这样严厉的罪名加到男女间常犯的罪过上去，这就超过了罗马早期的温和惩罚，甚至他自己的法律规定。[3] 至于其他犯罪者的遭遇，我希望我能在那一时期的通史中加以记述，如果我能完成当前这部书并且尚有余年来从事别的著作的话。戴奇姆斯·西拉努斯是奥古斯都的外孙女的情夫，他没有受过什么更严厉的惩罚，只是被拒绝了皇帝的友谊，但他已经意识到，这就意味着流放。而且直到提贝里乌斯即位的时候，他才敢于通过他那有声望的兄弟玛尔库斯·西拉努斯[4]向皇帝和元老院提出解除流放的请求。玛尔库斯·西拉努斯是由于自己的高贵出身和口才才取得重要地位的。即使如此，当他向全体元老表示感谢的时候，提贝里乌斯回答说，“玛尔库斯的兄弟能够从远途的旅行中返回，这对他来说也是值得欣慰的事情。他有不容否定的权利这样做，因为他不是由于元老院的正式决定或是根据某项法律而被放逐的。”但同时他完全保留了他的父亲对这个人的嫌恶；西拉努斯的返回并不等于取消奥古斯都的意旨。于是戴奇姆斯·西拉努斯后来便住在罗马，但未担任官职。

(25) 后来又有人建议放宽帕披乌斯·波培乌斯法(Lex Pa-

① 关于老优利娅，参见本书第 1 卷，第 53 章；关于她的女儿，参见本书第 4 卷，第 71 章。

② 优路斯·安托尼乌斯被处死(参见本书第 1 卷，第 10 章)；西拉努斯和格拉古被放逐(参见本书第 1 卷，第 53 章)。

③ 即 lex Iulia de adulteriis(参见本书第 2 卷 第 50 章)。

④ 卡里古拉的未来的岳父(参见本书第 6 卷，第 20 章注)。

pia Poppaea)[①]中的条款。这个法律作为优利乌斯法案[②]的补充，是在奥古斯都晚年时通过的，目的在于严惩独身和增加国库的收入。[③] 不过，它并未能使人们对结婚和成家立业普遍感兴趣。不要孩子依然是一种时髦的风尚。但是，另一方面，越来越多的人有遭受惩处的机会，因为每一个家庭都处于告密者的诡计的威胁之下而有家破人亡的危险。国家过去虽由于恶习而遭受灾难，目前却由于法律而大遭其殃，这种情况使得我必须更加深入地探讨法律的来源和造成今天无数的错综复杂的法律条文的经过。

（26）原始的人没有罪恶的欲望，过着清白正直的生活，也就不需要有什么惩罚或是强制。人们生来就做好事，因此奖赏便不需要了。同样地，对于那根本不想做习俗所不允许的坏事的人，也就用不着用恐吓来禁止他了。但是当公正不复存在，野心和暴力代替了谦逊和克己的时候，专制制度就在许多国家成了永恒的现象。有一些城市，或者从最初的时候起，或者是在对国王的统治感到厌倦之后，决定改行法治。最早类型的法治是头脑简单的人的朴素的创造物，就中最著名的可以举出克里特的米诺斯、斯巴达的李库尔古斯和雅典的梭伦所制定的法律。梭伦的法律比较深奥，也比较丰富。在我们这里，罗木路斯的专制统治结束之后，努玛把

① 公元9年通过，那是玛尔库斯·帕披乌斯·木提路斯和克温图斯·波培乌斯·塞孔都斯担任补缺执政官的一年。他们都没有孩子而且又确实是未结婚的(参见狄奥·卡西乌斯，第56卷，第10章)。

② 公元前18年的lex Iulia de maritandis ordinibus，是罗马建城736年(公元前17年)由奥古斯都通过的，目的在于鼓励结婚和惩罚独身，因为这时罗马居民在内战中损失很大，武装士兵阵亡的有八万人。

③ 参见本卷第28章。

宗教的束缚和一部天命的法典加到我们头上。还有一些法律上的发现是图路斯和安库斯作出的。然而最早制定法律的人却是谢尔维乌斯·图里乌斯，就是国王们对自己所订的法律也是服从的。

(27) [①]在塔尔克维尼乌斯被逐以后，平民为了遏制贵族的跋

① 同本章与下一章有关的诸项法律列举如下：

公元前451年，贵族组成的十人员会委(decemviri legibus scribundis)代替所有的高级官吏公布了十表(fons omnispublici，privatique iuris，参见李维，第3卷，第34章)。

公元前450年，第二个十人委员会又加上了两表，委员会的成员有一半是平民。

公元前133年，提贝里乌斯·格拉古任保民官，通过土地法，他于同年死亡。

公元前123年，盖乌斯·格拉古任保民官，通过法律。

公元前122年，盖乌斯·格拉古再任保民官并通过更多的法律。元老院利用玛尔库斯·里维乌斯·杜路苏斯在笼络群众方面战胜了他。

公元前121年，公布第一个senatus consultum ultimum。盖乌斯·格拉古及其一派被杀害。

公元前100年，马利乌斯第六次出任执政官；路奇乌斯·阿普列乌斯·撒图尔尼努斯和盖乌斯·塞尔维里乌斯·格劳奇亚进行激烈的鼓动活动；第二个senatus consultum ultimum：马利乌斯镇压撒图尔尼努斯和格劳奇亚。

公元前91年，保民官玛尔库斯·李维乌斯·杜路苏斯(前面提到的那个杜路苏斯的儿子)提出了影响重大的并且深得人心的建议。他之被暗杀和想把公民权给予意大利联盟者的企图的失败加速了公元前91至前88年的意大利战争的爆发。

公元前88—前82年，苏拉和马利乌斯。苏拉的独裁(前82年)。

公元前81年，苏拉的"科尔涅里乌斯法"(这时保民官只有有限的否决权了)。

公元前79年，苏拉让位，他在次年去世。

公元前78年，玛尔库斯·埃米里乌斯·列庇都斯开始想摧毁苏拉的法制。

公元前70年，庞培和克拉苏斯恢复了保民官的权力。

公元前52年，罗马处于混乱状态(克洛狄乌斯、米洛等等)。

公元前52年，庞培第三次当选为执政官(没有同僚执政官)。

公元前49年，恺撒与庞培开战。

公元前48年，庞培战败和死亡。

公元前48—前28年，"充满了纷争的二十年"(continua per viginti annos discordia)。

公元前27年，屋大维第七次当选执政官，并接受奥古斯都尊号，从此正式建立了元首制。

扈，采取了许许多多的措施来保卫自身的自由和确立相互间的团结。成立了十人委员会，这个委员会吸收了各国制度的菁华而制定了十二铜表法，这是最后的一项公平的立法。至于后来的法律，虽然其中偶然有一些是由于一种罪行所引起，并且是以对付罪犯为目的的，但是在更多的情况下，它们是由于阶级之间的纠纷因暴力而产生出来的——其目的在于取得非法的权力，放逐爱国者，或是实现其他什么邪恶的目的。这样就产生了我们的蛊惑家：我们的格拉古兄弟和撒图尔尼努斯，但另一方面，杜路苏斯也以元老院的名义用同样的手段拉拢人民群众。行省居民所受到的各种引人的许诺，总是很快地就被保民官否决了。即使是那不久就为内战所代替的意大利战争，也不能制止大量自相矛盾的法律的出现。直到苏拉建立了自己的独裁统治，用取消或改变过去法律条文和增添更多的他自己的法律条文的办法，才使这一过程到达一种稳定的状态。然而这一稳定状态并不能持久。这种稳定状态立刻就被列庇都斯的法案破坏了。不久之后，保民官重新取得了随心所欲地在人民群众中间进行鼓动的权利。而这时通过的法案，其目的不仅仅适用于国家，而且也完全适用于个人目的。国家弊端登峰造极之日，正是法律多如牛毛之时。

(28) 接着是庞培第三次担任执政官。然而当选的这位社会改革者所用的纠正陋习的办法比陋习本身更坏。他制定法律，又破坏自己的法律；他用武力控制一切，又因武力而失掉一切。这以后的二十年，是充满了纷争的二十年，是法律和道德荡然无存的二十年。为非作歹者不受惩罚，善良公正者被处死刑的却屡见不鲜。最后，直到奥古斯都·恺撒第六次当选执政官时，他感到自己的政权已经稳定，这才取消了他在三头时发布的命令，并且为我们制定了我们在承平时期并为一个皇帝所治理时所需要的法律。但从此以后，我们身上的枷锁就更重了：在我们中间到处都有密探，帕披乌斯·波培乌斯法通过赏格诱使他们干这样的勾当；[①]按照这一法律，一个人如果不取得做父亲的特权，那么作为一切人的父亲的国家就要代他把产业继承过来。不过他们[②]把自己的活动范围扩大得太过分了：首都、意大利，罗马帝国的任何一个角落都受到了他们的进攻，许多人的家业完全被毁。全国笼罩着一片恐怖的气氛。为了纠正这种局面，提贝里乌斯用抽签的办法选出五名前任执政官、五名前任行政长官和五名普通的元老组成了一个机构，解决了许多法律上的错综复杂的问题，从而使人们暂时间松了一口气。

(29) 大概就在这同时，[③]皇帝向元老院推荐日耳曼尼库斯的业已成年的儿子尼禄[④]，请元老院设法考虑他的问题，并且装腔作势地提出了一个听了会令人发笑的要求，就是要元老院解除他在二十人团[⑤]中的任务和允许尼禄比法定年龄早五年提出候选财务官。[⑥] 他的借口是，过去由于奥古斯都的要求，他本人和他的兄弟杜路苏斯

① 这时国库的收入有四分之一以上是由于他们的活动而取得的(参见苏埃托尼乌斯:《尼禄传》,第 10 章)。

② 这里指告密者。

③ 这时仍是公元 20 年。

④ 尼禄是日耳曼尼库斯的长子,大概生于公元 6 年。

⑤ 奥古斯都在取得胜利但尚未返回罗马时,元老院决定成立二十人团来治理国家。他们的职权分为四类:三人掌理刑狱事务,三人掌理货币事务,四人掌理公路事务,十人掌理百人审判团的职务。这是担任高级官吏的预备阶段。

⑥ 担任财务官的最下限的年龄是二十四岁(一说二十五岁),因此这时日耳曼尼库斯的长子尼禄的年龄应当是十九或二十岁。

就曾经得到了同样的特许。但是我认为，即使是在那个时候，也一定会有一些人在暗地里嘲笑皇帝的这些请求。而且那时还是皇帝执政的初期，人们对古时的习俗还比较重视；此外，继父和继子之间的关系是不如祖父和孙子之间的关系密切的。尼禄还被授予了祭司长[①]的职位，而在他首次到广场去的那一天，对民众作了一次赠赐；看到日耳曼尼库斯的一个后人已经成年，他们是十分高兴的。尼禄和杜路苏斯的女儿优利娅结婚，使他们更加感到欢喜。但是另外的一件事却又使他们欢喜心情减去了一半，那就是谢雅努斯被选定为克劳狄乌斯的儿子的未来的岳父。[②] 大家对于这件事的看法是，皇帝的这种做法玷污了他家的尊严，因为在当时便已被怀疑有不法野心的谢雅努斯的身份毫无必要地被提高了。

(30) 年底，两个著名的罗马人路奇乌斯·沃路西乌斯[③]和撒路斯提乌斯·克利司普斯去世了。沃路西乌斯出身于古老的家族，然而他家中的人过去的最高官阶只到行政长官。他本人的官阶一直做到执政官，这样便提高了他家的声望。而且，他除了执行监察官的职务而选择了骑士阶级出身的法官[④]之外，他还第一个积累了大量财产，从而使他家的声望又极大地提高了。克利司普

① 从有关铭文的记载来看，取得这一职位的不是尼禄，而是他的兄弟杜路苏斯。

② 这只是一种非正式的安排，因为这时谢雅努斯的女儿还是个很小的孩子(参见本书第 5 卷，第 9 章)。真正的订婚仪式是后来举行的，但几天之后克劳狄乌斯的儿子就死了(参见苏埃托尼乌斯：《克劳狄乌斯传》，第 27 章)。

③ 沃路西乌斯·撒图尔尼努斯，公元前 12 年补缺执政官，公元前 6 年阿非利加总督，公元 5 年叙利亚副帅。

④ 沃路西乌斯(可能是奥古斯都所任命的三人委员会中之一人)的任务是制作有资格担任陪审官的骑士的名单。

斯[1]的出身是骑士，他是罗马著名历史学家盖乌斯·撒路斯提乌斯的姊妹的孙子，盖乌斯把他过继到自己的家里来，并使他用了自己的名字。这样一来，他就有了取得高级职位的机会；但是他却愿意追随迈凯纳斯的榜样：他虽然没有元老的身份，可是在势力方面却超过了许多接受过凯旋式或担任过执政官的人物。他的典雅和讲究的生活作风和罗马古老的淳朴风气正好相反，他那豪富的和阔绰的排场已接近于奢侈了。不过在这些情况下面，却有一副能够应付重大事件的强有力的头脑。他平时表现得好像有些迷糊、冷漠，但是一旦振作起来，就显得比以前更加精神抖擞。在迈凯那斯活着的时候，他是仅次于迈凯那斯的人物；迈凯那斯死后，他就成了皇帝最信任的人，参与了皇帝的一切机密大事。在杀死阿格里帕·波司图姆斯这件事上，[2]他是参与了机密的。但是到他晚年的时候，他和皇帝之间友谊却只是处于貌合神离的状态。迈凯那斯的情况也是这样。这或许是由于：势力很少能维持长久，它会自然而然地衰亡下去；或者是双方都有了厌倦情绪，有时是皇帝没有东西可以再给，有时则是宠臣再也没有东西可以请求了。

(31) 现在到了提贝里乌斯第四次担任执政官和杜路苏斯第二次担任执政官的一年。这是父亲和儿子之间的一次著名的合作。[3] 在这之前三年，日耳曼尼库斯就和提贝里乌斯一道担任过

罗马建城774年，即公元21年

---

① 参见荷拉提乌斯：《俗歌》(Carmen saeculare)(II，2)。

② 参见本书第1卷，第6章。

③ 这也是一次值得注意的，然而是不吉利的合作。提贝里乌斯前三次担任执政官的同僚是克温提里乌斯·伐鲁斯(公元前13年)、格涅乌斯·披索(公元前7年)，日耳曼尼库斯(公元18年)；在这之后即公元31年他担任执政官时，他的同僚是谢雅努斯。参见狄奥·卡西乌斯，第57卷，第20章。

执政官，不过他们之间并未能因亲属的关系而融洽相处，而且提贝里乌斯对这次合作也并不感到愉快。

这年年初，提贝里乌斯以身体不好需要休养为名，从罗马到了康帕尼亚。他这样做的目的，或者是为了逐步使自己习惯于连续地、长期地离开罗马，或者是为了通过父亲的退隐使杜路苏斯能单独完成执政官的职责。这时恰巧发生了一件后来演变成了严重纠纷的小事，这件小事却使这位年轻的执政官取得了很大的声望。原来一个曾经担任过行政长官的、名叫多米提乌斯·科尔布罗的人[①]向元老院抱怨说，一个名叫路奇乌斯·苏拉的年轻贵族在观看斗剑时没有把座位让给他。科尔布罗方面的理由是高龄、传统习惯和对于年纪较长的人的照顾。玛美尔库斯·司考路斯、路奇乌斯·阿尔伦提乌斯和跟苏拉有关系的其他人则都积极地为苏拉辩护。双方进行了非常激烈的辩论；我们的祖先对于那些不能敬老尊上的青年人所作的严厉指责被引用来作为论据。最后杜路苏斯发表了一篇旨在缓和这种紧张气氛的演说，而苏拉的叔父兼继父，又是当代最雄辩的演说家的玛美尔库斯所作的辩解也使科尔布罗感到满意。

还是这个科尔布罗大声疾呼说，由于包工头的胡作非为和官吏[②]的玩忽职守，意大利人的许多道路都坏了，不能通行了。他表示立刻愿意对这件事进行追究。不过从这种措施的后果来看，人

---

① 他可能是克劳狄乌斯和尼禄麾下那个同名的著名将领的父亲，虽然这样的推测还有一些困难。

② 这里指管理道路的官吏（curatores viarum）。这批官吏如果不是奥古斯都设置的，至少是经他重新安排过的。

民大众未必得到什么好处，可是残酷无情的判罪和强制的拍卖却使许多人的名誉和财产垮掉了。[①]

（32）不久之后，提贝里乌斯写信报告给元老院说，由于塔克法里那斯的入侵，阿非利加又乱起来了。他请求元老们设法任命一位既有军事经验，在体力方面又能胜任进行战役的总督。塞克斯图斯·彭佩乌斯于是利用这个机会发泄自己对玛尔库斯·列庇都斯的憎恨情绪，他把玛尔库斯·列庇都斯说成是懒散的、贫穷的堕落家伙，因此不应当任命这个人到阿非利加和亚细亚去。[②] 元老院不同意他的意见：它认为，列庇都斯温和而不怯懦，他的财产虽然很少，但是他那没有受到玷污的可敬的名字，是荣誉的头衔而不是耻辱的头衔。于是他便到亚细亚去了。至于阿非利加，则决定由皇帝选择的一个人来担任总督。

（33）在辩论过程中，凯奇纳·谢维路斯建议，被分配担任行省任务的高级官吏都不应带妻子上任。他自己先相当详细地解释说，他有一个和他情爱甚笃的妻子，为他生了六个孩子；可是在个人的行动方面，他愿意遵守他向大家所建议的规定；虽然他在各个行省参加过四十次战役，[③]但总是把她留在意大利。在古时便有这样一项规定，禁止把女人带到行省或是外国去：跟随前往的一群妇人在

① 如果负责道路的官吏和包工人拿不出修补道路所需的钱，他们的财产就要充公。参见狄奥·卡西乌斯，第 59 卷，第 15 章；第 60 卷，第 17 章。

② 亚细亚和阿非利加两地的总督一般仍然要由元老院任命，由前任执政官中最有资望的二人来担任，并用抽签办法加以分配。但是在这里我们却看到阿非利加总督的任命不用抽签的办法，而是通过元老的决定（iudicio patrum），因此剩下的亚细亚总督自然应当落到年长的前任执政官列庇都斯身上。

③ 这里举的是约数。

和平时期易于造成奢侈浪费，在战时又易于引起人们的畏怯，并且会使罗马的行军队伍，看来像是东方的队伍。女人的缺点还不仅仅在于柔弱和缺乏毅力：如果放松她们的话，她们又会变得残忍、诡计多端和野心勃勃。她们会在士兵中间跑来跑去，随便指使那些百人团长。最近就有一个女人主持步兵中队的操演和军团的检阅。[①] 让在场的人们都想一想，每当一位高级长官因渎职而受到审判的时候，大多数的控诉都是针对着他的妻子的。[②] 在行省那边，最坏的分子首先都是阿谀长官的妻子的。管事情和处理事情的也是长官的妻子。她们外出时也要带着一批长官的扈从，她们自立一个行政中心，而且从她们那里发出的是更加任性的和专制的命令。她们过去还曾受到欧庇乌斯法[③]和其他法律的约束，但是现在她们打破约束，不仅仅在家里、法庭里、甚至在军队里都称王称霸了。

（34）少数人同意他的说法。但许多人在他发言时打断了他的话，他们说，元老院不应当提出这样一个问题来讨论，而且凯奇纳这个监察官也没有资格来讨论这样一个重要的问题。美撒拉的一个儿子瓦列里乌斯·美撒里努斯[④]立刻就对他的发言作了回

① 这里是指披索的妻子普朗奇娜（参见本书第2卷，第55章）。后来凯奇纳还会发现卡尔维西乌斯·撒比努斯的妻子更坏（参见《历史》，第1卷，第48章）。

② 这里的说法有些夸大，在优维纳尔《讽刺诗》，第8章第128—130行中有类似的看法。

③ 欧庇乌斯法（lex Oppia）以反对衣着的奢侈为主要目的，它是在对汉尼拔作战时为节约的目的而通过的，但是在二十年后被取消了（参见李维，第34卷开头处）。

④ 参见本书第1卷，第8章；第3卷，第18章。他的父亲是著名的演说家、军人、文学家和政治家玛尔库斯·瓦列里乌斯·美撒拉·科尔维努斯，是提布路斯、荷拉提乌斯的朋友，而在晚年时又是提贝里乌斯的朋友。提贝里乌斯把他的作品当成是拉丁语的典范（参见苏埃托尼乌斯：《提贝里乌斯传》，第70章）。

答。在美撒里努斯身上可以看到他父亲的口才的一些影子。他说,“罗马古代的许多严峻的风习都被改进和缓和了,因为罗马不再处于战争的环境之中,而周边的行省对它也不再敌视了。因此我们对于妇女的需求作了一些让步,然而并不至于破坏她们的丈夫的家业,更不用说我们的联盟者了。妻子是和丈夫分享所有其余的一切的,这种做法在和平时期是不会发生任何问题的。当然,对于一个出发去作战的人来说,他必须摆脱一切累赘,但是在他们经过一番辛苦而回来之后,他们岂不是最应该从他们的妻子那里得到安慰吗?当然,我们知道,有一些妇女给她们的丈夫出坏主意,或是表现得贪得无厌。然而不是有很多高级官吏,他们本人也表现出容易受到各式各样的诱惑吗?然而行省长官的职位是永远不会空下来的!即使我们承认,丈夫常常由于妻子的邪恶而腐化堕落,可是难道独身的就全都是好人么?”

“当初我们所以通过了欧庇乌斯法,是因为共和国的环境要求我们这样做。后来由于临时的情况而把这些法律放松或是改轻了。对于我们自己的松懈,我们是不必隐讳的。如果一个女人有了越轨的行为,那么这个责任要由她的丈夫来负。而且,由于一两个丈夫有缺点,结果就使得所有已婚的男子在幸福和灾祸的时候都不能和自己的妻子在一起,这是不公平的。而且,这样做就等于说把一个生性脆弱的女性单独丢在一旁,任凭她沉溺在肉欲和别人的引诱之中。就是天天在跟前守着,婚姻的关系都几乎很难保证不发生问题,如果多年间不在一处,和离婚差不多,情况如何那还用说么?在他们采取措施制止别处的滥用职权的行为时,倒是应当很好地想一想首都的丑事的!”杜路苏斯又简单地谈了谈他自己的婚事。他指出说，“君主们常常不得不到帝国的很边远的地区去，在圣奥古斯都到西方和东方去的时候，不也是常常带着他的里维娅做伴侣么？[①] 他自己曾经到伊里利库姆去，而在有必要的时候，他也准备到别的地方去，但是要离开他们共同的许多孩子的母亲，也就是他的亲爱的妻子，并不是永远没有痛苦的。”这样一来，凯奇纳的建议就作罢了。

（35）当元老院再一次开会的时候，他们又接到了提贝里乌斯的一封信，信里含蓄地责备他们把全部责任都推到皇帝身上。他还指定了两个人供元老院选择担任阿非利加的总督，他们是玛尼乌斯·列庇都斯和尤尼乌斯·布莱苏斯。这两人都向元老院表示了态度。列庇都斯特别认真地请求免去他这样一个职务，他举出了健康情况、孩子的年龄以及他那现在需要结婚的女儿作为理由。还有一个理由他没有讲出来，然而大家也都晓得，这就是布莱苏斯是谢雅努斯的叔父，因此这个竞争者比他有力得多。布莱苏斯的回答表面上也是拒绝，不过可以商量，经过那些谄媚之徒的一致劝说，他也就改变了自己的主意。

（36）这时有一件许多人私下不满的事情暴露出来了。暴民们越来越甚地侮辱和诽谤知名的市民，并且用抓住上面有恺撒像上一件什么东西来逃避惩罚。[②] 保护人和主人对于在他们面前动口骂人动手打人的被释奴隶和奴隶确确实实是十分害怕的。因此

① 参见苏埃托尼乌斯：《奥古斯都传》，第 24 章。

② 关于用皇帝的像来避难的做法，参见本书第 4 卷，第 67 章，阿格里披娜提出的意见。根据苏埃托尼乌斯的说法，这种做法往往陷对方于大逆罪（参见《提贝里乌斯传》，第 58 章）。

元老盖乌斯·凯司提乌斯就发表了自己的看法。他说:皇帝确实和神一样。但是神本身也只受理请求者的正当控诉,谁都不能为了逃脱自己所犯的罪行而逃到卡披托里乌姆神殿或罗马的其他神殿去。但是,当被他(盖乌斯·凯司提乌斯)在法庭上判了欺诈罪的安妮娅·卢菲拉敢于在广场上或元老院的门口侮辱和恐吓他时,他本人却不敢用法律制裁她,就因为她手里拿了皇帝的像来对付他。在这样的情况下,法律实际上等于被毁弃,彻底被推翻了。他周边的人也都纷纷提出了这类的、有时比这更加严重的事情。人们都请求杜路苏斯惩罚这类行动。最后他不得不下令把她召来,并且在证实了她的罪行之后,把她囚禁在国家监狱里。

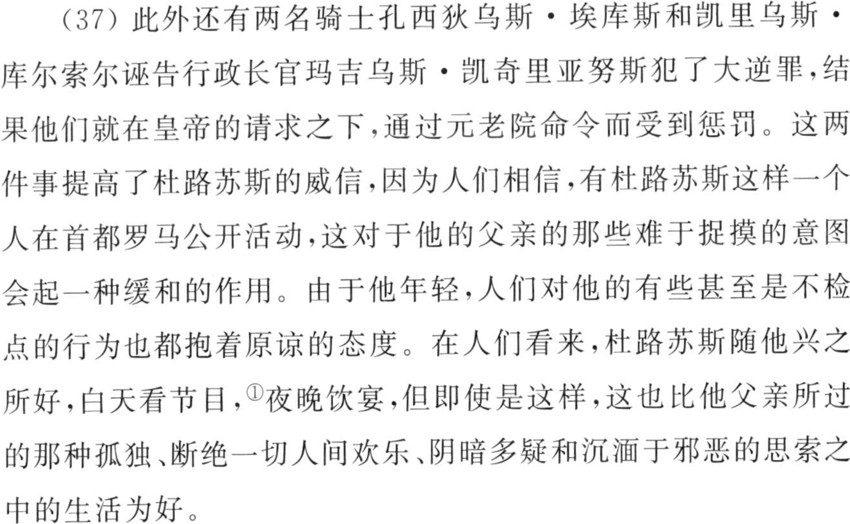

(37) 此外还有两名骑士孔西狄乌斯·埃库斯和凯里乌斯·库尔索尔诬告行政长官玛吉乌斯·凯奇里亚努斯犯了大逆罪,结果他们就在皇帝的请求之下,通过元老院命令而受到惩罚。这两件事提高了杜路苏斯的威信,因为人们相信,有杜路苏斯这样一个人在首都罗马公开活动,这对于他的父亲的那些难于捉摸的意图会起一种缓和的作用。由于他年轻,人们对他的有些甚至是不检点的行为也都抱着原谅的态度。在人们看来,杜路苏斯随他兴之所好,白天看节目,①夜晚饮宴,但即使是这样,这也比他父亲所过的那种孤独、断绝一切人间欢乐、阴暗多疑和沉湎于邪恶的思索之中的生活为好。

(38) 提贝里乌斯和告密者并没有就此住手。安卡里乌斯·

① 据杰克逊本 aedificationibus,则有"白天大兴土木"的意思;他认为当时的建筑狂热可以证明这种说法是对的。比尔努的译本则据 Lipsius 本是 editionibus,今从之。

普利斯库斯曾经控告克里特[1]的总督凯西乌斯·科尔杜斯有渎职行为：在这之外还加上了一项大逆罪，这是现在一切控诉所必须加上的一条。马其顿的一个名叫安提司提乌斯·维图斯的贵族已经被洗刷了强奸的罪名，但是皇帝谴责法官们的这种做法，并且把他召了回来，要他以大逆罪受审，因为在科提斯（指科提斯四世。——中译者）被杀害后，列司库波里斯企图发动对罗马人的战争的时候，[2]他这个怀有叛离之心的人曾经参与了列司库波里斯的阴谋。结果被告便被判处了切断火与水的惩罚，[3]同时还必须被拘留在离马其顿或色雷斯都不近便的一个岛上。原来自从这个王国在莱美塔尔凯斯和科提斯的孩子们——这些孩子在未成年的时候，由一个叫做特列贝列努斯·路福斯的罗马人担任摄政——之间分配之后，不习惯于罗马的统治的色雷斯便一直处于内部纷争之中；人们对莱美塔尔凯斯的责难和对于特列贝列努斯·路福斯的责难一样激烈，因为他没有为他的国人所受的侮辱进行报复。三个强大的部族，科埃拉列塔伊人、欧德律撒伊人和迪伊人都拿起了武器，他们各有自己的领袖，而这些领袖又正好都是出身卑微的。这种情况使得我们不致对付一支联合的力量，而这种联合是会引起一场严重战争的。一部分人蹂躏了他们附近的地区；另一部分人越过了海木斯山脉[4]把边远地区的部落发动起来；人数最

① 严格说来应是克里特和库列涅二地的总督。奥古斯都把这两个地方合并成为属于元老院的一个行省。

② 参阅本书第 2 卷，第 64—67 章。

③ 这等于今天被剥夺了公民权。关于火与水，参阅库朗若：《罗马古代社会研究》（商务版）。

④ 巴尔干山脉。

多而组织得也最好的那一部分人则包围了菲利波波里斯的国王，这个城市是马其顿的菲利浦建立的。[①]

（39）统率着最近的一支罗马军队[②]的普布里乌斯·维莱乌斯闻讯以后，便派出了辅助骑兵部队和轻武装步兵中队去对付那些到处打劫、寻求掳获物或新兵的敌人队伍。他本人则率领着步兵的精锐前去解围。罗马人在各方面立刻取得了胜利。打劫的人都被歼灭了；在围攻的军队中间发生了纠纷；国王进行了一次适时的出击，但这时罗马的军团也赶到了。结果这就既不成为一场战争，也不是一次战斗，而是罗马人自己不流一滴血地大肆屠杀半武装的人和逃难者。

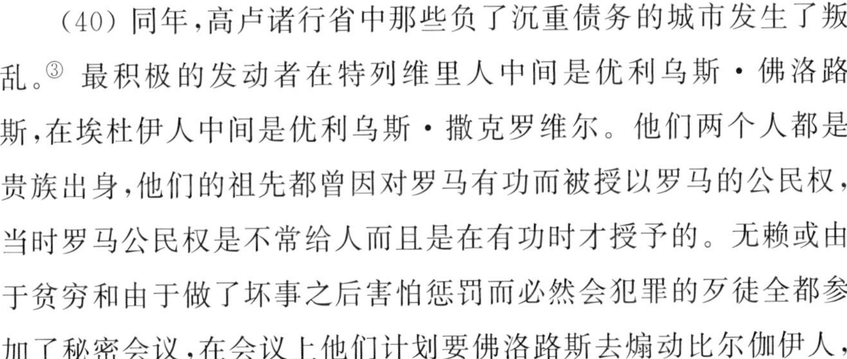

（40）同年，高卢诸行省中那些负了沉重债务的城市发生了叛乱。[③] 最积极的发动者在特列维里人中间是优利乌斯·佛洛路斯，在埃杜伊人中间是优利乌斯·撒克罗维尔。他们两个人都是贵族出身，他们的祖先都曾因对罗马有功而被授以罗马的公民权，当时罗马公民权是不常给人而且是在有功时才授予的。无赖或由于贫穷和由于做了坏事之后害怕惩罚而必然会犯罪的歹徒全都参加了秘密会议，在会议上他们计划要佛洛路斯去煽动比尔伽伊人，

① 公元前 342 年。在玛利察河上游的这座城市在历史上一直处于重要的地位，它是以建立者的名字为名的（土耳其的名称菲利贝〔Filibé〕）。

② 在巴尔干山脉以北的美西亚。普布里乌斯·维莱乌斯应当是彭波尼乌斯·佛拉库斯的继任者（参见本书第 2 卷，第 66 章）。

③ 发生叛乱的只是四个高卢中的两个，完全罗马化的纳尔波高卢（约略相当于普洛文斯）和西南部的阿克维塔尼亚并未参加。其余两个高卢：路格杜努姆高卢（在卢瓦尔河、塞纳河和撒欧尼河之间）居住着埃杜伊人、安迪卡维人和杜罗尼人；贝尔吉卡·高卢（西界是塞纳河和撒欧尼河，东界是从康司坦斯湖到大海的一段莱茵河）居住着特列维里人。

要撒克罗维尔去煽动距离较近的高卢人。因此在多次的集会和讨论当中，他们都发表背叛的声明，指责永无止境的税收、苛酷的利率、长官的残暴与横傲。他们说，日耳曼尼库斯被谋杀的消息使罗马的军团不再听从命令了，这正是他们重新取得独立的绝好时机。他们只消将他们自己的情况与意大利比较一下：他们的资源丰富，意大利却是贫困不堪，它的城市居民没有尚武精神，军队软弱无能，除非从异邦人那里补充新生力量。

(41) 这次运动的种子几乎撒遍了高卢的所有城市；但是最先发动起来的却是安迪卡维人和杜罗尼人。[1] 安迪卡维人是被副帅阿奇里乌斯·阿维奥拉镇压下去的，他所使用的是守卫路格杜努姆[2]的一个步兵中队。杜罗尼人则是被下日耳曼的副帅维谢里乌斯·瓦罗派出的一队罗马士兵击溃的。这次的统帅仍旧是阿维奥拉，不过有几名高卢的将领辅佐他，这些人带来辅助队伍，不过是想暂时掩饰一下他们的背叛意图，以便到了有利的时候再把自己的真正面目显示出来。撒克罗维尔是个很受注目的人物，他在那里鼓动部下的士兵为罗马作战。他头上没有戴头盔。据他的解释，这是为了使罗马人看到自己的勇敢。不过俘虏们指责说，他这样做是为了使对方认清他本人，这样才不致成为投枪的目标。提贝里乌斯在有人报告他这种情况时，并未理会。他的举棋不定使战争越打越大。

(42) 这时，急于实现自己计划的佛洛路斯想诱使在特列维里

① 从今天法国的昂儒(Anjou)和都兰(Touraine)等地名还可以看出它们的名字。

② 今天的里昂。

人那里征募、按照罗马的方式训练起来并为罗马人服役的一队骑兵，通过杀害罗马商人[①]的办法发动叛乱。他的确把其中的一些人争取到自己方面来，但他们大部分的人却是忠实于罗马人的。在这些人之外，还有一群债务人和食客也拿起了武器。他们想到一个叫做阿尔杜安纳的森林地区[②]去，但是他们的进路被维谢里乌斯和盖乌斯·西里乌斯[③]从上、下日耳曼的军队中派出去的队伍从相对的两条道路给截住了。一个和叛乱者与属于同一部族的名叫优利乌斯·因度斯的人和佛洛路斯有私仇，因而这一点促使他十分热心地为罗马人服务。这个人先被罗马人派出去，他带领着一队精兵混到谈不到有什么秩序的大群人中间去。佛洛路斯逃脱了征服者之手，而躲到不知到什么地方去了。但是最后，当他发现对方的士兵把每一个出口都堵住了的时候，他便自杀了。

（43）特列维里人所发动的叛乱就这样被镇压下去了。但是埃杜伊人发动的叛乱却更加严重，因为这一族比较富强，而且我们罗马的讨伐军[④]距离他们又很遥远。撒克罗维尔的一些武装的步兵中队占了这一族的首府奥古斯托杜努姆[⑤]，他的目的是想把在那座城市的学校中受普通教育的、出身高卢望族的子弟控制到自己手里，利用他们为人质去争取他们的双亲和亲属，同时他还把秘密制造的武器分给这些年轻人。他手下的军队多达四万人；其中

① negotiator，兼营兑换业务或开设作坊的商人。

② 当时的范围比今天大得多。

③ 上日耳曼的副帅（参见本书第 1 卷，第 32 章）；关于他的垮台参见本书第 4 卷，第 18 章。

④ 这里指莱茵河上的军团。

⑤ 今天的安敦（Antun）；那里有奥古斯都建立的一所著名的学院。

有五分之一是按照正规军团的标准装备起来的；其余的人的装备则是长矛、短刀和其他打猎用的武器。在这些人之外，他还配备了一部分原来做剑斗士的奴隶，他们按照本国的习惯全身披着铁甲，人们把他们叫做“克鲁佩拉里人”。他们全身披挂很重，因此难于进攻，但是在防守方面，却不容易受到伤害。这些部队不断地增加实力。相邻的各个地区虽然没有公开地归附过来，但是暗中却是积极支持的。在罗马的将领这方面，内部关系则很紧张，因为他们都想要取得这次战争的统率权。最后，年老体弱的瓦罗把这一统率权让给了还处于壮年的西里乌斯。

（44）但是，在罗马却传说，不只是特列维里人和埃杜伊人，而且高卢的六十四个部族全都叛变了。那里还传说，日耳曼参加了他们的联盟，西班牙正在动摇。无论什么事情一经谣传，就必然会被夸大并为人们所相信，因此忧国忧民的爱国者便感到痛心，但是许多不满现状和渴望变乱的人却幸灾乐祸。他们猛烈抨击提贝里乌斯，说他在这样的紧张局势之下，居然还能把精力集中在告密者的报告上。他们说，“撒克罗维尔是不是也要因大逆罪到元老院来受审？**人们**终于起来用武力制止这些要命的密告了！为了改变和平时期的恐怖气氛，人们甚至欢迎起战争来了！”但是提贝里乌斯更加装出毫不经心的样子。在这些日子里，他深居简出，不动声色，仍然是和先前一样地行事，这或是由于他非常沉得住气，或是由于他通过情报知道问题不大，并不是像人们所夸大的那样严重。

（45）这时西里乌斯已经把一支辅助部队派出去作先锋，他自己则率领着两个军团，蹂躏了谢夸尼人的村落。谢夸尼人住在最靠近边界的地区,[1]他们和埃杜伊人相邻并且是埃杜伊人的武装联盟者。接着他又火速地向奥古斯托杜努姆推进。这次进军是旗手们的一次比赛,甚至普通士兵都愤怒地反对中途的一般休息或是夜间的长时间的营宿。他们说,只要他们看到了叛乱者或被叛乱者发现,就是得到胜利了。在离城[2]十二英里的一片平原上面,看到了撒克罗维尔和他的军队。他把那些身穿铁甲的士兵配置在前面,他的步兵中队部署在两翼,后卫则是那些武装不齐全的队伍。在一队将领的簇拥下,他威风凛凛地骑着马到他的军队那里去,要他们记住高卢人过去的光荣和他们曾使罗马人吃过的苦头。如果他们战胜的话,他们将取得何等光荣的自由,可是,如果他们再次被罗马人征服,那么罗马人对他们的奴役将是怎样更加不能忍受啊。

(46)他的话不多,士兵们听了之后反应十分冷淡,因为备战已久的罗马军团越来越近了。这些没有受过军事训练而且没有任何战争经验的高卢市民连自己的眼睛和耳朵都不灵了。另一方面,虽然一定能取得胜利的希望根本不需要讲什么激励的话,西里乌斯却在大声疾呼:曾经征服过日耳曼的人如果把高卢的乌合之众当做敌手来看,那真是丢脸!“不久之前,一个步兵中队就打垮了叛变的杜罗尼人;一队骑兵就解决了特列维里人;这支军队的几个骑兵小队就征服了谢夸尼人。埃杜伊人越富就越贪图欢乐,就越缺乏尚武精神;把他们打垮,但他们逃跑时,可以手下留情。[3]”

---

① 他们大体上占据佛兰什-孔代(Franche-Comté),并同上日耳曼相邻接,西里乌斯就是上日耳曼军团的统帅。

② 这里指奥顿。

③ 换句话说,就是俘而不杀。

士兵们用高声回答他所讲的话。骑兵包抄敌人的两翼，步兵则进攻前卫。高卢人的两翼很快地就被攻破了；但是在前卫方面，铁甲兵却还能抵挡一阵，因为他们身上的铁甲是不怕投枪和剑的。但是这时军团士兵却抡起了他们的斧头和鹤嘴锄，向着穿着铁甲的人们身上砍去，就仿佛是要捣毁一堵墙的样子。另一些人则用竿子或耙子把这一大群行动不灵活的人打倒，使他们像死人一样倒在那里，连爬起来的气力也没有。撒克罗维尔跟他最忠实的下属最初逃到奥古斯托杜努姆；后来又害怕被出卖，就逃到附近的一座别墅去了。他在那里自杀了，其他人也相互结束了性命。这座别墅点起了火，他们的尸体也就随着这座别墅同归于尽了。

(47) 到了这时，提贝里乌斯才写信给元老院，告诉他们战争的爆发和结束。他没有夸大也没有缩小事实，只是指出，这次胜利的取得，是由于将领们的忠诚和勇敢以及他自己所采取的政策，同时他还附带说明，为什么他本人以及杜路苏斯没有亲自指挥这次战役；他说，帝国的疆域太大了，如果皇帝仅仅因为一两个城市的叛变就贸然离开作为全国首都的罗马，这样做是有损于他本人的威信的。他说，不过既然他没有后顾之忧，他还是想到那里去进行视察并且作出安排。

于是元老院发布命令，为他的返回罗马向神许愿和祈祷，并且作了其他的致敬表示。但是只有科尔涅里乌斯·多拉贝拉[①]为了想在讨好的表示上远远超过其他人，竟然谄媚到提出这样一个荒

① 参见本卷第 69 章；本书第 4 卷，第 66 章；第 11 卷，第 22 章；关于他结束对塔克法里那斯的战争的事情，参见本书第 4 卷，第 23—26 章。

谬可笑的建议:提贝里乌斯应当从康帕尼亚进入罗马来接受一次小凯旋式。这项建议使得提贝里乌斯写了一封信给元老院,不无自豪地表示:他在年轻时征服过一些最强悍的民族,并曾接受或拒绝过这样多次的凯旋式,[①]因此到了他当前这样的年纪,他还不至于不爱惜自己的名誉到这种程度,乃至自己到罗马近郊去一次,以求取得这样虚荣。

(48) 大概就在这个时候,他请求元老院给予苏尔皮奇乌斯·克维里尼乌斯[②]以国葬的待遇。他原是拉奴维乌姆[③]的市民,和古老的苏尔皮奇乌斯贵族家族没有任何关系。但他是一名勇敢的士兵,积极服务国家,终于在圣奥古斯都的治下当上了执政官,稍后又因为攻占奇里奇亚边界以外的赫莫那地人的一些要塞,[④]他又取得了凯旋的勋记。后来他虽再度被任命为当时驻节在亚美尼亚的盖乌斯·恺撒的顾问,但他自己对于当时在罗得岛的提贝里乌斯也是同样尊敬的。[⑤] 这一情况现在是提贝里乌斯在元老院透露出来的,他还赞扬了克维里尼乌斯对他本人的忠诚服务,但同时却

① 他接受过三次凯旋式(公元前 9 年对达尔马提亚人和潘诺尼亚人;公元前 7 年对日耳曼人;公元 12 年对伊里利亚的叛乱者),但是根据他的颂赞者维列乌斯·帕特尔库路斯的说法,提贝里乌斯接受过七次凯旋式。

② 参见本书第 2 卷,第 30 章和本卷第 22 章。他担任执政官的年代是公元前 12 年,而在他第二次担任叙利亚长官时,进行了在"使徒行传"(第 5 章,第 37 节)和"路加福音"(第 2 章,第 2 节)中所提到的人口调查。

③ 在拉提乌姆南部,靠近阿披亚大道。

④ "赫莫那地人……的城市赫莫那在内地,还有其他四十四座要塞,隐藏在嶙峋的群山和山谷里"(参见普利尼:《自然史》,第 5 卷,第 27 章)。

⑤ 关于在亚美尼亚的盖乌斯·恺撒的情况,参见本书第 2 卷,第 4 章;关于在罗得岛的提贝里乌斯的情况,参见本书第 1 卷,第 4 章。

遣责了玛尔库斯·洛里乌斯[①]；他指责洛里乌斯曾唆使盖乌斯·恺撒采取了执拗的、惹人生气的态度。不过其他人在想到克维里尼乌斯时却不是很愉快的，因为我曾经说过，他迫害过埃米里娅·列庇妲，而且他晚年的行为既卑鄙又飞扬跋扈。

(49) 这年年底，一个名叫克路托里乌斯·普利斯库斯[②]的罗马骑士被人告密；这个骑士由于写了一篇到处传诵的哀悼日耳曼尼库斯的诗曾受到皇帝的金钱赏赐。告密的内容是这样：在杜路苏斯生病的时候，他写了另一组诗，准备在杜路苏斯死时发表，以为这样他就可以得到更大一笔钱。由于愚蠢的多嘴，克路托里乌斯在普布里乌斯·佩特洛尼乌斯[③]家里，当着他的主人的岳母维提里娅和许多贵族妇女的面吹嘘他自己的这种做法。当告密者出场的时候，其他的妇女吓得赶忙出来提供证据。只有维提里娅一个人坚持说，她什么也没有听见。不过有利于这一致命控诉的证据反而被认为更加可信，因此已经当选的执政官哈提里乌斯·阿格里帕便建议将罪犯处死。

(50) 但是这个建议遭到玛尼乌斯·列庇都斯的反对。他说：“元老们，如果我们只考虑一点，即克路托里乌斯·普利斯库斯所

---

① 公元前21年度执政官；公元前16年被日耳曼人战败并失去了军旗（参见本书第1卷，第10章：“洛里乌斯……遭到了惨败”）；公元1—2年，他是盖乌斯·恺撒的教师（rector）。根据荷拉提乌斯，则这个人“远离吸引一切的金钱”（《抒情诗》，第4卷，第9首），但根据普利尼（《自然史》，第9卷，第35章），这个人“由于向国王们勒索礼物而在整个东方声名狼藉”，公元2年在受辱后死去（或系自杀？）。

② 狄奥（第57卷，第20章）说此人的名字是盖·路托里乌斯·普利斯库斯。

③ 后来他做了六年的亚细亚总督和三年的叙利亚长官。他是克劳狄乌斯的老朋友，因而受到塞内加的讪笑。

讲的那些玷污了他自己的灵魂和别人的耳朵的脏话，那么不论是监狱还是绞索，①甚至是用来对付奴隶的那种严刑，②对他都是过于宽大的。尽管他犯下了极大的罪行，但是如果皇帝的宽厚和你们的祖先以及你们本身的事例在惩处和纠正的措施方面能起缓和的作用，又如果愚蠢和邪恶有所不同，说坏话和做坏事有所不同，那么，我们便可以提出这样一种办法，既不把犯罪者的罪过白白放过去，又不致使我们为自己的过分宽大或过分严厉而后悔。当某一个人在得到皇帝的宽大处理之前而自杀时，我常常听到我们的皇帝对这种做法表示遗憾。克路托里乌斯还没有死，留下他的性命对国家也不会造成任何威胁。但是把他杀死对人们也不会起什么慑服作用。他写的那些东西是毫无价值的，荒唐的，并且很快就会被人忘掉。一个暴露自己的丑行以便向无知的女人，而不是向男人讨好的人，是不会成什么气候，不会造成什么危险的。因此，我建议把这个人逐出罗马，没收他的财产，切断他的火和水；我完全是把他当成和犯了大逆罪一样的人来处理的。"③

（51）只有一个曾经担任过执政官的路贝里乌斯·勃兰都斯同意列庇都斯的意见。其余的人都支持阿格里帕的建议。于是克路托里乌斯·普利斯库斯被带到监狱去，立刻在那里处死了。这种说做就做的处理办法，使提贝里乌斯对元老院作了一次典型的含糊其辞的斥责。他称许元老们的忠诚，因为对于侮辱一国元首的尽管轻

① 参见本卷第 14 章和注。

② 拷打和磔刑。

③ 列庇都斯的意思是他怀疑克路托里乌斯的罪过是否触犯大逆法，其次，即使触犯大逆法，法定的惩罚也不是死刑，而是放逐。

微的举动，他们这样果断地进行了报复；但是另一方面，他却又反对对口头上的犯罪这样迅速地加以惩罚。他表扬了列庇都斯，却又不曾责怪阿格里帕。因此就作出了这样一项决定，即元老院的任何决定都要在整整九天之后才能送到国库(aerarium)去，[①]所有被判处死刑的犯人在这段期间都应暂缓行刑。[②] 不过元老院并没有重新考虑的权利，而且提贝里乌斯在这期间也很少发过慈悲。

罗马建城775年，即公元22年

(52) 下一年是盖乌斯·苏尔皮奇乌斯[③]和戴奇姆斯·哈提里乌斯[④]担任执政官的一年。这一年，国外平静无事，但是在罗马本城，人们却惴惴不安地害怕会有一些严厉的措施来对付奢侈浪费的现象，因为这种坏风气已经突破了任何界限，沾染到一切可以乱花钱的事情上了。在这些浪费中间，有很多项浪费尽管在实际上更加严重，却照例可以通过不宣布价钱的办法把它们隐蔽起来。但是在大吃大喝方面耗费的大量的钱却不容易隐瞒，因而也就成了人们经常议论的对象，这就使人们担心那具有旧式的节约习惯的皇帝，会对这种情况采取什么过分严厉的制裁手段。当营造官盖乌斯·比布路斯提出了这个问题的时候，他的同僚营造官们也都说，禁止奢侈的法令[⑤]已经成了一纸空文；食品的黑市价格一天

① 元老院的命令最初保存在凯列司神殿里，由平民营造官负责看管。后来才保存在国库，即卡披托里努斯山的撒图尔努斯神殿(在协和神殿附近)。命令只有在放进国库之后才生效，国库也兼作档案库。

② 后来这段时间延长到三十天。

③ 盖乌斯·苏尔皮奇乌斯·伽尔巴，未来的皇帝的哥哥。

④ 参见本书第1卷，第77章；第2卷，第51章和本卷第49章；第6卷，第4章。

⑤ 这里可能是指公元前22年的优利乌斯法(lex Iulia)。在饮食上花费的规模，参见盖里乌斯，第2卷，第24章。

高似一天;用一般温和的手段已经不能制止上涨了。元老院在商讨之后,决定不加讨论便把这一问题直接交给皇帝来处理。但是提贝里乌斯自己在反复地考虑了这件事情之后,怀疑这种难以收拾的风气是否能制止得了,怀疑在制止的时候是否会在全国范围内引起一场更大的灾难,而且如果他进行改革又不能坚持,这是有伤他的尊严的,但如果他坚持的话,那么他的一些最显赫的臣民就要遭到贬黜和不光彩的处分;因此他就给元老院写了这样一封信,大意是这样:

(53)“元老们,在其他的情况下,如果需要我对有关国家政策的问题发表意见,我是愿意要你们提出问题并且由我来当面回答的;但是这次讨论,我认为我还是不来参加为好。否则的话,由于你们把元老当中犯下了不光彩的奢侈罪行的那些人的惊惶不安的面孔指出来,这样我便也可以看到这些人,并且,可以说,察觉到他们是哪些人了。如果我们的果敢有为的营造官们早一些和我商量这件事的话,我一定会劝他们不要去触动这些积重难返的、声名狼藉的恶习,不要把我们实际上无力克服的弊端昭告于世界。虽然如此,他们是恪尽了自己的职责的,而我希望每一位高级官吏也都能像他们一样尽责。对于我本人来说,沉默不语固然不适宜,但是要开诚布公地讲话也不容易,因为我既不是营造官,不是行政长官,也不是执政官。对于一个皇帝,人们所要求的是更伟大,更崇高的意见,人人都把成功的荣誉往自己的身上拉,但是他们做错了事却又把受埋怨的责任都推到一人身上。我将在什么事情上开始实行禁令和按照古老准则的撙节原则呢?从人们花费在别墅上的

大量金钱开始么?[①] 从我们的大量的(各族的)奴隶开始么?[②] 从我们的大量的白银和黄金开始么?从精美的青铜制品[③]和名画开始么?从那些和女人的服装分不出来的男子服装[④]开始么——特别是从那些使我们的钱源源不断地流入外国或敌国之手的女人奢侈品珠宝开始么?[⑤]

(54)“我知道,在宴会以及社交的集会上,大家对这类事情是憎恶的,都要求加以限制。可是,如果决定用法律惩处这些东西,则现在咒诅这些东西的人又会叫起来,说‘这是国家的一场大祸,是对于全部显要人物的致命打击,它会使任何一个人都有可能犯罪!’甚至那些长期治不好的痼疾也只能用猛药来医。本身堕落同时又使别人堕落的一种热病的病人必须用和引起这种热病的情欲同样猛烈的药来医治。我们的祖先所创造的全部法律,以及圣奥古斯都所制定的全部法律,现在都湮没无存了,前者被人们忘记了,后者受到人们的轻视,后面这种态度更不应该了。这种情况只能使人们更加放纵于奢侈的恶习。因为,如果你想取得某种尚未被禁止的东西,你就总是害怕这种东西有一天会被禁止;可是一旦你触犯了禁令而未受到惩罚,你就会壮起胆子,而且连羞耻也会不

① 这是当时常常提到的话题。

② 参见本书第 4 卷,第 27 章;第 14 卷,第 43、44 章。这一点证明当时存在着大量奴隶。

③ 指“科林斯的”青铜器,这种青铜器的价格在提贝里乌斯时代飞涨起来(参见苏埃托尼乌斯:《提贝里乌斯传》,第 34 章)。

④ 参见本书第 2 卷,第 33 章。

⑤ 例如,在印度的马拉巴尔的胡椒海岸那里就发现了许多罗马钱币。贵金属的不断外流和矿藏的枯竭,最后引起硬币成色的降低。

顾了。过去人们所以能够保持俭朴的作风,是因为人们都有自制的能力。因为我们只不过是一个城市的市民。甚至在我们成为全部意大利的主人的时候,我们也没有受到这样的诱惑。对外进行的胜利的战争,教会了我们浪费别人的财产,国内的胜利又教会了我们浪费自己的财产。营造官们要大家注意的事情是多么小的一件事情啊。如果人们向四外看一看,就会发现这是多么不重要的事情。但是,可惜没有一个人愿意向我们指出这样一个情况:罗马是靠着国外的粮食来维持的,而且罗马人每天都是要看着暴风和海浪的眼色过日子的。[①] 如果行省的粮食不来支援这里的主人和奴隶,看来我们自己的田地,我们自己的森林和庄园就非得养活我们不可了! 元老们,这正是皇帝所要操心的事情。这件事如果我做不好的话,国家就要彻底垮台了。至于其他缺点,我们自己必须想办法对付,只要我们大家持身公正,我们就能做得越来越好:穷人是因为他们必须如此,富人则因为他们已经满足了。

"虽然如此,如果任何一位高级官吏能够保证以必要的严厉和果断的手腕来抵抗这种恶习的话,那我一定对他十分感谢,因为他分担了我的一部分责任。但是,如果他们猛烈攻击腐化堕落的行为并因此而取得了声望,可是却把招来的怨恨最后都推到我的身上,那么,元老们,我告诉你们,我自己也是不很希望为自己树敌的。如果国家有这种需要的话,则即使这种敌对情绪确是严重的,而且常常是不公正的,我也绝不回避。如果这种敌对情绪是无用

① 主要依靠从亚历山大来的粮船和从阿非利加行省来的粮商。参见本书第 12 卷,第 43 章。

的、没有意义的，而且对我本人以及对你们大家都没有好处的话，那么我是有充分的理由不去招惹这种事情的。”

(55) 恺撒的信在元老院宣读之后，营造官们就被解除了这样一项任务。在阿克提乌姆一役之后直到使谢尔维乌斯·伽尔巴登上宝座的这整整一世纪的动乱时期里，[①]人们在吃喝方面所花的钱确乎是到了无以复加的挥霍程度，但是在这之后，这种风气便渐渐衰退。促成这种情况的原因倒是值得好好地研究的。

在先前，富有的或是显赫的贵族之家往往由于讲究排场而致倾家荡产。因为那个时候，在罗马以及在外省，向人民大众、向行省居民以及向那些依附罗马的国王们讨好，笼络他们或是得到他们对自己的奉承，这对罗马公民来说还是公开合法的事情。谁的财产越多，住宅越好，家业越大，他的声名也就越高，他手下的食客也就越众。但是经过无情的残杀，[②]当着声名显赫意味着死亡的时候，幸存下来的人就谨慎得多了。同时那些从自治市和移民地，甚至从各个行省不断选入元老院来的那些白手起家的新人，也从他们的本地把朴素的生活习惯带到罗马来；尽管由于运气好或是由于刻苦自励，许多人在晚年时富足起来，但他们先前的那种勤俭持身的习惯却始终没有改变。促成俭朴风习的最有力的人物是维斯帕西亚努斯，他自己在持身和饮食方面就是旧式的严峻人物。从那时开始，对于皇帝的尊敬和人们喜欢模仿他的风气是比法律上的惩罚和禁止更有力量的。或者我们还可以这样说，万事万物，不管是道德的变迁还

① 公元前31年至公元68年。

② 这种残杀发生在提贝里乌斯(晚年)、卡里古拉、克劳狄乌斯和尼禄四个朝代。

是季节的变迁，都存在着一种循环往复。在我们之前的古代，事情确乎并不是样样比我们的好；我们自己的时代也产生了不少道德上的和文学艺术上的典范可供我们的后人模仿。但无论如何，我们今天和我们的古代的这种有益的竞赛将永世进行下去！

（56）提贝里乌斯对于大批告密者的活动进行了抵制，[①]从而获得了温和的名声，于是他就写了一封信给元老院，希望他们把保民官的权力授予杜路苏斯。表示最高大权的这个说法是奥古斯都发明出来的，因为他嫌恶国王或独裁官的名号，却又想用一个什么头衔把自己的高于其他一切的权力的地位表示出来。[②] 后来他选拔玛尔库斯·阿格里帕和他共同掌握这一权力，而在阿格里帕去世的时候，[③]代替他的则是提贝里乌斯·尼禄；他的这种做法是为了定下他的继承地位。他认为，这种做法可以打消其他那些觊觎王位的人的幻想。同时对于尼禄的谦逊自制和他自己的至高无上，他是有信心的。

当日耳曼尼库斯在世时，提贝里乌斯对于在他和杜路苏斯二人之间选定谁为继承人这件事踌躇不定，但现在根据这个先例，提贝里乌斯决定把杜路苏斯正式放在继承人的地位上。在这封信开头的地方，他请求诸神为了国家的利益能够帮助他实现自己的计划，继而便用几句话如实地毫不夸大地描述了这个年轻人的性格。

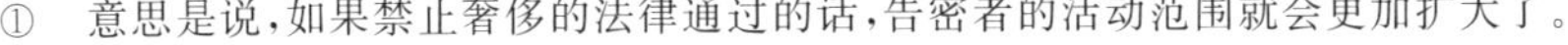

① 意思是说，如果禁止奢侈的法律通过的话，告密者的活动范围就会更加扩大了。

② 公元前 23 年 6 月，他终身获得了这一头衔；五年之后，阿格里帕也取得了这一头衔，一直到他死于公元前 12 年的时候。

③ 这里和事实不符，因为直到公元前 9 年或公元前 6 年他才取得了为期五年的保民官的权力。这权力直到公元 4 年盖乌斯·恺撒死后他被奥古斯都过继为继子的时候才重新恢复。

他说，“杜路苏斯已经有了一个妻子和三个孩子，并且已经到了先前他本人被圣奥古斯都召来担任同一职务的年龄。[①]”他还说，他的这种做法并非仓促行事，而是经过了八年的考验的：杜路苏斯镇平过叛乱，经历过战阵，接受过一次凯旋式，并担任过两次执政官，现在他不过是获准参加他业已熟悉的一件工作罢了。

（57）元老们早已就预见到了这次选立，因此他们的阿谀之词也都准备好了。然而他们所能想到的办法，也无非是为恺撒立像，为诸神修筑祭坛、修造神殿、拱门以及其他陈旧不堪的捧场措施而已。但是玛尔库斯·西拉努斯[②]却提出了一项新颖的建议。他建议在今后所有的公私纪念建筑物上，铭文上，不再用执政官的名字，而用拥有保民官大权的人物的名字来纪年，这样就抬高了皇帝的权力而贬低了执政官的权力。克温图斯·哈提里乌斯[③]则建议把这一天的决议用金字铭刻在元老院里，但他的建议引起了人们的嗤笑，这个老人的使人作呕的谄媚只能给自己招来耻辱。

（58）这时，在尤尼乌斯·布莱苏斯[④]治理阿非利加的期限被延长之后，朱庇特神的祭司（Flamen Dialis）[⑤]谢尔维乌斯·玛路吉南西斯要求把亚细亚的统治权授给他。[⑥] 他认为，不许担任这样

① 三十五岁。

② 参见本卷第 24 章。

③ 参见本书第 4 卷，第 61 章。

④ 参见本卷第 35 章。

⑤ 十五祭司（Flamens）的起源极为古老，他们每人掌理一个特定的祭仪。其中的三人地位较高，而又以朱庇特神的祭司（Flamen Dialis）最为重要。关于他的一些特殊的禁忌，参见盖里乌斯，第 10 卷，第 15 章。

⑥ 这同前一年的情况很相似，因为阿非利加又留给布莱苏斯了（参见本卷第 32 章注）。

职务的人们离开意大利，这乃是一种常见的错误；他的法律地位跟玛尔斯神和克维利努斯神的祭司的地位并没有什么区别。如果他们都能分配到行省的话，那么为什么朱庇特神的祭司反而不能取得这项权利呢？关于这一点，国家的法律并没有明文规定，在礼仪书里也根本没有这样讲过。当朱庇特神的祭司因病或其他公务而不在场时，其他祭司常常代他向朱庇特神执行祭仪，在科尔涅里乌斯·美路拉自杀[①]之后的七十五年当中，没有一个人接替他的职务，但是祭仪也从来没有中断过。如果说这样多的年代里都可以没有新的任命，而且也没有妨碍祭仪的执行，那么如果他自己去担任十二个月的行省总督岂不是一件更加轻而易举的事情么。在先前，毫无疑问是私人之间的怨隙使得祭司们不许朱庇特神的祭司担任行省的长官。但是今天，由于上天的嘉佑，最高祭司也成全人类的首脑，[②]他已超越于忌妒、怨恨或个人的好恶之上了。

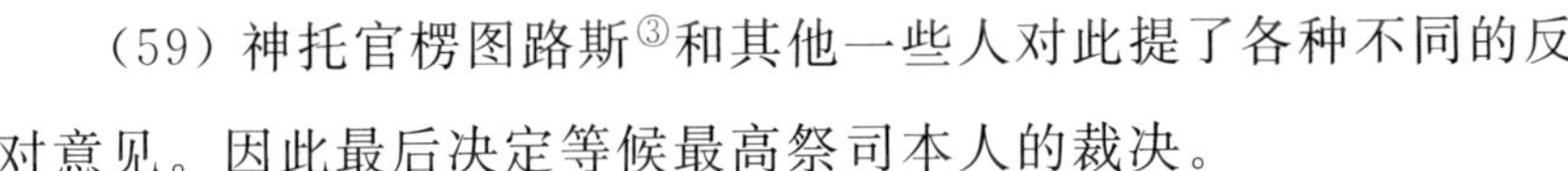

（59）神托官楞图路斯[③]和其他一些人对此提了各种不同的反对意见。因此最后决定等候最高祭司本人的裁决。

但是提贝里乌斯决定以后再来研究有关这位祭司的法定地位问题；另一方面，元老院为杜路苏斯取得保民官大权而决定采取的那些庆祝措施却被提贝里乌斯减去了不少。他特别批评了哈提里乌斯的那个前所未闻的建议和金字铭刻的建议，因为这是和罗马的

① 这是公元前 87 年秦纳返回罗马时的事情。

② 从公元前 12 年起，这一头衔照例给予皇帝，最后则授予罗马的主教。

③ 格涅乌斯·科尔涅里乌斯·楞图路斯，公元前 14 年度执政官，公元前 1 年亚细亚总督，以豪富驰名；他的财产估计有四亿谢司特尔提乌斯，他生性愚蠢，言语迟钝。提贝里乌斯当政时自杀（参见苏埃托尼乌斯：《提贝里乌斯传》，第 49 章）。

惯例不相容的。在元老院还宣读了杜路苏斯的一封来信，这封信虽然在主观上力求说得谦逊些，却仍然给人们一种极其横傲的印象。人们议论说，"世道已经变得这样，甚至一个孩子[①]在取得这样的荣誉时，都不肯亲自来感谢罗马诸神，不来到元老院或至少在他故乡的土地上就职。人们也许以为他是由于作战或是由于正在边远的地区而不能来吧；不是的，他这时正徜徉于康帕尼亚的海岸和湖上呢！人类的统治者一开头就是这样的作风，这就是他从他父亲那里得来的最初的家教啊！头发斑白的皇帝在他愿意的时候自然可以退隐，不和国人见面，可以以年老体弱和过去的劳苦作为理由。但是在杜路苏斯身上，除了横傲之外，还有什么东西能阻止他前来呢？"

（60）提贝里乌斯虽然把独裁大权紧紧地掌握住不放，却又给予元老院一项似有而实无的古老权力，那就是把行省[②]提出的要求交付元老院讨论。原来在希腊城市里到处都有罪犯可借以避难的神殿，因此犯罪的事情和罪犯逃避惩罚的事情也就随之增加了。神殿里挤满了犯罪的奴隶；逃避债主的人以及负有大逆罪嫌疑的人也都逃到这里来。这是一个保护宗教仪节，同样也就保护了人间的罪恶的民族，没有一种权威有足够的力量能够消除这个民族的派别对立情绪。因此决定要这些发生问题的希腊城市派他们的使节带着文书到罗马来。

有一些城市自愿地放弃了它们那没有什么道理的要求。但是许多城市却借口古老的迷信或是它们对罗马有利，而坚持自己的要

① 这时杜路苏斯已三十五岁，不能说是孩子。

② 这里当然是指元老院所辖的行省。

求。在那一天里，出现了令人难忘的一个场面：元老院仔细审查先人授予他们的各种特权，各个行省的制度，乃至在罗马崛起成为一大强国之前国王们所发布的命令和祭神的仪节。和往昔一样，元老院在进行这项工作时有充分的自由对它们加以肯定或加以修改。

(61) 第一个到达的是以弗所人。他们说，阿波罗和狄安娜并不是像通常人们所认为的那样诞生在狄罗斯。在以弗所有一条肯克里乌斯河和一座欧尔杜吉亚[①]丛林，就在那里，倚在直到今天还存在着的一株橄榄树上的、怀孕的拉托娜生下了孪生的天神。这座丛林因神的命令而成了圣地，而阿波罗在杀死了库克罗佩斯[②]之后，便是逃到这里来躲避朱庇特的愤怒的。后来里倍尔父神[③]在打败了亚马孙人之后，在这里赦免了躲到祭坛里来请求宽大的那些亚马孙人。而在赫尔克里士统治吕地亚的时候，他给予这一神殿以更多的神圣特权。这些特权一直依次受到波斯帝国的统治者，后来是马其顿人，最后是罗马人的尊重。

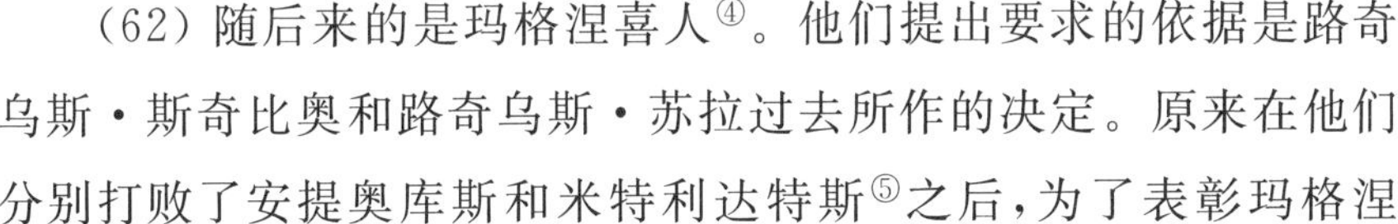

(62) 随后来的是玛格涅喜人[④]。他们提出要求的依据是路奇乌斯·斯奇比奥和路奇乌斯·苏拉过去所作的决定。原来在他们分别打败了安提奥库斯和米特利达特斯[⑤]之后，为了表彰玛格涅

① 在诗中一般用来指狄罗斯。

② 传说中的独眼巨人(Cyclopes)。

③ 即巴库斯神(Bacchus)。

④ 这里的和本书第 4 卷，第 55 章的玛格涅喜人同本书第 2 卷，第 47 章的玛格涅喜人(Magnetes a Sipylo)不是一回事。这是迈安德罗斯河上的玛格涅喜人。

⑤ 时间分别在公元前 190 年和公元前 88 年。参见李维，第 37 卷，第 45 章和第 80 卷提要。

西亚的忠诚和勇敢,而宣布列乌科普利斯的狄安娜[①]的神殿是神圣不可侵犯的避难所。随后,阿普罗狄西亚斯[②]和斯特拉托尼凯亚[③]两地则引证过去独裁官优利乌斯为了长期来他们为他的服务而发布的一项命令,此外还举出了圣奥古斯都不久之前发布的一道敕令,因为圣奥古斯都曾赞扬过他们在对付帕尔提亚人的入侵时对罗马人民一贯表现的忠诚。[④] 不过阿普罗狄西亚斯是为维纳斯祭仪进行辩护;而斯特拉托尼凯亚则是为朱庇特和三岔路口的狄安娜[⑤]的祭仪进行辩护。希耶洛恺撒利亚[⑥]的代表所谈的事情更加古老了,原来他们有一位波斯的狄安娜神[⑦]和一座在居鲁士当政时代便奉献给她的神殿。他们列举了培尔佩那[⑧]、伊扫利库斯[⑨],还提到了其他许多将领的名字,因为这些人不仅认为这个神殿,而且认为这一神殿周边二英里的地方都是神圣不可侵犯的。库普利奥提斯人则为三座神殿请命:其中最古老的一座是他们的

① 列乌科普利斯即玛格涅喜人的住地。

② 根据斯特拉波的说法,阿普罗狄西亚斯在边界的普里吉亚的一面,但普利尼则认为它位于卡里亚的一面,按后说较确。

③ 斯特拉托尼凯亚也是卡里亚的一座城市。它的名称是从安提奥库斯·索特尔的妻子斯特拉托尼凯而来的。

④ 这是公元前40年的事情。但事实是:优利乌斯的命令只涉及阿普罗狄西亚斯一个地方,而奥古斯都的命令也只涉及斯特拉托尼凯亚一个地方。

⑤ 因为它的神殿常常修建在三岔路口的地方,因而有了这个名称。

⑥ 在吕地亚。

⑦ 即阿娜伊提司(Anaïtis)。

⑧ 他在公元前130年打败和俘虏了培尔伽门的阿里斯托尼库斯。

⑨ 普布里乌斯·塞尔维里乌斯·瓦提亚·伊扫利库斯(P. Seruilius Vatia Isauricus)在公元前48年同恺撒都是执政官,两年后他是亚细亚总督。

始祖埃里亚斯建立起来献给帕波司的维纳斯的，[①]第二座是他的儿子阿玛图斯建立起来献给阿玛图斯的维纳斯的，第三座是因父亲提拉孟的愤怒而逃亡在外的提乌凯尔建立起来献给撒拉米司的朱庇特的。

（63）元老院还听取了其他城市的代表们的发言。最后元老们对代表们缕述的细节感到厌倦，并且不喜欢他们的激烈争吵，因此决定授权执政官审查他们提出的权利，看是否有什么没有看到的足以使他们的要求失效的缺陷，然后再向元老院提出报告。他们的报告同意了我上面所提到的那些城市的说法；此外他们还指出，在培尔伽门[②]地方还有埃司库拉皮乌斯的一座有确实来历的神殿。但是他们说，其他城市所提出的那些依据都是过于遥远时代的事情，因此很难弄清楚。比如说，士麦拿提出了阿波罗的一个神托，而他们就根据这一神托建立了一座神殿奉献给斯特拉托尼凯的维纳斯神；提诺斯岛[③]的依据是出自同一来源的一个预言，预言命令他们把一尊神像和一座神殿献给涅普图努斯。撒尔迪斯举出了胜利的亚历山大给予他们的特权，这是时代较近的，也是人们比较熟悉的一项根据；米利都人同样自信地引用了国王大流士[④]的命令作为依据。撒尔迪斯人的崇拜对象是狄安娜，米利都人的崇奉对象则是阿波罗。克里特人则又为圣奥古斯特的一尊像提出

① 参见塔西佗：《历史》，第 2 卷，第 3 章。它的神像显然只是一个圆锥形的石头。

② 在美西亚。公元前 133 年阿塔路斯・庇洛美托尔遗嘱把这一著名希腊化王国的土地赠给罗马人民。它现在的名字叫倍尔伽玛（Bergama）。

③ 爱琴海上基克拉季斯群岛中的一个岛，属亚细亚行省。

④ 指大流士一世。

了类似的要求。

为此,元老院通过了一系列的决议,这些决议都是用十分尊敬对方的口吻写出的,然而却仍然定出了一个限度。元老院并且命令请求者把铜牌立在神殿内部,一则是为了作为郑重的纪念,二则是为了注意防止使宗教成为世俗争吵的掩蔽物。

(64)大约在这同时,优利娅·奥古斯塔患了重病,皇帝不得不赶回罗马。[①] 看来母子之间的关系确是不错的,如果不是这样的话,那就是他们把相互间的憎恨情绪隐藏在心底了。原来就在不久之前,当优利娅在离玛尔凯路斯剧场不远的地方为圣奥古斯都建立一座像的时候,她曾在铭文上把提贝里乌斯的名字放在自己名字的后面。人们认为提贝里乌斯把这种做法看成是对自己的皇帝尊严的冒犯,但他却把这种极不高兴的心情深深藏在心里。不过元老院仍然下令举行全国性的祷告和大赛会。主持大赛会的是祭司[②]、神托官[③]和十五人团[④],而以七人团[⑤]和奥古斯都祭司团[⑥]为辅。路奇乌斯·阿普洛尼乌斯建议司礼官[⑦]也参加主持大赛会,但是提贝里乌斯反对这样做,他引证了先前的事例,认为不

---

① 参见本卷第31章。

② 拉丁文 pontifices。

③ 拉丁文 augures。

④ 拉丁文 quindecimviri,掌理《西比拉预言书》并监督外地的教仪。

⑤ 拉丁文 septemviri epulones,公元前196年设立,管理神宴(epulae,以前是三人,现在是十人)。与前三者合称四大祭司团。

⑥ 参见本书第1卷,第54章。

⑦ 拉丁文 fetiales。他们的职权是掌理国际间的仪式(现在大部分作废),如宣布战争、缔结条约等等。参见李维:《罗马史》,第1卷,第24、32章;第30卷,第43章;盖里乌斯:《阿提卡之夜》,第16卷,第4章。

同祭司团的权限应当有所区别；他还指出说，司礼官从来不曾有过那样高的地位，而且奥古斯都祭司团的成员所以被包括进来，是因为这次祷告是为了皇帝一家举行的，而他们正是属于皇帝一家的祭司团。

（65）关于元老院的建议，我认为我只应当提到那些特别高尚的和特别恶劣的建议。只有这样，我认为才符合人们撰述历史的首要任务，这就是：保存人们所建立的功业，[①]并且使邪恶的言行对后世的责难有所畏惧。然而那时是如此污浊的一个时代，当时的谄媚奉承又是如此地卑鄙可耻，以致不仅是国内那些不得不以奴性来掩饰自己的显赫声名的首要人物，就是所有那些曾经担任过执政官的元老，大部分担任过行政长官的元老以及许多普通元老，[②]都争先恐后地提出过分谄媚的、令人作呕的建议。人们传说每次在提贝里乌斯离开元老院的时候，他总是习惯于用希腊语说，“多么适于做奴才的人们啊！”看起来，甚至反对人民的自由的这个人，对于他的奴隶的这种摇尾乞怜、低三下四的奴才相都感到腻味了。

（66）但他们却一步一步地从自我作践走向残忍。被控犯了勒索行省居民之罪的亚细亚总督盖乌斯·西拉努斯，同时受到前执政官玛美尔库斯·司考路斯[③]、行政长官尤尼乌斯·奥托和营造官布路提狄乌斯·尼格尔的控诉。他们控诉他冒渎了奥古斯都

① 参见拙译希罗多德：《历史》，商务印书馆，1959年版，第1卷，第1章：“……他（指作者）所以要把这些研究成果发表出来，是为了保存人类的功业，使之不致由于年深日久而被人们遗忘。”

② 可能这里是指那些没有担任过高级官吏的元老。甚至瓦罗对这一名词确指什么也不大清楚，参见盖里乌斯，第3卷，第18章。

③ 参见本书第1卷，第13章；第3卷，第23和31章；第6卷，第9和29章。

的神圣，[①]和藐视提贝里乌斯的尊严。但玛美尔库斯竟然引用古人的前例为自己辩护，诸如斯奇比奥·阿非利卡努斯对路奇乌斯·科塔的控诉，[②]监察官加图对谢尔维乌斯·伽尔巴的控诉，[③]玛尔库斯·司考路斯对普布里乌斯·路提里乌斯的控诉。[④]但是，大家知道，以上所举的事例是斯奇比奥和加图或是玛美尔库斯的曾祖、著名的司考路斯对罪恶进行报复，而司考路斯的曾孙玛美尔库斯，他的一家中的败类，却用自己的可耻行为玷污了司考路斯。尤尼乌斯·奥托过去的职业本是办学校，后来借着谢雅努斯的力量成了元老之后，他的胆大妄为和厚颜无耻甚至使他那本来是卑微的出身又加上了一层耻辱。[⑤]布路提狄乌斯是很有才能的人，如果他走正路的话，他一定能够取得一切崇高声誉。但急于飞黄腾达的心情促使他先是想超过和他同等身份的人，继而又想超过比他地位高的人，最后竟想超过他自己的野心：这是许多人致命的弱点，甚至优秀人物也在所难免。他们瞧不起稳步迁升，强求过早地成就功名，但是功名到手之日，也许就是身败名裂之时啊。[⑥]

（67）盖里乌斯·普布利科拉和玛尔库斯·帕科尼乌斯也参加了控诉者的队伍。前者是西拉努斯的财务官，后者是他的副帅。

---

① 所谓冒渎神圣，指发伪誓。参见本书第1卷，第73章。

② 这是公元前132至公元前129年间的事情。

③ 公元前149年。

④ 公元前116年。

⑤ 根据老塞内加的说法，奥托后来成了比较著名的修辞学家。本书第6卷，第47章的尤尼乌斯·奥托是他的儿子。

⑥ 从优维纳尔的作品（第10章，第81行以次）我们知道，他是随着谢雅努斯的垮台而丧命的。

毫无疑问，被告是犯下了残暴和勒索的罪行。然而还有许多事情也加到他的身上，单是这些事情就足以使一个无辜者送命了。除了他在元老院里的大批敌人之外，还有整个亚细亚行省的最雄辩的辩士同他作对，这些人都是特意选来进行这次控诉的。但是面对着这些人进行答辩的却是孑然一人，他既没有法律知识，本人又陷入了极大的惊恐。就是职业的演说家陷入这种惊恐情绪的时候，他也会说不出话来。通过言语和表情，提贝里乌斯始终是在促使这个案件变得越来越严重。此外，他还不惮烦地问这问那，对于这些问题都是既不能反驳又不能回避的，有时甚至要老实地坦白，以便使皇帝提出的问题不致得不到任何结果。此外，西拉努斯的奴隶也被正式地卖给了公家，[①]这样做是为了可以通过严刑拷问对他们进行审讯。在这样的危险时刻，没有一个朋友能够帮他的忙，因为加到他身上的大逆罪使他们不得不保持沉默了。因此西拉努斯在要求给他的几天期限之后，便放弃了为自己进行的辩护，但是他却冒险给提贝里乌斯写了一封又像责备又像恳求的信。

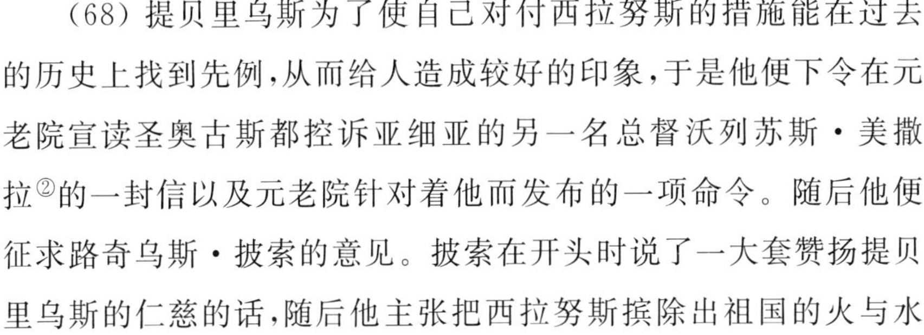

(68) 提贝里乌斯为了使自己对付西拉努斯的措施能在过去的历史上找到先例，从而给人造成较好的印象，于是他便下令在元老院宣读圣奥古斯都控诉亚细亚的另一名总督沃列苏斯·美撒拉[②]的一封信以及元老院针对着他而发布的一项命令。随后他便征求路奇乌斯·披索的意见。披索在开头时说了一大套赞扬提贝里乌斯的仁慈的话，随后他主张把西拉努斯摈除出祖国的火与水

① 参见本书第 2 卷，第 30 章。

② 路奇乌斯·瓦列里乌斯·美撒拉·沃列苏斯是公元 12 年左右的亚细亚总督。塞内加把他跟帕拉利斯(Phalaris)与汉尼拔都列为嗜杀的人物。

之外，并且把他贬黜到一个叫做吉雅路斯的小岛[①]上去。其他人也都同意；只有格涅乌斯·楞图路斯一人例外，他的建议是：既然西拉努斯的财产是从他那出身阿提乌斯家族[②]的母亲手里继承过来的，因此这一方面应当和其余各方面区分开来，并且应当归还给他的儿子。

(69) 提贝里乌斯同意了他的建议。但是科尔涅里乌斯·多拉贝拉为了乘机再献媚一番，在抨击了西拉努斯的品格之后，更建议在生活上有过丑行和声名扫地的任何人都不能被选为行省的总督，而皇帝则应当对这样的人的人品作出裁决。多拉贝拉说，既然犯罪要受到法律的惩处，那么对于犯罪的人来说，以及对于行省居民来说，要是能够在事先预防犯罪的话，那将是多么仁慈的措施啊！但是恺撒反对这种说法。他说，"他是知道外面人们关于西拉努斯的各种议论的；但是人们不能根据谣传来作出自己的判断。许多人由于他们在行省中的行为辜负了人们对他的希望或敬畏。高位使人们的一些本性变得好起来，又使另一些本性变得迟钝起来。一位皇帝不可能任何事都懂得，他也不希望他会受到别人的阴谋诡计的影响。法律管的是已经做出来的事情，这是因为没有做出来的事情是不能最后确定的。正是根据这样的原则，他们的祖先才规定，如果一个人犯罪的话，那应该受到惩罚；制定得十分合理而且又一贯被遵守的制度，他们是不应当推翻的。皇帝们已

① 爱琴海上一个岩石嶙峋的小岛，罗马人用它为流放罪犯的地方。它现在叫做吉乌拉(Giura)。

② 这里指奥古斯都的母族。他的母亲是玛尔库斯·阿提乌斯·巴尔布斯和恺撒的姊妹优利娅的女儿。

经有了足够的负担,甚至有了足够的权力:专制的权力扩大了,臣民的权力就缩小了。在人们可以实施法律的地方,再利用君主的命令那就不对了。"

提贝里乌斯讲出了这种带有民主味道的意见来,这是十分罕见的事情。全场的人对他的发言报以欢乐的呼声。提贝里乌斯在本人不受愤怒的影响的时候,他的性格是老成持重而且是温和的。他还说,"吉雅路斯是一个荒凉的无人居住的小岛。考虑到西拉努斯出身于尤尼乌斯家族并且曾是元老院的一名成员,他们可以准允他退休到库特诺斯岛[①]去。西拉努斯的姊妹托尔克娃塔是一位具有古风的圣洁的维司塔贞女,她也提出了这样的请求。"这项建议未经讨论就通过了。[②]

(70)随后元老院听取了库列涅[③]人的发言。凯西乌斯·科尔杜斯受到安卡里乌斯·普利斯库斯的控诉而被定下了勒索的罪名。[④] 一个罗马骑士路奇乌斯·恩尼乌斯被控以大逆罪,因为他把皇帝的一座银像熔铸为日用的银器[⑤]。提贝里乌斯不许追究这件事情。但是阿泰乌斯·卡皮托[⑥]却公开反对,好像他是独立自主地发表了自己的意见似的。他说,元老院不应被取消作出决定

① 开俄斯岛斯南面的一个较大的岛。

② 如果估计一项建议不会引起反对意见的话,元老院的表决(discessio)便无须再像通常那样依次征求元老们的意见。参见盖里乌斯,第 14 卷,第 7、9、13 章。

③ 库列涅是埃及和"阿非利加"之间的一块土地,它和克里特一起成为元老院的一个行省。

④ 参见本卷第 38 章,在这中间的一年是用来搜集证据的。

⑤ 这里指食具。

⑥ 参见本卷第 75 章。

的权力,而且这样一件严重的罪行是不应当不受到惩罚的。对于他本人受到的侮辱,他当然可以采取宽大为怀的态度,但是对国家犯下的罪,他是不能宽恕的!但是,提贝里乌斯对于卡皮托这样讲话的本意何在是懂得的,因此便仍然坚持自己的否决意见。在这件事上,特别明显地表现出了卡皮托的堕落,因为他本来是精通世俗的和宗教的法律的,他讲的话不仅仅是玷污了一位政治家的令誉,而且也玷污了他个人的一些优良品质。

(71)接着又出现了一个宗教方面的问题。为了使奥古斯塔早日康复,骑士们许给骑着马的幸福女神[①]的礼品要在哪个神殿里奉献呢?虽然当时在罗马有许多幸福女神的神殿,但是没有一位幸福女神拥有这样的称号。[②] 人们发现,在安提乌姆[③]有一座神殿有这样的名称,再说呢,既然在意大利城市中的一切祭仪以及一切神殿和神像都是受罗马管辖和统治的,因此他们的礼品就在安提乌姆奉献了。

既然谈到了宗教方面的问题,于是提贝里乌斯便向朱庇特神的祭司谢尔维乌斯·玛路吉南西斯作了不久之前拖延下来的回答。[④] 他宣读了祭司的一项命令,命令说,朱庇特神的祭司任何时候如果生病,可以在祭司长的准许之下离开圣职两夜以上,但必须不是在国祭期间,而且每年也不能超过两次。在奥古斯都元首

---

① 骑着马的幸福女神,拉丁文是 equestri Fortunae。

② 公元前 180 年为了纪念罗马骑兵的功勋而许愿建立起来的(李维:《罗马史》,第 40 卷,第 40 章)、存在了将近九十年的那一座,这时大概已经毁掉了。

③ 今天的安齐奥港。

④ 参见本卷第 58 章。

(帝)制时期所作的这一规定表明,朱庇特神的祭司不能离职一年到行省去担任总督的职务。过去祭司长路奇乌斯·美提路斯不许祭司奥路斯·波司图米乌斯离开罗马的事例也被提到了。[①] 结果亚细亚便分配给资历次于玛路吉南西斯的一位前任执政官了。

(72) 大概就在这同时,玛尔库斯·列庇都斯向元老院请假,以便自己出资去加固和装饰那由保路斯修建的会堂[②]——埃米里乌斯家族的纪念建筑物。私人出钱办公众事情仍是一种风尚。奥古斯都过去不曾反对陶路斯、菲利浦或巴尔布斯把缴获的战利品或大量资财用来装饰首都,从而使后人也感到光彩。列庇都斯的财产并不多,但是他现在也学那些人的样子,想来重修他的祖先的著名建筑物了。另一方面,不慎毁于火的庞培剧场却是由提贝里乌斯本人出资重修的,因为庞培家族没有一个人能有这样的财力干这件事情。不过庞培的名字却依旧保留下来了。

同时,他又大大地称赞了谢雅努斯。"正是由于谢雅努斯的果敢和警觉,剧场的那场火才没有越烧越大。"元老们建议在剧场那里给谢雅努斯立像。不久之后,提贝里乌斯又把凯旋的标记授予阿非利亚总督尤尼乌斯·布莱苏斯,他指出,他这样做是为了向谢雅努斯表示祝贺,因为布莱苏斯是谢雅努斯的叔父。尽管这样讲,布莱苏斯的功勋其实完全当得起这样的荣誉。

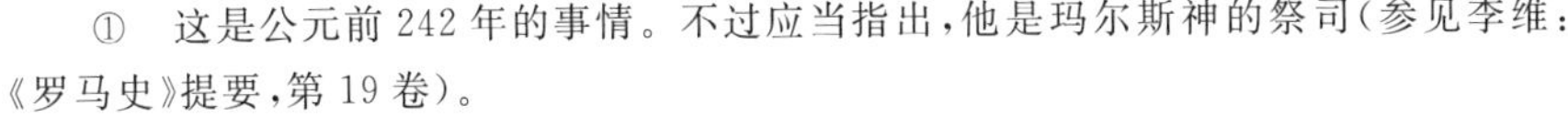

① 这是公元前 242 年的事情。不过应当指出,他是玛尔斯神的祭司(参见李维:《罗马史》提要,第 19 卷)。

② 公元前 50 年由列庇都斯的祖父开始兴建,由他的父亲完成并奉献。公元前 14 年毁于火,后由奥古斯都和该家族的友人修复。

(73) 至于塔克法里那斯[1]，他虽然多次受挫，却在阿非利加的腹地纠合了一批援军之后，现在竟然放肆到派使节到提贝里乌斯这里来，为他本人和他的军队要求土地了。他说，如果他得不到土地的话，那他就要发动一场永远摆脱不了的战争。不管怎样，一个逃跑的匪徒现在竟然大模大样地装作一个敌国的首脑那样前来向他提出要求，这种情况比对他个人或国家受到的任何侮辱都更使他气愤。"甚至在斯巴达克斯[2]歼灭了许多执政官的军队之后，当着他的战火丝毫不受到报复地燃遍了整个意大利的时候——因为那时，共和国正在对谢尔托里乌斯和米特利达特斯进行着激烈的生死斗争——甚至在这样的情况下，斯巴达克斯从罗马人那里尚且没有获准得到有条件的投降。现在罗马的国力如日中天，这个匪徒塔克法里那斯反而妄想使罗马人用缔结和约和割让土地的办法把自己对付走么？"[3]他把这件事交给了布莱苏斯。布莱苏斯于是向叛变的其他人等保证，只要他们放下武器便可以不咎既往，但对首恶者[4]则绝不宽容，无论用什么办法也要把他捉住。这种宽大措施使许多人投到罗马人这一面来。这样一来，塔克法里那斯就碰上了和他自己的办法相似的作战办法。

(74) 塔克法里那斯在实际的作战能力方面比不上罗马人，但是在小规模的袭扰方面却颇有办法。他把自己的兵力分散成若干

---

① 参见本卷第32章。

② 公元前73—前71年奴隶大起义的领袖。史称斯巴达克斯起义，详细内容可参见拙译科瓦略夫：《古代罗马史》有关章节，三联书店，1957年版。

③ 以上应当是提贝里乌斯心里的话。

④ 指塔克法里那斯本人。

小股，打过以后就无影无踪，他总是设置伏兵以攻击敌人。罗马人针对这种情况，便把队伍分作三个部分，各自分头加以追击。一支由副帅科尔涅里乌斯·斯奇比奥率领，封锁了敌人进攻列普提斯人[①]之后再退到伽拉芒提斯[②]人那里去的道路。在另一面，布莱苏斯的儿子[③]率领着自己的一支军队保卫奇尔塔[④]的村落，以对付敌人的侵犯。中路则由布莱苏斯率领一支最精锐的军队。他在适当的地点都修筑了工事或堡垒，这就使敌人在整个地区都受到了压制和威胁。他们不拘到什么地方去，都会发现在自己的前面、侧面，甚至在后面都有罗马的军队；罗马人就用这样的办法歼灭和俘虏了许多敌人。

接着，布莱苏斯又把他的三支军队分成了更多的队伍，每支队伍都由有过战绩的百人团长率领着。过去每当夏季过后，照例总把兵撤回来，使他们到旧行省[⑤]去冬休。但布莱苏斯甚至把这个惯例也取消了。相反地，他却修建了一连串的工事，而这通常是作战季节开始时的工作。他组织了习惯于在沙漠中作战的流动队

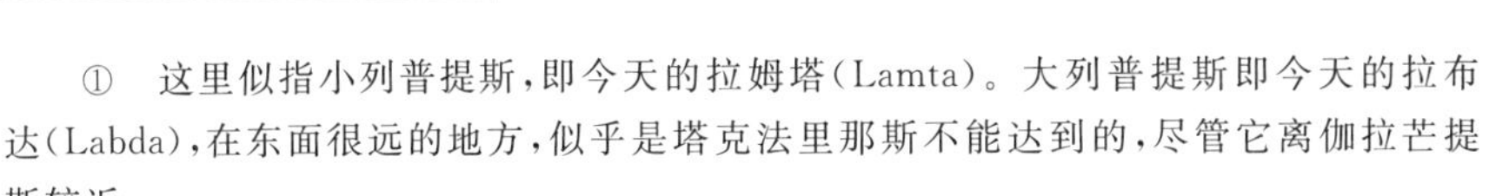

① 这里似指小列普提斯，即今天的拉姆塔(Lamta)。大列普提斯即今天的拉布达(Labda)，在东面很远的地方，似乎是塔克法里那斯不能达到的，尽管它离伽拉芒提斯较近。

② 在费赞。

③ 参见本书第 1 卷，第 19 章。

④ 努米地亚的首府，后来叫康司坦提纳(Constantina)，现称康司坦丁(Constantine)。

⑤ 公元前 146 年并入罗马的阿非利加行省原来只有迦太基被攻陷前所保有的那块已经缩小了的地方。的黎波利是后来加上去的。公元前 46 年塔普苏斯一役之后，奇尔塔地区和努米地亚的大部分另外组成“新阿非利加”，这地方到公元前 25 年才和“旧行省”合并。

伍，不停地追击塔克法里那斯，从一个沙漠营地追到另一个营地。直到最后，他俘虏了塔克法里那斯的兄弟，才撤了回来；但这次他把军队也还是撤得过于仓促，因此行省的安全仍旧不能得到最后的保证，因为敌人在这里还有足够的力量重新挑起战争。不过提贝里乌斯却认为这次战争算是结束了，他甚至给予布莱苏斯以被军团士兵欢呼为统帅（imperator）的特权。对于将领们来说，这是一种由来已久的荣誉，因为他们在战胜之后，是会受到胜利的士兵们自发的欢呼的。几个人可以同时拥有这样的头衔，但有这样头衔的人们却也并不表明有比他们的同僚有更高的地位。甚至奥古斯都在个别情况下也授予过这样的称号。[①] 现在，提贝里乌斯最后一次把这个称号授予布莱苏斯。

(75) 这一年，两位著名人物去世。一个是阿西尼乌斯·撒罗尼努斯，他所以有名是因为他是玛尔库斯·阿格里帕和阿西尼乌斯·波里欧的孙子，是杜路苏斯的兄弟，又和提贝里乌斯的一个孙女订了婚。[②] 另一个是我前面已提到过的那个阿泰乌斯·卡皮托。[③] 由于他在法学方面的杰出成就，他在元老院中获得了首要的地位。但是他的祖父只是苏拉手下的一名百人团长，他的父亲最高也只做到行政长官。由于奥古斯都的加速提拔，他担任了执政官，从而使他得以因这一地位而取得了比另一位著名法学家安

① 这显然不是公元前27年正式建立元首（帝）制之后的事情。

② 他是阿西尼乌斯·伽路斯和维普撒尼娅（阿格里帕和提贝里乌斯的第一个妻子的女儿）的儿子，同日耳曼尼库斯的一个女儿订了婚。

③ 参见本书第1卷，第76、79章；本卷第70章。

提司提乌斯・拉贝欧更高的威信。这两位和平时代的大师[1]是在同一个时代里产生出来的。拉贝欧的刚正不阿的性格使他在民众当中有更高的声望，但卡皮托的随和迁就的性格则使他更能讨得皇帝的欢心。拉贝欧最高只做到行政长官，这一点看起来他受到了不公正的待遇，但是他却换得了人们的尊重。卡皮托虽然做到了执政官，但是他的成功却招来了怨恨。

（76）优尼娅也逝世了。她是加图的外甥女，盖乌斯・卡西乌斯的妻子，玛尔库斯・布鲁图斯的妹妹。[2] 她的去世是菲利披之役[3]以后第六十四年的事情。她的遗嘱引起了纷纷议论；因为在处理她那非常庞大的财产时，她对几乎所有的显要贵族都讲了赞扬的话，但是偏偏没有提到皇帝。不过皇帝并不曾因这一忽略而感到气愤，他并不反对为她举行葬仪、在广场的讲坛上宣读对她的颂词以及其他传统仪节。二十个显要家族的胸像引导着她的送葬行列，其中有曼里乌斯家族、克温克提乌斯家族以及同样显贵的许多罗马家族成员的胸像。没有见到布鲁图斯和卡西乌斯的胸像，但是他们二人的光芒比其他人都更加明亮。

① 他们二人在罗马法学界十分著名，因为他们创立了两个学派。卡皮托的信徒称撒比尼亚努斯学派（Sabiniani），拉贝欧的信徒称普洛库路斯学派（Proculiani）。

② 加图的姊妹谢尔维里娅起初嫁给了玛尔库斯・尤尼乌斯・布鲁图斯，后来又嫁给戴奇姆斯・尤尼乌斯・西拉努斯。她第一次结婚时生了暗杀过恺撒的布鲁图斯，第二次结婚生了卡西乌斯的妻子特尔提娅。

③ 此役发生在罗马建城 712 年，即公元前 61 年。

第四卷

罗马建城776年，即公元23年

(1) 盖乌斯·阿西尼乌斯和盖乌斯·安提司提乌斯担任执政官的一年，是提贝里乌斯在全国安谧和国内繁荣的情况下进行统治的第九年。原来他把日耳曼尼库斯的死亡看成是自己所遇到的幸事之一。但正是在这个时候，命运突然搅乱了这和平的环境：提贝里乌斯本人变成了暴君，或是把权力交到残暴的人手里去。提贝里乌斯的近卫军长官，埃里乌斯·谢雅努斯，是造成这种情况的起点和原因。关于他的权势，上面我已经谈过了。[①] 下面我要谈的是他的出身和品行，以及他那想夺取皇权的罪恶阴谋。

谢雅努斯生于沃尔西尼[②]。他的父亲是罗马的骑士塞乌斯·斯特拉波。[③] 谢雅努斯在很小的时候，就充当圣奥古斯都的外孙盖乌斯·恺撒的侍童，但人们又传说，他曾和一个名叫做阿披奇乌

---

① 参见本书第1卷，第24章；第3卷，第72章。

② 埃特路里亚的十二个城市之一，在卡西亚大道(via Cassia)旁，现在叫波尔塞那(Bolsena)。

③ 参见本书第1卷，第7、24章。从那时起他被提升为埃及的长官(参见狄奥·卡西乌斯，第57卷，第19章)，而他那被过继给一个叫埃里乌斯的人的儿子则成了唯一的近卫军长官。

斯[①]的有钱的浪荡子弟发生过不可告人的关系，从而得到了金钱上的报酬。[②] 通过各种各样的巧妙手法，他很快地就把提贝里乌斯完全掌握在自己手里了。提贝里乌斯对他信任到这样程度，以致对其他人来说是神秘莫测的提贝里乌斯，只有对谢雅努斯一个人谈话时是毫无顾忌和无所保留的。所以造成这种情况，很难说是由于谢雅努斯的狡诈，在这一点上，他究其实是比不上提贝里乌斯的。这毋宁说是由于上天对罗马的愤怒，因为无论是谢雅努斯得势还是垮台，对罗马来说都是一场不折不扣的灾难！[③] 这个人体格健壮，气粗胆大，善于隐蔽自己的思想，却有办法陷害别人。他奴性十足，同时又十分横傲，他在一副谦恭谨慎的外衣下掩盖着渴望权力的极大野心。这种野心时而促使他走向奢侈和浪费，然而在更多的情况下却促使他保持警觉和孜孜不倦地进行活动。而在他想夺取王位的时候，这些品质和奢侈浪费可说是同样有害的。

(2) 近卫军长官的权力过去并不大，但是他把分散在整个罗马[④]

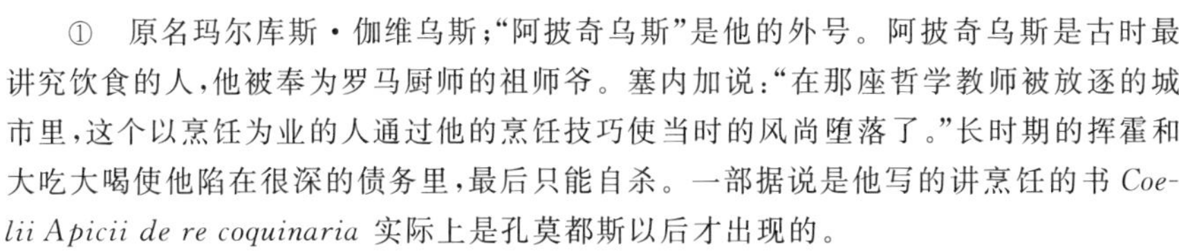

① 原名玛尔库斯·伽维乌斯；“阿披奇乌斯”是他的外号。阿披奇乌斯是古时最讲究饮食的人，他被奉为罗马厨师的祖师爷。塞内加说：“在那座哲学教师被放逐的城市里，这个以烹饪为业的人通过他的烹饪技巧使当时的风尚堕落了。”长时期的挥霍和大吃大喝使他陷在很深的债务里，最后只能自杀。一部据说是他写的讲烹饪的书 *Coelii Apicii de re coquinaria* 实际上是孔莫都斯以后才出现的。

② 谢雅努斯当是被玩弄的对象。

③ 作者的意思是说，从本书后面可以看到谢雅努斯当权之后的有害后果，但另一方面在谢雅努斯被处死后，皇帝的猜忌心更重了，从而无端受害的人也就更多了。

④ 三个中队在罗马，其他的中队驻守在罗马附近的城市（参见苏埃托尼乌斯：《奥古斯都传》，第 49 章）。

的那些步兵中队[①]集中在一个营地里，这样就使近卫军长官的权力加强了。他这样做的目的是为了使他们每个人都能同时接到命令，同时也为了使他们的人数、他们的力量、他们之相互守望能够加强他们的信心，并使他们能有慑服别人的作用。他这样做的借口是分散的军队不容易驾驭；而在突然发生紧急情况的时候，集中在一起的军队可以发挥更大的效能；而且军营稍离城市的引诱，纪律也就不会松弛下来了。当近卫军的军营建成之后，他便着手一步步地取得普通士兵们的好感，和他们交往，叫他们的名字表示亲热，同时又亲自选任他们的百人团长和将领。他也用他授给投靠他的那些人以罗马的和行省的官职来引诱元老们。原来提贝里乌斯对谢雅努斯所提出的任何意见都是百依百顺的，他不仅仅在日常的谈话中，就是对元老和对民众都很喜欢称赞这个“为他分忧担劳的人”，并且使他的胸像享有被放置在剧院、广场和军团的军旗与祭坛中间的荣誉。

(3) 但是皇室和它的许多位恺撒[②]——一位已届成年的儿子和一些已经到达懂事年龄的孙子——使得谢雅努斯不得不收敛起自己的野心。想用武力同时对付所有这些人是冒险的事情。谋叛

① 这时共有九个中队，每一中队由一个将领率领，人数是一千人并且有补充的骑兵队(cohortes miliariae equitatae)。从公元 41 年，他们把克劳狄乌斯拥戴为皇帝。到公元 306 年他们宣布玛克森提乌斯为皇帝为止，皇帝的立废大权一直在他们手里。六年之后，在穆尔维乌斯桥上几乎被康司坦丁消灭的近卫军被解散，而在城东不远的军营也被摧毁了。

② 皇帝家族中的男子除提贝里乌斯本人之外，有(1)杜路苏斯(iuvenis filius)；(2)日耳曼尼库斯的儿子：尼禄・杜路苏斯(nepotes adulti)和十一岁的年幼的卡里古拉；(3)杜路苏斯的孪生儿子：提贝里乌斯・盖美路斯和日耳曼尼库斯(约四岁)。

的行动要求一件罪行和另一件罪行之间要有间隔，而不能做得太露骨。[①] 因此他便决定使用更加隐蔽的手段，从杜路苏斯身上下手，因为不久之前他和杜路苏斯之间发生过不愉快的事情。原来杜路苏斯是一个不能容忍别人同他分庭抗礼的人，又是一个性情急躁不能包容别人过失的人，他在偶然发生的一次争吵中打了皇帝的宠臣谢雅努斯，而在谢雅努斯反抗时又给了谢雅努斯一记耳光。在考虑陷害杜路苏斯的各种可能性时，他觉得最直截了当的办法是找杜路苏斯的妻子里维娅[②]，即日耳曼尼库斯的妹妹。她小时候虽然是个不讨人喜欢的小姑娘，但长大之后却成了极其秀丽的美人。谢雅努斯热烈地追求过她，并且诱使她和自己有了奸情。在谢雅努斯诱使里维娅做了第一件丑事之后——一个女人一旦失去了自己的贞操，别的要求也就不好拒绝了——便唆使她跟自己结婚，分享帝国大权并谋杀自己的丈夫。这样她，奥古斯都的外孙女、提贝里乌斯的儿媳和杜路苏斯的孩子们的母亲，便和这个小城市出身的奸夫勾结在一起，玷污了她本人、她的祖先和她的后人。她的这种做法只不过是用她当前的尊荣而又稳固可靠的地位去换取犯罪的和危险的未来而已。里维娅的医生和朋友埃乌德木斯被拉进了他们的密谋，因为他的职业可以作为经常晤面的借口。为了使自己的情妇对自己不发生怀疑，谢雅努斯遗弃了给他生过三个孩子的妻子阿皮卡塔。虽然如此，计划中的罪行的规模仍然引起了惊恐、拖延，有时甚至是意见上的分歧。

① 这是说，不可能连续进行谋杀行动，否则会引起人们的注意。

② 或称里维拉。她是奥古斯都的姊妹屋大维娅的孙女，又是杜路苏斯的表姊妹和妻子。

(4) 正在这时,也就是在年初的时候,日耳曼尼库斯的一个孩子杜路苏斯第一次穿上了成人的服装。于是元老院又重复了过去给他的哥哥尼禄的贺词。提贝里乌斯也发表了一篇演说,把他的儿子杜路苏斯对自己的哥哥的孩子们所表现的父亲般的仁慈大大地赞扬了一番。虽然有权势的人很少能同别人合得来,但是大家认为杜路苏斯对少年人却是喜欢的,至少对他们是没有敌意的。

在这之后,又开始讨论起关于皇帝到各个行省去巡视这样一个常常提起却又总不过是一种姿态的老问题来。[①] 皇帝的借口是有大批服役期满的士兵要安置,此外还要征募新兵代替他们,以保持军队的力量。他说,自愿参加军队的人数不足,而且即使有这样的志愿军,他们也不能表现出过去那样的勇敢和纪律,因为自愿来登记当兵的人都是些穷人和流浪者。他简略地列举了军团的数目和由它们保卫的行省。这个题目我认为我是应当谈一谈的,为的是说明一下当时罗马的兵力有多么大,和帝国结盟的有哪些国王,而我们国家当时的疆土比起今天来又是何等之狭小。[②]

(5) 意大利的两岸各有一支舰队卫护着,一支在米塞努姆,一支在拉温那。邻接的高卢海岸则由另一队战船卫护着。这些战船都是奥古斯都在阿克提乌姆一役战胜时俘获的,而在他把这些战

---

① 参见本书第 1 卷,第 47 章;第 3 卷,第 47 章;苏埃托尼乌斯:《提贝里乌斯传》,第 38 章。

② 这里所写的是从公元 115 年图拉真当政时期帝国扩大到波斯湾和两年之后哈德里亚努斯当政时期的后退之间的事情(参见本书第 2 卷,第 61 章末尾)。从奥古斯都以来,主要的兼并是玛乌列塔尼亚(公元 40 年),不列颠(公元 43 年),达奇亚(公元 101—106 年),阿拉伯·佩特莱亚(公元 105 年),亚美尼亚和美索不达米亚(公元 114 年)。

船配备了强有力的水手之后，就把它们派到佛路姆·优里乌姆城[①]去。但我们的主力却在莱茵河上，那里有八个军团，他们是同样地对付日耳曼人或高卢人的。不久之前才最后被征服的西班牙行省[②]是由三个军团守卫着。玛乌列塔尼亚作为国家的礼物被赠给了国王优巴[③]。两个军团[④]守卫着阿非利加其余部分，两个军团守卫着埃及。从叙利亚边界直到幼发拉底河这一片巨大的地区，四个军团就足以解决问题了；而且罗马的威力还保护了边界上的伊伯利亚、阿尔巴尼亚[⑤]和其他王国，使不受外界的侵犯。色雷斯在莱美塔尔凯斯和科提斯的儿子们[⑥]的手里，多瑙河的河岸是四个军团守卫着：两个在潘诺尼亚，两个在美西亚。还有两个军团配置在达尔马提亚，就地理位置而论，他们是在上述四个军团的后方，而一旦在意大利有紧急的需要时，他们可以及时给予支援。不过首都也有它自己的常备军，即三个城市步兵中队[⑦]和九个近卫步兵中队，这些步兵中队的士兵大多数是从埃特路里亚和翁布里

① 现在的佛列优斯(Fréjus)。

② 它们是公元前 19 年被阿格里帕征服的。

③ 努米地亚的优巴一世的儿子，继塔普苏斯之后他被带到罗马并在这里受教育。他娶了安托尼乌斯和克利欧帕特拉的一个女儿，以博学闻名，普利尼和阿提纳乌斯等作家都多次引用过他的作品。

④ 一个军团是常备的，但是由于对塔克法里那斯的战争，西班牙第九军团从潘诺尼亚调到了这里(参见本书第 3 卷，第 9 章)。

⑤ 高加索和亚美尼亚之间的小王国。阿尔巴尼亚临里海，伊伯利亚和黑海之间则隔着科尔齐斯。

⑥ 参见本书第 2 卷，第 64—67 章；第 3 卷，第 38 章以次。

⑦ 虽不如近卫军步兵中队著名，但是番号却和近卫步兵中队相接(第 10，11，12)，还有第四个城市步兵中队驻留在里昂(参见本书第 3 卷，第 41 章；《历史》，第 1 卷，第 64 章)，随后更有所增加。

亚或是从旧拉提乌姆[①]和早期的罗马移民地[②]征募来的。此外，在各个行省的适当地点还有联盟者提供的舰队、骑兵部队、辅助步兵中队，他们论数量比起正规军来也差不了很多。但是要确切地叙述它们却不容易，因为这些军队由于临时的需要常常到处移驻，而且他们人数也是时多时少的。

（6）提贝里乌斯的元首（帝）制是从今年起开始变质的，因此，我认为这时再来看一看国家的其他部门以及从他即位以来的统治方法是适宜的。首先，公家的事务以及特别重要的私人事务交付元老院处理，[③]元老院的领袖人物对这些事务可以自由讨论。皇帝本人则制止他们蜕化到阿谀奉承的道路上去。在任命官吏的时候，他考虑到候补者的家系、军功或是在民政方面的业绩，要使人清楚地看到，接受任命的都是最适当的人选。执政官[④]保留了他们先前的威望，行政长官也是一样。甚至地位较低的长官都能行使他们的职权。而除了涉及大逆罪的案件以外，法律一般是有效的。

但另一方面，公粮的征收、间接税的征收和国家的其他税收则由罗马骑士的团体来办理。皇帝把自己的财产[⑤]委托给经过考验

---

① 公元前90—前89年内战结束时罗马公民权扩大之前，拥有“拉丁权”的城市。

② 指意大利本土的移民地。因此奥托把近卫军称为 Italiae alumni et Romana vere inventus（参见塔西佗：《历史》，第1卷，第84章）。但这种限制不久就被突破，最后到谢普提米乌斯·谢维路斯时期，他们便从军团士兵中来选拔了。

③ 这就是说，皇帝避免在自己的宫寝里（in camera）审问通常是政治的并涉及重要犯人的案件，这种案件应当正式交付元老院来审理，因为元老院是审理罪犯的高等法庭。

④ 其实进入帝国时期以后，执政官只是形式上的，早已没有实权了。

⑤ 这里指 fiscus（这个词到克劳狄乌斯时期才有我们通常所理解的“国库”的意义）和司库官或财务代理官（procurator）。

的公正廉洁的人物，有时皇帝本人甚至都不认识这样的人，只是由于这个人声名好才任用的。而他所任命的人们一旦就职，就永远留在原来的职位上面，许多人把原任的职务担任到头发灰白的时候。粮价过高确实使民众感到苦恼，但是没有人把这一点归咎于皇帝。为了抵补由于歉收或海上风暴[①]所造成的损失，他确实是既不吝惜金钱又不辞辛苦的。他注意不把新的税收再加给行省，注意不使旧的租税负担由于官吏的贪欲或残暴而加重。体罚和没收财产的事情都不多见。他在意大利的田产很少，他的奴隶都不胡作非为，他家中也只有人数不多的被释奴隶。而且当他和一个普通公民发生争论的时候，照例是要由法庭来解决的。

(7) 虽然如此，提贝里乌斯对这一切还是遵守的，尽管他遵守得确乎不很自然，而是阴郁的，往往又是可怕的。但是由于杜路苏斯的死亡，他就把这一切做法全都推翻了。因为当杜路苏斯在世的时候，旧日的一切制度都维持不变，因为谢雅努斯羽翼未丰，他想取得开明的声誉，同时又害怕杜路苏斯这样一个复仇者。这个复仇者毫不注意掩盖对他的憎恨情绪，并且经常抱怨说，“皇帝虽然有一个活着的儿子，却找一个外人做他的助手。而且这个助手很快就会成为他的同僚！谋夺王位的计划在开头是会遇到困难的；可是一旦行动起来，就不难寻求自己一派的人和帮手。由于近卫军长官的命令，一座军营已经建立起来了，卫队也交到他手里

① 海上风暴会影响从阿非利加运粮到罗马来的船只。

了。在格涅乌斯·庞培的剧场里[①]也可以看到他的胸像了。他的外孙将把杜路苏斯一家的血统同他的血统混到一处。[②] 从此之后，他们只能希望他有些节制，不要过分贪心而已。”这样的意见他是常常讲的，而且是当着许多人的面讲的。自从他的妻子被勾引以来，他的最机密的事情都被泄露出去了。[③]

（8）因此谢雅努斯决定立刻下手，他选用了一种慢性的毒药，药性发作时就仿佛是平常得病一样。这毒药是借宦官吕格都斯之手给杜路苏斯吃下去的，这件事情的真相在八年之后才大白于天下。但是提贝里乌斯在他的儿子生病期间，一直参加元老院的集会，这或是因为他并不感到惊慌，或是因为他想要人们知道他有控制自己的能力。甚至在杜路苏斯已死而尸体还没有下葬的时候，他依然出席元老院的集会。执政官们坐在普通的长凳上表示哀悼。[④] 但是他提醒他们不要忘记他们的尊严和他们的地位。元老们痛哭失声。但是他却劝他们不要悲痛，同时用下面的话安慰他们说：“他确实不是不知道，当他还在非常悲痛的时候来到元老院，这是会受到非议的。一般的遇到丧事的人几乎受不住他们自己的亲族的吊唁，几乎不能忍受白天的光亮。不过这种做法不能被斥责为懦弱。但是他本人却采取了一种更坚强的安慰自己的办法，这就是：把自己的全部心思都放到国事上面去。”

---

① 即玛尔斯广场上的大剧场（theatrum magni），这是罗马的第一座石造剧场，正式建成于公元前52年，但在这三年之前已开始使用。关于胸像的事，参见本书第3卷，第72章。

② 谢雅努斯的女儿嫁给克劳狄乌斯的儿子（参见本书第3卷，第29章和附注）。

③ 这里是说泄露给他的妻子的情夫谢雅努斯。

④ 执政官本应当坐在高级长官专用的象牙座椅上。

他悲痛地提到了他的母亲奥古斯塔年已老耄，他的诸孙的年幼和他本人的年事日高，[①]随后他便要日耳曼尼库斯的儿子们[②]到他面前来，因为这是他在当前的痛苦中的唯一安慰。执政官们出去并使孩子们安下心来之后，便把他们带到皇帝面前来。他说："元老们，这些孩子已失去了他们的父亲，我曾把这些孩子托付给他们的叔父，并且请求他像看待自己的亲生子女一样看待他们，尽管他还有自己的孩子。此外我还曾请求他照顾他们，使他们成家立业，并且为了后人的幸福把他们教养得和自己一样。但是杜路苏斯已经不在人世了，因此我转而向你们提出请求，我请求上天诸神和祖国前来作证，他们是奥古斯都的曾孙，是显赫家族的后裔，请接受和教育这些孩子吧，这是你们的义务，也是我的义务！尼禄和杜路苏斯啊，这些元老今后就是你们的父母：你们生来所处的地位势必引起这样的后果：你们的好坏成了同国家的盛衰密切相关的事情了。"

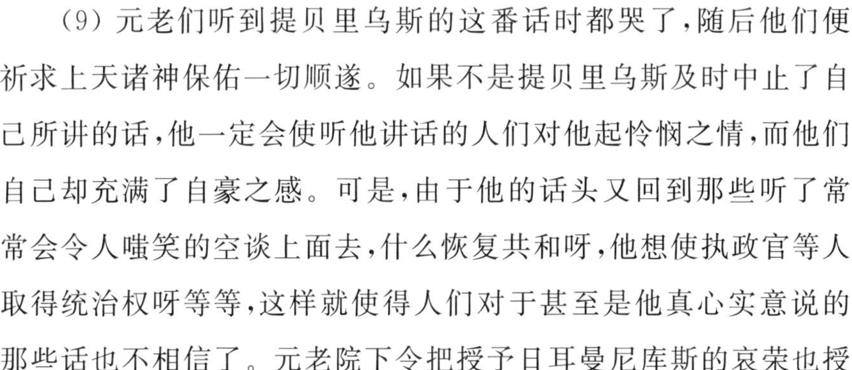

（9）元老们听到提贝里乌斯的这番话时都哭了，随后他们便祈求上天诸神保佑一切顺遂。如果不是提贝里乌斯及时中止了自己所讲的话，他一定会使听他讲话的人们对他起怜悯之情，而他们自己却充满了自豪之感。可是，由于他的话头又回到那些听了常常会令人嗤笑的空谈上面去，什么恢复共和呀，他想使执政官等人取得统治权呀等等，这样就使得人们对于甚至是他真心实意说的那些话也不相信了。元老院下令把授予日耳曼尼库斯的哀荣也授

① 这时提贝里乌斯六十五岁，他的母亲八十岁（根据狄奥·卡西乌斯的说法）。

② 这里指两个最大的，卡里古拉因年纪太小而未来。

予杜路苏斯，而且还增加了许多名堂，而一般说来那些善于阿谀奉承的人在第二次总是这样的。在葬仪的行列中最引人注意的一点是长长的一列祖先的胸像走过观众的面前——这里面有优利乌斯一系的始祖埃涅阿斯的，有阿尔巴・隆伽的全部国王的，罗马城的建立者罗木路斯的，后面则是萨比尼的贵族的，阿图斯・克劳苏斯[①]的和克劳狄乌斯家其余的人的像。

(10) 在记述杜路苏斯的死亡的时候，我所依据的是最多的，也是最可信的那些权威作家的作品。但是我还想提一提当时流行的一个传说，这个传说是如此有力，以致人们直到今天还在传述它。传说的内容是这样：谢雅努斯在诱奸了里维娅之后，又用不正当的手段收买了宦官吕格都斯。这个宦官由于年轻貌美而得到他的主人[②]的喜爱，并且在他的侍从中取得了显著地位。后来，当阴谋者商量好一个时间和地点给杜路苏斯下毒药的时候，他竟然胆大到改变了原定的阴谋，而私下里警告提贝里乌斯说，杜路苏斯想毒死自己的父亲，因此劝提贝里乌斯在同儿子一道吃饭时不要喝给他的头一口酒。年老的皇帝中了他的计，因而在宴会上就座之后接到酒杯的时候，就把它递给了杜路苏斯。当完全坠入五里雾中的杜路苏斯像青年人那样把酒一口喝干的时候，提贝里乌斯对他的疑心就更深了，因为提贝里乌斯认为，杜路苏斯是由于恐惧和

① 阿图斯・克劳苏斯是阿庇乌斯・克劳狄乌斯・萨比努斯・列吉连西斯的萨比尼的名字。根据传统的说法，他是公元前 495 年的执政官和贵族的克劳狄乌斯族的建立者。参见本书第 11 卷，第 24 章；第 12 卷，第 25 章。关于他的传统历史可参阅李维：第 2 卷，第 16、21、23 章等。

② 指杜路苏斯。

羞愧才使自己遭受他要他父亲陷入的命运的。

(11) 这个流行得很广泛的说法可以立刻肯定是不可信的,且不说没有任何可靠的权威支持这个说法。任何一个头脑清醒的人,更不用说像提贝里乌斯这样经历过大事的人,也不会不经过事先的了解而亲手杀害自己的亲生儿子,并且是在丝毫不容后悔的情况之下干这件事情。提贝里乌斯完全可以拷问提供毒药的人,找出他后面的主使人,而且对于过去从来没有犯过罪的独生子,老实说,他完全可以使用甚至对陌生人都用过的他那种已成习惯的和深思熟虑的做法。但是谢雅努斯却被认为是一切罪恶的根源:由于恺撒特别喜欢他而其他人又十分憎恨他们两个人,所以最骇人听闻的恐怖行为都有人相信,而且在统治者死去的时候,传说永远是最阴森可怕的。再说,这次谋杀的经过,是谢雅努斯的妻子阿皮卡塔[①]揭发出来的。而经过拷问,埃乌德木斯和吕格都斯就把全部底细招供出来了。即使是在历史家们都在搜集和夸大他的其他一切所作所为,以便对他进行攻击的时候,也绝不会有任何一个历史家恶毒到把杀害亲生儿子的罪名加到他的身上。我自己记载和驳斥这样一种传闻的动机,是要用一个突出事例来说明口头传说之不可信,并且请求那些可能会读到我的著作的人们,不要过分热心地相信广泛流传但是不可信的传闻,而忘掉那尚未被过分夸张和歪曲成为传奇的真实情况。

(12) 但是当提贝里乌斯从广场的讲坛上发表对他的儿子的

① 在阿皮卡塔的丈夫和孩子被处死之后,她就在自杀之前把这件事书面报告了提贝里乌斯(参见狄奥·卡西乌斯,第 58 卷,第 11 章)。

颂词的时候，元老和人民就假装地而不是真心地做出哀悼的姿态和声调，但心里却暗暗地高兴，因为日耳曼尼库斯的一家又开始兴旺起来了。这一家之开始取得声望和阿格里披娜之不善于掩盖她那做母亲的期望，结果只会加速这一家的毁灭。原来谢雅努斯看到杜路苏斯的死亡并没有使谋杀者遭到报复，而全国人民也并不感到悲痛，这样他犯罪的胆子就更大了。他的第一次的阴谋得逞了，于是就进一步企图把日耳曼尼库斯的孩子们也除掉，因为他们毫无疑问将是皇位的继承者。但是要把他们三个人都毒死是不可能的，因为他们的监护人都是忠心耿耿的人物，而且阿格里披娜的贞节又是绝对不可侵犯的。于是他便想在阿格里披娜的倔强固执这一点上打主意。他利用奥古斯塔[①]对她的旧仇和里维娅最近的犯罪意识，诱使她们要皇帝知道，阿格里披娜对自己的多子引为自豪并且深信自己得到人民的爱戴，因而正在觊觎着皇帝的宝座。此外，里维娅[②]还仗着一些老练的谗诬者的帮助，不断地教唆奥古斯塔同她的孙媳完全疏远起来，因为这老妇人是不肯放弃自己的权力的。在这些谗诬者当中，特别突出的是优利乌斯·波司图姆斯，他由于同木提里亚·普利司卡这个对奥古斯塔有影响的女人有奸情而同奥古斯塔建立了亲密的关系，这样，他就通过这一点而对里维娅的计划大大地帮了忙。由于他们这些人的恶毒言论，甚

① 里维娅·杜路西拉最初是提贝里乌斯·克劳狄乌斯·尼禄的妻子，后来又是奥古斯都的妻子。她和前者生了提贝里乌斯和老杜路苏斯。关于她和阿格里披娜的敌对关系，参见本书第 1 卷，第 33 章和第 2 卷，第 43 章。

② 这里如以原文的 haec 为阴性，则应指里维娅，而 aviae 指奥古斯塔，即里维娅的祖母。本书便采用这样的理解。法译者 Burnoff 用 il，这就是指谢雅努斯了。

至阿格里披娜的最亲近的朋友都被挑拨得对她的高傲倔强的性格感到气愤了。

(13) 这时提贝里乌斯日夜操劳国家大事,得不到半点闲暇,他把审理罗马的案件和接受行省的诉状作为自己的一种安慰。通过他的建议,元老院决定在三年中间豁免遭受地震灾害的两个城市——亚细亚的奇比拉[①]和阿凯亚的埃吉乌姆[②]——的税收。维比乌斯·谢列努斯[③]、远西班牙[④]的总督,也因在施政方面使用暴力而被判罪,并由于他的野蛮作风而被流放到阿莫尔古斯岛[⑤]去。被控以把粮食供应给罗马公敌塔克法里那斯的卡尔西狄乌斯·撒凯尔多斯被宣告无罪;被控以同样的罪名的盖乌斯·格拉古也被赦免了。格拉古很小的时候便随着他父亲显普洛尼乌斯[⑥]被流放到凯尔奇那岛上去。在那里,他就在没有受过任何教育的亡命者中间长大成人。后来,通过在阿非利加和西西里做小生意,他才勉勉强强地维持了自己的生计,甚至这样,他也未能逃掉显贵豪富的家族会遭到的危险。老实说,如果不是阿非利加的前任长官埃里

① 大奇比拉(Cibyra Magna)在大普里吉亚(Phrygia Magna)的南端,为生铁贸易的中心。

② 现在的沃提札(Votizza),临科林斯湾。

③ 参见本书第 2 卷,第 30 章;第 4 卷,第 28—30 章。

④ 公元前 25 年以来分为巴伊提卡和路西塔尼亚。这里指前者,它是元老院的一个行省。

⑤ 公元前 8 年的优利乌斯反暴行法(lex Iulia de vi publica)禁止对向皇帝求助的罗马公民施加笞打、拷问、监禁或死刑,否则便要受到被断绝火与水的处分。流放的岛可以自由选择,但要离大陆五十英里(只有四个岛是例外)。因此,流放到一个特定的地点去在这时是一种加重的处分,但后来这种流放方式就成为正常情况了。

⑥ 参见本书第 1 卷,第 53 章。

乌斯·拉米亚[①]和路奇乌斯·阿普洛尼乌斯前来为他的无辜作证的话，他会由于他那遭到惨祸的家庭和他父亲的变故而丧命的。

(14) 这一年又有两个希腊城市的使团到罗马来。这两个城市是撒莫斯和科斯。它们分别要求罗马批准他们的优诺神殿和埃司库拉披乌斯神殿的避难权。撒莫斯人提出要求的根据是安披克图昂同盟会[②]即最高仲裁法庭的一项命令，这项命令发布的时期，正是希腊人已经在亚细亚建立了自己的城邦，并且统治了沿海地带的时候。科斯人方面提出了同样古老的根据，此外，他们还提出了和他们自己的地方有关的要求。因为当国王米特利达特斯下令在亚细亚的每个岛和每个城市屠杀罗马人的时候，他们曾经在埃司库拉披乌斯神殿庇护过罗马公民。[③] 接着是行政长官们发出的各种各样的、一般是没有什么用处的牢骚话。最后，提贝里乌斯发言，他提出了优伶们的无耻勾当的问题。他说，"这些优伶往往教唆叛国的罪行，而在私生活中，他们又会使人放荡堕落。作为民众的通俗娱乐的老欧斯卡笑剧[④]，目前已经堕落和放肆到需要元老院当局利用自

① 参见本书第 6 卷，第 27 章。荷拉提乌斯：《诗歌集》，I，26；III，17；《书信集》，I，14、6。

② 或称近邻同盟会。指住在神殿附近的各族为保卫神殿而结成的同盟，每年开会两次。

③ 公元前 88 年。当时许多圣堂（至少其中有另一座埃司库拉披乌斯神殿）在大屠杀时期全部被毁。

④ 康帕尼亚的业余的笑剧，即所谓阿提拉戏（fabulae Atellanae）具有固定的角色和乡间的布景。它是在汉尼拔战争之后才被介绍到罗马来的，而经过文学上的加工后就由职业的演员来表演了。在帝国初期，这种戏作为余兴（exodia）十分流行。戏里常常十分露骨地讽刺当代皇帝的缺点，如提贝里乌斯在卡普利埃的暴饮暴食的行为、尼禄的杀害生母、伽尔巴的贪欲和多米提安的离婚等等（参见苏埃托尼乌斯《提贝里乌斯传》，第 45 章；《尼禄传》，第 39 章；《伽尔巴传》，第 13 章；《多米提安传》，第 10 章）。

己的权力出面制止的程度了。”结果那些优伶就被逐出了意大利。

(15) 在这一年里，提贝里乌斯又遇到了一件丧事，那就是杜路苏斯的双生子当中有一个死了，同样苦恼的事是他的一个朋友也死了。这个朋友名叫路奇里乌斯·隆古斯，是和他共过患难和富贵的朋友，又是元老中唯一同他一起在罗得岛共同度过孤寂岁月的人。[①] 因此，尽管隆古斯出身寒微，元老院依然下令给他国葬[②]的待遇，并且在奥古斯都广场由国家出钱给他立像，因为当时许许多多的事情还是要由元老院来处理的。甚至皇帝本人在亚细亚的代理人[③]路奇里乌斯·卡皮托由于行省方面的控告也不得不来到元老院进行辩护；皇帝这时着重指出，“他授予卡皮托的权力只限于对皇帝领地上的奴隶和领地的收入；如果卡皮托僭夺长官的权力并使用武力的话，那就违背他的指示了。行省居民必须前来申述他们的意见。”这个案件经过审判之后，被告被判了罪。为了报答这一公正的惩罚，同时为了报答前一年对盖乌斯·西拉努斯[④]所作的处分，亚细亚诸城市决定为提贝里乌斯、为他的母亲和元老院修建一座神殿。这项决定得到了批准，因此尼禄就代表亚细亚各城市对元老院和他的祖父表示感谢，这对听取他的发言的人们是一件很值得高兴的事情，因为日耳曼尼库斯在这些人的头脑中记忆犹新，因此他们就想象他们看到和听到的正是日耳曼尼库斯本人了。这个年轻人有完全称得上一位皇子的美貌和谦和的

① 从公元前 6 年到公元 2 年路奇乌斯·恺撒去世的时候。

② 原文 sensorium funus，也可以说是国葬(publicum funus)。

③ 这里指皇帝私人事务(res privata)的代理人，即财务代理官。

④ 参见本书第 3 卷，第 66 章以次。

举止。由于尽人皆知谢雅努斯憎恨他而使他处于危险的地位，因此他的这些天赋就更加引人注目了。

（16）差不多就在这同一天里，提贝里乌斯谈到必须选派一位朱庇特祭司[①]以代替不久前去世的谢尔维乌斯·玛路吉南西斯的问题，同时他又提出了重新制定有关这种选派的法律的问题。他指出，"选择要在同时指定的三个贵族中间进行，这三个人的父母必须是根据'麦饼式'的仪式结婚的。[②] 这种制度是旧式的，现在也不能像过去那样有人们需要的那种候选人了，因为按照古礼结婚的习惯已经不复存在，即使有也只限于很少的家庭了。"对于这一事实，他提出了种种不同的解释，而主要的一个理由则是男女双方对宗教仪式已不注意，而且人们由于这种仪式本身复杂而故意回避它，也是一个原因。"……[③]而且，由于取得这一祭司职位的男子和转归担任祭司的丈夫管理之下的妇女都是自动地脱离了双亲的管辖的。因此，必须通过元老院的决定或是一项特殊的法律来对此加以调整，正仿佛过去奥古斯都对于一些粗陋的古代遗俗加以调整使之适应于当时的需要一样。"从宗教方面进行了讨论之后，便作出这样的决定：在祭司的制度方面不作任何改变，但是通过一项法律，规定祭司的妻子，尽管从她的圣职方面来说，她要受

① 参见本书第3卷，第58章注。

② 罗马的正式婚姻主要有三种：(1)男女二人同居已有一年时间者称时效式(usus)；(2)视婚姻为一种买卖双方的交易行为者称买卖式(coemptio)；(3)最古老的、也是最主要的一种，即此处所说的"麦饼式"或"共食式"(confarreatio)，这个名称即从麦饼(panis farreus)而来。举行婚式时须有证人至少十名在场，新婚夫妇必须在人祭司和朱庇特祭司面前食用供神的麦饼。

③ 里普西乌斯版本在这里标明有脱漏的地方。

到她的丈夫的保护，但是在其他方面，她的法律地位是和任何其他普通妇女相同的。玛路吉南西斯的儿子被选出来接替他父亲的职务。而为了提高祭司们的尊严并激励他们执行宗教仪式的热情，决定拨二百万谢司特尔提乌斯给继司坎提娅担任维司塔贞女的科尔涅里娅。但每当奥古斯塔来到剧场时，她所坐的座位总是在保留给维司塔贞女们的那些座位当中。

罗马建城777年，即公元24年

（17）在科尔涅里乌斯·凯提古斯和维谢里乌斯·瓦罗担任执政官的这一年里，正当祭司们和学他们榜样的其他神职人员为着皇帝的安宁祈祷发愿的时候，①他们进而把尼禄和杜路苏斯也加到他们为之祈祷的人们当中去。他们的这种做法与其说是由于对他们两人的敬爱，毋宁说是一种阿谀奉承的陋习，而在那堕落的社会里，过多的阿谀奉承和根本没有阿谀奉承是同样危险的。提贝里乌斯对于日耳曼尼库斯一家从来就是严峻的，这次他听见他们把一对乳臭未干的孩子和他这个老年人放在同样的地位之上，就气得不能忍耐了。他把祭司们召了来，问他们这样做是阿格里披娜请求过还是威胁过他们，但他们否认了这一点，因此提贝里乌斯只轻轻地责备了他们，因为他们很多人不是他本人的亲属，就是国内的显要人物。但是在元老院里，他却警告说，在今后，任何人都不得利用过早的荣誉使这些血气未定的年轻人变得傲慢起来。实际上是谢雅努斯在他背后撺掇得很厉害。他指控说，“国家目前已处于分裂状态，仿佛发生了内战。有人竟然自称是阿格里披娜

① 在1月3日；在元旦则是 vota pro incolumitate rei publicae，这是为着共和国的安全而发愿的。

的一派，如果不及时加以制止，事态一定会恶化下去。只有把最积极谋划的煽动者除掉一两个人，才能挽救日益加深的分裂。”

（18）谢雅努斯以此为借口攻击了盖乌斯·西里乌斯和提齐乌斯·撒比努斯。这两个人和日耳曼尼库斯的友谊成了他们致命的东西。但是在西里乌斯身上却更有一层原因，这就是：他曾统率过一支庞大的军队七年之久，[①]在日耳曼取得过凯旋的勋记，还战胜过撒克罗维尔。因此这样一个声名显赫的人物的垮台必然会更加引人注目和引起人们的更大的惊恐情绪。许多人认为他是由于自己不谨慎而加重了罪名的。原来他曾大肆吹嘘说，“在别人的军队发生哗变时，他的军队却始终是忠诚不渝的。如果他麾下的军团也哗变的话，那么连提贝里乌斯的王位也会保不住了。”皇帝认为，这样的说法对他自己的地位是有损害的，因为这等于暗示他的皇位担不起这样大的功业。而且一个人的服务，只有在看来能够给以报偿的时候，才是受欢迎的。如果把这种服务做得远远超过这一点的话，那么他们所得的回报就不是感谢，而是憎恨了。

（19）皇帝对于西里乌斯的妻子索西娅·伽拉也很讨厌，因为她和阿格里披娜很要好。谢雅努斯于是决定首先从这一对夫妻下手。撒比努斯的死期于是得以暂时被推迟了。执政官瓦罗首先被放出来进行活动，他以西里乌斯同他父亲有仇为借口，[②]不惜卑躬

---

① 公元 14 年他是上日耳曼的行政长官身份的副帅（legatus pro praetore）（参见本书第 1 卷，第 31 章）；公元 21 年他击败了撒克罗维尔（参见本书第 3 卷，第 42 章以次）。关于他在公元 15 年所取得的凯旋的勋记和这一荣誉的性质，参见本书第 1 卷，第 72 章注。

② 参见本书第 3 卷，第 43 章。

屈节去迎合谢雅努斯对西里乌斯的敌视。受到控告的西里乌斯请求稍稍延期，到原告可以交卸执政官的职务的时候。但是皇帝表示反对。他说，“高级官吏控告普通公民是很平常的事情，然而对于执政官的特权却一定不允许有任何侵犯，因为正是要依靠他的警觉才能使‘共和国不致受到任何损害’。”[①]用过去的词句掩盖他最近发明的各种各样的罪行，可以说是提贝里乌斯的特征。

因此，元老们就被十分郑重其事地召集到一处，就仿佛西里乌斯是依法受审似的，就仿佛瓦罗就真像是一位执政官，而国家又真像是共和国似的！被告起初没有讲话，后来他给自己作的一点辩护，也只不过是点明因为他得罪了什么人，这才使他遭到控告的。他受控的罪名是：长期纵容撒克罗维尔并同他相勾结，胜利后之诛求无厌以及有一个与他合谋犯罪的妻子。毫无疑问，在勒索的罪行上面，他们夫妇二人是绝对难以逃避的。不过整个案件是作为大逆罪的案件来处理的，西里乌斯自忖逃脱不了悲惨的结局，便自杀了。

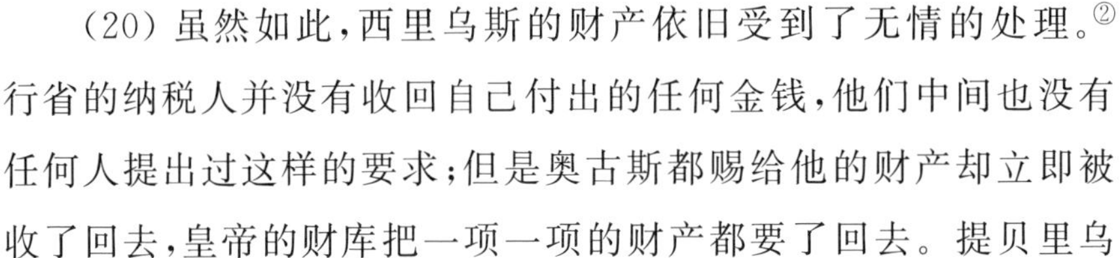

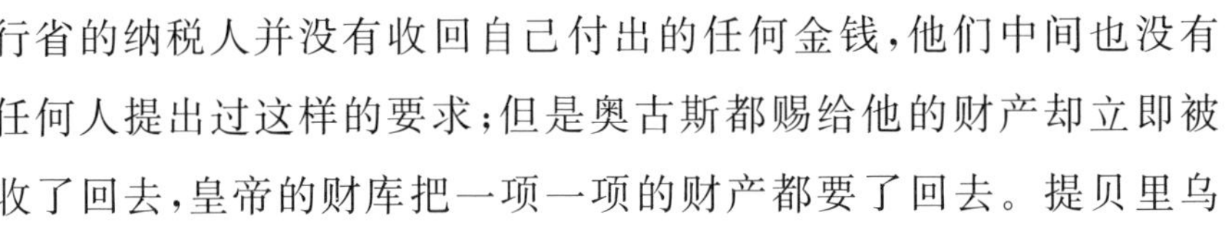

(20) 虽然如此，西里乌斯的财产依旧受到了无情的处理。[②]行省的纳税人并没有收回自己付出的任何金钱，他们中间也没有任何人提出过这样的要求；但是奥古斯都赐给他的财产却立即被收了回去，皇帝的财库把一项一项的财产都要了回去。提贝里乌

① 提贝里乌斯这里用了过去 senatus consultum ultimum 的这样一个提法：执政官应注意使共和国不致受到任何损害(viderent consules ne quid detrimenti res publica caperet)。元老院曾利用这种提法先后对付过盖乌斯·格拉古、卡提里那等人。在危机时期，这种决定授予执政官以类似独裁官的权力，又类似今天的宣布非常状态。

② 按照一般的规定(虽然也有例外)，在定罪之前自杀的人本来可以保全自己的财产(参见本书第 6 卷，第 29 章)。

斯对于别人的财产，过去从来没有这样斤斤计较过。由于阿西尼乌斯·伽路斯的建议，索西娅被放逐，此外他还建议没收她的一半财产，另一半财产则交给她的子女。玛尼乌斯·埃米里乌斯·列庇都斯[①]却提出了不同的意见，他建议把四分之一的财产依法赠给原告，剩下的部分再给她的子女。

我发现这个列庇都斯在他一生的行事中，是一个既有原则又有智慧的人物。对于别人由于讨好而提出的许多残酷不仁的建议，他都能从中进行公正的斡旋。但是，另一方面，他做事又是很有分寸的，因为他一直是受到提贝里乌斯的器重和喜爱的人物。这种情况使我怀疑，是否和所有其他的事情一样，国王的同情和反感是受制于人们的注定的命运和降生时的星象，是否我们能够掌握自己的命运，能够在鲁莽的执拗和卑鄙的奴才气中间走一条不受阴谋和危险的侵害的直路。另一方面，美撒里努斯·科塔[②]有着同样高贵的出身，但是性格却和他迥乎不同。他建议元老院公布这样一项命令，那就是，规定高级官吏即使他们本人无罪并且不知道别人的罪，如果他们的妻子在行省犯了罪，他们也应当受罚，犹如他们本身犯罪一样。

(21) 然后就审理出身高贵而又勇敢的卡尔普尔尼乌斯·披索的案件。我在前面已经提过，[③]正是这个人曾经向元老院声明

① 参见本书第6卷，第4章注。

② 他是著名的玛尔库斯·瓦列里乌斯·美撒拉·科尔维努斯的儿子，又是奥维狄乌斯的保护人，在财富方面和慷慨的作风方面几乎是尽人皆知的(参见优维纳尔：《讽刺诗》，第5章，第109行；第7章，第95行)。在《编年史》中，他的性格仍然是可疑的(参见本书第2卷，第32章；特别是第5卷，第3章；第6卷，第5章)。

③ 参见本书第2卷，第34章。

说，他要从罗马离开，以抗议告密者的阴谋；也正是这个人，他不害怕奥古斯塔的势力，竟然敢于到法庭去控告乌尔古拉尼娅，把她从皇家的庇护下召到法庭上来。当时提贝里乌斯对他的这种行动的态度是比较冷静的。但是在他的内心里，却在考虑着这种做法使他愤怒的理由；尽管在起初他没有发泄他的怨恨，但是他并没有忘掉这件事。克温图斯·格拉尼乌斯控告披索，说他在私下的谈话里诽谤过皇帝；他还说，披索的家中藏有毒药，而在到元老院来时身上还带着宝剑。后面的一项控诉由于凶恶得难以置信而被撤销了。但是其他的控诉理由——这样的理由又是随便可以收集到的——却仍旧把他卷进了诉讼。只是他那适逢其时的死亡才使他免了这场官司。

随后，元老院又考虑被放逐的卡西乌斯·谢维路斯[①]的问题。谢维路斯出身卑微、行为恶劣，但是他具有雄辩的口才。他使得他的敌人把他憎恨到这种程度，以致元老院竟通过对神的誓言发布一项命令，把他放逐到克里特去。但他在那里仍旧不改故态，因此又招来了极多的新仇旧怨，最后弄得不但财产被剥夺，被禁绝了祖国的火与水，并且又被送到塞里波司岩终其残年去了。

(22) 大概在这同时，行政长官普劳提乌斯·西尔瓦努斯不知道为什么把他的妻子阿普洛尼娅从窗户里掼了出去。他被岳父路奇乌斯·阿普洛尼乌斯扭到皇帝面前，他语无伦次地回答说，他自己睡得很熟，根本不晓得所发生的事情，他认为他的妻子一定是自杀的。提贝里乌斯毫不迟疑地到他家里去，检查了他的寝室，发现

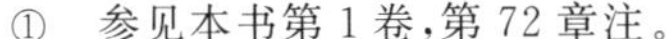

① 参见本书第1卷，第72章注。

了使用强力和抗拒的痕迹。他把这一案件交给元老院，于是组成了一个审判委员会，但是这时西尔瓦努斯的祖母乌尔古拉尼娅却给自己的孩子送去了一把匕首。乌尔古拉尼娅和奥古斯塔是有交情的，这无疑是皇帝发出了一种暗示。被告用这一武器自杀未遂，但还是设法把自己的脉管割断了。在这之后不久，他那曾被控告用符咒和春药把自己的丈夫弄疯的前妻努曼提娜得到了平反。

（23）这年，罗马人对努米地亚人塔克法里那斯的一场长期战争终于结束。早先的统帅们，每当认为自己的功勋足够取得凯旋的勋记时，一般就不再与敌人交手了；城里已经有了三座戴着桂冠的胸像；[①]但是塔克法里那斯却仍然在蹂躏着阿非利加。塔克法里那斯不断从玛乌利人那里得到接济，这些玛乌利人在少不更事的托勒米，[②]即优巴的儿子的当政时期，想通过战争来摆脱国王的被释奴隶对他们的奴役性的专制统治。伽拉芒提斯[③]人的国王为塔克法里那斯收藏掠夺得来的物品，也参加他的掠夺，不过他还没有达到率领军队在战场上作战的程度，而只是不断地把轻武装的军队派遣出去，结果他们出击的路程越远，传说他们的人数也就越大；而且在行省当地，那些失掉了财产的或是好闹事的人都越来越踊跃地投奔到他这里来；这种情况的所以产生是由于，在布莱苏斯取得胜利之后，提贝里乌斯以为阿非利加已不再有敌人，因而便把

① 即福利乌斯·卡米路斯（参见本书第2卷，第52章），路奇乌斯·阿普洛尼乌斯（参见本书第3卷，第21章）和尤尼乌斯·布莱苏斯（参见本书第3卷，第72章）。

② 看来他是在前一年继承了他的父亲的王位的，并一直统治到公元40年。在这一年里他被召到罗马，被他的表兄弟卡里古拉处死了（参见苏埃托尼乌斯：《卡里古拉传》，第26章）。

③ 在费赞（Fezzan），参见本书第3卷，第74章。

第九军团召了回去,[①]而那一年的阿非利加的总督普布里乌斯·多拉贝拉对此也不敢加以阻拦,因为他害怕皇帝的命令是甚于害怕战争的。

(24) 于是塔克法里那斯就散布谣言,说其他民族也正在瓦解着罗马帝国,所以罗马军队正逐步从阿非利加撤回,而且留在阿非利加的罗马军队,在所有那些不愿被奴役而渴望自由的人们的同心协力的进攻之下,是可以被截断在这里的。这样,塔克法里那斯便加强力量,构筑了一座营地,并且包围了图布斯库姆[②]城。多拉贝拉这一方面,也把一切可用的兵力都集中起来,在第一次出击时便打垮了围攻的努米地亚人。这是由于罗马的先声对敌人有威慑作用,此外,努米地亚人也没有办法抗击阵容严整的罗马步兵。在这之后,他便加强了一些战略据点的防守力量,同时他又处决了那些企图谋叛的穆苏拉米人[③]的酋长。由于对塔克法里那斯的几次征讨已经证明,仅仅是一支重武装军队的进攻是无法制服这支游牧的敌人的,于是他便把国王托勒米和他的国人召集起来,组成了四个纵队,由副帅或军团将领率领。进攻的队伍选拔干练的玛乌利人的军官来领导。多拉贝拉本人则轮流亲临所有这些队伍进行指导。

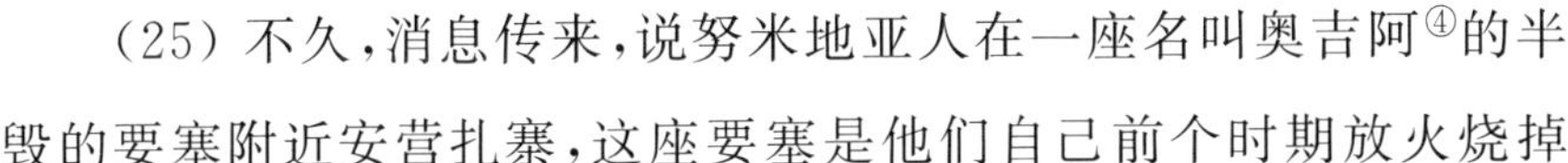

(25) 不久,消息传来,说努米地亚人在一座名叫奥吉阿[④]的半毁的要塞附近安营扎寨,这座要塞是他们自己前个时期放火烧掉

① 到潘诺尼亚去(参见本书第 3 卷,第 9 章;第 4 卷,第 5 章注)。

② 玛乌列塔尼亚边界撒尔达伊(今天的布日伊〔Bougie〕)附近的图布苏克图(今天的提克拉特〔Tiklat〕)。

③ 参见本书第 2 卷,第 52 章注。

④ 今天的奥玛尔(Aumale)。

的。他们对这个营地很放心，因为在它的四周都是大森林。多拉贝拉接到这个消息之后，便把一些轻武装步兵中队和骑兵中队派了出去，要他们全速前进，但是没有告诉他们进军的目的地。天色刚亮，他们在一阵狂叫和一阵喇叭声中攻到了还没有完全醒来的蛮族这里，努米地亚的马匹这时还在系着或是在遥远的牧场上漫步。罗马这方面的步兵组成了密集的队伍，骑兵也作了相应的安排，做好了一切战斗的准备。但相反地，敌人事先却一点不知道这件事情，他们没有武器，没有秩序，没有应战的计划，他们只是像牲畜一样地被拉去屠杀或是当了俘虏。

罗马士兵想到自己吃过的苦头，又想到这是一次早就要同这些神出鬼没的敌人进行的战役，他们越想越气，因此对于每个敌人都进行了血腥的报复。全军各个小队都接到通知说，大家都要以塔克法里那斯为报复的主要对象，而由于多次的交手，他的模样大家已熟悉了。看来只有这个反叛头子被杀以后，战斗才能停止下来。他的卫士都战死在他的周围，他的儿子被俘；罗马士兵正从四面冲杀过来，他就迎着投刺过来的长枪奔去，以战死疆场来逃脱被俘的命运，战死前他曾使敌手受到了报复。阿非利加的战事至此结束。

（26）多拉贝拉呈请授予凯旋勋记的要求被提贝里乌斯拒绝了。这是由于考虑到谢雅努斯的缘故，因为这样一来，谢雅努斯的叔父布莱苏斯的荣誉相形之下就要显得逊色了。但是这种做法也并没有进一步提高布莱苏斯的声望，而拒绝给予勋记的举动却反而增加了多拉贝拉的荣誉，因为多拉贝拉以一支较弱的军队，却取得了这样的声誉：他不但俘获了重要的俘虏，杀死了一名头目而且结束了这场战争。和他同来的还有伽拉芒提斯人的一些代表，这种情景在首都是十分罕见的。原来伽拉芒提斯人害怕自己会遭到和塔克法里那斯相同的命运并且深知自己所犯的过错，于是派人前来向罗马人民谢罪。而鉴于玛乌列塔尼亚的国王托勒米在战争期间对罗马的友好表示，结果决定把一项古老的勋记加给他，一位元老被派到他那里把元老们的一项传统的赠赐、即一支象牙王笏和一件刺绣的托迦袍[①]送给他，并且按照对待国王、同盟者和朋友的方式对他进行祝贺。

(27) 这年夏天，一场已经在意大利发动起来的奴隶战争，由于一件偶发的事件得以避免。这一叛乱的煽动者是提图斯·库尔提西乌斯，他先前是近卫军步兵中队的一名普通士兵。起初他在布伦地西乌姆和相邻各城市一带地方举行秘密集会，随后他就公开发出号召，这样他就不断地把边远的草原地带的那些凶悍的乡村奴隶[②]发动起来争取自由，但这时十分凑巧有保护这一带的海上商旅的三只双层桡船停留在这里的港口里面。此外，根据古老的制度，在这里管理这一行省的牧地的一位财务官[③]库提乌斯·

① 凯旋的托迦袍：袍为紫色，上缀以金星。在托勒米的硬币的背面上有一只象牙权标和座椅，这些当然也是礼物（参见李维：第 30 卷，第 15 章；第 42 卷，第 14 章）。

② “这里所指的是大所有主在阿普里亚和卡拉布里亚的大牧场（saltus）上拥有的武装的骑马的牧民队伍（Pastores）。早在卡提里那时代，这些牧民队伍就十分出名（参见撒路斯提乌斯：《卡提里那的阴谋》，第 46 章）。在提贝里乌斯时期，在南部意大利专门设置了一名财务官来对付他们的各种越轨行动，特别是当着他们沿着从低地通向高地牧场的牧道（Calles）移动的时候”（培拉姆）。

③ 关于意大利的偏僻的财务官“行省”，可参阅尼佩尔第（Nipperdey）或福尔诺（Furneaux）的作品。里普西乌斯（Lipsius）认为 calles 应作 Cales（蒙森同意此说），他们假定是，康帕尼亚的这第一个拉丁移民地卡列司（Cales）（今天的卡尔维）起初颇为重要，以致被认为是从半岛的一边到另一边海岸的财务官管区的大本营所在地，这样就把卡拉布里亚的城市布伦地西乌姆也包括进来了。

路普斯也正在这一地区，于是他便集合了一支水手的队伍，把刚刚开始的这一阴谋击破了。被提贝里乌斯匆忙地派来的保民官司泰乌斯率领着一支强大的队伍，把谋叛的首领和比较坚决的参加者带到了罗马。人们在这里看到奴隶的人数越来越多，自由人的数量却日益减少，内心感到十分震惊。

（28）在同样的执政官的任期里面，一个叫做维比乌斯·谢列努斯①的儿子到元老院来控告他那同名的父亲，这件事可以被视为这一时代的悲惨无情的惊人例证。父亲刚刚从放逐的地点被召回来，他全身既肮脏又褴褛，但现在又戴着镣铐，面对面地听着儿子的咒骂。这是一个十分文雅而看起来又精神愉快的青年，他兼而有告密者和证人的双重身份，他控诉他父亲谋叛皇帝的经过，说谋叛的使节曾被派到高卢去；②他还说前任的行政长官凯奇里乌斯·科尔努图斯曾提供过活动的经费。科尔努图斯感到实在受不了这种忧虑的折磨，再加上当前他的危险定会要他的命，于是立刻自杀了。但是另一方面，这个犯人的精神丝毫不倒，他面对着自己的儿子，抖着自己身上的镣铐，叫着复仇诸神的名字。他要求人们还是把他远远地放逐出去，这样就不至于再看到这里的种种丑事了，他说他的儿子总有一天会遭到报应的！他坚持认为科尔努图斯并没有罪，科尔努图斯是由于毫无根据的惊慌失措的情绪而自杀的。他还说，如果能举出更多的名字出来，才能证明他的背叛的事实。因为他自己肯定不能仅仅同一个人勾结起来企图谋杀皇帝

① 关于父亲，参见本卷第13章；关于儿子，参见本卷后面第36章。

② 从巴伊提卡（这是他父亲的行省），时间则是在撒克罗维尔发动叛乱的时候。

和发动叛乱啊！

（29）原告接着又举出格涅乌斯·楞图路斯[1]和塞乌斯·图倍罗[2]两个人的名字来。这一做法使得提贝里乌斯处于十分为难的地位。因为他知道这两个人都是十分显赫的贵族，又是他的亲密的朋友。格涅乌斯·楞图路斯的年已老耄；塞乌斯·图倍罗又在病中，然而他们却被控以有武装叛变和阴谋反对国内和平的罪名。不过他们立刻就被洗刷了这样的罪名。在拷问老谢列努斯的奴隶的时候表明，对老谢列努斯的控诉是没有根据的；于是这个原告因为自己的罪行而发了疯，而且又被人们的议论吓坏了（因为人们发出恐吓，说应当把他送进地牢[3]，并从岩石[4]上掼下去，或是治他以杀父之罪[5]），于是便逃离了罗马。但是他从拉温那被捉了回来，而不得不继续进行自己的诉讼。提贝里乌斯并不想掩饰他对于被放逐者的旧恨。因为在里波[6]被判罪之后，谢列努斯曾写信给皇帝，抱怨说，只有他的热心没有取得应有的报偿，最后又说了一些话，这些话灌进高傲的和容易生气的耳朵里显然会给自己招来危险的。八年之后，提贝里乌斯又想起了这种旧恨；他搜集了这一期

① 参见本书第 1 卷，第 27 章注。

② 日耳曼尼库斯的副帅，参见本书第 2 卷，第 20 章。

③ 指 Tullianum 地牢，撒路斯提乌斯曾经描写过这个地牢（参见《卡提里那的阴谋》，第 55 章），它现时还存在。

④ 这里指塔尔培亚岩石，参见本书第 2 卷，第 32 章；第 6 卷，第 19 章。

⑤ 即所谓 poena cullei；犯杀父之罪的人要同一只狗，一只公鸡，一条毒蛇和一只猿猴一道被装在一个袋子里，然后被投到海里去；参见优维纳尔：《讽刺诗》，第 8 章，第 214 行和西塞罗：《为罗司奇乌斯·科美都斯辩护的演说》，第 70 章。

⑥ 即玛尔库斯·司克里波尼乌斯·里波·杜路苏斯，参见本书第 2 卷，第 27 章以次。

间可以对他发起控诉的各种材料,尽管奴隶们的坚定使得严刑拷打并未获得所期望的结果。

(30)元老们表示,老谢列努斯应该按照古老的习惯加以惩处,[①]但是提贝里乌斯却设法缓和大家对他的恶感而提出了否决的意见。阿西尼乌斯·伽路斯提出的把囚犯拘禁在吉雅路斯岛或多奴撒岛[②]的建议也遭到了提贝里乌斯的反对,因为他提醒伽路斯,这两个岛上都没有可以饮用的水,如果你给一个人留下性命的话,那你必须给他一条活路。这样,谢列努斯就被用船载回了阿莫尔古斯。而由于科尔努图斯自杀了,于是大家便讨论这样一项建议,即每当犯有大逆罪的被告在审判结束之前使用自杀的手段时,原告的赏金应予以没收。这一决议即将通过时,提贝里乌斯却相当严厉和极其坦率地为原告辩解,他抱怨说,这样一来法律将会不发生效力,而国家也便岌岌可危了。他们与其把监护法律施行的人除掉,倒还不如取消法律本身为好。提贝里乌斯这么一说,告密人即那些生来要使国家灭亡,而且甚至用刑罚都不曾制裁得了的人,现在却由于贪图奖赏而干得更起劲了。

(31)但是在这一连串的悲剧中间,却有一件比较令人高兴的插曲。原来皇帝赦免了被证实犯了写诗诽谤他本人之罪的一位罗马骑士盖乌斯·科米尼乌斯,因为当事人的兄弟,一位元老向他作了这样的请求。这件事增加了人们的惊异情绪,其原因在于:尽管

① 即在笞打之后枭首,这种惩罚以棍束(fasces)和斧头(secures)作为标志。执政官的权标就是棍束中间的斧头。

② 参见本书第3卷,第68章注;多奴撒岛如果即是司提诺撒岛(Stenosa)的话,那么它就位于纳克索斯以东。

提贝里乌斯知道什么是更好的行为，也知道仁慈会使他得到荣誉，但是他宁肯采取严酷的手段。提贝里乌斯犯了这样错误，并非由于他考虑不周，同时的确也不难看出，人们对皇帝的行动的喝彩什么时候是出于真心，什么时候是出于伪装的热情。再者，提贝里乌斯本人讲话通常是很做作的，他讲的每一个词看来都是从口中硬挤出来的，但是每当提出仁慈为怀的建议的时候，他却讲得比较流利和轻快。

另一方面，当日耳曼尼库斯过去手下的一名财务官普布里乌斯·苏伊里乌斯[①]因犯了贪赃枉法之罪而不许他留在意大利的时候，他却建议把苏伊里乌斯流放到一个岛上去；他把这样的建议提得很认真，竟至发誓说，这种决定的改变乃是从国家的利益来考虑的。他的这种干预在当时引起了人们很大的反感，但是不久之后，从苏伊里乌斯回来之后的表现来看，人们又感到提贝里乌斯的做法是对的了。原来下一代的人所看到的苏伊里乌斯，是克劳狄乌斯的一个掌握大权而又贪得无厌的宠臣，他利用自己和皇帝之间的友谊长时期为自己谋求私利，任何一件好事都不曾做过。元老院的一位成员费尔米乌斯·卡图斯也受到了同样的惩罚，他的罪名是诬告他的姊妹犯了大逆罪。前面我已经说过，[②]卡图斯曾陷害过里波，后来又通过他的作证毁了他。提贝里乌斯想起卡图

① 普布里乌斯·苏伊里乌斯·路福斯是科尔布罗的异父兄弟；他娶了奥维狄乌斯的第三个妻子的一个女儿为妻；在克劳狄乌斯时代是一个臭名昭著的告密者（参见本书第 11 卷，第 5 章）；公元 58 年通过塞内加之手而被放逐到巴列亚尔群岛（参见本书第 13 卷，第 42 章以次）。

② 参见本书第 2 卷，第 27 章。

斯过去的这件事情，就假借别的一些理由为他开脱，使他免了放逐的惩罚，但是却不反对把卡图斯从元老院中开除出去。

(32) 我自己很清楚，我已经叙述的和我下面要叙述的许多事情看来也许都是无关紧要的、不值得记述下来的小事情；但是不应当把我的编年史和人们编写的罗马人民的古代历史等量齐观。他们所谈论的或是随意插笔叙述的题目是：大规模的战争、遭到猛攻的城市，被打败或是被俘虏的国王；如果他们说的是国内的事情，那就是执政官和保民官之间的不和、土地法、谷物法、贵族和平民的决斗等等。但是我所写的事情都是狭窄范围之内的不光彩的事情：因为当前是一个长期的承平时代，有些骚动也都不大；罗马的气氛凄凄惨惨，皇帝也无心扩大自己帝国的疆土。可是，揭开这些事件的表层向里面看一看并不是没有益处的，因为这些事件在初初一看时似乎是毫无意义的，但它们往往引起了历史上的重大事件。

(33) 每一个国家或城邦的统治者或许是人民、或许是贵族、或许是一些个人，这三种统治方式适当配合起来的政体比较容易得到别人的称赞，然而却不是容易创造的。而且即使创造出来，它也无法长久维持下去。因此，在平民掌权的情况下，我们必须研究群众的性格和驾驭他们的办法；但是在贵族占主导地位的情况下，那些对于元老院和贵族的性情了解最深的人们，在当代的人们中间却被认为是机敏的和有智慧的人了。因而在今天，当局面业已改变而罗马世界已经和一个王国相去无几的时候，把这些琐事加以收集并且按年代编排起来仍然还有它的用处。很少有人生来就能辨别什么是对的，什么是错的，什么是有益的，什么是有害的。

大多数的人都是通过别人的经验才得到教训的。如果我写的东西有什么用处的话，它们却不能给人带来什么愉快。国土的描述、战事的起伏、在战场上光荣战死的统帅，这些东西都能够引起和刺激读者的兴趣。但是我所能提供给读者的，却是一连串残酷的命令、接连不断的控告、被出卖的友谊、被残害的无辜者、导致同样后果的各种不同的案件，到处都是惹人生厌的单调乏味的题材。而且古代的作家很少受到别人的指责，无论对于迦太基的军队或是对于罗马的军队采取更加赞美的态度，都没有什么妨碍。但是在提贝里乌斯当政时期受过法律惩罚或是贬损的许多人，他们的子孙在今天还都活着。而且即使现在这些家庭都已灭绝，那么你仍然会发现有这样一些人，他们把所提到的别人干的坏事认成是指他们自己说的，因为他们彼此间的品行是相似的。甚至荣誉和德行也能树敌，因为一种过分鲜明的对比会使它们的敌人感到难堪。下面再书归本传。

（34）下一年，科尔涅里乌斯·科苏斯和阿西尼乌斯·阿格里帕担任执政官。这一年一开始便对科列姆提乌斯·科尔杜斯提出了一项新颖的和前所未闻[1]的控诉，因为科尔杜斯[2]发表了一部历史，颂扬布鲁图斯并且把卡西乌斯说成是最后的一名罗马人。[3]控诉人是撒特里乌斯·谢孔杜斯和皮那里乌斯·那塔，这两人都

罗马建城778年，即公元25年

① 但是后来在多米提安的当政时期，却发生了类似的事情。参见塔西佗：《阿古利可拉传》，第2章；苏埃托尼乌斯：《多米提安传》，第10章。

② 一部奥古斯都的历史的作者。塞内加的《对玛尔奇娅的慰词》（为了丧子）是写给他的女儿的。

③ 根据普鲁塔克的记载（《布鲁图斯传》，第44章），把死去的卡西乌斯称为最后的一名罗马人的正是布鲁图斯本人。

是谢雅努斯的食客。他们的这种身份就决定了被告的命运。还有一点致命的,就是提贝里乌斯在听取被告的答辩时的那种阴沉的表情。[①] 但是已把生死置之度外的科列姆提乌斯却讲了下面的话:

"元老们,我发表的言论现在受到审判了——我的行为却是无辜的!而且甚至我讲的话也不是反对大逆罪所涉及的人物,即皇帝本人或他的父母。人们说我颂扬了布鲁图斯和卡西乌斯,但对于这两个人,许多人都记述过他们的事迹,而且都是怀着尊敬的心情加以记述的。以雄辩和坦率而享最高盛名的李维说了这样恭维庞培的话,以致奥古斯都称他为'庞培派',然而这并没有在他们的友谊中间引起裂痕。对于斯奇比奥,对于阿弗拉尼乌斯,[②]对于现在涉及的这个卡西乌斯和这个布鲁图斯,李维从来没有像目前流行的说法那样,把他们说成是匪徒和弑父者,而是常常用他可以用于任何一位杰出的爱国者的字眼来称呼他们。阿西尼乌斯·波里欧[③]的作品使他们的品格有了崇高的色彩。美撒拉·科尔维努斯[④]曾自豪地把卡西乌斯称为'我的统帅'。但是波里欧和科尔维努斯在生时和死时都拥有充分的财富和荣誉!西塞罗的著作[⑤]把

---

① 这次审讯是由皇帝本人主持,在元老院进行的。

② 斯奇比奥是庞培的岳父,阿弗拉尼乌斯则是他的副帅。斯奇比奥是自杀的,阿弗拉尼乌斯是在公元前46年塔普苏斯惨败之后被追击和被俘之后死的。

③ 奥古斯都时代的著名文学家和政治活动家(公元前70—前4年)。他所著的历史从公元前60年的三头时期开始。

④ 参见本书第3卷,第34章注。他先后追随过卡西乌斯、安托尼乌斯和奥古斯都。

⑤ 对于加图·乌提肯西斯的一篇颂词(已佚),恺撒在两卷的 Alnticatones 里曾对这篇颂词进行了答辩(参见苏埃托尼乌斯:《恺撒传》,第56章)。

加图捧上了天，但是他从独裁官恺撒那里得到的是什么呢，不过是一篇书面的演说，与公审法庭上发表的演说一样。安托尼乌斯的书信里，布鲁图斯的演说里，有对奥古斯都的毫无根据然而极其恶毒的咒骂；比巴库路斯[①]的和卡图路斯[②]的现在还为人们所传诵的诗篇里，对恺撒们进行了许多下流的谩骂。然而，甚至神圣的优利乌斯和神圣的奥古斯都本人都容忍了他们，没有去触动他们。而我不知道他们的这种行动是由于他们的容忍，还是由于他们的智慧。因为事情若是不放到心上，不久就会忘记；而愤怒则意味着使人注意了。

(35)“我没有举希腊人的例子。在他们那里，不仅是自由，就是放纵本身也不会受到惩罚。如果一个人进行报复的话，那也仅限于以言语对言语的还报。但是只有对于那些由于自身的死亡而摆脱了别人的怨恨或偏爱的人所发表的意见，才能首先绝对保险免于别人的非难。布鲁图斯和卡西乌斯如今还在在菲利披平原上严阵以待么？我现在是在讲坛上鼓动人民去发动内战么？布鲁图斯和卡西乌斯已经去世七十年了，就连打败了他们的人自己都没有把他们的胸像取消，人们现在不是还从胸像上认识他们，因而他们还在人们的记忆中占有一席地位么？后世的人对每个人都给以

① 玛尔库斯·福利乌斯·比巴库路斯的著作的很少的残篇（主要保存在苏埃托尼乌斯的著作里）可以参看巴伊伦斯：《罗马诗人残篇》（*Fragmenta Poetarum Romanorum*）第 317 页以次。

② （恺撒指出）瓦列里乌斯·卡图路斯由于写了关于玛木尔拉（Mamurra）的诗（参见卡图路斯，第 57 章）而使自己的名字蒙受永久的污点；不过当他谢罪时，恺撒就在当天请这位诗人吃饭，并且继续对卡图路斯的父亲采取友好的态度（苏埃托尼乌斯：《恺撒传》，第 73 章）。

应有的荣誉；如果我被判罪的话，人们仍然会纪念我，就像纪念布鲁图斯和卡西乌斯一样！”他说了这话之后便离开了元老院，回去绝食自杀了。元老们下命营造官焚毁他的著作。但还是有一些抄本流传下来，这些抄本最初还隐藏着，后来就发表了。[①] 这一事实使我们不能不更加嘲笑这样一类人的愚蠢，因为他们认为目前的专制行动可以使后世的人无法认识到此时的真相。相反地，受到惩处的天才反而会提高自己的威信；而且残暴的外国国王以及模仿他们的酷行的人，他们的行为所招致的后果也只能是使自己声名扫地，反而使牺牲在他们手下的人得到光荣。

(36) 在这一年的其余的时间里，控诉的事件接连不断地发生，甚至在拉丁节[②]的日子里，当市长杜路苏斯[③]登上讲坛宣布就职的时候，都不得不受理一项控诉：卡尔普尔尼乌斯·撒尔维亚努斯控诉塞克斯图斯·马利乌斯。[④] 这样一个行动使得卡尔普尔尼乌斯受到了提贝里乌斯的谴责，并且受到了放逐的处分。库吉库斯地方[⑤]的一个部落被控以不尽心奉祀圣奥古斯都；人们还说，他们对罗马人有使用暴力的行为；结果他们丧失了他们在米特利达特斯战争时期挣得的自由。当年他们由于勇敢，同样也由于路库

① 只是以删节后的形式发表的。在老塞内加的著作中保存了一个片断。

② 在有历史记载的时期里通常每年4月在阿尔巴山上举行的一个节日。这个节日是从古时拉提乌姆各部落的一个联合节日演变下来的。罗马主要高级长官都参加这个节日，这时他们只把一位临时的荣誉市长留在罗马城内执行任务。

③ 日耳曼尼库斯的儿子。关于市长这一职位，参见本书第6卷，第11章。

④ 参见本书第6卷，第19章；有一两个证据证明撒尔维亚努斯也是西班牙人。

⑤ 在小普里吉亚。公元前74—前73年，对它的围攻以米特利达特斯的惨败告终。参见普鲁塔克：《路库鲁斯传》，第9—11章。

鲁斯的协助，曾击退了围攻他们城市的国王的军队。另一方面，亚细亚行省的前任总督丰提乌斯・卡皮托被宣告无罪，因为维比乌斯・谢列努斯[①]对他提出的控诉被证明是伪造的。但是这次失败对谢列努斯并没有任何损害，人民群众的憎恶对他实际上反而起了双重的保护作用。[②] 因为一直在为非作恶的告密者几乎是神圣不可侵犯的，受到报复的只不过是那些微不足道的无名小卒而已。

(37) 大约在这同时，远西班牙派了一个使团到元老院来，要求准许他们像亚细亚那样，[③]为提贝里乌斯和他的母亲修建一座神殿。一贯非常讨厌任何阿谀奉承的提贝里乌斯认为应当利用这样一个机会，来驳斥外间的一种传闻，好像他有一种追求虚荣的倾向。他的发言的大意是这样：

“元老们，我知道有不少人会抱怨我反复无常，因为就在不久之前，亚细亚的各城市虽然也作了同样的请求，但是我并没有表示反对。因此现在我要说明，为什么在前一次我保持沉默，以及今后我对这类事情所持的原则。既然圣奥古斯都过去不曾禁止人们在培尔伽门[④]为他本人以及为罗马城修建一座神殿，而我又把他的每一行动和言论看成是法律，因而我才遵照他已经同意的前例这

① 这里指小维比乌斯・谢列努斯。

② 参见本卷第 28 章以次。

③ 参见本卷第 15 章。这实际上是一种类似中国封建王朝时期修建生祠的举动，其目的不外是谄媚当权者。

④ 参见本书第 3 卷，第 63 章注。这座神殿建成于公元前 29 年，并且被提贝里乌斯举例认为是在行省开始皇帝崇拜的一个标志。参见苏埃托尼乌斯：《奥古斯都传》，第 52 章；狄奥・卡西乌斯：第 51 卷，第 20 章；波瓦谢(Boissier)：《罗马的宗教》(*Religion Romaine*)，第 1 卷，第 129 页以次。

样做，但是我更愿意将对我本人的崇拜与对元老院的尊敬联系在一起。不过，接受一次这样的要求也许是情有可原的，但是若让所有的行省里到处都将我的像当成神像来崇奉，那就是虚荣和妄自尊大了。如果我们给予奥古斯都的荣誉被加上许多庸俗无聊的谄媚，那么这种荣誉就会变成笑柄。

(38)“元老们，至于我本人，我要说，我是一个凡人，我起的作用是人的作用，如果我所处的地位是人间最主要的地位，我就感到满足了。我要求你们证明这一点，我希望我们的后人能够记住这一点。如果他们认为我可以配得上我的祖先，关心你们的利益，在危险中表现得坚定，为了国家的幸福不害怕别人对自己的攻击，这样他们对我就可以说作出公正不过的评价了。这就是在你们心里为我修造的神殿，这就是为我画的最美好的和最持久的像：如果后人对某人的看法变成了憎恨的话，那些石造的纪念物将被咒诅为坟墓！[①] 因此我对联盟者、对公民们以及对上天诸神所提出的请求是这样：我恳求上天诸神，直到我临死的时候，使我的心田得到宁静，并且要我能懂得恪守天上和人间的律条；我恳求国人，不管什么时候我死了，希望你们能够怀着赞美和亲切的心情来怀念我的事业和纪念我的名字。”

事实确实是这样。从这时起，甚至在私人的谈话当中，他都坚持对这种加到他身上的神圣荣誉采取轻蔑否定的态度。[②] 一些人

① 按照提贝里乌斯的看法，只有人类的亲切的怀念才真正是不朽的，因此为被憎恨的皇帝所建立的神殿并不是一个活着的神的殿堂，而只是一个死人的坟墓。比较阿米亚努斯·玛尔凯里努斯(第 22 卷，第 11 章，第 7 节)。

② 从当时的一两个铭文来看，他对这一点实际上也不是始终十分坚持的。

认为这种态度乃是出于谦逊,但是许多人却认为这是出于信心不足,还有少数人则认为这是出于灵魂的堕落。他们争辩说:“优秀人物都要求得到最崇高的荣誉。因此希腊人中的赫尔克里士与里倍尔[①]和我们罗马人中的克维利努斯[②]就被列进了诸神的行列。奥古斯都则采用了较好的办法,他只是希望自己列进神的行列。皇帝们在所有其他的东西上都立刻能得到满足。但是有一件东西要通过长期的不倦的努力才能取得,这就是后人对他的好评。因为人们对于他的名誉的蔑视也正是对他的德行的蔑视!”

(39) 这时谢雅努斯由于取得了极大的成功而头脑发起昏来,再加上又有一个野心勃勃的女人在后面撺掇他(里维娅要求履行谢雅努斯应允的婚约),所以他就给皇帝写了一份报告。当时的习惯,凡是向皇帝陈事,即使他本人在罗马,也要用书面的形式。这一报告的主要之点是这样:“由于皇帝的父亲奥古斯都的仁爱以及后来提贝里乌斯本人的许多照顾,他形成了这样一种习惯,那就是他的任何希望、任何誓愿,他都要像告诉诸神那样地立刻要皇帝知道。他从来不曾要求过华而不实的官职。他宁愿为了皇帝的安全而戒备着、工作着,就像是皇帝的一名最普通的卫兵那样。然而他却达到了他的最高的目的,这就是,他竟被认为有资格同皇帝攀亲。[③] 这种情况使他有了新的希望;因为他曾听说,当奥古斯都在

① 罗马的酒神,即巴库斯。

② 他原来是萨比尼人部落的地方神。这个部落并入罗马之后,他和朱庇特、玛尔斯并列为罗马的国家神。

③ 参见本书第 3 卷,第 29 章注。

安排他的女儿[①]的婚事的时候，在某种程度上他甚至考虑过以罗马骑士作为对象。因此，如果要为里维娅考虑一位丈夫，他恳求提贝里乌斯不要忘记一个朋友，这个朋友只希望从这一联姻中取得荣誉。因为他并不想推卸他身上的责任：他认为，只要他的一家能够有足够的力量防止阿格里披娜对他的毫无根据的仇视，那他就感到十分满足了，而且这只是为了他的子女着想的。至于他本人，则在这样一位皇帝之下不管要效劳多少年，那都是他心甘情愿的！”

(40) 提贝里乌斯在复信中称赞了谢雅努斯的忠诚，他稍稍谈了谈他本人给予他的恩典，并且说，他要用一点时间来充分地、自由地考虑这个问题。接着他又写道：“在别人来说，他们作出决定时的立足点首先是考虑他们自己的利益；但是在皇帝来说，情况就完全不同，因为他们在处理最重大的事件时必须要考虑到公众的意见。因此他并不用一个最现成的答案来给自己作推托的借口，这就是，里维娅可以决定自己的命运，在杜路苏斯死后改嫁别人，还是留在自己原来的家里。而且我还可以推托说，她自己有母亲和祖母，她们的意见比我的意见当然更要亲切自然些。他可以说得更加坦白些：首先，如果里维娅重新结婚的话，这就会大大地增强阿格里披娜的恶感，因为这种结婚看来意味着把皇帝的家族分裂为二。甚至在当前的情况下，女人们的忌妒都是不可遏止的，结果他的孙子们也会由于这一敌对而处于互不相容的状态。如果因为计划中的联姻而加剧了这一争端的话，那又怎么办呢？”

① 即优利娅（参见本书第 1 卷，第 53 章注）。

提贝里乌斯继续写道，“谢雅努斯，如果你以为你可以保持你当前的地位，或者你以为里维娅在嫁过盖乌斯·恺撒和杜路苏斯之后，竟然会满足于和一个罗马骑士偕老，那你就错了。即使是我个人同意了，你以为见过她的兄弟、她的父亲的那些人和我们那些担任过国家的最高职位的祖先会容忍这种情况么？你自己表示不愿意再担任比你目前更高的职位。但是，那些不惜用各种办法出现在你的面前并且同你商讨每一件事情的高级官吏和显要人物，他们并不隐讳自己的这样一种看法，这就是：很久以来，你便超越了骑士等级的最高限度，并且把我父亲的朋友[①]都远远地抛在后面了。由于他们对你的忌妒，他们也就连带地指责了我。你提到奥古斯都曾考虑过可能把他的女儿嫁给一个罗马骑士的问题。奥古斯都本人有这样多的国家大事要处理，而且他又预见到，由于这样的联姻，作为对象的男子的身份会怎样地在与他同等的人们中间大大提高起来，可是他偶然提起的却又是过着安静的离群索居的生活并且毫不过问国事的盖乌斯·普洛库列乌斯[②]和其他少数人，这确实是令人吃惊的事情！但是，我们固然特别注意到了奥古斯都在这个问题上的迟疑不决的态度，但使我们更加信服的却是这样一个事实，那就是：他把她先嫁给了玛尔库斯·阿格里帕，后来又嫁给了我本人。我是从我们二人之间的友谊来坦率地对你讲

① 这里指骑士出身的元老，如迈凯纳斯、撒路斯提乌斯·克利司普斯（参见本书第 3 卷，第 30 章）和其他诸如此类的人物。

② 奥古斯都的亲密的朋友，在阿克提乌姆一役之后曾代表他到安托尼乌斯和克利欧帕特拉那里去（参见普鲁塔克：《安托尼乌斯传》，第 77—79 章）；优维纳尔在《讽刺诗》中把他和迈凯纳斯相提并论（第 7 章，第 94 行），但荷拉提乌斯却把他和撒路斯提乌斯·克利司普斯相提并论。

话的。不过我却不反对你的决定和里维娅的决定。关于我本人的一些想法以及我计划在今后加强我们之间的关系的另外一些做法,现在我不打算说了。只是有一点我想说清楚:你的优点以及你对我的忠诚,是配得上任何高位的。在时机到来时,不拘是在元老院里还是在人民群众的面前,我是不会保持沉默的。”

(41) 谢雅努斯深感惊讶,不过不是由于婚姻的事情,而是由于更深入的原因。于是在复信中,他就劝提贝里乌斯不要理会那些私下的怀疑论调、群众的胡言乱语以及诽谤他的那些人的攻讦。与此同时,他既不愿意把大批前来拜会他的人拒之门外,从而削弱自己的影响,另一方面,又不愿意接待这些人,因为这样做就会给毁谤者以向他进攻的把柄,于是他便有了这样一个想法:劝提贝里乌斯到罗马附近一个游乐的地方去消磨一些日子。他预见到这种做法的许多好处。通过这种做法,他可以控制皇帝对人们的接见;他可以监视皇帝的大部分来往信件,因为这些信件都是由近卫军士兵传递的。[①] 不久之后,这位已届衰年并且因为隐居的生活而日益懒散的皇帝,便更会愿意把统治者的权力委托给别人了。至于谢雅努斯本人,由于接见的人数减少,这会减轻人们对他的恶感,而且取消那些无关紧要的虚荣,反而会加强他的实权。这样,他就开始一点一点地说些讨厌首都的麻烦事情、熙熙攘攘的人群和源源不绝的请托者的话,却赞扬安静而孤独的生活,因为只有在这样的生活当中,人们才能够避开烦恼和摩擦,才能够把自己的主

① 把文件从罗马送出去的是 speculatores,这是近卫军的一支特殊的骑兵队伍,而且是在谢雅努斯的直接控制之下的。

要精力放到头等重要的事情上去。

(42) 提贝里乌斯已经动摇了；恰巧在这个时候，对于很有人望又很有才能的沃提耶努斯·蒙塔努斯[①]的审判，使得提贝里乌斯相信，他必须回避参加元老院的会议，回避听取在那里当着他的面屡次提到的那些往往是既真实而又尖刻的言语。原来当沃提耶努斯被控以恶意诽谤皇帝之罪的时候，一个名叫埃米里乌斯的军人出庭作证；他为了热心为这次控告作证，便把他所听到的话毫不遗漏地重述出来。尽管有人在会场上高声抗议，他还是十分热切地坚持叙述了全部经过。这样，提贝里乌斯便听到了别人在私下里对他的恶毒咒骂。这些话使他震动到这样的程度，以致他不断地高声叫道，他要当场亲自予以驳斥，至少在审判结束之前驳斥这些话；由于他的朋友们的恳请，再加上所有在场的人们的谄媚，提贝里乌斯好不容易才恢复了内心的平静。沃提耶努斯受到了大逆罪的惩处。提贝里乌斯过去即曾因对待被告无情而受到谴责，但是他却更加顽固地使用这种办法。由于阿克维里娅跟瓦里乌斯·里古斯通奸有罪，提贝里乌斯就给她以放逐的处分，虽然当选而尚未就职的执政官楞图路斯·盖图里库斯[②]建议只根据优利乌斯法[③]来处理她。阿庇狄乌斯·美

① 纳尔波的演说家。

② 这个人是本年度的执政官科尔涅里乌斯·科苏斯的弟弟；他是一个讽刺短诗的作者，也许还是一个历史学家(苏埃托尼乌斯：《卡里古拉传》，第 8 章)。后来他曾统率过下日耳曼的军团(参见本书第 6 卷，第 30 章)；卡里古拉当政时期曾因谋叛被诛(参见狄奥·卡西乌斯：第 59 卷，第 22 章；苏埃托尼乌斯：《克劳狄乌斯传》，第 9 章)。

③ 关于优利乌斯法所规定的惩罚，参见本书第 2 卷，第 50 章及注。这里所说的放逐包括没收罪犯的财产并剥夺他的公民权。

路拉由于没有发誓效忠于圣奥古斯都的法令，结果就被提贝里乌斯剥夺了元老的称号。[①]

（43）元老院现在听取拉开戴孟和美塞涅的代表的发言，他们所争论的是狄安娜·利姆纳提斯的一座神殿依法应归谁所有的问题。[②] 拉开戴孟人根据历史的记载和诗人的诗篇试图确定，是他们的祖先在他们自己的土地上奉献了这座神殿的；但是，在他们对菲利浦[③]作战的时候，[④]马其顿的军队从他们手里夺走了这座神殿；后来由于优利乌斯·恺撒和玛尔库斯·安托尼乌斯的决定，这座神殿才得以归还给他们。但是美塞涅人这方面则提出了古昔时代赫尔克里士的子孙们分配伯罗奔尼撒的事实。他们说，"这座神殿所在地的顿塔里亚特地区就是分配给他们国王的。现在还有石刻和古老的青铜铭刻可以说明这件事实。如果对方要他们引用诗歌的和历史的证据的话，那他们这一方面便有更多有力的证据。菲利浦的决定并不是专断的，而是根据当时的客观情况作出来的；国王安提戈努斯[⑤]和罗马统帅穆米乌斯[⑥]所作的决定也是这样。当时被指定为仲裁者的城市米利都[⑦]，最后，还有阿凯亚的长官阿

① 参见本书第1卷，第72章注。

② 尼顿河上游边界地区的一座神殿，美塞涅和拉科尼亚两地的人都崇奉它；依照传统的说法，引起第一次美塞涅战争的争吵就是在这里发生的。

③ 指马其顿的菲利浦二世。

④ 公元前337年，继凯罗尼亚之后进攻拉科尼亚的时候。

⑤ 马其顿国王安提戈努斯·多松（公元前229—前220年当政）。这一决定应当是他在塞拉西亚（Sellasia）战败斯巴达的克列欧美尼斯三世（公元前222年）之后作出的。

⑥ 路奇乌斯·穆米乌斯。

⑦ 以五百八十四票对十六票的多数，赠赐的条款（公元前135年）保存下来了。

提狄乌斯·盖米努斯也都作出了类似的决定。"因此,元老院便作出了决定,把神殿给了美塞涅人。

塞盖斯塔尼人也要求重修埃律克斯山上年久失修的维纳斯神殿,并且叙述了关于它的建立的人所熟知的故事。提贝里乌斯听了很为高兴。提贝里乌斯和塞盖斯塔尼人有亲属关系,因此他很愿意承担这件事。[①]

这时元老院正在考虑玛西里亚[②]送来的一份请愿书。它根据普布里乌斯·路提里乌斯的一个先例批准了这一请愿书。原来路提里乌斯在依法被放逐之后,取得了士麦拿的公民权。这个事实鼓励了被放逐的乌尔卡奇乌斯·莫斯库斯归化于玛西里亚,并且把他的财产赠给了那个他已视为祖国的城市。

(44) 这一年,两个著名的贵族格涅乌斯·楞图路斯[③]和路奇乌斯·多米提乌斯[④]去世。楞图路斯除了曾担任过执政官和战胜过盖塔伊人而取得凯旋的勋记之外,还可以要求取得这样的荣誉:他起先曾坚强地忍耐了诚实的贫苦生活,后来他通过正当的手段取得了巨大的财富,但是他却一点也不挥霍浪费。多米提乌斯则是由于他那在内战时期称雄海上的父亲而取得了声望的,但是后来他追随了安托尼乌斯,而在离开了安托尼乌斯之后才投奔恺

① 这是由于塞盖斯塔(Segesta)和埃律克斯(在西西里西北部)同特洛伊、埃涅阿斯和优利乌斯家族之间的关系。但真正的修复看来却是在克劳狄乌斯当政时期,"由罗马人民的国库出钱"(ex aerario populi Romani)进行的(参见苏埃托尼乌斯:《克劳狄乌斯传》,第 25 章)。

② 今天的法国马赛。

③ 参见本书第 1 卷,第 27 章注和本卷第 29 章。

④ 即路奇乌斯·多米提乌斯·埃诺巴尔布斯,皇帝尼禄的祖父。

撒。[1] 他的祖父在帕尔撒里亚之役[2]中是站在贵族的一面作战而阵亡的。他本人被选为屋大维娅的女儿小安托尼娅[3]的丈夫,随后率领一支军队渡过易北河,比在他先前的任何人都更深入地开进了日耳曼,结果由于这一功绩而被授以凯旋的勋记。路奇乌斯·安托尼乌斯也去世了;他出身于一个著名的然而不幸的家庭。原来当他还是少年的时候,他的父亲优路斯[4]便由于和优利娅[5]通奸而遭到极刑,因此他也就被奥古斯都放逐到玛西里亚城去,在那里,他得以借口研究学问以掩盖自己的放逐之名。[6] 他的葬仪是享有哀荣的。根据元老院的一项命令,他的遗体被葬在屋大维家族的墓地里。

(45) 在同样的执政官执政的一年里,在近西班牙[7]发生了一件胆大包天的罪行。特尔美斯部落的一个农民出其不意地袭击了行省的长官路奇乌斯·披索,一击就把他杀死了。原来披索认为外面平安无事,毫不戒备地出游各处。凶手骑着快马逃进森林,在那里他把马放开,然后便走进崎岖的和没有道路的荒

① 即屋大维(奥古斯都)。

② 公元前48年夏天,在这一决定性的战役中,恺撒打败了庞培。

③ 安托尼娅两姊妹是三头之一的安托尼乌斯和奥古斯都的姊妹屋大维娅二人所生的。但是作者在这里以及在本书第12卷第64章的叙述都不正确,因为嫁给路奇乌斯·多米提乌斯的是大安托尼娅,而嫁给提贝里乌斯的兄弟杜路苏斯的才是小安托尼娅。

④ 他是安托尼乌斯和福尔维娅的儿子;但他是由继母屋大维娅在罗马抚养大的;公元前2年被处死。

⑤ 参见本书第1卷,第53章注。

⑥ 在北方,安敦(参见本书第3卷,第43章注)是一座拉丁大学;在南方,马赛则是一座希腊大学,其名声足以与雅典的大学比美。

⑦ 指半岛的东部和北部。特尔美斯部落的首都特尔美斯是今天的提耶尔美斯(Tiermes),在乌尔比昂山(Sierra de Urbión)的杜埃罗河(Duero)河源附近。

野，以逃避人们的追索。然而不久他便被侦察到了。他的马被人捉住，于是人们把它牵到附近的各个村落去，直到它的主人被认出来的时候。凶手被发现后，人们拷问他，要他把同谋者招供出来，他便用本地话高声喊道，“审讯是没有用的，他的同伴可以站在旁边望着，然而痛苦是绝不会吓倒他，使他吐露真情的。”第二天，他在被拖去再行拷问的时候，突然挣脱了看守人的手，用脑袋向石头上一撞，力量大得很，当场便撞死了。然而，人们仍认为披索是特尔美斯人的阴谋的牺牲者。因为公家的钱被盗了，于是他就极力要人们出钱赔偿，但他的手段太厉害了，当地的蛮族简直忍受不下去。

罗马建城779年，即公元26年

(46) 在楞图路斯·盖图里库斯和盖乌斯·卡尔维西乌斯担任执政官的一年里，元老院决定把凯旋的勋记授予波培乌斯·撒比努斯，[①]因为他制服了色雷斯的部落居民，这些居民在山区中过着野蛮的生活，并且是十分桀骜不驯的。暴动的原因除了在于他们反叛的性格之外，还因为他们不愿忍受军事的征集，不愿把他们的全部壮丁都用来为罗马的军队服务。确实，他们甚至对自己国王的顺从往往都是反复无常的，而且他们偶然派到国王那里去的部队也都是由他们自己的头目率领着，并且只对同他们相邻的部族作战。但这时突然又有一个谣传，说他们的部落要被割裂，而在同其他种族混合起来之后，再被迁居到遥远的国土去。不过在诉诸武力之前，他们还是派出了一个使团到罗马人这里来，着重指出

① 尼禄的情妇和妻子波培娅的外祖父(参见本书第1卷，第80章；第2卷，第10章和第6卷，第39章)。

了他们过去对罗马人的友谊和忠诚。他们说,“如果他们不再受到新的租税的折磨,他们将要保持他们对罗马人的友谊和忠诚。如果他们像一个被征服的民族那样受到奴隶的待遇,那么他们手里有武器,有年轻力壮的战士,有不自由毋宁死的决心。”这时,他们又把他们在山顶上的要塞指给罗马人看,他们的父母妻子就都在那里避难,他们威吓说,罗马人如果对他们作战,这将是一场麻烦、激烈而又残酷的战争。

(47)撒比努斯直到能把兵力集合起来时,才对他们作了温和的答复。但是当彭波尼乌斯·拉贝欧率领一个军团从美西亚[①]前来,当国王莱美塔尔凯斯[②]率领一队表示忠于罗马的地方辅助队伍前来的时候,他便把这些军队和自己手下可以使用的军队合到一起,向敌人进军了。这时敌人都集中在林木茂密的峡谷里。几个比较胆大的人则公然显露在开阔的山地上面。当罗马的统帅把队伍列成战阵向前推进的时候,很容易地就赶跑了这些人。不过这些人的附近都有掩护场所,所以他们几乎没有受到什么损失。继而撒比努斯就在那里建立了一座设防营地,随后便率领一支强大的军队,占领了一条狭窄的山脊,这条山脊不中断地一直伸展到最近的敌人部落的一座工事那里去,这座工事里驻有相当大的一支敌军和非正规军。与此同时,他又选派了一队精锐的弓手去对付敌人中比较勇敢的那一部分,因为那些人正在按照他们本国的风俗,在堡垒前面一面放情歌唱,一面狂舞。只要弓手们从远距离

① 皇帝的行省,大约相当于旧塞尔维亚和保加利亚。

② 参见本书第 2 卷,第 67 章注。

的地方作战，他们就能不遭到报复地使敌人受到很多的伤害。当他们向前进迫的时候，他们却受到了一次出其不意的袭击，结果队伍被打乱了。但是苏甘布利人的一个步兵中队[1]接应了他们，这个步兵中队被罗马统帅配置在不远的地方，因为他们在危急的时刻能够迅速加以接应，而且他们的歌声和武器声也和敌人的一样，可以引起对方的恐惧。

(48) 于是营地便转移到更加接近敌人一程的地方去。我在上面提到的站到我们这方面来的色雷斯人，被配置在先前的营地上。他们只要将劫掠限制在白天，而夜里安全而警觉地守卫在营地工事的后面，他们便可以任意烧杀抢掠。开头他们还遵守这样的规定；后来他们一味贪图享乐，并且由于虏获甚丰而大发其财，便开始离开岗位去狂饮狂歌，或是在酩酊大醉后倒在地上。这样一来，得知他们放松了戒备的敌人便组织了两个队伍，一支队伍进攻色雷斯的打劫者，另一支则进攻罗马的营地。他们根本不想占领这一营地，而只是打算通过他们的呼啸声和他们的投枪使每个罗马人都只顾自己的安全，从而不去注意别的地方的战斗声。而且为了加强这种惊恐情绪，他们选择了夜间来发动进攻。当然，他们那进攻军团工事的企图是很容易被击退的。但是色雷斯的辅助部队(他们中间的一些人沿着工事睡倒，但是大部分人却是散在外面游荡着)却被这次突然的进攻吓破了胆，结果他们就受到了更加野蛮的屠杀，因为他们被认为是举兵奴役本国人和自己祖国的变节者和卖国贼。

---

① 在莱茵河一带征募的四五个辅助步兵中队中的一个。

(49) 第二天，撒比努斯就把他的军队在平原上面列队，打算诱使由于夜间进攻得手而得意起来的敌人敢于出战。但敌人并没有离开自己的工事或从附近的山上下来的迹象，于是他就开始用设防据点把他们包围起来，这些据点凑巧都是他正在修建的。随后他便修造了一道连续不断的壕沟和土墙，周边的全长有四英里。最后，他就一步一步地紧缩他的包围圈，这样便切断了敌人的水源和粮草的供应。他还着手修筑一道土堤，从这上面他可以把石块、投枪和引火物大量投到现在离他们已不远的敌人那里去。但是使他们最感痛苦的是口渴，因为这时只剩下一个泉水来供应这样大量的战斗和非战斗人员了。与此同时，按照蛮族的习惯和自己的主人关在一处的马牛由于缺乏秣草也快要饿死了。和它们并排倒在那里的有人的尸体，他们是受伤而死或是渴死的，到处是血污、腐臭和瘟疫，使人却步。

(50) 在这一片混乱之外，还要加上最后一项灾难，这就是内部的不和。他们中间一些人建议投降，一些人建议相互杀死，一些人认为他们不能死得毫无代价，因此他们建议进行最后一次出击。还有一些人，人数不是很多，则不同意以上的任何建议。一个领导人叫做狄尼斯，年纪已经很老了，由于对罗马的威力和仁慈有着长期的深刻的体会，所以他便建议放下武器，认为这是他们摆脱灾难的唯一办法。他自己首先把他自己、他的妻子儿女交给了胜利者来处理。妇女老幼，以及贪图活命甚于重视荣誉的人，都追随了他。另一方面，在比较年轻的战士中间却分成了塔尔撒和图列西斯两派。这两派人都有不自由毋宁死的决心；但是塔尔撒主张从速结束自己的性命，这样就可以一举而结束人们的希望和恐惧，因此他就用剑当胸刺死了自己;追随他的人们也学了他的样子自杀了。图列西斯和他的追随者则等待黑夜。罗马的统帅知道这一情况,于是便加强了前哨设防据点的守卫力量。夜幕降临时下了一阵暴雨;在敌人方面,狂叫声和死一样的沉寂交替着,这种情况使包围的人们颇为困惑。这时撒比努斯正在巡视他的工事;他告诉自己的士兵不要为这种神秘的呼叫声或是伪装的沉寂所欺骗,从而给打埋伏的敌人以得逞的机会:每个人都应当严守自己本岗位的职务,并且不要向着实际并不存在的虚假目标投掷武器。

(51) 正在这个时候,从山上冲下来的成群结队的蛮族,用石块,用火烧尖的木棍和从树上削下来的橡木棒向着工事的栅栏发动了进攻。另一部分人则用树枝柴木、篱笆和尸体一类的东西来填沟。还有一些人带着事先准备好的渡桥和梯子向着塔楼方面进攻。他们抓住塔楼之后,就把它们弄倒,这样就和守卫者展开了交手战。守卫的罗马军队则用枪把他们刺倒,用大楯的楯心把他们击退,把围攻用的投枪和大量的巨石投到敌人身上去。双方都有足够的动力使自己鼓起勇气来:在我们的一方面,这种因素是取得胜利的希望和一旦在失败时会受到的更加无法忍受的耻辱。在敌人的一方面,动力是这样一件事实:他们是为了最后的解脱而进行最后的挣扎。他们许多人有他们的妻子和母亲在近旁,她们就在他们的耳边哀号。黑夜助长了一些人的勇敢和另一些人的惊恐。[①] 人们只能胡乱地打击,也无法预料到会造成怎样的伤害;人

① 作者的这一名句 Nox aliis in audaciam,aliis ad formidinem opportuna,形象地传达了混战中人们的不同心理状态。

们无法把朋友和敌人区别开来。从峡谷反射回来的呼叫声听起来显然像是从后面传出来的。这一切结果引起了普遍的混乱，以致罗马人不得不放弃了自己的某些阵地，因为他们认为自己受到了攻击。不过实际上，能够杀出重围的敌人却是极少数。其余的人(在他们中间最勇敢的不是战死就是负了伤)则在天明的时候又被逼回山上他们的要塞里去，他们终于不得不投降了。附近地区的居民自动地投降了罗马人。其余地区的叛变者则由于海木斯山的过早到来的严冬，而免于在进攻或包围之下被征服的命运。

(52) 但是在罗马，皇帝的家族已经动摇了。现在，引起阿格里披娜的毁灭的一连串事件的头一桩，是对她的表姊妹克劳狄娅·普尔克拉[①]的控诉。控诉者是多米提乌斯·阿菲尔。阿菲尔是不久之前才交卸了行政长官职务的一个没有什么地位的人物，但是为了飞黄腾达，他不惜采取任何罪恶的手段。他控告她的罪名是不贞，和福尔尼乌斯通奸，还想用毒药和邪术谋害皇帝的性命。一向性情暴烈的阿格里披娜听到了自己亲属的危险处境十分焦急，于是她便飞快地赶到提贝里乌斯那里去。她恰巧发现他正向他的继父[②]奉献牺牲。这一点使她有了责难提贝里乌斯的借口。她说，“一个人不应当既向圣奥古斯都奉献牺牲，同时却又迫害他的后人。奥古斯都的圣灵并没有被变成不能讲话的石像：她本人就是他真正的化身，是神裔贵胄；她深知自己的危险处境，所

① 她是奥古斯都的侄孙女，先前她是克温提里乌斯·伐鲁斯的妻子(参见本书第1卷，第3章注)。

② 他是以奥古斯都祭司团(sodalium Augustalium)的成员的身份向奥古斯都奉献牺牲的(参见本书第1卷，第54章)。

以才穿上了丧服。拿普尔克拉本人来作借口是没有什么意思的，普尔克拉倒霉的唯一原因，正是她十分不智地选择阿格里披娜做她的亲密朋友！她忘记了由于同样的原因而丧命的索西娅。[①]”

她的这些话使得提贝里乌斯这样一位神秘莫测的人物发表了一次少见的谈话。他拉住了阿格里披娜，用一句希腊语“一个妇女如果没有得到王位，她也未必就会受到伤害”[②]来忠告她。普尔克拉和福尔尼乌斯被定了罪。阿菲尔成了著名的辩护人，他的天才显露出来了，接着提贝里乌斯便称他是“一位天生的演说家”。后来，不管是给原告还是给被告进行辩护，他的口才总是表现得比他的德行更加出色。但是他的高龄使他的口才大大地退化了，他的高龄虽然削弱了他的思想能力，然而却未能消除他那不能保持缄默的习惯。[③]

(53) 这时，皇帝来探视一直怒气未息和得了病的阿格里披娜。她先是默默地流泪，很久很久，随后她就带着谴责而又夹着恳求的语气说，“提贝里乌斯应该考虑到她的孤帏独守的情况而给她物色一个丈夫，她正当需要伴侣的中年，[④]而一个品德高尚的女人只有在结婚时才能得到安慰。罗马一定有愿意接受日耳曼尼库斯

① 参见本卷第19章。

② 苏埃托尼乌斯把这句话译为：Si non dominaris，inquit，filiola，iniuriam te accipere existimas？（《提贝里乌斯传》，第53章。）现在流传的希腊原文，显然是16世纪时从拉丁文重新译回去的。

③ “在我有幸认识的所有演说家当中，多米提乌斯·阿菲尔是远为突出的一个人物。我看到他时他已经是耄耋之年了，但他每天都要失去一些他过去获得的声望。……这样就使得有人不怀好意地指出，他与其说是结束，毋宁说是在衰退。”（克温提里亚努斯，第12卷，第11章，第3节。）

④ 根据蒙森（Mommsen）的计算，这时她的年龄是四十左右。

的遗孀和儿女的公民。"提贝里乌斯虽然知道她的这一请求的意图何在,但是他并不愿意表现出恐惧或愤怒的情绪。因此,尽管阿格里披娜一再坚持,他却没有答复她的请求。这一事件为那些自称是历史家的人们忽略了,但是我却在她的女儿,即尼禄皇帝的母亲阿格里披娜[①]的回忆录中发现了这一事件,她为后世记述了她的母亲的一生和她的一家的兴衰。

(54)但是谢雅努斯表面上却装成朋友的样子,派他手下的人去警告阿格里披娜,说她颇有被毒死的危险,因此她最好是不要和自己的公公同桌吃饭;这样一来,本来内心已经很痛苦并且性格又急躁到不顾后果的阿格里披娜便更加感到手足无措了。阿格里披娜从不会装模作样。当她坐在提贝里乌斯的身旁就食的时候,她一直是板着面孔一句话也不讲,一动也不动吃的东西。最后,提贝里乌斯不知是出于偶然,还是有人告诉了他,才注意到了这种情况。于是他就故意对她进行了一次试探。他称赞放到他跟前的果物,并且把这果物亲手递给了她的儿媳。这种行动更为加重了阿格里披娜的疑心,她没有尝这一食品,就把它给了自己的奴隶。即使是看到这种情况,提贝里乌斯也没有什么公开的表示;但是他却到他的母亲那里去表示说,如果他决定用比较激烈的手段去对付一个指控他放毒的女人,那也算不得是什么奇怪的事情。因此外面便又谣传说,皇帝正在准备把她除掉,不过他却不敢公开地,而只是正在偷偷布置这件事情。

① 关于这一回忆录,在其他地方只有一处提到了它,即普利尼的《自然史》,第8卷,第8章,第46节;普利尼提到这一回忆录是为了证实有关尼禄的出生的一个说法。

(55) 为了避免外界的物议,提贝里乌斯照旧经常出席元老院的会议。他在好几天里都一直在听取亚细亚来的使节们辩论应在他们的哪个城市为提贝里乌斯修建神殿的事情。[①] 十一个实力不等的城市同样都是野心勃勃地争取这样的权利。这些城市所持的理由不外是自己的城邦如何古老,以及在对佩尔谢乌斯[②]、阿里斯托尼库斯[③]和其他国王[④]的战争当中他们曾为罗马如何出力等等。但是叙帕埃帕[⑤]、特拉列斯[⑥]以及拉欧狄凯亚[⑦]和玛格涅西亚[⑧]被认为没有这种资格而不予讨论。甚至伊利昂,虽然它夸称特洛伊城[⑨]是罗马的母城,但是它除了光荣的过去以外,现在其实已是默默无闻的小城了。哈利卡尔纳索斯人所提出的理由并未引起人们多大的注意,他们说,他们的城市在一千二百年中间没有受过地震的破坏,因此神殿的基址可以建立在天然的岩石上面。培尔伽门人的主要证据反而使他们不能再坚持这样一个要求,原来他们已经有了奥古斯都的一座神殿,这一荣誉对他们来说已经很够了。

① 参见本卷第 15 章。

② 对佩尔谢乌斯的战争,即所谓马其顿战争结束于公元前 168 年的披德纳一役。

③ 培尔伽门的埃乌美尼斯二世的私生子阿里斯托尼库斯的起义是被玛尔库斯·培尔佩那和玛尔库斯·阿克维里乌斯镇压下去的(公元前 130—前 129 年)。

④ 这里所指的大概是本都的米特利达特斯、帕尔纳凯斯和帕尔提亚的阿尔撒奇达伊家族的国王。

⑤ 在吕地亚;今天土耳其的厄代米什附近。

⑥ 在卡里亚;今天的阿伊登。

⑦ 在普里吉亚;今天的拉塔基亚。

⑧ 不是西皮路斯河上的玛格涅西亚(参见本书第 2 卷,第 47 章),而是迈安德罗斯河上的玛格涅西亚(参见本书第 3 卷,第 62 章);其地在吕地亚,今天的玛格尼撒(Magnisa)。

⑨ 伊利昂即特洛伊。

以弗所和米利都两座城市的崇祀则被认为已分别集中在狄安娜和阿波罗两个神的身上。于是在这件事上便考虑撒尔迪斯和士麦拿这两座城市了。撒尔迪斯人宣读了一项法令，证明撒尔迪斯和埃特路里亚有亲属关系。他们说，"由于它们人口众多，这样国王阿图斯的两个儿子第勒努斯和吕都斯才把全国分开。吕都斯留在他的祖先的国土上，第勒努斯的任务则是要去开辟一个新的移民地；在亚细亚和意大利的两支人民于是就从他们的领袖的名字那里各自取得了自己的名字。吕地亚人则由于在希腊那后来因伯罗普斯而称为伯罗奔尼撒半岛的地方开辟了一些移民地而扩展了自己的势力。"同时撒尔迪斯人还引用了罗马统帅的书信，引用了在马其顿战争时期同我们缔结的条约；他们还着重提到了他们的大量的河流、温和宜人的气候以及城市周边土地的肥沃。

(56) 另一方面，士麦拿的代表首先回溯了他们自己城市的历史：它的建立者也许是约维[①]的儿子坦塔路斯，也许是也是神的后裔提谢乌斯，也许是一名亚马孙人。随后他们就提出了表现出高度自信的论据。他们曾为罗马人民提供过忠诚的服务；他们不仅派遣舰队帮助我们进行国外的战争[②]，而且还帮助我们在意大利进行的内战[③]。在玛尔库斯·波尔奇乌斯[④]担任执政官的时候，罗马的国运确乎是蒸蒸日上，但是还不到如日中天的程度，因为那时

① 约维(Jove)，即朱庇特。

② 对叙利亚的安提奥库斯三世的战争(公元前 191—前 188 年)。

③ 公元前 90—前 87 年间的同盟战争，即意大利本土诸同盟市为争取罗马公民权而进行的战争。

④ 担任监察官的大加图，即玛尔库斯·波尔奇乌斯·加图。他和路奇乌斯·瓦列里乌斯·佛拉库斯是公元前 195 年度的执政官。

布匿战争还在进行，而且在亚细亚还存在着很有势力的国王。然而就在这样的时候，士麦拿人第一个为罗马城建立了一座神殿。同时苏拉的话也被引用来作证："当他的军队由于酷寒的冬天和缺少衣服而处于极为危急的状态时，在一次公开的集会上听到了宣布这个消息的士麦拿人立刻就把自己身上的衣服脱下来送给了我们的军团士兵。"

因此，元老院在听取了他们的意见之后，便把这一权利赠给了士麦拿。维比乌斯·玛尔苏斯建议把一位特任的副帅派到亚细亚行省总督玛尼乌斯·列庇都斯那里去，负责这一神殿；由于列庇都斯谦逊地表示不想自行选择这样的一个人物，结果就在前任的行政长官当中用抽签的办法任命了瓦列里乌斯·纳索，并把他派出去了。

(57) 这时，在长期考虑和几经推迟自己的计划之后，提贝里乌斯终于到康帕尼亚去了。在表面上，他是为了在卡普亚把一座神殿献给朱庇特，在诺拉把一座神殿献给奥古斯都。[①] 但实际上却是，他已经决心定居到远离罗马的地方去。关于他这次从罗马退隐的动机，我同意大多数历史家的说法，也认为这是出于谢雅努斯的阴谋。但是考虑到这样一件事实，即在谢雅努斯被处死之后他同样地离群索居连续有六年之久，因而我就不禁常常怀疑，更可能的情况是，这是出于他自己的意思，目的是想借此来掩盖那由于他的行动而昭彰于世的残酷和淫乱。还有一些人认为，在他老年

① 这里奉献的就是奥古斯都去世时住的那座房屋(参见狄奥·卡西乌斯：第 56 卷，第 46 章)。

的时候，他对自己的外貌也特别敏感。他长得高，肩部下垂，却又瘦得出奇，脑袋上一根头发也没有，满脸又都长着脓疮，经常涂着各色各样的膏药。当他隐居在罗得岛的时候，他习惯于不和人们见面，而只是自己偷偷地享乐。

还有一种说法，说他是由于他母亲专横的性格才被迫出走的，他不能容忍他母亲同他分享统治权，可是又不可能把她除掉，因为他的政权正是从她的手里取得的。因为奥古斯都过去曾考虑过是否让他姊妹的外孙日耳曼尼库斯这个受到普遍爱戴的人物担任罗马国家的首脑的问题，但是由于他的妻子的恳求，这才将日耳曼尼库斯过继到提贝里乌斯家来，再把提贝里乌斯过继到奥古斯都自己的家里来。年老的皇太后常常提起这个恩惠，并希望取得报偿。

(58) 提贝里乌斯是在少数几个人的陪伴之下离开的。一位曾担任过执政官的元老(法学家科凯乌斯·涅尔瓦)[①]、谢雅努斯，还有一位地位较高的罗马骑士[②]库尔提乌斯·阿提库斯[③]。此外就是一些文人，其中主要是希腊人，这是陪着提贝里乌斯聊天给他解闷的人物。占星术士说，从他离开罗马时行星相互间的位置来看，他绝不可能再回来。对于那些认为提贝里乌斯不久即会死去并且公开向大家表示了这样意见的许多人来说，这种说法简直是致命打击，因为他们并未能预见到这样一件不可相信

① 他是未来的皇帝涅尔瓦的祖父；关于他的死亡，参见本书第 6 卷，第 26 章。

② 参见本书第 2 卷，第 59 章注。

③ 奥维狄乌斯的朋友，奥维狄乌斯曾有两封信是写给他的。他后来由于得罪了谢雅努斯而丧命(参见本书第 6 卷，第 10 章)。

的事实，那就是，他从罗马自我放逐竟然持续了十一年之久。人们不久就会发现，真实情况和诈骗之间的界限是多么接近，而掩盖真相的面纱又是多么神秘莫测！[①] 说他永远不会再回到罗马来，这话没有说错，但预言者却没有看到所有其他方面，因为他时而到城市郊区，时而到附近的河岸以及常常就在城墙脚下，他活到很大的年纪。

(59) 那时恰巧提贝里乌斯遇到了一件十分危险的偶发事件，这件事引起了人们的各种各样的谈论，并且使皇帝有理由更加相信谢雅努斯的友谊和忠诚。当他们正在一座名叫“洞窟”的别墅(这座别墅修建在阿米克莱湾[②]和富安狄山[③]之间的天然洞窟里面)吃饭的时候，洞口的岩石突然塌陷下来，压死了一些仆人，结果引起了一场普遍的惊恐，在场的客人都逃掉了。但这时只有谢雅努斯一个人全身跪伏在提贝里乌斯身上，遮盖着他不受落下来的石块的侵害。前来救援他们的士兵到这里来时，发现他正在采取着这样的姿势。这件事更为增加了他在提贝里乌斯眼中的分量，因为提贝里乌斯把他认成是一个公而忘私的人物，故而不管他提出了多么有害的意见，提贝里乌斯对他总是言听计从。

对于日耳曼尼库斯一家人，谢雅努斯开始采取了法官的姿态。他收买了一批歹徒担任控告者的角色，这些人攻讦的主要对象就

① 作者对此事的态度可参见本书第 6 卷，第 20—22 章。

② 今日意大利的特腊契纳湾。

③ 今天的丰迪。斯特拉波注意到这个地区的巨大洞穴提供了宽阔而奢华的住所(第 5 卷，第 3 章)。这个别墅的名称(Spelunca，洞窟的意思)目前还保存在斯培尔隆迦(Sperlonga)这个名称上面。

是皇位的直接继承人尼禄。尼禄这个年轻人尽管是年轻而谦逊，但他却还是往往表现得不识时务。他的那些急于攫取权力的被释奴隶和食客，则撺掇他要他振作起来并表现出信心。他们说，“这样做正是罗马所希望的，正是军队所期待的，而且那既践踏老年人的耐性而又践踏青年人的驯顺的谢雅努斯是不敢加以反击的！”

（60）在听到诸如此类的话时，尼禄心里并不怀有任何恶意。但是他有时却说出未经考虑的、大胆的话来；当这类的话被暗中安置在他身边的奸细们听到，并且被加油加醋地报告上去的时候，他却得不到给自己申辩的机会，因此人们又表现出了另一些形式的顾虑。有的人回避他，有的人向他例行地打过招呼之后就匆忙地躲开，许多人突然中止了和他的任何交谈；但是，另一方面，如果当时恰好在那里有谢雅努斯一派的人，他们便站在那里对他加以冷嘲热讽。至于提贝里乌斯，他对尼禄的态度不是哭丧着脸，就是堆着一脸假笑。尼禄这个孩子说话时是有罪，不说话时也是有罪。甚至就是夜间也不安全，因为不管他是醒是睡，还是叹息，这一切一切都由他的妻子[①]报告给她的母亲里维娅，再由里维娅传到谢雅努斯那里去。谢雅努斯实际上甚至通过许以皇位的手段把尼禄的兄弟杜路苏斯也拉到自己的一面来了，只要杜路苏斯能把他那处境已经岌岌可危的兄弟搞掉就行。品行恶劣的杜路苏斯这样做除了由于贪图权力和兄弟之间常见的不和之外，还有另外的原因，

① 杜路苏斯的女儿优利娅（参见本书第 3 卷，第 29 章）。由于在本书第 6 卷第 27 章里提到她时作者并没有谴责的口气，所以尼佩尔第善意地认为她所泄露出去的话是丝毫没有恶意的。

那就是他这个生性残忍的人非常忌妒母亲阿格里披娜对尼禄的偏爱。谢雅努斯尽管对杜路苏斯表现得很关心，其实他心里甚至已在盘算着将来用怎样的办法来除掉他了，因为他知道，杜路苏斯的那种轻率鲁莽的性格是特别容易使自己遭到陷害的。

（61）这年年底，又死了两位著名人物：一个是阿西尼乌斯·阿格里帕①，一个是克温图斯·哈提里乌斯。阿格里帕出身于光荣但并非古老的家族，他的一生不曾玷辱这个家族。哈提里乌斯出身于元老家族，他的辩才虽名闻当代，但是后世对他的这种才能却不那样重视。他所以取得演说家的声名，老实讲，与其说是由于在修辞炼字方面下过苦功，毋宁说是由于音调的抑扬顿挫而将演说表现得铿锵有力。② 别的人在演说本身方面刻苦钻研，因而在死后反而声誉日隆，哈提里乌斯的演说当时听起来虽然悦耳流畅，但是他一死，这些特点也就无影无踪了。

罗马建城780年，即公元27年

（62）在玛尔库斯·李奇尼乌斯③和路奇乌斯·卡尔普尔尼乌斯④担任执政官的一年里，一件意想不到的灾害竟而引起了像是大规模战争那样的灾难。这场灾害的开始和结束都是一刹那间的

① 两年之前的执政官（参见本卷第 34 章）。这里提到他的家族是指他的两位著名的祖父辈人物：玛尔库斯·阿格里帕，出身微贱；阿西尼乌斯·波里欧，出身也并非显贵。

② “当代最著名的演说家克温图斯·哈提里乌斯的快速讲话，我认为是正常的人所不取的。他从来不犹豫，从来不中断，他只开始一次，停下来也只一次”（参见塞内加：《书信集》，第 40 章）。大塞内加和吉罗美表示过和这相似的看法。

③ 即玛尔库斯·李奇尼乌斯·克拉苏斯·福路吉；人们认为，这是小披索在被过继以后所采用的名字（但是保留了旧姓，即 cognomen），荷拉提乌斯的《诗学》就是呈献给他的。

④ 路奇乌斯（原为格涅乌斯）·卡尔普尔尼乌斯·披索（参见本书第 3 卷，第 17 章注）。

事情。一个名叫阿提里乌斯的被释奴隶在费迪纳[1]修建了一座表演剑斗之用的半圆形剧场。但是他的这座剧场的地基并不坚固，而且上面的木架结构接合得也不结实。原来他搞这个工程并不是因为他太有钱，也不是为了向当地的市民讨好，而是在于贪求不正当的利益。喜好在提贝里乌斯统治时期被禁止的这种娱乐的人们，不分男女老幼，都拥到这里来。由于剧场离城很近，所以来的人就特别多，这样发生的惨剧便变得更加严重了。里面挤满了人的庞大建筑物向里或是向外倒塌下来，结果把大量观众和站在四周旁观的人摔下来，压到下面了。那些在惨剧刚一发生就立刻被摔死的人倒是摆脱了痛苦的折磨，人们遇到这类的灾祸也只能是这样的命运。更可怜的是那些被砸断了肢体但还没有死亡的人。他们知道他们的妻子或儿女也在那里，但是他们在白天还可以辨认出他们的妻子儿女，在夜里他们就只能靠着他们的妻子儿女的尖叫声和呻吟声来分辨了。这个消息使那些不在事故现场的人都赶来了。他们为自己的兄弟、亲戚或父母而痛哭。甚至那些有朋友或亲属因别的什么原因而离开了家的人也感到大吃一惊，因为人们还不知道罹祸的都是哪些人，而这种未能确定受害者的情况使得受惊的范围更加扩大了。

(63) 当人们开始清理倾圮下来的断墙残壁时，四周的人便冲到他们亲人的尸体那里去拥抱它们，和它们亲吻，他们时而甚至发生争吵，因为尸体的面貌已经看不清楚，但是体形和年纪的类似却

① 离罗马大约五英里的城市，今卡斯提尔·吉犹比列欧(Castel Giubileo)。原来是萨比尼人的一座城市，后来败落成一个小村子了(Sabiis desertior atque/Fidenis vicus，荷拉提乌斯：《书信集》，第1卷，第11章，第7节)。

使人们错认了亲人。在这次惨祸中,负伤残废或是被砸死的有五千人之多。[1] 元老院于是作出决定,在今后,财产在四十万谢司特尔提乌斯以下的人不得举办剑斗比赛,而半圆形剧场不能建筑在坚固程度未经试验过的地基上。阿提里乌斯遭到放逐的处分。最后还应当提到的一点是,在惨祸的第二天,罗马的显赫家族全都打开了大门。他们为所有前来求援的人提供包扎用品和医疗;在那些日子里,罗马的景象尽管十分凄惨,但是还能令人联想到我们祖先的那些做法,他们过去在大规模战役之后,对于负伤者是从不吝惜给以赠赐和照顾的。

(64) 在人们对这次灾祸记忆犹新的时候,罗马城又遭到了一场非同寻常的大火,结果整个凯利乌斯山[2]被烧光了。人们开始议论说,这一年是多灾多难的一年,皇帝作出离开罗马的决定的那一天是不吉利的一天,就像在群众中常常会发生的情况那样,这样就给偶然发生的事件找到了一个负责者。这时提贝里乌斯按照人们遭到的不同损失发放了恤金,这才算把外面的这些议论制止住。人们对他表示感谢;显贵是在元老院里对他感谢,人民群众的代表则是在外面街道上向他公开表示感谢:因为这次的赠赐是不认人的,也无须亲属的请托,甚至对于那些受到他本人的鼓励而来提出请求的不相识的受害者,他都给了慷慨的赠赐。还有人建议在今后把凯利乌斯山改称为奥古斯都山,因为当着四面八方火焰纷飞

---

① 根据苏埃托尼乌斯的说法(《提贝里乌斯传》,第 40 章),死亡人数在两万以上,这显然是过分夸大了的。

② 这是罗马在公元前 10 年的被奥古斯都分成的十四个市区中的第二个市区(Coelimontium)。

的时候，只有一件东西没有受到损伤，那就是在元老尤尼乌斯家中的提贝里乌斯的一座胸像。人们说，“过去克劳狄娅·克温妲[①]也遇到过同样的事情。我们的祖先曾把她的两次逃脱了火灾厄运的胸像献给了诸神之母的神殿。克劳狄乌斯家族是神圣不可侵犯的，是上天特别嘉佑的，因此对于上天表示破格垂顾皇帝的地方是应当特别加以崇敬的。”

（65）在这里说一下下述事件是合适的，那就是，这座山在先前由于上面的橡树很多而被称为“克维尔凯图拉努斯”[②]，直到后来才因埃特路里亚的一个名叫凯列斯·维本纳的首领而得名为凯利乌斯山；维本纳由于帮助过罗马而从塔尔克维尼乌斯·普利斯库斯或是从我们的另一位国王手里取得了这个地方作为定居地。作家们在这一点上有种种不同说法。然而在其余的方面却是无可怀疑的：维本纳的人数众多的军队也曾定居在山下的平原地带和罗马广场附近。图司库斯街的名称结果就是从这些移民那里得来的。

（66）但是当贵族们表示的善意和皇帝的慷慨得以减轻因事故而受到的损失的时候，那变得越来越猖獗、越有害的告密者却依旧进行着疯狂活动，丝毫也没有减弱。提贝里乌斯的一个富有的

---

① 她大概是阿庇乌斯·克劳狄乌斯·凯库斯的孙女，也可能是一位维司塔贞女。在奥维狄乌斯的《岁时记》（*Fasti*）里（第4卷，第247行以次），用一百行诗来记述公元前204年诸神之母从佩西努斯到达时证实了她的贞节的奇迹。

② 本章是这个名称的唯一依据。关于这座山和图司库斯街（vicus Tuscus）（在卡庇托里努斯山和帕拉提努斯山之间）的错综复杂的传说可以参见尼佩尔第的著作。唯一的另一个稍有参考价值的说法是克劳狄乌斯的一个说法，参见他在论述高卢人的荣誉权（ius honorum）时所发表的演说的片段。

亲戚克温提里乌斯·伐鲁斯[1]也受到了那个格涅乌斯·多米提乌斯·阿菲尔的控告，结果阿菲尔使得他的母亲克劳狄娅·普尔克拉也被判了罪。在多年的贫困之后又可耻地挥霍了不久之前获得的赏金[2]的阿菲尔又准备干新的罪恶勾当了，这是不值得大惊小怪的。不过令人吃惊的却是，普布里乌斯·多拉贝拉成了和他一同控告的伙伴。这是一个显贵家族出身的人物，又是伐鲁斯的亲戚，这样一来，他就开始玷辱了他自己的高贵身份和血统。但是，元老院却坚持了自己的主张，决定等待皇帝的裁决，而且也只有这样一个办法可以暂时延缓一下迫在眉睫的恐怖。

(67) 这时，提贝里乌斯在康帕尼亚奉献了一些神殿。他曾发布敕令，不许人们打搅他的私生活，并且把军队配置在外面相应的地方，阻挡从陆地上各个城市前来的大群的人们。但是，他还是十分讨厌那些自治市、移民地，以及陆地上的一切，因此他才躲避到卡普利埃岛[3]上来，这个小岛以三英里宽的一道海峡同苏尔伦提努斯海角[4]的尽头相对峙。我认为提贝里乌斯选取这个地方，主要是因为它有偏僻这样一个优点。它的四周没有一个海港，有一些临时的碇泊处甚至连小船都几乎无法接近，但哨兵在上面却可

---

① 奥古斯都的一位不幸的统帅伐鲁斯的儿子，曾一度同日耳曼尼库斯的女儿订婚。关于他母亲同皇室的关系，参见本卷第52章。

② 这里指控告者依法取得的赏金（参见本卷第20章）。考古学家发现了他的一个比较正当的生财之道，这就是他的大砖厂。手工业和农业被视为具有同等的地位，因此元老是可以经营的。砖厂后来成了玛尔库斯·奥列里乌斯的母亲的财产。

③ 今天的卡普里岛。公元前29年奥古斯都用伊司奇亚(Ischia)从那不勒斯换来了这个岛，从此它就成了皇帝的私产（参见苏埃托尼乌斯：《奥古斯都传》，第92章；狄奥·卡西乌斯，第52卷，第43章）。

④ 今天的索伦托。

以俯瞰所有停船的地点。冬天气候温和,因为山脉[①]把冷风都挡住了。在夏天,柔和的西风吹到岛上来,这样在大海的环绕下,就成了一个宜人的胜境。它所面临的海湾极其美丽,但后来这一景色由于维苏威火山喷火而改变了。[②]

传统记载说,康帕尼亚曾经掌握在希腊殖民者的手里,卡普利埃则被提列波伊斯人[③]占据着。但是提贝里乌斯住在这里时,卡普利埃岛上有十二座雄伟广大的别庄,每个别庄都有它自己的名字;[④]提贝里乌斯过去曾是专心于国事的,但是现在却同样热心地沉溺于罪恶的私生活和荒淫无耻的享乐了。提贝里乌斯这时依然是疑心极大而又轻信人言;谢雅努斯甚至在罗马的时候便已习惯于煽动他的这种疑心,现在则进一步加深搅乱他的头脑。谢雅努斯不再掩饰他对阿格里披娜和尼禄的阴谋。紧盯在他们后面寸步不离的士兵们,就像编年史家那样精确地记录了他们的来往信件、他们的会见、他们公开的和秘密的行动。谢雅努斯的那些密探甚至劝他们到日耳曼的军队那里去避难,或者是在广场上人最多的时候,抱住圣奥古斯都的胸像,呼吁元老院和人民的帮助。他们拒绝这样做,但他们仍然被加上了打算这样做的罪名。

---

① 是指对岸大陆上的山脉。

② 指公元 79 年的那次大喷火,在这次喷火时庞培城和赫尔库拉涅乌姆城全部毁灭。

③ 阿卡尔纳尼亚沿岸海上埃奇纳狄斯群岛(Echinades)上的居民。维吉尔在《埃涅阿斯》第 7 卷第 735 行中曾顺便提到了这个传说。

④ 里普西乌斯认为,这十二座别庄大概是依照十二神的名字命名的。其中一座别庄的名称肯定叫做约维斯别庄(villa Iovis,参见苏埃托尼乌斯:《提贝里乌斯传》,第 65 章)。

(68) 在尤尼乌斯·西拉努斯[1]和西里乌斯·涅尔瓦担任执政官的一年里，一开头就遇到了可耻的事件。一位著名的罗马骑士提齐乌斯·撒比努斯就因为跟日耳曼尼库斯是朋友而被拖进了牢狱。原来他始终非常关心死者的未亡人和孩子们，照旧到他们家里去，在公开的场合也陪伴着他们。在过去他们的食客当中，只有这一个人对他们保持着始终如一的态度，这种做法便引起了好人的赞赏和坏人的忌恨。他是被四个曾热衷追求过执政官职位和担任过行政长官的人选中为陷害对象的：这四个人是拉提尼乌斯·拉提亚里斯、波尔奇乌斯·加图、佩提里乌斯·路福斯和玛尔库斯·奥普西乌斯。因为只有通过谢雅努斯，他们才有担任执政官的希望，而只有通过罪恶手段，他们才能讨得谢雅努斯的欢心。他们四个人暗中所做的安排是：由同撒比努斯比较熟识的拉提亚里斯设圈套，其他三人则出头作证；而只有这样做，这次控诉才能站得住脚。因此，拉提亚里斯在同撒比努斯谈话时，先是随便谈了几句，然后就称赞起撒比努斯对朋友的始终如一的品质来，因为撒比努斯和其余的人不同，他在这个家族正得势的时候和他们在一起，但在这个家族背运的时候依旧没有背弃他们；与此同时，拉提亚里斯还带着崇敬的口吻谈到了日耳曼尼库斯，又带着怜悯的口吻谈到了阿格里披娜。撒比努斯就由于那心情悲痛的人惯常具有的弱点，一面哭一面抱怨起来。他越说胆子越大，接着就狠狠地责骂起

罗马建城781年，即公元28年

① 阿庇乌斯·尤尼乌斯·西拉努斯可能是盖乌斯·西拉努斯(本书第3卷，第66、69章)的儿子，后来则是美撒里娜的继父(参见狄奥·卡西乌斯，第60卷，第14章)。他的死亡(公元42年，参见本书第11卷，第29章)是克劳狄乌斯统治初期的丑闻之一(参见苏埃托尼乌斯：《克劳狄乌斯传》，第37章)。

谢雅努斯来，他责骂他残酷、狂妄、野心勃勃。甚至提贝里乌斯也没有被他饶过，而被视为交流内心深处的不敢表露的思想的这样一些谈话，看起来像是亲密的友谊。此后，撒比努斯自己就主动去和拉提亚里斯交朋友，常常到他家里去，把自己心里的痛苦倾诉给这个看来好像是忠诚的朋友。

（69）我上面所提到的那些伙伴现在又在考虑用什么办法能使更多的人听到他们的这些谈话了。因为约会的地点必须是一个僻静的地方。而且，如果他们站在门后面的话，他们也要冒着被人看见、被人听到的危险，或是有偶然会引起别人的怀疑的危险。于是这三个元老就钻到天花板和屋顶中间的空隙里面去把耳朵贴到裂口和有空隙的地方。他们这种偷听做法之可耻犹如他们的阴谋之可鄙。就在这个时候，拉提亚里斯在街上找到了撒比努斯。拉提亚里斯借口有刚刚得到的消息要告诉他，就把他拉到他家里去，一直到了他的寝室。在这里，拉提亚里斯把过去和现在所遭到的绝非少数的痛苦重述了一遍，又把新近发生的恐怖事件加了上去。撒比努斯于是就同一个话题接着说了起来，不过说得更加仔细：因为内心的痛苦一旦发泄出来，那就更加难以抑制了。控诉立刻就赶忙着手进行了；在阴谋者写给提贝里乌斯的一封信里，他们陈述了他们安排的这一阴谋的始末以及他们在这当中担任了怎样的可耻角色。这一行动在罗马引起了极大的忧虑和惊恐，人们对他们最亲最近的人都表示了彻底的沉默；人们回避见面，不愿交谈，同样害怕朋友的以及陌生人的耳朵；即使是无声的，没有生命的东西，诸如墙壁和屋顶，也都被人投以怀疑的目光。

（70）但是，在元旦那天在元老院宣读的一封信里，[①]提贝里乌斯在例行的新年祝福之后，便转到撒比努斯身上来，指控他贿赂过他的几名被释奴隶和阴谋伤害他的性命。这封信以绝不可能被误解的口气要求报复。元老院立刻发布命令进行报复；于是这个命运已被注定的人就被拉去处死。尽管外衣蒙住了他的头，而绞索又套在他的脖子上，然而他还是用尽力量呼喊说："新年的仪式就是这样，这些就是奉献给谢雅努斯的讨他的欢心的牺牲！"然而不管他向着哪个方向看，不管他的话讲给什么人听，结果看到的却只是四散奔逃和空无一人，人们都逃离了街道和广场。然而却也有人重新走了出来，因为他们想到自己刚才表现的惊恐情绪因而就更加惴惴不安。[②]"在习惯上禁止讲甚至是一句不吉利的话的日子里，甚至在奉献牺牲和祈祷之际都有给人带上枷锁和绞死犯人的事情发生，那么人们哪一天才能免除被处死的恐惧呢？提贝里乌斯完全是有意招来这种憎恶的：这是一个事先经过周密考虑的、有一定目的的行动，这就是说，任何人都不要认为，新当选的高级官吏不会为地牢举行开幕仪式，[③]就像他们为神殿和祭坛举行开幕仪式那样。"

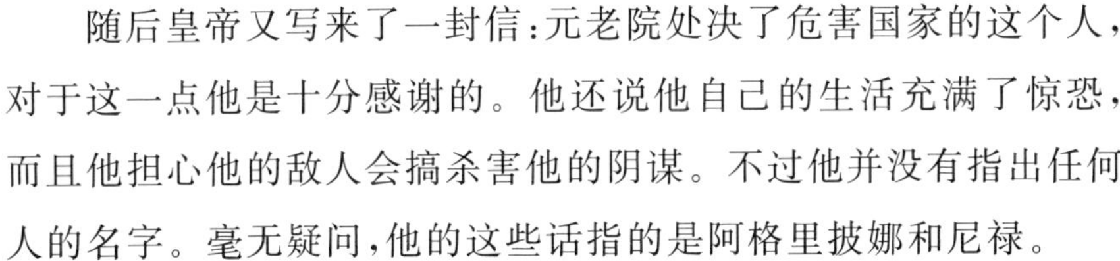

随后皇帝又写来了一封信：元老院处决了危害国家的这个人，对于这一点他是十分感谢的。他还说他自己的生活充满了惊恐，而且他担心他的敌人会搞杀害他的阴谋。不过他并没有指出任何人的名字。毫无疑问，他的这些话指的是阿格里披娜和尼禄。

① 参见本卷第 17 章注。

② 因为他们恐怕被人发觉有害怕的表现，从而被认为是有罪的。

③ 即第一次处死人。

（71）我并不打算把这一年里的每一件事情都记载下来，但我愿意预先谈一谈并且立刻记载下拉提尼乌斯和奥普西乌斯以及其他谋划这件恶事的人的结局，这不仅仅是盖乌斯·恺撒即位以后的事，而且是提贝里乌斯生前的事情。[①] 提贝里乌斯虽然不愿意看到他自己行凶作恶的代理人毁在别人手里，但是他本人对这些人干下的勾当却往往感到厌倦，因此当在这方面又有新手出现的时候，他就除掉那些使他感到讨厌的旧人。但是，对于这类罪行累累的人的惩罚以及其他诸如此类的事件，在适当的时候我还要提到。

这时阿西尼乌斯·伽路斯（阿格里披娜是他的孩子们的姨母[②]）建议皇帝把他所害怕的事情告诉元老院，以便消除这些心事。在提贝里乌斯引以自诩的全部本领当中，他自己最欣赏的是他的作伪的本领；因此要他把他特意藏到内心的想法说出来，这是他最感恼火的。但是谢雅努斯却使他的心情缓和下来，不过不是因为喜爱伽路斯，而是为了要皇帝在反复考虑之后再作出自己的决定：因为谢雅努斯知道，提贝里乌斯对于问题考虑得很慢，但是他一旦作出决定，那么他那不吉的言语立刻就变成了残酷无情的行动。

大概就在这个时候，优利娅[③]去世了。由于犯了通奸罪，她曾

① 关于拉提尼乌斯·拉提亚里斯，参见本书第6卷，第4章；关于加图，从佛隆提努斯那里我们知道，在公元38年，他做过一个月的司水官（curator aquarum），他的任期很短，原因只能从不利的方面去推测了。

② 她和提贝里乌斯的第一个妻子维普撒尼娅是同母姊妹。维普撒尼娅同提贝里乌斯离婚之后就嫁给了伽路斯（参见本书第1卷，第12章）。

③ 她是玛尔库斯·维普撒尼乌斯·阿格里帕和老优利娅的女儿，因此是阿格里披娜的姊妹。由于和戴奇姆斯·西拉努斯的阴谋而被放逐的事情（参见本书第3卷，第24章），是和奥维狄乌斯的放逐同时发生的。

被她的外祖父奥古斯都判罪，并立即流放到离阿普里亚海岸不远的特利美路斯岛[①]上去。她在那里度过了二十年的亡命生活，靠着奥古斯塔的周济活了下来。奥古斯塔在她的继女一家兴盛时在暗中陷害他们，却又在他们倒霉时故意在世人面前公开对他们表示怜悯。

(72) 同年，莱茵河对岸的一个部族弗里喜人[②]挑起了战争。战争的动机与其说是受不了屈辱之苦，毋宁说是出于贪欲。由于他们国内的资源贫乏，杜路苏斯加给他们的贡赋并不重，这种贡赋只不过是缴纳军用的牛皮。过去任何人都不曾对牛皮的质量或尺寸作过什么特别的规定，后来才有一个名叫欧伦尼乌斯的高级百人团长，指定弗里喜人的领导方面要缴纳一种欧罗克野牛[③]的皮，作为贡赋的标准。对于任何一个部落来说，这都是一项苛酷的要求，而在日耳曼就更加难以忍受了：因为在那里的森林中虽然有许多巨大的野兽，但驯养的牲畜却都不是很大的。弗里喜人最初失去的只是他们的牲畜，随后他们又失去了土地，最后连他们的妻子儿女也遭到了奴役。他们气愤、抱怨，但是他们的处境并没有得到改善，于是他们便诉诸武力。被派来监收贡物的士兵被逮捕并在绞刑台上被处死。欧伦尼乌斯看到受害的弗里喜人会发起火来而在事先逃到一个叫做佛列乌姆的要塞去，在那里有相当大的一支

① 今天的亚得里亚海上的特里米提岛(Tremiti)。

② 北海沿岸的一个民族，他们在卡乌奇人的西面，住在沮伊德湖和艾姆斯(弗里斯兰)之间。自从公元前12年他们降服于提贝里乌斯的兄弟杜路苏斯以来，他们对罗马一直是忠诚的。

③ 一种在欧洲已经绝种的野牛。这种野牛在立陶宛一直存在到16世纪。

罗马的和行省的士兵守卫着北海的海岸。

(73) 下日耳曼的长官路奇乌斯·阿普洛尼乌斯[1]听到了这个消息,便把上日耳曼军团的一些小队,还有精锐的辅助步兵部队和骑兵部队都召了来,并且派遣这两支军队同时沿着莱茵河下行到弗里喜人的地区去。在那里,叛变的弗里喜人已经撤走了包围佛列乌姆的军队,而保卫他们自己的财产去了。他于是穿过附近的河口地区修了堤路,架了桥梁,以便利他的大军的通行;但这时人们发现了一个渡口,于是他就下令坎宁尼法提斯人[2]的骑兵部队,连同在我们的军队中服役的全部日耳曼步兵去抄敌人的后方。这时已列成战阵的弗里喜人击退了辅助骑兵部队[3],又击退了前去增援的军团骑兵部队[4]。于是就派出了三个轻武装步兵中队,随后又派出了两个,最后,在间隔不久之后,又把全部辅助骑兵部队[5]都投入了战斗。如果把这些军队同时投向敌人的话,那么这的确是一支相当强大的力量。但是,这样一批一批地派了出去,这不但远远不能使那已经被打败的军队重新坚定起来,反而被卷到仓皇退却的士兵洪流里去了。

于是阿普洛尼乌斯便把第五军团的副帅凯提古斯·拉贝欧统率之下的最后一批辅助军队派了出去。看到自己一方面的紧急情

---

① 参见本书第1卷,第56章;第3卷,第21章。

② 坎宁尼法提斯人住在北荷兰的坎尼玛尔(Kennemar)地区(参见塔西佗:《历史》,第4卷,第15章)。

③ 即坎宁尼法提斯的骑兵部队(ala C)。

④ 军团的正规骑兵队伍。阿普洛尼乌斯统率的下日耳曼的四个军团每个军团都有每支各由三十人组成的四个骑兵小队。

⑤ 坎宁尼法提斯人的骑兵部队只是这全部辅助骑兵部队的一部分。

况而感到十分危险的拉贝欧，把使节派出去迫切要求增援大批正规军队。第五军团的士兵冲到其他军队的前面去，在一次激烈的战斗中打退了敌人，这就挽救了那因负伤而已经筋疲力尽的步兵中队和骑兵中队。罗马统帅并没有报复的意思；他也没有掩埋自己方面的阵亡者，尽管许多著名的军团将领、指挥官和百人团长都阵亡了。不久之后，从逃跑的人们那里听说，一直坚持斗争到第二天的九百名罗马士兵，在所谓巴杜痕那树林[1]里被杀害了。同时另一支四百人的队伍占领了曾在我们军队中服役的一个叫克鲁普托里克斯的士兵的别墅，但是后来却由于害怕被出卖而相互杀死了。

(74) 由于这些行动，弗里喜人在日耳曼取得了荣誉。提贝里乌斯不但没有委派任何人去领导战争，反而把我方遭受损失的消息给封锁了。

元老院这时也正在为着另一些更加迫切的事情焦虑着，而没有注意到在帝国边境那里受到国耻的问题。所有的人都感到内心的惊恐，人们正在企图用阿谀谄媚的办法来摆脱这种恐怖情绪。虽然他们正在集会讨论完全不相干的事情，但他们却决定为仁慈和友谊修建祭坛，而且在友谊祭坛的每一面有恺撒和谢雅努斯的像；他们还不断地请求这两个人保证自己和他们见面。但是，他们两个人没有一个肯来到罗马或是来到罗马的附近：他们认为离开他们的小岛并且站在康帕尼亚离岛最近的海岸上望一望已经足够了。元老和骑士以及大批的人民群众都来到康帕尼亚，急不可待地想见到谢雅努斯。

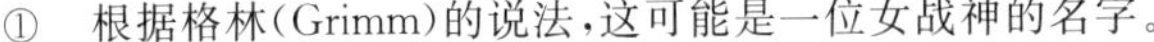

① 根据格林(Grimm)的说法，这可能是一位女战神的名字。

现在要想接近谢雅努斯是更加困难了。只有通过阴谋和参加他的罪恶勾当的办法才能见到他。十分明显，在看到人们这样公然地表示出来的令人作呕的奴才相的时候，他的横傲情绪大大地增长起来了。在罗马，大家已经习惯于看到人们来来往往地进行活动，城市的规模使大家无法知道人们熙熙攘攘地都在做些什么事情。但是在康帕尼亚那里，他们却乱糟糟地拥挤在陆地上或是海岸上，不分昼夜地侍奉谢雅努斯的门卫的神气十足的恩人面孔或是忍受他们的横傲态度。最后，他们连这样一个特权也被取消了，于是他们就回到了首都罗马。那些没有听到他的一句好话或是没有看到他的好脸色的人害怕得战栗起来，还有一些人从他那里得到了不祥的友谊，心里竟然错误地欢喜了一番，但他们没有料到这种友谊不久便引起了致命的后果。

(75) 此外，提贝里乌斯本人还把日耳曼尼库斯的女儿阿格里披娜嫁给了格涅乌斯·多米提乌斯。[①] 他并且命令在罗马举行婚礼。他所选择的这个多米提乌斯不仅出身古老的名门，而且和恺撒们有血统关系。因为屋大维娅是他的外祖母，而由于屋大维娅，奥古斯都就成了他的外舅祖父。

① 他和小阿格里披娜生了皇帝尼禄，而根据苏埃托尼乌斯的记载(《尼禄传》，第5章)，“在他的生活的每一方面都是可鄙的”。关于他同皇族的关系，参见本卷第44章。

第五卷

（残 篇）

（1）在路贝里乌斯和富斐乌斯（两个人都姓盖米努斯）担任执政官的一年里，优利娅·奥古斯塔以极高的年龄去世了。[①] 她出身于克劳狄乌斯家族，并且又被过继到里维乌斯和优利乌斯家族中去，[②]所以论起她的身世来，在罗马可以说是无比高贵的了。同她第一次结婚的是提贝里乌斯·尼禄[③]，并且她只为他生过孩子；提贝里乌斯·尼禄在佩路西亚战争[④]时亡命外出，到塞克斯图斯·彭佩乌斯和三头之间缔结和约[⑤]的时候才返回罗马。后来奥古斯都为她的美丽所惑，就把她从她的丈夫手里夺了过来。人们

罗马建城782年，即公元29年

---

① 奥古斯塔以八十六岁的高龄去世（参见狄奥·卡西乌斯，第58卷，第1章）。

② 她的父亲是克劳狄乌斯家族中的一员，曾被过继为玛尔库斯·里维乌斯·杜路苏斯的继子（杜路苏斯是公元前91年进行改革的保民官），因此有了玛尔库斯·里维乌斯·杜路苏斯·克劳狄亚努斯的名字。奥古斯塔本人叫里维娅·杜路西拉，后来则由于奥古斯都的遗嘱，被过继"为优利乌斯家族的一员并被加上奥古斯塔的尊号"（参见本书第1卷，第8章）。

③ 皇帝的父亲。苏埃托尼乌斯用一章的篇幅记述他的一生经历（参见《提贝里乌斯传》，第4章）。

④ 屋大维和路奇乌斯·安托尼乌斯（三头之一的安托尼乌斯的兄弟）之间的战争；这一战争因佩路西亚（佩路吉亚）城断粮投降而告结束（公元前40年）。

⑤ 这是公元前39年的事情。

很难相信她本人对这件事抱有反对的态度，而且奥古斯都迫不及待到这样的程度，甚至不等她分娩，还在她怀孕的时候，就把她接到自己家里来了。但是她和奥古斯都结婚后就没有再生育。不过日耳曼尼库斯和阿格里披娜的结婚却使她本人和奥古斯都有了血统上的联系，[1]因为这样一来，她和奥古斯都就有了共同的重孙。在家庭生活方面，她谨守古老的习惯，不过她的柔媚却超过了旧式妇女所容许的程度。她虽是一位严厉的母亲，却是一个百依百顺的妻子。不管是她丈夫要的手腕，还是她的儿子的不诚实，都瞒不过她。她的葬仪是朴素的，她的遗嘱在她死后长时期没有执行。举行葬仪时在讲坛上为死者致赞词的是她的重孙盖乌斯·恺撒。他不久就做了皇帝。

（2）但提贝里乌斯并没有改变自己的享乐生活方式，他写了一封信，借口有重要事务而为自己之不参加母亲的葬仪辩护。此外，他还作出谦逊的姿态，取消了元老院决定给予奥古斯塔的过多的哀荣。他认可的只是元老院的极少的一些决定，另外他还作了这样一项规定，元老院不应当把她列为神明，[2]而且他说这原是奥古斯塔本人的意旨。在同一封信里，他攻击了“女人的友谊”。在这里他间接地指责了执政官富斐乌斯，因为富斐乌斯就是仰仗着奥古斯塔的力量才被提拔起来的。富斐乌斯除了很有办法吸引女人之外，他还很喜欢诙谐，常常用尖酸刻薄的玩笑话嘲弄提贝里乌斯，这些玩笑话为那些权要人物久久不能忘怀。

① 日耳曼尼库斯是她自己的孙子，阿格里披娜则是奥古斯都的外孙女。

② 但克劳狄乌斯还是把她列为神明。

(3) 不管怎样,从现在起就开始了严酷而残暴的专制统治时期。原来奥古斯塔在世的时候,人们还有一个庇护所,因为提贝里乌斯对自己的母亲是非常敬重的,谢雅努斯也不敢冒犯她的母亲的威信。但是现在,他们就好像摆脱了约束似的,可以放手为所欲为了。一封斥责阿格里披娜和尼禄的信被送到罗马;这封信在奥古斯塔死后不久就公开宣读了,因此人们普遍认为,这封信早就送了出来,不过是被老太后给扣下罢了。

信里的措辞有意讲得十分严厉。不过皇帝加到他的孙子身上的罪名并不是武装叛乱,也不是阴谋发动政变,而是说他的孙子道德堕落,搞同性恋爱。对于他的儿媳,他不敢捏造这样的罪名,但是却斥责了她的倔强的言辞和顽固的脾气;元老们听到这信之后大为吃惊,默不作声。最后才有一些根本不知诚实为何物的人(要知道,国家的灾难总是会给一些野心家造成晋身之阶的)要求把这个问题提出来。科塔·美撒里努斯是第一个自告奋勇提出这种残暴建议的人。但是这在其他显要元老,特别是在高级官吏中间,却引起了很大的惊恐。因为提贝里乌斯尽管进行了野蛮的责骂,他的真正意图何在却是人们摸不清楚的。

(4) 在元老院里有一个名叫尤尼乌斯·路斯提库斯的元老,这个人曾被提贝里乌斯选拔出来担任修纂议事录的工作,[1]因此大家认为他知道皇帝的一些内心活动。路斯提库斯先前从来未表现出自己的勇气,但是现在可以说是命该如此吧,或者由于害怕难以捉摸的危险而把敏锐眼光用错了地方,他才看不到迫近眉睫的

① 参见苏埃托尼乌斯:《优利乌斯传》,第 20 章开头部分。

危险，他竟然搀到那些踌躇不定的元老们里，劝执政官们不要提出这样的问题。他说，“我们只要略动一动立刻就会使极其重大事情发生转折：很可能年老的皇帝有朝一日会后悔消灭日耳曼尼库斯一家的。”同时，人民群众也带着阿格里披娜和尼禄的胸像把元老院议事厅围起来，他们向皇帝呼吁，他们叫嚷说，这封信是伪造的，阴谋消灭自己的家族，这绝不是皇帝的意愿！

因此，在那一天里没有发生任何惨剧。外面还流传着虚构的对谢雅努斯的攻击，[①]据说这种攻击是来自曾担任过执政官的人物。由于攻击者都是匿名的，所以他们可以毫无顾忌地对他尽情加以恶毒的咒骂。这种情况使谢雅努斯大为恼火，并给他提供了制造新的控诉的材料。他说，“元老院蔑视皇帝的痛苦，人民也背叛了他们对他的忠诚。人们听到和读到了背叛性的言论和背叛性的元老院决定。他们还要做下去的，不就是拿起武器，并且把他们以其胸像为旗帜的那些人拥戴出来作为统帅和皇帝么？”

(5) 于是提贝里乌斯就再一次斥责了他的孙子和儿媳，并且发布敕令谴责罗马人民。在这之后，他又向元老院表示遗憾，“只是由于一位元老的不忠诚，结果使得全国人民都蔑视皇帝的尊严。”但是他要求把全部问题都交给他本人来处理。元老院没有再讨论这个问题，但是它确实也没有作出死刑的判决（因为它不许用这样的手段），而只是表明他们十分愿意为这件事进行报复，只是

① 说是在元老院发表的。

由于皇帝禁止，他们才没有这样做。……[1]

① 原稿在这里中断。从这一卷这里到第6卷开头的地方（均佚）应该记载着公元29，30，31三年间的事情。现在根据别的史料把重要事项撮要补充记载如下：

公元29年 阿格里披娜和她的儿子尼禄受审和被判罪。阿格里披娜被放逐到庞达提里亚（Pandateria），尼禄被放逐到彭提亚（Pontia）。杜路苏斯暂时被赦免，他和埃米里娅·列庇妲结了婚（参见本书第6卷，第40章）。

公元30年 没有得到允许自杀的阿西尼乌斯·伽路斯被定罪（参见本书第6卷，第23章）。杜路苏斯被宣布为国家的敌人并且被禁闭在帕拉提乌姆（皇宫）的一间地下室里（参见本书第6卷，第23章）。谢雅努斯现在显然已经大权独揽。

公元31年 谢雅努斯与提贝里乌斯担任执政官；谢雅努斯离开卡普利埃到罗马。库尔提乌斯·阿提库斯（参见本书第4卷，第58章）、富斐乌斯·盖米努斯（参见本书第5卷，第2章；狄奥·卡西乌斯，第58卷，第4章）和杜路苏斯死；谢雅努斯的走狗富尔奇尼乌斯·特里奥在7月任补缺执政官（consul suffectus）。一些迹象表明谢雅努斯受到了怀疑，因为他已下决心把皇帝和盖乌斯（卡里古拉）除掉。提贝里乌斯知道了这一阴谋，于是采取了反击措施。10月18日谢雅努斯被处决，执行这一任务的主要人物是美米乌斯·列古路斯（10月1日的补缺执政官）、格涅乌斯·谢尔托里乌斯·玛克罗（私下被任命为近卫军长官）和格莱奇努斯·拉科（任夜防军长官）。消息报告给在卡普利埃的提贝里乌斯。大批的处决。阿皮卡塔坦白了八年前杜路苏斯死亡的真相。里维娅被处死。

第六卷[①]

（残　篇）

罗马建城784年，即公元31年

(6)[②]……在这个问题上，[③]大家发表了四十四篇演说，其中少数几篇演说是由于心怀恐惧，但大多数则是由于阿谀奉承业已成了习惯。……

"……我以为这同样会使我本人受到侮辱，或使谢雅努斯引起人们的反感。潮流已经改变了，那个指定垮台的谢雅努斯为同僚[④]和女婿[⑤]的人，正在为自己开脱，其余的曾经谄媚过他而使自己丢脸的人，现在却反过口来对他进行诽谤，这也使他们名誉扫

---

① 在上卷第5章结尾和本卷开头（按里普西乌斯的分章法是第5卷第6章）的原文之间只有三四个字母的空隙，而且在这中间看不出有分成另一卷的迹象。因此过去从第5卷的第1章到第6卷的第51章都被并入第5卷，到优斯图斯·里普西乌斯（Justus Lipsius）才认为有必要把它们分成两卷，而以多米提乌斯和司克里波尼亚努斯担任执政官的记述作为第6卷的起点（本书第6卷第1章）。哈泽（Haase）则认为谢雅努斯的垮台是第5卷的结束，第6卷开头的部分已经遗失了，这个意见得到了普遍的承认，但本书仍保留了里普西乌斯的编法，以便查考。

② 参见上注。根据里普西乌斯的分章法，这还是第5卷的第6章。

③ 从本书的上下文判断，这个问题可能是处理里维娅的问题，因为她曾经参加谋害自己的丈夫杜路苏斯（参见本书第4卷第3章以次）。

④ 这里指共同担任执政官的事情。

⑤ 在本书第6卷，第8章，提伦提乌斯便把谢雅努斯叫做提贝里乌斯的女婿。还有一种说法，认为想许配给谢雅努斯的是提贝里乌斯的一个孙女。

地。责难一个朋友或为了友谊而受人责难，这二者哪一种情况更可悲，这一点我不愿意加以判断。我不愿意试验任何人的残酷，任何人的仁慈。作为一个问心无愧的自由人，我预感到自己的危险。我请你们在想起我的时候要高兴，不要难过。有人以自己的引人注意的死亡而使国家摆脱灾难，请你们就把我的名字加到这些人中间去吧。”[①]

(7) 于是他把他的一部分时间用来和来访者在一起，他或是让他们留下，或是让他们离开，那得看他们是来告别的还是谈话的。当聚集在那里的人们望着他那刚毅不屈的表情并且相信他还不会很快就死的时候，他却用他藏在衣服里面的刀子自杀了。提贝里乌斯在他死后并没有指责他或是诽谤他，但是对布莱苏斯[②]却有过许多猛烈的攻击。

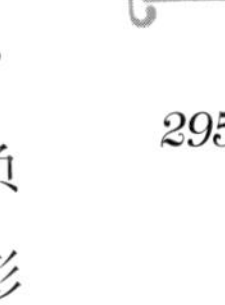

(8) 随后，就讨论普布里乌斯·维提里乌斯[③]和彭波尼乌斯·谢孔都斯[④]的问题。有人控告普布里乌斯·维提里乌斯把他所负责看管的国库的钥匙以及军用库[⑤]的钥匙交出来帮助叛逆者。彭

① 以上这段发言可能是谢雅努斯的一个朋友在他参加的最后一次社交集会上讲的，而这之后他便自杀了。不过这个人的名字已无从查考了。在里波（本书第 2 卷，第 31 章）、佩特洛尼乌斯（本书第 14 卷，第 19 章）和特拉塞亚（本书第 16 卷，第 34 章）身上可以看到类似的情况。

② 谢雅努斯的叔父（参见本书第 1 卷，第 16 章以次；第 3 卷，第 35 章，第 73—75 章）。

③ 参见本书第 1 卷，第 70 章注。

④ 普布里乌斯·彭波尼乌斯·谢孔都斯按照他的朋友普利尼的说法是非常有名的诗人和公民。普利尼曾写过他的传记（小普利尼：《书信集》，第 3 卷，第 5 章）。他一生中所经历的事件大部分都能从《编年史》中收集到（参见本书第 11 卷，第 13 章；第 12 卷，第 27 章以次；《对话录》，第 13 章）。

⑤ 即 aerarium militare，参见本书第 1 卷，第 78 章注。

波尼乌斯·谢孔都斯则受到前任行政长官孔西狄乌斯的控诉，他说谢孔都斯和埃里乌斯·伽路斯[①]有交情，伽路斯在谢雅努斯被处决之后，曾把彭波尼乌斯·谢孔都斯的花园作为他的最安全的避难所。在这样的危险时刻，对他们两个人的唯一的支持，就是他们的兄弟出面为他们所作的坚定保证。后来，他们的案件一再拖延下来，但是维提里乌斯急切地要求摆脱希望与恐惧的折磨，他请人给他一把修笔的小刀子，说他想写些东西，但是他却用这把小刀轻轻割断了一条动脉，这样便由于流血过多心力衰竭而结束了自己的生命。但是另一方面，品格非常崇高而且才华出众的人物彭波尼乌斯[②]却以巨大的镇静忍受着自己的厄运，结果活的时间比提贝里乌斯要长。

(9) 尽管人民群众对谢雅努斯的愤怒快要平息下去，而较早的一批处决又使大部分人的情绪得到了缓和，但还是作出了决定：谢雅努斯的活着的子女要为他抵罪。于是他们就被送入监狱。他的男孩知道他将遭到怎样的命运，但是那个女孩完全不知道是怎么一回事，因此她不断地问，她到底犯了什么罪，要把她拖到什么地方去？她说她再也不会犯错误了，而且对她是可以用一般对孩子的责打加以告诫的。据当时作家的记载，有人认为把一个处女判以极刑是件前所未闻的事情，因此刽子手在把她绞死之前就奸污了她。这两个孩子都被绞死了，他们的年轻的尸体就被抛弃在

① 此人几乎可以确定为谢雅努斯的长子。

② 他的才能主要是表现在悲剧诗方面，参见克温提里亚努斯，第11卷，第98章。他被囚禁了七年，后来被卡里古拉释放。

盖莫尼埃台阶[1]上。

(10) 正在这个时候,在亚细亚和阿凯亚地方,一个颇有力量然而为时不久的谣传使那里的人们感到很大的惊恐,谣言说,有人在基克拉季斯,不久之后又在大陆上看到了日耳曼尼库斯的儿子杜路苏斯[2]。实际上,这个人是一个和杜路苏斯年龄相仿佛的青年人,不过皇帝的一些被释奴隶别有用心地故意把他说成是杜路苏斯罢了。为了进行他们的阴谋,他们便把他作为旗帜拥立起来,不明真相的人便开始集结到他们的周边来。这种情况的产生,一则是因为杜路苏斯的名气大,同时也因为希腊人对新奇事物特别感兴趣。这个一经捏造出来立刻便被人们所相信的故事是:杜路苏斯从他被看守的地方逃了出来之后,便到他父亲的军队那里去,打算伺机向埃及或叙利亚发动进攻。当这个消息传到波培乌斯·撒比努斯[3]那里去的时候,年轻的志愿者和热情的人民群众在这个青年人的四周已集合了不少,这种实际的成功和毫无根据的希望使他不禁洋洋自得起来。撒比努斯这时正在马其顿,不过阿凯亚方面的事情也由他负责。于是他决定立刻处理这个传闻(不管这个传闻是真是假)。他赶忙穿过了托罗尼湾和提尔玛伊湾[4],穿过了爱琴海上的优卑亚岛,阿提卡岸上的披莱乌斯,然后又穿过科林斯的海岸和地峡而进入爱奥尼亚海,从那里他又到了罗马的移

---

① 由卡披托里乌姆通向罗马广场的台阶(参见本书第 3 卷,第 14 章注)。

② 这时他是地牢里的一个狱囚(苏埃托尼乌斯:《提贝里乌斯传》,第 54 章)。参见本书第 6 卷,第 23 章。

③ 参见本书第 4 卷,第 46 章注。

④ 今天的卡桑德拉湾和萨洛尼卡湾。

民地尼科波利斯[1]。撒比努斯在那里终于发现,当这个冒险分子被较巧妙地询问他到底是何许人的时候,他说他是玛尔库斯·西拉努斯[2]的儿子。他还发现当追随这个人的许多人溜掉的时候,这个人乘上了一只船,这只船表面上看起来是去意大利的。撒比努斯于是写了一份报告给提贝里乌斯。不过关于这一事件的起源和结果,我再也没有得到任何更详细的报道。[3]

(11) 在这年年底,两位执政官[4]之间长时期以来的不和终于爆发了。对诉讼颇有经验而且又一向喜好争吵的特里奥曾转弯抹角地责难列古路斯,说他不努力镇压谢雅努斯的同党。列古路斯如果不受到特意的煽动本是个很有自制力的人;他不仅仅驳斥了他的同僚的攻击,而且建议元老院要对方说明为什么罪恶地参加这一谋叛行动。尽管许多元老劝他们忘却旧嫌,言归于好,以免惹起致命的灾祸,但是他们两个人却依旧相互敌视、威胁、直到他们交卸了任务的时候。

罗马建城785年,即公元32年

(1) [5]当下一年的执政官格涅乌斯·多米提乌斯[6]和卡米路

① 参见本书第2卷,第53章注。

② 这个人后来可能是卡里古拉的岳父(参见本书第3卷,第24章;第6卷,第20章)。

③ 狄奥·卡西乌斯不知以什么史料为依据,说他被送到提贝里乌斯那里去,而且他记载这事的年代也比本书晚三年。

④ 两个人都是补缺执政官(suffecti);关于路奇乌斯·富尔奇尼乌斯·特里奥,参见本书第2卷,第28章注;关于普布里乌斯·美米乌斯·列古路斯,参见本书第6卷,第4章;第12卷,第22章;第14卷,第47章。

⑤ 根据里普西乌斯本的分法,从这里起才是第6卷,第1章。

⑥ 参见本书第4卷,第75章注。

斯·司克里波尼亚努斯[①]就任的时候，提贝里乌斯已经渡过了卡普利埃岛和苏尔伦图姆之间的海峡，并在康帕尼亚的沿岸地带逡巡，拿不定主意是进入罗马，还是由于他已经决定不到罗马来，从而只做出打算要到罗马的姿态。他常常在罗马附近的不同地点登陆，驾临台伯河岸上皇帝的庭园，随后再返回海上的孤岛。他对于自己的罪恶和情欲感到羞耻，因为他的不可抑制的欲火使得他像一个东方暴君那样地用淫乱行为玷污了自由人家的孩子们。能够引起他的淫欲的不仅仅是美貌和肉体的美丽，有时男孩子的天真，有时高贵的出身也都能引起他的淫欲。现在造出了过去从来没有过的名词 sellarii 和 spintriae[②]：一个名词是源自一个地方的猥亵行为，一个名词源自像姑的轻佻。奴隶们奉他的命令去为他搜索对象，如果对方顺从的话就给以赏赐，如果违抗就加以威胁，如果有亲族或是父母抗拒，那么对这些孩子便进行劫夺、诱拐，完全不顾他们自己的意愿，就好像对待被攻占的城市一样。

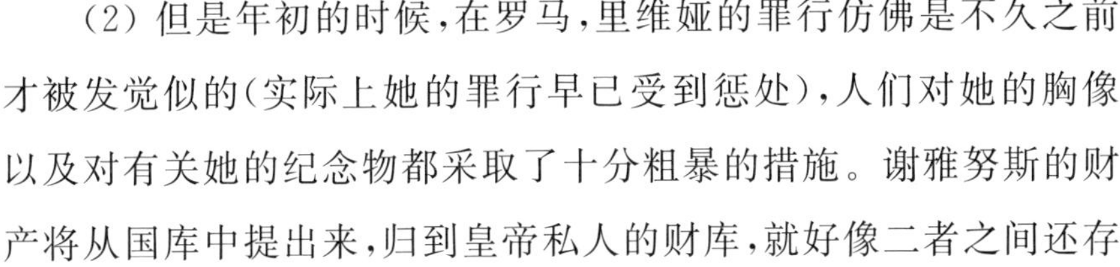

（2）但是年初的时候，在罗马，里维娅的罪行仿佛是不久之前才被发觉似的（实际上她的罪行早已受到惩处），人们对她的胸像以及对有关她的纪念物都采取了十分粗暴的措施。谢雅努斯的财产将从国库中提出来，归到皇帝私人的财库，就好像二者之间还存

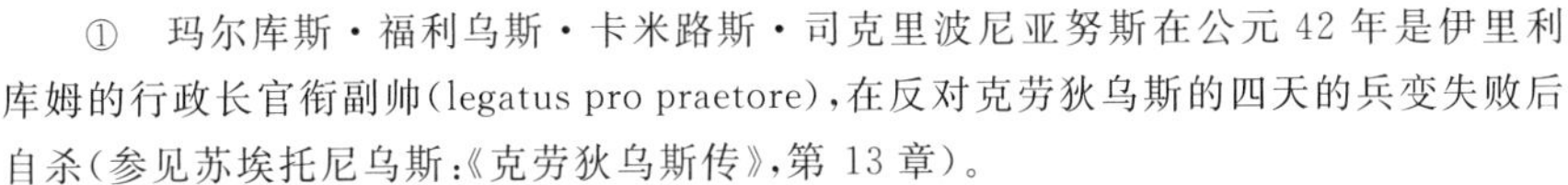

① 玛尔库斯·福利乌斯·卡米路斯·司克里波尼亚努斯在公元 42 年是伊里利库姆的行政长官衔副帅（legatus pro praetore），在反对克劳狄乌斯的四天的兵变失败后自杀（参见苏埃托尼乌斯：《克劳狄乌斯传》，第 13 章）。

② 参见苏埃托尼乌斯：《提贝里乌斯传》，第 43—45 章。按 sellarii 是“色鬼”，spintriae 是“像姑”。

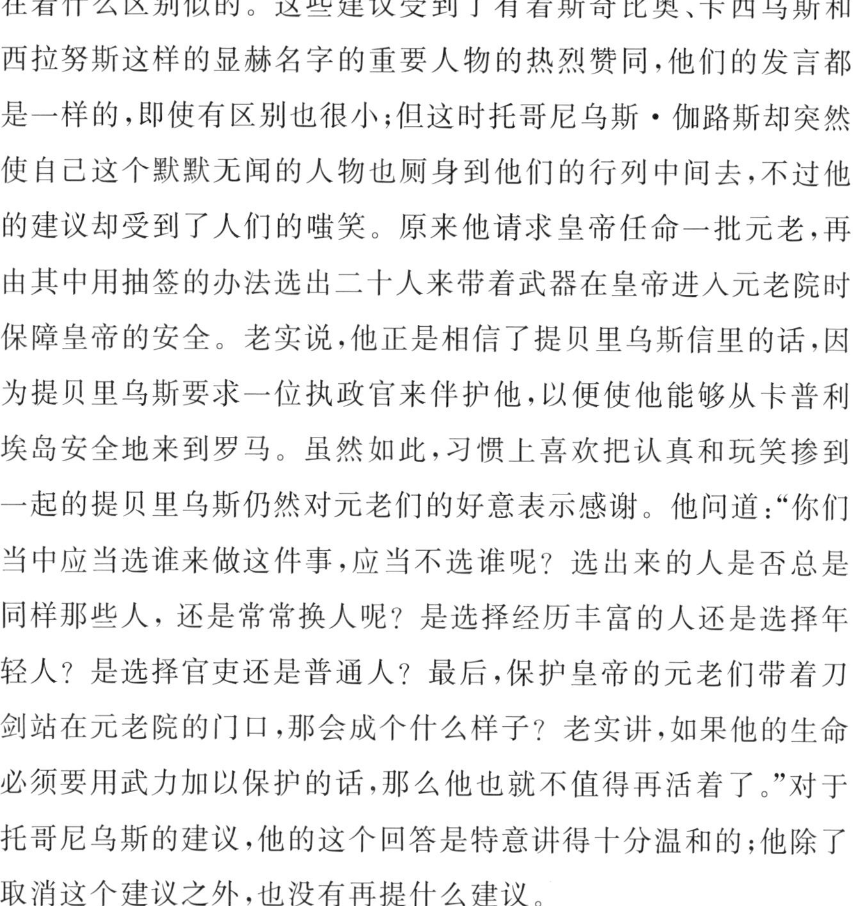

在着什么区别似的。这些建议受到了有着斯奇比奥、卡西乌斯和西拉努斯这样的显赫名字的重要人物的热烈赞同，他们的发言都是一样的，即使有区别也很小；但这时托哥尼乌斯·伽路斯却突然使自己这个默默无闻的人物也厕身到他们的行列中间去，不过他的建议却受到了人们的嗤笑。原来他请求皇帝任命一批元老，再由其中用抽签的办法选出二十人来带着武器在皇帝进入元老院时保障皇帝的安全。老实说，他正是相信了提贝里乌斯信里的话，因为提贝里乌斯要求一位执政官来伴护他，以便使他能够从卡普利埃岛安全地来到罗马。虽然如此，习惯上喜欢把认真和玩笑掺到一起的提贝里乌斯仍然对元老们的好意表示感谢。他问道："你们当中应当选谁来做这件事，应当不选谁呢？选出来的人是否总是同样那些人，还是常常换人呢？是选择经历丰富的人还是选择年轻人？是选择官吏还是普通人？最后，保护皇帝的元老们带着刀剑站在元老院的门口，那会成个什么样子？老实讲，如果他的生命必须要用武力加以保护的话，那么他也就不值得再活着了。"对于托哥尼乌斯的建议，他的这个回答是特意讲得十分温和的；他除了取消这个建议之外，也没有再提什么建议。

(3) 但是另一方面，尤尼乌斯·伽里奥[①]的建议却受到了严厉的申斥。原来他曾建议退役的近卫军士兵有坐到十四排[②]里面去的权利。提贝里乌斯在信里用仿佛是面对面的口吻问他，他到底

① 当时著名的演说者(参见塔西佗:《对话录》，第 26 章)；奥维狄乌斯的友人，他是"使徒行传"第 18 章，第 12—17 节中那个伽里奥(官话本作迦流)的继父。

② 在剧院里观众席(cavea)最低的十四排是根据公元前 67 年的罗司奇乌斯法(lex Roscius)为骑士们准备的。显贵席的前排则是给元老们准备的。

和这些士兵有什么关系？士兵们除了有权接受他们主人的命令以及他们主人的赏赐之外，是没有任何其他权利的！他一定是发现了圣奥古斯都过去没有考虑到的什么事情了吧！不然的话，他就是谢雅努斯所宠信的人物，想煽动不满情绪和叛乱吧；这在表面上是迎合他们，实际上这是要他们这些头脑简单的人破坏军纪。伽里奥煞费苦心的谄媚所招致的结果就是被赶出了元老院，后来又被赶出了意大利。由于伽里奥选择了著名的和安逸的列斯波司岛作他的亡命之所，所以他在那里所过的生活会是惬意的，这种情况受到了人们的责难，于是他又被拖回罗马，在一些高级官吏的家中被软禁起来。

使元老院感到非常满意的是，在提贝里乌斯的同一封信里，他斥责了前任行政长官塞克斯提乌斯·帕科尼亚努斯，这是一个胆大包天、品质恶劣、专门揭发别人阴私的人物，他是谢雅努斯在陷害盖乌斯·恺撒的阴谋中特别选定的助手。当这一点被揭发出来的时候，人们长久以来对他的怨恨立刻爆发出来了，如果不是这个极坏的家伙说他还有要告发的人的话，元老院早就立刻把他处以极刑了。

（4）当他把拉提尼乌斯·拉提亚里斯的名字揭发出来的时候，人们十分高兴看到原告和被告都是可憎的人物。前面我已经说过，[①]拉提亚里斯是陷害撒比努斯的罪魁祸首；现在来偿命的，他是头一个。

正在这个时候，哈提里乌斯·阿格里帕对前一年的执政官发动

① 参见本书第 4 卷，第 68，71 章。

了攻击。他问道,“为什么过去他们愿意相互攻击,[1]而现在却沉默起来了？实际的情况是他们相互间都有害怕被对方揭发出来的东西,他们在良心上都有愧,因此他们就都不得不沉默了。但是元老院却不能在听取了发言之后默不作声。”列古路斯回答说,他是在等候着适当的报复时刻,并且准备到皇帝那里去跟对方打官司。特里奥则说,同僚之间的这种摩擦,以及在相互对立期间他们讲的那些话,现在还是以忘记为好。当阿格里帕一直追问下去的时候,曾经担任过执政官的桑克维尼乌斯·玛克西姆斯便请求元老们不要再惹起新的纠纷来给皇帝增加麻烦。在必要的时候,他自己是有办法来处理这件事情的。这段话救了列古路斯,同时延缓了特里奥的毁灭命运。[2] 但是哈提里乌斯却引起了人们的更大的憎恨,因为这是一个因贪睡而昏昏无力,但在醒着时又十分腐化堕落的家伙,这个人竟然麻木到不怕皇帝的任何残暴行径的程度,他自己过着饱食终日、腐化堕落的生活,却还想搞垮比他有声望的人。

（5）随后,那喜欢提出最残暴的建议因而也是一直为人所憎恶的科塔·美撒里努斯在刚刚有被控诉的可能时便受到了控诉,因为他屡次暗示说盖乌斯·恺撒的性别是一个尚待解决的问题；[3]同时他在奥古斯塔的生日那天同祭司们一道参加宴会时,把那次宴会称为葬礼前夜的宴会[4]；当他在一次关于金钱的争论中

① 参见本书第 5 卷,第 11 章。

② 这是公元 35 年以前的事情：参见本卷第 38 章。

③ 参见苏埃托尼乌斯：《卡里古拉传》,第 36 章。

④ cena novendialis,原是由粥类（puls）、面包和葡萄酒组成的一桌饭,这种饭一般是在下葬之后第九天放在坟墓上的。因此他这样提,就是说宴会是为死人准备的。

抱怨他的对手玛尼乌斯·列庇都斯和路奇乌斯·阿尔伦提乌斯[①]的影响时，他还说："元老院会支持他们，但是我的可爱的小提贝里乌斯却站在我的一面。"对他的全部控诉都有最高地位的人出来作证。当这些人坚持这次控诉的时候，美撒里努斯就去向皇帝求助。不久提贝里乌斯就写了一封信给元老院。在这封信里，作为一种自我辩护，他回溯了他本人和科塔之间友谊的由来，提到了他的许多功绩，并且希望他那被恶意歪曲的话或是在饭桌旁的一时失言不要被看成是罪证。

（6）提贝里乌斯这封信的开头部分特别引人注意。他的信的开头部分是这样的一些话："**元老们，如果在这个时候，我知道我要写给你们什么，或是怎样写它，或是根本不写什么，那么就让上天的男女诸神使我遭到比我自己每天感到的毁灭更惨的毁灭吧！**"毫无疑问，他的罪恶和他的丑行甚至已经使他自己都感到痛苦了。第一位贤人[②]经常讲的话绝不是没有意义的；他说，如果暴君们的灵魂能放到光天化日下面来的话，人们一定可以看到那上面的裂口和伤痕；正如鞭子可以在身体上留下伤痕那样，残酷、情欲和恶意也可以在人的精神上留下伤痕的。不管是提贝里乌斯所处的皇

① 列庇都斯和阿尔伦提乌斯在《编年史》的前半部都是著名的和受到好评的人物。关于前者参见本书第 1 卷，第 13 章；第 3 卷，第 11、22、50 章；第 4 卷，第 20、56 章；第 6 卷，第 27 章。关于后者参见本书第 1 卷，第 13、76 章；第 6 卷，第 27、47 章及以次诸章。

② 指苏格拉底。塔西伦在这里重述了柏拉图的常常被引用的一段著名的话（高尔吉亚斯，524E）。优利安在《恺撒论》（309C）中也正好提到这一点："但是他转过身来坐在那里，我们就看到他的背上有无数疮疤、烧痕、痛苦的鞭痕和擦伤，而脓疮就仿佛是烙在上面似的，这都是他的放纵和残暴不仁的生活的结果。"

帝的地位，还是他所处的隔绝状态，都不能使他不把他良心的痛苦和他自己应得的惩罚招供出来。

(7) 元老们继而奉命处理一位名叫盖乌斯·凯奇里亚努斯的元老的问题，因为大多数反对科塔的证据都是由他提出来的。元老院决定给他以和路奇乌斯·阿尔伦提乌斯的控诉者[①]阿路谢乌斯和桑克维尼乌斯相同的惩处。这对于科塔来说，真是一件了不起的荣誉。他的高贵的出身是毫无疑问的，但是他却由于浪费无度而一贫如洗，由于作恶多端而声名扫地，现在他却因为一次报复而取得了荣誉，而这次报复竟使他得以和阿尔伦提乌斯的纯洁无瑕的品行相提并论。

其次受到审讯的是克温图斯·谢尔瓦埃乌斯和米努奇乌斯·提尔穆斯；谢尔瓦埃乌斯担任过行政长官，曾在日耳曼尼库斯的军队中服役，[②]提尔穆斯则是骑士。他们两个人都不曾滥用过他们同谢雅努斯的友谊，这一事实引起了人们的特别同情。但是提贝里乌斯却指责他们为罪魁祸首，指示老盖乌斯·凯司提乌斯把他给凯司提乌斯本人的信的内容传达给元老院。于是凯司提乌斯就在元老院对他们两个人提出了控诉。著名的元老们有一些人十分公开地，还有许多人则在暗地里用最卑鄙的方式进行控告，这确实可说是这一时期极大的污点。外人和亲属，朋友和陌生人，今天的事情和遥远过去的事情之间简直没有任何区别。不管是在广场上还是在晚餐的宴会上，谈到任何事情都有被控诉的危险：每个人都

① 关于这次控诉的记载现在已经遗失了。

② 参见本书第 2 卷，第 56 章；第 3 卷，第 13、19 章。

想先发制人，把对方搞垮，这种情况有时是出于自卫，但是在一般的情况下，则简直成了一种流行的风气，就好像得了传染病一样。但是被认为有罪的米努奇乌斯和谢尔瓦埃乌斯却也成了控告者，他们两个人又把另外两个人牵连到里面，一个是优利乌斯·阿非利卡努斯，另一个是塞乌斯·克瓦德拉图斯。前者出身于高卢的桑托尼斯人[①]的城市，后者过去的经历我还未弄清楚。我知道，一些历史家把许多人所受到的危险和惩处忽略过去，这或者是因为材料过多，书不胜书而感到麻烦，或者是害怕他们自己认为冗长而令人心情抑郁的那个名单同样会引起他们的读者的厌恶。至于我个人，我已把那些即使别人认为不值得记载，但我认为值得记载的都记下来了。

(8) 比如说，正当其他的人都在虚伪地否认同谢雅努斯的友谊的时候，一个名叫玛尔库斯·提伦提乌斯[②]的罗马骑士却在被控时勇敢地承担了这样的罪名。他在元老院的发言中一开头就说："就我的处境来说，否认这一指控比承认这一指控也许更加有利。然而不管后果如何，我也愿意承认，我不仅仅是谢雅努斯的朋友，而且我还曾努力争取他的友谊；当我取得这种友谊的时候，我感到十分高兴。我曾经看到他和他的父亲一道统率过近卫军。后来，我又看到他主持民政的和军事的事务。他的亲人和姻亲都担任了显要的官职；一个人和谢雅努斯的关系越是密切，他也就越有资格说他取得了皇帝的友谊；但是另一方面，谢雅努斯的敌人却陷

① 这个名字从法国先前的圣同热省(Saintonge)的名称上可以看出来。

② 此人只在此处一见。

入了危险和乞求宽恕这样一种惴惴不安的命运。我不以任何人作为我谈话的例证。他们和我一样都没有参加过谢雅努斯的谋叛计划，但我只为自己辩护，一切风险均由我自己承担。因为我们所尊重的并不是沃尔西尼人谢雅努斯，而是谢雅努斯通过联姻手段而得以参加进来的、克劳狄乌斯家族和优利乌斯家族的成员；[①]我们所尊重的是你的女婿，恺撒，是和你一同担任执政官的人，是在国内代你执行政权的人。

“我们没有资格来评论被你提拔得比别人要高的人，也没有资格来问你为什么把某人提拔起来。诸神使你成为一切事物的最高统治者；对于我们来说，我们只有服从的光荣。此外，我们所看到的只是我们眼前的东西，也就是说，从你那里取得了财富和高位的人，是那些有极大的权力去做好事或是坏事的人，但是谢雅努斯却兼有这一切，这一点是没有人能否认的！要想探索皇帝内心的想法和他暗中拟订的计划，这是不合法的，也是危险的：探索的人也不一定会有什么结果。元老们，不要只想谢雅努斯的末日，而是想他在这之前的十六年吧！我们甚至尊重撒特里乌斯[②]和彭波尼乌斯；甚至如果谢雅努斯的被释奴隶和他的门卫知道了我们，那都会被认为是一件了不起的事情！你也许会问我的这次辩护是不是毫无例外地对所有的人都有效？不是这样的：让我们划一条公正的界线吧。让叛国的罪行和阴谋杀害皇帝本人的行为都受到惩罚吧。但是在谈到友谊和它的义务的时候，如果我们像你一样在同

① 参见本书第 3 卷，第 29 章；第 5 卷，第 6 章及注。

② 参见本书第 4 卷，第 34 章；第 6 卷，第 47 章；彭波尼乌斯这个名字很可能在已佚的第 5 卷中出现过。

一个时期结束这种友谊和义务的话，提贝里乌斯，那么我们也就和你本人一样，都可以证明是无罪的了。”

(9) 他讲话时所表现的坚定态度和人们发现他说出了大家心里想说的话这样一个事实，对大家产生了这样强烈的印象，以致控告他的人，在当前的报应再加上他们先前的罪行之后，都被放逐或被处死了。

随后提贝里乌斯就写了一封信责难担任过行政长官的塞克斯图斯·维司提里乌斯。维司提里乌斯原来是他的兄弟杜路苏斯的密友，后来才被他罗致到自己的身边。他不喜欢维司提里乌斯的理由或者是因为维司提里乌斯写文章攻击过盖乌斯·恺撒的道德，或是因为皇帝听信了别人的诬告。由于这个原因，维司提里乌斯被皇帝从自己的身边排除出去，这个老年人先是用刀子切开自己的动脉，再把它包扎起来，然后写了一封信请求皇帝的宽恕，但是他得到的却是无情的回答，因此便把包扎的地方又松开了。

接着，又有一批人被控以叛国的罪名。他们是安尼乌斯·波里欧和阿庇乌斯·西拉努斯，同他们一起被控的还有玛美尔库斯·司考路斯、卡尔维西乌斯·撒比努斯，而维尼奇亚努斯和他的父亲波里欧也被牵连到里面。他们全都出身名门世家，其中的一些人还担任过最高级的官吏。元老院开始惴惴不安起来了；和这样著名的人物没有姻亲或是朋友关系的人几乎是没有的。不过这时作为控告者之一的凯尔苏斯(一个城防步兵中队将领)却使阿庇乌斯和卡尔维西乌斯摆脱了危险。[①] 波里欧、维尼奇亚努斯和司

① 这里主要是说他可能提供了有利的证据。

考路斯的案件则被皇帝拖延下来，因为他个人要同元老院共同作出决定，不过从他提到司考路斯时所说的话来判断，结果大概是不妙。

(10) 甚至妇女也不是安全的。当然她们不可能被控以想夺取皇帝的最高权力，但是她们却可以因哭泣而受到控告。富斐乌斯·盖米努斯的母亲、年老的维提娅被处死，就是因为她在她的儿子被处死的时候哭了。这是元老院决定的。同样地，在皇帝的法庭上，也把维斯库拉里乌斯·佛拉库斯和优利乌斯·玛利努斯赶忙处死了。这两个人都是他最老的朋友，过去曾追随他到罗得岛和卡普利埃岛，而且一向没有离开过他。维斯库拉里乌斯曾经在陷害里波[①]的阴谋中为皇帝出过力；玛利努斯则曾和谢雅努斯一道搞垮了库尔提乌斯·阿提库斯。[②] 当大家知道曾经谋害过别人的人自己也被处死时，他们当然是特别高兴的。

大约就在这个时候，祭司路奇乌斯·披索[③]居然得到了善终，对于像他这样有名望的人来说，这实在是一件罕见的事情。他从来没有自动地提出过任何阿谀奉承的建议，而在不可抗拒的压力面前，他仍然能保持自己的审慎的和有节制作用的影响。在前面我已经说过，[④]他的父亲曾经担任过监察官；他一直活到八十高龄，并且在色雷斯获得过一次凯旋的荣誉。但是他的特别突出之

① 玛尔库斯·司克里波尼乌斯·里波·杜路苏斯；参见本书第2卷，第28章。

② 参见本书第4卷，第58章。

③ 路奇乌斯·卡尔普尔尼乌斯·披索·凯索尼努斯，是曾受到西塞罗的攻击的那个披索(恺撒的岳父)的儿子。

④ 有关部分已佚。他父亲担任监察官是在公元前50年。

处，是他在市长[①]的任上行使职权时所表现的卓识，他担任的这一职务最近才成为经常的，但人们并不喜欢这个职务，因为当时人们没有服从的习惯。

（11）原来先前为了在国王或后来的高级长官不得不离开罗马时，罗马不致没有一个胜任的负责人，因此通常便选任一个临时的官吏，主持法庭和应付临时发生的情况；依照传统的说法，罗木路斯曾任命过丹特尔·罗木里乌斯，后来图路斯·荷司提里乌斯任命过努玛·玛尔奇乌斯，塔尔克维尼乌斯·苏培尔布斯任命过司普里乌斯·卢克列提乌斯。后来这种官吏的任命权便转到执政官的手里；旧制度的残余还保存在这样一件事上面，即每在拉丁节的时候，都要任命一位长官在城内担任执政官的任务。[②] 继而在内战时期，奥古斯都又要骑士阶级出身的奇尔尼乌斯·迈凯纳斯总领罗马和意大利的全部事务。[③] 后来，在他取得了独裁大权的时候，由于人口众多而法纪松弛，他便从过去的执政官中选任一名官吏，用来制服奴隶和由于鲁莽而喜欢犯上作乱的自由民阶级，因

① 市长（praefectus urbi）这个职务最初设置的目的是为了应付国王或后来的执政官不在时发生的临时事件。公元前 367 年设置城市行政长官时，这一职务即不再需要，但实际上仍有执行类似职务的人，即当高级长官与元老们每年去阿尔巴山参加拉丁节之时，便仍然要指派一名长官临时维持城内秩序。这一职务在奥古斯都时期才重新恢复；提贝里乌斯退居卡普利埃之后，它便成为常设的，由曾担任过执政官的人担任，市长负责维持罗马市的秩序，并率领三个（后来是四个）城防步兵中队，市长由皇帝本人任命，但在皇帝死的时候，便不得不空下来了。关于这一职务的说明还可参见下章。

② 这是实职之外的一种虚衔，主要是给予尚未达到担任元老的年龄的显贵青年人——如杜路苏斯（参见本书第 4 卷，第 36 章）或尼禄（苏埃托尼乌斯，《尼禄传》，第 7 章）——的一种荣誉。

③ 但这个人并没有市长（praefectus urbi）这一专门头衔。

为这些人是必须用强力才能加以控制的。第一个被授以这种权力的是美撒拉·科尔维努斯，但是几天后就不得不失去了这些权力，因为他并没有能力行使这些权力。后来，司塔提里乌斯·陶路斯虽然年纪很大了，但他把这一职务却担任得很出色。最后，披索也非常称职地把这一职务担任了二十年之久，[①]元老院在他死的时候，通令给他以国葬的待遇。

（12）现在有一位叫做克温提里亚努斯的平民保民官就一部西比拉预言书的问题向元老院提出建议。十五人团[②]的成员卡尼尼乌斯·伽路斯要求把这部预言书也收到这位女预言者的其他预言诗里面去，并要求元老院为此发布决定。这个建议未经讨论便得到了元老院的同意。[③] 但这时提贝里乌斯却写来了一封信，信中对保民官进行了温和的批评，说他由于年轻而不晓得旧时的习惯。提贝里乌斯还谴责了伽路斯，说他虽然对宗教学说和仪节一向非常熟悉，却根据未必可信的权威并且不通过十五人团而自行作出了决定，他在预言诗应按惯例加以诵读并且由主持仪节的人加以考虑之前，便把这个问题提交了出席人数不多的元老院。同时提贝里乌斯还提醒他说，由于有许多伪造的预言伪托西比拉的这个著名的名字在外面流传，所以奥古斯都过去便要人们在一个规定的日子里，把这些预言诗都交到城市行政长官那里去，私藏这些预言诗是非法的。甚

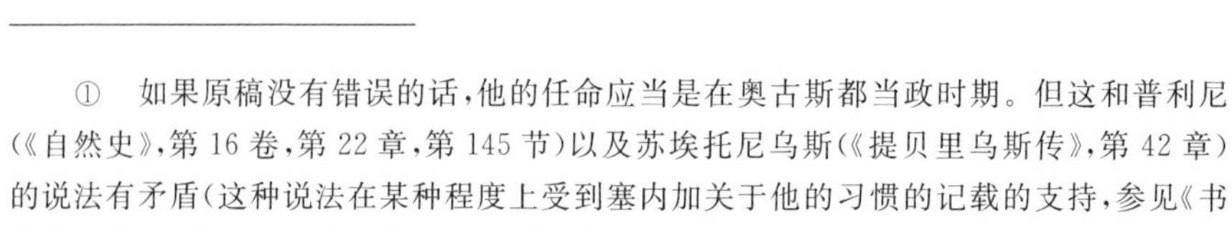

① 如果原稿没有错误的话，他的任命应当是在奥古斯都当政时期。但这和普利尼（《自然史》，第 16 卷，第 22 章，第 145 节）以及苏埃托尼乌斯（《提贝里乌斯传》，第 42 章）的说法有矛盾（这种说法在某种程度上受到塞内加关于他的习惯的记载的支持，参见《书信集》，第 83 章），这种说法就是：他是在和提贝里乌斯一同饮宴之后才得到这一职位的。

② 参见本书第 3 卷，第 64 章注。

③ 参见本书第 3 卷，第 69 章注。

至在更早的时候，即在同盟战争期间，卡披托里乌姆神殿被烧之后，[①]也曾作出过一个类似的决定；当时从撒莫斯、伊利昂、埃律特莱，甚至在阿非利加、西西里和意大利地方的希腊移民地，都搜集了一种或多种西比拉预言诗。祭司们受托利用人力所能及的办法对这些预言进行辨别真伪的工作。因此，在当前情况下，这次所提出的西比拉预言书也要交给十五人团去审查。

(13) 在同样两位执政官当政的一年里，粮价过高几乎引起了暴动。接连好几天，人们在剧场里提出了许多要求，他们对皇帝这种放肆态度以前还很少见。提贝里乌斯对此非常恼怒；于是便谴责高级长官和元老院没有利用国家的权力来制服群众的暴行。此外他还列举了向意大利输送粮食的行省，并指出这样的事实，即现在他以比奥古斯都时期要大得多的规模向意大利输入粮食。因此，为了使人民严守秩序，元老院发布了一项与古代决定一样严峻的决定。执政官也发布了同样果断的命令。提贝里乌斯本人没有讲话。不过这种表示并不是像他自己所想象的那样被认成是一种民主的宽容，而被认成是一种傲慢。

(14) 年底，三个罗马骑士盖米努斯、凯尔苏斯和彭佩乌斯由于被控以叛逆罪而丧命了。三人之中的盖米努斯曾由于生活挥霍浪费和糜烂而确实得到谢雅努斯的赏识，但是他们之间却也没有什么重大的勾结。另一名被告城防军的一个将领优利乌斯·凯尔苏斯在被囚禁的时候松下他身上的绳索，然后把它套在自己的脖

① 这里可能是作者或抄写者的笔误，但在塔西佗《历史》第 3 卷第 72 章中所记的日子是对的。“在先前的内战里，卡披托里乌姆神殿确实被焚烧过。”(arserat et ante Capitolium civili bello)(在苏拉和马利乌斯派发生冲突的时候，即公元前 83 年。)

子上勒死了自己。但另一方面，又有一个名叫卢布里乌斯·法巴图斯的人被看管起来，因为他不满意罗马的现状而想投到帕尔提亚人那里去。当然，他还是在西西里海峡的附近被搜捕到并且被一名百人团长押解回来；他一个人跑到这样远的地方去，却提不出什么站得住脚的理由。他得到了活命，不过这与其说是由于宽大，毋宁说是由于被忽略。

罗马建城786年，即公元33年

(15) 在谢尔维乌斯·伽尔巴[①]和路奇乌斯·苏拉担任执政官的一年里，提贝里乌斯在长期的反复思考之后，为他那些年龄日大的孙女们选定了路奇乌斯·卡西乌斯和玛尔库斯·维尼奇乌斯为她们的丈夫。维尼奇乌斯出身乡村的家系：他生在卡列司，他的父亲和祖父都做过执政官，但他家中的其他人却属于骑士阶级；他的性情温和，谈话的辞藻非常讲究。卡西乌斯出身于平民的但是古老而光荣的罗马家族，曾受过他的父亲的严格的教育，他以善于体会别人的意思而不是以严厉而很得别人的好感。提贝里乌斯就把日耳曼尼库斯的女儿杜路西拉和优利娅[②]分别许配了他和维尼奇乌斯，并且就这件事写信给元老院，敷敷衍衍地把这两个青年人称赞了一番。继而他在为他之不留在罗马提出了许多根本不着边际的理由之后，就谈到有关他为着国家而招来的忌恨这样一个比较严重的问题，并且要求每当他进入元老院的时候，应当由近卫军长官玛

① 即未来的皇帝伽尔巴，不过这时他的名字(prænomen)是路奇乌斯(参见苏埃托尼乌斯：《伽尔巴传》，第4章)。

② 她们的第三个姊妹阿格里披娜已经嫁给了格涅乌斯·多米提乌斯(参见本书第4卷结尾处)。两个新郎之一，著名法学家(参见本书第12卷第12章注)的兄弟卡西乌斯，八年后被卡里古拉杀害；维尼奇乌斯则是在公元46年为美撒里娜毒死的(参见狄奥·卡西乌斯，第59卷，第29章；第60卷，第27章)。

克罗[1]和一些军团将领与百人团长卫护着他。然而，尽管元老院发布了一项内容广泛的命令，对他的保卫人员的成分和人数没有提出任何附加条件，但他仍然不曾来到罗马一次，更不用说参加国家的正式会议了，不过他却不时沿着小路在罗马周围转，而不进入罗马。

（16）这个时候，大批的控诉者又把锋芒转到那些由于放高利贷而不断增加了自己财富的人的身上，因为这些人违反了独裁官恺撒为规定借钱的条件以及在意大利本土保有地产的条件而制定的一项法律。[2] 由于公共利益被置于私人利益之下，所以这项法律很久以来就为人们所弃置不问了。必须承认，高利贷这样一种灾难在罗马可以说是根深蒂固的，它是叛乱与不和的经常的源泉；甚至在较早的，还不是那样腐化堕落的社会里，人们已经想办法对它采取抑制的措施了。在最初，是有钱的人随意地规定贷款的利息，继而十二铜表法[3]规定年息不得超过百分之一，[4]后来，[5]一名

① 奈维乌斯·谢尔托里乌斯·玛克罗曾执行了逮捕谢雅努斯的任务，因此就代替他担任了近卫军长官。但是按照路奇乌斯·阿尔伦提乌斯的说法，这个人比谢雅努斯还要坏（参见本卷第 48 章）。关于他对卡里古拉的谄媚，参见本卷第 45 章以次；关于他因他的被保护人的命令而自杀的问题，参见狄奥·卡西乌斯，第 59 卷，第 10 章，第 178 节。

② 关于这一法律，我们知道的并不确切，不过它必定是同公元前 48 年的紧急措施不同（参见恺撒：《内战记》，第 3 卷，第 1 章）。

③ 公元前 450 年。这个说法是以塔西佗为依据的；李维所定的日期是公元前 357 年（参见李维，第 7 卷，第 16 章）。

④ 根据罗马的计算利息的办法，unciarium faenus 应当是月息百分之 1/12 或年息百分之一。尼布尔认为利息不可能低到这种程度（这个说法受到尼佩尔第的有力的反驳，但是得到了蒙森的同意），因而就把这个词解释为本金的 1/12，即年利百分之 8⅓，这样由于采用了最初的一年有十个月的传统算法，而巧妙地把利息提高到百分之十（＝8⅓×12/10）。

⑤ 根据李维的说法（李维，第 7 卷，第 27 章）是公元前 347 年。

保民官的法律又把这样的利率降低了一半。最后放高利贷这样一个行道无条件地被禁止了。同时还有许多平民的法令力图制止各种诈骗行为，这种诈骗行为虽然在过去也一直受到镇压，但它们总是在临时回避一下之后，便再度出现了。

但是在目前，负责审理这一案件的行政长官格拉古却由于被牵连进来的人数过多而不得不把这一案件提交元老院。在这一案件面前，元老院里面没有一个人是干净的，因此他们非常惶恐地请求皇帝的宽恕。皇帝准许了他们的请求，规定在今后的十八月内一切私人的债务必须根据法律的规定进行调整。

(17) 这种措施引起的后果是现金缺乏：因为不仅仅是所有的债务同时收回了，而且在这样多的判罪和被没收的财产被出售之后，所变卖的现金都被锁进了国库或是皇帝的财库。[①] 为了应付这样的困难，元老院规定每一个债权人都必须把他的用来生息的资金的三分之二用来在意大利购买土地。〈而债务人则应立即按照同样的比例支付他所负的债。〉[②]

不过，债权人既然要求偿清全部债款，债务人从道义上来说就不能拒绝这样的要求。因此在开头的时候，债务人往往奔走请求延期，于是行政长官的法庭就忙起来了，而人们想出来的补救办法，即产业的买卖，在执行时便产生相反的效果，因为放高利贷的人把自己的流动资金收回来去买地了。市场上物资的过剩引起了

① 严格说来，出售被没收的财产的价款，就如同无主的遗产一样，是要归元老院的国库(aerarium)的，但是它们常常被收进皇帝的财库(fiscus)，这种做法不久便成了一件前例(参见本卷第 19 章开头处)。

② 尼佩尔第据苏埃托尼乌斯(《提贝里乌斯传》，第 48 章)补。

物价下跌，于是负债最重的人极难把货物卖出，许多人便丧失了财产。经济破产使人们的地位和名誉也都扫地以尽了。

提贝里乌斯终于出来帮忙了。他把一亿谢司特尔提乌斯分配给各个兑换所，[①]借款人还可以得到免息三年的贷款，如果他能提出价值相当贷款一倍的土地作为抵押的话。信用贷款就这样恢复起来了。私自放款的人慢慢地又出现了。人们又不按着元老院所公布的法令购买产业了，这次的事情又成了虎头蛇尾。

（18）由于孔西狄乌斯·普洛库路斯被控以叛逆罪，先前的恐惧在人们心里又恢复起来了。他在心安理得地庆祝自己的生日的时候，却突然被拖到元老院去，就在那里被定罪和处决了。他的姊妹桑奇娅被禁绝了祖国的火和水，她的控告者是克温图斯·彭波尼乌斯。这是一个很不安分的人物，他说他干这一勾当以及诸如此类的其他勾当的目的在于取悦于皇帝，以减轻他的兄弟彭波尼乌斯·谢孔都斯[②]的危险。另有一个叫做彭佩娅·玛克里娜的女人受到了流放，这个女人的丈夫阿尔哥里库斯和公公拉科，都是阿凯亚的最知名的人物，但他们都已经被提贝里乌斯除掉了。她的父亲也是最高级的罗马骑士，她的兄弟先前则是一位行政长官，他们看到自己有立即被判罪的危险，就都自杀了。他们的罪名是：彭佩娅及其兄弟的曾祖父、米提利涅人提欧帕涅斯[③]，是庞培的一个

① 由元老院的一个委员会所管理的、特设的公共兑换所（参见狄奥·卡西乌斯，第 58 卷，第 21 章）。

② 参见本书第 5 卷，第 8 章注。

③ 人们常常提到他和庞培的友谊和对庞培的影响。他的罗马公民权便是通过庞培取得的，他并且写了庞培的传记。在公元 18 年左右写作的斯特拉波曾提到他的儿子和提贝里乌斯之间的亲密关系（参见斯特拉波，第 13 卷，第 2 章，第 3 节）。

亲信，而且在他死后，谄媚的希腊人又曾把他奉为神明。[1]

(19) 在这之后，塞克斯图斯·马利乌斯[2]这个西班牙的最有钱的人，由于被控以同自己的女儿通奸而从塔尔培亚岩被投了下去；毫无疑问，使他丧命的是他那巨大的财富。他的铜矿和金矿表面上虽然被元老院没收了，但实际上是转入了提贝里乌斯的私囊。

提贝里乌斯杀人杀上了瘾，于是下令给所有被逮捕的人都加上和谢雅努斯同谋的罪名而处死。根据这样一个理由，提贝里乌斯进行了大规模的屠杀。[3] 不分男女老少，不分富贵贫贱；他们的尸首或是散在各处，或是堆成一堆。亲族或朋友不许走近他们，不许为他们哭泣，甚至不允许把他们看得过久。这些腐烂的尸体被拖进了台伯河后，就被水流冲下去或是被冲上了岸，但是没有人敢烧掉或是触一触它们。一路上都有放哨的卫兵在那里监视着尸体，这些卫兵还侦视每个旁观的人的伤心的表情。普通人与人之间的关系被恐怖的力量破坏了。残酷的行为每进逼一步，同情就后退一步。

(20) 大约就在这个时候，陪伴着自己的祖父到卡普利埃岛去的盖乌斯·恺撒同玛尔库斯·西拉努斯[4]的女儿克劳狄娅结了

① 在米提利涅；他从庞培那里为米提利涅取得了自由城市的各项特权，尽管这座城市在米特利达特斯战争时期，它的立场是很可怀疑的（参见普鲁塔克：《庞培传》，第42章）。

② 参见本书第4卷，第36章。

③ 根据苏埃托尼乌斯的记载，每天被处死的是二十人（《提贝里乌斯传》，第61章）。

④ 参见本书第5卷，第10章注，他很受提贝里乌斯的器重（参见狄奥·卡西乌斯，第59卷，第8章），但是却在他的女婿的逼迫之下自杀了（参见苏埃托尼乌斯：《伽尔巴传》，第23章）。

婚。他那极为凶残的性格被一种虚假的谦虚掩饰着：他的母亲的处刑或他的兄弟的毁灭都没有使他讲过一句话。不管提贝里乌斯在一天里的情绪如何，他的孙子的态度永远是那样，他也从来没有说过什么冒失话。因而不久之后，一位演说家帕西耶努斯[①]便说出了一个著名的警句：“世界上没有见过更好的奴隶，更坏的主人。”

在这里我不能不谈一谈提贝里乌斯关于当时担任执政官的谢尔维乌斯·伽尔巴的预言。他派人把伽尔巴召来，在同他谈论各种各样的事情时对他进行试探，最后用希腊语对他讲了这样意思的话：“伽尔巴啊，总有一天你也会尝尝掌握统治大权的滋味的。”[②]这里所指的就是他那为时甚晚但为时不长的统治。[③] 他所以能作出这样的预言，是因为在罗得岛的时候，他从特拉叙路斯那里学会了迦勒底的占星术。他曾用以下的办法来试验过特拉叙路斯的本领。

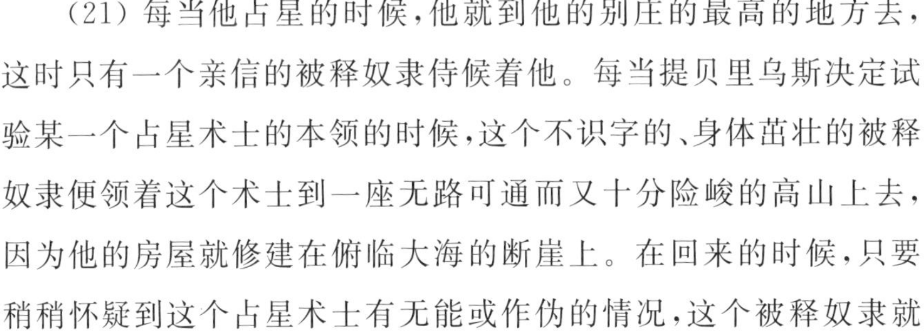

(21) 每当他占星的时候，他就到他的别庄的最高的地方去，这时只有一个亲信的被释奴隶侍候着他。每当提贝里乌斯决定试验某一个占星术士的本领的时候，这个不识字的、身体茁壮的被释奴隶便领着这个术士到一座无路可通而又十分险峻的高山上去，因为他的房屋就修建在俯临大海的断崖上。在回来的时候，只要稍稍怀疑到这个占星术士有无能或作伪的情况，这个被释奴隶就

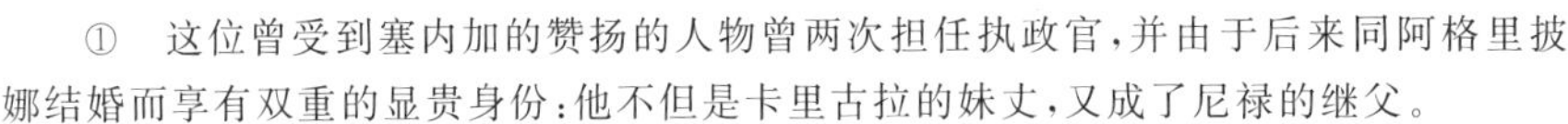

① 这位曾受到塞内加的赞扬的人物曾两次担任执政官，并由于后来同阿格里披娜结婚而享有双重的显贵身份：他不但是卡里古拉的妹丈，又成了尼禄的继父。

② 苏埃托尼乌斯把讲这句话的人误认为奥古斯都。

③ 他生于公元前 3 年，但在位的时期只从公元 68 年 6 月到 69 年 1 月。

把他掼到下面的大海里去，这样做是为了不叫他把秘密泄露出来。特拉叙路斯当时也沿着这条山路被领到提贝里乌斯这里来，他对于提贝里乌斯当时的帝国和未来事件的高妙预言使提贝里乌斯得到很深的印象，继而提贝里乌斯就问他，他是否给自己算过星命，哪一年和哪一天的星命如何。特拉叙路斯画了一个星位和星距的图之后，在开头停了一会儿，然后他就表现出了害怕的样子：他越是仔细地推算，他就越是感到惊恐、战栗。最后他就说一个虽未最后确定却又几乎是致命的危机逼临到他的身上来了。提贝里乌斯立刻上去拥抱他，并因这样一个事实而祝贺他，这就是他推算到了这一危险，却又将摆脱这一危险。他的预言被提贝里乌斯视为神所启示的预言，而他本人在今后也就成了提贝里乌斯的最亲近的朋友之一。[①]

(22) 至于我个人，我在听到这件事情以及诸如此类的故事时，我犹疑不决，作不出判断来。人间万事万物的演变到底是决定于命运，即不变的必然呢，还是决定于偶然的事件呢？在这个问题上，你会发现最有智慧的古人和他们的门徒之间，意见有很大的不同。许多人[②]坚信上天和我们的生死没有关系，总之也就是和人类没有关系，这些人还说，坏事总是要侵害好事，坏事总是要占上风的。相反地，另一些人[③]则认为，虽然事情确是由命运决定的，

① 他保住了那样一个危险的地位，从他的保护人那里取得了罗马公民权(这一点可以从他的名字提贝里乌斯・克劳狄乌斯・特拉叙路斯看出来)，并且在陪提贝里乌斯到罗马之后，和他一同待到公元 36 年死的时候。他比皇帝早死一年。

② 指伊壁鸠鲁派。

③ 指斯多噶派。

然而命运并不依赖于星辰的运行，而必须依赖于自然因果关系的原则和必然过程。不过这一派仍然使我们能够自由地选择我们的生活。只是这种选择一经确定，未来的事情就不再能改变了。他们还说，大家对好事和坏事的看法并不是正确的；许多从表面上看来是倒霉的事情，实际上却是值得高兴的事情，只要是当事者坚定勇敢地忍受他们的厄运的话；另一方面，许多人尽管拥有巨大的财富，反而很不愉快，因为这些人不明智地使用了他们自己的有利条件。不过大多数的人很难摆脱这样一种信念，即一个人的未来在他出生之时便被确定了。但是预言之有时不能应验，乃是由于不老实的预言者乱讲他并不理解的东西，这样预言的信用就被玷污了。实际上，在古代以及在现代，都有许多极突出的证据证明了预言的正确。[①] 至于这个特拉叙路斯的儿子预言尼禄要做皇帝的事情，我将要在适当的地方加以叙述。[②] 现在我却不想把话题扯得过远。

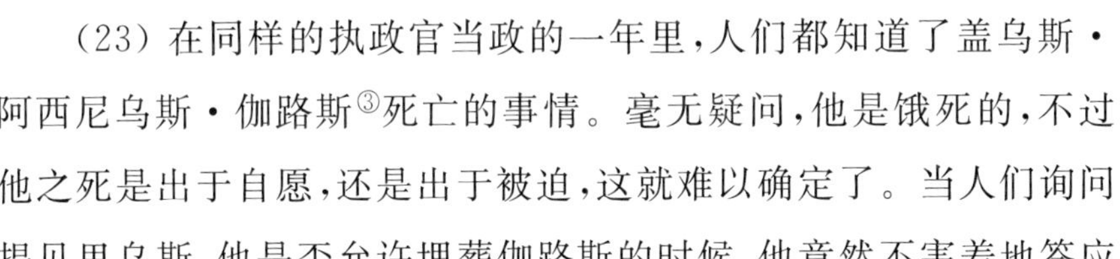

(23) 在同样的执政官当政的一年里，人们都知道了盖乌斯·阿西尼乌斯·伽路斯[③]死亡的事情。毫无疑问，他是饿死的，不过他之死是出于自愿，还是出于被迫，这就难以确定了。当人们询问提贝里乌斯，他是否允许埋葬伽路斯的时候，他竟然不害羞地答应

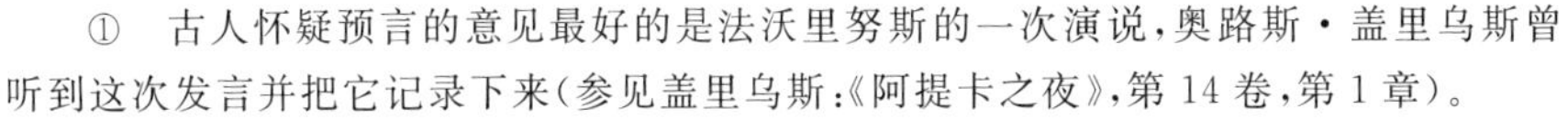

① 古人怀疑预言的意见最好的是法沃里努斯的一次演说，奥路斯·盖里乌斯曾听到这次发言并把它记录下来(参见盖里乌斯:《阿提卡之夜》，第 14 卷，第 1 章)。

② 可能是在第 14 卷，第 9 章。

③ 他是阿西尼乌斯·波里欧的长子(参见本书第 4 卷，第 34 章注)。三年前正当他到卡普利埃岛去见提贝里乌斯的时候，他被元老院(按照皇帝的一封信)判了罪，从此就被执政官软禁起来，不过不是怕他逃跑，而是怕他自杀(参见狄奥·卡西乌斯，第 58 卷，第 3 章)。

给他埋葬，他并且一反常态，表示对于被告在自己能够知道自己的罪名之前便遭到这样的事故表示悲痛。在三年之中，或者说，竟一直找不出时间来审问这位老年的前任执政官和许多位担任过执政官的人的父亲！

在这之后，杜路苏斯①也死了。他在死前的整整八天里，就是靠着吃他的褥子里絮着的那点东西活着。据某些人说，玛克罗曾经接到这样的命令，如果谢雅努斯敢于动用武力的话，就把这个青年人释放出来（当时他被监禁在皇宫），并且使他成为人民的首领。② 当时外面还流行着一种谣传，说提贝里乌斯要跟他的儿媳和孙子和解，因而他就宁肯诉诸残酷的手段而不肯回心转意了。

（24）更甚的是，提贝里乌斯在杜路苏斯死后仍没有停止对死者的咒骂，他攻击他的不正当的恋爱，攻击他对于他的家人的仇视和他的叛国阴谋；他并且下令公开宣读他每日言行的记录。人们认为这是最残酷的行为。多年以来，密探们就在杜路苏斯身边活动，把他的每一个表情、每一声叹息，甚至喃喃自语的话记录下来，而他的祖父竟然忍心来听取、披阅有关他的一切，并且将它们公诸于世，这种种情况几乎是难以相信的，然而我们却明明白白地看到过百人团长阿提乌斯和被释奴隶狄杜穆斯的报告；在这些报告里我们可以看到一些奴隶的名字，这些奴隶每在杜路苏斯企图离开他的住室时就打他或是对他进行威吓。这个百人团长甚至把他自己的野蛮的言辞加了上去，把这认成是自己的功劳。

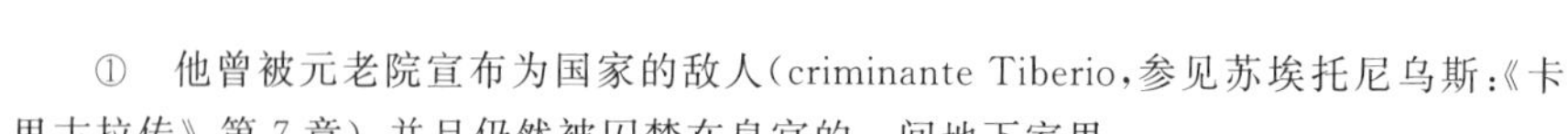

① 他曾被元老院宣布为国家的敌人（criminante Tiberio，参见苏埃托尼乌斯：《卡里古拉传》，第7章），并且仍然被囚禁在皇宫的一间地下室里。

② 这是要使杜路苏斯担起领导叛乱的罪名。

他还把这个垂死的人的话记录下来。杜路苏斯·恺撒在开头装成像是说谵语那样地咒骂提贝里乌斯，后来当他知道自己已没有任何活命的希望的时候，他就对提贝里乌斯作了经过深思熟虑的、正式的诅咒：由于提贝里乌斯曾经屠杀过他自己的儿媳，他的兄弟的儿子和他的孙子，[①]从而使他的一家浸在血泊里，这样提贝里乌斯将要在他家的世代祖先和后代上面遭到报应。元老们不许这样的话再读下去，当然，他们是装出很讨厌听这话的样子：但实际上使他们感到恐怖和惊讶的是：像提贝里乌斯这样机警、这样善于严密隐蔽自己的罪行的人物，竟然自信到这样程度，以致敢于打破他的皇宫的墙壁，任凭自己的孙子去受一个百人团长的折磨，受奴隶们的殴打，弄得他甚至没有办法求得生活上的最起码的一些需要。

（25）在人们对这一悲惨事件还没有从记忆中淡忘的时候，又传来了阿格里披娜逝世的消息。[②] 在谢雅努斯死后，她所以还活着，我认为这是因为她还抱着希望，后来当她看到她所受到的残酷对待没有减轻的时候，她就自杀了；再不就是由于人们不把食物给她。不把食物给她，这样看起来就好像是自杀而死的了。可以确定的事实是，提贝里乌斯对她进行了恶毒的诽谤，他骂她不贞，说她和阿西尼乌斯·伽路斯通奸，而正是由于伽路斯死了，她才有了

① 他手下的牺牲者是阿格里披娜、她的丈夫日耳曼尼库斯（他是提贝里乌斯的侄子和继子），还有他们的孩子尼禄（公元 29 年被流放到彭提亚岛并且饿死在那里）和杜路苏斯本人。

② 她是和尼禄同时被放逐的，不过是被放逐到另一个名叫庞达提里亚的岛上去（参见本书第 1 卷，第 53 章注）。

厌世的念头。但实际上,她争强好胜,渴望权力,她身上的男子的野心已经把女人的脆弱淹没了。提贝里乌斯还说,她死的日子也正是两年前谢雅努斯恶贯满盈的日子,这一事实是大家应当记在心上的。他还引以自豪地表示,他没有把阿格里披娜绞死或是把她的尸首抛到盖莫尼埃台阶上。元老院对他这种慈悲心肠还表示了感谢,并且决定今后每到 10 月 18 日,也就是这两个人死去的日子,都要向朱庇特神奉献牺牲。

(26) 不久之后,皇帝的极亲密的朋友,一位精通世俗法律和宗教法律的人科凯乌斯·涅尔瓦[①]在地位稳固和健康情况正常的情况之下却下决心寻死。提贝里乌斯听到了这样的事情之后,就坐到他的身旁,问他为什么要寻死,接着就恳求他,而作为最后的手段,提贝里乌斯竟然承认说,如果他的最亲近的朋友在没有理由寻死的时候死掉了,这将使他[②]感到良心上的苛责,并且会严重损害他的名誉。涅尔瓦拒绝回答,而继续绝食一直到死。那些了解他的思想情况的人们说,他在仔细地观察了罗马的灾难之后,深深感到愤慨和恐怖,因此他就决定在还没有受到伤害和攻击的情况下光荣地自尽。

阿格里拉娜的去世还导致普朗奇娜的死亡,[③]这话说起来几乎令人难以相信。普朗奇娜过去嫁给了格涅乌斯·披索,并且在日耳曼尼库斯死的时候公然表现出狂喜的情绪,而在她自己的丈夫垮台时,她又由于奥古斯塔的干预而得救,而阿格里披娜对她的

① 参见本书第 4 卷,第 58 章注。

② 指提贝里乌斯。

③ 参见本书第 2 卷,第 43 章以次,第 75 章结尾处和第 3 卷,第 15 章。

敌视也同样地挽救了她。当憎恨她的人和宠爱她的人都去世以后，正义就发挥它的威力了。她因对世人犯有重大罪行而受到控告，结果她就自杀了，她的这个结局不仅完全是罪有应得，而且毋宁说是太晚了。

(27) 正当一个景况凄凉的国家遭到种种悲伤事件的时候，又发生了一件憾事[①]，这就是杜路苏斯的女儿优利娅，也就是尼禄·恺撒的未亡人，现在嫁到路贝里乌斯·勃兰都斯的家里去。许多人还记得勃兰都斯的祖父其人，他是提布尔地方的一名罗马骑士。[②]

在年底那几天，埃里乌斯·拉米亚去世了，[③]并且受到了国葬的待遇。他在经过拖延之后才被解除了本来就是虚有其名的叙利亚长官的职务，但随即被任命为市长官。他是贵族出身，年事虽高但精神矍铄，并且由于他拒绝担任行省的长官而更增加了自己的声望。在叙利亚的长官彭波尼乌斯·佛拉库斯去世的当时，元老院曾宣读了提贝里乌斯写来的一封信；他在信里抱怨说，每一个能够统率军队的著名人物[④]都拒绝担任这样一个任务；他还说他竟

① 这里说的“又一件憾事”看来有些虎头蛇尾；然而甚至阿提库斯这样一个有声望的骑士都不能给克劳狄乌斯家族的系谱增加什么光彩(参见本书第 2 卷，第 43 章)。关于这一身份不相称的婚姻的结果，可参看本书第 13 卷，第 19 章注。

② 他是罗马的一位修辞学教师。根据大塞内加的说法，他是第一个取得了到当时为止一直限定由被释奴隶担任的职务的骑士。

③ 参见本书第 4 卷，第 13 章注——看来他是在公元 20 年继格涅乌斯·森提乌斯之后被任命为叙利亚的长官的(参见本书第 2 卷，第 74 章)。但是被提贝里乌斯留在罗马，而这时的行省就由森提乌斯的副帅帕库维乌斯来负责(参见本书第 2 卷，第 79 章)。公元 32 年，他继披索之后担任市长(praefectus urbi)，叙利亚则交给彭波尼乌斯·佛拉库斯。

④ 这里指的是属于皇帝的大行省的长官。

而不得不使用恳求的办法，希望一位曾担任过执政官的人可以担负起行省长官的任务。但是他忘记了，阿尔伦提乌斯在连续十年里所以被留在罗马，就是因为怕他到西班牙去。①

仍是在这一年里，玛尼乌斯·列庇都斯也去世了。在前面各卷里，我已经谈到了这个人的谦逊和智慧。这里对他的高贵出身也无需再作很多的说明：埃米里乌斯家族出了许多罗马爱国者，甚至这一家族中的那些品行不好的人都对这一家族的功勋有所贡献。

罗马建城787年，即公元34年

(28) 在保路斯·法比乌斯和路奇乌斯·维提里乌斯担任执政官的一年里，在多年的周期之后，一只被称为凤凰的鸟在埃及出现，②这只鸟成了埃及和希腊的学者们进行大量研讨的对象。我打算谈一谈他们之间一些相同的论点，以及更多可疑的论点，不过这些可疑论点也不是过分荒诞不经不值得一顾的。那些描述过这种鸟的形状的人们一致同意，它是太阳神的圣鸟，它与其他鸟不同的地方在于它的头部和它的羽毛的五色斑斓的色彩：至于周期的年限，传统的记载各不相同。大多数的人认为是五百年，然而也有一些人认为这种鸟每隔一千四百六十一年才来一次，③因此它最

---

① 在公元25年路奇乌斯·披索被杀之后，他就被任命到西班牙·提拉科年西斯（Hispania Tarraconensis）去（参见本书第4卷，第45章），因此这里的所谓十年只不过是一个略数。

② 据普利尼和狄奥的说法，这次凤凰出现比这里的说法晚两年。

③ 这个年代并不是凤凰出现的周期，而是狼星的周期，在这一周期结束的时候，由于365天的历年和365¼天的太阳年之间的差别而产生的错误正好成为整数而无需置闰。狼星周期这一名称的产生，是因为每当周期开始的时候，差不多同太阳同时升起的狼星出现的日期正好是在一年开头的一天，即托特月（Thoth）的第一天。我们从肯索里努斯的著作知道，这样的一个周期结束于公元139年，这是在埃及的编年史上最重要的一个年份。

初是在谢索西斯[1]的统治时期，继而是在阿玛西斯[2]的统治时期，最后则是在托勒米[3]即马其顿王朝的托勒米三世的统治时期出现的；他们说前面三只凤凰是在对它的新奇外貌感到惊叹的普通鸟的陪伴之下飞到赫里奥波利斯城[4]的。古时的事情虽然已经无可稽考，但是从托勒米到提贝里乌斯，这之间还不到二百五十年。因此人们便相信，这并不是那个真正的凤凰，它不是在阿拉伯的土地上产生出来的，它的行动也同古代的传说所肯定的说法不符。因为据传说，当它享尽了天年并且快死的时候，它要在它的本国做一个窠，把一种具有生殖力的物质洒在上面，这样一只小凤凰就从那里产生出来了。小凤凰长大之后，第一件事就是把它的父亲埋葬起来。这件事也是按照一定的程序来做的。它先带着一定数量的没药飞到很远很远的地方去，用以表明它已经具有负重远行的能力。在这之后它就把它父亲的尸体背起来，把它带到太阳神的祭坛那里，并且把它烧掉。关于详细的情况，人们的说法都含混不清，它们都经过传说的夸大；不过这种鸟时而在埃及出现，这一点却是无可置疑的。

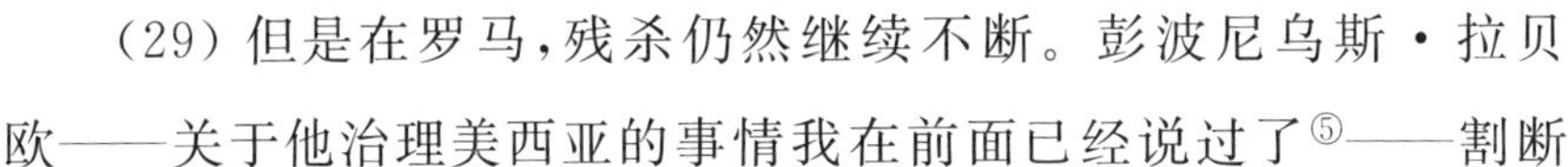

(29) 但是在罗马，残杀仍然继续不断。彭波尼乌斯·拉贝欧——关于他治理美西亚的事情我在前面已经说过了[5]——割断

[1] 参见本书第 2 卷，第 60 章注。

[2] 参见拙译希罗多德：《历史》，第 2 卷，第 172 章以次（中译本，商务印书馆，1959 年版）。他的统治时期一般认为是公元前 569—前 526 年。

[3] 公元前 247—前 222 年在位。

[4] 埃及的名称为培拉（Pe-ra），即阿努（Anu），希伯来的名称为翁（On）。它的废墟在玛塔利伊（Matarieh）附近，在开罗东北偏北六英里。

[5] 参见本书第 4 卷，第 47 章开头的部分。

了自己的动脉之后，因出血过多而死。接着他的妻子帕克赛娅也学了他的做法。由于人们害怕被处刑以及由于当一个人依法被判罪的时候他会丧失自己的财产而且得不到埋葬，所以这种死法就很流行了。但是另一方面，自杀的人则又由于这种速死而得到埋葬尸体的待遇，而且他的遗嘱也将会得到尊重。不过在写给元老院的一封信里，提贝里乌斯解释说，“每当古代的罗马人和某一个人绝交时，他们在习惯上是不许这个人到他们家里来，这一点就表示他们之间的友谊关系已经断绝了。他本人对拉贝欧就使用了这样的办法。但是被控以在他的行省中滥用职权以及其他罪行的拉贝欧，却试图掩盖他自己的罪行，办法是对皇帝进行人身攻击，另一方面他又引起了他的妻子的毫无根据的恐惧；当然，他的妻子也是有罪的，不过还不致有生命的危险。”

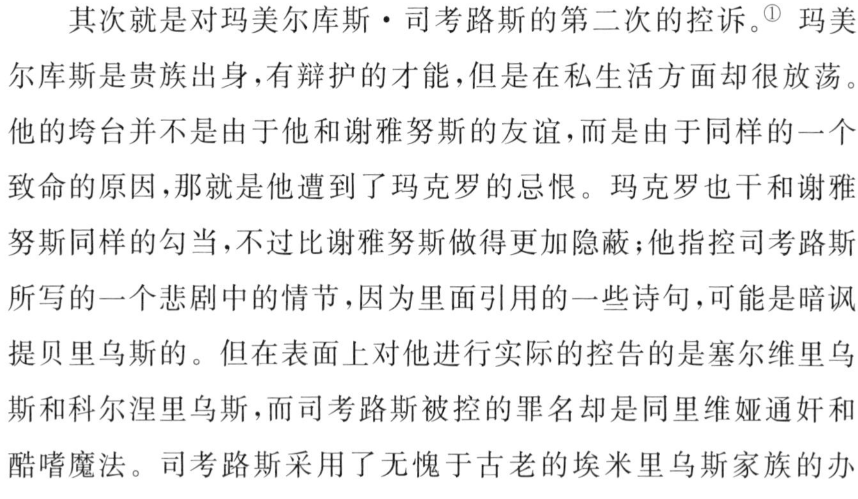

其次就是对玛美尔库斯·司考路斯的第二次的控诉。[①] 玛美尔库斯是贵族出身，有辩护的才能，但是在私生活方面却很放荡。他的垮台并不是由于他和谢雅努斯的友谊，而是由于同样的一个致命的原因，那就是他遭到了玛克罗的忌恨。玛克罗也干和谢雅努斯同样的勾当，不过比谢雅努斯做得更加隐蔽；他指控司考路斯所写的一个悲剧中的情节，因为里面引用的一些诗句，可能是暗讽提贝里乌斯的。但在表面上对他进行实际的控告的是塞尔维里乌斯和科尔涅里乌斯，而司考路斯被控的罪名却是同里维娅通奸和酷嗜魔法。司考路斯采用了无愧于古老的埃米里乌斯家族的办法，他在他的妻子塞克司提娅的鼓励和参加之下自杀了。

① 参见本卷第9章。

（30）虽然如此，在遇到机会的时候，控告者也会受到法律的惩处。由于陷害了司考路斯而臭名昭著的塞尔维里乌斯和科尔涅里乌斯被禁绝了祖国的火和水，并且被放逐到岛上去，因为他们收纳了瓦里乌斯·里古斯的金钱而放弃了控诉。同样地，先前担任过营造官的阿布狄乌斯·路索也被判了罪，并且被逐出罗马，因为他以控告对楞图路斯·盖图里库斯[①]（路索本人曾在盖图里库斯手下担任过军团将领）进行威胁，控告的理由则是盖图里库斯曾把自己的一个女儿许给谢雅努斯的一个儿子。盖图里库斯这时正在统率着上日耳曼的军团，他在那里特别得到士兵们的爱戴，因为他十分仁慈宽厚。由于他的岳父路奇乌斯·阿普洛尼乌斯的关系，[②]他甚至对相邻部队来说都是受欢迎的人物。因此，传统的说法始终认为，他竟敢写信给提贝里乌斯，信中说，“他并不是出自本意，而是由于提贝里乌斯的劝告，才和谢雅努斯结亲的。他本人和提贝里乌斯一样容易上当受骗。同样的错误不能认为在一种情况下是无害的，而在另一种情况下是致命的。他的忠诚毫无瑕疵，而且，除非他受到了阴谋陷害，他的忠诚是永远不会改变的。如果有人来接替他的话，那他只能把这件事理解为自己末日的到来。倒不如在他们之间订立一项条约，规定皇帝统治所有其他的地方，他本人则保留行省的统治权。”这个说法确实耸人听闻。但是从下面的事实来看，它又是可信的，那就是：在同谢雅努斯有亲属关系的人们中间，只有盖图里库斯没有受到伤害并且依然得到皇帝的宠

① 参见本书第 4 卷，第 42 章注。

② 参见本书第 4 卷，第 73 章。他是下日耳曼的长官。

信；提贝里乌斯心里明白，他是人们憎恨的对象，他一生的余年已经不多了，他与其说是仗着实际的力量，毋宁说是仗着自己的威信来维持自己的地位。

罗马建城788年，即公元35年

(31) 在盖乌斯·凯司提乌斯和玛尔库斯·塞尔维里乌斯担任执政官的一年里，帕尔提亚的一些贵族背着国王阿尔塔巴努斯来到了罗马。[①] 当这个国王对日耳曼尼库斯心存畏惧的时候，他对罗马是忠诚的，对他本国的臣民是温和的；但是他很快地就对我们采取了横傲的态度，对他自己的臣民也残暴起来了。原来他对自己的邻国打了几次胜仗，这样他的胆子就大了起来。他由于提贝里乌斯上了年纪，不适于作战，因此不把他放在眼里。他觊觎着亚美尼亚，而在亚美尼亚的国王阿尔塔克西亚斯逝世之后，他就把他的长子阿尔撒凯斯扶上亚美尼亚的王位，同时在这一不法的行动之外，又派出使节提出了侮辱性的要求，那就是要求取得沃诺尼斯留在叙利亚和奇里奇亚的财库。[②] 同时他还用横傲的和威胁的口吻谈到波斯帝国和马其顿帝国旧日的边界，说他打算重新占领

① 帕尔提亚和亚美尼亚的事件，参见本书第2卷，第1至4章，第56、58、68章；毫无疑问，在第5卷遗失了的那部分里也谈到了帕尔提亚和亚美尼亚的事件。关于这件事的情况大概是这样：帕尔提亚王族中在罗马的有三个人，他们是普拉提斯四世的儿子普拉提斯，他的两个孙子提里达特斯和美赫尔达特斯。在普拉提斯四世作为人质送出去的另外三个儿子当中，两个儿子死在意大利，最大的儿子沃诺尼斯在短期地先后做了帕尔提亚和亚美尼亚的国王之后，在一次企图从奇里奇亚的监禁中逃跑时死掉了。在帕尔提亚，那赶跑了沃诺尼斯的果敢有为的半西徐亚(half-Scythian)的国王阿尔塔巴努斯三世还在统治着，但是在贵族中间却有不满的情绪。在亚美尼亚，被日耳曼尼库斯安放到王位之上的希腊国王吉诺(称号是阿尔塔克西亚斯三世)死了，他的王位就被阿尔塔巴努斯的长子占有了。

② 这件事应当在本书第5卷已佚的部分中提到。

最初被居鲁士，后来被亚历山大占领的领土。

但是帕尔提亚的这些密使这次所以到罗马来，其最有力的推动者是辛纳凯斯，这个人是名门出身，拥有和他的身份相称的财富；在他之外，就要算宦官阿布都斯了：原来在蛮族①中间，宦官不但不受到轻视，而且是拥有实权的。他们还征求过其他一些重要人物的意见；他们在阿尔撒奇达伊家族的后人当中找不到一个人可以接受王位，因为他们当中有许多人都被阿尔塔巴努斯杀死了，其他的人又还没有成年，于是他们便向罗马要求国王普拉提斯的儿子普拉提斯。他们说，他们所需要的只是一个名字和一项保证，这就是说，在提贝里乌斯的批准之下，阿尔撒凯斯的一个后人将要出现在幼发拉底河的河岸上！

(32) 这正是提贝里乌斯内心里想做的事情。他一向是想通过谋略权术，而不是通过武力来操纵外交事务的，于是他就把金钱和装备给予普拉提斯，帮助他取得王位。

就在这个时候，阿尔塔巴努斯知道了这个阴谋。他一时感到惶恐，一时又渴望复仇。对于蛮族来说，观望犹豫是奴隶的缺点，当机立断的行动则是国王的美德。但是阿尔塔巴努斯却没有草率从事，而是采取了随机应变的办法：在友谊的借口之下，阿布都斯被邀请来参加宴会，结果被慢性的毒药弄成残废；另一方面，对于辛纳凯斯，则使用了各种托词、送礼以及不断使他忙于别的事情的办法来分散他的精力。那放弃了多年来习惯的罗马生活方式以便

① 对希腊人和罗马人来说，他们把所有东方民族都称为蛮族，但在实际上有些东方民族比他们的开化要早得多，文化水平也并不比他们低。

适应帕尔提亚的习俗的普拉提斯，在叙利亚证明无法适应他的祖国的习惯，结果就在那里病死了。

虽然如此，提贝里乌斯仍然拒绝改变自己原定的计划。他认为，同一家族出身的提里达特斯可以被利用来作阿尔塔巴努斯的竞争者。于是，他选定了伊伯利亚的[①]米特利达特斯作为亚美尼亚的恢复者，使他跟他的兄弟帕拉斯玛尼斯两人实行和解（帕拉斯玛尼斯是伊伯利亚的国王）。他指定路奇乌斯·维提里乌斯[②]负责全部东方的事务。我知道，这个人在罗马的声誉甚坏，大家都指得出他在这里干下的许许多多的坏事；但是在治理行省的时候，他却表现了方正廉洁的古风。后来，他回到了罗马，对于卡里古拉的恐惧和对克劳狄乌斯的亲密友谊使他堕落到奴才气十足，令人讨厌之极，直到今天，人们还把他看成是可耻的阿谀奉承的一个典型。[③] 人们看到他最后的所作所为，已将他早年的情况忘却了，他的老年的丑行已把他年轻时的德行全部抹杀了。

（33）在小国王们当中，米特利达特斯第一个用欺骗和暴力的办法诱使他的兄弟帕拉斯玛尼斯帮助他夺回亚美尼亚的王位；他找到了一些行贿的代理人，他们用大量的黄金买通了阿尔撒凯斯的侍从进行这次谋杀。与此同时，伊伯利亚人的一支大军却攻入亚美尼亚，占领了阿尔塔克撒塔城。[④] 阿尔塔巴努斯一听到这个

① 参见本书第 4 卷，第 5 章注。

② 这是克劳狄乌斯的一个臭名昭著的宠臣。他是前一年的执政官，又是未来的皇帝的父亲。

③ 参见苏埃托尼乌斯（《维提里乌斯传》，第 2 章）。

④ 参见本书第 2 卷，第 56 章注。

消息，立刻就要他的儿子欧洛狄斯准备进行报复，把帕尔提亚的军队交给他，还派人出去雇佣辅助部队。帕拉斯玛尼斯这方面的对策是和阿尔巴尼亚人结成联盟，①并且把撒尔玛提亚人②召来。撒尔玛提亚人的“持杖者”③则依照他们本国的习惯，接受了双方的礼品，结果他们也就参加了双方的阵营。但是控制了重要据点的伊伯利亚人迅速地使他们这一方面的撒尔玛提亚人沿着卡司披亚路④攻入了亚美尼亚：那些前来支援帕尔提亚人的撒尔玛提亚人不费什么气力便被截住了；因为伊伯利亚人封锁了所有其他通路，而剩下的位于大海和阿尔巴尼亚最靠外面的山脉之间的那条通路⑤在夏天是不能通行的，因为那里的海岸地带由于埃提西亚风⑥而为海水淹没了。到冬天，南风又把海水卷了回去，海水退了之后，海岸便又显露出来了。

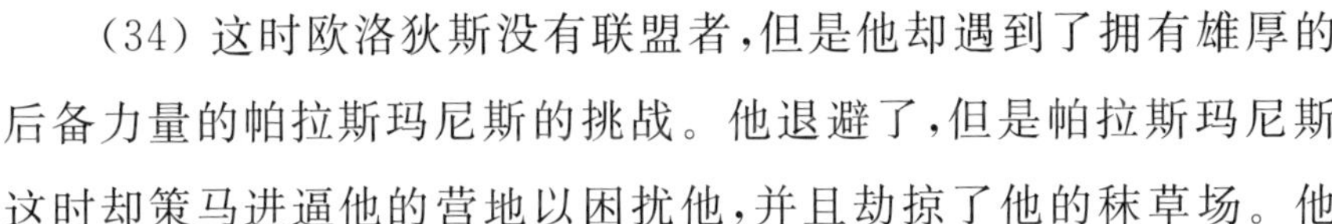

（34）这时欧洛狄斯没有联盟者，但是他却遇到了拥有雄厚的后备力量的帕拉斯玛尼斯的挑战。他退避了，但是帕拉斯玛尼斯这时却策马进逼他的营地以困扰他，并且劫掠了他的秣草场。他

① 参见本书第4卷，第5章注。

② 这里泛指南高加索地带的那些部落。

③ 原指波斯皇宫中的那些大宦官，后来也用来指西徐亚的那些小国王，后一事实目前已为铭文所证实。

④ 被误称的“卡司披亚门”，实际上这是提列克（Terek）河谷的著名的达利埃尔隘路，现在则有梯比里斯和奥尔忠尼启则之间的一条军事要道穿过这里。撒尔玛提亚人和后来的匈人就是通过这条十分重要的大道进入了帕尔提亚平原和帝国东部诸行省的（参见普洛科匹：《波斯战争史》，第1卷，第10章；《哥特战争史》，第4卷，第3章）。真正的卡司披亚门（Caspiae Portae）远在东面，位于德黑兰以北。

⑤ 位于杰尔宾特（Derbend）和巴库之间，在里海的西岸。

⑥ 埃提西亚风是每年夏天在地中海上刮的一种季节风。

常常还像进行正式围攻那样，用前哨的据点把欧洛狄斯围了起来。从来没有受过这等侮辱的帕尔提亚人围着国王请战。他们的全部力量都在骑兵上面。但是帕拉斯玛尼斯的步兵可也非常厉害，因为山地的生活环境使伊伯利亚人和阿尔巴尼亚人特别能吃苦耐劳。他们自称最初是从帖撒利亚来的，时间则可以回溯到这样一个时期：雅孙在与美狄娅以及他们所生的孩子离开之后不久，又回到了阿埃提斯的空着的宫殿和科尔齐斯人的没有国王的国土去。他们的许多制度，其中包括普利克苏斯的一个神托，都可以同他的名字联系起来；由于传统认为普利克苏斯是被一头公羊驮了来的（这个词是指着动物说的，还是指着刻着公羊头的船说的，就不清楚了），所以用公羊做牺牲的事是禁止的。

但是当双方都拉开战线时，在这一面，帕尔提亚人对军队详谈了东方的帝国，谈到了阿尔撒奇达伊家族的荣光，用它们来和卑微的伊伯利亚人及其雇佣兵作对比；在那一面，帕拉斯玛尼斯则号召他的军队记住，他们从来没有向帕尔提亚人屈服过，他们越是把勇气鼓足，他们也就越能从胜利中取得巨大的荣誉；如果他们在战场上溃逃，那他们就会遭到更大的耻辱和危险了。就在这时，他指着他自己的森严可畏的军队，又指着金绣满身的米地亚队伍说："这边是英雄好汉，那边是战利品。"

（35）但是在撒尔玛提亚人的队伍里，发言的却不限于一个领袖，人们相互鼓励说，不要使战争成为双方弓手之间的对射。最好是采取先发制人的办法进攻，而展开一场白刃战！但后来在遭遇的时候出现了复杂的情况。原来习惯于巧妙地进行追击又能巧妙地逃跑的帕尔提亚人拉开了他们的那些骑兵中队，并且造成了一块可以用来投枪的地带。撒尔玛提亚人则不去使用他们那射程不远的箭，而是拿着长枪和短剑向前冲。进攻和后退常常是按照骑兵战的传统方式交替进行着：继而就仿佛在一场混战里所发生的情况那样，战斗者用武器猛烈交锋，面对面地斗了起来，他们或是击退对方，或是为对方所击退。接着阿尔巴尼亚人和伊伯利亚人也上来了，他们抓住敌人，把他从马上拖下来，并使他被夹击在双重的危险之中，一方面是骑兵[①]从上面杀下来，一方面则是步兵在下面更近的地方给敌人造成杀伤。

就在这个时候，帕拉斯玛尼斯和欧洛狄斯把援军带来支援坚决的人们，或是帮助那些已经动摇的人们。由于是知名的人士，他们二人相互间认出了对方：一声呼叫，互相投枪，策马互攻——当帕拉斯玛尼斯打穿了他的对手的盔头而使之负伤时，他就断杀得更加凶狠了。不过他并未能再打第二次，因为当最勇敢的卫士插进来保护负伤的国王时，他的马已把他带到敌人追不到的地方去了。而且，一个误传的欧洛狄斯战死的消息也造成了帕尔提亚人的沮丧情绪，他们承认自己失败了。

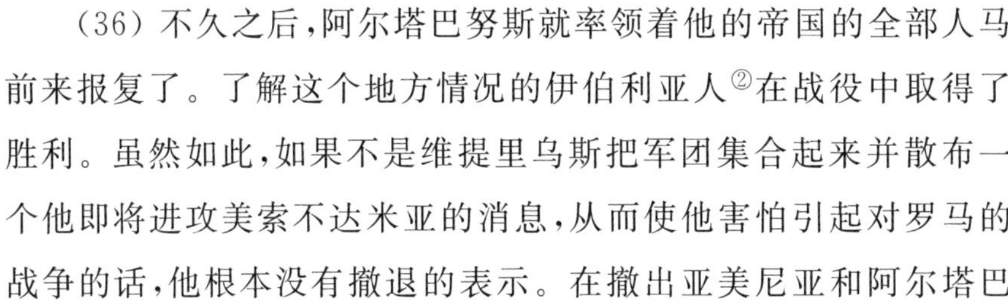

（36）不久之后，阿尔塔巴努斯就率领着他的帝国的全部人马前来报复了。了解这个地方情况的伊伯利亚人[②]在战役中取得了胜利。虽然如此，如果不是维提里乌斯把军团集合起来并散布一个他即将进攻美索不达米亚的消息，从而使他害怕引起对罗马的战争的话，他根本没有撤退的表示。在撤出亚美尼亚和阿尔塔巴

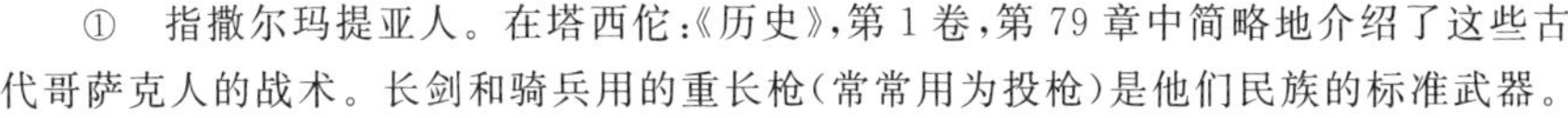

① 指撒尔玛提亚人。在塔西佗：《历史》，第 1 卷，第 79 章中简略地介绍了这些古代哥萨克人的战术。长剑和骑兵用的重长枪（常常用为投枪）是他们民族的标准武器。

② 他们在亚美尼亚驻扎了将近一年。

努斯的事业垮台之后，维提里乌斯就引诱他的臣民背弃平时残酷无情而在战场上又极其不幸的国王。因此，辛纳凯斯（我已经说过，他早就对阿尔塔巴努斯怀有敌意）便劝诱他的父亲阿布达伽伊塞斯偕同其他参与这一计划而现在由于一系列的厄运而更急于想行动起来的人们发动叛乱。不断有人参加他们的计划，这些人归顺过去，与其说是由于心甘情愿毋宁说是由于恐惧，但他们由于发现了负责的领导者而情绪高涨起来。阿尔塔巴努斯已经失掉了一切，跟随他的只有担任他的卫士的一些外国人，这些无家无国的人属于这样一个阶级，这个阶级除了靠犯罪混饭吃之外，是没有善恶观念的。他率领着这些人匆匆忙忙地逃到邻近西徐亚的遥远的地区去，[①]打算在那里利用同叙尔卡尼亚人与卡尔玛尼亚人的裙带关系寻求同盟者。在这个时候，没有国王时想国王，有了国王时又不好好服从的帕尔提亚人，是又会后悔而改变自己的主意的。

（37）但是维提里乌斯看到阿尔塔巴努斯已经跑掉，而他的国人的情绪也很想掉换一下统治者，于是他便劝告提里达特斯利用眼前这个机会，并且把他的军团中和辅助军队中最精锐的部分派遣到幼发拉底河的沿岸。当举行牺牲奉献式，也就是罗马人向着玛尔斯神呈献国猪[②]，而帕尔提亚人也为了抚慰幼发拉底河而准

① 里海以东的地区。在这一地区的最南部是叙尔卡尼亚人，紧接在他们北面的是达阿伊人，阿尔塔巴努斯的青年时代就是在达阿伊人中间度过的（参见本书第2卷，第3章）。卡尔玛尼亚在波斯湾沿岸地带，它的名字还保存在奇尔曼（Kirmân）这个沙漠的名称上。

② 代表军队用公猪、公羊和公牛作牺牲而举行的祓除式。

备了一匹马作为牺牲[1]的时候，附近的人民带信来说，虽然没有下雨，但是幼发拉底河的河水自动地涨了起来，并且涨得很高了。同时河上的白色泡沫形成一个个圆圈，就像王冠一样[2]——这是渡河顺利的朕兆。还有人作了更加巧妙的解释：这次出征开头会很顺利，但不会持久；因为天地垂示的朕兆更为可靠，而本性不定的河流虽然显示了联兆，但它又会立刻把这一朕兆冲走。

不管怎样，当舟桥架设起来而军队已渡过河去的时候，在营地里出现的第一个人就是率领着几千名骑兵的欧尔诺司帕狄斯。这个人曾经是一个亡命者，当提贝里乌斯在达尔马提亚战争中敉平叛乱的时候，[3]又是他的一个相当显要的助手，并且曾被赠以罗马公民权：但是后来他又取得了同他的国王的友谊，很受国王的宠信，并取得了位于底格里斯和幼发拉底这两条著名河流之间，因而有了美索不达米亚的名称的平原地带的统治权。不久，提里达特斯的军队就由于辛纳凯斯参加进来而壮大了。而作为他的事业的支柱的阿布达伽伊塞斯又带来了国王的财富及其一切标志。维提里乌斯相信只要显示罗马的兵力就够了，于是他向提里达特斯和贵族们提出了劝告，要提里达特斯记起自己的祖父普拉提斯和他的养父恺撒，以及这两个人的伟大品质；并要贵族们保持对国王的服从，对我们罗马人的尊重，保持他们自己的荣誉和诚意。随后他就率领着军团返回了叙利亚。

① 通常献给太阳的一种主要的牺牲。但是根据希罗多德：《历史》，第 8 卷，第 113 章的记述，它是献给司妥律蒙的。

② 这里指象征围在东方国王王冠上的白色的带子。

③ 公元 6—9 年的一次大起义，提贝里乌斯费了极大气力才把它镇压下去。

（38）我所以把两年夏天的事情放到一起叙述，[①]目的是要人们暂时不去注意国内的那些恐怖事件。因为，尽管自从谢雅努斯被处决[②]以来已经过了三年，时间、请求、餍足等等诸如此类可以使别人的心软下来的因素，却不能使提贝里乌斯的心软下来，或是停止这样一种政策：这就是对证据不充分或是早已被遗忘的过错进行报复，就好像这些过错都是罪大恶极，而且是不久之前才犯下的罪行似的。这种做法使富尔奇尼乌斯·特里奥深感惊恐。[③] 他不愿再消极地等待控告者即将发动的进攻，便在他的最后的遗嘱中，对玛克罗和皇帝的那些主要的被释奴隶写了一篇很长的、十分厉害的控诉书，痛斥他们的主人的年老昏庸，以及因长期不在罗马而他实际上等于是一个亡命之徒。他的继承人本来不想把这份遗嘱交出来，但是提贝里乌斯却下令当众宣读它，以表示他容许别人有自由并且对自己的恶名不屑一顾。也许他长期以来对谢雅努斯的罪行一无所知，因此他现在宁愿将攻击他的言论公之于世，而不问其措辞如何，并通过侮辱的言辞（如果不是通过其他方法的话）来认识到那被阿谀奉承所蒙蔽的真理。就在这些日子里，被盖乌斯·格拉古控以大逆罪的格拉尼乌斯·玛尔奇亚努斯自杀了。担任过行政长官的塔里乌斯·格拉提亚努斯也根据同样的法律被处以死刑。

① 第二个夏天的事情的叙述并没有完，它是接在本卷第 41 章叙述的。

② 公元 31 年 10 月 18 日。

③ 参见本书第 5 卷，第 11 章；第 6 卷，第 4 章。

(39) 特列贝列努斯·路福斯[1]和塞克斯提乌斯·帕科尼亚努斯[2]的结局也没有什么两样。特列贝列努斯是自杀的;帕科尼亚努斯是在监狱里绞死的,因为他写了反对皇帝的诗。提贝里乌斯现在并不像先前那样越过把人们分隔开来的大海,或是通过远方的使者才知道这些消息,他就在罗马城墙脚下;在那里,他当天或仅隔一夜就能对执政官的报告作出批示,并且几乎能亲眼看到他的受害者家中所流的大量鲜血,或是看到他的刽子手们干下的各种勾当。

年底,波培乌斯·撒比努斯[3]去世。这个出身卑微的人通过他和皇帝之间的友谊而取得执政官的地位,并且统治各大行省达二十四年之久。他所以能做到这一点,是因为他没有什么突出的才能,而且因为他适合做这项工作,只此而已。

(40) 下一年,是克温图斯·普劳提乌斯和塞克斯图斯·帕披尼乌斯担任执政官的一年。在这一年里,不管是路奇乌斯·阿路谢乌斯[4]的〈被赦〉,还是……与……的被处死,这类恐怖行为已经是过于平常,算不得什么残酷行为了。但是也还有过一个恐怖场面:在元老院,当罗马骑士维布列努斯·阿格里帕在他的控诉者结束了他们的控告之后,从衣服里面取出毒药吞了下去,从而倒在那里奄奄一息的时候,他就被那些手疾眼快的侍从拖到地牢去了。

罗马建城 789 年,即公元 36 年

① 参见本书第 2 卷,第 67 章。

② 参见本书第 6 卷,第 3 章。

③ 参见本书第 4 卷,第 46 章注。

④ 可能就是控诉路奇乌斯·阿尔伦提乌斯的那个人(参见本卷第 7 章)。如果是这样的话,那么空白的部分可能谈到的是对他的恩典(例如免去对他的惩处),而原文删节号处应是被处死的至少两个著名人物的名字。

虽然他现在已经气绝，却仍然要受到绞刑。甚至担任过亚美尼亚国王现在又受到控告的提格拉尼斯[1]，现在都不能因为他的国王的头衔而逃脱罗马公民的悲惨命运。另一方面，担任过执政官的盖乌斯·伽尔巴[2]和两个布莱苏斯[3]却自杀了。恺撒写给伽尔巴的一封不是好兆的信，使他分配不到一个行省。而在布莱苏斯家族的全盛时期指定给两个布莱苏斯的祭司职位，在这一家族垮台之后便被提贝里乌斯推迟了；现在他把这些位置作为空缺给了别的人——人们把这一行动理解为死刑的暗示并且加以执行了。埃米里娅·列庇妲也遭到了同样的命运。她和年轻的杜路苏斯结婚的事情前面我已经记述过了。[4] 在她的丈夫受到了一连串谗诬的迫害之后，她还活着，遭人厌恶，但是没有受到惩罚，这时她的父亲列庇都斯也还活着。此后控告者便控诉她和一个奴隶通奸。没有人怀疑她的罪行。于是她便放弃了对自己的辩护而自杀了。

（41）大概就在这个时候，臣服于卡帕多奇亚的阿尔凯拉乌斯的一个部落奇耶塔伊人[5]由于被迫按照罗马的惯例缴纳财产税和贡物，而迁居到陶路斯山脉的高原地带去，借着那里的有利的自然形势，抗拒国王的斗志不高的武装力量。最后，维提里乌斯才要他

---

① 提格拉尼斯四世（希罗大帝的一个孙子），塔西佗在本书第 2 卷第 4 章中没有提到他的短暂的统治，但是在 Monumentum A'ncyranum 里和约瑟普斯的作品里（参见《犹太古代史》，第 18 卷，第 5 章，第 4 节）却提到了。

② 未来的皇帝的哥哥；公元 22 年度的执政官（参见本书第 3 卷，第 52 章），由于奢侈无度而倾家荡产（苏埃托尼乌斯：《伽尔巴传》，第 3 章）。

③ 谢雅努斯的叔父的两个儿子。

④ 这一部分文字已经佚去。她是玛尔库斯·列庇都斯的女儿（参见本书第 3 卷，第 22 章），而不是玛尼乌斯的女儿（参见本卷第 5 章注）。

⑤ 在奇里奇亚·特拉凯亚的海岸地带。

的副帅玛尔库斯·特列贝里乌斯从叙利亚行省率领四千名军团士兵和一支精锐的辅助步兵队伍前来。特列贝里乌斯把他的队伍拉开，包围了蛮族占领的两座小山（较小的一座山叫卡德拉山，另一座叫达瓦拉山），并且迫使他们投降了。那些敢于出击的人则被杀死，而余众则是在缺水的情况下被迫投降的。

正在这个时候，[①]在帕尔提亚人的默许之下，提里达特斯占领了尼凯波里乌姆、安提木西亚斯[②]和马其顿人建立的、带有希腊名称的其他城市，此外还有帕尔提亚的城市哈路斯和阿尔提米塔；受过西徐亚式的训练的阿尔塔巴努斯由于本身的残酷而遭人痛恨，而且人们希望罗马的文化使提里达特斯的性格变得成熟起来，因此人们对此是感到十分高兴的。

（42）塞琉西亚这个有城墙围绕的强大城市[③]虽然风行谄媚，但仍谨守建城者塞琉古[④]的遗教，没有堕落成为野蛮之邦。以其财产或智慧而被选拔出来的三百名成员组成了元老院。人民则有他们自己的各项特权。只要是这两个等级齐心合作，他们就可以不用担心帕尔提亚人了。如果他们发生冲突，那么每一方面就都会找人帮忙以反对他们的对方，而被召请来援助的那一部分外来人结果却征服了双方全体人民。不久之前在阿尔塔巴努斯的统治时期便发生了这样的事情。他为了达到自己的目的而使民众的利

---

① 这里的叙述接着本卷第 37 章结尾的地方。

② 这两座城市都在美索不达米亚。阿尔提米塔和哈路斯则在底格里斯河对岸。

③ 这是古代一个大城市，建于底格里斯河的西岸，位于巴格达之南约二十英里，隔河与敌对的帕尔提亚的城市克提西丰相对峙。公元 165 年阿维狄乌斯·卡西乌斯劫掠和焚烧了该城之后，它便衰落了。

④ 亚历山大手下的统帅，塞琉古王朝的创立者。

益为贵族而牺牲:因为人民若是占了上风就意味着自由。少数人的统治与听任一个国王的为所欲为地进行统治,这两者之间的区别并不大。现在他们用过去给予古代国王的荣誉以及晚近比较喜欢用的新式荣誉来欢迎提里达特斯的到来;同时他们又辱骂阿尔塔巴努斯,因为除了他的母亲是一个阿尔撒奇达伊家族的成员之外,在其他方面他的出身是卑微的。提里达特斯把塞琉西亚的统治方式转为民主统治;接着,正当他考虑在哪一天正式登上王位时,他从两个最强大的藩王普拉提斯和希耶洛那里接到来信,要求暂缓一下。人们决定等候重要人物的到来,而在这一期间,又建议把首府迁往克提西丰[①]。但是当苏列纳[②]发现他们正在一天一天地拖延的时候,他就在一群喝彩的群众面前,按照传统的方式,把皇冠加到提里达特斯的头上了。

(43) 而且,如果他立刻向内地的其他部落进攻的话,他必定可以消除观望者的疑虑,而全国也就是属于他的了;但是,由于他包围了阿尔塔巴努斯安置他的金钱和他的后宫的要塞,这样他就造成了能够取消协定的时机。原来普拉提斯和希耶洛连同其他那些没有参加加冕那天的仪典的人中,有一些人由于害怕,另一些人由于忌妒阿布达伽伊塞斯(现在他已是宫廷的主人)和新加冕的国王,而投到阿尔塔巴努斯的一面去了;人们是在叙尔卡尼亚发现了

① 与塞琉西亚隔河相对的城市。原来是国王冬季行幸时用的别庄,后来则是阿尔撒奇达伊王朝和萨萨尼王朝的首都。公元637年3月奥玛尔占领和劫掠了该城之后,它便衰落了。

② 世袭的统帅,这个名字是个人的名字,也是一种官衔,犹如罗马的恺撒(Caesar)或帕尔提亚的阿尔撒凯斯(Arsaces)。

阿尔塔巴努斯的，他现在已是满身泥污，靠着他的一张弓获得每天的食物。开头他以为自己会被出卖而感到害怕，但是在听到对他的郑重保证，说他们是来迎接他重登王位的时候，他才松了一口气，并且打听造成这种突然变化的原因。于是希耶洛便咒骂提里达特斯的年幼无知："执掌统治大权的并不是阿尔撒奇达伊家族出身的人：这个懦弱的家伙带有一个虚衔，他那从外国沾染来的懦弱习气使他不适于作战；大权却操在阿布达伽伊塞斯一家的手里。"

（44）这位老练的国王看到，即使说他们对自己的爱戴是假装的，但是他们对提里达特斯的憎恨却并不虚伪。他只是等候着在西徐亚把辅助的队伍集合起来，然后立刻以一种使敌人来不及计划对策，并使他的朋友来不及动摇的速度展开了战斗：他保留他的肮脏的外表，看来是为了通过人们对他的同情而把他们大量地吸引过来。欺骗和恳求的办法都用上了，凡足以引诱怀疑、观望的人或足以加强坚定的人的信心的办法全都用上了。他现在率领一支庞大的军队正在迫近塞琉西亚的近郊，这时由于阿尔塔巴努斯的消息以及阿尔塔巴努斯本人的出现而失魂丧魄的提里达特斯开始在两个计划中间拿不定主意：一个计划是迎击，一个计划是拖延。主张作战和迅速决定他们的命运的人，认为那些分散的和疲于奔命的队伍根本不可能想象会结合成为一个忠诚的整体，他们现在虽然重新拥护这个国王的事业，然而就在昨天，他们还是背叛和敌视国王的人。不过阿布达伽伊塞斯本人的意见是回到美索不达米亚那里去，因为在那里由于以河[①]为屏障，他们可以在这期间把亚

① 指底格里斯河。

美尼亚人、埃律迈安人[1]和他们后方的其他民族发动起来；而在他们得到联盟者的士兵以及罗马统帅会派出来的任何部队的支援之后，他们才可以一试自己的命运。这个意见占了上风，因为阿布达伽伊塞斯拥有左右大局的力量，而提里达特斯又不想冒险。但是这次撤退进行得就像是逃跑一样，阿拉伯的部落居民[2]首开此例，其他的人也都逃回家去，或是投到阿尔塔巴努斯的营地去了。最后提里达特斯才和一些侍从回到叙利亚，从而免除了所有的人都逃跑了的耻辱。

(45) 同年，首都发生了一场大火，阿文提努姆和同它相连接的部分大竞技场[3]都被烧光了：皇帝为被烧毁的邸宅和一段一段的住房付出了足够的赔偿，这样就把这次的灾难变成了他本人的荣誉。一亿谢司特尔提乌斯被投入这一慷慨的行动，这些钱之所以乐于为群众所接受，是因为他自己过去很少在营造方面花过大量的钱。另一方面，甚至为了公家，他所修建的仅有的两座建筑便是奥古斯都神殿和庞培剧场的舞台，[4]而且在两种情况下，都不想在完工之后奉献牺牲，因为他根本不把声望放在心上，或是因为自己没有太多的余年了。为了估计各个申请人所遭到的损失，任命了恺撒的孙女们的四个丈夫[5]：格涅乌斯·多米提乌斯、卡西乌

① 可能是在波斯湾最内部沿岸地带居住的民族。

② 这些居民是从美索不达米亚北部欧司洛耶尼(Osroëne)来的；参见本书第12卷，第12章注。

③ 在帕拉提努斯山和阿文提努斯山(或阿文提努姆山)之间的山洼处。

④ 参见本书第4卷，第7章注。这座舞台在公元22年毁于火(参见本书第3卷，第72章)。

⑤ 参见本书第4卷，第75章；第6卷，第15、27章。

斯·隆吉努斯、玛尔库斯·维尼奇乌斯和路贝里乌斯·勃兰都斯。执政官们又任命普布里乌斯·佩特洛尼乌斯参加他们的工作。人们想出各种各样的荣誉并且把这些荣誉通过元老院的决定加到皇帝身上，荣誉的花样因发明人的能力而各有不同。他拒绝了哪些，接受了哪些，我们已不清楚，因为他临终的日子已近在眼前了。

不久之后，提贝里乌斯当政时期的最后两位执政官格涅乌斯·阿凯罗尼乌斯和盖乌斯·佩特洛尼乌斯就宣誓就职。在这个时候，玛克罗的势力业已达到无人可以约束的程度。对于盖乌斯·恺撒的好感，他一向是十分重视的，但是现在他却越来越加紧地乞求这些东西了；而在克劳狄娅（她许配给皇子的事情我已在前面叙述过了[①]）死后，他就唆使他自己的妻子恩尼娅用一种假情假意的恋爱来迷住这个年轻人，并且用一项结婚的诺言把他束缚住。[②] 卡里古拉只要是能够取得王位，他是什么条件都不拒绝的。他的性格虽然粗野，但是在他的祖父的面前，他仍然是有办法把自己装点得丝毫不露痕迹的。

罗马建城 790 年，即公元 37 年

(46) 皇帝知道这个情况，因此他拿不定主意选谁为继承人。他首先考虑他的孙子们。在他们中间，杜路苏斯的儿子[③]和他血统关系较近，也是他比较钟爱的，但是还没有长大成人。日耳曼尼

① 参见本卷第 20 章。

② 狄奥·卡西乌斯的说法和这里一样（狄奥，第 58 卷，第 28 章）；庇洛在详述了玛克罗的阴谋之后，特别说明在这件具体事情上玛克罗是无辜的；苏埃托尼乌斯则认为他的升迁是盖乌斯的力量（《卡里古拉传》，第 12 章）。

③ 指提贝里乌斯·盖美路斯，孪生儿子当中活下来的一个（参见本书第 2 卷，第 84 章），生于公元 19 年。

库斯的儿子[①]不仅年轻和精力旺盛，而且还颇受人们的爱戴，但正是由于这一点，他的祖父才厌恶他。甚至克劳狄乌斯也被考虑到了：他不但在年龄上已经成熟，[②]而且十分注意自己的修养。不过他的脑子不行，这是一个缺点。如果在皇室外部寻找继承人的话，他又害怕对于奥古斯都的追忆恺撒们的名字会变成嘲笑和诬蔑。因为提贝里乌斯当前所关心的与其说是在现在取得人们的好感，毋宁说是要取得后世对他的称赞。但不久之后，头脑中不能肯定而体力又已衰竭的提贝里乌斯，就放弃了他无能为力的决定而一任命运安排了。虽然如此，他仍然在不经心的时候讲了一些可以说明他了解未来演变趋势的话。原来他用一种不难理解的暗示责备玛克罗不去管快要落下去的太阳而去照料一个初升的太阳。在一次偶然的闲谈中，卡里古拉曾嘲笑过路奇马斯·苏拉，于是他就向卡里古拉预言说，苏拉的一切缺点他都有，但是他却没有苏拉的一切优点。同时他又痛哭流涕地拥抱了他的较小的一个孙子[③]，继而对着另一个孙子的阴郁的面孔说："你呀，你会杀死他，可是别人又会杀死你。"[④]他的健康情况尽管是一天不如一天，但他的放荡行为却一点也不加节制。他拼着命做他体力所不能忍受的事情。对于医术，他一向是蔑视的，他还一向瞧不起这样一些人，这些人在三十岁之后，[⑤]还需要一个陌生人告诉他，哪些事情对身体

① 指盖乌斯，生于公元12年。

② 这时他四十六岁。

③ 指提贝里乌斯·盖美路斯。

④ 他的预言的前半被卡里古拉在一年之内实现了，后半部则是公元41年被卡西乌斯·凯列亚实现的。

⑤ 普鲁塔克在两处提到这一点，但他的说法是六十岁。

有好处,哪些事情对身体有害处。

(47) 这时在罗马正在酝酿着提贝里乌斯已不及见到的一次血腥事件。莱利乌斯·巴尔布斯控告普布里乌斯·维提里乌斯[1]的前妻阿库提娅犯了大逆罪。在她被处刑之后正要下令把一笔赏赐赠给控诉者的时候,人民保民官尤尼乌斯·奥托[2]否决了这一命令:这样在两个人中间就结下了仇,最后由于奥托丧命,这一仇隙才告结束。继而因为同许多情夫发生过关系而丑名四溢,并且一度嫁给了阴谋的揭发者撒特里乌斯·谢孔都斯[3]的阿尔布奇拉又受到控诉,说她对皇帝有不敬的举动:作为她的同谋犯和奸夫而被牵连到这一控诉之中的有格涅乌斯·多米提乌斯、维比乌斯·玛尔苏斯、路奇乌斯·阿尔伦提乌斯。关于多米提乌斯的高贵出身,我在前面已经谈过,[4]玛尔苏斯也可以提出他的祖先所取得的荣誉,以及他在文学方面的一些突出才能。[5] 但是送到元老院来的文件说,玛克罗曾主持调查证人和拷问奴隶的工作。这次皇帝没有像平时那样写信来反对被告,这种情况就使人怀疑,是否许多证据是在他生病时捏造出来的,并可能是他所不知道的,而捏造的

① 参见本书第 1 卷,第 70 章注;第 5 卷,第 8 章。

② 这个人大概就是本书第 3 卷第 66 章中那个担任过学校校长的行政长官的儿子。

③ 这里所说的阴谋即指谢雅努斯的 novissimum consilium(参见本卷第 8 章)暗杀提贝里乌斯和卡里古拉并夺取帝国统治大权。详情如何,我们知道的不多,也不确实。但既然阴谋显然是被克劳狄乌斯的母亲安托尼娅揭露给提贝里乌斯的(参见约瑟普斯:《犹太古代史》,第 18 卷,第 6 章,第 6 节),则可以设想,是撒特里乌斯把她到卡普利埃去的消息提供给她的(参见本书第 4 卷,第 34 章)。

④ 参见本书第 4 卷,第 75 章。

⑤ 参见本书第 2 卷,第 74 章注。

理由则是近卫军长官对阿尔伦提乌斯的敌视态度，这一点已是人所共知的事情了。

(48) 因此，多米提乌斯和玛尔苏斯就还活着：多米提乌斯研究为自己辩护的办法，玛尔苏斯则在表面上做出绝食的姿态。阿尔伦提乌斯的朋友们认为拖延对他有利，因此他就回答说，“一件事情不一定对所有的人都合适。至于他本人，他已经活得够长久的了。而他感到遗憾的一件事就是，他命中注定要在嘲笑和危惧中度过忧虑重重的晚年；他长期为谢雅努斯所厌恶，现在玛克罗又不喜欢他，反正总有这个或那个当权的人物看不上他，不过这不是因为他犯了什么错误，而是因为他那嫉恶如仇的性格。不错，在皇帝去世之前的这段日子里，他是可以对付过去的，但是对于即将继承王位的年轻的皇帝，他又怎样回避呢？而且，如果说，至高的主宰在提贝里乌斯取得了处世方面的大量经验之后，有力量扭转和改变他的性格的话，那么不过是刚刚成年，什么事还都不懂或是在坏人坏事中间长大的盖乌斯·恺撒在玛克罗的监护之下难道能够做好事吗？要知道，玛克罗同谢雅努斯相比，是更坏的恶棍，但玛克罗却被选出来摧毁了谢雅努斯，他用比谢雅努斯更多的罪行折磨了他的国家。甚至在目前，他便预见到一次更加苛刻的奴役，因此他是愿意同时摆脱过去和未来的。”他用一种类似预言的口吻讲了这些话之后，就割断了自己的血管。从后来发生的事情来看，阿尔伦提乌斯是死得对了。阿尔布奇拉在自己身上做了一个无关紧要的伤口之后，就根据元老院的命令被送进了地牢。在那些同她有过不清不楚关系的人里面，一个担任过行政长官的名叫卡尔西狄乌斯·撒凯尔多斯的人被判处流放到一个岛上去，彭提乌斯·

佛列该拉努斯被剥夺了元老的称号;莱利乌斯·巴尔布斯也受到了同样的惩罚;至少人们在宣告这个判决时是感到高兴的,因为他被人们认为是讲话极其恶毒的人物,他是在任何时候都能陷害无辜的。

(49) 在这些天里,塞克斯图斯·帕披尼乌斯,前执政官家族中的一个成员,突然从窗户里跳下去,不光彩地自杀了。自杀的原因被认为在于他那很久以前离了婚的母亲。她由于纵容儿子的放荡脾气,大概曾使这个年轻人干出了除去一死之外无法摆脱的丑事。当她在元老院受到责骂时,她便跪在元老们的面前,详细地辩解说,任何人遇到这样的事情都会感到悲痛,特别是一个妇女的心更没有力量承受这样的一个打击,她还以同样痛苦的口吻讲了其他许多话。尽管如此,她还是被责令十年间不许进入罗马,直到她的小儿子过了他的血气未定的年轻阶段之后他才回来。

(50) 这时提贝里乌斯的体质和气力都支持不住了,可是他的伪装的本领依然不差。他的精神依然是坚定的;他的言语和表情仍旧果敢有力,他常常力图用一种做作的平易近人的作风来掩盖他那明显的大限临近的现象。在屡次改变了自己的住所之后,他最后定居在米塞努姆海角上的一座别墅里,这座别墅过去的主人是路奇乌斯·路库鲁斯。[①] 在那里,人们用下列的办法发现他离死期已近了。有一位名叫卡里克列斯的著名的医生,他过去从来不为皇帝治疗疾病,而是为皇帝提供向他咨询的机会。当他由于

① 吉本(Gibbon)曾扼要叙述了这一著名别墅的兴衰状况。它的最早的主人是马利乌斯和路库鲁斯,最后的主人则是罗木路斯·奥古斯都路斯,和圣谢维里努斯的遗骨。

私事向皇帝请假的时候，他抓住了恺撒的手，表面上是向他表示敬意，实际上却是摸他的脉。他的这种做法被发觉了。提贝里乌斯也许是生气了，但是他特别用力掩饰自己的怒气。他下令安排晚宴，表面上是给临行的朋友饯行，但是却在餐桌上待到比平时更晏的时候。虽然如此，卡里克列斯还是向玛克罗肯定说，他的呼吸正在衰竭，恐怕他的大限不能超过两天了。一切后事立刻进行了安排。宫廷里的人召开了会议；对统帅们和军队则通过信使来作安排。3 月 16 日，由于他一时接不上气来，人们认为他已经死了；于是盖乌斯·恺撒已经在一群祝贺的群众的拥簇下离开别墅去筹备登极事宜了，但这时突然有话传来说，提贝里乌斯又恢复了说话和看东西的能力，并且要人给他拿食物来，以便在晕厥后加强体力。跟着大家就都惊惶失措起来：别的人都开始分散到四面八方去，每个人面上都装出悲痛或不知道这件事的样子。只有盖乌斯·恺撒在那里一言不发，感到自己从希望的高峰上跌落下去，并且只能等待着最坏的事态发生。但是大胆的玛克罗却在所有的人离开门口时下令用一叠被子把这个老人压在下面，[①]这样，提贝里乌斯就在他一生的第七十八个年头结束了自己的生命。

(51) 尼禄的儿子[②]在父系母系双方都可以回溯到克劳狄乌斯家族，虽然他的母亲由于连续的过继而转入了里维乌斯家族，后来又转入了优利乌斯家族。从很小很小的时候开始，他就经历了波澜起伏的命运。最初他陪伴着被放逐的父亲亡命在外，继而又以

① 苏埃托尼乌斯(《提贝里乌斯传》，第 73 章)和狄奥·卡西乌斯(第 58 卷，第 28 章)对此都有不同的说法。

② 提贝里乌斯·克劳狄乌斯·尼禄；参见本书第 5 卷，第 1 章及注释。

继子的身份进入了奥古斯都一家；而在玛尔凯路斯和阿格里帕以及后来的盖乌斯和路奇乌斯·恺撒的全盛时期，他必须应付许多对手。而这时甚至他的兄弟杜路苏斯都比他更加受到国人的爱戴。在他与优利娅结婚而身份大为提高之后，他的地位还是最不稳定的，因为这时他必须忍耐或是回避他的妻子的不贞的行为。[①]后来他从罗得岛回来了；于是他在十二年间[②]成了没有继承人的皇室的主人，后来又再实际上做了二十三年的罗马的主宰。他的性格也是每个时期各不相同。他以普通公民的身份或是以重要官吏的身份生活在奥古斯都的统治之下时，是他的生活和名誉中的一个崇高的时期。当日耳曼尼库斯和杜路苏斯还在世时，他表现了伪善的品德，这是他狡诈地隐蔽了自己真实思想的时期。当他的母亲还在世时，他仍是一个有好有坏的人物。在他喜爱或畏惧谢雅努斯的时候，人们只是讨厌他的残酷，但是他的淫欲却是隐蔽着的；最后，当羞耻和恐惧对他已不再是一种约束力量的时候，他只能按照自己的本性为所欲为，这样他就彻底陷进罪恶和丑行了。[③]

① 通过退隐到罗得岛去的办法(参见本书第 1 卷，第 53 章)。

② 从公元 2 年到 14 年。

③ 从这里起到第 11 卷开头的部分已佚。在这一部分里，主要的事件分年记载如下：

公元 37 年　在普遍的热烈欢迎声中，盖乌斯即位(3 月 18 日)。放逐者被召回；根据大逆法进行的迫害在名义上被废除了；提贝里乌斯·盖美路斯受宠；克劳狄乌斯参加公共生活；尼禄出世。财政上浪费惊人。10 月皇帝生病，继而又有精神错乱的症状。提贝里乌斯·盖美路斯和玛尔库斯·尤尼乌斯·西拉努斯(皇帝的岳父)被迫自杀。

公元 38 年　民会(Comitia)在名义上恢复。皇帝的姊妹和情妇杜路西拉去世并被尊为神。经常发生处死和没收财产的事件。玛克罗被迫自杀。亚历山大城的(接下页)

(接上页)犹太人和非犹太人间发生严重骚乱,原因是日益肯定地相信自己为神的皇帝想把他自己的像放进犹太人的会堂。

公元 39 年 继续发生处死和财产充公的行动。希罗·安提帕斯和希罗地亚斯被放逐到里昂。亚美尼亚的米特利达特斯被召至罗马并被扣留在那里,横贯拜阿伊湾搭起了一座舟桥(大部分是运粮船)。皇帝在高卢;他的姻兄弟埃米里乌斯·列庇都斯和下日耳曼的副帅楞图路斯·盖图里乌斯的阴谋和死亡。他的姊妹阿格里披娜和优利娅·里维拉由于参加阴谋而被放逐。皇帝的传家宝物在里昂拍卖。

公元 40 年 皇帝在里昂。在一个时期里只有一位执政官。对不列颠表现了异想天开的示威行动。8 月 31 日返回罗马。下令把他的像放在耶路撒冷犹太神殿至圣所,但这个命令由于叙利亚副帅希罗·阿格里帕(他在公元 37 年取得了太守菲利浦的领地,在公元 39 年取得了希罗·安提帕斯的领地)的干预而暂时取消。亚历山大城的犹太人的代表团到罗马,代表团中的庇洛在《出使觐见盖乌斯记》(*Legatio ad Gaium*)中记述了这一事件。

公元 41 年 盖乌斯被暗杀(1 月 24 日);近卫军宣布克劳狄乌斯为皇帝,他们每人取得赏赐一万五千谢司特尔提乌斯。希罗·阿格里帕由于危机时期的服务而取得犹太,犹太此时不再是由财务代理官治理的行省了。阿格里披娜和优利娅·里维拉被召回,但后者由于美撒里娜的教唆而再度被放逐。美撒里娜控告她同塞内加通奸,塞内加也被放逐至科西嘉。不列塔尼库斯生(2 月 13 日)。

公元 42 年 玛乌列塔尼亚仍然被分成由代理官治理的两个行省(Mauretania Caesariensis 和 Mauretania Tingitana)。美撒里娜在纳尔奇苏斯的帮助下害死了她的继父阿庇乌斯·尤尼乌斯·西拉努斯。安尼乌斯·维尼奇亚努斯在达尔马提亚副帅福利乌斯·卡米路斯·司克里波尼亚努斯的支持下进行阴谋活动;骚动立刻遭到镇压。大批人被处死。

公元 43 年 奥路斯·普劳提乌斯·西尔瓦努斯率军进攻不列颠。他打败了卡拉塔库斯并占领了卡木洛杜努姆;克劳狄乌斯亲身来到不列颠停留十六天。米特利达特斯收复亚美尼亚(?)。

公元 44 年 克劳狄乌斯凯旋。阿凯亚和马其顿被交给元老院。在希罗·阿格里帕死后犹太仍然由财务代理官统治。

公元 45 年 米特利达特斯在博斯普鲁斯叛乱,但是叛乱为奥路斯·狄第乌斯·伽路斯镇平(?)。

公元 47 年 克劳狄乌斯和维提里乌斯任监察官。奥路斯·普劳提乌斯·西尔瓦努斯举行小凯旋式,继他之后担任不列颠副帅的是普布里乌斯·欧司托里乌斯·司卡普拉。第 11 卷的现存部分是以瓦列里乌斯·亚细亚提库斯的死亡开始的。

（编年史第 7 卷到第 10 卷已佚。已佚部分的主要事件请见中译本第 349 页注(3)。——中译者）

珍藏本
纪念版

汉译世界学术名著丛书

塔西佗《编年史》

下册

王以铸 崔妙因 译

SINCE 1897
商務印書館
The Commercial Press
2017年·北京

第十一卷[①]

(1)……原来她(指美撒里娜——中译者)相信,曾两次担任执政官的瓦列里乌斯·亚细亚提库斯先前是她(指波培娅·萨比娜——中译者)的情夫;[②]而且,既然她同样地垂涎路库斯鲁斯修

罗马建城800年,即公元47年

① 《编年史》的其余部分以及《历史》的全书的唯一依据就是十一世纪的朗哥巴狄的手稿(美狄凯乌斯第二手稿),这个手稿所提供的文本显然不如美狄凯乌斯第一手稿中的第1至第4卷。在遗失的部分(第7至第10卷以及第11卷的前半部)中所谈到的事件参见前卷末尾的附注。

② 本卷中的主要人物是:

1. 瓦列里娅·美撒里娜——克劳狄乌斯的特别出名的表妹和他的第三个妻子。

2. 波培娅·萨比娜——提贝里乌斯的那个有能力的,但又不是太有能力的朋友和副帅撒比努斯(参见本书第6卷,第39章)的女儿,她是当时最俏丽的美人,在嫁了提图斯·欧里乌斯之后生了一个女儿,就是嫁给尼禄的那个波培娅(参见本书第13卷,第45章)。现在她的丈夫是普布里乌斯·斯奇比奥(参见本书第3卷,第74章)。

3. 莫涅斯特——当时最著名的哑剧演员,他原是提贝里乌斯的被释奴隶,卡里古拉的宠臣(参见苏埃托尼乌斯:《卡里古拉传》,第26、55、57章),又是美撒里娜的情夫,因此他曾被怀疑参加波培娅的阴谋。

4. 瓦列里乌斯·亚细亚提库斯——维也纳出身的有钱的前任执政官。美撒里娜选他代替莫涅斯特,他被公认为美撒里娜的奸夫而与波培娅一道被杀。

5. 普布里乌斯·苏伊里乌斯·路福斯——现在他已从放逐地返回(参见本书第4卷,第31章注),并且被选定来进行这一控诉。

6. 路奇乌斯·维提里乌斯(参见第6卷,第32章注)——这时正是克劳狄乌斯对他言听计从的时候,他和克劳狄乌斯是本年度的执政官和监察官,目前他在皇帝的私人法庭上是审判亚细亚提库斯的陪审官。

建的，并为亚细亚提库斯装饰得非常豪华瑰丽的那些花园，于是她便放出苏伊里乌斯去控诉这一对夫妇。不列塔尼库斯[1]的教师索西比乌斯也同他勾结在一起；索西比乌斯表面上仿佛是好心警告克劳狄乌斯，要他防备那对皇帝们来说并非吉兆的权力和金钱。“谋杀盖乌斯·恺撒的主谋亚细亚提库斯并不怕承认他曾参与集合罗马人民的事件，甚至敢于僭取谋杀的荣誉。[2] 因而他在罗马出了名，而行省方面也传说他准备去巡视日耳曼的军队。因为他生于维也纳，又有大批有势力的人物做他的后援，他就有各种方便可以在他本地各民族之间制造纠纷。”克劳狄乌斯没有进一步查问，但是，就仿佛去镇压一次刚刚爆发的战争似的，他赶忙把由近卫军长官克利司披努斯所率领的一队士兵派了出去，克利司披努斯在拜阿伊找到了亚细亚提库斯之后，就给他上了镣铐，把他解回了首都。

（2）人们没有允许他到元老院去：他是在一间寝室中受审的，审判时有美撒里娜在旁，进行控诉的是苏伊里乌斯。控诉的罪名是贿买军队（据他说，军队收到钱之后必须做各种各样的坏事，这就更可恶了）；和波培娅通奸；最后，他还是个像姑。最后这一条控诉条款使被告实在忍不住了。他说：“苏伊里乌斯，去问一问你的儿子们吧，他们会承认我是个男子的！”而且在他为自己进行辩护

---

① 提贝里乌斯·克劳狄乌斯·不列塔尼库斯——克劳狄乌斯和美撒里娜的儿子，现在五岁。索西比乌斯毫无疑问是个希腊的被释奴隶，后来由于被控以叛逆罪而为阿格里披娜处死（参见狄奥·卡西乌斯，第 60 卷，第 32 章）。

② 传说在人民群众（参见约瑟普斯：《犹太古代史》，第 19 卷，第 1 章）（一说是近卫军士兵，参见狄奥·卡西乌斯，第 59 卷，第 30 章）的一次情绪激昂的集会上，他回答人们喊叫的问题“谁是屠杀者？”时，他回答说：“就是我。”（Utinam ego.）不过没有任何证据证明他真正参与了这次阴谋。

时,他的发言使克劳狄乌斯深受感动,甚至美撒里娜听后都落泪了。美撒里娜在离开房间之际擦掉眼泪的时候,却要维提里乌斯小心不要让囚犯从他们的手里溜掉。她自己则赶忙着手安排搞掉波培娅的勾当,并且唆使她的奸细用地牢的威胁迫使她自杀了。皇帝则完全不知道这件事情,以致几天之后,当波培娅的丈夫斯奇比奥同他在一起吃晚饭时,他还问为什么斯奇比奥没有和自己的妻子同来。直到这时他才知道她已经不在人世了。

(3)但是,当克劳狄乌斯向维提里乌斯征求意见如何除掉亚细亚提库斯的时候,维提里乌斯便含着泪回忆他们两人间的长期友谊以及他们对皇帝的母亲安托尼娅所表示的同样忠诚。继而他又列举了他为国家所做过的事情,他最近对不列颠人作战的功勋[①]和所有其他有可能引起皇帝怜悯之心的事情。他建议给予亚细亚提库斯以选择死亡方式的自由。克劳狄乌斯随后的发言也具有同样的宽大精神。当亚细亚提库斯的一些朋友建议他用慢慢绝食的办法自杀时,亚细亚提库斯说,他不想接受这项恩典。他先做了一次他常做的体操,[②]洗了澡,高高兴兴地吃了晚饭。他说死于提贝里乌斯的阴谋或是死于盖乌斯·恺撒的进攻,较之死于妇人的欺骗和维提里乌斯的挑拨性的下流语言倒是更体面些,接着他就把自己的血管切开;不过在他切开血管之前,他先到他的柴木堆那里去,[③]下令把它们挪到别处去,这样他那些繁茂的树木就不致受到干柴烈火的影响了。他在临死之前,竟还是这样沉着啊!

① 大概是公元43年的一次出征。

② 克劳狄乌斯说他是一个"天才的角力家"。

③ 在平奇乌斯山上他的路库鲁斯花园里。

(4) 接着召开了元老院的会议。苏伊里乌斯进而又把姓佩特拉的两名最高级的罗马骑士加到被控诉者的名单上去。处死他们的原因,据说是他们曾出租他们的一所房屋,作为莫涅斯特和波培娅的幽会之所。但其中的一个人受到控诉,是因为他夜里睡觉时梦见克劳狄乌斯戴着小麦编的王冠,麦穗向下,因此根据他的梦,预言粮食的歉收。[①] 有一些人说,梦里看到的是带着发白的叶子的葡萄蔓编成的花环。他根据这个朕兆认为皇帝在秋末将要死亡。但大家意见一致的一点则是,这个梦不拘性质如何,都会使他本人和他的兄弟丧命。元老院决定把一百五十万谢司特尔提乌斯和行政长官的标记[②]赠予克利司披努斯。维提里乌斯则建议再把一百万给予索西比乌斯,因为他用教诲帮助过不列塔尼库斯,用忠言帮助过克劳狄乌斯。也被征询过意见的斯奇比奥回答说:"关于波培娅的罪行,我的想法和大家的想法相同,那么可以认为我要说的和大家所说的话相同吧!"——夫妻之爱和元老职责之间得到了美妙不过的妥协。

(5) 而这时老练而又残酷无情的苏伊里乌斯继续干他的控告勾当,许多人也仿效他的这种鲁莽粗暴的做法:因为皇帝将全部法律上和行政上的职权集中于一身,这种情况就给掠夺者大开方便之门。任何公开出售的商品都不像辩护者的背叛行为那样毫无顾忌地出售。结果竟发生了这样的事情,一个著名的罗马骑士撒米乌斯付给了苏伊里乌斯四十万谢司特尔提乌斯,却发现他竟然同对方勾结到一起,于是就在他的辩护人的家里用剑自戕了。因此,

---

① 克劳狄乌斯对这一点一直特别敏感,因为他刚一即位便遇到了可怕的饥馑。

② 这是说不实授官职,而只是授予代表这一官职的标记。近卫军长官克利司披努斯必须是骑士,因此在这种情况之下,他不能得到行政长官的实职。

按照业已任命的执政官盖乌斯·西里乌斯的建议(关于西里乌斯的权力和他的垮台,我将要在提到它们的时候再来叙述),[①]元老院一致要求执行秦奇乌斯法[②],因为这项法律很早就规定,在为某一案件进行辩护时,任何人都不能接受金钱或是礼物。

(6)当担心因此会蒙受污名的元老们起来反对的时候,跟苏伊里乌斯不合的西里乌斯便进行了一次猛烈的抨击,并且援引了古时演说家的范例,那些演说家是把名誉和前程看成他们口才的唯一报酬的,他说:"连文艺中最优美和最重要的东西都因图利而被腐化,那么其他东西沾上了钱会变成什么样子呢?当人们所考虑的是金钱的数目时,甚至信义都不能不受影响啊。如果诉讼不使任何人能从中取得利益的话,就不会有那么多的人喜欢诉讼了。实际的情况却是,人们都在鼓励仇视和控诉,鼓励恶意和不公道,为的是使法庭贪污腐化,从而使辩护人弄到金钱,就好像疾病的流行可使医生取得报酬一样。让这些人记起阿西尼乌斯,记起美撒拉,记起现代的人物中的阿尔伦提乌斯和埃塞尔尼努斯吧:[③]他们在他们的本行的业务上达到了最高的造诣,但是他们的生活或他们的辩才却没有任何污点!"已经任命但未到任的执政官说了这样

① 参见本卷第 12 章和第 35 章。

② 即 lex Cincia de donis atque muneribus(公元前 204 年),公元前 17 年被奥古斯都恢复。苏伊里乌斯之第二次触犯这一法律引起了更加严重的后果(参见本书第 13 卷,第 42 章以次)。

③ 关于阿西尼乌斯·波里欧和美撒拉·科尔维努斯,参见本书第 4 卷,第 34 章注;第 3 卷,第 34 章注;关于路奇乌斯·阿尔伦提乌斯,参见本书第 6 卷,第 5 章注;关于玛尔库斯·克劳狄乌斯·玛尔凯路斯·埃塞尔尼努斯,即波里欧的孙子,参见本书第 3 卷,第 11 章。

的话而别人也表示同意之后，于是采取措施起草一项决议，使犯罪者不容易逃脱反勒索法的制裁，这时苏伊里乌斯、科苏提亚努斯[①]等等看到这一决定对他们来说不是意味着审讯（他们的罪行已非常明显，不必再审讯了），而是意味着惩处时，人们便围在皇帝身边，请求他赦免他们过去的罪行。[②]

（7）他们看到皇帝有了赞同的意思之后，就开始为他们自己的案件辩护说："哪里会有人傲慢到说他能够希望取得不朽的声名？对被告来说，他们自己能够得到帮助，这是一件大好事，因为这样一来，任何人就不会由于没有辩护人为他辩护而听任强者的摆布了。但口才并不是不花一文钱而随便捡来的东西：一个人越是为别人的事情奔走，他也就越是忽略他私人的事务。许多人靠服军役来维持自己的生活，不少人经营他们的产业，但谁也不愿意干一种他不能得利的行业。阿西尼乌斯和美撒拉（他们由于安托尼乌斯与奥古斯都的决战而大发横财）以及豪富家族的后人埃塞尔尼努斯、阿尔伦提乌斯之流的人物很容易做出慷慨的姿态；但在取得报酬的一点上，他们显然也有前例可循，普布里乌斯·克洛狄乌斯或盖乌斯·库利欧[③]在发表演说时习惯上就是收费的。他们本人都是贫苦的元老，而在没有战争的时期他们除了和平的报酬

① 科苏提亚努斯·卡皮托是当时最猖狂的告密者。他由于在奇里奇亚勒索而被放逐（参见本书第13卷，第33章），但通过他的岳父提盖里努斯的干预又回到了元老院（参见本书第14卷，第48章），他又是迫害特拉塞亚的主谋（参见本书第16卷，第21章以次），在这之后，他就从舞台上消失了。

② 从这里可以看出，这些人平时就是和皇帝本人十分接近的。

③ 这是两个可疑的保证人，克洛狄乌斯是西塞罗的敌人，在同米洛争吵时被杀。臭名昭著的库利欧则是被恺撒收买的那个保民官。

之外是得不到任何东西的。让他也考虑一下那由于辩护的活动而成名的普通人民吧。如果他们研习的那门学问的报酬被取消，这门学问也就会灭亡了。”皇帝在考虑了这些虽非高尚但仍不是毫无道理的理由之后，便规定辩护人所收的费用最多不能超过一万谢司特尔提乌斯。超过这个数目的就要按勒索罪惩处。

(8) [①]差不多就在同时，[②]米特利达特斯（前面我已经提到了他保有亚美尼亚的王位和卡里古拉下令逮捕他的事情）按照克劳狄乌斯的意见，靠着帕拉斯玛尼斯的力量返回了他的王国。[③] 伊伯利亚的国王，也就是米特利达特斯的兄弟，不断宣称帕尔提亚人中间发生了内讧，王位还不知道属于谁，小事情无人过问。因为做过许多残酷事情的哥塔尔吉斯现在又杀死他的兄弟阿尔塔巴努斯及其妻儿，结果使帕尔提亚人人感到惊恐，他们召来了瓦尔达尼斯。他这个一向喜欢进行大规模冒险行动的人在两天里便走了三千斯塔狄乌姆[④]，赶跑了想到瓦尔达尼斯会来进攻因此惊慌失措

① 紧前面的有关东方事件的现存记述（参见本书第 6 卷，第 31—37 章，第 41—45 章）是写到罗马指定米特利达特斯登上亚美尼亚王位，帕尔提亚的老练的阿尔塔巴努斯三世重新占有了他的王国。卡里古拉继位之后，提贝里乌斯所取得的胜利甚至已丧失了一半：米特利达特斯被召到罗马被看管起来，这样亚美尼亚便再一次回到帕尔提亚的影响或主权之下。不过公元 40 年阿尔塔巴诺斯三世的死亡和他的儿子哥塔尔吉斯与瓦尔达尼斯之间的内战（在第三个兄弟阿尔塔巴努斯四世立即被处死之后），使局面再度改变了。应当提醒读者的是，在这些篇章（第 8—10 章）里谈的并不是公元 47 年的事情，而是从公元 42 或 43 年到 48 年的事件的概述。到本书第 12 卷第 10 章才又接着叙述了这些事情。

② 实际上这是大约五年前的事情。

③ 参见本书第 6 卷，第 32 章。

④ 约合三百五十英里，这里的里程对任何一大批人都是不可能在两天内走完的，甚至对帕尔提亚人来说也是这样。即使瓦尔达尼斯的随从人员不多，而且新马的调换也不困难，这样的速度仍然接近或超过罗马信使在平坦的大道上行进的速度。

的哥塔尔吉斯，并且毫不迟疑地攻占了最近的一些省份——只有塞琉西亚[①]不承认他的最高统治权。他围攻这座设防坚固的城市，久攻不下，这座城市不单有一条河流作它的天然屏障，同时还有工事和粮食足资固守。他之所以要这样做，与其说是出于自己切身利益的考虑，毋宁说是对这一座也背弃了他的父亲的城市感到愤怒。就在这时，哥塔尔吉斯得到了达阿伊人和叙尔卡尼亚人[②]的兵力的援助，又重新作战；瓦尔达尼斯被迫放弃了塞琉西亚，在巴克妥利亚的平原上[③]扎下营地，与哥塔尔吉斯的营地相对。

（9）正当东方的政权处于分裂状态而人们还不知道哪一方面取得优势的时候，这种局面使得米特利达特斯得到了占领亚美尼亚的机会，因为这时罗马军队正致力于摧毁山上的要塞，而伊伯利亚的军队在这同时蹂躏了平原地带；当地居民在敢于接战而失败的省长[④]狄莫纳克斯逃跑后，没有进行过任何抵抗。一部分贵族所依附的小亚美尼亚[⑤]的国王科提斯造成了一些耽搁。但不久他就被皇帝的一道命令压制下去，于是人们又都转而拥戴米特利达特斯做国王了。但他表现得过分严厉，从而未必能使他的新王位得到巩固。

---

① 参见本书第 6 卷，第 42 章注。

② 参见本书第 6 卷，第 36 章注。

③ 帕尔提亚本土的东部（科拉桑，Khorasân），位于阿姆河和锡尔河的上游，兴都库什以北，它的首都是巴克妥拉（Bactra），即巴尔克（Balkh）。它过去曾是一个希腊—印度王国。

④ 亚美尼亚全国分为一百二十省（praefecturae），省有省长。参见普利尼：《自然史》，第 6 卷，第 9 章，第 27 节。

⑤ 亚美尼亚本土西部。

这时，帕尔提亚的将领准备作战，但他们发现了一件叛国阴谋，因此突然缔结了一项条约。这一叛国阴谋是哥塔尔吉斯向他的兄弟透露出来的。他们会见时起初还有点犹豫，后来相互握住右手，在神坛前面发誓向他们敌人的叛逆行动进行报复，并且相互作了让步。瓦尔达尼斯被认为更适于保有自己的王位；而为了避免发生任何敌对行动，哥塔尔吉斯则撤退到叙尔卡尼亚内地去。在瓦尔达尼斯返回的时候，塞琉西亚才在叛变后的第七个年头[①]投降了；这对帕尔提亚人来说不能不是一个耻辱，因为一个城市竟能反对他们这样长的时间。

（10）瓦尔达尼斯于是巡视了主要的各省，他渴望收复亚美尼亚，但是这时又害怕这会和叙利亚的副帅维比乌斯·玛尔苏斯发生冲突而不得不把这种野心收敛起来。就在这时，哥塔尔吉斯又在征募一支军队，他后悔让掉王位，而那些始终不甘愿在和平环境中处于藩属地位的贵族又在教唆他。另一方面，瓦尔达尼斯也把军队带到埃林德司河。在渡口的一场激烈战斗中，他取得了全面胜利，而在一些成功的战斗中他又把参与进来的部族都一一加以征服，直到信德河的地方，而信德河则是达阿伊人和雅利安人之间的边界。[②] 既然取得了胜利的帕尔提亚人无意于远出作战，所以他的胜利便到那里为止。因此，他建立了许多记载他的威势的纪念物，并且在这种纪念物上说明在他之前没有任何一个阿尔撒奇达伊家族的成员曾经向这些民族收取过贡品；在这之后，他便十分

① 公元 43 年。

② 战争的地点还未能确定，因为现在我们还不能确定埃林德司河和信德河在什么地方，而且雅利安人（住在巴克妥利亚西南）离开达阿伊人又是很远的。

光荣地回来，因此对自己的臣民也就更加专断，更加横傲了。但是有一次，当他专心打猎疏于防备的时候，一个预谋的背叛行动将他杀害了；这个国王这时虽然还十分年轻，但是已非常有名，如果他能像威慑敌人那样得到自己人民的爱戴，那么老资格的国王也很少有几个能比得上他。

瓦尔达尼斯被杀以后，帕尔提亚的事务陷入混乱，因为大家对于继承者的人选并没有取得一致的意见。许多人倾向于哥塔尔吉斯，但还有一些人倾向于普拉提斯的后人美赫尔达特斯[①]，这就是在我们这里作人质的人。但是哥塔尔吉斯取得了胜利，成了宫廷的主人，不过他的残酷和放纵使得帕尔提亚人不得不秘密地把一份请愿书送到罗马皇帝那里去，请求把美赫尔达特斯释放出来，以便取得他的祖宗的王位。

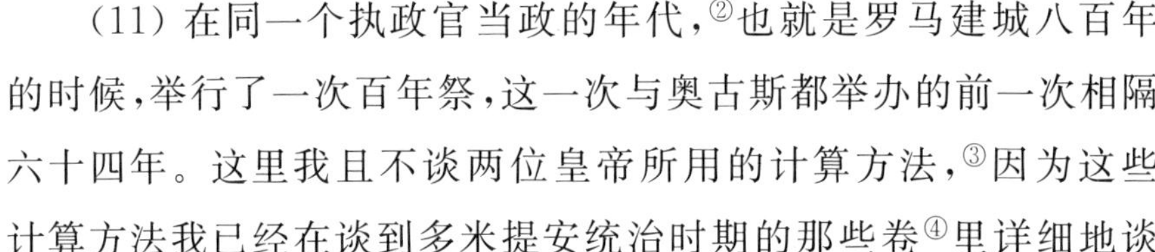

(11) 在同一个执政官当政的年代，[②]也就是罗马建城八百年的时候，举行了一次百年祭，这一次与奥古斯都举办的前一次相隔六十四年。这里我且不谈两位皇帝所用的计算方法，[③]因为这些计算方法我已经在谈到多米提安统治时期的那些卷[④]里详细地谈

① 他是沃诺尼斯的儿子，普拉提斯四世的孙子，参见本书第6卷，第31章注。

② 克劳狄乌斯和维提里乌斯担任执政官的一年，即公元47年。

③ 百年祭大体说来是公元前249年制定的，规定每百年举行一次，第二次是在公元前146年(比规定晚三年)，但在公元前46年却没有举行。奥古斯都利用西比拉预言书中所说的一百一十年的世纪(saeculum)和十五人祭司团的传统，设法在公元前17年举行了百年祭(这比根据他自己的论据所定的年代还早一年)。克劳狄乌斯又恢复了百年的世纪(saeculum)，但是把这一祭日看成是罗马的第八个百年祭(753＋47＝800)。多米提安采用了奥古斯都的办法，但是他提前六年举行了他的祭日(ludi)(公元88年)。

④ 应系塔西佗的《历史》的最后几卷，今已佚。

过了。因为他也举办过百年祭，而作为十五人祭司团[①]的成员和当时的行政长官，我是比一般人更加注意这件事的。我提起这件事并非出于什么虚荣，而是因为从古以来这项责任就是由十五人祭司团负担的，此外还因为特别是高级长官有责任执行同宗教仪式有关的职务。当克劳狄乌斯出席赛马会，而豪门出身的少年子弟组成的一个马队表演特洛伊战争的时候[②]——在这些少年子弟中间就有皇帝的儿子不列塔尼库斯和路奇乌斯·多米提乌斯（他不久就被过继为皇帝的继承人并且被定名为尼禄），[③]人民群众对多米提乌斯所表示的更加热烈的欢迎则被认为具有朕兆的性质。大家还一致传说，他幼年的时候曾有一些蛇前来看护他：这是模仿外国的奇迹故事而编造一种预言，因为尼禄本人——他肯定是不习惯于降低自己的身份的——就常常说他在卧室里看到过一条蛇。

（12）但是，他是日耳曼尼库斯的男性后裔，因此人们对日耳曼尼库斯的追忆就使他还有一些人望；而由于他的母亲阿格里披娜受到美撒里娜的迫害，所以人们也就越发对她表示同情；一贯是她的敌人，而且现在又对她更加憎恶的美撒里娜，之所以抑制自己的挑起控诉和教唆控诉者的行为，是因为她又近似疯狂地爱上了一个人。她爱上了罗马的一个最漂亮的青年盖乌斯·西里乌斯[④]，她的

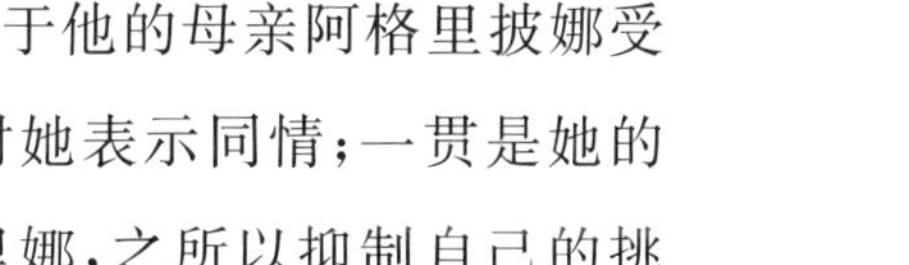

① 参见本书第 3 卷，第 64 章注。

② 贵族青年所表演的骑兵战斗，参见维吉尔：《埃涅阿斯》，第 5 卷，第 545 行以次。

③ 未来的皇帝尼禄，他是格涅乌斯·多米提乌斯·埃诺巴尔布斯和日耳曼尼库斯的女儿阿格里披娜的儿子（参见本书第 4 卷，第 75 章注）。

④ 这个人就是第 5 章中已被选出的执政官，战胜撒克罗维尔的那个西里乌斯的儿子，参见本书第 1 卷，第 31 章；第 3 卷，第 42 章；第 4 卷，第 18 章。

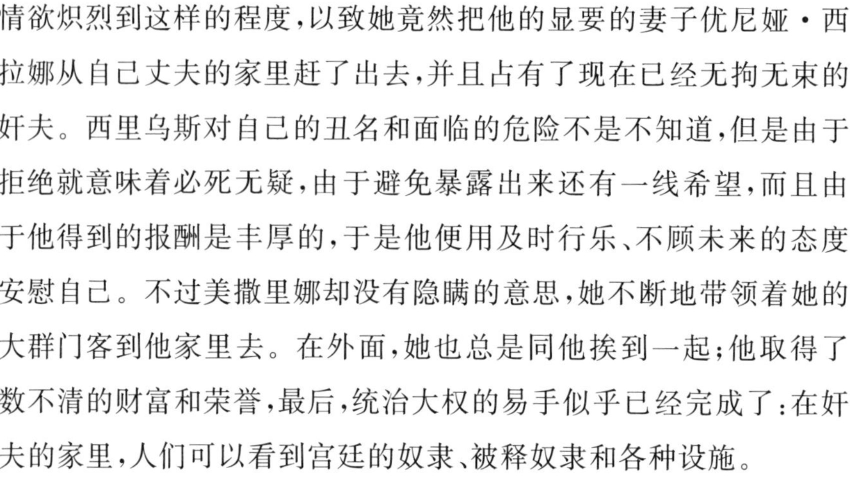

情欲炽烈到这样的程度，以致她竟然把他的显要的妻子优尼娅·西拉娜从自己丈夫的家里赶了出去，并且占有了现在已经无拘无束的奸夫。西里乌斯对自己的丑名和面临的危险不是不知道，但是由于拒绝就意味着必死无疑，由于避免暴露出来还有一线希望，而且由于他得到的报酬是丰厚的，于是他便用及时行乐、不顾未来的态度安慰自己。不过美撒里娜却没有隐瞒的意思，她不断地带领着她的大群门客到他家里去。在外面，她也总是同他挨到一起；他取得了数不清的财富和荣誉，最后，统治大权的易手似乎已经完成了：在奸夫的家里，人们可以看到宫廷的奴隶、被释奴隶和各种设施。

(13) 这时，克劳狄乌斯还不知道自己夫妇间已发生了问题，正忙于自己的监察官[①]职务，他发布了严峻的敕令，斥责人民群众在剧场中的放肆行为，他们在提到担任过执政官的普布里乌斯·彭波尼乌斯[②](他给剧场写剧本)和一些有地位的人时，讲了不少下流话。克劳狄乌斯利用法律来制裁债权人的勒索行为，禁止在父亲去世时由未成年的儿子代还债务。他把西姆布路伊尼山上的泉水[③]引到首都城里。在他发现就连希腊字母也并不是一开始制定就十全十美的时候，他就创造并公布了一些新的拉丁字母。

(14) 从埃及人的动物图画来看，他们是最早用图画符号表示思想的民族：人类历史的这些刻在石头上的最古老的文献，直到今

① 从公元前 23 年起废止的这一职务为克劳狄乌斯恢复起来，而在这一年克劳狄乌斯和维提里乌斯交卸了执政官的职务后便担任了这一职务。

② 参见本书第 5 卷，第 8 章注。

③ 两个水源：aqua Claudia(水来自苏比亚科上方小山之上的阿尼奥河所形成的一些小湖)和 Anio novus(水取自河流本身)，不过它们都是通过同一个拱门水道流入城市的。

天我们还可以见到。他们还自称是字母的发明者。他们认为，曾称雄海上的腓尼基人把这种知识从埃及输入希腊，结果借用字母的腓尼基人却取得了发明字母的声誉。因为根据传统的说法，随着一支腓尼基船队到来的卡德木斯把文字传给了当时还没有开化的希腊各民族。另一些人则说，雅典的凯克罗普斯（或底比斯的里努斯）和特洛伊时代阿尔哥斯的帕拉米狄斯发明了十六个字母，其他的字母则是后来不同的作者，特别是西莫尼德斯陆续增加的。在意大利，埃特路里亚人从科林斯人戴玛拉托斯那里学到了文字，阿波里吉尼斯人从阿尔卡地亚人伊凡德尔那里学到了文字；拉丁的字母在外形上和最早的希腊字母是一样的。但是，我们的情况也是这样，字母的数目起初不多，后来才有增加。克劳狄乌斯也援了这个前例，又加上了三个字母，[①]这三个字母在他的统治时期很流行，后来就作废了，不过在广场和神殿的官方的青铜牌上我们却仍然可以看到它们。

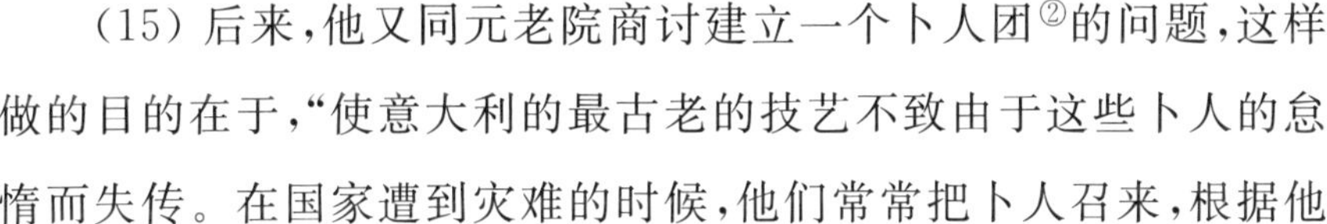

（15）后来，他又同元老院商讨建立一个卜人团[②]的问题，这样做的目的在于，“使意大利的最古老的技艺不致由于这些卜人的怠惰而失传。在国家遭到灾难的时候，他们常常把卜人召来，根据他

① 这三个字母是：

1. 倒置的古希腊字母 F 即Ⅎ，表示用作子音的 u，如ℲVLGVS 即等于 VVLGVS。

2. “反西格玛”Ↄ，等于希腊字母 Ψ。

3. 希腊人用来表示 spiritus aspes（吐气音）的符号├，它表示的音介于英文 u 的和 i 之间，如 maximus（maxumus）＝MAXI├MVS。第一个字母保留下的很多，第三个字母也可以看到一些，但第二个字母却看不到，最多也只能有一个。

② 卜人的地位比占卜师的地位要低得多。他们的占卜方式中有一种是埃特路里亚人的根据牺牲的内脏进行占卜的方法（extispicium）。

们的意见恢复宗教的仪节，并且能比较准确地预见到未来的事情。但是埃特路里亚的贵族却自愿地或是出于罗马元老院的邀请，保存了这一技艺，并且在一些家族中传播。但是由于人们都不关心这种技艺，再加上外来的迷信[①]越来越盛行，结果这方面的工作就做得越来越疏忽了。现在看来，一切确实都很兴旺。但是他们必须通过这样的做法来对上天的垂爱表示感谢：那就是他们要保证在国家危急的时候所遵守的宗教仪节在繁荣顺利的时候也不会被忘记。”因此元老院便通过了一项命令，责成祭司们考虑在卜人的训练中哪些部分需要加以保存或是加强。

（16）同年，凯路斯奇人[②]到罗马来要求给他们派一个国王，因为国内的斗争已经消灭了贵族，而在皇族当中也只剩下了一个人，这个人就是被留在罗马的意大利库斯。此人在父系的一方面，他的父亲是阿尔米尼乌斯的兄弟佛拉乌斯，[③]他的母亲则是卡提伊人的国王阿克图美路斯的女儿。他很漂亮，受过日耳曼式的和罗马式的军事训练和骑术训练。因此皇帝就送给他一笔钱，一队护卫人员，并且鼓励他鼓起勇气来继承他的家庭的光荣。“他是在罗马诞生的（不是人质而是罗马公民）、要到国外去接受王位的第一人。”在开头的时候，日耳曼人确是十分欢迎他的到来；但是由于他不存有党派之间的怨恨心并且对所有的人都同样力求表现关切的

① 这时虽然基督教和米苏拉教（Mithraism）正在发展过程中，但这里所指的主要还是犹太教和埃及人对伊西司（Isis）和谢拉皮司（Serapis）的崇拜。

② 居住在卡提伊人的东北部，威悉河和易北河之间，他们是阿尔米尼乌斯治下的一个部落。

③ 参见本书第2卷，第9—10章。他在罗马军队中担任过骑兵的斥堠，所以后面说他是探子佛拉乌斯（exploratoris Flavi）。

态度，于是崇拜者就群集在国王的周围。这个国王虽然偶尔表现了客气和拘谨的并不使人讨厌的弱点，但是他更多的是表现了使蛮族感到亲切的酗酒和淫乱。他的声誉已经开始传到并且越过了相邻的各邦，但是在这个时候，由于忌妒他的权力，那些想通过结党营私而谋求私利的人却到相邻的部落那里去，在那里发表了他们的抗议宣言："日耳曼的古老的自由正在消失，罗马的权力正在加强。在与他们一样诞生在同一块土地之上的人当中，难道就没有一个人能当国王，而不必把那个探于佛拉乌斯的儿子捧在众人头上，这种情况难道就完全无可争辩了么？祈求阿尔米尼乌斯的名字是没有用的。即使阿尔米尼乌斯有一个儿子在敌国被抚养成人之后又回到国里来统治他们，那他们也会担心这是一个受到外国的教育、奴役和衣着的熏染的青年，一句话，就是受到一切外国事物的熏染的青年！至于意大利库斯，如果说他具有家传的气质的话，那么任何一个人都没有像他父亲那样对祖国和家庭进行过一场不可调解的战争！"

（17）他们便利用这些以及诸如此类的号召集合了一支人数众多的军队。意大利库斯手下的力量也不弱。他提醒他们说，"他并不是仰仗武力来征讨一个不是心甘情愿的民族，而是由于他自己有比对手们更加高贵的出身才被召来的。至于他的勇气，他们可以试验一下，看看他是否配得上他的叔父阿尔米尼乌斯和他的祖父阿克图美路斯！他的父亲也没有使他感到羞愧——他父亲从来不曾拒绝（在日耳曼人的同意下）对罗马所承担的义务。自由的名义正在被人利用来作为不诚实的借口，这些人出身卑贱，一向干着祸国殃民的勾当，因此他们的希望只能寄托在国内的不和上面。”群众向他欢呼，而在一场像蛮族战争那样的大规模战争当中，国王取得了胜利。他因成功而洋洋自得起来，变得蛮横自大，结果被赶了出去，但是他后来又依靠着朗哥巴狄[1]的军队重新取得了王位，这样，不拘他在顺境还是逆境时，都是凯路斯奇人的祸害。

(18) 在这个时期，卡乌奇人[2]内部已无纷争，桑克维尼乌斯[3]也死了，人们兴高采烈。卡乌奇人趁着科尔布罗还未到来的机会，在干纳斯库斯的率领下，先发制人地对下日耳曼发动了进攻。干纳斯库斯本人是一个坎宁尼法提斯人[4]，曾在罗马的辅助部队里服役，后来从那里开了小差，现在则带领着一队轻便的船只在海上打劫。他的活动范围主要在高卢沿岸一带，因为他对于这里的和平城市的财富是十分熟悉的。但科尔布罗从一进入行省，就表现出极为谨慎，不久便取得了从这次战役开始以来便享有的声誉。他把他的三层桨的战船[5]全部集中在莱茵河上，其他船只则按照它们的吃水量大小分别停泊在河口和支流上面。他击沉了敌人的船只，这样就赶跑了干纳斯库斯。他把事情就地安排停妥之后，就要那些由于很想大肆劫掠一番而对劳苦和军务感到厌倦的军团记住古老的法律，因为这一法律禁止在进军时离开队伍，禁止不遵守

① 位于易北河以东，波希米亚以北。

② 艾姆斯河和威悉河之间的“小卡乌奇人”。

③ 桑克维尼乌斯·玛克西姆斯(参见本书第 6 卷，第 4 章)。他的死亡(他的职务是下日耳曼的行政长官衔副帅，legatus pro praetore)和科尔布罗代替他的事情，在本书已经遗失的部分可能是提到了的。

④ 参见本书第 4 卷，第 73 章注。

⑤ 属于莱茵河上的舰队(classis Germanica)。杜路苏斯建立了这支舰队，并为这一舰队从莱茵河到沮伊德湖开辟了一道军用运河(fossa，Drusiana)。

命令而自行发动战斗。放哨和日夜值班时都要带着武器执行任务;根据记载,两名士兵曾受到死刑的处分,一个士兵是因为他在掘土修建壁垒时没有佩剑,另一个士兵是因为他干这一工作时什么也没有带,而只有一把匕首。这种说法可能是夸大了,也可能是错误的,但是这些说法的出发点却还是要说明统帅的严厉。这肯定是一个严峻的人物;对于小事都这样严厉的人,对于重大的罪行就更是铁面无情了。

(19) 但是,他激起的恐怖情绪对他自己的士兵以及对敌人却发生了恰恰相反的效果。这样的办法对我们来说,意味着重振士气,但对蛮族来说,却意味着削弱信心。弗里喜人[①]曾因路奇乌斯·阿普洛尼乌斯的失败而发生了叛乱,自从那时以后,弗里喜人便采取敌对或不满的态度。他们交出了人质,并且移居到科尔布罗特别划定的地区去。科尔布罗也给他们成立了一个元老院,设置了一名高级官吏,并且给他们制定了法律。为了防止他们忽视他所发布的命令,他在这一地区修建了一个设防的据点,另一方面又派遣使节到大卡乌奇人[②]那里去劝说他们投降,并且要他们设法害死干纳斯库斯。这种策略既不是无效的,而用来对付一个逃兵和不忠诚的人,也不是可耻的;不过干纳斯库斯的被杀扰乱了卡乌奇人的情绪,科尔布罗撒下了叛乱的种子。因此这个消息虽然在许多人看来是可以相信的,却被一些人认成是一种不祥之兆:“为什么他要树敌呢?任何损失都要由国家来承受:如

① 参见本书第 4 卷,第 72 章注。

② 在威悉河(威悉河是大卡乌奇人和小卡乌奇人的分界)和易北河之间,即东方卡乌奇人。

果他取得成功，他就会成为出色的战士，这是一个敏感的皇帝所不能容忍的，并且会造成对和平的威胁。”因此，克劳狄乌斯便十分坚定地禁止对日耳曼发动新的侵略，甚至还下令卫戍部队撤退到莱茵河的西岸。

（20）当命令传达到科尔布罗这里来的时候，他已经在敌人的土地上设营了。这个命令使他感到十分意外。尽管他在这个时候想到了这一命令会引起许许多多的后果——从皇帝那里来的危险，蛮族方面的蔑视，行省居民的讪笑——但是他只讲了这样一句话：“在我以前的罗马将领是多么幸福啊！”随后他就下令撤退了。不过为了使士兵们有事可做，他要他们在莱茵河和摩撒河[①]之间挖掘一道二十三英里长的运河，这样一条便路使得人们可以避开大洋上的危险。[②] 皇帝虽然不许他作战，却仍然赐他以凯旋的标记。

不久之后，库尔提乌斯·路福斯[③]也取得了同样的荣誉，因为他为了寻找银矿，在玛提乌姆[④]开发了一处矿山。矿山的收益很少，而且时间也不长，但是军团士兵在挖水道和修建十分艰巨的地下矿坑设备（这种工作在露天就已经够艰巨的了）时吃了极大的苦头。他们为这种过度紧张的工作而累得疲惫不堪，再加上在好几个行省里都有这类苦役，于是他们就以军队的名义私自上书皇帝，

① 今天的默兹河（Meuse）。

② 指北海上两个河口之间的危险的航路。

③ 此人是上日耳曼行政长官衔的副帅（legatus pro praetore）。里普西乌斯和里克（Ryck）认为就是亚历山大的历史学家克温图斯·库尔提乌斯·路福斯，但约翰·杰克逊认为他更可能是这个历史学家的父亲。

④ 德国的威斯巴登和霍姆堡地区。

请他在把军队交给一位统帅之前，先赐给他凯旋的荣誉。[1]

(21) 至于库尔提乌斯·路福斯的出身，有些人说他是剑斗士的儿子。我不愿意在这方面说假话，可是又不好意思在这方面调查真实情况。在长大成人的时候，他在一个业经任命要到阿非利加去的财务官手下做事情。在阿杜路美图姆[2]这个城市，当他在一个炎热的中午独自在一个荒废的柱廊下漫步时，他看到一个高大得超乎常人的妇女站在他的面前对他说："路福斯，你将来会到这里来担任这个行省的长官的。"这一朕兆激起了他的希望，于是他就离开该城到了罗马。在罗马，一方面是自己的果敢性格，另一方面再加上他的朋友们的慷慨资助，他取得了财务官的职位。随后，由于皇帝的提拔，他又击败了贵族出身的竞争者而取得了行政长官的地位。原来提贝里乌斯为了给他的卑贱的出身开脱，曾经说过这样的话："我认为库尔提乌斯·路福斯是一个白手起家的人。"后来这个在上级面前唯恭唯谨，对下横傲无礼而在同僚当中又颇为难对付的人物，在他的悠长的一生中竟爬上了执政官的高位，取得了凯旋的标记，最后终于担任了阿非利加的长官；而他命中前定的官运应验之后，他也就死在那里了。

(22) 这时在罗马，一个名叫格涅乌斯·诺尼乌斯的骑士被发现在早朝时身上带着宝剑。不过他这样做的动机为何，无论当时以及后来都没有弄清楚。在严刑的拷问之下，他承认了自己的罪

① 这是一种讽刺的说法，意思是说，这样可以防止统帅滥用他的士兵的劳役来谋求荣誉。

② 阿杜路美图姆，今天的苏司(Sousse)。

行，但是他没有供出任何同谋犯。是否他还有什么隐瞒的地方，就不得而知了。

在同样的执政官当政的一年里，普布里乌斯·多拉贝拉建议每年举行的剑斗比赛的费用应当由已当选为财务官的人负担。[①] 在我们祖先的时代，官职是一个人的功业的报偿，凡是自信品德崇高的公民都能合法地竞选长官职位；甚至没有规定使青年人不得担任执政官或独裁官的年龄限制。[②] 还在国王的统治时期便已经设置了财务官的职位，从路奇乌斯·尤尼乌斯·布鲁图斯之恢复库里亚法[③]便可以看到这一点。选任的权力掌握在执政官手里，直到这一官职和其他官职都转由人民来选任的时候。在塔尔克维尼乌斯被逐后六十三年，[④]由人民选出的最早的财务官是瓦列里乌斯·波提图斯和埃米里乌斯·玛美尔库斯；他们的职责是掌理战时军队的财政。后来由于他们的责任加重了，在罗马也设置了两位财务官；[⑤]不久，由于这时意大利要向罗马纳税而来自行省的收入也日益增加，财务官的数目又增加了一倍。[⑥] 在这之后，根据

① 指已经当选但尚未就职的财务官（参见本书第 13 卷，第 5 章注）。

② 竞选高级长官的最低年龄的限制在公元前 180 年的维里乌斯年资法（lex Villia annalis）中有规定。

③ 库里亚大权法（lex curiata de imperio；在共和国末期这一法律虽然不过是一种形式，但仍是不可缺少的）在王政时期把大权（imperium）授予选出的国王，王政倾覆后，则把大权授予代替国王的两名执政官。

④ 公元前 447 年。在十人团垮台之后二年，十人团执政期间设有财务官。

⑤ 罗马本城财务官的设置实际上要早于随军的财务官（参见李维：《罗马史》，第 4 卷，第 43 章）。

⑥ 公元前 267 年，罗马在庇鲁斯战争后成为意大利的主人时，又增设了四名高级财务官（quaestores classici）。

苏拉的一项法律，[1]又任命了二十名财务官用来补充元老院的名额，因为他已经把刑事法庭的审判权交给元老了；甚至当骑士重新取得这一审判权的时候，财务官仍不是靠金钱得到的，而是有赖于竞选者的功业和人民对他的信任程度。但后来多拉贝拉的这个建议却无疑是拍卖这个官职了。

（23）在奥路斯·维提里乌斯[2]和路奇乌斯·维普斯塔努斯担任执政官的一年里，讨论了补充元老院名额的问题。所谓长发高卢[3]的首要公民，由于很久以来就是罗马的同盟者，而他们本身又取得了罗马公民权，[4]所以他们要求取得在首都担任官职的权利。人们对这件事发表了许多不同的意见；而在皇帝本人主持的会议上，双方热烈地展开了辩论。

罗马建城801年，即公元48年

有的人说："意大利还没有衰败到连首都罗马的一个咨议机构都组织不起来的程度。在过去，对于那些和罗马人有血统关系的民族[5]来说，一个由罗马人组成的元老院就足够了；他们并不因为古老的共和国而感到脸红。而且即使在今天，人们还引用在古老的制度下罗马的性格为世人提供的德行和荣誉的范

① 公元前81年，苏拉通过的这项法律只允许元老担任审判的职务。关于骑士和元老院争夺审判权的问题，参见本书第12卷，第60章注。

② 后来当了皇帝。

③ 长发高卢(Gallia Comata)，指属于皇帝的三个行省阿克维塔尼亚、路格杜南希斯和贝尔吉卡，这里的居民都是习惯留长头发的。与此相对的则是属于元老院的纳尔波高卢(Gallia Narbonensis)或称"长袍高卢"(Gallia Togata)，这是完全罗马化了的高卢。

④ 这里即所谓同盟者(foederati)。他们有充分的罗马公民权，但是没有担任元老的资格，因此不能当选官吏。

⑤ 这里指拉丁的和意大利的城市。

例！维尼提人和印苏布里人[①]已经冲进了元老院，难道这还不够吗？难道他们还要把大群的外国人带到城里来，就好像这座城市被攻占了么？对于罗马贵族的后裔和来自拉提乌姆的贫穷的元老还有什么荣誉留给他们呢？一切事物都要转到有钱的人们手里去；然而这些人的祖父、曾祖父却曾经统率着同罗马为敌的部落屠杀过我们军团的士兵，并曾在阿列西亚包围过圣优利乌斯。[②] 而且这都是不久之前的事情啊！何况我们更没有忘记过去妄图破坏卡披托里乌姆神殿和罗马卫城中献神的战利品的那些高卢人。[③] 当我们想到这一点时我们又当如何呢？尽量让他们享有公民的头衔吧：但是元老的标记和长官的荣誉，还是不要被他们玷污为好！”

（24）皇帝听了这一番话及其理由，很不以为然，他不仅当场提出自己的反对意见，而且在他召集的元老院会议上发表了下面的讲话：[④]

“萨比尼人克劳苏斯[⑤]是我的始祖，他在成为一个罗马公民的

---

① 波河以北的高卢居民，恺撒在内战开始时（公元前49年）曾授他们以公民权。

② 指公元前52年恺撒包围维尔琴盖托里克斯（Vercingetorix）而高卢的援军又将恺撒包围一事（参见恺撒：《高卢战记》，第7卷，第68章以次）。被包围的地点在今塞缪尔河（Semur）和狄荣河（Dijon）之间一个现名阿利兹-圣-莱纳（Alise-Sainte-Reine）的小村。

③ 可能指公元前390年阿里亚一役之后，高卢人中的谢诺尼人攻占罗马和包围卡披托里乌姆神殿的事情。

④ 公元1524年在里昂曾发现了这一发言原文的大段的残篇。用这些片段同这里的文字相比可以看出，二者内容虽然相同，但塔西佗重新整理并且压缩了这一发言。

⑤ 参见本书第4卷，第9章注。

同时又取得了贵族的称号；我从祖先身上受到鼓舞：在治理国家时要采取与他们一样的政策，那就是把一切真正优秀的东西都移植过来，而不论它来自什么地方。因为我不是不知道，优利乌斯家族是从阿尔巴到我们这里来的，科伦卡尼乌斯家族是从卡美里乌姆来的，[1]波尔齐乌斯家族是从图司库路姆来的；且不用向远古的时候探索，元老们都是从埃特路里亚、路卡尼亚以及整个意大利选进来的；[2]最后，意大利本身扩展到阿尔卑斯山，[3]这样就不仅仅个人，就是不少国家和民族也完全被包括到罗马人的整体里来了。当波河以北各地区的意大利居民取得了公民权的时候，我们在国内建立了巩固的和平，在国外取得了胜利；而我们利用我们的军团遍布于天下各地这一事实，把最强壮的行省居民加到他们中间去，这样就使这个凋敝的国家重新有了力量。巴尔布斯一家是从西班牙来的，和他们同样显赫的一些家族则是从纳尔波高卢来的，难道这也是什么值得遗憾的事情么？这些人的子孙还都活着，他们对他们的祖国罗马的爱丝毫也不比我们差。拉开戴孟和雅典虽然拥有强大的武力，可是终于免不了灭亡的命运，难道这不正是因为他们始终把被征服者当作外人看待而采取排斥态度的缘故么？但是我们自己的始祖罗木路斯却又很贤明，他竟然一天之中战胜了并随即同化了一个民族！[4] 甚至我们过去的一些国王都是外国人：[5]

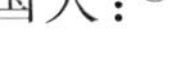

① 它和阿尔巴与图司库路姆一样也在拉提乌姆，但还未能确定它的具体位置。

② 同盟战争结束时，意大利波河以南地区都取得了公民权。

③ 指公元前 49 年恺撒把公民权(civitas)给予波河以北的高卢各城市。

④ 指罗马人和萨比尼人合并的传说，参见科瓦略夫：《古代罗马史》(三联书店版)，第 58—59 页。

⑤ 参见科瓦略夫：《古代罗马史》，第 58—66 页。

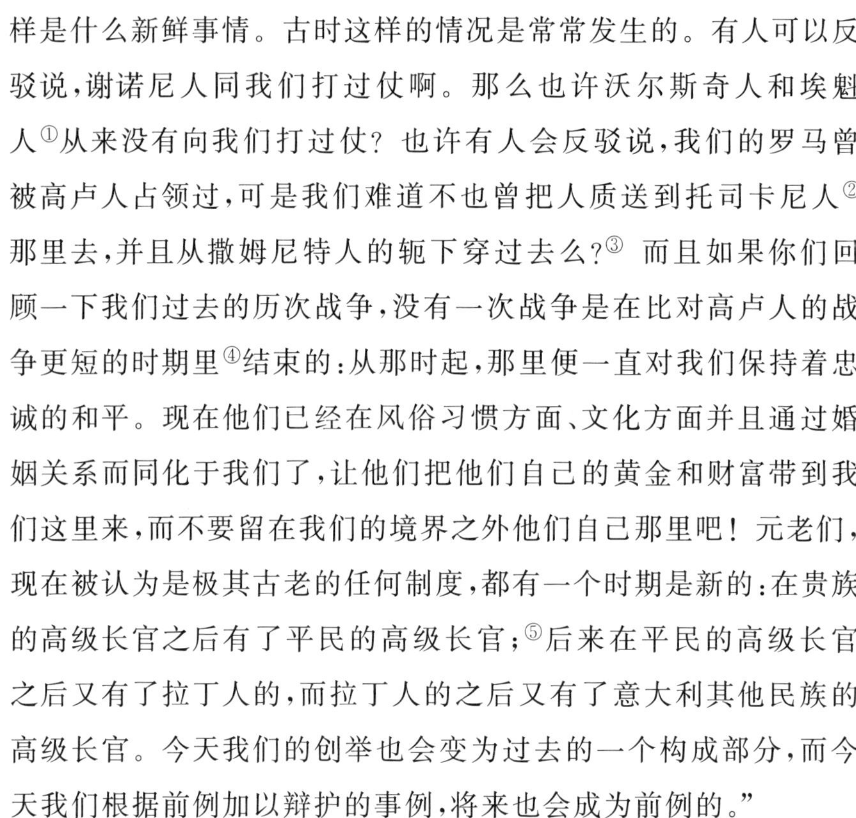

被释奴隶的儿子担任官职，这也并不像人们一般错误地认为的那样是什么新鲜事情。古时这样的情况是常常发生的。有人可以反驳说，谢诺尼人同我们打过仗啊。那么也许沃尔斯奇人和埃魁人①从来没有向我们打过仗？也许有人会反驳说，我们的罗马曾被高卢人占领过，可是我们难道不也曾把人质送到托司卡尼人②那里去，并且从撒姆尼特人的轭下穿过去么？③ 而且如果你们回顾一下我们过去的历次战争，没有一次战争是在比对高卢人的战争更短的时期里④结束的：从那时起，那里便一直对我们保持着忠诚的和平。现在他们已经在风俗习惯方面、文化方面并且通过婚姻关系而同化于我们了，让他们把他们自己的黄金和财富带到我们这里来，而不要留在我们的境界之外他们自己那里吧！元老们，现在被认为是极其古老的任何制度，都有一个时期是新的：在贵族的高级长官之后有了平民的高级长官；⑤后来在平民的高级长官之后又有了拉丁人的，而拉丁人的之后又有了意大利其他民族的高级长官。今天我们的创举也会变为过去的一个构成部分，而今天我们根据前例加以辩护的事例，将来也会成为前例的。”

① 他们是古代罗马南部和东部的邻居。肯奇那图斯和科里奥拉努斯的传说便和他们有关系。参见科瓦略夫：《古代罗马史》，第 152—153 页。

② 在罗马向波尔塞那（Porsena）投降之后（参见塔西佗：《历史》，第 3 卷，第 72 章；普利尼：《自然史》，第 34 卷，第 14 章，第 39 节）。

③ 公元前 321 年在考地乌姆峡谷（参见李维：《罗马史》，第 9 卷开头部分；科瓦略夫：《古代罗马史》，第 172—177 页）。

④ 在公元前 59—前 50 年十年中间。有过多次时间较短的征服，而在当时的演说里，克劳狄乌斯强调指出了他们的顽强抵抗。

⑤ 关于贵族与平民之间的斗争，参见科瓦略夫：《古代罗马史》，第 1 部分，第 8 章，第 93—126 页。

(25) 元老们同意了皇帝的发言,结果埃杜伊人[1]就第一次在首都取得了参加元老院的权利。他们所以取得这样的权利,是因为他们长久以来和罗马就有盟约的关系,而且在高卢人的城市里,他们是唯一拥有“罗马人民的兄弟”这样头衔的城市。

就在这同时,恺撒又把所有那些最老的或是门第最显赫的元老接受为贵族:原来罗木路斯所说的“大家族”和路奇乌斯·布鲁图斯所说的“小家族”这时已经所余无几了。[2] 甚至独裁官恺撒和皇帝奥古斯都根据卡西乌斯法和赛尼乌斯法选出来补足空额的那些家族也都零落殆尽了。这是一件会使许多人感到高兴的事情,于是监察官便欣然地担起了这样一项任务。不过怎样把那些丑名四溢的元老排除出去,却是他颇费斟酌的事情。但是他用了一种最近才采用的温和办法,而放弃了过去那种严厉的办法。他劝告每个这样的人物自己考虑自己的问题,然后申请准予放弃元老的职务,这种申请很快地便得到了同意;继而他就在一个名单上同时发表了被开除的和被批准退职的元老的名字,而由于不把监察官的开除和自动退职的谦虚表现加以区别,被开除的人们的耻辱也就相应地减轻了。为了表示感谢,执政官维普斯塔努斯建议,克劳

① 在卢瓦尔河和索恩河之间居住的民族,他们的首都是奥古斯托杜努姆(今天的奥顿,Autun)。他们和罗马在什么时候缔结了正文中所说的盟约已不清楚,但是在格拉古时期,他们已是罗马人的同盟者(socii populi Romani)(李维:《罗马史》提要,第 61 卷)。

② 这里和传统的说法有所不同。根据传统的说法,罗木路斯时代的元老院由一百名大家族元老(patres maiorum gentium)组成,后来塔尔克维尼乌斯·普利斯库斯又把一百名小家族元老(minorum gentium)补充进去,而路奇乌斯·布鲁图斯所补充的则是骑士等级出身的一百名 conscripti(参见李维:《罗马史》,第 1 卷,第 8 章,第 35 节;第 2 卷,第 1 章)。

狄乌斯应取得“元老院之父”的称号。他说，“若用祖国之父的名义，就和别人共享了，[①]对于为国家立新功的人应当用非常的名义来表示尊崇。”但是皇帝本人却反对执政官的这一建议，认为它吹捧得太过分了。他还主持了每五年一次的人口调查的结束式[②]，调查结果表明罗马公民现有五百九十八万四千零七十二人。[③] 现在，他对于他自己国内的事情不再是一无所知了：不久之后，他就不得不注意到并且报复了他的妻子的越轨行为，但这只不过是为了在后来促成一次乱伦的结合而已。

(26) 到了这时，美撒里娜对于平平淡淡的通奸已经不满足了，她正在追求淫荡的新花样。西里乌斯本人开始催促她索性把事情公开，这或是由于他命中注定要因情丧智，或是由于他看到只有冒险才能应付临头的危险。他对她说：“我们不能干等着皇帝年老：只有清白的人才能思前虑后而不误大事；罪行被人发觉，就得用大胆来补救。我们有的是朋友，他们和我们一样，都有担心的事。我本人没有结婚，又没有孩子，我准备结婚，并且把不列塔尼库斯过继过来。你的权力并不会削弱，而且，如果我们先动手除掉克劳狄乌斯的话，你的心境只会更加宁静。要知道，克劳狄乌斯即

① 西塞罗在处死卡提里那派的一些人之后，曾被人们称为“祖国之父”。

② 即 lustrum，指每五年一次的人口调查结束时在罗马玛尔斯广场上举行的献牲祓除式。所献的是猪、羊、牛三牲（再参见李维：《罗马史》，第 1 卷，第 44 章）。

③ 耶罗美(Jerome)报道的数字是 6,844,009 人，辛凯路斯(Syncellus)的数字是 6,941,000 人，但从人口比较自然的增长率来看，美地凯乌斯(Mediceus)本的数字是更合理一些。因为：

公元前 28 年	4,063,000 人
公元前 8 年	4,233,000 人
公元 14 年	4,937,000 人

使不会那样快发现我们的奸情，但他却是很容易发怒的。”

美撒里娜听了他的这番话之后，反应是冷淡的。这倒不是因为她对自己的丈夫还有什么恩爱，而是因为她担心一旦西里乌斯没有人可以管束，他会把自己的情妇抛弃，并且冷静地估量在危险时刻犯下的这样的罪行到底值不值得。然而，放荡的人从最臭的丑行中能得到最大的欢乐，她渴望成为他的妻子；她只是等待着克劳狄乌斯到奥斯蒂亚去主持牺牲奉献式[①]，就和西里乌斯举行正式的、隆重的婚礼。

(27) 我知道，在一座任何事情都瞒不过人们的耳目、都逃不过人们的谈论的城市里，任何人如果认为自己十分安全，这是无法设想的事情。更不用说，定下某月某日，当着在婚书上盖章的证人们的面，一位当选的执政官和皇帝的夫人来到某处公然举行正式婚礼了；女人听从占卜师的话[②]戴上了结婚的面罩，向诸神奉献了牺牲；两个人还和客人在一起欢宴，还接吻拥抱，最后就像夫妇一样地在夜里同床共枕。不过我丝毫不是在这里故作耸人之笔：我在这里所记的都是我的先辈亲口说的或亲手记下来的。[③]

(28) 当时皇室笼罩着一片恐怖的气氛。特别是那些掌权的人，[④]因为这些人最怕已经确定的皇位又发生什么变故。他们起

---

① 可能是为了运粮的船队的安全。参见狄奥·卡西乌斯，第 66 卷，第 31 章和阿米亚努斯·玛尔凯里努斯，第 19 卷，第 10 章，第 4 节。

② 现在只是名义上如此而已：“婚礼上的占卜师……已属有名无实”（参见西塞罗：《论占卜》，第 1 卷，第 16 章）。

③ 这种口气在希罗多德等古代历史家的作品中常常看到。

④ 指那些在皇室管事的重要的被释奴隶。这些人名义上是主要的秘书，但实际上却能以左右克劳狄乌斯，从而成了把持帝国实权的人物。

初只是在私下谈话里表示不满，后来就不再掩饰自己的愤怒情绪了。“一个优伶[①]曾经玷污过皇帝的寝室，这已经是够丢脸的了，不过还不致危及皇帝本人的生命。但这次却是一位年轻潇洒、果敢有为的贵族，一位当选的执政官，他正在准备满足自己的更大的野心——这次结婚会引起怎样的后果，已经不是什么秘密了！”当他们想到克劳狄乌斯的愚钝，他之受制于美撒里娜以及在她的命令之下他所进行的多次屠杀的时候，他们无疑是感到害怕的。而且，皇帝的温驯的性格本身又使他们有理由相信，如果他们能使他认识到美撒里娜的罪行的严重性，那他们就可以在对她加以审判之前把她判罪，除掉。但是他们认识到，关键在于克劳狄乌斯肯不肯听取她给自己的辩护，以及他们是否能使他不去听取甚至是她的忏悔之词。

(29) 在开头的时候，卡利司图斯[②]（这个人我在前面谈到盖乌斯·恺撒被杀的时候提到过）同纳尔奇苏斯[③]（杀害阿庇乌斯的主谋者）和当时最受宠信的帕拉斯[④]商量，是否可以想用私下恐吓的办法使美撒里娜离开情夫西里乌斯，至于他们所知道一切其他情况就不再提了。但帕拉斯和卡利司图斯不同意这样的办法，理由

---

① 指莫涅斯特，参见本卷第1章注。

② 原来是卡里古拉的奴隶，对卡里古拉的影响甚大。现在是克劳狄乌斯的负责陈情书的秘书(libertus a libellis)。

③ 他是国务秘书(libertus ab epistulis)，是三人当中最突出的人物。苏埃托尼乌斯曾记述过他和美撒里娜一同害死阿庇乌斯·尤尼乌斯·西拉努斯（参见本书第4卷，第68章注）的事情（参见苏埃托尼乌斯：《克劳狄乌斯传》，第37章）。关于他后来的情况，参见本书第12卷，第1、57、65诸章；第13卷，第1章。

④ 皇帝的母亲安托尼娅的被释奴隶，任财务秘书(libertus a rationibus)。

是:如果他们做不到这一点,他们自己就会送命。帕拉斯是由于胆怯,但卡利司图斯则是因为从前一朝的经验他深切体会到,小心谨慎地提出自己的看法较之生硬地提出意见使自己能更稳妥地保持自己的权力。纳尔奇苏斯则坚持自己的意见,但只是对这个计划作了一点修改:在事先根本不告诉她会被控告或谁已控告她。他本人则等待着动手的机会,因为皇帝在奥斯蒂亚那里长久耽搁着不回来,他就笼络同皇帝最亲近的两名侍妾作为控告者,笼络的办法是:送礼、许诺和向她们指出在除掉美撒里娜后她们的势力会加强等等。

(30)随后,这个叫做卡尔普尔尼娅的女人在得到机会和皇帝一个人在一起的时候,便跪在他的面前告诉他,美撒里娜已经嫁给了西里乌斯。就在这时,她又问另外一个女人克利欧帕特拉(这个女人就站在身旁准备回答问题),是否也听到了这样的事情。在克利欧帕特拉也作了肯定的回答之后,卡尔普尔尼娅便请求皇帝召见纳尔奇苏斯。纳尔奇苏斯请求皇帝宽恕他过去的罪过,因为他没有向他的主人提起过关于维提乌斯、普劳提乌斯①以及诸如此类人物的事情;他说甚至现在他仍不打算责备这个女人的淫荡,更不想迫使皇帝把皇宫、奴隶和皇帝的其他仪仗从西里乌斯手中要回来。不,西里乌斯可以享用这些东西,但是让他归还新娘并把婚约取消了吧!他问:"你知道你离婚的事情吗?因为全国人民、元老院和军队都看到了西里乌斯的婚事;而除非你赶快行动,否则新的丈夫就掌握罗马了!"

① 参见本卷第31、35章以次。

(31) 于是恺撒把他最亲密的朋友召到一处，首先向粮务官图尔拉尼乌斯[①]，其次向近卫军长官路西乌斯·盖塔[②]征询意见。他们都证实了这件事。其他人则一致高声坚持要皇帝到军营去，先取得近卫军的忠心拥戴，因为安全比报仇更重要。克劳狄乌斯肯定了这一事实之后，吓得几乎失去了理智，以致他竟然一直在断断续续地问他自己是否还是皇帝，西里乌斯是否还是普通公民。

但是美撒里娜这时却放荡到无以复加的程度。现在正是仲秋时节，她正在她的邸宅的园地里举行葡萄收获的表演。榨葡萄机正在工作着，大桶里的葡萄汁满得外溢了，披着皮子的妇女则在它们旁边像奉献牺牲时或发酒狂时的酒神女祭司那样跳跃着。她自己则在那里蓬松着头发，挥动着酒神杖[③]；西里乌斯在她身旁戴着常春藤冠[④]，穿着优伶的高底靴摇晃着脑袋，而在他周边则是放荡的合唱队胡乱地叫着。据说维提乌斯·瓦伦斯[⑤]一时兴起，爬到一株高大的树上去。当别人问他，他看到了什么的时候，他回答说："奥斯蒂亚上空的一场可怕的暴风雨！"也许是他真正看到了这样的东西，也许是不留心偶然讲出来的一句话，但这句话却成了一句谶语。

(32) 这时不仅外面的传闻，就是报信的人也从四面八方来

---

① 图尔拉尼乌斯这时已九十多岁，他担任这个职务至少已有三十四年(参见本书第1卷，第7章)。

② 路福里乌斯·克利司披努斯的同僚(参见本卷第1章)。

③ 酒神杖(thyrsus)，杖用葡萄蔓或常春藤编成，杖头有针叶球果。

④ 他扮成酒神(Bacchus)的样子。

⑤ 美撒里娜的一个情人，著名的医生(参见普利尼：《自然史》，第29卷，第1章，第8节)。

了。他们带来消息说，克劳狄乌斯已经知道了一切，并且要到这里来，急不可待地想进行报复。于是他们俩就分手了：美撒里娜到路库鲁斯的花园去；西里乌斯为了掩盖他内心的恐惧，到广场上去办事了。其余的人也都分别溜到各处，但是他们却在外面或是在躲避的地点被百人团长们发觉并逮捕起来。大难临头而手足无措的美撒里娜立刻决定采用多次使她本人得救的办法，那就是，去见她的丈夫，要他看到她自己。

她还带信给不列塔尼库斯和屋大维娅，要他们立刻投到他们的父亲的怀抱里去。接着她又恳求年纪最长的维司塔贞女维比狄娅，请维比狄娅为她向最高祭司[1]说情，并取得他的宽恕。这时一共只有三个同伴跟她在一起——人们这样快地全部离开了她！——她从城的这一端徒步走到另一端，然后乘上一辆花园的垃圾车沿着欧斯提亚大道出发了。没有一个人同情她，因为所有的人都感到她所犯的罪行实在是太可怕了。

(33) 皇帝这一方面同样是惊惶不安；他内心里并不信任他的近卫军长官盖塔，因为此人根本不分是非，见风转舵。于是纳尔奇苏斯就在同他一样感到惊惶不安的一些人的支持下，正式向皇帝进言，只有一个办法才能挽救皇帝的性命，这就是，在那一天，把近卫军的统率权交给他的一名被释奴隶。纳尔奇苏斯自荐负起这个责任。再说，他还担心克劳狄乌斯在返回罗马的途中会由于路奇乌斯·维提里乌斯和凯奇纳·拉尔古斯[2]的进谏而后悔起来，因

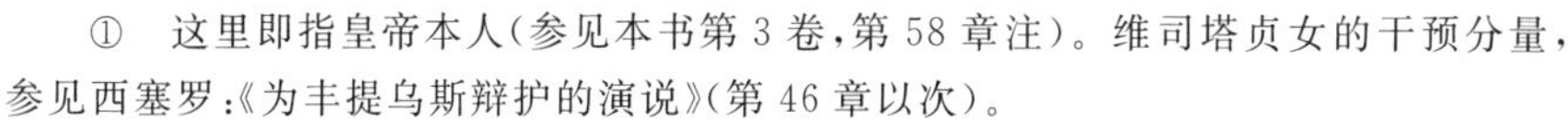

① 这里即指皇帝本人(参见本书第 3 卷，第 58 章注)。维司塔贞女的干预分量，参见西塞罗：《为丰提乌斯辩护的演说》(第 46 章以次)。

② 此人六年前是克劳狄乌斯担任执政官时的同僚。

此他就要求和克劳狄乌斯乘一辆马车，同坐在一起。

（34）后来人们一直说，克劳狄乌斯这时讲的话说明他的心情是十分矛盾的；他一时痛斥他的妻子的可耻的淫乱行为，一时却又表示怀念他过去的婚姻生活和他的孩子们的年幼。但这时维提里乌斯却只是叫着："多么严重的罪行啊，多么无耻的行为啊！"[①]纳尔奇苏斯当时确实要他把心里的真话说出来，而不要这样含含混混；但是这种请求没有用处。维提里乌斯的回答模棱两可，人们可以从他的话作出当时情况所需要的这样或那样的解释。凯奇纳·拉尔古斯也学着他的样子。

现在他们看到美撒里娜了。她一直在向皇帝呼叫着，要他听屋大维娅和不列塔尼库斯的妈妈讲话，但控诉者[②]这边也在高声讲述西里乌斯和这次婚礼的事情。同时为了引开恺撒的视线，他把列举了她的各种放荡罪行的文件交给他看。不久之后，在进入罗马的时候，他们的两个孩子已经等在那里要见他们的父亲，但这时纳尔奇苏斯却下令把他们领开。不过这时他却不能使维比狄娅走开，也不能阻止她义正词严地提出说，不能不经审问便处死自己的妻子。纳尔奇苏斯回答说皇帝准备审问美撒里娜，并且会给她为自己辩解的机会的，同时劝贞女最好还是回去照管自己的宗教事务。

（35）在全部审讯期间，克劳狄乌斯始终保持着令人不解的沉默。维提里乌斯则装出什么都不知道的神气。一切事情都任凭纳

① "O facinus！ O scelus！"这话当然可以用到美撒里娜的身上，也可以用到纳尔奇苏斯的身上。

② 这里指纳尔奇苏斯。

尔奇苏斯的摆布。他下令把奸夫的住宅打开，并且把皇帝领到那里去。在那里他首先把入口地方的一座西里乌斯的父亲的半身像指给皇帝，这原是元老院明令禁止放在这里的。[1] 随后他又指出尼禄家族和杜路苏斯家族的一切传家宝怎样作为通奸的代价而跑到西里乌斯的家里来。皇帝勃然大怒，说了许多威胁的话，纳尔奇苏斯于是便把他领到军营，那里已经安排好了一次士兵集会。纳尔奇苏斯讲了开场白之后，克劳狄乌斯只说了几句：因为，尽管他的气愤是正当的，但是羞愧之心却使他说不出话来。近卫军士兵发出了长时间的呼号，要他把罪犯的名字讲出来，并对他们加以惩罚。当西里乌斯被带到坛座跟前时，他既不想为自己进行辩护，也不想拖延，而只是要求速死。一些比较显要的罗马骑士也表现了和他一样的坚定态度。皇帝下令处死了曾被西里乌斯指定为美撒里娜的“监护人”[2]，现在又来提供证据的提齐乌斯·普洛库路斯。和他一同处死的还有供认不讳的维提乌斯·瓦伦斯和他们两个人的同谋犯彭佩乌斯·乌尔比库斯和撒乌费乌斯·特洛古斯。受到了同样的惩罚还有：城市守卫队长官[3]戴克里乌斯·卡尔普尔尼亚努斯，剑奴训练所监督[4]苏尔皮奇乌斯·路福斯，还有元老雍库

① 毁掉这个半身像的命令显然是在西里乌斯被判罪的时候发布的（参见本书第4卷，第18—20章）。

② 夫妻之间互派这样的监护人以保证相互间的忠贞，在帝国时期是常见的。

③ 罗马的半军事性的夜间警卫队和消防队。奥古斯都所创立的这种守卫队包括七个中队（每一中队负责罗马十四个区中的两区），中队的士兵主要从被释奴隶中征募。

④ 用以维持和训练剑奴以备皇帝举行剑斗比赛时使用。监督应是骑士出身，这个职位是担任某种比较负责的财务职位之前的必经阶段。

斯・维尔吉里亚努斯。

(36) 皇帝只在处理莫涅斯特时有些犹豫。因为他撕毁了自己的外袍，要克劳狄乌斯看他身上的鞭痕，并且要克劳狄乌斯记起在克劳狄乌斯使他听美撒里娜的使唤时所讲的那些话。[①] 他说，别人犯罪是为了金钱或是为了满足自己的野心，但他却是出于不得已。如果西里乌斯取得了帝国统治大权，那么毫无疑问，他莫涅斯特会第一个丧命。恺撒受到了感动，并且有了赦免他的意思，但是他身边的被释奴隶还是使他在处死了这样多显要人物之后，作出了杀死这个优伶的决定。当罪行过于严重的时候，这种罪行是自愿的还是被迫的，已经无关紧要了。

甚至一位罗马骑士特劳路斯・蒙塔努斯的辩护也没有得到允许。这是一个谦逊而且又非常漂亮的青年，他曾在夜里突然被美撒里娜召去并在同一夜里被她打发走：她想要什么和不要什么，都是任着性子干的啊。但是苏伊里乌斯・凯索尼努斯[②]和普劳提乌斯・拉提拉努斯[③]却免了一死。拉提拉努斯被赦免是由于他的叔父的杰出功勋；苏伊里乌斯被赦免却是因为他本身的无耻行径，因为在这一群无耻之徒所干的勾当里，他是扮演着女人的角色的。

(37) 这时，美撒里娜正在路库鲁斯花园中为保全自己的性命而进行最后的挣扎。她在写一篇请愿书。她心里还有指望，有时

---

① 他的命令很简单，然而是概括的："克劳狄乌斯要莫涅斯特做美撒里娜命令他做的一切事情"(参见狄奥・卡西乌斯，第 60 卷，第 22 章)。

② 参见本卷第 2 章。

③ 他是不列颠的征服者奥路斯・普劳提乌斯・西尔瓦努斯的侄子(参见本书第 13 卷，第 11 章；第 15 卷，第 49、60 章)。

甚至表现出一种激愤情绪，这个女人在这样危急的时刻还是这样霸道。老实讲，如果纳尔奇苏斯不赶快把她处决，控诉她的人肯定会遭到杀身之祸。原来克劳狄乌斯回到宫里，提早吃了晚饭之后，他的心境便已经不那么激动了，再加上他酒后又有一点醉意，接着他就下令要人去通知那个“可怜的女人”（据说这是他当时使用的原话），在第二天一定要到他这里来为自己的案件辩护。人们看出了这些话里的含义：他的怒气开始消失，他对她的爱情又回来了。如果他们不赶快动手的话，人们就有理由担心即将到来的黑夜会使皇帝重新想起闺房的乐事。

于是纳尔奇苏斯就赶快跑出去，命令近卫军的一名将领和几名百人团长立刻去执行死刑；他说这是皇帝的命令。一名被释奴隶埃沃都斯被派去防止她的逃跑并亲眼去看一下命令是否执行。他比所有其余的人更早地跑到花园时，发现美撒里娜正伏在地上，她的母亲列庇妲[①]则坐在她的身旁。列庇妲在她的女儿得势时，同她的感情并不好；但是看到她落到这样危急的地步，才对她怜悯起来。她这时正在劝美撒里娜不要等候刽子手的到来。她说：“你的生命已经结束了。现在你能做的只是设法死得体面些。”但是在那个淫荡堕落的女人的心里已经谈不上什么荣誉不荣誉的问题。当人们破门而入的时候，美撒里娜却还在不停地哭泣和呻吟，但这已经没有什么用处了。近卫军的将领默不作声地站在她的跟前，而被释奴隶则像是奴隶骂街那样地狠狠地申斥她。

（38）美撒里娜第一次明白了自己实际上处于怎样的地位，她

① 尼禄的姑母多米提娅·列庇妲（参见本书第 12 卷，第 64 章注）。

抓起一把匕首，心慌意乱地用匕首刺自己的咽喉，又刺胸膛，但是都不顶事。最后还是那个将领一刀把她刺死了。她的尸体留给了她的母亲。还在吃饭的克劳狄乌斯接到了美撒里娜已死的消息。没有说明她是自杀的还是由别人把她杀死的。克劳狄乌斯也没有问。他要人给他把酒拿来，像方才一样继续举行他的宴会。[①]

即使在这之后的一些日子里，人们在皇帝身上也看不出憎恨，看不出高兴，看不出发怒，看不出悲哀的征象，一句话，看不出人的感情。甚至当他看到控诉者在那里高兴，当他看到他的孩子在那里悲泣的时候也是这样。元老院设法促使他忘掉这件事，它发布命令要人们把美撒里娜的名字和胸像从一切私人的和公开的地点除掉。元老院还发布命令把财务官的标记授予纳尔奇苏斯。但是对于比帕拉斯和卡利司图斯的权力还要大的人物来说，这算得了什么荣誉呢？……这确实是值得称赞的做法，但它注定要产生最可怕的后果。……

① 可能指对美撒里娜所进行的报复。

第 十 二 卷

(1) 美撒里娜的处死震动了皇室:因为克劳狄乌斯的被释奴隶立刻在为他找一个伴侣这个问题上发生了争执;他过不惯独居生活;他对女人是言听计从的。女人们之间的竞争也同样激烈:人人都争先恐后地炫耀自己门第的高贵、自己的美丽、自己的财富,都声称自己配得上这一高贵的联姻。不过主要的竞争者却是担任过执政官的玛尔库斯·洛里乌斯的女儿洛里娅·宝琳娜[①]和日耳曼尼库斯的女儿阿格里披娜。阿格里披娜的支持者是帕拉斯;宝琳娜的支持者则是卡利司图斯。至于埃里娅·帕伊提娜[②],她出身图倍罗家族,并且是以纳尔奇苏斯为后援的。皇帝一时赞同这个人的意见,一时又赞同那个人的意见。最后他只得把争论的各方都召集来开会商讨,要他们各自发表自己的意见和所以提出这

① 玛尔库斯·洛里乌斯(Marcus Lollius)的孙女(参见本书第 3 卷,第 48 章注)。卡里古拉曾把她从她的丈夫美米乌斯·列古路斯手中夺了过来,但很快地便和她离异了。她后来因阿格里披娜的忌妒而丧命(参见本卷第 22 章;第 14 卷,第 12 章)。老普利尼在《自然史》的第 9 卷第 35 章第 58 节中说,他在一次普通的宴会上,看到她戴的珠宝值四千万谢司特尔提乌斯。

② 她和克劳狄乌斯结过婚,但由于一些小冲突而离婚(参见苏埃托尼乌斯:《克劳狄乌斯传》,第 26 章)。关于他们的女儿克劳狄娅·安托尼娅的事,参见本书第 15 卷,第 53 章。

种意见的理由。

(2) 在讨论时,纳尔奇苏斯的意见是:克劳狄乌斯早先就和帕伊提娜结过婚;他们之间有过这一结合的结晶(安托尼娅就是帕伊提娜的孩子);这次破镜重圆不会在他的家庭生活中引起什么新的变化,而且她绝不会像继母那样地虐待不列塔尼库斯和屋大维娅,因为她知道,除去她自己的女儿之外,这两个孩子就是她最亲近的人了,所以她一定会善待他们的。卡利司图斯则认为,长期的离异已经使她失去了这样的资格,因而她一旦被召回来,就很容易变得横傲起来。但是同洛里娅结婚却要明智得多,因为她自己从来没有生过孩子,所以她不会忌妒,并且可以对自己丈夫的子女担起继母的责任。帕拉斯则称赞阿格里披娜,他着重指出的一点是,她所带来的是日耳曼尼库斯的外孙①,这是最有资格继承王位的人物。让皇帝和这一名门联姻吧,这是优利乌斯家族和克劳狄乌斯家族的后裔,②这样他就可以保证使这位还在盛年的、确实能够生男育女的皇女不致把恺撒们的光荣旁落到另一个家族里去了!

(3) 他的这些理由,再加上阿格里披娜的动人的姿容,终于说服了皇帝。在以近亲的关系为借口的一连串的谒见中,她这样有成效地迷住了她的叔父,结果她不仅排除了同她竞争的女人,并且在事先就俨然以妻子的姿态在皇帝身旁出现了。当她知道她的婚事有了把握的时候,她立刻就开始扩大自己的计划,

① 现在的路奇乌斯·多米提乌斯·埃诺巴尔布斯(Lucius Domitius Ahenobarbus),即未来的尼禄(参见本书第11卷,第11章)。

② 阿格里披娜是老阿格里披娜和日耳曼尼库斯的女儿,因此阿格里披娜从母系来说属优利乌斯家族,从父系来说则属于克劳狄乌斯家族。

设法使她自己的儿子路奇乌斯·多米提乌斯·埃诺巴尔布斯(她和格涅乌斯·埃诺巴尔布斯所生的孩子)和皇帝的女儿屋大维娅结了婚。但要达到这样的目的,就非得使用罪恶的手段不可,因为克劳狄乌斯已经把屋大维娅许配给路奇乌斯·西拉努斯[①],他并且曾把凯旋的荣誉授给西拉努斯,还以西拉努斯的名义举办过盛大的剑斗比赛,从而使这个已经有了其他荣衔的青年人能够得到人民群众的爱戴。但是,在这样一个只能听从别人摆布而自己谈不上什么好恶的皇帝身上,看来没有什么事是绝对办不到的。

(4) 既然维提里乌斯能够用他那监察官的名义来给自己的卑鄙无耻的勾当打掩护,并且预见到阿格里披娜不久就会成为独揽全部大权的人物,于是他便拼命地向阿格里披娜讨好:他不仅参加她的谋划,还向西拉努斯提出控诉,尽管他同西拉努斯之间还有姻亲的关系,西拉努斯的确实美貌但是水性杨花的姊妹优尼娅·卡尔维娜不久之前嫁给了维提里乌斯的儿子。维提里乌斯便拿这件事作为把柄,提出了控诉:他无耻地捏造说,西拉努斯和他的姊妹有暧昧关系,但实际上他们只是行为不检,并没有乱伦的行为。克劳狄乌斯很注意这一控诉,因为对于自己女儿的疼爱,使得他特别容易对她未来的丈夫发生怀疑。对这一阴谋毫无所知的西拉努斯恰巧是这一年的行政长官,但是突然间,他却由于维提里乌斯的命

① 他是玛尔库斯·西拉努斯(Marcus Silanus)的儿子(参见本书第 2 卷,第 59 章;塔西佗:《历史》,第 4 卷,第 48 章),他的母亲是奥古斯都的孙女埃米里娅·列庇妲。

令被开除出了元老院，尽管元老的名单早已编制完毕，而牺牲祓除式[①]也早已举行过了。[②] 同时克劳狄乌斯又取消了西拉努斯和屋大维娅的婚约，西拉努斯不得不辞去自己的高级长官的职务，而把期满之前的职务交给埃普里乌斯·玛尔凯路斯[③]。

罗马建城802年，即公元49年

(5) 在盖乌斯·彭佩乌斯和克温图斯·维拉尼乌斯担任执政官的一年里，外面的传闻和私通的事实都肯定证明克劳狄乌斯要和阿格里披娜结婚了。不过他们却还没有胆量正式举行婚礼。要知道，叔父同侄女结婚的事情是无例可循的。更何况这是一种乱伦的关系。如果不考虑到这一点的话，那就会有引起全国性灾难的危险。直到维提里乌斯自己想办法来安排这件事并取得所希望的结果时，徘徊观望的情绪才被打消。开头，他问皇帝是不是愿意服从人民大会的命令，是不是愿意服从元老院的决定。克劳狄乌斯回答说，他是一个普通的罗马公民，他当然要服从全体人民的意旨。于是维提里乌斯要他在皇宫中等候着，他自己则到元老院去，说他有一件极端重要的国家大事要提出来讨论，并要求第一个发言。接着他就说，"治理天下的皇帝，在处理极端繁重的事务时需要有人协助他，这样他才可以专心国事而不致为家务所烦扰。对于我们的监察官，也就是这位自小便不晓得放荡或享乐为何物而知礼守法的皇帝来说，还有比娶一个妻子更加正当合理的安慰么？妻子不仅仅是和他分享痛苦与欢乐的伴侣，他还可以向她倾诉内

① 五年一度的人口调查完毕之后，均要在玛尔斯广场上献三牲（猪、羊、牛）祭神。

② 参见本书第11卷，第23章以次。

③ 此人是有名的告密者。在这里是第一次提到了他，关于此人，还可参见本书第13卷，第33章和注。

心的衷曲并托付自己年幼的儿女[1]。”

(6) 这几句开场白讲得娓娓动听,得到了元老们的意在逢迎的热烈赞同。维提里乌斯接着又说:“既然大家一致认为皇帝应当结婚,那么就应当选一位出身高贵、有做母亲的经验而且品德高尚纯洁的妇女。用不着仔细研究他们就可以看到,就门第来说,阿格里披娜自然是最突出的,事实证明她是多子女的,而她的崇高的德行也足以和前两点相称。特别使人高兴的是这样一点:正是天意使得这位除去自己的妻子以外没有同任何人发生过关系的皇帝和这个寡妇[2]结合到一起。他们从他们的父亲那里听到过,而且他们自己也亲眼看到过,过去的皇帝怎样凭着自己一时的高兴来夺取别人的妻子。[3] 这种粗暴的做法比起我现在所建议的井井有条的布置相差太远了。实际上,他们是在创造一个前例,这就是:皇帝从罗马人民手里接受一个妻子!也许有人会说,过去我们这里从来没有过叔父和侄女通婚的事情。可是在别的国家,这样的做法是正常的,是任何法律所不禁止的。同〈从兄弟与〉再从兄弟[4]结婚的事情虽然过去很久没有过,但已渐渐变成平常事情了。时

---

① 不列塔尼库斯这时八岁,屋大维娅大概比他大一岁。

② 她的第二个丈夫、演说家帕西耶努斯·克利司普斯(参见本书第 6 卷,第 20 章)已死。在这之前她的丈夫是尼禄的父亲格涅乌斯·多米提乌斯。

③ 指奥古斯都(参见本书第 5 卷,第 1 章)和卡里古拉(参见苏埃托尼乌斯:《卡里古拉传》,第 24 章)。

④ 尖括弧内的两个词(et consobrinarum)是尼佩尔第加上的。既然同从兄弟(consobrini)通婚很久以来都是容许的,那么维提里乌斯在这里如果只提再从兄弟(sobrini)就是没有意义的了。同样的,如果以为“从兄弟”一般可以代表“再从兄弟”,因此“从兄弟”便也可以代表“从兄弟”,那也讲不通。无论如何,罗马人对这种结合始终是抱有反感的。

代的要求变了，人们的习惯也将随之改变。今天的新鲜事情，到明天就成了惯例。”

(7) 这时元老当中不少这号人物，他们跑出元老院争相表示，如果皇帝还拿不定主意，他们便要使用强迫的手段了。各色各样的人也都集合到一处，声称罗马人民也有同样的要求。克劳狄乌斯立刻到广场上来见他们，接受他们的祝贺，随后便进了元老院，要求公布一项命令，使今后叔伯和侄女的结合合法化。不过，对于这种婚姻方式，人们看到只有另一个人是热心模仿的，这就是罗马骑士阿列狄乌斯·谢维洛斯[①]，一般人认为他这样做的动机不外是想讨好阿格里披娜而已。

从这个时候起，国家的情况就改变了。全部国家大事都操纵在一个女人的手里，不过这个女人与任意玩弄罗马帝国的美撒里娜不同。这是一种严酷的几乎和男子统治时一样的暴政。在公开场合，阿格里披娜不仅是严厉的，又往往是横傲的。她的私生活没有淫乱的迹象，除非这样做有助于加强她的权力。她不顾一切地想给自己弄到金钱，她认为这是取得专制权力的后援力量。

(8) 皇帝举行婚礼那天，西拉努斯自杀了。也许在这之前他一直没有最后断绝活命的希望，他也许是故意选定这一天来结束自己的性命，以便使自己的死亡引起更大的反感。他的姊妹卡尔维娜被逐出了意大利。此外，克劳狄乌斯还下令按照国王图路斯

---

① 他由于担任了主力百人团长而取得了自己的地位，他在结婚时至少可以得到把皇帝和皇后列为自己客人的荣誉（参见苏埃托尼乌斯：《克劳狄乌斯传》，第26章）。

的法律举行献牲式，并且要祭司们在狄安娜圣林[1]中举行赎罪仪式。皇帝偏偏选了这样一个时候来惩罚和祓除近亲通奸的罪恶，这种做法引起了人们普遍的嘲笑。但另一方面，阿格里披娜却不想要人们知道她只会犯罪：她把安奈乌斯·塞内加[2]从流放地召回来，并且赐给他行政长官的职位。她认为塞内加的文名会使她的这一行动博得国人的好评。同时她又很想给她那即将长大成人的儿子多米提乌斯找个杰出的导师，而且塞内加的意见还能帮助他们策划夺取皇位的事情。因为人们认为塞内加是忠于阿格里披娜的：他感激她的恩情，但他对于克劳狄乌斯却是憎恨的，因为他没有忘记自己曾受过他的伤害。

（9）现在作出了不再耽搁的决定。当选的执政官[3]玛米乌斯·波里欧在极为丰厚的许诺的引诱下，向克劳狄乌斯提出建议，请他把屋大维娅许配给多米提乌斯。从两人的年纪来看这种安排是合适的，而且这还会给更加重大的事件铺平道路呢。波里欧为这一建议所提的理由，和不久之前维提里乌斯所提的理由几乎是一样的。屋大维娅不久便订了婚。这样一来，和皇帝本来就有亲属关系[4]的多米提乌斯现在又成了他的女婿；多米提乌斯于是便和不列塔尼库斯处于同等的地位了，这一方面是由于他母亲的热

① 这个著名的圣林在阿里奇亚附近涅米湖畔，是“杀死凶手、自己并将被人杀死的祭司”rex Nemorensis 的。

② 八年前他由于被控与日耳曼尼库斯的女儿、玛尔库斯·维尼奇乌斯的妻子优利娅·里维拉通奸而被放逐到科西嘉。他的著作 Consolatio ad Helviam 和 Consolatio ad Polybium 便是在放逐时写的。

③ 指已当选但尚未就职的执政官。

④ 克劳狄乌斯是他的叔祖和继父，现在又成了他的岳父。

心谋划，另一方面则是由于过去控告了美撒里娜的那些人害怕她的儿子的报复。

(10) 我已经说过，这时有一些帕尔提亚的使节被派到罗马来，要求我们把我们手里的人质美赫尔达特斯[①]送回去做他们的国王。他们来到元老院，陈述他们此行的用意：

“我们不是不知道我们两国间缔结的条约。我们到这里来也不是因为背叛了阿尔撒奇达伊王族。我们是前来召请沃诺尼斯[②]的儿子、普拉提斯[③]的孙子去革除哥塔尔吉斯[④]的暴政的，因为无论是贵族还是平民对之都已同样不能再忍受了。他已经残害了他的兄弟、近亲和远亲。现在连自己的怀孕的妻子和年幼的孩子也不放过。他在国内无所作为，在战场上损兵折将，但是他却想用他的残酷来掩饰自己的怯懦。

“你们和我们之间有着由两国正式缔结的年深日久的友谊。我们的实力和你们相埒，但是我们由于对你们的尊敬才把首位让给你们。现在我们需要你们的帮助了，你们对这一点是义不容辞的。帕尔提亚的国王们把他们的儿子交给你们作人质的目的便在于此：如果国内的统治者变得不为国人所喜爱的话，我们可以到罗马皇帝和元老院这里来请求派遣一位受到你们文化熏陶的，更有教养的国王。”

---

① 关于美赫尔达特斯和当时的一般情况，参见本书第 11 卷，第 8—10 章和有关注释。

② 沃诺尼斯一世。

③ 普拉提斯四世。

④ 哥塔尔吉斯二世。

（11）为了答复这些以及诸如此类的说法，克劳狄乌斯就罗马的突出地位和帕尔提亚所表示的敬意作了讲话。他把他自己和圣奥古斯都相提并论：他指出，帕尔提亚人也曾向奥古斯都要求给他们派一位国王。[①] 但是他却没有提到提贝里乌斯，虽然提贝里乌斯也曾把国王送到那里去。由于美赫尔达特斯当时也在场，于是克劳狄乌斯便对他说了下列箴言："你的头脑里不要常想什么专制和奴隶，而要常想统治和公民，你要仁慈而公正——这是蛮族那里所没有的品质——这样必定会受到加倍的欢迎。"随后他又向使节们称赞这个在罗马教养出来的子弟，说他到当时为止在各方面一直表现了谦和的性格。但是他又说，对于国王们的性格也不要过分苛求，因为常常改换国王并没有什么好处。已经享有极大光荣的罗马现在所希望的是外国和罗马都享太平。叙利亚的长官盖乌斯·卡西乌斯[②]于是奉派护送这个青年人到幼发拉底河的河岸。

（12）这时，卡西乌斯是最著名的法学家：[③]原来在天下太平时，谁也不去研究战争之术，和平使得有为的人和懒散的人一个

---

① 指美赫尔达特斯的父亲沃诺尼斯（参见本书第 2 卷，第 1 章）。被提贝里乌斯送出去的国王是普拉提斯和提里达特斯（参见本书第 6 卷，第 31 章以次）。

② 盖乌斯·卡西乌斯·隆吉努斯（Gaius Cassius Longinus）是罗马最著名的法学家之一，卡西乌斯学派的创始人和领袖（Cassianae scholae princeps et parens，参见小普利尼：《书信集》，第 7 卷，第 24 章），公元 30 年度补缺执政官，大约十年之后出任亚细亚行省总督，公元 45—49 年继维比乌斯·玛尔苏斯（参见本书第 11 卷，第 10 章）之后任叙利亚的行政长官衔副帅（legatus pro praetore）。公元 65 年，他被尼禄放逐到撒丁尼亚，维斯帕西亚努斯把他召回之后不久他就死了。他的主要著作是《Libri iuris civilis》。

③ 他属于玛苏里乌斯·撒比努斯（Masurius Sabimus）和阿泰乌斯·卡皮托（Ateius Capito）的学派（参见本书第 3 卷，第 75 章注）。

样。虽然如此,卡西乌斯仍然尽力恢复旧时的纪律;他不断操练他的军团,就像敌人就在眼前似的细作安排,未雨绸缪:他认为只有这样,才无愧于罗马人的祖先,才无愧于他那甚至在那些地区也是十分有名的卡西乌斯家族。[①] 于是他派人去召请那些建议到罗马来请派一个国王的人们;并且在一个最方便的渡口丘格玛[②]那里设下他的营地。在帕尔提亚的权贵们和阿拉伯的国王阿克巴路斯[③]到达之后,卡西乌斯便提醒美赫尔达特斯,要他赶快行动,干自己应干的事情,因为蛮族的热情尽管很高,如果耽搁下来,这种热情便会冷却,甚至会转为背叛。这个忠告由于阿克巴路斯的不老实而被置诸脑后;原来阿克巴路斯把这个未经世故并把放荡的生活和做国王看成是一回事情的青年留在了依德撒城[④],使他一天又一天地耽搁在这里。甚至当卡列尼斯[⑤]前来促驾,并指出如果他们迅速到达则一切事情全都会很顺利的时候,美赫尔达特斯都没有沿着近路去美索不达米亚,而绕道到当时由于严冬已经降临而无法通行的亚美尼亚。

(13) 最后,他们这些被大雪和高山拖得筋疲力尽的人在平原

---

① 他的祖先“弑暴君者”(克拉苏斯手下的一名军官)在卡尔莱一役之后曾击退帕尔提亚人对叙利亚的进攻。

② 塞琉古·尼卡托尔(Seleucus Nicator)所建。它和阿帕美亚(Apamea)都在幼发拉底河东岸,是从幼发拉底河到美索不达米亚北部去的主要渡口。

③ 欧司洛耶尼(Osroëne)的国王。欧司洛耶尼是美索不达米亚北部的肥沃地带,位于幼发拉底河和底格里斯河之间(参见本书第6卷,第44章注)。

④ 欧司洛耶尼的首府,今天的乌尔法(Urfa),位于肥沃的平原之上,有司奇尔托斯河(Skirtos)横贯城市。最初的建立者是塞琉古一世,公元前132年欧司洛耶尼宣告独立时,这座城市就成了它的首府。后来优斯提尼安和科士洛依时期的依德撒比克劳狄乌斯和哥塔尔吉斯时的依德撒更加有名。

⑤ 此人显然是美索不达米亚的太守(praefectus)。

附近和卡列尼斯的军队会师了。他们渡过了底格里斯河之后，便穿过了阿狄亚贝尼人的地区[①]；阿狄亚贝尼人的国王伊札提斯表面上和美赫尔达特斯结成联盟，但是在暗中，他对哥塔尔吉斯却更真诚一些。但在他们经过的时候，他们占领了亚述的古都尼诺斯[②]，还有一座著名的要塞，要塞之所以著名是因为过去亚历山大正是在这个地方[③]打败大流士[④]而灭亡波斯帝国的。这时哥塔尔吉斯正在以桑布洛斯为名的山[⑤]的地方向当地诸神许愿；主要的祭仪是赫尔克里士的祭仪，赫尔克里士每到一定的时候便用托梦的办法预先告知他的祭司，要他们在他的神殿旁边放一些狩猎用的马。这些马在驮上满装着箭的箭筒之后，便被放到林中空地上，到夜里才气喘吁吁地回来，而这时箭筒也就全都空了。在第二天托梦的时候，赫尔克里士神便向祭司们指出他在森林中经过的道路，而在沿路上到处都有被杀死的野兽。

（14）哥塔尔吉斯这时的兵力还不够强大，因此他便利用科尔

---

① 亚述北部。

② 即尼尼微。

③ 阿米亚努斯·玛尔凯里努斯，第 23 卷，第 6 章，第 22 节："在这个阿狄亚贝尼有一座尼诺斯城，它过去是统治波斯的城市，它永久地保存了过去最强大的国王，尼诺斯（赛米拉米司的丈夫）的名字；还有埃克巴塔纳、阿尔倍拉和高伽美拉，而就在这里，亚历山大经过多次苦战，在一次激烈的角逐中打倒了大流士。"（公元前 331 年）（Inhac Adiabena Ninus est civitas，quae olim Persidis regna passederat，nomen Ninus potentissimi quondam regis，Samiramidis mariti，declaranse，et Ecbatana et Arbela et Gaugamela，ubi Dareum Alexander post discrimina variaproeliorum，incitato Marte prostravit.）但这里所说的阿尔倍拉（Arbela）和高伽美拉（Gaugamela）都不是要塞。因此作者这里的叙述不是十分确切的。

④ 指大流士三世。

⑤ 不详。

玛河[1]来做一道天然的屏障，而尽管对方派人送出嘲弄性质的挑战书，他却故意拖延，不断改变军队的驻地，并且派遣间谍去贿赂敌方的军队，唆使他们背叛。伊札提斯和阿狄亚贝尼人的军队先溜走了，后来阿克巴路斯和阿拉伯人的军队也溜走了。这些人一向就是这样见异思迁的，同时这种情况也符合于经验所证明的这样一件事实：蛮族比较喜欢向罗马要求国王，却不大想让他们把国王当到底。

美赫尔达特斯失掉这些有力的同盟者，又害怕其他同盟者背叛自己，只好采取唯一的一条道路，就是通过战争来决定自己的命运。哥塔尔吉斯看到敌人削弱了，胆子大了起来，不再回避战争了。接战之后，双方都有巨大的伤亡，而且在很长的时间中，胜负无法决定。卡列尼斯击溃了抗击他的敌军，但是由于向前推进得太远了，被增援的敌军切断了退路。美赫尔达特斯失去了一切希望，只得听从他的父亲的臣属、一个叫做帕尔拉凯斯的人的诺言，结果他却被这个帕尔拉凯斯出卖，被上了镣铐，送到胜利的哥塔尔吉斯那里去了。哥塔尔吉斯斥责他，既不承认他是自己的亲属，又不承认他是阿尔撒奇达伊王族的成员，说他只不过是个异邦人、罗马人。但是哥塔尔吉斯却保留了他的活命，只是割下了他的两只耳朵。他以这种做法表明他的宽大，但我们却感到耻辱。

不久，哥塔尔吉斯病死了。继他之后，当时在米地亚执政的沃诺尼斯[2]被召来担任国王。在他的短暂、平庸而敷衍了事的统治

---

① 底格里斯河的东部支流，确实地点尚未确定。

② 沃诺尼斯二世。

期间谈不上什么成就，也谈不上什么挫折。在他之后，帕尔提亚王国就传到他的儿子沃洛吉西斯[①]的手里。

(15) 这时，由于失去了王位而到处漂泊的博斯普鲁斯[②]国王米特利达特斯得知罗马的统帅狄第乌斯[③]已经率领着他的主力离开，却把一位年轻而又未经世故的科提斯留在他的新王国里，而且又只有罗马骑士优利乌斯·阿克维拉统率下的几个步兵中队和他在一起。他根本不把这两人放在眼里，于是鼓动各个部落，吸引逃亡者来归，终于集合起一支军队，赶跑了丹达里达伊人[④]的国王，攻占了他的领土。当这个消息传了出去，科提斯和阿克维拉知道米特利达特斯很快就要进攻博斯普鲁斯的时候，他们对自己的兵力没有信心(因为西拉奇人的国王佐尔西尼斯对他们又采取了敌对的军事行动)，因而也学了他的榜样向外面去求援，他们把使节派到强大的欧尔喜人的国王优诺尼斯那里去。这一联盟很容易地缔结起来了，因为他们可以用强大的罗马来对付背叛的米特利达特斯。于是他们作出安排，优诺尼斯负责骑兵的战斗，罗马人则负责围攻所有的城市。

(16) 于是他们把兵力联合起来向前进军，先锋和后卫由欧尔

① 沃洛吉西斯一世。

② 一个相当古老的独立小王国，地区大体上包括克里米亚和奇美里亚·博斯普鲁斯(刻赤海峡)以东的若干部落。由于波列莫到奇里奇亚去了，空下的王位在公元 41 年被克劳狄乌斯交给了米特利达特斯(参见狄奥·卡西乌斯，第 60 卷，第 8 章)。大约五年之后，由于某些理由(这些理由无疑在本书第 11 卷已佚的部分中叙述到)，他被奥路斯·狄第乌斯·伽路斯赶走，由他的弟弟科提斯代替了他。

③ 这时他大概是美西亚的副帅，后来又是不列颠的副帅(参见本卷第 40 章)。

④ 丹达里达伊人、西拉凯尼人和欧尔喜人都是居住在里海和亚速海之间的撒尔玛提亚人的部落，他们的北界是顿河，南界是高加索山。

喜人担任,中坚则由罗马步兵中队和罗马式装备的博斯普鲁斯军队担任。他们在这样的阵势下击退了敌人,并且占领了米特利达特斯退出的丹达里达伊人的一个市镇索札。[①] 他们不知道这里的居民是否对他们忠诚,因此决定把一支卫戍部队留在该镇。随后他们便向西拉奇人的地区进攻;他们渡过了庞达河,包围了乌斯佩,这是一座有城墙和壕沟卫护的山城。但这座城的不利之点却是,城墙不是石造的,而是用树枝编成的篱笆夹着泥土造成的,因此经不起攻击——我们的攻城塔比城墙高得多,我们用投枪和抛出去的火把使城里的卫戍部队陷入了一片混乱。老实说,如果不是黑夜使战斗中止的话,这次进攻可以在同一天开始和结束。

(17) 第二天,乌斯佩人派代表出城要求赦免自由居民,并愿意交出一万名奴隶。这个条件为胜利者所拒绝,理由是屠杀投降的人是一种残酷的行为,但是要在这样多的人四周设置戒备人员那也是极其困难的事情:还是让他们死在战争的进程之中吧!而且从云梯攻上去的士兵也接到了对敌人格杀勿论的命令。乌斯佩的居民的死亡使其他地区的居民深感恐怖。既然军队和工事、山地或自然的屏障、河流和城市都不能阻挡敌人的进攻,要想取得安全就是不可能的事情了。因此佐尔西尼斯就长时期不能确定他是应当先帮助陷入绝望状态的米特利达特斯,还是应当先挽救他从自己祖先手里接受的王国。但是后来他本国人民的利益占了上风,于是他就交出了人质,并且匍匐在恺撒的胸像的前面了。这是罗马军队取得的不寻常的荣誉,因为他们肯定是在不流一滴血而

① 索札以及下面的庞达河和乌斯佩均不详。

胜利的情况下，到达一个离塔纳伊斯河[①]有三天路程的地方的。不过他们在回师的时候，运气却不好，因为在从海路返回的途中，一些船只被吹到陶路斯山的沿海一带[②]，他们在那里受到蛮族的包围，蛮族杀死了一个中队队长和许多辅助部队人员。

(18) 米特利达特斯这时既然在武力方面得不到援助，便考虑应当求谁的宽恕的问题。他的兄弟科提斯曾经背叛过他，后来又公然对他作战，因此不能得到他的信任。在当地的罗马人中间也没有一个人有足够的威信可以为他带来希望。于是他到优诺尼斯那里去，因为优诺尼斯对他并没有很大的私仇，而且优诺尼斯通过不久之前同我们结成的友谊又大大加强了自己的力量。他尽量使他的衣着和他的表情适应他当前的处境。他走进优诺尼斯的宫廷后便跪在国王的面前向他说："罗马人多年来在海上和陆上一直在寻求的米特利达特斯，他自己到这里来了。随你怎样处置伟大的阿凯美尼斯[③]的后裔吧，这是所有我的敌人不曾从我身上夺走的唯一头衔。"

(19) 他的声名、他的遭遇以及他的并非卑鄙的请求感动了优诺尼斯。优诺尼斯把他扶了起来，并且称赞他的行为，因为他选择了欧尔喜人和他本人作为请求宽大的对象。同时他派遣一个使团到恺撒那里去，使节们带了一封信，内容如下："罗马皇帝与大国国

① 今天的顿河。

② 即克里米亚的海岸。

③ 波斯王家的始祖，冈比西斯的祖父，居鲁士的父亲。博斯普鲁斯国王米特利达特斯的祖先，本都的米特利达斯一世自称是他的后人（参见优斯提努斯，第38卷，第7章）。

王之间的友谊产生于他们的类似地位，他本人与克劳狄乌斯也是共同取得胜利的伙伴。战争的最崇高的目的在于通过谅解而取得圆满结果。因此之故，佐尔西尼斯虽然被打败，却没有遭到剥夺。至于应当受到更加严厉惩罚的米特利达特斯，他既不代他要求权力，也不代他要求王位，他只要求不把他放到凯旋的行列里，不要他用性命来抵偿过去的过错。”

(20) 克劳狄乌斯对外国权贵尽管一向宽大为怀，但是他还是拿不定主意，到底是在保证保留米特利达特斯的活命的条件下接受他为俘虏，还是再用武力把他抓来。他对米特利达特斯的冒犯的憎恶感到愤慨，并很想复仇，因此他想选择第二个办法；但另一方面他又这样考虑：“如果要把他抓来，那就得在一个没有道路的国家、没有港口的海面上作战。此外还要考虑到那些黩武的国王、他们手下的游牧部落和荒瘠不毛的土地。耽搁会引起人们的厌烦情绪，轻举妄动又会引起危险；胜利不会给罗马增加什么光荣，但失败却是十分可耻的。最好还是不放过现成的机会，让米特利达特斯在亡命中讨生活吧，对于这种贫穷潦倒的人，多活一天也就是多受一天的惩罚。”他拿定了这个主意之后，便写信给优诺尼斯说：“米特利达特斯按罪过确实应当处死，而且他自己也有力量来施加这种惩罚。但是他的祖先的遗训却是对求情的人要宽大仁慈，正如对敌人要进行坚决斗争一样：只有在征服整个民族和王国以后才能取得胜利。”

(21) 于是米特利达特斯便在适当的时候被解往罗马，押送他的是皇帝在本都的代理官尤尼乌斯·奇罗。据说，在皇帝面前，他讲的话对他所处地位来说是十分不得体的。有一句话被传到外面来，这句话就是："我不是被押回到你这里来的，我是自己回来的。如果你不相信这话，你就把我放走，再把我捉回来吧！"当他在卫兵的监视之下安置在广场上的讲坛(rostra)旁示众的时候，他脸上还露出了不屈的神色。执政官的标记授予了奇罗，行政长官的标记授予了阿克维拉。[①]

(22) 在同一些执政官执政的年度里，凶狠忌妒的阿格里披娜恨极了曾同她争夺皇帝宠爱的洛里娅，[②]因此她便收买了一个人对洛里娅提出控诉。洛里娅的罪名是同迦勒底人[③]和魔法师有来往，并且到克拉路斯的阿波罗神的神像那里去，请示有关皇帝大婚的事情。听到这事之后，克劳狄乌斯还没有听取被告的申诉，便在元老院里先发表了长篇的演说，谈论她一家的高贵身世。他指出，她的母亲是路奇乌斯·沃路西乌斯的姊妹，她的叔祖是科塔·美撒里努斯，她本人先前嫁过美米乌斯·列古路斯。不过他却故意避而不谈卡里古拉同她结婚的事情。[④] 他还说她的计划对国家是有害的，她必须被剥夺那恃以作恶的财产。因此最好是没收她的财产并把她逐出意大利。结果，在她的巨大财产当中，只给她留下五百万谢司特尔提乌斯作为放逐后的生活费用。还有一个显贵家

① 米特利达特斯本人从此就留在罗马，但是在伽尔巴的统治时期，他由于参加了尼姆披狄乌斯·撒比努斯的阴谋，结果未经审判便被处死了(参见普鲁塔克：《伽尔巴传》，第 15 章开头的部分)。

② 参见本卷第 1 章。

③ 这里指迦勒底的占星术士。迦勒底人与占星术士多用为同义语。

④ 关于路奇乌斯·沃路西乌斯，参见本书第 13 卷，第 30 章结尾处；关于科塔，参见本书第 4 卷，第 20 章注；关于列古路斯，参见本书第 5 卷，第 11 章注；关于洛里娅和卡里古拉之间的短促的婚姻关系，参见本卷，第 1 章注。

族出身的女人卡尔普尔尼娅也遭到了厄运，因为克劳狄乌斯曾在谈话中不谨慎地称赞她的美貌，不过却不是对她怀有什么不正当的企图，阿格里披娜这才没有对她下毒手。对于洛里娅，阿格里披娜把一名将领派去迫她自杀。还有一个卡狄乌斯·路福斯，因有勒索行为而被判罪，他是被比提尼亚人[①]控告的。

（23）由于纳尔波高卢对罗马元老院一向特别尊重，所以它取得了这样一项特权：这一行省出身的元老事先无须取得皇帝的准允就可以回家去探视，这和西西里行省的情况一样。伊图莱亚[②]和犹太在它们的国王索海木斯和阿格里帕[③]死的时候被并入了叙利亚行省。[④]

过去七十五年[⑤]一直被废置的安全占卜式[⑥]由于一项决定而重新被恢复起来，并且将在今后继续下去。恺撒还扩大了城界，[⑦]因为按照古昔的风俗，帝国的疆域在扩大时，[⑧]城界也有权利相应地扩大。不过甚至在征服了若干强国之后，也没有任何罗马统帅行使过这项权利，例外的只有路奇乌斯·苏拉和圣奥古斯都二人。

---

① 卡狄乌斯·路福斯是比提尼亚的长官。

② 和约旦最东部的特拉科尼提斯（Trachonitis）相邻接的一个荒凉的山国。

③ 希罗·阿格里帕一世希罗大帝和玛利亚姆妮的孙子，是卡里古拉后来又是克劳狄乌斯的好友。他的死亡（参见《新约全书》，使徒行传，第 12 章，第 23 节），应当是大约五年前的事情。

④ 这两个地方从此由属于叙利亚的副帅的皇帝代理官来治理。

⑤ 如果原文未错的话，则从奥古斯都在举行三重的凯旋式，即第一次封闭雅努斯神殿的那一年（公元前 29 年）恢复被废弃的仪式那时算起，到这时正好是七十八年。

⑥ 用以确定是否能为国家的安全举行祈祷的一种晦涩难解的仪式。

⑦ 沿着城墙外面（原来是里面）的一道献神的土地。这一条土地是罗马城的标准边界。

⑧ 指征服不列颠事。

(24) 关于各个国王在这方面的虚荣或光荣,有种种不同的说法。但是城市的最初建立和罗木路斯确定的城界的情况,我认为是值得好好研究的。设置有青铜牛像的牛场[①](青铜牛像可以用牛驾犁这一点加以说明)是作为城界的犁沟的起点,[②]这道犁沟把赫尔克里士的大祭坛都包括在境界之内了。从那一地点开始沿着帕拉提努斯山[③]的山麓,每隔一定距离便设立一个界石,直到康苏斯的祭坛,从那里经过库里亚老会堂[④]、家神庙[⑤]而到罗马广场。人们认为广场和卡披托里乌姆神殿不是被罗木路斯,而是被提图斯·塔提乌斯并入城界之内的。[⑥] 后来城界便由于国运的兴隆而日益扩大:现在由克劳狄乌斯所规定的城界已很容易确定,而且已正式记载在官报里面了。

① 牛场(Forum Boarium)在大竞技场(Circus Maximus)和台伯河之间。青铜牛是埃吉纳的青铜制品,这是从希腊缴获来的战利品。

② 参见瓦罗(Varro):《论拉丁语》(*de Lingua Latina*)第5卷,第143节:"许多人按照埃特路里亚的仪节建立拉提乌姆的城市。他们用牛、公牛、母牛联成一组沿着城域内部犁一圈沟(由于宗教方面的原因他们在选定吉日做这件事),这样他们就可以用一道沟和一道墙来保卫自己。他们把犁出了土的地方称为沟(fossa),而把抛到里面的土称为墙(murus)。"(Oppida condebant in Latio Etrusco ritu;id est,iunctis bobus,tauro et vacca interiore,circumagebant sulcum... Terram unde exsculpserant,fossam vocabant,et introrsum iactam,"murum".)

③ 最早的城镇,所谓方形罗马(Roma quadrata),即在帕拉提努斯山上。沿着山脚所形成的不规则的梯形,在城墙墙外下面划了罗木路斯的城界。城界的四角西南角是赫尔克里士的大祭坛(Ara Maxima),东南角是康苏斯的地下祭坛。

④ 在城界东北角。过去各库里亚的成员在特定的日子里就在这些会堂里献牲和共同进餐。人们把罗木路斯修建的会堂称为老会堂。

⑤ 家神庙(sacellum Larum)在城界西北角。确实地点已不可考。

⑥ 卡披托里乌姆神殿一般认为原是克维里那路斯山上萨比尼人移民地的一个前哨所;广场则是这一移民地和帕拉提努斯山一个拉丁城镇的市集。

（25）在盖乌斯·安提司提乌斯和玛尔库斯·苏伊里乌斯担任执政官的一年，帕拉斯用各种办法撺掇克劳狄乌斯把多米提乌斯过继为继子。他过去曾为阿格里披娜的婚事出过力，后来又同她发生了不正当的爱情关系，现在他不断促使克劳狄乌斯考虑国家的安全，并且给少年时代的不列塔尼库斯找一位可靠的保护者。他说："圣奥古斯都的家庭便是这样，尽管他有孙子可以依靠，结果仍是继子掌握大权。提贝里乌斯也有他自己的孩子，然而他还是过继了日耳曼尼库斯；克劳狄乌斯因此也应当给自己指定一位年轻的共治者，和他共同负责处理国家大事！"皇帝答应了他的执拗的请求，而把多米提乌斯安置在他那比多米提乌斯小三岁的儿子的上面，并且把他的被释奴隶所提出的理由在元老院里重述了一遍。权威人士认为，在这之前，克劳狄乌斯家族的贵族的一支从阿图斯·克劳苏斯以来世世相传，绵延不绝，从来没有过过继的事情。

罗马建城803年，即公元50年

（26）于是，元老院向皇帝谢恩，对多米提乌斯谄媚得就更巧妙了。通过了一项法律，[①]把他正式过继到克劳狄乌斯家族里来，并且给他起名为尼禄。阿格里披娜本人则被加上了奥古斯塔(Augusta)的尊号。在这些事情过去之后，没有任何一个人的心肠会无情到不为不列塔尼库斯的遭遇感到难过。在他身边服侍他的奴隶越来越少。这个孩子看到他的继母对他的那种矫揉造作的照料只会感到可笑，因为他知道这一切都不是出自内心。外面传说他绝不是没有才智的人，这种说法可能是真的，不过却也没有任

① 由于尼禄在他父亲死后是一个"自权者"(sui iuris)，所以有必要正式通过一项"由库里亚通过决议而制定的法律"(lex curiata)。

何事实可以证实这种说法。也可能正是因为人们怜悯他的危险处境,才对他这样推许。

(27)另一方面,阿格里披娜为了向行省也显示自己的力量,她在她的出生地乌比伊人的一座城市设置了一个老兵的移民地[①]。这个移民地便以她的名字为名。凑巧的是,那位把莱茵河对岸的居民收归罗马治下的罗马人,正是她的外祖父玛尔库斯·阿格里帕。

这时,卡提伊掠夺者的进攻在上日耳曼地方[②],引起了人们的惊恐。于是副帅普布里乌斯·彭波尼乌斯便派遣担任辅助部队的万吉欧尼斯人和涅米提斯人[③]在联盟者骑兵部队的协助下去截击掠夺者;如果掠夺者溃散,就包围它们,然后进行突然袭击。军队以自己的活动支持了统帅的计划。他们分成两队,一队向左方行进,出其不意地攻击了一队刚刚返回的掠夺者,这些掠夺者在用他们抢来的东西大吃大喝一通之后,由于力不能支而昏昏睡倒了:这样他们便易于陷入包围而失去自己的掠夺品。使人们特别高兴的是,伐鲁斯惨败之后少数幸而保全了性命的人在四十年的奴役之后,又被他们救了出来。[④]

① 今天的科隆(原名 Colonia Agrippinensis)。

② 在今黑森—拿骚(Hesse-Nassau)地区。

③ 万吉欧尼斯人和涅米提斯人住在莱茵河西岸,他们的主要城市是今天的沃尔姆斯(Worms)和司皮里斯(Spires)。

④ 伐鲁斯(Publius Quinctilius Varus),公元前13年度执政官,由于奥古斯都的提拔而有了一些名气。公元9年,伐鲁斯是莱茵军的副帅;当他率领三个军团从威悉河附近的夏营回师时,他在无路可通的地区受到了阿尔米尼乌斯的伏击,结果兵败自杀。

（28）从右方抄短路的一支军队使敌人遭到了更加惨重的损失，因为敌人竟然敢于冒险对罗马军队展开正规战斗。他们带着战利品光荣地返回了陶努斯山[①]，彭波尼乌斯率领着军团正等在那里，因为他相信渴望复仇的卡提伊人会公开地向他挑战的。但是他们害怕自己会被夹击在一方面的罗马人和另一方面、他们的宿敌凯路斯奇人之间，于是便派遣一个使团带着人质到罗马去，结果彭波尼乌斯被授予了凯旋的荣誉。不过在后人看来，他的诗人的名声反而更高一些，这次凯旋在他的声名当中只不过占了很不重要的地位而已。[②]

（29）就在这时，过去受杜路苏斯·恺撒的任命来统治苏埃比人的万尼乌斯[③]被赶出了他的王国。他在统治之初，是受到他国人的尊重和爱戴的，但后来由于连续掌权而变得残暴起来，结果导致国内的纷争和邻国的憎恨。把他搞垮的主使人是赫尔孟都利人的国王维比里乌斯和他自己姊妹的孩子万吉欧和西多。克劳狄乌斯虽然多次受到请求，却不曾帮助交战的蛮族的任何一方，只是答应万尼乌斯在他被击败时给予安全的避难之所，同时又写信指示潘诺尼亚的长官帕尔佩里乌斯·希斯特尔，要他从行省当地选拔一支精锐的辅助部队和一个军团一同驻扎在多瑙河岸上，支援被战败的一方和威慑战胜的一方，以便不使战胜的一方因胜致骄，从而破坏罗马的和平。这时大批人马正在逼近万尼乌斯的国境——

① 在莱茵河和尼达河之间。关于那里的罗马要塞，参见本书第 1 卷，第 56 章。
② 参见本书第 5 卷，第 8 章注。
③ 参见本书第 2 卷，第 63 章注。

他们是路吉人[①]和其他部落，因为万尼乌斯在过去三十年中通过劫夺与横征暴敛而提高起来的富有王国的声名吸引了他们。国王本人的步兵和他从撒尔玛提亚的雅泽吉斯人[②]那里征募来的骑兵部队是没有力量抗击这样多的敌人的。最后他决定在他的要塞中抗击敌人，以拖延作战的时间。

(30) 但是雅泽吉斯人在要塞里困得很不耐烦了，于是他们分散到附近的平原上，而当路吉人和赫尔孟都利人向他们进攻时，一场战斗就不可避免地展开了。于是，万尼乌斯从他的要塞里下来作战；他在战斗中被打败了，但是，尽管他运气不佳，却受到了人们的赞扬，因为他亲自挥刀作战，并且是在身体前部负了伤的。

不过，万尼乌斯逃到了多瑙河上的罗马舰队上。紧紧跟随他的臣属也各自取得了一份土地，定居在潘诺尼亚了。万吉欧和西多瓜分了他的王国，他们对我们是十分忠诚的。在他们争夺统治权的时候，他们受到他们的臣民的拥戴，但一旦他们取得了权力，臣民便更显著地憎恶他们了：这或许是因为他们的性格变了，或许是因为他们进行了残暴的统治。

(31) 这时，到不列颠[③]来担任长官的普布里乌斯·欧司托里

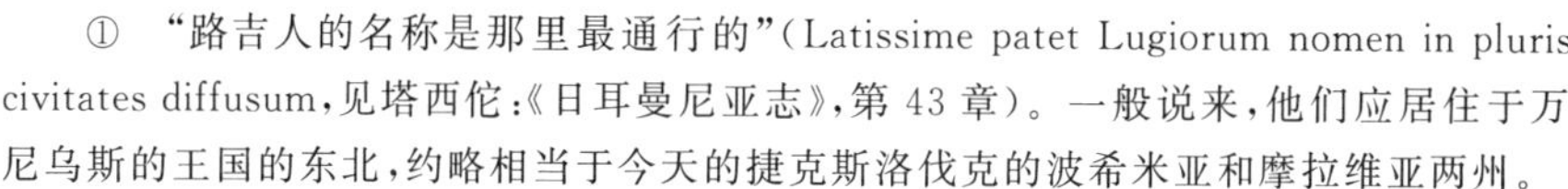

① "路吉人的名称是那里最通行的"(Latissime patet Lugiorum nomen in pluris civitates diffusum，见塔西佗：《日耳曼尼亚志》，第 43 章)。一般说来，他们应居住于万尼乌斯的王国的东北，约略相当于今天的捷克斯洛伐克的波希米亚和摩拉维亚两州。

② 雅泽吉斯人移居于黑海和亚述海沿岸地带的一支，现在他们定居在潘诺尼亚东境、多瑙河与蒂萨河之间的平原上。

③ 这里叙述的是公元 47 年到 58 年不列颠事件，内容混乱，因此产生了许多在这里的简短注释中难以充分讨论的问题。本章及有关各章的注释只说明有助于理解本文叙述的几点。

乌斯[①]发现该地的局面十分混乱，原来敌人已非常猛烈地攻入了我们的联盟者的领土，特别是因为敌人认为，统率着一支对当地不熟悉的军队的新统帅是不会贸然作战的，何况冬天又已经到临了。欧司托里乌斯知道首先取得战果会引起敌人的恐惧或自己的信心，于是他便率领着步兵中队急速前进，击破敢于抵抗的敌人，紧紧追击被驱散的敌人的队伍。为了不使敌人再来进攻，为了避免缔结一项使统帅或他的军队得不到安静的、不称心而又不会忠实执行的和约，欧司托里乌斯准备把所有不可靠的分子全部解除武装，并压服了特伦特河和塞佛恩河这一面的全部地区。[②]

对此最先起来反抗的是伊凯尼人[③]，这是在战斗中还未被击溃的一个强大的部落，因为他们过去曾自愿地同我们结成联盟。在他们的建议下，周边各部落选择了一块作战的地点，这个地点有土石树枝之类的工事作为护卫，其入口十分狭窄，骑兵无法接近。罗马的统帅虽然手下没有正规军团的士兵，只有辅助部队的一支队伍，但他却准备攻克这些防御工事。他把步兵中队配备在各个适宜的地点，甚至使他的骑兵中队的士兵都改为步兵的装备。随后便发出信号，攻破了敌人的防御工事；工事倒使敌人行动不灵，他们陷入了极大的混乱。不列颠人愧于自己的叛变行为又毫无逃脱之路，因而他们战斗得极其英勇；在作战期间，副帅的儿子玛尔

① 奥路斯·普劳提乌斯（公元 43 年的那次进攻的领导人，公元 47 年他回到罗马接受小凯旋式）的继任者。

② 在原书中，特伦特（Trent）应是特利桑托纳（Trisantona），原文只有这样改动才符合事实，虽然在版本方面并没有根据。

③ 在今天的诺福克、萨福克和剑桥郡。

库斯·欧司托里乌斯由于救了一个罗马人的性命,因此取得了罗马公民的橡冠[①]。

(32)伊凯尼人失败以后,所有那些动摇在战争与和平之间的人都安静下来了。罗马人便对凯安吉人[②]发动了进攻。这个地区受到了蹂躏,到处都有战利品。这时敌人不敢同罗马人接战,如果他们想用伏击来扰乱行进中的罗马军队,他们的诡计便会受到惩罚。当欧司托里乌斯走近与爱尔兰隔海相望的地带时,不列刚提斯人[③]的一次叛乱使他又回来了。这位统帅总是当他确保了旧的征服成果时,他才决心进行新的征服。不列刚提斯人的叛乱的确被平定了,不过被处死的只有少数肇事的祸首,其余的人都被赦免了;然而不拘是严厉还是宽大,都不能使继续进行斗争的西路里斯部落[④]屈服,因此不得不建立一座军团的营地以便镇压他们。[⑤] 为了更好地做到这一点,在被征服的土地上的卡木洛杜努姆[⑥]地方,设置了一个由一队强大的老兵防守的移民地。这些老兵的任务是准备应付叛乱,并且训练当地的友好居民,使他们习惯于奉公守法的生活。

① corona civica,参见本书第3卷,第21章注。

② 由于在柴郡和斯塔福德郡发掘出来的铅块上面刻有DECEANG之类的字样,所以人们认为这个部落居住的是弗林特郡的产铅地区。这个名字是deceangi(德凯安吉人)还是Ceangi(凯安吉人),要看铭文上的DE是不是个前置词,但这个问题今天还无法解决。

③ 分布于北部诸郡的一个强大的部落。

④ 分布于南威尔士、蒙默思和赫里福德。

⑤ 大概在格路斯特。第二军团的永久性驻地在伊斯卡·西路鲁姆,即乌斯克河(Usk)畔的凯厄列昂,Caerleon(=castra legionis),看来是在维斯帕西亚努斯时期才设置的。

⑥ 今天的科尔切斯特;先前是特利诺班提人的国主库诺贝利努斯(Cunobelinus,即辛白林,Cymbeline)的首都。老兵的移民地的设置使得埃塞克斯的军团可以西调。

（33）后来，欧司托里乌斯便向西路里斯人的地区发动了进攻。这些生来骁勇善战的人们相信卡拉塔库斯①的勇武，因此他们的胆子就更大了。卡拉塔库斯的多次局部的或全面的胜利，使他在不列颠的领袖人物中处于最突出的地位。这一次，尽管他的兵力处于劣势，他却利用了那里的复杂多变的地形，十分巧妙地把作战的地点转移到欧尔多维凯斯人②的地区去。这个地区汇集了许多害怕我们罗马的和平生活的人，因此他决定诉诸战争。他选择了这样一个作战地点，这个地点的各个入口、出口和每一个地形都对我们不利，而对他们自己的军队有利。一边是高耸的山峦；凡是山坡坡度稍缓的地方，就用石头砌成的工事之类的东西封锁着。在山的前面，有一道没有方便的渡口的河流，还有一队战士在工事前面戒备着。

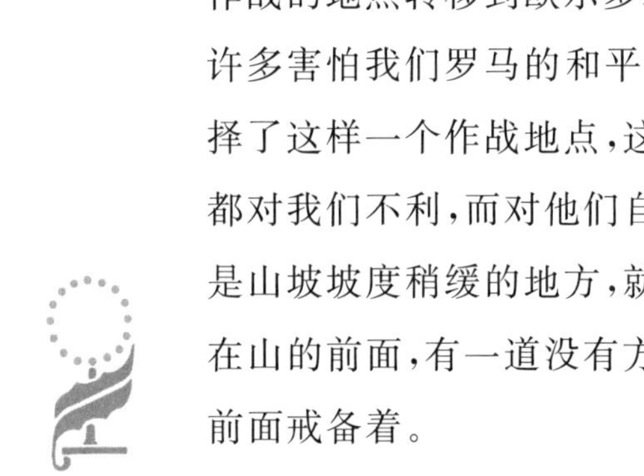

（34）此外，这些部落领袖还巡视自己的军队，向他们发出号召，激励他们的精神，他所用的办法是号召他们藐视困难，不要悲观，此外还作了其他的战争鼓动。在各处奔跑的卡拉塔库斯特别指出，今天这场战争或许可以使他们从此争回自由，也可能使他们从此遭受永久的奴役。他叫着他们的祖先的名字，他们的祖先过去曾击退过独裁官恺撒，并由于他们的勇敢而使得他们的子孙免遭斧头③和苛捐杂税的折磨，使他们的妻子儿女不致受到蹂躏。群众对于诸如此类的号召报以同意的呼声，每个人于是都按照本

---

① 他是库诺贝利努斯的儿子，在公元43年领导过对奥路斯·普劳提乌斯的斗争，显然还曾到西路里斯人那里去避过难。

② 居住在中部和北部威尔士。

③ 这里指罗马的武力。按棍束与斧头为罗马执政官之权力标志。

部落的方式发誓,绝不屈服于武力,绝不因负伤而动摇。

(35) 这种热情使罗马统帅感到烦恼异常。使他感到害怕的情况还有:作为天然屏障的河流、河岸上的工事、陡峭的山脉,以及无处不有的不怕流血牺牲的大量守军。但是士兵们决心作战;他们吵嚷着说,只要有勇气,什么地方都能克服;中队长和将领们也讲这样的话,因此他们把全军上下的热情都鼓起来了。

经过观察地形、找出哪些地点无法攻破哪些地点可以攻破之后,欧司托里乌斯现在便亲自率领斗志旺盛的士兵轻易地渡过了河。当我们到达河岸、双方展开投枪的战斗时,我方伤亡的人更多。但是我方筑成了一个活动雉堞。而一旦敌方胡乱堆集起来的粗陋石头工事被突破而战斗发展到双方展开肉搏战的时候,蛮族就撤退到山顶上去了。然而我们的轻武装和重武装的步兵甚至紧紧地追到那里去,轻武装兵用投枪追击,重武装兵则排成密集的队列前进。对面不列颠人的队伍却陷入了全面的混乱,因为他们没有胸甲和头盔保护自己;如果他们抗击辅助部队,就被军团士兵的刀剑和投枪打倒在地;如果他们对抗军团的士兵,又会在辅助部队的弯刀和长枪的打击下丧命。这是一次辉煌的胜利;卡拉塔库斯的妻子和女儿被俘,他的兄弟们也投降了。

(36) 卡拉塔库斯本人起初到不列刚提斯人的女王卡尔提曼杜娅那里去避难,但战败的人是很难找到托庇之所的,后来他还是被逮捕并被解送到胜利者那里去了。这是不列颠的战争开始以来第九年的事情。由于这次抗战,他的名声超出了他本国岛屿,传遍附近各行省,乃至意大利本土也都知道了他的名字。因为这些地方的居民都很想看一看在这样多年中间敢于同我们的强大威力相抗衡的这个人是怎样一个人。甚至在罗马，卡拉塔库斯的名字都是很有名的。恺撒在企图提高他自己威望的同时，使被征服的人也取得了荣誉。因为近卫军部队在平地上他们的营地前面武装列队的时候，[①]民众被约请来参观，就好像是来看什么精彩表演似的。随后走过的是卡拉塔库斯的少量臣仆和他在对外作战时所获得的饰物、项链和战利品，在这之后从民众面前走过的，就是他的兄弟们、妻子和女儿，最后才是卡拉塔库斯本人。别人由于害怕而不光彩地讨饶了。但是卡拉塔库斯本人既不垂头丧气，更不说一句乞怜的话。他来到座坛面前，便讲了这样的话。

(37)"如果我的身世和我的地位能够同我在胜利时的不骄不躁配合起来，那么我就不会以俘虏的身份，而是以朋友的身份到这个城市来了。而且你们也不会不屑于同一位身世高贵并且统治着许多民族的国王缔结和平的联盟了。我当前的命运如果对我来说是屈辱，那么对你们来说就是光荣。我有马匹、人员、武器和财富。我在失掉这些东西时感到难过，这有什么奇怪呢？如果你们想统治整个世界，难道世人会欢迎自己被人奴役么？如果我不作抵抗便投降你们，然后被带到你们跟前来，那么就不会有很多人知道我的失败或你们的胜利了。你们惩罚了我之后，这事也就会被人们忘记了。但是如果你们是保留我的性命，我将永远会记住你们的宽大。"恺撒赦免了他、他的妻子和他的兄弟。被去掉了镣铐的囚犯也向阿格里披娜致敬，她十分引人注目地坐在离皇帝不远的另一个坛座上。他们对她与对皇帝一样表示了称颂和感谢。一个女

① 这在罗马是不寻常的事情，参见本书第3卷，第4章注。

人堂堂正正地坐在罗马军旗面前，这确实是从古以来从未有过的新鲜事。她想用这一点表明在她的祖先所创立的帝国中，她自己也有一份。

(38) 后来，举行会议的元老们就卡拉塔库斯被俘一事发表了娓娓动听的长篇演说：他们认为这一事件可以同罗马人民曾经见过的、过去罗马统帅俘获国王的任何光荣事件相比，可以与普布里乌斯·斯奇比奥之俘获西法克斯[①]相比，可以与路奇乌斯·保路斯之俘获佩尔谢乌斯[②]相比，可以与其他统帅之俘获其他国王相比。欧司托里乌斯被授以凯旋标记。但是过去一直非常顺利的欧司托里乌斯现在却遇到了困难。这可能是由于在俘获卡拉塔库斯以后，我们认为战争已经取胜，作战的劲头就松下来了，也可能是由于敌人对他们的伟大国王的同情促使他们渴望为他复仇。被留在西路里斯人的地区构筑要塞的一位营帅和一些军团步兵中队受到了四面八方的攻击。如果不是邻近要塞的士兵在得到信息后赶来援救被包围的军队的话，他们肯定已全军覆没了。实际上，那位营帅，八个百人团长和那些最勇敢的士兵都已阵亡。不久之后，一队征发马料的罗马军队和被派出去支援他们的一些骑兵部队也全军覆没了。

(39) 欧司托里乌斯于是把他的轻武装步兵中队拉到前线，但也未能制止士兵的逃跑，直到军团最后也参加了战斗，局面才得到

① 西法克斯是努米地亚的国王，他的坎坷的一生是以第二次布匿战争时期奇尔塔一役的战败而结束的。斯奇比奥的凯旋式举行于公元前 201 年，波利比乌斯说，西法克斯出现在凯旋的行列里，但李维(参见李维：《罗马史》，第 30 卷，第 45 章)对这一点表示怀疑。

② 马其顿的最后一位国王，公元前 168 年被路奇乌斯·埃米里乌斯·保路斯(Lucius Aemilius Paulus)击败于披德纳(Pydna)，次年，他被带到凯旋的行列里。

扭转。敌人的力量和我们旗鼓相当，但最后还是我们占了上风。天黑时分，敌人逃跑了，但是损失不大。以后在森林和沼泽地带常常发生战斗，不过一般都不是正规战斗；这些战斗决定于个人的机会或勇敢的程度；它们或是遭遇战，或是事先计划好的；或是出于民族的仇恨，或是出于劫掠的动机；或是由于统帅的命令，但有时又是自动的。西路里斯人表现得特别顽强，他们对于罗马统帅在各处屡次宣扬的下面一种说法感到特别气愤，这种说法就是，既然过去苏甘布利人曾经被消灭或是被移居到高卢诸行省，[①]所以西路里斯人的名字也应当永远被消灭。于是他们便歼灭了两个辅助步兵中队，这两支军队的军官贪得无厌，因此士兵只顾抢掠，戒备不严。西路里斯人还通过赠送战利品和战俘的办法，使得其他部落也参加了他们的叛乱。这时，忧虑过度而无法再支持下去的欧司托里乌斯死了；这使敌人感到十分高兴，因为他们认为，拖垮这样一位不可轻视的统帅的，也许并不是一次战斗，但肯定是一次战役。

(40) 恺撒得悉副帅的死讯时，为了不使行省处于无人负责的状态，便派奥路斯·狄第乌斯[②]去接替他。尽管狄第乌斯迅速地到达那里，但他发现局面比先前恶化了，因为在这期间，曼里乌斯·瓦伦斯所统率的军团又被打败了。情况被夸大了：敌人方面夸大的目的是想给予新来的统帅一个下马威；统帅方面夸大的目的是：如果他能平定叛乱，则他能够取得更高的声望，如果他平定不了的话，那他也可以有一个比较正当的借口。这次西路里斯人

① 这是公元 8 年提贝里乌斯做的事情。参见本书第 2 卷，第 26 章。

② 《编年史》中可以参见的部分已佚，但可参见塔西佗：《历史》，第 3 卷，第 45 章。

又给我们造成了损失，他们在广大的地区进行了掠夺，直到狄第乌斯到来后才把他们击退。不过自从卡拉塔库斯被俘之后，最精通战术的不列颠人要算是维努提乌斯了。他是不列刚提斯人，这一点在前面我已经说过了。当他和王后卡尔提曼杜娅是夫妻的时候，他对我们一直是忠诚的，并且得到罗马军队的保护。后来他们离婚了，离婚后立刻开始了战争，并且他对我们也就真的打起来了。但起初斗争只限于他们过去的这对夫妻之间；卡尔提曼杜娅巧妙地俘获了维努提乌斯的兄弟和他的一些亲戚。敌人——一支强大的精选出来的年轻战士——对她的行为感到愤恨，同时想到今后会可耻地受到一个女人的统治而感到痛苦，于是便进攻她的王国。我们事先已经预见到这一事件。派出去增援的步兵中队对敌方展开了激烈的战斗。战斗开始时不分胜负，但在结束时我们却处于比较有利的地位。凯西乌斯·纳西卡所统率的军团的战斗情况和这也差不多。备极尊荣但因年事日高而变得迟缓的狄第乌斯，只满足于通过自己的部属进行战斗，并处于防守的地位。这些战役是两位长官在若干年中间进行的，不过我却在这里进行连贯的叙述，因为如果分开叙述的话，它们便不能使读者得到深刻的印象。

下面我再按年来加以叙述。

(41) 在提贝里乌斯·克劳狄乌斯(这是他的第五次)和谢尔维乌斯·科尔涅里乌斯担任执政官的一年里，尼禄提前接受了成人的外袍，[①]这样他便取得了参加政治生活的资格。恺撒高兴地

罗马建城804年，即公元51年

① 在前一年的12月15日，尼禄是十三岁，而穿成人的外袍(toga virilis)，一般至少也要十四岁。

准允了元老院的谄媚请求:他们希望尼禄在二十岁就担任执政官,[①]而在这之前的一段时间里,他应当以当选执政官的身份在首都之外行使总督的权力,并且享有"青年之王"[②]的头衔。此外还以他的名义对军队颁发赏赐,对民众给以赠品。同时还在大竞技场举行比赛,以便使他取得民众的好感。比赛期间,他穿着凯旋的外袍,但不列塔尼库斯却像个孩子那样地穿着少年人用的紫边白色外袍。"从一个人的最高统帅的标记和另一个人的少年的衣着,民众是可以相应地推测出这两个人未来的命运的!"与此同时,所有那些对不列塔尼库斯的命运表示同情的百人团长和军团将领都被调走,对一些人是根据捏造的理由,对另一些人则以提升为幌子弄走了。甚至没有任何不忠表示的少数被释奴隶也通过下述的借口遭到排斥。有一次,这两个孩子会面,尼禄在打招呼时称呼不列塔尼库斯的名字,但对方却称他为"多米提乌斯"[③]。阿格里披娜把这件事说成是相互不和的最初象征,她把这件事告诉了她的丈夫,并对他大声抱怨说,"过继的做法受到了嘲弄,元老院的决定和人民的命令却在家庭里被废弃了!除非他们消除向他们灌输这种敌视情绪的人的有害影响,将来公众肯定是要遭殃的。"这些含蓄的控诉使皇帝感到很大的不安,于是他便放逐或处死了他的儿子的那些最好的教师,并且用他的继母所指定的人来代替他们,作他

① 按奥古斯都的规定,担任执政官的年龄至少也要三十三岁。

② 奥古斯都曾将这一头衔授予他的孙子盖乌斯和路奇乌斯·恺撒(参见本书第1卷,第3章)。和总督的大权与其他荣誉一样,它被用来表明皇帝已选定某人为继承者——但是至少在理论上,奥古斯都并没有正式的权力来指定这样一个人。

③ 阿格里披娜之所以感到恼火,因为在过继之后,尼禄便不应再被称为路奇乌斯·多米提乌斯·埃诺巴尔布斯,而应被称为提贝里乌斯·克劳狄乌斯·尼禄·恺撒。

的儿子的监护人。

(42) 不过,阿格里披娜还没有勇气拿出她的最后的一手,除非她能把路西乌斯·盖塔和路福里乌斯·克利司披努斯两个人从近卫军的领导地位上排除出去,因为她相信这两个人是始终怀念美撒里娜并忠于美撒里娜的孩子的事业的。因此,她就对她的丈夫说,近卫军由于两个人之间的倾轧而分成两派;又说,如果近卫军由一个人来统率,纪律就会更严格些。这样,近卫军的统率权就转到阿弗拉尼乌斯·布路斯手里去了;这是一个极为杰出的军人,不过他了解得很清楚,他这个地位是依靠谁的力量得来的。阿格里披娜还采取措施来提高自己的尊严。他开始乘辇[①]进入卡披托里乌姆神殿,而在古时只有祭司和圣物才享受得到的这种荣誉。这种做法加强了一个女人的尊严,这是一个身世极其高贵的女人,她不但是一位统帅[②]的女儿,而且是皇帝的姊妹、妻子和母亲。[③] 这时她的主要拥护者,炙手可热而已至耄耋之年的维提里乌斯遭到一名元老尤尼乌斯·路普斯的控诉——有权有势的人的命运也是不可靠的啊! 控诉他的罪名当然又是大逆罪和夺取皇位的阴谋;如果不是阿格里披娜的请求(或者不如说恐吓),使得恺撒宣布控告者不受罗马法律的保护的话[④],他对于这样的罪名肯定是会加以注意

① 一种有双轮和采盖的车,元老院过去准许美撒里娜乘坐这种车(参见狄奥·卡西乌斯,第 60 卷,第 21 章)。后来维斯帕西亚努斯的妻子和女儿等人也得到这样的权利。

② 日耳曼尼库斯曾从提贝里乌斯手里得到这一称号(参见本书第 1 卷,第 58 章最后部分)。

③ 她是卡里古拉的姊妹,克劳狄乌斯的妻子,尼禄的母亲。

④ 原文直译是断绝他的火和水,意思是说,剥夺他的公民权,使他失去祖国。

的。而维提里乌斯所要求的正是宣布控告者不受罗马法律的保护。

(43)这一年中发生了许多怪异事件。一些不吉利的鸟栖止在卡披托里乌姆神殿上;[①]接连不断的地震震塌了许多房屋,恐怖气氛传播开来,惊惶的人四散逃命,软弱的人就被人群踏死了。粮食缺乏,饥馑随之而来,这被认为是上天的警告。人们的不满情绪并不总是采取窃窃私语的形式。受到批评的克劳狄乌斯被一群狂呼乱叫的人包围起来,他一直被逼到广场的最远的一个角落里,在那里受到猛烈的责问,直到后来,在一队士兵的帮助下,他才在愤怒的人群中挤出一条道路。人们证实了这样一点:首都的粮食只够十五天的食用了。只是由于上苍开恩和冬天气候不冷,罗马才免遭一场大灾难。过去,意大利确实曾把粮食运给最边远的行省的军团,土地的瘠薄现在也不成问题;但是我们的农业重点已经是阿非利加和埃及了。这样一来,罗马人民的生命便有系于海上航运的安危了。

(44)同年,亚美尼亚人和伊伯利亚人之间爆发的战争使得帕尔提亚和罗马之间的关系也变得十分紧张。帕尔提亚的统治者目前是沃洛吉西斯。沃洛吉西斯的母亲是个希腊的侍妾,他是在得到他的兄弟们的同意之后才取得王位的。伊伯利亚则一直由它的旧主人帕拉司玛尼斯统治着。而亚美尼亚的统治者则是他的兄弟,受到我们的支持的米特利达特斯。[②] 帕拉司玛尼斯有一个儿子名叫拉达米司图斯,此人身材高大、漂亮、体力过人、精通本国的

① 只在本书后面的5卷才谈到这样的怪异事件。这说明作者开始使用另一种史料——可能就是老普利尼所写的他当时的历史。

② 关于帕拉司玛尼斯和米特利达特斯,参见本书第6卷,第32章以次;第11卷,第8章以次。

才艺,并为相邻各民族所景仰。他常常毫不掩饰地说,他父亲老而不死,使他无法取得伊伯利亚这个小国的王位,别人早已看出他的意图了。于是担心那受到国人同情并在伺机夺取政权的年轻人的帕拉司玛尼斯,在年事日高的时候,便设法利用亚美尼亚来引开这个年轻人的野心;他说他过去在驱逐了帕尔提亚人之后,曾使米特利达特斯取得亚美尼亚的王位。不过目前还不能使用武力,他们却可以设法用某种计谋攻米特利达特斯之不备。于是拉达米司图斯便伪装和父亲决裂,声称他不能忍受继母的仇视,因此到他叔父这里来。叔父对待他特别亲切,就和对待自己的亲生儿子一样。但这时他却教唆亚美尼亚的贵族发动叛乱,尽管他不但没有受到米特利达特斯的怀疑,实际上反而受到他的叔父的尊重。

(45)在装出同父亲取得了和解的姿态之后,他便回到他父亲那里去,告诉父亲说,凡是通过计谋所能做到的一切他完全准备好了。此后应当做的,就要通过武力来实现了。就在这同时,帕拉司玛尼斯制造了战争的借口。他说当他同阿尔巴尼亚[①]的国王作战的时候,他的兄弟米特利达特斯曾反对他向罗马求援,因此现在他要为自己所遭受的损害向米特利达特斯报复。米特利达特斯必须付出自己的生命。就在这同时,他把一支大军交给自己的儿子拉达米司图斯。拉达米司图斯的突然进攻使米特利达特斯惊惶失措。他把米特利达特斯驱出了平原地带并迫使他退到一个地势险要并有卫戍部队防守的、名叫戈尔尼埃的要塞里去。这支卫戍部

① 参见本书第 6 卷,第 33 章注。

队的领导者是辅助中队[①]队长凯里乌斯·波里欧和百人长团卡司佩里乌斯[②]。我们所精通的一个战术部门，即攻城时所使用的各种设备和技巧，是蛮族最不熟悉的。因此拉达米司图斯在对要塞作了几次徒劳无益的或付出了重大损失的进攻之后，便开始了一次封锁。既然武力起不了什么作用，他便想利用中队队长的贪欲这一弱点来收买他；但卡司佩里乌斯反对用这种罪恶的行贿办法颠覆同罗马结成同盟的国王，而且亚美尼亚的国土又是罗马人民赠送给他的。但是波里欧坚持以敌人人多为理由，拉达米司图斯又坚持以父亲的命令为借口，卡司佩里乌斯最后只得要求先行休战，然后就离开了。他离开的目的或者是为了阻止帕拉司玛尼斯发动战争，或者是为了向叙利亚的长官翁米狄乌斯·克瓦德拉图斯去报告亚美尼亚的局势。

(46) 在百人团长离开之后，中队队长看到自己身旁没有人再监视着他，于是就催促米特利达特斯缔结一项条约。他强调指出他和帕拉司玛尼斯的兄弟关系，帕拉司玛尼斯的年长以及其他各种亲属关系——事实是，米特利达特斯娶了帕拉司玛尼斯的女儿，而拉达米司图斯又娶了米特利达特斯的女儿。他说，“伊伯利亚人虽然目前较强，但是他们并不反对缔结和约。他已经相当了解亚美尼亚过去的背叛行为，而且他的唯一可恃以自卫的不过是一个粮食很缺的要塞。他不要冒险去进行毫无把握的战争，而是缔结一项不流血的和约。”米特利达特斯虽然听到这些理由，但是他还

① 指辅助步兵中队。

② 此人重见于本书第 15 卷，第 5 章，也见于塔西佗：《历史》，第 3 卷，第 73 章。

是拿不定主意，因为中队队长的劝告是不可靠的。这个人曾经勾引过国王的一个侍妾，人们还认为这个人为了钱，什么坏事都干得出来。正在这时，卡司佩里乌斯来到帕拉司玛尼斯这里，要求伊伯利亚人撤退包围的军队。在公开的场合，国王的答复含含糊糊，一般也还入耳中听；但在暗地里，他却派了一名急使去通知拉达米司图斯，要他加紧用一切办法进行围攻。这样一来，背叛的代价就提高了；波里欧通过暗中行贿的办法唆使军队要求缔结和约，并以离开岗位相威胁。米特利达特斯没有别的办法，只得同意缔约的地点和日期，并离开了要塞。

（47）他们会见的时候，拉达米司图斯首先装作十分亲热的样子，拥抱米特利达特斯，称他为岳父和叔父。随后他便发誓说，他绝不会用武力或毒药谋害他。接着，拉达米司图斯赶忙把他引到附近的一片森林里，在那里告诉他说，奉献牺牲的用品都已准备好，以便他们的和约在前来作证的诸神面前得到批准。在两个国王相会结盟时，程序是两人拉起右手，拇指结在一起并用一个结把它们系紧。当血液都集中到指尖部分时，便在那里轻轻刺一下把血放出来，然后这两个人便依次用舌头来舔它。用鲜血相互加以保证的条约具有神秘的性质。但是这次给国王的手指打结的人假装滑倒，这样他就抱住了米特利达特斯的双膝，使他摔倒在地上了。就在这时，另一些人跑过来给他上了镣铐。他就这样上着镣铐被拖走了，这对蛮族来说是一种奇耻大辱。随后，那些吃过他的严酷统治的苦头的民众便都来侮辱和殴打他。但另一方面，却又有一些人对于他的这样一种突然逆转的命运表示怜悯。

米特利达特斯的带着几个年幼孩子的妻子大声哭泣，使得那

里的人们都听得到。囚犯分别被装入了有盖的车,只等待帕拉司玛尼斯的命令。在他的心目中,取得王位的欲望较之兄弟和女儿更有分量,而且他的性格是什么伤天害理的事都干得出。不过他总算还没有在他自己面前杀死他们。拉达米司图斯显然也没有忘掉自己所发的誓,即不用武器和毒药来杀害自己的姊妹和叔父,结果他就把他们拖倒在地上,然后用大量的衣服压到他们身上,使他们窒息而死。米特利达特斯的儿子们也被杀死,因为他们在他们的双亲被杀时流了泪。

(48)叙利亚的长官克瓦德拉图斯在得悉米特利达特斯惨遭敌人的毒手而他的王国也被杀人凶手夺去的时候,他便召集了一次会议,把发生的事情告诉了参加会议的人,并问他们他是否应该采取惩办的措施。有一些人对罗马的荣誉表示了关切,但大多数人却以安全为由,建议谨慎行事。他们认为,一般说来,我们应当欢迎外国人的犯罪行动,我们甚至应当去散播仇恨不和的种子,正像过去罗马皇帝往往貌似慷慨大度地把这个亚美尼亚送了出去,但实际上却只会搅乱那些蛮族的情绪。只要拉达米司图斯是在受到憎恶和唾骂的情况下保持他以不义的手段所夺取的一切,那么就让他保有那些东西吧。这样比之他通过光荣的手段取得它们,对我们反而更有好处!这个意见被采纳了。但是为了避免给别人这样的印象,好像我们已默认了这种罪行,同时又害怕皇帝的命令同他们的做法恰恰相反,于是他们把使节派到帕拉司玛尼斯那里去,要求他撤出亚美尼亚的领土,并把他的儿子召回去。

(49)卡帕多奇亚的代理官是一个叫做优利乌斯·帕伊里格努斯的人,这个人由于生性愚蠢和外表古怪而受到人们双重的厌

恶，但是他和克劳狄乌斯的关系却极为密切，克劳狄乌斯在他退隐的时候就是和这一类小丑一起排遣那闲散无聊的时光的。这个帕伊里格努斯纠合了一支行省当地的辅助队伍，公然声明要收复亚美尼亚；但是，当他动手劫掠我们自己的臣民而不是敌人的时候，他的军队便离开了他，结果就使他这个束手无策的人暴露在敌人进攻的面前了。于是他就跑到拉达米司图斯那里去，拉达米司图斯对他的慷慨大度把他感动到这样的程度，以致他竟然自动地劝拉达米司图斯采用国王的标记，并且以后援者兼亲信的身份帮助他进行这种僭越行动。当这一丑闻传开时，为了使人们认识到不能用帕伊里格努斯的标准去衡量一切罗马人，于是副帅赫尔维狄乌斯·普利斯库斯[1]奉派率领着一个军团，按照情况的需要去处理那里的混乱局面。赫尔维狄乌斯·普利斯库斯迅速地越过了陶路斯山，随后更多的是用温和的手法而不是用武力平定了一些地方。但不久他就被召回了叙利亚，因为害怕他引起一场帕尔提亚战争。

（50）原来沃洛吉西斯相信现在他正有一个进攻亚美尼亚的机会，因为亚美尼亚过去是他的祖先的领土，[2]现在却被一个外国的君主用罪恶的手段夺走了。因此他便纠集了一支军队，准备把他的兄弟提里达特斯安置到王位上去。这样他的家族的每一支便都有自己的王国了。[3] 帕尔提亚人的进攻没有经过一次正规的战

① 这个人并不是维斯帕西亚努斯当政时期斯多噶反对派领袖特拉塞亚的女婿（参见本书第 16 卷，第 28 章注）。尼佩尔第认为他可能是那个人的哥哥。

② 这里指的似是公元前 2 世纪和 1 世纪亚美尼亚的阿尔撒奇达伊王朝。

③ 他的另一个兄弟帕科路斯治理着米地亚·阿特洛帕提尼（阿塞拜疆），这个地方实际上（犹如亚美尼亚在理论上）是阿尔撒奇达伊家族的领地。

斗便打退了伊伯利亚人。亚美尼亚的城市阿尔塔克撒塔[①]和提格拉诺凯尔塔[②]投降了敌人。接着，严寒的冬天、粮食的供应不足和由于前两种原因而产生的一次流行病使得沃洛吉西斯不得不从这里撤退，结果亚美尼亚便再一次处于无人统治的状态而被拉达米司图斯占领。拉达米司图斯这次对这个曾经背叛了他的国家更加残暴了，他认为这个国家的人民在有机会的时候肯定会造反。他们虽是一个已习惯于受压的民族；但是他们在忍无可忍时，便拿起武器包围了王宫。

(51) 拉达米司图斯之所以得救，完全在于他的马跑得快，马载走了他本人和他的妻子。但是他的妻子正在怀孕。对敌人的恐惧和对丈夫的爱情，使她总算把逃跑的前几程路坚持下来，但是不久之后，由于马的不断奔驰震动了她的子宫，从而全身也都好像要裂开似地再也无法支持了。她求她的丈夫让她光荣地死去，以免被俘后受辱。他先是拥抱她，安慰她，鼓励她，他很佩服她的勇气，继而又想到把她抛下来，别人将占有她，却又非常害怕。最后在强烈爱情的支配之下，这个干过不少残暴事情的人抽出佩刀刺到她身上，然后把他那血流不止的妻子拖到阿拉克西斯河[③]的河岸，并且把她投到河里去，因为他不愿让她的尸体落入敌人之手。他本人则乘马跑回本国伊伯利亚。

这时吉诺比娅(这是他的妻子的名字)在一片僻静的死水的地

① 参见本书第 2 卷，第 56 章注。

② 亚美尼亚的第二大城，位于该国最南部，但该地的故址在何处至今尚无定论(参见本书第 15 卷，第 5 章注)。

③ 即流经阿尔塔克撒塔的阿拉斯河。

方被一些牧人发现了，当时她还在呼吸，好像还活着。他们从她那与众不同的外表知道了她的高贵出身之后，便给她包扎伤口，用本地的方法给她治疗。当他们知道了她的名字和不幸遭遇的时候，就把她带到阿尔塔克撒塔城去，并通过这个城市的好意而被护送到提里达特斯那里去。提里达特斯善意地接待了她，并且以王后之礼款待她。

(52) 在法乌司图斯·苏拉[①]和撒尔维乌斯·奥托[②]担任执政官的一年里，福利乌斯·司克里波尼亚努斯遭到放逐，因为有人控告他向占星术士们探询皇帝的死期。他的母亲维比狄娅也被牵连到这个案件里面来，因为她一直对放逐她的那个判决感到不服。司克里波尼亚努斯的父亲卡米路斯[③]曾在达尔马提亚发动过武装叛乱，而皇帝就指出这样一件事来着重说明他的宽大，因为他再一次宽恕了与他为敌的这个家族。不过这次放逐为时不久。他是善终的还是被毒死的，外界的人各有自己的看法或说法。元老院发布了一项严峻的，但实际上无效的法令，那就是要把占星术士从意大利驱逐出去。随后皇帝发表了一篇演说，赞扬所有由于经济情况不好而自愿放弃元老地位的人，至于那些赖在元老院不肯放弃元老地位，从而在贫穷之外又显得无耻的人，则被清除出去了。

罗马建城805年，即公元52年

(53) 这时，他向元老院建议惩处那些和奴隶结婚的女人；于是元老院作出决定，任何女人犯了这种罪行时，如果奴隶的主人不

① 此人是克劳狄乌斯的女婿，后来由于尼禄的命令在马赛被杀死(参见本书第14卷，第57章)。

② 未来的皇帝的兄弟

③ 公元32年度执政官。他在十年后发动的叛乱在五天里就被镇压下去(参见苏埃托尼乌斯：《克劳狄乌斯传》，第13章)。

知道，则降为奴隶；如果得到奴隶的主人的同意，则降为被释奴隶。被恺撒指明为他的建议的首倡者的帕拉斯则应当被授以行政长官的标记和一千五百万谢司特尔提乌斯，而提出了上述建议的则是当选为下年度执政官的巴列亚·索拉努斯[①]。科尔涅里乌斯·斯奇比奥还说，全国应当对他表示感谢，因为虽然他是阿尔卡地亚国王的后裔，[②]他却把他的古老的显贵身世置于国家的利益之下，而使他自己被认成是皇帝的一个仆从。克劳狄乌斯说，帕拉斯只愿意接受授予他的荣誉，[③]但是他却不愿放弃他过去所过的那种正直的清贫生活。于是元老院便在铜板[④]上公布了一项命令，对这位拥有三亿谢司特尔提乌斯的财产的被释奴隶的俭朴古风倍加赞扬。

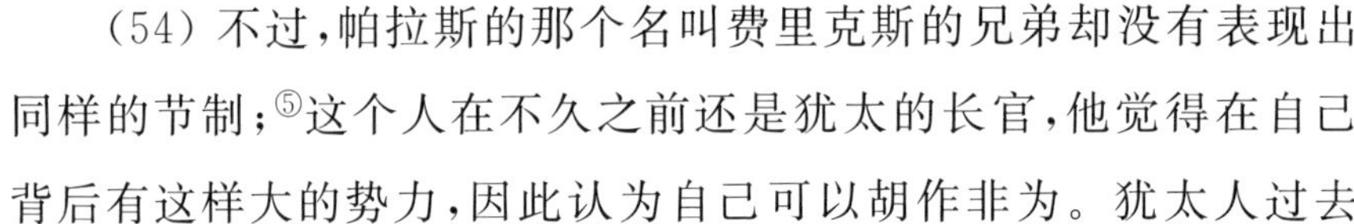

(54) 不过，帕拉斯的那个名叫费里克斯的兄弟却没有表现出同样的节制；[⑤]这个人在不久之前还是犹太的长官，他觉得在自己背后有这样大的势力，因此认为自己可以胡作非为。犹太人过去

① 斯多噶派的殉道者（参见本书第16卷，第21章注，第23章，第30章以次）。

② 他把这个被释奴隶说成是依凡德（Evander）的祖先帕拉斯（参见味吉尔：《埃涅伊特》，第8卷，第51行以次）的后人。不管他的世系如何，他的兄弟费里克斯曾和三位王后结过婚。

③ 半世纪之后的小普利尼曾在帕拉斯的坟墓上读到同这一点有关的铭刻（参见小普利尼：《书信集》，第7卷，第29章）：由于他对他的主人的忠诚和爱戴，元老院决定授他以行政长官的标记和一千五百万谢司特尔提乌斯，但他只愿意接受荣誉。

④ 这一铜板就在军人装束的独裁官优利乌斯的雕像的旁边。普利尼参考过元老院这项命令并发现它"是这样的冗长和累赘，以致在（墓上的）这一极其横傲的题铭相形之下却显得有节制而实际上又是谦虚的了"（参见小普利尼：《书信集》，第8卷，第6章）。

⑤ 即《使徒行传》第24章中所提到的那个代理官（procurator，官话本圣经中 Felix 译为腓力斯）。他和他的兄弟一样，也是克劳狄乌斯的母亲安托尼娅的被释奴隶，因此他的名字是安托尼乌斯·费里克斯。不过这里有关犹太人和撒玛利亚人的争端的记述，同约瑟普斯的《犹太古代史》第20卷，第5—7章中的记述有出入。

确曾通过骚乱而表现了自己的不满情绪，因为当时〈盖乌斯·恺撒曾下令把他自己的像也放到神殿里面去；虽然〉[①]他被杀的消息使得犹太人无需再执行他的这个命令，但是他们依然害怕以后的某个皇帝会发布同样的敕令。在这个时候，费里克斯还用一些错误的惩办手段助长了骚乱行动，而他那统治着行省的另外一半的同僚文提狄乌斯·库玛努斯偏偏又模仿他的恶劣做法。他们之间是这样分配行省的：文提狄乌斯治理迦利里的居民，费里克斯则治理撒玛利亚的居民。

这两个地区的居民很久以来便相互不和，目前当他们可以不把他们的统治者放到眼里的时候，这种敌视情绪就变得越发难以遏止了。于是，他们各把专事抢掠的队伍派到对方的土地上去进行掠夺，相互发动伏击或进行公开的冲突，然后把从对方偷来或抢来的东西各自带给自己的代理官。起初，这两个人高兴万分。但后来事态日益严重，他们不得不用自己的军队加以干涉的时候，这些军队都吃了败仗。如果不是叙利亚的长官克瓦德拉图斯出面干预这件事的话，整个行省就会燃起了战火。对于那些放肆到竟敢杀死罗马正规军队的犹太人，罗马当局毫不犹豫地立即处以死刑。但库玛努斯和费里克斯的问题却更加伤脑筋，因为克劳狄乌斯知道了这次叛乱的原因之后，即授权克瓦德拉图斯来处理他的两名代理官。不过，克瓦德拉图斯使费里克斯参与审判事务，费里克斯一旦参加法庭的审判，自然就使控告他的那些人泄了气了。库玛努斯则由于他

① 尖括弧内文字系根据哈泽(Haase)的增补：postquam〈a C. Caesare iussi erant effigiem eius in templo locare：et quamquam〉cognita…。

们两个人的罪过而被判了罪。从此之后，行省便恢复了平静。

（55）不久之后，野蛮的奇里奇亚人诸部落，即所谓奇耶塔伊人[①]（他们已有过多次骚动），在险峻的山上设置了由特洛克索波尔所领导的一个营地，而他们竟敢从山上下来，到达海岸地带或城市，向农民和城市居民，也常常向商人和船主发动进攻。他们包围了阿涅木里乌姆城。罗马方面从叙利亚派出的，由中队长库尔提乌斯·谢维路斯率领的一支骑兵部队被击败了，因为那里附近的土地崎岖不平，它虽然适于步兵作战，对于骑兵作战却十分不利。最后，安提奥库斯[②]——沿海的那一部分就在他的王国的境内——才通过笼络普通士兵和欺骗他们的将领的办法瓦解了蛮族军队的联盟，并在处死了特洛克索波尔和他手下的一些头目之后，用宽大的处理办法安抚了其余的人。

（56）差不多就在同时，在富奇努斯湖[③]和利里斯河[④]中间的那座山[⑤]凿成了一条隧道。为了使更多的人能看到这一惊人的工程[⑥]，仿效奥古斯都在和台伯河相连的人工湖上举行海战演习的

① 参见本书第6卷，第41章注。

② 即孔玛盖尼的安提奥库斯·埃披帕尼斯四世。参见本书第13卷，第7章注。

③ 即今天的福齐诺湖（Fucino）或契拉诺湖（Celano），位于罗马以东亚平宁山中玛尔喜人的地区。由于该湖没有明显的排泄口，而地下水道的阻塞或通畅又会使它的水面发生巨大的变化，便决定执行优利乌斯·恺撒的计划，在该湖及利里斯河之间的山里凿一条隧道，把湖水灌到利里斯河里去。

④ 今天的加里利亚诺河（Garigliano）。

⑤ 今天的撒尔维亚诺山（Monte Salviano）。

⑥ 这是一条砖壁的隧道。隧道高三公尺，宽一点八公尺，是由三万名工人在十一年中间凿成的，全长五千五百九十五公尺。隧道的一半工程是用锤子和凿子在坚硬的石灰石上进行的。

前例，在富奇努斯湖上也安排了一场海战演习（但奥古斯都的那次海战演习使用的是轻型船舶，参加的人数较少[①]）。克劳狄乌斯把一万九千名战斗人员配置在三层桨的和四层桨的战船上：他用筏把进行表演的那块湖面围了起来，以便不使战斗者从任何一个地方逃跑，但是在湖中间却留出了足够的地方来表演激烈的摇船、掌舵的高度技巧、战船的猛烈攻击以及海战的一般情节。筏子上驻守着近卫军的步兵队和骑兵队，在他们前面是一道胸墙，从这里可以发射弩石。湖面其余的地方则到处把士兵配置在铺设了甲板的船只上。

湖岸，山坡和山顶成了观战的看台，这里很快便挤满了无数观众，他们是从附近各个城镇，一部分甚至是从罗马本城来的。他们到这里来是为了看热闹，也可能是为了向皇帝表示敬意。克劳狄乌斯和阿格里披娜都来了：克劳狄乌斯穿着一身豪华的戎服，离他不远的阿格里披娜则穿着一身希腊式的绣金外袍。虽然参加表演的全都是囚犯，但他们在作战时都同自由人一样地精神抖擞并十分勇敢；在参加战斗的人们一场血腥的表演之后，就都被免除了死刑。

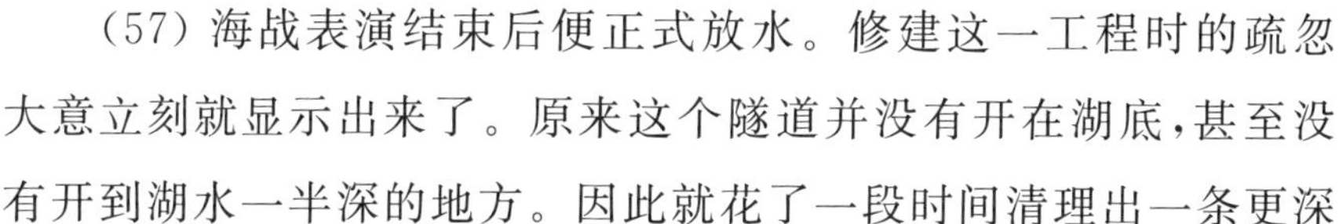

（57）海战表演结束后便正式放水。修建这一工程时的疏忽大意立刻就显示出来了。原来这个隧道并没有开在湖底，甚至没有开到湖水一半深的地方。因此就花了一段时间清理出一条更深

① 根据 Monumentum Ancyranum 的说法，参加战斗的有三十只三层桨战船或双层桨战船、一些小船还有三千名战斗人员（划手除外）。苏埃托尼乌斯对克劳狄乌斯舰队的船数的记载低到不可相信；狄奥则认为每一方面有五十只船（参见狄奥·卡西乌斯，第 60 卷，第 33 章）。

的水道。[①] 为了把观众再吸引来，便让剑奴在浮桥上表演步兵的战斗。在湖水的泄口的附近甚至举行了宴会。但是泄出的大量湖水冲跑了附近的工事，从而使参加宴会的人们惊惶万状，离这里较远的人们也由于轰隆轰隆的崩裂声而感到害怕。阿格里披娜趁克劳狄乌斯感到惊惶不安的机会攻击监督这一工程的纳尔奇苏斯，说他贪得无厌和营私舞弊。[②] 但纳尔奇苏斯也不示弱，他反过来攻击她妇人专横和野心太大。

罗马建城806年，即公元53年

（58）在戴奇姆斯·尤尼乌斯[③]和克温图斯·哈提里乌斯担任执政官的那一年，十六岁的尼禄娶了皇帝的女儿屋大维娅。为了想表现自己的多才多艺和能言善辩，他为伊利昂城作了辩护：他娓娓动听地谈到罗马人民的祖先是特洛伊人；说埃涅阿斯是优利乌斯家族的始祖，并提到了各种其他近乎神话的传说。他的辩护结果使得这个城市免除了一切赋役。通过他的辩护，遭到大火的波诺尼亚[④]得到了一千万谢司特尔提乌斯的补助金；接着罗得岛人重新取得了他们的自由——他们常常由于帮助罗马对外作战而取得自由，或由于在国内发生叛乱而被剥夺自由；受地震灾害的阿帕美亚[⑤]在其后五年中免了赋税。

① 按照普利尼的说法，尼禄故意未用这个水道（destitutum successoris odio），后来哈德里亚努斯虽然重新打开了这条水道，但到狄奥的时代它已经没有用了（参见狄奥·卡西乌斯，第60卷，第11章）。这个湖最后在1874年干涸。

② 现代的研究者证明，工程发生的问题实际上是包工者捣的鬼。

③ 戴奇姆斯·尤尼乌斯·西拉努斯·托尔克瓦图斯是玛尔库斯·西拉努斯和路奇乌斯·西拉努斯的兄弟（参见本书第12卷，第3章；第13卷，第1章），又是奥古斯都的曾孙。关于此人的死亡，参见本书第15卷，第35章。

④ 今天的波洛尼亚河（Bologna）。

⑤ 在迈安德罗斯河上（Maeander）。

(59) 但另一方面,克劳狄乌斯在阿格里披娜的主使下不得不一直干着自己的最野蛮的残暴罪行。有巨富之名的司塔提里乌斯·陶路斯的庭园引起了阿格里披娜的垂涎,她嗾使塔尔克维提乌斯·普利斯库斯对陶路斯进行控告和陷害。当陶路斯以总督的权力统治着亚细亚的时候,普利斯库斯是他的副帅。现在,在他们回来之后,普利斯库斯便控诉他的一些渎职行为,特别严重的是说他沉湎于对魔法的迷信。陶路斯由于再也无法忍受一个凭空捏造的控诉者和不应得的侮辱,就在元老院的判决公布之前自杀了。虽然如此,塔尔克维提乌斯还是被逐出了元老院,因为元老们非常讨厌这个控告者,所以就冒着会被阿格里披娜陷害的危险作出了这样的决定。

(60) 这一年,人们听皇帝几次说过,他的代理官[①]所作的决定和他本人所作的决定具有同等的效力。为了不使皇帝的这个意见被认为是偶然发表的议论,元老院就这一点作了比先前更加广泛和详细的规定。原来过去奥古斯都曾下令把审判权授给统治埃及[②]的骑士;他们所作的决定就和罗马的高级长官所作的决定一样。后来,在各行省以及在罗马,过去一直由行政长官[③]审理的大

① 最受皇帝宠信的是 procuratores rei privatae,即骑士等级出身的皇帝财务代理官,负责管理和监督帝国各地皇帝的私人财产。不过到这时为止,他们还没有审判权(参见本书第 4 卷,第 6、15 章),而他们提出的要求都是由普通法庭来处理的(参见狄奥·卡西乌斯,第 57 卷,第 23 章)。

② 参见本书第 2 卷,第 59 章及注。

③ 这里的行政长官不仅指一般所理解的行政长官,也指行省的长官。但下面的福尔诺的说法却不够确切。福尔诺指出,"共和国时期骑士和元老所争夺的特权就是把陪审官送入刑事的常设法庭(quaestiones perpetuae)的权利;但现在所论述的问题却是代理官本人(通常是骑士等级)在没有陪审官的情况下处理皇帝和个人之间的民事诉讼的审判权问题。"

量案件也都转到骑士的手里去了。现在,克劳狄乌斯又把人们常常通过动乱或战争而进行争夺的审判权全部给予了骑士。比如说,当显普洛尼乌斯法[1]把法庭交给了骑士等级的时候,当塞尔维里乌斯法又把这些法庭交回给元老院的时候,或是当马利乌斯和苏拉的时代,这个问题实际上变成了双方交战的主要理由的时候。不过在当时,竞争乃是在等级与等级之间进行的,胜利的结果却是普遍适用的。[2] 盖乌斯·欧庇乌斯和科尔涅里乌斯·巴尔布斯[3]是在恺撒的权力的支持下能够在他们的行省中有权决定和战的首要人物。在他们之后的人,诸如玛提乌斯[4]、维狄乌斯[5]等人(他们都是拥有极大势力的罗马骑士)就不用说了,因为被克劳狄乌斯任命来管理自己财产的那些被释奴隶,目前都有同他本人以及同法律同等的权力了。

(61) 接着,他又建议豁免科斯岛居民的赋税。他详尽地论述了他们的古代历史。"科斯岛的最古老的居民是阿尔哥斯人,也可

---

① 公元前 122 年,盖乌斯·格拉古的显普洛尼乌斯法(lex Sempronia iudiciaira)——第一个塞尔维里乌斯法(lex Servilia;公元前 106 年克温图斯·塞尔维里乌斯·凯皮欧提出)在某种程度上把"审判权"(indicia)交还元老院;第二个塞尔维里乌斯法(几年之后由盖乌斯·塞尔维里乌斯·格劳奇亚提出)把审判权又还给了骑士。塔西佗并没有提到斗争的其他阶段,说马利乌斯和苏拉的斗争焦点是审判权问题,也是不确切的。

② 但在目前的情况下,扩大的并不是整个骑士等级的权力,而是担任某些特别职位的个别骑士的权力。

③ 他们都是恺撒的密友。

④ 盖乌斯·玛提乌斯最初是恺撒的朋友,后来又是奥古斯都的朋友。在西塞罗的《致友人书》(第 11 卷,第 28 章)里保存了他的一封写给西塞罗的坦率而精彩的书信。这个人和维狄乌斯·波里欧是臭名昭著的一对。

⑤ 参见本书第 1 卷,第 10 章注。

能是拉托娜女神的父亲科厄斯。后来，埃司库拉皮乌斯带来了医疗的技术，而他的后人又使医疗的技术获得了极高的声誉。”[①]他在这里举出了他们的后裔的名字，以及他们的一些主要活动时期。他还说，“经常为他治病的御医色诺芬[②]就是这一家族出身的；而为了答应色诺芬的请求，应当在今后免去科斯岛人的一切赋役，并且允许他们把他们的岛当成是只奉祀该岛的神的圣地。”毫无疑问，有大量事实足以说明该岛居民曾给罗马做了许多事情，曾帮助罗马取得过多次胜利。但是克劳狄乌斯却不愿让外部的理由来掩饰他自己出于惯常的好意而给予某个个人的恩典。

(62) 另一方面，受到元老院的接见，并且在元老院中对本身所负担的过重租税表示抗议的拜占庭人，也回顾了他们的全部历史。他们一开头就叙述了在我们对马其顿国王(他的可疑的身世使他得到一个伪菲利浦[③]的名字)作战时他们同我们所缔结的条约，继而他们又谈到了曾派遣军队协助我们对安提奥库斯·佩尔谢乌斯和阿里斯托尼库斯作战的事情。[④] 他们还说，他们曾帮助过安托尼乌斯[⑤]对海盗作战，在不同的时期协助过苏拉、路库鲁斯和庞培，以及最近对恺撒们所提供的服务。他们所以能够提供这样的

① 指阿司克列皮亚达伊族(Asclepiadae)，他们的最著名的代表人物是被称为医圣的希波克拉提斯(Hippocrates)，他自称是神的第十八代的后人。

② 盖乌斯·司特尔提尼乌斯·色诺芬后来曾被怀疑对他的主人施加致命的打击。我们从铭文知道，他曾在军队中服役并立过功，而且他在祖国的岛上也享有很高的荣誉。

③ 僭位者安德利司库斯(Andriscus)。参见李维：《罗马史》提要，第 49 卷。

④ 参见本书第 4 卷，第 55 章注。

⑤ 这里指三头之一安托尼乌斯的父亲。

服务，可能是因为他们占有有利的地势，可以便利统帅和军队从陆上或海上的通行，并且对于粮食的运输同样也提供了便利条件。

(63) 原来希腊人过去把拜占庭建立在欧罗巴的最边远的地带，面临着把欧罗巴和亚细亚分开的那个海峡的最狭窄的一段。当希腊人向佩提亚的阿波罗请示，他们应当在什么地方建立一座城市的时候，神使指示他们"到盲人国土的对面去找一个安身立业的地方"。这个谜指的是卡尔凯东(Chalcedon)[①]的居民，这些居民虽然比他们更早地来到这一地区并且在事先测量了这一极为有利的建城地址，但最后选定的地方却是较差的一个。拜占庭地区的土地肥沃，水产丰富，因为大群的鱼[②]从黑海游出来时害怕海面下倾斜的石坡，于是它们便离开了曲曲折折的亚细亚海岸，而到对岸欧罗巴的各港湾里来。[③] 这样，一个繁荣富庶的城市便成长起来了。但是现在，由于租税的负担过于沉重，他们才到元老院请求豁免或减轻他们的租税，并且得到了皇帝本人的支持。皇帝向元老院指出，不久以前色雷斯和博斯普鲁斯的战争[④]已使他们筋疲力尽，故而理应减轻他们的租税负担。这样他们在今后五年就免了租税。

① 和美加拉的移民地相对，在今天的斯库台附近。希罗多德的《历史》(中译本1959年，商务版)，第4卷，第144章最早提到这个故事，不过按照他的说法，说出这个谜的不是阿波罗，而是美伽巴佐斯。

② Pelamydes，一种鲔鱼(金枪鱼)。古人认为这种鱼原产于大西洋，它们沿着法国和西班牙的沿岸游入地中海，从那里再到亚速海，而在孵化期以后再大群地回游。

③ 直到16世纪，妇女和儿童在黄金角(Golden Horn)的地方只要把篮子浸到水里便还能捉到这种鱼。

④ 公元46年的战争，战争的结果是色雷斯被变成一个行省。在本书第11卷(已佚)必定提到了这些事情。

（64）在玛尔库斯·阿西尼乌斯和玛尼乌斯·阿奇里乌斯担任执政官的一年里，一系列的朕兆表明，局面会更加坏下去。天火燃烧了军队的队旗和士兵的营帐。一群蜜蜂聚在卡披托里乌姆神殿正面的三角墙上。人们还说生了一些半男半女的孩子，还生了一只长着鹰爪的猪。人们还认为这样一件事也具有朕兆的意义，即每一种官职都有人死掉，因为在几个月的时间里就死了一位财务官、一位营造官、一位保民官，还有一位行政长官和一位执政官。但特别感到害怕的却是阿格里披娜，因为克劳狄乌斯在他喝醉的时候偶尔说，他命中注定在开头的时候虽然能忍受他的妻子的丑行，但最后总是会惩罚她们的。阿格里披娜于是下决心动手，而且是赶快动手。她首先出于女人之间的忌妒，害死了多米提娅·列庇妲[①]。因为列庇妲认为自己出身高贵，足以和阿格里披娜相比：她是小安托尼娅的女儿，奥古斯都是她的外舅祖父；阿格里披娜是她的堂表姊妹，她又是阿格里披娜的前夫格涅乌斯·多米提乌斯的姊妹。在面貌上、年龄上和财富上，她们二人之间都没有什么差别。既然两个人是同样淫乱，同样声名狼藉，同样凶狠残暴，因此双方便激烈地较量看谁做的坏事更多，就如同她们互不相让地较量看谁更多受到幸运的眷顾从而取得更多的利益似的。但是最激烈的竞争却集中在这样一点上，这就是：尼禄主要是受他姑母的影响，还是受他母亲的影响？原来列庇妲正在试图用一张能说会道的嘴和大量花钱的手来俘虏这个年幼的心灵，另一方面，阿格里披娜却是凛然可畏的，她虽然能够使她的儿子取得一个帝国，却容不

罗马建城807年，即公元54年

---

① 美撒里娜的母亲。

下他这样一个皇帝。

(65) 但是,对列庇妲所提出的控诉理由却是:她曾使用妖术[①]谋害皇帝的伴侣的性命,此外由于她不注意去管束自己的卡拉布里亚的奴隶队伍,[②]致使意大利的安全受到威胁。尽管纳尔奇苏斯表示坚决反对,还是根据这些理由作出了死刑的宣判。据说对阿格里披娜的猜疑越来越深的纳尔奇苏斯在他的亲信中间曾表示,"不列塔尼库斯或尼禄二人不管是谁登上了皇位,他自己的死亡都是注定了的。但是恺撒对他太好了,因此他甘愿为他的利益而牺牲自己的生命。美撒里娜和西里乌斯已经受到他们罪有应得的处分,而目前又有类似的事件可据以提出类似的控诉了。如果继位者是不列塔尼库斯的话,则克劳狄乌斯本人是不会有什么危险的。但是继母的阴谋目的在于倾覆整个皇室,这件事的后果的危险,较之他如果对她丈夫的前妻的不贞行为保持沉默的危险更大。在目前,阿格里披娜同样有不贞的行为,她和帕拉斯通奸的事情已尽人皆知。这一点就使人们清楚地看到,为了取得皇位,她不惜出卖她自己的一切,不管是她的尊严,她的庄静,她的贞洁都已无所谓了!"

每当他不断重复这样的话的时候,他就把不列塔尼库斯搂到怀里,一心盼望他快快长大成人。他时而向上天,时而向不列塔尼库斯伸出双手,要他快快长大起来,除掉他父亲的敌人,甚至向谋杀他母亲的凶手进行报复!

---

① 参见本书第 2 卷,第 69 章注。

② 参见本书第 4 卷,第 27 章注。

（66）过多的忧虑损害了纳尔奇苏斯的健康。于是他到西努埃撒[①]去疗养，以恢复体力，因为那里不但气候温和宜人，而且还有可以疗病的泉水。

这时久已蓄意进行谋杀的阿格里披娜立刻紧紧抓住了当前这样一个绝好的机会。她手下的人都早已准备好了，问题只是采用哪种毒药。阿格里披娜担心，如果用烈性的、可以使人速死的毒药，这样阴谋就太明显；如果她决定使用一种慢性的、消耗性的毒药，那么克劳狄乌斯在死前又可能识破她的阴谋，从而会重新爱他自己的儿子。因此她需要这样一种高妙的毒药，这种毒药可以破坏他的功能，却又不使他很快死去。于是找来了在这方面有办法的人物，这是一个名叫洛库丝塔的女人，这个女人不久之前虽曾因为放毒案而被判罪，但是她却被留下来在今后的长时期里给专制的皇室服务。[②] 这个女人巧妙地准备了一份毒药，由宦官哈洛图斯进呈上去，他每天的职务就是给皇帝上菜和事先尝菜。

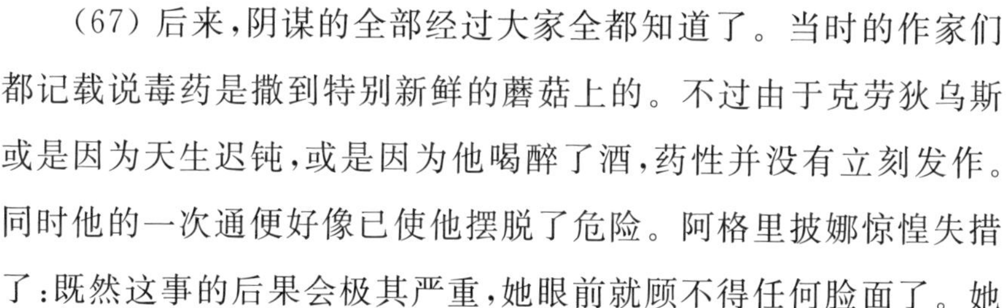

（67）后来，阴谋的全部经过大家全都知道了。当时的作家们都记载说毒药是撒到特别新鲜的蘑菇上的。不过由于克劳狄乌斯或是因为天生迟钝，或是因为他喝醉了酒，药性并没有立刻发作。同时他的一次通便好像已使他摆脱了危险。阿格里披娜惊惶失措了：既然这事的后果会极其严重，她眼前就顾不得任何脸面了。她

① 在拉提乌姆沿岸最南端，今天的蒙德拉戈内附近。

② 她一直活到伽尔巴的统治时期，伽尔巴把她和其他在尼禄时期浮到表面上来的人物一同杀死（参见狄奥·卡西乌斯，第 64 卷，第 3 章）。在这期间，她还害死了不列塔尼库斯（参见本书第 13 卷，第 15 章）；她为尼禄所配的毒药在他临死前被他的奴隶偷走了（参见苏埃托尼乌斯：《尼禄传》，第 47 章）。

已经取得了御医色诺芬的暗中协助，这时她只好把他又找了来。人们说当他假意帮助吃力地呕吐着的克劳狄乌斯的时候，他把一枝浸有烈性毒药的羽毛放到克劳狄乌斯的喉咙里去。因为色诺芬清楚地知道，重大的罪行在干的时候虽然要冒险，然而结果却是大为有利可图的。[①]

（68）与此同时，召集了元老院的会议。执政官和祭司为了皇帝的安全向神许下了愿。但这时在另一个地方，克劳狄乌斯的断了气的尸体已经被裹在被单和保温的绷带里面了。同时又采取了必要的措施以便使尼禄即位。在开头的时候，装作悲痛万分的样子的阿格里披娜把不列塔尼库斯拉到自己的胸前，好像要从他身上求得安慰似的，并说他长得和他的父亲一模一样。用诸如此类的办法，她不叫不列塔尼库斯离开自己的屋子。她同样地使他的姊妹安托尼娅和屋大维娅也不要离开自己的屋子。她用哨兵把所有的通路都封锁起来，不时发出通告说皇帝的病情正在好转：这一切的目的都是为了维持军队的士气，并且等待占星术士所坚持的那个吉利的时刻。

（69）最后到 10 月 13 日的正午，宫廷的门突然都打开了。尼禄在布路斯[②]的陪伴下到近卫军那里去——近卫军按照公务的规定永远是处于戒备状态的。在那里，通过近卫军长官的提示，近卫

① 事实也证明是这样。他和他的兄弟克温图斯·司特尔提尼乌斯留下了一笔三千万谢司特尔提乌斯的产业（参见普利尼：《自然史》，第 29 卷，第 1 章，第 8 节）。哈洛图斯后来也和提盖里努斯成为世人最憎恶的一对，伽尔巴赏给了他一个收入最丰厚的代理官的职位（amplissima procuratio）（参见苏埃托尼乌斯：《伽尔巴传》，第 15 章）。

② 指近卫军长官塞克斯图斯·阿弗拉尼乌斯·布路斯。

军向他欢呼，随即把他放到一个肩舆上面。据说有一些人当时有些犹豫，他们回过头来问："不列塔尼库斯在什么地方？"但后来既然没有人出头对此表示反对，他们便同意了尼禄立为皇帝。尼禄被抬到军营去，他按照当时的情况讲了一些话，并答应像他父亲一样慷慨地向士兵进行颁赐，[①]在这之后他便正式被拥戴为皇帝了。军队的决定得到了元老院的批准。各行省也立刻表示同意了。

元老院发布命令把神圣的荣誉授予克劳狄乌斯，他的隆重的葬仪和圣奥古斯都的葬仪完全一样；阿格里披娜则尽力仿效她的曾祖母里维娅的尊荣。不过克劳狄乌斯的遗嘱并没有宣读，这是害怕他那偏爱继子而不爱自己的亲生儿子的做法会在民众的心中造成一种使人感到不安的、不公正和不愉快的印象。

① 过去克劳狄乌斯继位时曾赏赐给近卫军士兵每人一万五千谢司特尔提乌斯，从而造成了一个为害甚大的先例。

第十三卷

(1) 在新皇帝的统治之下，第一个牺牲者是亚细亚的总督尤尼乌斯·西拉努斯。这个人是在瞒着尼禄的情况下被阿格里披娜谋害死的。西拉努斯遭到这样的下场，并不是因为他的性情暴烈。他原是一个生性懒散的人，先前的皇帝们根本不把他放到眼里，以致盖乌斯·恺撒通常称他"金绵羊"①。但是把他的兄弟路奇乌斯·西拉努斯②害死的阿格里披娜却怕他可能会给自己的兄弟报仇，因为人们普遍认为，刚刚成年而且是通过罪恶的手段取得了帝国大权的尼禄，论资格还不如年纪成熟、品行方正并出身贵族家庭的一个人，这个人也是恺撒们的后裔，这一点在当时人们看来还是重要的。要知道，西拉努斯和尼禄一样，也是奥古斯都的曾孙一代的儿子。③ 这正是他死亡的原因。被收买的凶手则是罗马骑士普布里乌斯·凯列尔和被释奴隶赫里乌斯。他们都是在亚细亚掌管皇帝的财务的人。他们是在总督晚餐时用毒药把他害死的，他们做这件事时几乎不想保持什么秘密。

克劳狄乌斯的被释奴隶纳尔奇苏斯也很快地结束了自己的性

---

① 盖马斯·恺撒这里用这一比喻嘲笑西拉努斯的富有和他的懒惰。

② 他曾是屋大维娅的未婚夫(参见本书第 12 卷，第 3 章以次)。

③ 他们的祖母辈的优利娅和老阿格里披娜是姊妹。

命。他和阿格里披娜的龃龉，我在前面已经谈过了。[①] 他是在残酷的监禁和死刑的威逼之下自杀的。皇帝对纳尔奇苏斯的死亡很不高兴，因为纳尔奇苏斯的贪欲和挥霍很对尼禄的尚未显露出来的恶习的口味。

(2) 如果不是阿弗拉尼乌斯·布路斯和塞内加出来干预的话，谋杀确实会继续下去。皇帝少年时的这两位教师意见一致地——在共同掌权的两个人来说，这样意见一致是很少有的——通过不同的方式对皇帝施加同样的影响。布路斯的军事才能与严肃性格和塞内加在演说术方面的教导与谦和凝重的风度相辅相成，使得皇帝在血气未定的青年时代，即使有不合道德规范的地方，也只能被限制在尚能容忍的放纵享乐的范围以内。他们两个人还必须联合起来应付由于盛气凌人的阿格里披娜而引起的麻烦。由于非法谋取的政权而燃起了各种各样欲望的阿格里披娜，还有个帕拉斯在背后附和她。克劳狄乌斯正是因为听从了帕拉斯的话才犯了近亲相奸和不祥地过继了尼禄的错误，从而给自己招来了杀身之祸。但是尼禄的性格是不听奴隶的话的，而帕拉斯的那种被释奴隶所不应当有的、阴郁傲慢的神气也使尼禄觉得讨厌。而且在公开的场合，所有的荣誉总是加到阿格里披娜一个人身上。而当一位将领[②]根据军事的规章请示口令的时候，尼禄就说："最好的母亲"(optimae matris)。元老院也给了她两名侍从和奉祀克劳狄乌斯的女祭司的职务，因为

① 参见本书第12卷，第57、65章。

② 这是率领守卫皇宫的近卫军的一位将领。

就在元老院的那次会议上，元老们决定为克劳狄乌斯举行国葬，随后又立刻宣布他是神。

（3）举行葬仪那天，尼禄把克劳狄乌斯大大地颂扬了一番。当他叙述他一家过去的历史，叙述他的祖先所担任过的执政官和所取得的胜利的时候，他本人和在场的人都是十分严肃的。当他提到死者的写作才能[①]以及在死者的统治时期里在国外没有遭到过严重挫折的时候，人们也都还采取首肯的态度。但是当演说者谈到他的继父的先见之明和智慧的时候，人们就忍不住要发笑了。

不过，由塞内加起草的这篇演说是十分洗练的，它不愧出自这样一位著名作家的手笔。他那惹人喜爱的才华是十分合乎当时人们的口味的。年长一辈的人在闲暇的时候喜欢拿过去的日子和当前来作对比，他们说，尼禄是帝国的第一个演说时要别人给写稿子的皇帝。要知道，独裁官恺撒可以和最大的演说家并列而无愧；而奥古斯都则具有一位君主所应有的机智而流利的口才。此外，提贝里乌斯善于斟酌发言时的词句，而且他在表现他的观点时是很有力的，如果有模糊不清的地方，那是他有意含糊其辞。甚至卡里古拉的那个有些不正常的头脑也没有影响他的演说才能。而克劳狄乌斯在演说时如果事先有准备的话，那他也能说得非常动人。但是尼禄即使在年幼的时候，他那活泼的头脑却被吸引到别的方面去了：他雕刻、绘画、练习歌唱或驾马车，有时也写诗，这些诗表

---

① 苏埃托尼乌斯在《克劳狄乌斯传》（第 41 章以次）里引人注目地列举了他的希腊语和拉丁语的作品。可惜他的八卷的自传遗失了。

明他是有点文化根底的。

(4) 不过,尼禄在装模作样地哀悼完了以后就谈起元老院。他首先提到元老院对他的支持和军队的全体一致的声援,接着说,他身边不乏有益的劝告和杰出的榜样,足以使他能够进行良好的统治。他的幼年并未因内战或家庭的纠纷而受到毒害:因此他在继承皇位之际,没有私人的仇恨,没有受过任何侮辱,因而也没有复仇的愿望。随后他就简明扼要地叙述了他今后的施政方针,不过他却特别避开了那些在不久之前引起人们的强烈不满的事情。他说他绝不会把处理一切案件的权力一人独揽,他不会把原告和被告关在他个人的私室之内而任凭少数几个人在那里为所欲为地滥用自己的权力。他家里不会发生贪污受贿和徇私枉法的事情。宫廷的事和国家的事将分得清清楚楚。元老院依旧要保持它过去的特权。意大利的、属于元老院的各个行省的人民都要向执政官提出申诉,而执政官则应当允许他们到元老院来。[①] 至于委托给他的军队,[②]他自己是会负责的。

(5) 这些诺言并不是说说就算了的。许多规定都由元老院自行决定后制定出来了。任何人在辩护时都不许收取报酬或是礼品。[③] 财务官当选后也不再有举办剑斗比赛的义务。[④] 阿格里披娜虽然反对后面这一点,认为和克劳狄乌斯的立法相抵触,

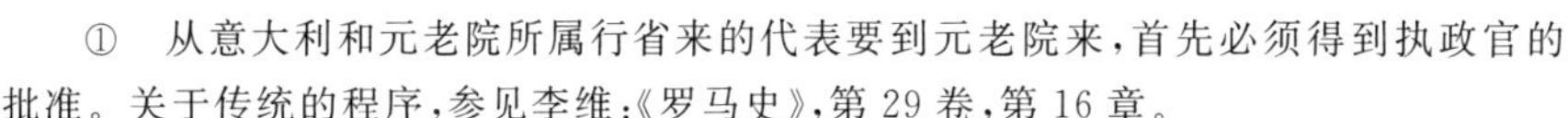

① 从意大利和元老院所属行省来的代表要到元老院来,首先必须得到执政官的批准。关于传统的程序,参见李维:《罗马史》,第 29 卷,第 16 章。

② 即驻守在属于皇帝的行省的军队。

③ 参见本书第 11 卷,第 7—8 章。这个法令的确切的名称现在我们已无从查考了。

④ 参见本书第 11 卷,第 22 章。

但它还是为元老院所通过了。元老院的会议是特别在帕拉提乌姆皇宫[①]召开的，这样她就可以坐在宫殿后部新开的一个门里面，门上有一个门帘，这个门帘厚到可以使人们看不到她，但是她却可以听到人们讲的话。其实当亚美尼亚的使团在尼禄面前为本国进行辩护的时候，她正在准备登上皇帝的座坛并同他并坐在一起。这时别人都感到非常惊讶。但是塞内加却要尼禄走下座坛去迎接自己的母亲。这种做法一则可以表示尼禄的孝心，同时又避免了外界对他诽谤。

(6) 这年年底，外面谣传着一些令人惊惶不安的消息：帕尔提亚人又从本国出兵，在赶跑了拉达米司图斯之后，目前正在劫掠亚美尼亚；[②]过去多次统治过并多次被赶出这个王国的拉达米司图斯再一次放弃了斗争。结果在这样一个喜欢闲谈的城市里，人们便提出了这样的问题，"一个刚刚过了十七岁的皇帝如何能忍受或是打退这样一个威胁？""对于受着一个女人的摆布的青年人又能有什么指望？""战斗、攻略城池以及其他军事行动能够由那些教师来指挥么？"

不过也有人抱着相反的意见，他们认为如果现在仍旧是迟钝而又年老的克劳狄乌斯当政的话，罗马的命运反而会更要坏些，因为要处理战事的克劳狄乌斯是一定要任凭自己的奴隶来摆布的。但是大家都知道布路斯和塞内加都是很有处理国事的经验的人物——而且皇帝也差不多快要长大成人了，庞培在十

① 参见本书第 2 卷，第 37 章注。

② 参见本书第 12 卷，第 44—47 章，第 50—51 章。

八岁[①]、屋大维在十九岁[②]时，不是也能应付内战的紧张局面么？作为一位国家元首，他更多倚重的不是武器和体力，而是他的最高领导地位[③]和他的政策。如果他不去考虑别人的出于忌妒的攻击而任命一位杰出的统帅，却屏除那有钱并在宫廷中得宠的阴谋者的话，那他就可以明白地向人们表示他周围的友人是好人还是坏人了。

(7) 正当人们这样议论纷纷的时候，尼禄下令在相邻各行省征募来用以补足东方军团的士兵以及东方军团本身全都开到亚美尼亚附近的地区去。这时他还命令两位老资格的国王阿格里帕[④]和安提奥库斯[⑤]也各自准备一支军队以便首先攻入帕尔提亚；同时他还下令在幼发拉底河河上筑一些桥，而小亚美尼亚[⑥]和索佩尼地区[⑦]则分别给予了阿里斯托布路斯和索海木斯，

① 实际上在公元前 84 年庞培是二十三岁（参见普鲁塔克：《庞培传》，第 6 章）。按庞培与西赛罗都生于公元前 106 年。塔西佗在这里是受到维列乌斯·帕特尔库路斯（Velleius Paterculus）的错误计算（帕特尔库路斯，第 2 卷，第 53 章）的影响。他的计算把庞培的年龄减少了五岁。

② 在公元前 44 年。

③ 这里的原文是 auspiciis，是占卜的意思。皇帝是最高统帅，是共和国全部陆军的统帅，因此只有他才有资格进行占卜。

④ 希罗·阿格里帕二世（即《使徒行传》，第 25 章以次的阿格里帕，阿格里帕在官话本圣经中译为“亚基帕”），希罗·阿格里帕一世的儿子（参见本书第 12 卷，第 23 章注）。

⑤ 孔玛盖尼和奇里奇亚一部分的国王安提奥库斯·埃披帕尼斯四世（参见本书第 2 卷，第 42 章注）；塔西佗：《历史》，第 2 卷，第 81 章说他是“罗马治下国王中最富有的”（seruientum regum ditissimus）。他同阿格里帕与索海木斯一样，在内战中站在维斯帕西亚努斯一边，并帮助罗马反对犹太人。

⑥ 参见本书第 11 卷，第 9 章注。

⑦ 沿亚美尼亚西南边界的一条土地。

他们每个人都取得了国王的标记。但恰好在这个时候，沃洛吉西斯的一个儿子瓦尔达尼斯起来反抗他的父亲。帕尔提亚人显然不想立刻作战，于是从亚美尼亚撤退了。

(8) 但是在元老院里，整个事件都在元老们的发言中被夸大了。他们建议：举行全国的感恩祭，而在举行感恩祭的日子里，皇帝应当穿上凯旋的外袍，应当以小凯旋式的仪式入城；应当在复仇之神玛尔斯的神殿[①]里为皇帝设立一座和玛尔斯神的像同样大小的神像。除去例行的谄媚词句之外，他们对这样一点却感到衷心的高兴，即尼禄指派多米提乌斯·科尔布罗[②]去拯救亚美尼亚。这种做法说明人们是有可能凭着个人的功业而求得晋升的。

东方兵力的分配情况如下。辅助部队的一半和两个军团留在叙利亚行省，由行省长官翁米狄乌斯·克瓦德拉图斯率领。科尔布罗麾下也分配到同样数目的正规军团士兵和辅助部队，此外还要加上在卡帕多奇亚过冬的辅助步兵部队和辅助骑兵部队。联盟的国王则接到指示，要他们根据战争情况的需要接受以上二人中任何一人的命令。不过他们是倾向于科尔布罗的。由于渴望加强个人的威望——这一点在一件事业的开头时是极其重要的——科尔布罗迅速地赶到奇里奇亚去，克瓦德拉图斯

---

① 参见本书第 2 卷，第 64 章注；第 3 卷，第 18 章。

② 格涅乌斯·多米提乌斯·科尔布罗是控诉者普布里乌斯·苏伊里乌斯·路福斯和卡里古拉的妻子凯索尼娅的异亲兄弟；公元 39 年度补缺执政官；公元 47 年任下日耳曼副帅（参见本书第 11 卷，第 18 章以次）；公元 50 年之后不久任亚细亚总督。本卷和后面两卷所叙述的是他在东方的战役。公元 67 年他被尼禄召到希腊最后自杀以逃避处死的命运。

则在奇里奇亚的城市埃吉阿伊[1]会见了科尔布罗。克瓦德拉图斯走得这样远，是有自己的打算的，因为他害怕他的对手一旦进入叙利亚接过他的军队，就会成为那里的一位引人注目的中心人物。要知道，这位身材高大而口才又极好的军人不仅有经验有智谋，而且他在一些次要的品质方面也是出色的。

（9）这时他们两人都派使节到国王沃洛吉西斯那里去，劝他选择和平，不要战争，劝他用交出人质的办法继续向罗马人民表示尊敬的态度，他的先人对罗马是很尊敬的。沃洛吉西斯便把阿尔撒奇达伊家族的最显要的一些成员交了出来。他这样做的目的，或者是因为他想在他认为方便的时候再打，或者是为了以交出人质为掩护来除掉他所疑忌的对手。翁米狄乌斯的使节、百人团长印斯泰乌斯接受了这些人质，因为印斯泰乌斯这时正巧为着以前的某件事情同国王会晤。科尔布罗一听到这样的事情，便立刻命令一个步兵中队的队长阿里乌斯·伐鲁斯[2]去把人质接收过来。随后中队的队长和百人团长便发生了争吵。

为了不在外国人面前争吵不休，两个军官便要人质本身和护送他们的人员自己作决定。这些人选择了科尔布罗，因为他们尊重他不久之前取得的荣誉，而且老实讲，甚至敌人对他也还是不能不器重的。结果两位统帅之间便发生了龃龉。翁米狄乌斯抱怨自己的谈判成果被别人夺了去。科尔布罗则不同意这个说法；他说只有当他被任命为军事统帅从而使国王的希望变成

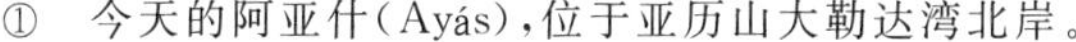

① 今天的阿亚什（Ayás），位于亚历山大勒达湾北岸。

② 这个人后来以维斯帕西亚努斯派而知名（参见塔西佗：《历史》，第3卷，第6、16、52章等等）。

惊恐的时候，国王才被迫采取交出人质的办法。为了给他们和解，尼禄下令宣布这样的决定：由于克瓦德拉图斯和科尔布罗取得的成功，在皇帝的根束①上要加上月桂的花环。这些事情我是按照时间的先后叙述的，虽然，它们已经是下一年度的事情了。

（10）同年，尼禄要求元老院给他的父亲格涅乌斯·多米提乌斯立像，并把执政官的标记授予阿司科尼乌斯·拉贝欧，因为拉贝欧过去曾是他的监护人。在这同时，他还否决了一个为他本人设立纯金或纯银像的建议。虽然元老院作出决定要把12月作为新的一年的开始（因为尼禄便诞生在这个月里），但是他还是根据古老的宗教惯例保存了元旦作为一年的开始。他还制止了对被一名奴隶所控告的元老卡尔里那斯·凯列尔的追究，制止了对属于骑士等级的尤尼乌斯·邓苏斯的追究（因为邓苏斯对不列塔尼库斯的偏爱被人们定成了一个罪名）。

罗马建城808年，即公元55年

（11）在克劳狄乌斯·尼禄②和路奇乌斯·安提司提乌斯③担任执政官的一年，当高级长官向皇帝颁行的法令宣誓效忠的时候，皇帝不许他的同僚安提司提乌斯向他本人的法令宣誓效忠，这一行动受到了元老院的热烈赞许，他们这样做的目的是要使这个年轻人由于甚至是小事也得到好评而感到高兴，这样他今后就愿意做更大的好事了。的确，在这之后，他又对普劳提乌斯·拉提拉努

① 公元前19年奥古斯都接受终身执政官职务的时候，元老院按规定给了他十二名执棍束的侍从，以后的皇帝也就遵循了这个前例。

② 即皇帝本人。

③ 参见本卷第53章，第14卷，第58章；第16卷，第10章。

斯[1]表现了宽大。拉提拉努斯过去由于和美撒里娜通奸而被开除出了元老院，但现在尼禄使他重新进了元老院。尼禄在一系列的演说中都保证了自己的宽大仁慈。这些演说都是塞内加起草的，他借用皇帝之口向公众显示了自己，或者是为了证明他的教导有方，或者是为了表明塞内加的写作才能。[2]

（12）但这时阿格里披娜对尼禄的控制却一步一步地削弱了。原来尼禄爱上了一个名叫阿克提的被释女奴隶[3]，同时又得到了两名心腹，一个是玛尔库斯·奥托[4]，一个是克劳狄乌斯·塞内奇奥[5]，这两个人都年轻漂亮。奥托出身执政官的家庭，塞内奇奥的父亲则是皇室的一名被释奴隶。他们因为是皇帝在放荡的淫行和丑事中寻欢作乐时的伴侣，从而十分可靠地取得了他的宠信；这事起初瞒着阿格里披娜，后来他们也不怕她反对了。甚至他的老朋友也不反对这样的情况：这样身份的一个女孩子一定会满足皇帝的需要，但不会使任何人受到伤害。不知是命该如此，还是因为非法的通奸比合法的结婚更有意思，他讨厌起他那出身高贵而又贞洁的妻子屋大维娅来了。不过人们一直担心的却是，如果他对阿克提的爱情受到阻挠，他那情欲一旦爆发出来，别的贵族妇女就要

① 参见本书第11卷，第36章。

② 他的《论仁慈》(*De clementia*)大概就是在这时写成的。

③ 她出生于小亚细亚，她对尼禄的爱情看来是真挚的。尼禄的葬仪便是她和尼禄的两位年老的保姆共同料理的（参见苏埃托尼乌斯：《尼禄传》，第50章）。苏埃托尼乌斯还说，尼禄有一个时期想正式娶她，因此他便唆使几个有执政官身份的人发誓说，她原是王室出身的。关于认为她是一个基督徒的没有根据的理论，参见莱特富特(Lightfoot)的 *Philippians*，第21页。

④ 即未来的皇帝。

⑤ 参见本书第15卷，第50、56、58、70章。

遭殃了。

(13) 但是,阿格里披娜出于女人的本性,见到这样"一个被释女奴隶成为自己的对手","一个侍女成为自己的儿媳",十分气愤,她说了许多气愤的话。她不想等到她的儿子对这件事感到后悔或厌倦的时候,但是她越是恶毒地责备她的儿子,就越把尼禄对阿克提的爱情之火煽得越旺。直到最后他被对阿克提的爱情完全征服,公然不再听他母亲的话,而把自己交到塞内加的手里去。塞内加的一个名叫安奈乌斯·谢列努斯[①]的朋友为了给年轻的皇帝的青年时期刚刚燃起的爱情打掩护,把自己装成和这个被释女奴隶有恋爱关系的样子,并且不惜利用自己的名义把皇帝在暗中送给阿克提的大量礼物当着别人送给她。阿格里披娜又改换了办法,现在她用甜言蜜语来笼络尼禄,甚至把她的寝室私处都让出来给尼禄作为寻欢作乐的场所,以掩饰他在刚刚成年和身为帝王时对女色的必然沉迷。她甚至承认她严厉得不是时候。此外,她还把她那比皇帝本人的财产少不了很多的私蓄拿出来任凭他处理,这样她就从不久之前约束儿子的过分严厉的态度,猛地一下子变成了过分的迁就。不过这种改变并不曾瞒过尼禄的眼睛,并且引起他的亲信们的惊讶,他们都要他戒备这样一个一贯残酷无情而现在又表现了虚情假意的女人的阴谋。

---

① "写信给你的,正是我这样一个为着我最亲爱的友人安奈乌斯·谢列努斯而悲泣过度的人。尽管我不愿如此,但我仍必然会被列入那些为悲伤所制服的人物的事例中去。"(参见塞内加:《书信集》,第63卷。)他比塞内加要年轻得多,担任的职务是夜防军长官(praefectus vigilum),他和他手下的一些将领因为在一次晚饭时吃了有毒的菌类而丧命(普利尼:《自然史》,第23卷,第96章)。

在这些日子里，凑巧有一天，恺撒在查看先前皇帝们的妻子和母亲穿过的豪华外袍时，选了一件上面带着珠宝的衣服作为礼品送给他的母亲。他的这个做法是十分慷慨的，因为他自动送出去的这件礼物正是人们渴望已久的、极其贵重的东西。但是阿格里披娜却扬言，送这件礼物的目的并不是要增加她的衣服，而是要把她其余的衣服也都夺走，并且还说，她的儿子不过是从她本应全部享有的财产中分给她这件东西罢了。

(14) 自然有人把她的话向尼禄作了报告，不过讲得却更加阴森可怕；尼禄对于助长了她那妇人的傲慢作风的那些人感到十分气愤，于是便撤销了帕拉斯的职务，这个职务先前是由克劳狄乌斯任命，其权力实际上统治了整个王国。[①] 传说当帕拉斯率领一大批侍从离开宫廷的时候，尼禄高兴地说，帕拉斯是去宣誓交卸职务的。[②] 实际上帕拉斯提出的条件是：对他过去的任何行为均不予追究，他和国家之间的账目至此算是结清了。

听到这个消息之后，阿格里披娜立刻采取了威吓政策。她一本正经地提醒尼禄："不列塔尼库斯已经长大成人了，不列塔尼库斯才是真正有资格继承他父亲的大权的人物，不过现在由于过继而插进来的一个继承人却由于他的母亲的罪行而行使了这一大权。她并不反对把那一不幸家庭的全部黑暗历史公之于世，首先

① 他的职务是财务秘书(参见第 11 卷，第 29 章注)。

② 高级长官在交卸职务时都要正式宣誓"未做任何违法的事情"(se nihil contra leges fecisse，参见普利尼：《颂词》，第 65 章)，而且宣誓时要由一批友人陪伴着。但在这里，代替执政官或行政长官的是一名被释奴隶，代替友人的是一群食客，代替誓言的是他在下面所提出的一个深谋远虑的条件。

是她自己的婚姻，还有她毒死丈夫。但是由于上天赐福和她本人有先见之明——她的继子还活着——她可以同他一道到军营去。[①] 让他们在那里给两方面评评道理吧：一方面是日耳曼尼库斯的女儿，另一方面是残废的布路斯和被放逐的塞内加，老实讲，就凭着这两个人啊，一个人用他那只残废的手，一个人用他那条教书匠的舌头就妄图统治全人类！"当她这样讲的时候，她就抬起胳臂来做出威胁的姿态，对尼禄破口大骂，召请圣克劳狄乌斯、西拉努斯一家的地下冤魂[②]和她犯的那些什么结果也没有得到的全部罪行前来作证！

(15) 阿格里披娜的态度使尼禄十分恼火，而且不列塔尼库斯满十四岁的日子也快到了，[③]面对着这些情况，尼禄一会儿考虑他母亲的暴烈性格，一会儿又考虑他的竞争对手的性格——这种性格尽管是表现在小事情上，但它却使他的竞争对手获得广泛的同情。原来在举行撒图尔那里亚节的日子[④]里，当着他们兄弟二人和与他们同年的贵族们在一起掷骰子玩谁做国王的游戏时，结果国王应在尼禄身上。于是他便向其他青年发布各种命令，不过这些命令并没有使他们感到难堪的味道；但是当他命令不列塔尼库斯站起来，走到中央的地方唱一支歌的时候——他下这样的命令是为了使这个孩子成为大家的笑料，因为这个孩子在神志清醒的人们中间都不习惯，更谈不上在喝得醉醺醺的人们中间了——这

① 这里当指近卫军的军营。

② 参见本书第 12 卷，第 8 章；第 13 卷，第 1 章。

③ 按一般的习惯，十四岁是罗马少年接受成年人的外袍(toga virilis)的年龄。

④ 撒图尔那里亚节一般是从 12 月 17 日开始，举行十五天。

个受人捉弄的孩子却不慌不忙地唱了一首诗,暗示自己被逐出父亲的家庭和从王位上被赶了下来。这种做法引起了别人的同情,特别是在长夜狂饮使得在场的人们变得坦率起来的情况下,这种同情就更加明显了。尼禄一旦晓得了不列塔尼库斯内心的这种敌对情绪,他对不列塔尼库斯就更憎恨了。

虽然阿格里披娜在那里紧紧地威胁着他,但是他却找不到理由控诉他的兄弟有罪,也不敢公然下令把他处死。但是他却想在暗中活动并下令准备毒药。奉命干这事的是近卫军的一名将领优利乌斯·波里欧,而那个被判了罪的臭名昭著的制毒罪犯洛库丝塔[①]便是由他来负责看管的。很久以来,便设法特别在不列塔尼库斯身边安排了那些横行不法和不顾信义的人们。第一剂毒药是不列塔尼库斯从他自己的教师那里吃到的,但是他腹泻了一次,这样就把毒药泻了出来。这剂毒药或是由于毒性不够或是由于被稀释而没有立刻发生作用。但是尼禄不耐烦谋杀这样久还不能得逞,于是就对近卫军的这个将领进行恐吓,并下令严刑拷打配制毒药的人,因为他们害怕自己的丑名传到外面去,而且还准备为自己辩解,却迟迟不肯解除他的不安情绪。于是他们便保证立刻害死不列塔尼库斯,就好像用刀刺死那样立见功效。结果就在恺撒寝室的近旁,配制了一剂毒药,毒药的成分会使药性迅速发作,这一点在事先都是经过实验保证了的。[②]

(16)按照一般规定,皇帝的孩子要当着他们的亲属的面吃

① 参见本书第 12 卷,第 66 章注。

② 参见苏埃托尼乌斯:《涅尔瓦传》,第 33 章。

饭。[1] 他们和跟他们同年的其他贵族子弟在给他们特设的比较简朴的一桌就食。不列塔尼库斯就是在这里吃饭的。既然通常是在他的侍从中选出一个人来尝他的饭菜和汤，于是就想出了这样一个办法，以避免改变这样一个规定，或是避免由于主仆二人被毒死而使阴谋败露。一道还未放毒，但已被尝过的非常烫的汤送给了不列塔尼库斯，当他因为太烫而加以拒绝的时候，便把放了毒药的冷水掺和进去。这剂毒药的药性在全身发作得极快，他立刻就不能讲话而丧命了。

坐在他四周的人们吓坏了，那些头脑简单不识时务的人跑散了，但那些比较懂事的人却坐在那里不动，眼睛注视着尼禄。尼禄这时则依然似乎是若无其事地半躺在那里，说这是一件不值得大惊小怪的事情，因为不列塔尼库斯从很小的时候便有癫痫的毛病，慢慢地他会神志清醒睁开眼睛来的。阿格里披娜尽管控制了自己的面部表情，但是她内心却突然感到这样的一阵恐怖和痛苦，这一点明显地说明，她同尼禄的妻子屋大维娅一样，对这件事事先是一点也不知情的。实际上她看到她的最后希望已经失去了，杀害母亲的前例已经树立起来了。屋大维娅尽管这时年轻和没有经验，但已懂得要掩饰她的悲伤、她的爱情以及各种情绪了。因此在暂时的沉默之后，人们又开始沉湎在欢乐的饮宴之中。

(17) 不列塔尼库斯在被毒死的当天夜里就火葬了。他那相当简单的葬仪的一切用品，都是事先准备好了的。然而他的骨灰却还是被掩埋在玛尔斯原野[2]。当时发生了一场暴风雨，因此人

---

① 比他们年长的人是倚在床上。奥古斯都和克劳狄乌斯的宫廷都遵守这个习惯——但在提贝里乌斯和卡里古拉的当政时期却看不到这样的事例。

② 在奥古斯都的陵墓(参见本书第 1 卷，第 8 章注)。

们都认为这是预示诸神对这一谋杀罪行的愤怒。但甚至在本国人中间，也有不少人为这一罪行进行辩解，他们说从古以来兄弟就是仇人，而专制大权是不能分享的。许多当时的作家则认为，在不列塔尼库斯被谋杀之前很久，尼禄就已经把不列塔尼库斯这个男孩子糟蹋得很苦了。因此在这种情况之下，就不能认为不列塔尼库斯的死亡是过早的或是残酷的了。克劳狄乌斯家族最后的一个苗裔，这个先是被玷污、随后又被毒杀的孩子，就在神圣的餐桌上，在敌人的面前，匆匆地丧了性命，而在死前甚至没有得到一个机会拥抱一下他的姐姐，向她告别。恺撒发表了一项敕令，说明为什么必须赶快举行葬仪，他提醒说，罗马的传统是不使公众看到这些夭亡者的葬礼，并且不用对死者的赞词和葬仪的行列来拖延下葬的时间。现在他既然失去了他的兄弟的帮助，那么他的其余的希望就都集中在国家上面，元老院和人民本身应当更加爱戴他们的皇帝，因为注定要取得统治大权的家族只有他一个人在世了。[①]

(18) 随后他便把丰厚的赏赐送给他的最重要的朋友。有人对下述的情况提出了指责：在这样一个时候，那些自命道德高尚的人物[②]竟然像分赃一样地分配了城市和乡村的房产。但另有一些人则认为，是犯罪后良心上感到有愧但是又希望取得宽恕的皇帝强迫他们接受这些东西的，因为他指望用慷慨赠赐的办法来使有权有势的人对他感恩戴德。

但是任何慷慨的赠赐都不能平息阿格里披娜的怒气。她对屋

① 他是通过过继而成为克劳狄乌斯家族的成员的，而且从母系的这一面来说，他也是克劳狄乌斯的成员。

② 当指塞内加和布路斯等人。

大维娅变得特别关心起来。她常常在私下里同她的朋友会晤；她比平时更加贪婪地从各个方面挪用金钱，其目的显然是为了筹划一笔应急的款项。她亲切地接待将领和百人团长；对于那些还没有死去的德高望重的贵族则又表示敬重，这一点说明她正在拉一帮人并为这些贵族寻求一个领袖。尼禄知道这事之后，便下令撤销她的卫队，这支卫队是在她当皇后时安排的，而在她是皇太后的时期依然保留下来，此外还撤销了不久之前作为对她尊敬又拨给她的一支由日耳曼人组成的卫队。[①] 他使阿格里披娜和自己分开，而给她另外找了一处住所，就是过去属于安托尼娅[②]的一所房子，这样就使得大批的人无法经常谒见她。每当他到她的新居去看望她的时候，总是有大批百人团长拥簇着，而且总是敷敷衍衍地吻她一下就离开了。

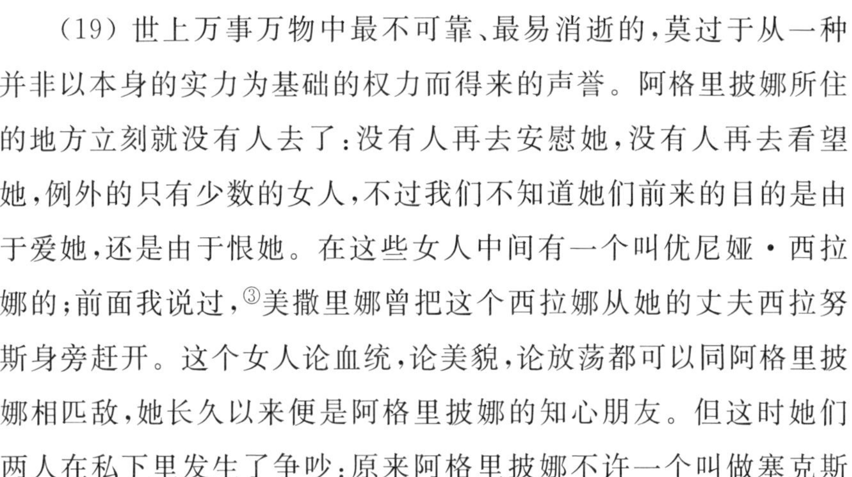

（19）世上万事万物中最不可靠、最易消逝的，莫过于从一种并非以本身的实力为基础的权力而得来的声誉。阿格里披娜所住的地方立刻就没有人去了：没有人再去安慰她，没有人再去看望她，例外的只有少数的女人，不过我们不知道她们前来的目的是由于爱她，还是由于恨她。在这些女人中间有一个叫优尼娅·西拉娜的；前面我说过，[③]美撒里娜曾把这个西拉娜从她的丈夫西拉努斯身旁赶开。这个女人论血统，论美貌，论放荡都可以同阿格里披娜相匹敌，她长久以来便是阿格里披娜的知心朋友。但这时她们两人在私下里发生了争吵：原来阿格里披娜不许一个叫做塞克斯

① 参见本书第 15 卷，第 58 章注。

② 克劳狄乌斯的母亲，阿格里披娜的祖母。

③ 参见本书第 11 卷，第 12 章。

提乌斯·阿非利卡努斯的年轻贵族同西拉娜结婚，而把西拉娜说成是一个道德堕落和人老珠黄的女人。她这样做并不是为了把阿非利卡努斯保留给自己，而是不想使一个有钱而又没有子嗣的寡妇为一个丈夫所占有。现在既然有了报仇的希望，西拉娜就教唆她的两名食客伊图里乌斯和卡尔维西乌斯对她提出控诉。这次控诉阿格里披娜的罪名并不是那很久以来人们经常传说的说法，即她悲悼不列塔尼库斯的死亡或公开宣布屋大维娅所受的屈辱。阿格里披娜这次被控诉的罪名是她曾决定、唆使路贝里乌斯·普劳图斯[1]发动叛乱——普劳图斯在母系方面是圣奥古斯都的后裔，亲等和尼禄一样。她想先嫁给普劳图斯，再帮他取得皇位，从而使自己得以再度控制帝国的事务。伊图里乌斯和卡尔维西乌斯把这些罪名告诉了尼禄的姑母多米提娅[2]的一个被释奴隶阿提美图斯。由于阿格里披娜和多米提娅本来是死对头，因而阿提美图斯听到这个突然而来的消息时大喜过望，于是他唆使优伶帕利斯（多米提娅的另一名被释奴隶）立刻到皇帝那里去，用最阴森可怕的口气提出了控诉。

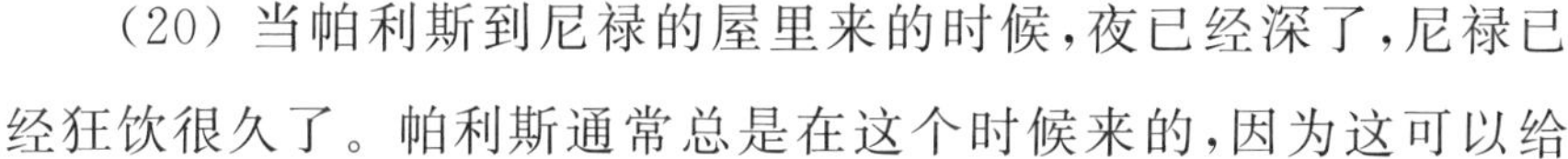

（20）当帕利斯到尼禄的屋里来的时候，夜已经深了，尼禄已经狂饮很久了。帕利斯通常总是在这个时候来的，因为这可以给

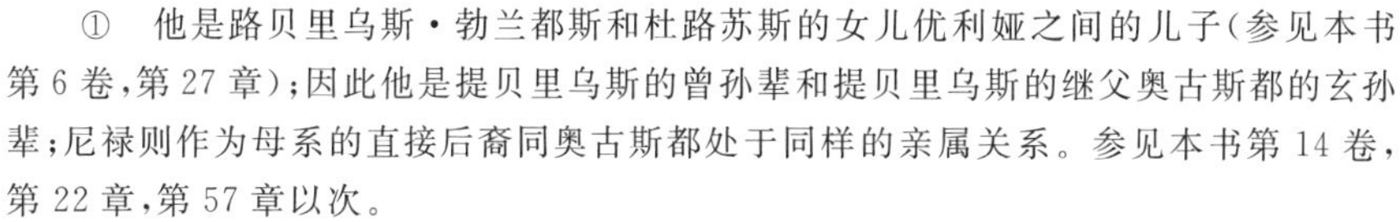

① 他是路贝里乌斯·勃兰都斯和杜路苏斯的女儿优利娅之间的儿子（参见本书第 6 卷，第 27 章）；因此他是提贝里乌斯的曾孙辈和提贝里乌斯的继父奥古斯都的玄孙辈；尼禄则作为母系的直接后裔同奥古斯都处于同样的亲属关系。参见本书第 14 卷，第 22 章，第 57 章以次。

② 美撒里娜的母亲的姊妹。她的丈夫克利司普斯·帕西耶努斯（参见本书第 6 卷，第 20 章注）曾和她离婚，以便和阿格里披娜结婚。因此她们毫无疑问是相互敌视的。

皇帝的放荡行为增加活力。不过这次他的表情却装成阴郁的样子。他把这次控诉详详细细地告诉了尼禄。尼禄听了之后非常害怕,因此他决定不仅仅要杀死他的母亲,杀死普劳图斯,他甚至决定解除布路斯的近卫军长官的职务,因为他是由于阿格里披娜的关系才取得了今天的地位的,而现在他却要自食其果了。根据法比乌斯·路斯提库斯[①]的说法,尼禄确实起草了敕令给凯奇纳·图司库斯[②],任命他为近卫军长官,但是由于塞内加的干预,布路斯的这个地位才算被保留下来。普利尼[③]和克路维乌斯[④]对布路斯的忠诚并不怀疑,但法比乌斯确有过分称赞塞内加的倾向,因为正是由于同塞内加的友谊,他才得以飞黄腾达的。至于我本人,如果作者们的说法没有出入的话,我便遵从他们的说法,如果他们的说法相互间有出入的话,我就把他们每个人的说法都列举出来。

惶恐不安和一心想谋杀他的母亲的尼禄已经到了迫不及待的程度,直到得到布路斯的保证之后他才略略安定下来。布路斯曾向尼禄保证,只要她的罪证确实,便立刻置她于死地。但是布路斯

---

① 塔西佗在《阿古利可拉传》第10章里说他是"当代人中间最有口才的,犹如古人中间的李维";他一般被认为是克温提里亚努斯(参见克温提里亚努斯,第10卷,第1章)所说的那个"值得世世代代追忆的人物"(vir saeculorum memoria dignus);按照达苏米乌斯(Dasumius)的遗嘱,他和塔西佗与小普利尼显然都是遗产承受人。

② 图司库斯是尼禄的乳母的儿子。

③ 参见本书第12卷,第43章注。

④ 玛尔库斯·克路维乌斯·路福斯在卡里古拉当政时担任过补缺执政官并曾参加过对他的谋杀(参见约瑟普斯:《犹太古代史》,第19卷,第1章);他曾伴随尼禄到希腊去,继伽里奥(Gallio)担任他的传令官(参见狄奥·卡西乌斯,第63卷,第14章);在伽尔巴当政时期,他是塔尔拉科·西班牙(Hispania Tarraconensis)的副帅,后来又是一个著名的维提里乌斯派。蒙森和尼森(Nissen)的意见相反,他认为克路维乌斯是塔西佗写作《历史》时的主要依据。

又指出，任何人都应当有机会来为自己辩护，特别是自己的母亲；在目前的情况下并没有控告者，而只有她的仇家的一个人讲她的坏话。因此布路斯认为尼禄还应当考虑到，他是在深夜，在纵情狂饮的不眠之夜里得到这个消息的。当时的一切情况是很容易使人们作出轻率的和无知的决定的。

(21) 皇帝听到这些话之后，心里就不再那么害怕了。到天亮的时候，布路斯就奉派到阿格里披娜那里去，为了使阿格里披娜知道她是以什么罪名受到控诉的：如果这一切罪名是假的就可以举出证据来加以驳斥；如果是真的，那就应当服罪。布路斯这些话是当着塞内加的面讲的，为当时的谈话作证的还有一些被释奴隶。布路斯在陈述了罪状以及控告者的名字之后便采取了威胁的态度。但阿格里披娜以前的那种傲气又上来了。她说："自己从来没有过孩子的西拉娜根本不能体会母亲的心，对于这一点我是一点也不觉得惊讶的：要知道，双亲是不能像个荡妇更换自己的情人那样地更换自己的孩子的。即使是伊图里乌斯和卡尔维西乌斯在耗尽了自己的最后一份产业之后还要进行一次控诉，以便向他们的上了年纪的女主人做最后的一次卑鄙服务的话，这也不能就成为一个理由来说明何以我想谋杀我的儿子以破坏我的美好的声名，或是来说明何以皇帝想谋杀他的母亲以加重他的良心上的负担。

"至于多米提娅，如果她想同我比赛看谁更疼爱我的尼禄，而不是在她的情夫阿提美图斯和她豢养的优伶帕利斯的协助下演出这幕喜剧的话，那么我对于她的这种敌对行动是应当表示感谢的。当我设法使尼禄过继到皇帝家里来，使他取得总督的权力以及未来的执政官地位的时候，当我设法采取其他措施以便使他取得皇

位的时候，她还在她所喜爱的拜阿伊那里装饰自己的鱼池呢。

“让好汉站出来控诉我贿赂罗马的守卫，破坏行省的忠诚，或最后一条，唆使奴隶或被释奴隶犯罪吧！如果不列塔尼库斯做了皇帝的话，我能保留活命么？如果普劳图斯和另一个什么人取得了帝国统治大权而坐在这里进行审判的话，我相信控诉我的人是不会缺少的！在那时我的罪名就不是什么由于爱过了头而偶然讲出的不妥当的话，而是除了一个儿子之外谁也不肯原谅的罪名了！”

在场听到这话的人都受到了感动，于是他们便设法去平息阿格里披娜的怒气，但是她却要求见到自己的儿子。她看到儿子以后，并没有为自己的无辜进行辩解，以表明自己问心无愧，同时她也没有表白过去自己对儿子的功劳，因为这样又会使尼禄觉得难堪。她只是对控诉她的人进行报复，为支持她的友人取得了奖励。

（22）法伊尼乌斯·路福斯被任命为粮务官；阿尔伦提乌斯·司提拉受命主持皇帝正在筹备的赛会；提贝里乌斯（一作盖乌斯——中译者）·巴尔比路斯[1]被任命为埃及长官。普布里乌斯·安泰乌斯被任命为叙利亚长官，但是后来通过各种不同的托词，他的事情被搁置起来，最后还是被留在罗马了。但另一方面，西拉娜却被放逐；卡尔维西乌斯和伊图里乌斯也被黜免，阿提美图斯则被处以死刑。帕利斯所以没有受到惩罚，是因为在皇帝的放荡生活中他的作用太重要了。[2] 路贝里乌斯·普劳图斯则暂时未

① 塞内加说巴尔比洛斯是一个杰出的、博学的人物。

② 但这个人后来（公元 67 年）还是被尼禄作为职业上的对手处死了（参见苏埃托尼乌斯：《尼禄传》，第 54 章；狄奥·卡西乌斯，第 63 卷，第 18 章）。他和佛拉维乌斯时期那更加著名的帕利斯只是同名，并无任何关系。帕利斯是当时优伶的常用名字。

予追究。

(23) 随后又有人告发说,帕拉斯和布路斯合谋拥立科尔涅里乌斯·苏拉[①]为皇帝,一则因为他出身高贵,再则因为他和克劳狄乌斯的关系——他是克劳狄乌斯的女儿安托尼娅的丈夫。这一控诉是一个叫做帕伊图斯的人提出来的,这是一个因为经常从国库那里购买被没收的财产而臭名昭著的人物。[②] 他的这次控诉显系捏造。帕拉斯作风横傲,人们对他有很大反感,因此他的无罪并不使人怎么高兴:原来当他的某些被释奴隶被指控与他同谋的时候,他回答说,在他自己的家里,他都只是使用点头和挥手的方式来发出命令;如果需要较详细的说明,那他就把它们写出来,以避免任何相互的交谈。布路斯本人虽然也受到控告,但他参加了审判。[③] 控告者受到了放逐的处分,而他用以讨还早已忘却的、人们应交国库的那些债务的账目则被焚毁了。

(24) 本年年底,通常在举行赛会时进行戒备的近卫军撤退了。这样的做法目的在于使赛会具有一种更加自由的气氛,在于不使近卫军士兵因为过分密切地同剧场中的放荡作风相接触而败坏纪律,在于试一试民众在无人监视时是否仍能知礼守法。因为朱庇特的神殿和米涅尔瓦的神殿受到雷击,所以皇帝依照卜人的建议,为这座城市举行祓除式。

---

① 参见本卷第 47 章注。

② 从本章最后一句话可以看到,他专门去查阅旧账,看哪些财产是应当被国库没收但是逃避了的,从而引起了许多人的忌恨。

③ 他是骑士,所以他不是在元老院,而是在皇帝的私人法庭受审。

罗马建城809年，即公元56年

(25) 在克温图斯·沃路西乌斯和普布里乌斯·斯奇比奥担任执政官的一年里，国外平静无事，但尼禄在罗马却寡廉鲜耻，胡作非为。他把自己打扮成一名奴隶的样子，在一群侍从的伴随下在首都的街巷、妓馆和酒肆到处游逛。这些人专门偷窃店铺里陈列的货品，袭击路上遇到的行人。受害者一点也不知道他们实际上是什么人，这样尼禄也就和其他人一样被打得鼻青脸肿。后来大家才知道这打劫的人原来就是皇帝本人；加于显贵男女身上的横暴无礼的事情越来越多了。另一些人一旦尝到了为所欲为的味道，自己便开始假借着尼禄的名义偕同狐群狗党同样不受惩罚地胡作非为起来。罗马之夜就和一个敌人占领下的城市的夜里一样！

一个名叫优利乌斯·蒙塔努斯的元老(但他还没有担任过官职)，无意中同皇帝在黑暗中相遇。当他受到皇帝的攻击时，便也猛烈地进行回击。但随后当他认出他的对方是谁的时候，他便请求宽恕。他为自己所进行的辩解被解释成是一种辱骂，因此他迫不得已自杀了。但此后尼禄就不敢这样冒险了。他的身旁总是有若干士兵和大批剑奴保卫着他。如果是半私人性质的、小规模的轻微争吵，他们就站在一旁看着，如果被害的一方进行激烈的抵抗，那他们便用武力加以干预了。

尼禄还使得优伶和捧角集团的放肆的争吵激化到类似正规战争的程度，因为他对他们不仅不加惩罚，反而给他们奖赏，他甚至亲自观看他们的争吵，有时是秘密地，但常常还是公开地。最后，人民群众本身中间发生的不和又有引起更加严重的骚动的危险，所以没有别的办法，只好把优伶从意大利驱逐出去，并且仍旧要士兵在剧场加以弹压。

(26) 大约在这同时，元老院讨论了被释奴隶侮辱先前的主人的问题。有人建议，在被释奴隶表明自己配不上这样一个称号时，他先前的主人有权利取消对他的解放。这个建议得到不少人的拥护。但是执政官在没有得到皇帝的认可时，他们没有胆量把这一建议付诸表决，尽管他们已经通过书面把元老院的意见告诉了他。尼禄身边的顾问人员不多，但对这件事的意见却很分歧，[1]因此他拿不定主意是否同意这一措施。有些人感到气愤的是：取得自由的被释奴隶竟然变得如此横傲，以致他们竟不再满足于在法律面前同自己的主人处于平等的地位，而是视主人的忍耐态度为软弱可欺，乃至动手打人。但他们的暴行竟而不会受到惩罚，或者只受到他们自己所提出的惩罚。一个受害的主人所能取得的赔偿是什么呢？他只能把他的被释奴隶放逐到一百英里以外的地方，到康帕尼亚的海岸地带去。[2] 在其他任何方面，双方在法庭上是完全平等的。应当把一种绝对不容轻视的武器交到自由人的手里。一个被释奴隶用他借以取得自由的驯服来保持自己的自由并不是一件很困难的事情。从另一方面来说，那些肆无忌惮的罪犯也理应受到重新被奴役的处分，这样才可以使那些忘恩负义的人有所戒惧。

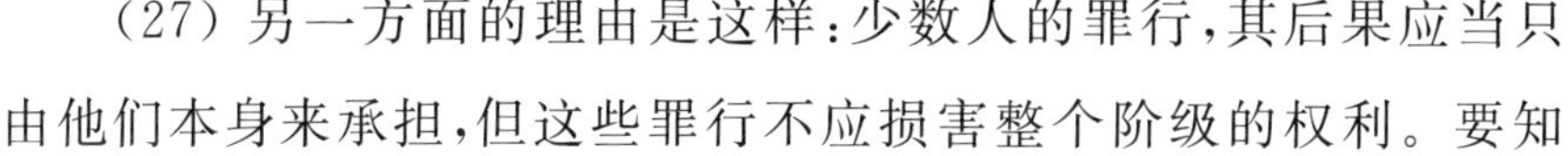

(27) 另一方面的理由是这样：少数人的罪行，其后果应当只由他们本身来承担，但这些罪行不应损害整个阶级的权利。要知

① 此处原文模糊不清；从内容来看，讨论是在宫廷的私人会议上进行的。

② 这里是意大利最令人开怀的地方，也是犯了过错的人所最喜欢去的地方。

道，被释奴隶这一类人是到处都有的。特里布斯[①]、公职人员[②]、高级长官的助手和祭司[③]，还有在罗马征募的夜防队[④]，大部分都是由被释奴隶来补充的；大多数的骑士和许多元老也都是被释奴隶的后裔。如果把被释奴隶划到一边去，这只会明显地表示自由人是何等之少！我们的祖先在区分各等级的地位时他们把自由作为全体人民的共同财富，这并不是没有道理的。此外还规定了两种解放形式，[⑤]以便使人们有改变看法或重新施加恩惠的余地。所有那些不曾被主人以杖式加以解放的人，可以说仍旧处于奴隶的地位。奴隶主必须仔细考虑每个奴隶的功过而不轻易将他解放，因为自由一旦给出去，就不能再收回来了。

这个意见取得了胜利。于是恺撒写信给元老院，指出他们只能对被自己的主人所指控的被释奴隶的一切案件加以个别考虑：被释奴隶的一般权利不能取消。不久，他的姑母多米提娅便被剥

① 罗马人民分为三十五个特里布斯(tribus)，农村三十一个，城市四个。城市的特里布斯包括无产者(capite censi)，还有全体罗马细民(这些人地位较低，因此被释奴隶可以参加他们的特里布斯)。这时他们只不过是分配救济粮的对象而已。

② 这里指侍从、书记之类的人。至于仆从(ministeria)，如传令人(accensi)，公差(ealatores)，则不属于这一范畴。

③ 参见科瓦略夫：《古代罗马史》(三联书店 1957 年版)，第 224 页。

④ 不是守卫城市的部队(参见本书第 4 卷，第 5 章注)；这里指巡夜和防火的部队(vigiles)：参见本书第 11 卷，第 35 章注。

⑤ 正式和彻底的解放奴隶的办法是(1)“杖式解放”(vindicta)，名称的起源是解放时要举行这样的仪式：主人把杖放在奴隶的头上；(2)使监察官将奴隶的名字列入公民的名单(censu)；(3)通过正式的遗嘱(testamento)。非正式的和不彻底的解放奴隶的办法是：(1)在证人的面前(inter amicos)作口头的声明；(2)签署一项文书(perepistulam)；(3)请奴隶和他的主人共餐(convivio)。更详细的说明可参见有关的罗马法专著，这类的书颇多，此处不详细列举。

夺了她的被释奴隶帕利斯，这一行动表面上是有民法上根据的。[①]但是皇帝的声誉却不能不受到影响，因为他发出一道敕令，硬说帕利斯生下来便是自由的。

（28）虽然如此，共和国的影子究竟还是有的。行政长官维布里乌斯和保民官安提司提乌斯发生了争吵，因为保民官下令释放被行政长官送进监狱的一些扰乱治安的捧角人。元老们同意这一逮捕，谴责了安提司提乌斯的多事，同时还禁止保民官干预行政长官的和执政官的权限，禁止保民官把诉讼当事人从意大利各地召到罗马来，如果可以就地解决的话。[②] 已经当选的执政官路奇乌斯·披索又提出一项建议，即保民官不能在自己家中执行自己的惩罚权力，他们所规定的罚款只有在四个月之后才能由掌管国库的财务官载入国家的账目。在这一期间，人们可以对这些罚款提出异议，而最后决定权则属于执政官。营造官的权力也受到了限制：对于高级营造官或平民营造官所能规定的保证金[③]或罚款的限额也作了明文的规定。保民官赫尔维狄乌斯·普利斯库斯[④]由于和管理国库的财务官奥布尔特洛尼乌斯·撒比努斯有私仇而控告他利用职权过分无情地强制拍卖穷人的财产。于是皇帝把国家

① 帕利斯在被解放时曾向多米提娅支付了一万谢司特尔提乌斯的赎金，但后来却以他生来便是自由人为理由而要求收回这笔钱；而且，由于他有皇帝作为后援，不可能对这一要求作出其他的裁决。

② 这句话的拉丁文原文说得不够清楚。

③ 受到高级长官的召唤而不到场的公民，受到正式的召请而不出席会议的元老，他们的动产必须受到扣押，这就是人们所说的 pignus capere。这笔保证金用来保证对当事人所判处的罚款，如果他提不出合法的理由说明自己的缺席的话。

④ 参见本书第 12 卷，第 49 章注。在兄弟们中间，这里指的是哪个人已无法确定。

账目的管理权从财务官转交到国库官的手里去。

(29) 这个机构的组织[①]是常常调整、改变的。奥古斯都委托元老院任命管理它的官吏。后来因为害怕在争夺这一职位时会发生营私舞弊的情况,管理国库的官员便从全体行政长官中用抽签的办法选出。但中签者却可能是不能胜任的人物,所以这个办法不久便取消了。后来克劳狄乌斯又把这项权力还给了财务官;不过为了防止他们由于害怕得罪别人而不能尽心职守,他答应给这些人以破格的升迁机会。[②] 不过,既然财务官是他们通向高级长官的第一步,他们在年龄上都还不大。因此,尼禄便选任有经验的并担任过行政长官的人来担任这一职务了。

(30) 同年,维普撒尼乌斯·莱纳斯被发现在他担任长官的撒丁尼亚有贪污受贿的行为。被克里特人控以勒索罪的凯司提乌斯·普洛库路斯[③]被宣告无罪。驻防在拉温那的舰队的司令官克洛狄乌斯·克维里那里斯曾放肆而残暴地蹂躏过意大利,就仿佛意大利是个最卑贱的国家似的。这个人在受到控诉之后没有等到宣判,便服毒自尽了。在法律修养方面以及财富方面在罗马都非常突出的卡尼尼乌斯·列比路斯因为经不住年老多病之苦而割断自己的脉管自杀了。这是一个因满身女人气而名声不雅的人,因此谁也不会相信他竟有自杀的胆量。与此相对照的是,路奇乌

① 指元老院的国库。它在共和国时期由财务官负责;奥古斯都当政初期由国库官负责;从公元前 23 年到公元 44 年则由行政长官负责。克劳狄乌斯又恢复了财务官的这项职权,到现在(公元 56 年)则永久为国库官所代替。

② 财务官以前任期为一年,现在改为三年,任职期满后可立即担任行政长官,而中间无须再经过保民官或营造官的职位。

③ 阿凯亚的长官。

斯·沃路西乌斯却死得十分光荣，他活到九十三岁，在一生中诚实地挣得了巨大的财富，并且同连续几位皇帝都保持了友谊。

(31) 在尼禄(第二次)和路奇乌斯·披索担任执政官的一年里，没有发生什么值得记述的事情。但编年史家也许会喜欢把人们对恺撒在玛尔斯广场上修建的巨大的半圆形剧场[①]的基础和支撑剧场的梁柱的赞美词[②]载入自己的史篇。不过罗马人民的尊严所要求的是只把重大事件记载到史篇中去，而这类琐事的记述只能是官报的事情。[③] 一批老兵被送到卡普亚和努凯里亚两个移民地去；城市公民每人取得了四百谢司特尔提乌斯的赏赐；四千万谢司特尔提乌斯被缴入国库以保持国库信誉的稳定；购买奴隶时应缴纳的百分之四的税[④]被取消了，不过这与其说是真正的取消，毋宁说只是一种姿态：因为这时卖者需要缴税了，于是这笔税金就被加到卖价上面，结果还是由买者来负担。恺撒还发布一项敕令，规定任何长官或代理官，在他所负责的行省里都不得举行剑斗，不得举行同野兽的搏斗或任何其他表演。在先前，这种虚情假意的慷慨做法使行省居民所受的痛苦并不比长官对他们的勒索所造成的痛苦更轻些，他们不过是想用这种办法讨好群众以掩盖他们那些

罗马建城810年，即公元57年

① 这是一座在不到一年当中修建起来的木造结构建筑物。参见苏埃托尼乌斯：《尼禄传》，第 12 章开头部分。

② 这里似指老普利尼，因为他对于剧场的横梁很感兴趣。参见普利尼：《自然史》，第 16 卷，第 40 章。

③ 参见本书第 3 卷，第 3 章注。

④ 这种税是五十年前奥古斯都规定的，税收即用来支付他的巡夜和防火的部队(vigiles)的开销(参见本书第 11 卷，第 35 章注)。这种“取消”完全是形式的，只是这笔税金今后向外国奴隶贩子征收，而不再向罗马购买奴隶的人征收而已。

放肆的非法行为而已。

(32)此外,元老院还公布了一项惩罚性的、同时又是预防性的法令:如果一个主人被他自己的奴隶谋杀的话,就连那些根据他的遗嘱被解放但仍旧留在他家里的奴隶,也要和其他的奴隶一同被处死。这时很久以前因勒索的罪名而被判罪的、担任过执政官的路利乌斯·伐鲁斯又恢复了自己的地位。

奥路斯·普劳提乌斯的妻子,一位出身高贵的妇女彭波尼娅·格莱奇娜[①](关于奥路斯·普劳提乌斯在不列颠之役后所举行的小凯旋式,我在前面已经说过了[②]),现在被控以迷信外国的宗教[③],结果她被交付给自己的丈夫进行审讯。[④] 奥路斯按照古老的风俗,在一次可以决定他的妻子的命运和名誉的家庭会议上进行讯问,继而就宣布她无罪。不过彭波尼娅注定在漫长的一生中总是郁郁不乐的。原来自从杜路苏斯的女儿优利娅[⑤]被美撒里娜阴谋陷害以后,她在其后的四十年中一直穿着丧服,悲痛不已。在克劳狄乌斯的统治时期坚贞不屈,却没有受到惩处,这在后来就成

---

① 她大概是奥维狄乌斯的朋友彭波尼乌斯·格莱奇努斯的女儿和彭波尼乌斯·佛拉库斯的侄女(参见本书第2卷,第32、41、66章;第6卷,第27章)。

② 这是公元47年的事情,因此应在已经遗失的第11卷的开头部分。

③ 里普西乌斯(Lipsius)认为这是指基督教。从他那时起,在墓窖中又发现了彭波尼乌斯·巴苏斯兄弟和一个彭波尼乌斯·格莱奇努斯的墓铭。这一审讯的时期和《罗马书》的日期差不多。

④ 她的宗教信仰,正像后来常常发生的情况一样,使得她的行为被控为不道德,为此她在由她丈夫主持的家庭会议(参见本书第2卷,第50章结尾处)上受到审讯,并被宣告无罪。

⑤ 参见本书第3卷,第29章;第5卷,第6章注;第6卷,第27章;关于她和彭波尼乌斯家族的关系,参见本书第2卷,第43章最后部分。美撒里娜谋害她的动机不详;美撒里娜的代理人是苏伊里乌斯(参见本卷第43章)。

了她的光荣。

(33) 这一年,不少人受到审讯。其中一人普布里乌斯·凯列尔受到亚细亚行省居民的控诉。他的罪名连恺撒(即尼禄——中译者)都不能给他开脱;于是皇帝便设法拖延这一案件,直到被告老死为止。原来凯列尔曾谋杀过行省总督西拉努斯(这一点前面我已经谈过了[①]),单是这一项重大罪行便足以抵得上所有其他的罪行了。奇里奇亚人则控诉了科苏提亚努斯·卡皮托,[②]这个品行恶劣而又令人厌恶的人认为,他既然能够在罗马胡作非为,那么在行省自然也同样可以这样做。不过在控诉的一方态度十分坚决的情况下,他败诉了,最后只好放弃为自己的辩护而根据反对勒索的法律被判了罪。吕奇亚人要求埃普里乌斯·玛尔凯路斯[③]赔偿损失,但是玛尔凯路斯却施展手腕,使得一些控诉他的人反而以陷害无辜的罪名被判处了流刑。

(34) 尼禄第三次担任执政官时的同僚是瓦列里乌斯·美撒拉;美撒拉的曾祖父,演说家科尔维努斯是尼禄的外高祖父辈的圣奥古斯都担任执政官时的同僚,记得这件事的老人目前已经不多了。美撒拉每年从国家领取五十万谢司特尔提乌斯的补助,用来

罗马建城811年,即公元58年

① 参见本卷第1章。

② 参见第11卷,第6章注。

③ 提贝里乌斯·克洛狄乌斯·埃普里乌斯·玛尔凯路斯曾两次担任执政官(补缺)并担任亚细亚总督(公元70—73年);他是当时最出名的和用语刻毒的演说家之一。关于他的卑微出身和巨大影响,参见塔西佗:《对话录》,第8章;关于他对特拉塞亚的控诉,参见本书第16卷,第22章以次;关于他同赫尔维狄乌斯·普利斯库斯的斗争,参见塔西佗:《历史》,第4卷,第6章以次,第43章;《对话录》,第5章;关于他之被牵连入凯奇纳,阿里耶努斯的阴谋和他的自杀,参见狄奥·卡西乌斯,第66卷,第16章。

维持自己的清贫生活，这总可以稍稍提高这一显贵家族的荣誉了。皇帝还把补助的年金赐给奥列里乌斯·科塔和哈提里乌斯·安托尼努斯，尽管这两个人都挥霍无度，荡尽了家业。

这年年初，罗马和帕尔提亚争夺亚美尼亚的战争，虽然开始时半死不活后来又拖拖拉拉，现在却又打得很猛烈了。原来，沃洛吉西斯不甘心他的兄弟提里达特斯被排斥在亚美尼亚王位之外，这个王位是他赠送给他的兄弟的，他也不甘心把这个王位看成是外国赐给的礼物；另一方面，科尔布罗却认为，罗马人民的尊严要求把过去曾为路库鲁斯和庞培所征服的土地[①]重新收归罗马的治下。而且，不知道效忠哪一方面为好的亚美尼亚人则把双方的军队都召了进来。不过从地理位置方面以及风俗习惯的近似这一点来说，他们却是更加倾向于帕尔提亚人的；他们和帕尔提亚人有通婚的关系，并且由于他们不知自由为何物，因此他们便更加倾向于把帕尔提亚人看成是自己的主人了。

(35)[②]但是科尔布罗的主要困难与其说在于挫败敌人的阴

① 这是公元前74—前63年第三次米特利达特斯战争时的事情。

② 在本卷第6至9章所叙述的东方事件结束于公元55年，也就是科尔布罗到达小亚细亚之后不久的时候。这里在公元58年这一年项下又接着前面叙述下去，一直讲到阿尔塔克撒塔的陷落(第41章)。随后在公元60年这一年项下，在本书第14卷的第23章以次——整个记述应当连续地读下来——记载了提格拉诺凯尔塔的攻克和其他事件(这些事件的高峰则是提格拉尼斯被引入他的王国和科尔布罗及其军团的撤退)。但这里明显地发生了一个问题：公元59年的事情是在什么地方记述的？是第13卷的第36章以次，是第14卷的第23章以次，还是前者一部分后者一部分？依照上面的回答，可能有三个纪年的方法：科尔布罗的准备措施(第13卷，第35章：“但是科尔布罗的主要困难……全部辅助骑兵部队和步兵部队。”)：(1)蒙森认为是公元55—58年的事情；(2)福尔诺认为是公元55—57年的事情；(3)埃里和亨德逊认为是公元55—57年的事情。亚美尼亚的初冬(第13卷，第35章：“全军一直是过着……要少一些。”)：(1)公元58—59年；(2)公元57—58年；(3)公元57—58年。攻克阿(接下页)

谋，毋宁说在于如何克服自己军队的离心离德。从叙利亚调来的军团由于长期的和平环境而委靡不振，因此他们对于罗马军营的任务表现了明显的厌恶态度。大家知道，他的军队里的那些老兵，从来没有放过哨或担任过值班的守卫，壁垒和壕沟在他们眼里都成了新奇的东西，他们既没有头盔也没有胸甲，他们都是一直在城市里服役的、讲究穿戴和只会弄钱的士兵。因此，科尔布罗先把那些年老或体弱因而不能作战的士兵清洗掉，然后再着手补充军队。他在加拉提亚和卡帕多奇亚征募军队，又从日耳曼调来一个军团，还有它的全部辅助骑兵部队和步兵部队。全军一直是过着营地的生活，[①] 尽管这一年的冬天特别寒冷，以致在安营时竟不得不先掘开冻土。由于严寒，许多人冻伤了四肢，还有一些人在放哨时冻死了。人们曾看到一个背着一捆木柴的士兵，他的双手冻得和这捆木柴一道从胳膊上掉下来了。科尔布罗本人穿的不多，也不戴头盔，在军队行军或干活时他始终同他们在一起，他称赞勇敢的人，抚慰软弱的人，他的行动对全军起了示范作用。但由于气候严酷和军务繁重，抗不从命和逃跑成了司空见惯的现象，于是科尔布罗就用严厉的手段加以制止。在别的军队里，初犯和再犯是可以得

(接上页)尔塔克撒塔的战役:(1)公元 59 年;(2)公元 58 年;(3)公元 58 年和公元 59 年的初夏。进攻和攻克提格拉诺凯尔塔:(1)公元 60 年;(2)公元 59 年;(3)公元 59 年夏末。其他战役，提格拉尼斯的到达，科尔布罗的撤退:(1)(2)(3)公元 60 年。以上三种编年一定有一种是对的:但我们看到三种说法又都有严重的缺陷。无论如何，塔西佗虽利用了科尔布罗自己的回忆录，但他的叙述还是漏洞很多的。

① 在这之前，本章一直在叙述着公元 55—57/8 年(或 58/9 年?)间的准备工作。但这里中间没有交代一句，讨伐的军队现在已经在亚美尼亚北部安营扎寨了。营地可能是在埃尔吉路姆(Erzerum)高原上，而以特列比松(Trebizond)为其基地(参见本卷第 39 章开头处)，这支军队准备在短促的作战季节(6 月到 9 月)开始时行动。

到宽恕的,但他的做法却是绝不宽恕,开小差的士兵立即处死。实践证明这种办法是有效的,是比宽大更加可行的,军营中逃跑事件比之那些宽大为怀的统帅的军营中的同类事件要少一些。

(36)科尔布罗直到仲春时候一直把军团留在营地里;在这期间,他把辅助步兵中队分配到各适当的地点,命令他们在没有遭到攻击时不要冒险作战:他要一个担任主力百人团长的名叫帕克奇乌斯·奥尔菲图斯的人负责这些卫戍的据点。尽管奥尔菲图斯曾送来书面报告,说蛮族那里没有防守的准备,因而有发动战争取得胜利的机会,但是他接到的命令却是严守阵线,等待增援。后来从附近各防守据点又来了几队士兵,这些没有经验的士兵死命要求作战,结果他便违反命令,向敌人发动进攻并被击溃了。他的失败继而又使本应前来增援的军队的士气大为沮丧,以致他们都迅速地撤退到各自原来的据点去了。这件事使科尔布罗大为震怒;他在对帕奇乌斯进行了严厉的谴责之后,便命令帕奇乌斯和他的军官与士兵在工事以外设营,[①]后来全军都为他们讲情,他们才得到赦免,摆脱了那样丢脸的处境。

(37)但是,受到自己臣属以及自己兄弟沃洛西吉斯的支持的提里达特斯现在却不再是偷偷摸摸地,而是明目张胆地以战争的手段蹂躏亚美尼亚了。他进攻那些他认为是忠于罗马的城市。如果我们派兵去对付他,他就回避战斗,四处流窜,不是以武力,而是以散布流言飞语而使得各处人心惶惶。既然坚持寻求对敌作战的

① 古时的一种惩罚方式,被惩罚的人有时甚至没有帐篷,并且不能修筑壕沟或壁垒保护自己。参见波利比乌斯,第6卷,第38章。

机会的科尔布罗未能如愿以偿，因此他也只能仿效敌人的办法，把自己的军队在各地区之间调来调去。他分散自己的兵力，目的在于使副帅和将领们可以对分布广泛的据点同时发动攻击；同时他还命令国王安提奥库斯[①]向同他的边界相邻接的各个地区发动进攻。原来那把自己的儿子拉达米司图斯作为叛国者处死的帕拉司玛尼斯，现在正想向亚美尼亚人清算旧账，这很明显是要对我们表示他的忠诚。同时罗马的最忠诚的联盟者莫斯奇人[②]也第一次被我们争取过来，他们进攻了亚美尼亚的较边远的地区。

这样一来，提里达特斯的计划就完全被打乱了。于是他便以他本人和帕尔提亚的名义开始派遣使团前来探询：为什么在他最近交出了人质并且为了促进今后的友好关系而重新建立了友谊之后，他却被赶出了他长期占有的亚美尼亚。沃洛吉西斯本人所以还没有任何行动，其唯一的理由是他们两个人都不愿动用武力，而是想以自己应享的权利作为依据。但是，如果对方一定要发动战争的话，那么阿尔撒奇达伊王族是既不缺乏勇气又不缺乏运气的，过去罗马吃的苦头便已多次证明了这一点。但科尔布罗有确实的情报，知道沃洛吉西斯受到叙尔卡尼亚的叛乱[③]的牵制，所以他便

---

① 关于孔玛盖尼的安提奥库斯，参见本卷第 7 章注。关于亚美尼亚各省，参见本书第 11 卷，第 9 章注。关于帕拉司玛尼斯和拉达米司图斯，参见本书第 6 卷，第 32 章；第 11 卷，第 8 章；第 12 卷，第 44 章；第 13 卷，第 6 章。

② 居住在亚美尼亚西北部，在本都的边界正南。希罗多德的《历史》（第 3 卷，第 94 章）把这些人和提巴列诺伊人相提并论（参见 1959 年商务印书馆中译本，第 404 页），这也可能就是《以西结书》第 27 章第 13 节中所提到的 Tubal 和 Meshech（官话本译为土巴人和米设人）。

按里特尔（Ritter）本，这一词是 Insochi（音索奇人）。

③ 参见本书第 6 卷，第 36 章注。

回答说，要提里达特斯向皇帝提出请求："如果他能够放弃一个遥远而暗淡的希望，寻求一个可以争取也值得争取的希望的话，那他就可以不用流血而取得稳固的王位。"

(38) 但这些使节的往返折冲丝毫没有达成确定的和议，于是双方决定了亲自会见的时间和地点。提里达特斯声明说，他本人将要带领着一支由一千名骑兵组成的卫队；至于和科尔布罗同来的全部兵力可以有多少，他没有作出任何规定，只要这些士兵穿着和平的服装而不戴头盔不穿胸甲便行。任何一个人，特别是一位久经战场而且又明智有远见的统帅，必然能看穿蛮族的狡计，必然会考虑到规定一方面的有限制的人数，却又允许科尔布罗带来更多的人，这种做法的目的必定在于玩弄诡计。因为没有盔甲保护的士兵在受过射箭训练的一支骑兵面前，即使人数众多，那也是无能为力的。但是科尔布罗却装作毫不怀疑的样子回答说，讨论国家大事更好是有双方的全部军队在场。他所选择的地点，一半是山坡较缓的一些小山，适于步兵列阵，另一半则是平原，适于骑兵队伍展开活动。

到了指定的那一天，科尔布罗首先到达。他把联盟的步兵和国王们提供的辅助部队配置在两翼；而把第六军团再加上第三军团的三千人配置在中央，这三千人是夜里从另一处营地调来的：不过军团的军旗却只有一个，从而使人看起来这些人是一个军团。当提里达特斯到来时，天色已经晚了，他停留在较远的一个地方，看得见但是听不清楚。于是罗马统帅便下令自己的军队返回各自的营地。

(39) 国王或是怀疑我们的军队同时向四面八方撤退其中会

隐藏着什么阴谋，或是想切断我们从黑海方面通过特拉佩佐斯城的粮食供应线，因此他也匆匆地退走了。[1] 但是他并没有力量骚扰我们的供应线，因为我们运粮的山路都有我们的哨兵防守着。而且科尔布罗为了避免旷日持久的无益战争，同时为了使亚美尼亚人陷入防守的地位，因而他便准备摧毁他们的要塞。他把那一省当中最坚强的、被称为沃兰社姆[2]的要塞留给自己：较小的那些要塞则留给军团将领科尔涅里乌斯·佛拉库斯和营帅[3]印斯泰乌斯·卡皮托。[4] 随后他便视察了防御工事并且为进攻作了适当的安排，这以后他就鼓励他的军队把这些出没无常的敌人赶出自己的巢穴——这些敌人既不想缔结和约也不想作战，而是通过逃跑向人们承认了自己的不守信义和卑怯——并要他们既为光荣又为战利品而进攻。随后他就把军队分为四个部分。一部分列成龟形阵，由他率领着从下面去破坏敌人的工事；他命令另一部分把云梯搭到城墙上，同时另有一大批人用军事器械发射火把和投枪。还有两种投射器[5]各自被分配了一个阵地，以便从远处向之发射铅弹。

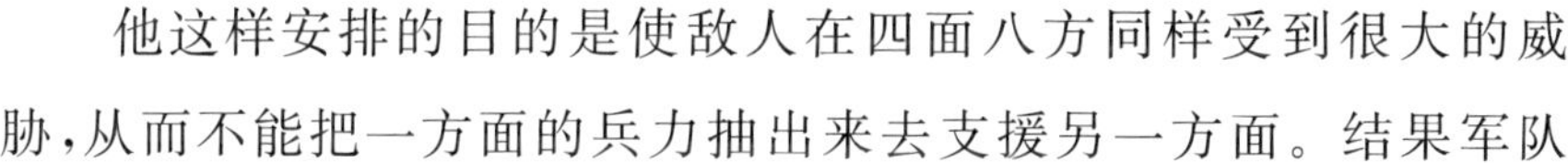

他这样安排的目的是使敌人在四面八方同样受到很大的威胁，从而不能把一方面的兵力抽出来去支援另一方面。结果军队

---

① 如果阿尔塔克撒塔和提格拉诺凯尔塔都是在公元 59 年被攻占的，那么我们只能假定第一次的战役便在这里结束，而原文的 discedit 和 sed 之间（即本章第一句和第二句之间）不仅仅有一个句点，这中间还有一个没有提到的冬天。因此在本书第 14 卷，第 23—26 章的某个地方也必须有类似的间隔。

② 亨德逊认为此地就是今天的伊格狄尔（Igdir）；但它在阿拉克西斯河以南，阿尔塔克撒塔以西，这一点是无可置疑的。

③ 参见本书第 1 卷，第 20 章注。

④ 参见本卷第 9 章。

⑤ libritores 和 funditores 这两种投射器的详细区别我们已不清楚了。

在战斗中表现了这样的勇敢，乃至一天的时间三分之一还没有过去，城上的敌人就被击溃了，城门里的栅栏被摧毁了，工事被从云梯攻上来的士兵占领了，成年男子全被杀死：罗马士兵无一阵亡，受伤的人也极少。未参加战斗的居民被卖为奴隶，其他战利品则成了胜利者的财产。军团将领和营师也同样幸运；三座要塞在一天之中就被攻下，其他的要塞都投降了，它们或是因为害怕，而在某些情况下，则是因为居民自愿这样做。这一切都激使科尔布罗对进攻亚美尼亚的首都阿尔塔克撒塔抱有很大信心。不过军团并没有走最短的道路，因为这样做就要通过阿拉克西斯河上的桥，而阿拉克西斯河又正在城下流过去，故而他们过桥时就有被投枪刺中的危险了。结果他的军队是在稍远的一个地方，在一个比较宽阔的渡口过了河。

（40）但是提里达特斯又羞愧又害怕；他怕的是，如果他默认这次围攻，他就会给人一种印象：他对围攻丝毫无能为力，但如果他干预这次围攻的话，那么他又会使他本人和他的骑兵陷入难以应付的地段。最后他决定把自己的队伍在敌人面前列成战阵；在这之后，如果有适当的机会，他就可以作战，或是以佯作退却来伺机对敌人进行伏击。因此他就出其不意地从四面八方对罗马军队发动了进攻。

但科尔布罗对这一切早有准备。原来他的军队对作战以及对行军都早已作了安排。他把第三军团安排在右侧，第六军团安排在左侧，第十军团的精锐[①]则安排在中央。辎重被配置在队列内部，保卫后方的是一千名骑兵，而给这些骑兵的命令是：在受到敌

① 指执行特殊任务的分遣队（vexilla），军团的主要部分仍在叙利亚。

人迫近的进攻时便加以反击，但敌人如后退则不要追击。安排在两翼的是徒步的弓手和其余的骑兵，左翼沿着一排小山的山麓一直伸展开去，这样，如果敌人强行突入，则他们既可以从正面迎击又可以把他们包围起来。另一方面，提里达特斯却对罗马军队进行零散的攻击，他们总是和罗马军队保持在投枪投射不到的距离上，时而采取想要进攻，时而又采取假装害怕的姿态，指望用这种办法分散我们的队伍，然后再分别加以攻击。但罗马军队绝不轻率地散开自己的队伍。只是有一个骑兵部队的什长因为过于鲁莽地出击而死于乱箭之下。这件事使其余的罗马士兵更为坚定了服从命令的信心。当天色黑下来的时候，提里达特斯就撤退了。

（41）科尔布罗就地扎了营，便仔细考虑这样一个问题：他是否应当把辎重留下，趁着黑夜，率领着军团直接开到阿尔塔克撒塔，然后把它包围，因为他认为提里达特斯已退到那里。但后来侦察兵带来消息说，国王已经远远地走开，而且很不容易判断他是到米地亚还是到阿尔巴尼亚去。他就等候破晓，但这时他却把轻武装的军队开到前面去把城墙封锁起来，并且在一定距离的地方开始了进攻。可是阿尔塔克撒塔的居民却自愿地打开了城门，并且把他们自己以及他们的财产交给了罗马人。这种迅速的行动保证了他们的个人安全；阿尔塔克撒塔城本身被点起了火，[①]并被夷为

① 如果阿尔塔克撒塔是在公元 59 年夏初陷落的，那么这句话只能作这样的理解：科尔布罗进城后立刻便把它摧毁了。随后（参见本书第 14 卷，第 23 章），他便冒着酷暑斜着穿过了亚美尼亚，并在秋天到达提格拉诺凯尔塔。但是，如果它是在公元 58 年或公元 59 年的夏末陷落的，科尔布罗显然不曾把城烧掉，以便在废墟中过冬；而富尔诺和蒙森唯有不按照这里的字面来作解释，而将“阿尔塔克撒塔城本身被点了火”（Artaxatis ignis inmissus）归之于公元 59 年或 60 年作战季节的开始之时了。

平地；原来这座城很大，没有一支强大的卫戍部队要想保卫它是不可能的，而且我们军队的人数又不够同时维持一支强大的卫戍部队和进行一场战争；不过，如果不毁掉这个地方，却又不用部队守卫这个地方，那么单是占领这个地方既不会带来利益，也不会带来荣誉。此外，还有一个显然是上天垂示的奇迹：在阿尔塔克撒塔城墙的外部是一片阳光灿烂的世界，可是突然间城墙工事内部的地区全部被一团乌云包了起来，乌云间还闪烁着可怕的闪电。人们都相信，诸神的敌视的行动表明这座城市已注定要遭到毁灭的命运。[①]

由于这一切胜利，尼禄被欢呼为统帅（Imperator）。[②] 根据元老院的命令，又举行了对诸神的感恩祭。他们决定为皇帝立像，修建拱门，并选他连任执政官。取得胜利的日子，在罗马宣告胜利的日子，元老院作出有关决定的日子，都被列为全国性的节日。在这方面人们还提出了更多的建议，有些建议提得太过分了，例如盖乌斯·卡西乌斯[③]尽管同意其他的荣典，同时又指出，如果必须向诸神表示同他们所赐予的大量恩惠相适应的感谢，那么用一整年的时间来向他们感恩依然太短，因此应当在真正的宗教节日和工作

---

① 埃里（Egli）试图把这里所说的"奇迹"说成是公元 59 年的一次日蚀（并非日全蚀）（参见本书第 14 卷，第 12 章），因为普利尼在《自然史》第 2 卷，第 70 章中说："统帅科尔布罗告诉我们说，十一和十二时之间他在亚美尼亚看到日蚀。"不过这个说法由于两种情况而不能成立：首先，不管这里描述的是什么，但它不会是日食的现象；其次，日蚀发生的日期是 4 月 30 日，这时罗马军团几乎还不可能离开埃尔吉路姆，更完全不可能到达阿尔塔克撒塔。

② 胜利的军队向他欢呼（参见本书第 2 卷，第 18 章注）。

③ 参见本书第 12 卷，第 11 章注。

日之间加以区分；在工作日里，人们可以在不妨碍世俗工作的情况下举行宗教仪式。

（42）继而[①]一个在变化多端、波澜迭起的一生当中招来了大量憎恨的人物也被判了罪，不过他的垮台对塞内加的声望也起了一些损害作用。此人就是普布里乌斯·苏伊里乌斯[②]。他在克劳狄乌斯当政时期是一个腐化堕落的、令人侧目的宠臣，但是时代的变换并不曾使他像他的敌人所希望的那样垮下去。他始终十分神气，宁肯使自己被看成是个罪人，也不肯低声下气地去乞求别人。据说为了搞垮他，元老院援用了过去的一项法令，[③]就是根据秦奇乌斯法[④]而惩办因辩护而收费的人们。苏伊里乌斯本人听到这事后又是抱怨又是咒骂，他倚老卖老地任性发泄自己凶暴的脾气，大骂塞内加是克劳狄乌斯的朋友们的怨毒甚深的敌人，因此塞内加在克劳狄乌斯时代曾被放逐，那完全是罪有应得。[⑤] 同时由于他的唯一经验就是死啃书本和同单纯幼稚的青年人交往，所以他就忌妒那些为本国公民进行生动的和朴实的辩护的人。他[⑥]本人担任过日耳曼尼库斯的财务官；塞内加在日耳曼尼库斯家里却是个奸夫。接受诉讼当事人所自愿赠送

① “继而”一词(deinde)充分说明福尔诺的编年是正确的。他和尼佩尔第都认为，公元 58 年苏伊里乌斯之受到弹劾，肯定是在元老院进行有关阿尔塔克撒塔被攻陷一事的庆祝问题的讨论之后。

② 科尔布罗的异亲兄弟(参见本书第 4 卷，第 31 章注)。

③ 参见本书第 11 卷，第 5—7 章。

④ 公元前 204 年保民官秦奇乌斯提出的一项法律，规定不许辩护人收费。

⑤ 这是在克劳狄乌斯当政第一年的事情。塞内加的罪名是和日耳曼尼库斯的女儿优利娅通奸(参见本书第 12 卷，第 8 章注；狄奥·卡西乌斯，第 60 卷，第 8 章)。

⑥ 指苏伊里乌斯。因为是间接叙述的口气，所以用第三人称。

的礼物作为可尊敬的职务的报酬，难道比玷污皇女的床榻这一罪过更加严重吗？是哪一门学问，哪一派哲学可以给他作为依据，可以在取得皇帝宠信的四年当中搜括到三万万谢司特尔提乌斯的财产？① 在罗马，那些没有子嗣的人和他们的遗产，都很难逃出他的网罗。他的永无满足的高利贷活动把意大利和各行省的血都吸干了。② 但是他苏伊里乌斯所有的只是辛辛苦苦挣来的一笔为数不多的家产！他宁愿忍受控诉、审讯和其他任何磨难，也绝不使自己一生辛辛苦苦挣得的荣誉在这个暴发的新权贵面前屈膝！

(43) 当然并不缺少把苏伊里乌斯的话逐字逐句地或是添油加醋地报告给塞内加的人物。控告者被物色到了，于是他们向苏伊里乌斯提出了控诉，罪名是在他担任亚细亚总督的时候曾有侵吞公款的行为。这次控诉规定了一年的调查时间，因此从他在国内所犯的罪行开始调查似乎更能节省时间，而且容易就近找到证人。这些人控诉苏伊里乌斯曾通过恶毒的告发而迫使克温图斯·彭波尼乌斯发动内战；③曾逼死杜路苏斯的女儿优利娅④和波培

① 除苏伊里乌斯之外，别的人也提出过这样的问题。塞内加对此的回答是写了一篇《论富裕生活》(*De vita beata*)(参见该作品的第 17 章以次，第 22 章以次)。

② 根据狄奥·卡西乌斯(第 62 卷，第 2 章)的说法，他由于索还了四千万谢司特尔提乌斯的债款而加速促成了公元 61 年不列颠起义的爆发。

③ 参见本书第 6 卷，第 18 章。他是卡里古拉被暗杀当时的执政官，他由于劝元老院恢复本身的自由而几乎被近卫军杀死(参见约瑟普斯:《犹太古代史》，第 19 卷，第 4 章，第 5 节)。可能这种共和情绪的表现被苏伊里乌斯利用来对他提出控诉，从而迫使他参加了卡米路斯·司克里波尼亚努斯的失败的叛乱(参见本书第 12 卷，第 52 章注)。

④ 参见本卷第 32 章。

娅·萨比娜；[①]曾陷害过瓦列里乌斯·亚细亚提库斯、路西乌斯·撒图尔尼努斯和科尔涅里乌斯·路普斯；[②]最后还曾判过大量骑士的罪。[③] 此外，克劳狄乌斯的一切残酷罪行也都算到苏伊里乌斯的账上来了。

苏伊里乌斯为自己辩护，他说这些事没有一件是他自愿干的，他只是奉皇帝之命行事而已。但恺撒这时打断了他的话，指出从他父亲的文书肯定地知道，他父亲从来不曾强迫对任何人提出控诉。于是苏伊里乌斯又说这是美撒里娜的命令，但这种辩解又开始站不住脚了。人们反驳他："为什么不是别的人，而是你苏伊里乌斯被选定为那个杀人淫妇的代言人？干出了这些残暴罪行的人必须受到惩处，他们因犯罪而发财致富，却把罪名推到别人身上。"

因此苏伊里乌斯的一半财产就被没收了，因为另一半已经给了他的儿子[④]和孙女；他们根据他们的母亲或祖母的遗嘱而取得的财产同样也免于追究。苏伊里乌斯本人被放逐到巴利阿里群岛[⑤]去。不拘是他所受到的审判还是惩处，都不曾使他的情绪沮丧下去。后来人们说，他那富裕而豪奢的生活使他的退隐生活看来也还不错。当控诉者趁着苏伊里乌斯的失势又攻击他的儿子尼儒里努斯的勒索行为的时候，皇帝就出面加以制止，他认为报复的行动已经足够了。

① 关于老波培娅和亚细亚提库斯，参见本书第 11 卷，第 1 章。

② 撒图尔尼努斯和路普斯的名字曾在塞内加的著作中（*Apocol*，第 13 章）提到克劳狄乌斯的友人和他手下的牺牲者时列举出来，但详情不知。

③ 关于罗马骑士，参见苏埃托尼乌斯：《克劳狄乌斯传》，第 29 章。

④ 即玛尔库斯·苏伊里乌斯·尼儒里努斯。

⑤ 马略卡岛和梅诺卡岛，现属西班牙。

（44）差不多就在这同时，保民官奥克塔维乌斯·撒吉塔疯狂地爱上了一个有夫之妇彭提娅，他先是用大量的礼物勾引了她，发生奸情，随后又使她离开了自己的丈夫。他这方面答应娶她，她那方面也作了同样的保证。但是这个妇人一旦得到自由以后，却开始以她父亲反对为借口把结婚的事拖了下来；而当她找到一个更有钱的对象的时候，她索性就不承认先前所作的保证了。奥克塔维乌斯那一方面则时而规劝，时而威胁，他说他的声誉和财富都为她搞垮了，最后只能把他的性命，他所能控制的唯一的一件东西任凭她来处理了。但是他的请求被拒绝了，于是他便请求和她再待上一夜，一来是使他的炽热的情欲镇定一下，同时也为了使他在今后能够控制自己。会面的一夜确定下来了，彭提娅把这件事告诉了她的一个知心的侍女，要这个侍女看守她的寝室。奥克塔维乌斯是和一个被释奴隶同来的，他在身上藏着一把匕首。怜爱和恼怒的情绪使得他们很自然地又争吵又请求，又责难又道歉。他们把夜里的一部分时间放纵在情欲里；而看来好像是因为不能克制自己的激动情绪，他用匕首杀死了这个一点不曾怀疑他的女人；跑进来的侍女也被他刺伤，后来他就逃跑了。

第二天，人们都知道了这一谋杀事件。由于他们两人被证明曾在一处，所以杀人犯是谁，是无可怀疑的。虽然如此，那个被释奴隶却硬说女人是他杀死的。他说他这样做是为了给主人所受的不公正的待遇报仇。他对主人的这种坚定的忠诚竟而使得一些人相信了他的话，直到那个侍女负伤之后清醒过来，这才使她揭露了真相。奥克塔维乌斯在交卸了保民官的任务之后便被死者的父亲告到执政官那里去，结果他便因元老院的命令，根据有关谋杀的法律而被判了罪。[①]

(45)一个同样惊人的不道德的事件,预示在这一年里国内将要发生严重的灾难。在罗马有一个名叫波培娅·萨比娜的女人,她是提图斯·欧里乌斯的女儿。欧里乌斯由于同谢雅努斯的友谊,在他还未能担任较高官职的时候就一蹶不振了;因此萨比娜便采用她的外祖父波培乌斯·撒比努斯[②]的名字。撒比努斯是一个声名卓著的人物,他的执政官职位和凯旋标记的光荣掩盖了她的父亲欧里乌斯。她是一个除了品行之外拥有一切有利条件的女人。她的母亲[③]在度过了自己的绮年玉貌的时期之后,把自己的名誉和容貌同时传给了自己的女儿:她的财富和她的高贵出身也相当。她谈吐迷人,也颇机智;她表面上羞羞答答,实际上淫荡不堪。她很少在公开的场合出现,出现时面孔也是遮住一半,为的是引起人们的好奇心,也许是因为这样做对她合适。她从来不吝惜自己的名誉,丈夫和奸夫都没有什么区别。她不会受制于自己的或别人的爱情:利之所在,即情之所钟。

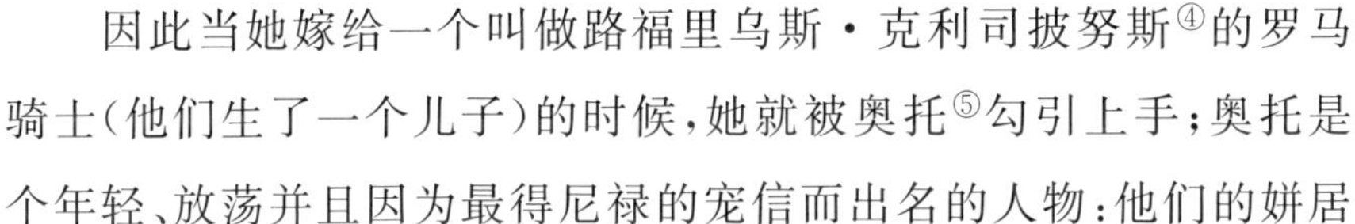

因此当她嫁给一个叫做路福里乌斯·克利司披努斯[④]的罗马骑士(他们生了一个儿子)的时候,她就被奥托[⑤]勾引上手;奥托是个年轻、放荡并且因为最得尼禄的宠信而出名的人物:他们的姘居

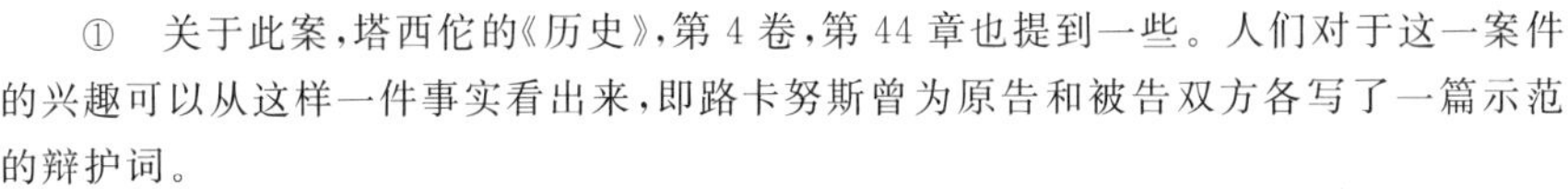

① 关于此案,塔西佗的《历史》,第 4 卷,第 44 章也提到一些。人们对于这一案件的兴趣可以从这样一件事实看出来,即路卡努斯曾为原告和被告双方各写了一篇示范的辩护词。

② 参见本书第 4 卷,第 46 章注;第 6 卷以次。

③ 参见本书第 11 卷,第 2 章注。

④ 前任近卫军长官(参见本书第 11 卷,第 1 章等处)。

⑤ 后来当了皇帝;参见本卷第 12 章。

关系很快就变成了正式的夫妇。[1]

(46) 奥托在皇帝面前称赞他的妻子美丽动人,他这样做或者是出于爱情上的疏忽,或者是他有意要挑动皇帝的情欲,这样通过他们两个人共同占有一个女人,他自己的影响便可以更为加强了。每当他离开恺撒的饭桌时,人们常常听到他说,他无论如何也必须回去看他的妻子,因为这是一个既高贵而又美貌的女人。人人都想着这种女人,但只有幸福的人才能享受得到。

由于诸如此类的刺激,效果很快地就显示出来了。被尼禄召见的波培娅一步一步地把自己的势力树立起来。起初她使用甜言蜜语相诱的狡猾手段,假装说她没有办法控制自己的情欲和不能抗拒尼禄美貌的引诱。后来当皇帝迷上了她的时候,她就端起了架子;如果皇帝想留她度第三夜的话,她就坚持说她是个有夫之妇,她不能否认和奥托的夫妇关系,而且他俩关系之好是无与伦比的。"他品貌都很出众。她认为他风流潇洒。但是尼禄却爱上一个女奴隶阿克提,两情缱绻,这种卑贱的通奸关系只能使他在别人看来显得庸俗而不体面。"

结果奥托便失掉了像平时那样同皇帝亲密往还的机会。后来他不但不能见到尼禄,而且不能随侍在他的身边。最后,为了不使奥托这个情敌留在罗马,尼禄任命他为路西塔尼亚的长官。而直

① 此事有两种流行的说法:根据苏埃托尼乌斯、普鲁塔克、狄奥·卡西乌斯以及塔西佗本人在《历史》,第 1 卷,第 13 章的说法,他早已同波培娅计谋好了,同奥托的名义上的结婚不过是掩盖尼禄与她私通而已。事情的结局从当时的一句打油诗可以看出来:"你想知道为什么奥托被光荣地放逐吗?因为他想和自己的妻子同睡。"(苏埃托尼乌斯:《奥托传》,第 3 章)

到内战[①]爆发时为止，奥托一反过去的狼藉声名，在那里过着既正直又洁身自爱的生活。在私生活方面他虽不免随便，但在公事方面却是严于律己的。

(47) 从此之后，尼禄就不再想掩饰自己那些罪恶的放荡行为了。他特别不放心科尔涅里乌斯·苏拉[②]，其实他完全误解了苏拉的天生愚钝，却把这种愚钝看成是一个狡猾的人别有用心地装聋作哑。恺撒的一名被释奴隶格拉普图斯所捏造的谎言加深了尼禄的怀疑。这个年老的被释奴隶从提贝里乌斯在位的时期起，便在皇室服务，因此长年的经验使他对从那时以来的宫闱事件很为熟悉。在那个时候，穆尔维乌斯桥[③]一带是夜游的绝好所在，尼禄就经常喜欢到那里去，因为到了城外，他的放纵行为就可以更加无所顾忌了。格拉普图斯于是捏造说什么有人想在尼禄从佛拉米尼亚大道回城时暗害他，而正是出于神意的嘉佑，他才从另一条路到撒路斯提乌斯花园去，从而得以免遭此难。他说这次阴谋的组织者就是苏拉。他这次捏造的依据是这样一件事情：偶然有一些年轻而放荡的人因为酗酒闹事(这在当时本来是很平常的事情)，结果使得回城途中的那些皇帝侍从受到一场虚惊。在这些人里并没有认出任何一个人是苏拉的奴隶或食客。苏拉的那种极其卑鄙怯懦的性格是不可能干出任何这样胆大妄为的事情的。然而好像他的罪行已经被证实了似的，他接到了离开罗马并只能移居到玛西

① 指公元 58—68 年的内战，内战时奥托首先归附了伽尔巴。

② 法乌司图斯·科尔涅里乌斯·苏拉·费里克斯是克劳狄乌斯的女儿安托尼娅的丈夫(参见本书第 12 卷，第 2 章；还可参见本书第 12 卷，第 52 章；第 14 卷，第 57 章)。

③ 在罗马以北二英里佛拉米尼亚大道上。

里亚[1]去的命令。

(48) 同年,元老院接见了普提欧里[2]的两个使团,一个使团是市议会[3]派遣的,一个使团是民众派遣的。前一个使团谴责民众逞凶闹事,目无法纪;民众则控告官吏和一般显要市民贪赃枉法。为了不使这一已经发展到相互投石并以纵火相威胁的程度的纠纷发展到流血动武的地步,盖乌斯·卡西乌斯受命进行调解。不过争论双方都受不了他的严峻手腕,于是根据他本人的请求,这项任务就转交给了司克里波尼乌斯兄弟[4]。一个近卫军中队拨给了他们。军队的威慑作用,再加上处死了几个人,这就迫使这个城市的争吵的双方和解了。

(49) 对于元老院发布的一项关于允许西拉库赛剑斗比赛的人数超出规定数目的普通命令,我本来是不想记述的。但现在我要谈谈这项命令,是因为特拉塞亚·帕伊图斯[5]不同意这项命令,从而使诽谤他的人得到谴责他的意见的机会。他们说,"如果他相信元老院的自由是国家之需要,那么他又何必纠缠在这些烦琐的

---

① 今天的马赛。

② 今天的波佐利(Pozzuoli)。

③ 意大利本土和西方的市议会通常是由一百人组成,他们必须是当地有相当财产的公民。

④ 司克里波尼乌斯·路福斯和司克里波尼乌斯·普洛库路斯。他们的死亡(公元 67 年)是尼禄当政晚期轰动一时的丑闻之一(参见狄奥·卡里乌斯,第 63 卷,第 17 章;塔西佗:《历史》,第 4 卷,第 41 章)。

⑤ 尼禄当政时期主要的斯多噶派殉道者,与他的女婿赫尔维狄乌斯·普利斯库斯后来在维斯帕西亚努斯当政时期殉道一样。他是帕都亚(Padua)人,娶了凯奇纳·帕伊图斯和阿里娅这一对著名夫妇的女儿,并且在十年间都是他的妻子的亲戚佩尔西乌斯(Persius)的谈论哲学的朋友。他晚年的主要事迹都见于本书以后各卷。

事情上面呢？他的同意或反对的意见为什么不发表在有关和战、有关财政、法律以及和国家幸福有关的其他事情上面呢？每一位元老在得到发表意见的权利时，都能随便发表他愿意发表的意见，并要求大家对之加以讨论。不能过分放宽西拉库赛的参加剑斗比赛的人数，这难道就是他所期望的改革么？难道在帝国的一切部门中所有其他的一切就都是那样地完全合于理想，就仿佛国家的最高统治者不是尼禄而是特拉塞亚么？如果最重要的事情都被忽略，就好像它们根本不存在一样，那么如果不去谈那些鸡毛蒜皮的东西，又能去谈什么呢！"另一方面，特拉塞亚在他的朋友要求他对这种责难进行辩解的时候，他却回答说，并不是因为他不了解当前的情况，他才对这类性质的命令提出修正的意见。他只是以十分尊敬对方的方式要元老们晓得，只有在他们能够注意到甚至极其细微的事情的时候，才能够不忽视重大的事件。

(50) 同年，鉴于民众不断提出请求（他们抱怨包税人[①]的无情勒索），尼禄考虑他是否应当发布命令取消一切间接税，并把这次改革作为他赠给人类的最高贵的礼物。[②] 但是他的较老的顾问们在开头时虽然大大地称赞了他的慷慨大度，后来却制止了他的这

① 罗马骑士的包税团体（后面的 vectigalium societates；还有本书第 4 卷，第 6 章的 societates equitum Romanorum）；它的任务是包收间接税，特别是关税和港口税（portoria）。直接税（tributa）则是由政府官吏征收的。

② 公元前 167 年以来，由于意大利本土免除了直接税，对于人类的这项"礼物"的一个后果就是把整个帝国的财政负担转嫁于各个行省。但另一方面，在罗马世界内部则存在着自由贸易。对一切出口和进口货品按照价格（ad valorem）所征收的、数量不同的 portoria，不仅仅在帝国的边界征收，而且在每一行省的边界或由诸行省构成的财政区的边界也同样征收，此外还设立许多地方的关卡，阻碍了商业的发展。

个突如其来的想法。他们指出说，如果国家借以维持自己的收入被取消的话，帝国就一定会瓦解。他们说，进口税一旦取消，大家必然又会要求取消直接税。当罗马共和国还在它的全盛的时候，执政官和保民官建立了许多税收机构。后来人们便通过税收的调整来掌握国家收支之间的平衡。同时对于包税人的贪得无厌确是应当加以节制，否则人们多年来毫无怨言地忍受下来的一种制度，就会由于新式的严酷手段而使得人们怨声载道。

(51) 因此皇帝就发布了这样一道敕令，要过去一直保密的、关于每种税收的条例都公布出来，要大家加以审查。对于尚未付清的税款的要求在一年之后提出即属无效。罗马的行政长官——在各行省则是长官或总督——在审判时应打破常规，优先处理控告包税人的案件；士兵们除了在出售物品时要纳税以外，他们仍旧是不纳税的：此外还有一些极好的规定，不过这些规定只是一时还有人遵守，后来就无人执行了。但是取消"四十分之一税"、"五十分之一税"[①]以及包税人所发明的诸如此类的苛捐杂税的法令却还是有效的。在海外各行省，粮食的运费降低了，同时规定商船不列入商人的资产项目之内，并且不对商船征税。

(52) 恺撒赦免了受到控告的两个曾在阿非利加行省担任过总督的官吏，他们是苏尔皮奇乌斯·卡美里努斯和彭佩乌斯·西尔瓦努斯。卡美里努斯的对手只是少数的私人，而且他被控的罪名也只是残酷的行为而不是贪污。但西尔瓦努斯的控诉者却有许多许多人，他们都要求给他们时间，以便使他们收集罪证。但被告

① 内容不详，可能是一种非法的捐税。

则坚持立刻开庭审判，并且由于他的财富，由于他没有子嗣和他的高龄而在诉讼中取得了胜利。觊觎他的财产的人们设法为他开脱罪名，但是他却活得比这些人还要长久。

（53）直到目前为止，由于罗马统帅们治理有方，日耳曼平静无事；在统帅们看来，胜利的荣誉已经不是什么稀罕的东西，所以他们就想通过维持和平而取得更大的光荣。当时军队的首脑是彭佩乌斯·保里努斯和路奇乌斯·维图斯[①]。但是为了不使军队无所事事，保里努斯要士兵们修筑一道制服莱茵河河水泛滥的大堤[②]，这项工程原是六十三年之前杜路苏斯所开始的。维图斯则计划用一道运河把摩泽尔河和阿拉尔河[③]连接起来；这样从地中海通过水路运到罗纳河和阿拉尔河的货物就可以从运河进入摩泽尔河，转莱茵河而进入大洋[④]了。这种办法可以消除陆上转运时由各种地势而造成的困难，并且可以在西方和北方[⑤]的海岸之间造成一条可以通航的水路。不过这项计划却由于比尔吉卡[⑥]的长官埃利乌斯·格拉奇里斯的忌妒而无从实现，因为他拒绝维图斯把军团开入不属于自己的管辖范围以内的行省。他认为这是一种讨好高卢人的做法，这种做法会引起皇帝的猜忌。好事情往往是

① 时当公元 55 年，这已经是三年前的事情了。保里努斯——可能是塞内加的岳父——任下日耳曼的统帅；路奇乌斯·安提司提乌斯·维图斯任上日耳曼的统帅（参见本卷第 11 章注）。

② 在高卢那的一面，它显然是在三角洲地带顶点的地方。这大堤后来被奇维里斯摧毁（参见塔西佗：《历史》，第 5 卷，第 19 章）。

③ 今天的索恩河（Saône）。

④ 指北海。

⑤ 指地中海西部和北海。

⑥ 这是高卢的最大行省；在索恩河和塞纳河以东。

在这样的借口下被取消的。

(54)但是由于军队长时期无所事事,人们便传说副帅们已经被剥夺了率军对敌作战的权力。这样一来,弗里喜人[①]便移居到莱茵河的沿岸地带来:那些有能力作战的人是通过森林和沼泽地带来的,而那些年老或年幼而不能作战的人们则是从一些湖[②]上过来的。他们定居在这里为罗马军队所保留的一些林间空地上,促使他们这样做的是他们的部落领袖(类似日耳曼的国王)维尔里图斯和玛洛里克斯。他们在那里定居下来之后,播了种子,耕了土地,就仿佛这块地方一直就是属于他们似的。但这时继保里努斯之后而来的行省长官杜比乌斯·阿维图斯却用罗马的武力来恐吓他们,要他们退回到他们原来的地区去,除非是皇帝把新的土地赐给他们。维尔里图斯和玛洛里克斯只好到罗马去亲自进行恳求。他们来到罗马,但尼禄这时正有别的事要处理,他们只好等在那里,利用这段时间参观了蛮族常去游览的地方,而其中之一就是庞培的剧场。他们在那里看到了集合在那里的大量观众。他们并没有足够的准备知识来欣赏戏剧,但是为了消磨时间,他们就提出了有关在场观众、有关等级区分的问题,诸如哪些人是骑士,哪些人是元老等等。但他们又看到一些穿着外国衣服的人坐在元老席里[③],于是他们就问那是一些什么人。人们告诉他们,那些人是由于同罗马友好并由于勇敢而出名的民族的使节,罗马为了对他们表示尊敬,才请他们坐到那里去的。他们听了这话就叫了起来,世

① 参见本书第11卷,第19章。

② 这些湖后来在8到13世纪之间,同沮伊德湖汇合为一了。

③ 即罗马剧场中前排的贵宾席。

界上没有任何一个民族在武力方面或在对罗马的忠诚方面能超过日耳曼人，这样说着他们就坐到元老席那里去了。在场的人对这种行动作了善意的解释，认为这种古朴的冒失行动是出于一种争强好胜的民族自尊心。尼禄给了他们两个人罗马公民权，但是指令弗里喜人退出他们占据的地区。他们没有听从命令，罗马人于是施加了强制手段。一个辅助骑兵部队出其不意地被派出去向他们发动了进攻，那些敢于顽抗的人不是被俘就是被杀了。

（55）后来这块地方又被安普西瓦里人[①]占有，他们是个更加强大的部落，不仅是因为他们的人数众多，还由于他们曾被卡乌奇人赶出自己的土地，成了切望取得一个安全避难之所的、无家可归的民族，从而得到相邻诸部落的同情。替他们讲话的是一个叫做波约卡路斯的人，他在那些部落中间颇为出名，同时对罗马也一直忠诚不二。他提醒我们说，“在凯路斯奇人发动叛乱时，[②]他曾被阿尔米尼乌斯投入监狱；后来他又在提贝里乌斯和日耳曼尼库斯的领导下服役。现在作为对罗马的五十年之久的服从的最高表现，他又率领着整个部落来归顺罗马了。仅仅为了使罗马士兵的畜群不定在什么时候前来牧放，却要这样一大片土地在那里荒废着，这种做法难道是妥当的吗？如果你们一定要把这些地方留给你们的畜群，却宁肯看着四周的人挨饿，你们可得注意，不要做得太过分，以致不愿同跟你们友好的民族为邻，却要一片荒无人烟的原野！那些地方过去一个时候是卡玛维人居住着，后来归图邦提

① 住在埃姆斯河以东，小卡乌奇人以南。

② 阿尔米尼乌斯的起义曾在公元 9 年使克温提里乌斯·伐鲁斯麾下的三个罗马军团在威斯特伐利亚的森林中遭到覆灭的命运。

斯人所有，这之后又由乌西披人占有。正如同天空是给诸神居住那样，大地是给人类居住的。没有主人的土地是任何人都能够占有的。”继而他便抬起眼睛来望着太阳并且向所有其他的天体祈求，仿佛是面对面地向它们质问似的：“如果他们想使大地上人烟灭绝的话，那么就让海水赶快来湮没大地，把那些强占土地的人们都淹死吧！”

（56）对这一请求感到不高兴的阿维图斯回答说，所有的人必须服从比他们高贵的人的命令。他们向之恳求的诸神就曾作出规定，罗马人民有权决定应当给予什么，应当拿走什么，而除去罗马人自己之外，他们是不能容忍任何人作出这样的决定的。他对于全体安普西瓦里人的答复就是这样，但是他对波约卡路斯个人却说，看在他们之间的友谊的面上，他愿意给他自己一块土地。日耳曼人义正词严地拒绝了这个建议，因为这无异是贿赂他要他背叛。他还说：“我们可以缺乏一块赖以谋生的土地，但我们绝不会缺乏可以死在那里的土地。”双方就这样地悻悻然地不欢而散了。

安普西瓦里人把布路克提里人和腾克提里人以及离他们更远的一些部落都拉过来站在他们的一面作战。于是阿维图斯写信给上日耳曼驻军的统帅库尔提里乌斯·曼奇亚[①]，请他渡过莱茵河，以便威胁敌人的后方。他本人则率领他的军团突入腾克提里人的地区，要他们解除同安普西瓦里人的联盟，否则他就会把他们杀得鸡犬不留。腾克提里人只得屈服；布路克提里人也

① 据2世纪希腊历史学家普列哥昂（Phlegon）的一段记载，他在公元56年接替了安提司提乌斯·维图斯。

在同样的威胁下让步了。接着，其他部落也都不肯为着别的部落而去冒这样的危险了。受到孤立的安普西瓦里人只好退到乌西披人和图邦提斯人那里去。但是他们在从那些地方被赶出来之后，又依次到卡提伊人和凯路斯奇人那里去避难。此后他们又流浪了很多很多地方，在这段时期里，他们最初被作为客人接待，随即被看成乞丐，最后则被看成是敌人了。他们中间年轻力壮的都战死在异国的土地上，不到作战年龄的人则都被当作战利品分配了。

(57) 这年夏天，在赫尔孟都利人和卡提伊人之间爆发了一场大战，起因是他们都想用武力占有富产食盐而且又是两个部落的边界的一条河流。[①] 除了他们热望用武力解决一切问题以外，他们还有一个根深蒂固的宗教信念，即这一地区离天空特别近，因此诸神在这里能迅速回答人们的祷告。而且正是由于诸神的嘉佑，这条河和这一带的森林生产盐的办法和别的地方不同；别的地方是把海水引到海岸上的池子里，再通过蒸发来制盐，这里却是把河水浇到一堆燃烧的木柴上，结果通过水与火两个对立元素的结合而结晶出盐来。[②] 在战争中取得胜利的是赫尔孟都利人，不过被打败的卡提伊人之所以特别遭殃是在于，他们双方的任何一方取

① 赫尔孟都利人的居住区是图林根(Thuringia)和佛兰科尼亚(Franconia)，卡提伊人的居住区是黑森—拿骚(Hesse-Nassau)地区，从这一点来看这里所指的很可能是韦拉河。这条河目前还是图林根和黑森的边界，并且离撒尔宗根(Salzungen)的盐泉很近。也有人认为这条河是佛兰科尼亚的萨勒河(Saale)。不过两条河中的任何一条本身都不是盐泉。

② 如果这种说法可以相信的话，实际上还是一种蒸发过程。普利尼也作过类似的叙述。

得胜利，都要把对方献给玛尔斯神和麦库利神[①]，而所谓献给玛尔斯神和麦库利神这个誓愿的意思，就是把对方的全体马匹，人员以及不拘什么东西全部消灭掉。这样罗马人的敌人所作的威胁便回报到他们自己身上了。

但是一个同罗马人民友好的、乌比伊人的城市[②]却遭到了一场没有预料到的灾难。从地里喷出来的火[③]点着了到处的农家、庄稼和村落，很快地便烧到了不久之前建立的一座移民地[④]的城墙跟前。天上下的雨，河里的流水或任何形式的水都不能扑灭这种火。最后一些毫无办法但是为这次灾难所激怒的农民开始从远处向火焰抛石头。当火焰稳定下来时，他们便走近到火焰跟前，用木棍或其他用具打它，就好像是想把野兽赶跑一样。最后他们就脱下他们的衣服压到火上。那些衣服由于穿得又脏又旧，看来反而更有灭火的作用。

(58) 同年，民会会场上一株被称为卢米那里斯的树[⑤]——它

① 即提乌神(Tiu)和沃登神(Woden)。原始部落常常向神许愿杀死全部敌人，例如我们最熟悉的是希伯来的对敌视古犹太神权的人与物的诅咒，即 hêrem，也就是对耶利哥(Jericho)的诅咒(参见《约书亚记》，第 6 章，第 17 节以次)以及对亚玛力人(Amalek)的诅咒(参见《撒母耳记》，第 15 章，第 3 节以次)。高卢人的类似情况被恺撒记述在他的《高卢战记》里(第 6 卷，第 17 章)。

② 今天的科伦。

③ 从当地的地质情况来看这不可能是火山。这里似是对于大片野火的一种夸张的叙述。

④ 在公元 50 年。参见本书第 12 卷，第 27 章。

⑤ 传说中罗马人的始祖罗木路斯和列穆斯吮吸母狼的奶就是在这株无花果树下面。它是自然地——augurante Atto Navio——从帕拉提努斯山山脚下的卢佩卡尔洞穴(Lupercal)迁移到元老院对面的民会会场上来的(参见普利尼：《自然史》，第 15 卷，第 18 章)。

在八百三十年前曾荫蔽过列穆斯和罗木路斯这两个婴儿——现在有了衰老的症状,因为它的树枝枯死了,树干萎缩了。人们把它认成是神所垂示的朕兆,但后来它又抽出新枝,重新有了生机。

第十四卷

罗马建城812年，即公元59年

(1) 在盖乌斯·维普斯塔努斯[1]和盖乌斯·丰提乌斯[2]担任执政官的一年里，尼禄决定不再将蓄谋已久的罪恶计划拖延下去。因为长时期的统治助长了他的胆量，而且他对波培娅的情欲也一天比一天更加热烈地燃烧起来。她看到，只要阿格里披娜活着，她自己就没有办法和尼禄结婚，就没有办法使尼禄和屋大维娅离婚，因此她就常常责怪甚至嘲笑皇帝，说他是“唯他人之命是听的被保护人。”她说他不仅说不上是帝国的主人，甚至对他自己的事情都不能做主。他和她之间的婚事有什么理由再拖延下去呢？是什么还不能使他满意呢？是不是她的相貌长得不美，是不是她的祖先没有足够的凯旋的荣誉，[3]还是因为怀疑她不能生孩子，[4]因为她的爱情还不够真诚？

① 盖乌斯·维普斯塔努斯·阿普洛尼亚努斯在公元69年担任阿非利加长官，参见塔西佗：《历史》，第1卷，第76章。

② 关于盖乌斯·丰提乌斯·卡皮托的性格，参见塔西佗：《历史》，第1卷，第7章。公元68年，他在下日耳曼担任副帅时被他手下的军官杀死。

③ 在她的祖先当中只有她的外祖父波培乌斯·撒比努斯在提贝里乌斯的统治时期曾因在色雷斯的胜利而得到过凯旋的荣誉。参见本书第4卷，第46章；第5卷，第10章；第6卷，第39章；第13卷，第45章。

④ 她和路福里乌斯·克利司披努斯生过一个儿子(参见本书第13卷，第45章)。她和克利司披努斯离婚后才嫁给奥托，现在她又想离开奥托嫁给尼禄。

“不是的，害怕的是，一旦她成了他的妻子，她就一定会把元老院所受到的各种各样的不公正的待遇，把全国人民对他母亲的横傲和贪欲所感到的愤怒揭发出来。如果阿格里披娜竟能容许一个仇视她的儿子的人做她的儿媳的话，那么为什么不把她波培娅送回到她原来的丈夫奥托那里去：她愿意到天涯海角，[①]她在那里至多只能听到皇帝的丑行，而不致亲眼看到这种丑行，并且被卷到他所遭到的危险里面去。”通过眼泪和媚术而步步进迫的诸如此类的攻势不曾遇到任何反击：所有的人都渴望阿格里披娜的势力能被打垮，但是谁也不会相信儿子的憎恨会发展到杀死自己亲生母亲的地步。

（2）克路维乌斯[②]说，阿格里披娜为了保住自己的权势竟干出这样的事情：每当正午，尼禄酒酣耳热的时候，[③]她竟有好几次打扮得十分妖媚，到已经微醉的儿子这里来，准备进行近亲相奸的勾当。宫廷里的近侍早已看到了预示未来罪行的那些色情的接吻和轻佻的行动。这时塞内加想利用一个女人来抵制另一个女人的迷惑，于是把被释女奴隶阿克提召了进来。阿克提对自己的危险处境和尼禄的丑行十分害怕。她按照指示提醒尼禄，乱伦的事情已经尽人皆知，因为他母亲以此自鸣得意；她又对尼禄说，士兵们是不会服从一个渎神的皇帝的统治的。但是按照法比乌斯·路斯提库斯的说法，想通奸的不是阿格里披娜，而是尼禄，不过又是这个

① 尼禄任命奥托为路西塔尼亚的长官以便把他从自己的身边打发开去，这里指的是奥托任职的路西塔尼亚(参见第 13 卷，第 46 章)。

② 关于克路维乌斯和法比乌斯·路斯提库斯，参见本书第 13 卷，第 20 章注。

③ 罗马人认为从正午起即开始饮酒是一种堕落的标志。

机灵的被释女奴隶破坏了他们的勾当。另一些说法和克路维乌斯的说法相同,传统的说法也和这一说法相近。也许这一罪行实际上是阿格里披娜自己想出来的,也许人们只是想当然地认为在这样一个女人身上,比较有可能会发生这样新奇的淫乱勾当;要知道,当她还是个女孩子的时候,她便为了贪权而投入玛尔库斯·列庇都斯[①]的怀抱;而为了同样的目的,她又失身于帕拉斯的淫欲之下;此外又由于跟自己的叔父结婚,这就简直不知人间羞耻为何物了。[②]

(3)因此尼禄便回避和他的母亲在私下里会见了。当她到她在图司库路姆和安提乌姆的那些庭园或别墅去的时候,他就赞美她到那里去休养的意图。但是最后尼禄终于看到,不管她在什么地方,她始终是个极大的祸害,于是他就下了杀死她的决心,而盘算的只是用毒药、用刃器,还是用其他办法下毒手的问题。最初选择放毒药的办法。不过,如果在皇帝的饭桌上放毒药的话,她的死亡就不能被认成是偶然的,因为不列塔尼库斯的事件已经提供了这样的前例。而且要想收买阿格里披娜的仆人也是件困难的事情,因为她这样一个已习惯于犯罪的女人,对于陷害她的阴谋有很高的警惕性。此外由于在事先用了解毒药,她自己是有办法来加

① 这里的玛尔库斯·埃米里乌斯·列庇都斯是路奇乌斯·埃米里乌斯·保路斯和奥古斯都的外孙女优利娅的儿子。他是阿格里披娜的兄弟卡里古拉的宠臣,并且娶了他们的姊妹杜路西拉。公元39年由于参加了楞图路斯·盖图里库斯的阴谋而被盖乌斯处死。阿格里披娜向他献媚可能是因为阴谋一旦成功,他是最有可能做皇帝的人物。

② 叔父和侄女结婚在克劳狄乌斯当政之前一直被认为是非法的,参见苏埃托尼乌斯:《克劳狄乌斯传》,第26章。

强自己的体力，从而保证自己的生命安全的。用刃器杀害的办法也很不妥当：这种血腥的手段是绝对隐瞒不住的。而且尼禄还担心被挑选出来干这件血腥罪行的人会拒绝执行他的命令。正在这个时候，一个名叫阿尼凯图斯的被释奴隶前来献策了。阿尼凯图斯曾在米塞努姆统率过海军，[1]又是尼禄少年时代的教师。这个人十分憎恨阿格里披娜，当然，阿格里披娜对他也是如此。他的意见是造这样一只船，当这只船驶行到大海上去的时候，它的一部分可以由于事先的安排而脱落下去，这样就会把阿格里披娜完全出其不意地沉到大海里去。任何地方都不如大海那样容易发生事故。如果这个女人在海上的难船事件中丧命的话，谁还能强词夺理到把风浪的过失看成是一种谋杀呢？不用说，皇帝是可以为死者修建神殿，祭坛或作出其他孝心的表示的。

(4) 这个主意立刻就被采纳了：时机对执行这样一个计划也十分有利，因为尼禄惯常要在拜阿伊[2]庆祝米涅尔瓦节[3]。于是他便引诱他的母亲到那里去，他不时表示，在老人家发火的时候，他必须忍耐，而且他必须对她采取宽容的态度。他说这种话的目的，是要放出一种和解的空气，而作为一个很容易相信顺心事的妇女，

① 从本书第 4 卷的第 5 章我们可以看到，在提贝里乌斯当政时期，在意大利的领海上有三支舰队分别驻扎在米塞努姆、拉温那和佛路姆·优里乌姆。

② 康帕尼亚地方的波佐利湾(Golfo di Pozzuoli，即 sinus Baianus)西侧的一个时髦的海水浴场。

③ 米涅尔瓦节的原文 Quinquatrus 的意义严格说来是伊都斯日后的第五日。这是每年 3 月 19 日为米涅尔瓦神举行的节日。后来由于对节日的名称作了不正确的解释，结果节日就被延长为五天。工作要受这位女神的保护的人们，特别要庆祝这个节日，因此这个日子又是一个学校的假日。

阿格里披娜是可能相信这种说法的。阿格里披娜按时来了。她是从安提乌姆来的。尼禄一直到海岸的地方来迎接她，拉她的手，拥抱她，并且陪着她到包利去，[①]包利是面临着一个小海湾的一座别墅的名称，这个小海湾位于米塞努姆岬和拜阿伊湖之间。[②] 在这里停泊的船只里有一只比别的船只装饰得更加漂亮，看来这正是儿子对母亲的一份特别的孝心，因为她平时乘坐的是一只上面有一批水手的三层桨的船。此外还给她安排了一次晚宴，这样一来，黑夜就可以用来掩盖这一罪恶的勾当了。可以确定的是，有人把这件事在暗中告诉了她，不过得悉这一阴谋的阿格里披娜不知道是相信还是不相信这话为好，但是她还是乘着肩舆到拜阿伊去了。[③] 在那里，儿子的殷勤而又热情的欢迎以及使她坐在自己上首的举动，减轻了她的恐惧心理。最后他们竟然自由自在地谈了起来：尼禄一会儿跟她像小孩子那样地亲昵，一会儿又作出一本正经的样子，仿佛要讲出什么重要的知心话似的。尼禄这样把宴会拖了很久之后，才陪着她离开，这时他更紧地拥抱了她，并且吻她

① 这座别墅过去属于演说家霍尔田西乌斯，后来转入历代皇帝之手，大概三个世纪之后又归西姆玛库斯所有。别墅在拜阿伊以南不远。

② 看来这是海湾的最远的一个水曲（西边是拜阿伊，东边是普提欧里）。

③ “拜阿伊”原稿是“包利”（Baulos），但后来这种改动得到了普遍的承认。因为上面提到尼禄陪着他的母亲到包利去，所以，如果这里仍是包利，就无法讲通了。可能发生的情况是：尼禄在请母亲到那里参加晚宴之后，自己返回了拜阿伊。尼禄指望她乘那只事先安排好的船返回，以便趁机陷害，但由于她起了疑心，所以就乘着肩舆从陆路返回了。如果实际情况不是这样，那么作者就没有必要特别指出肩舆。从塔西佗的叙述可以看出，这只船是停泊在包利的。另一方面，我们还必须说明，在拜阿伊等候以便把她送回去的那只船，必定是在宴会进行时期，被派到这里来的。

的眼睛；[①]他这样做的目的或者是想把这出戏做到底，或者因为对这位行将丧命的母亲所看的最后一眼，甚至使这个残忍成性的人也不得不犹豫起来了。

（5）一个繁星满天的夜晚与平静无波的大海，看来正是上天安排来为罪行作证的。这只船还没有驶行得很远；[②]阿格里披娜家里的两个仆从侍候着她。克列培莱乌斯·伽路斯[③]站在离舵柄不远的地方，阿凯罗尼娅[④]倚偎在横卧着的皇太后的脚下，十分高兴地叙说着儿子的悔悟和母亲重新得到儿子的敬重。突然间发出了信号。上面放置了很重的铅块的天盖陷了下来，克列培莱乌斯立刻被砸死。阿格里披娜和阿凯罗尼娅则由于床两侧的挡板有一定的高度，又正好是相当结实，因此没有被砸坏，[⑤]这才得到了活命。原来安排的船的破裂也没有发生，因为这时已经一片混乱，甚至那些参与这次阴谋的人也由于多数不知内情的人们的阻挠而无法动手了。于是船上的水手决定把全部重量压到一面去以便把船弄翻。然而对于这样一个紧急决定，他们甚至都未能及时地取得一致的意见，结果由于另一些人把重量加到相反的一面去，这就使那些谋害的对象得以在不会受到什么伤亡的情况下掉到海里去。

① “事态发展到这种地步，他就在午夜宴会结束时拥抱了她，他把她紧紧搂在胸前，吻她的眼睛和手”（参见狄奥·卡西乌斯，第 61 卷，第 13 章）。

② 这里指返回包利的途中。

③ 作者在本书其他任何地方都未提过此人。

④ 此人可能是提贝里乌斯统治时期最后一年的执政官格涅乌斯·阿凯罗尼乌斯·普洛库路斯的女儿，参见本书第 6 卷，第 45 章。

⑤ 因为阿格里披娜躺在床上，而阿凯罗尼娅又卧倒在她脚下，所以床侧的挡板能支住上面压下来的重量而没有伤害她们。

但是阿凯罗尼娅这时偏偏鲁莽地大喊大叫着把自己说成是阿格里披娜，并要求人们前来救助皇帝的母亲，因而她就被竿子、船桨以及随手拿到的什么海上的用具打死了。[①] 一语不发因而也就未为大家所发觉的阿格里披娜只是在肩头受了一处伤；她在水里泅着，后来遇到了几只渔船，这样她便来到了路克利努斯湖[②]，从那里返回了自己的别墅。[③]

（6）她在那里把经过仔细地回忆了一番。她仔细地回忆了那封显然是不怀好意的邀请信，她的儿子对她异乎寻常的尊重，此外还有这样的事实：为什么在离海岸很近的地方，一只船既未遇到暴风又未触礁，却像陆地上的人工建筑物那样从上面塌陷了呢。她又回想了阿凯罗尼娅丧命的情况，同时望了望她自己所受的伤，于是她意识到，对付这种阴谋的唯一办法就是不去揭穿它。于是她把一个名叫阿盖尔穆斯的被释奴隶召来，要他带信给她的儿子说，

① 当然是知道这次阴谋内情的人才会这样做。

② 这个湖曾被阿格里帕和屋大维变成一个海军基地和对塞克斯图斯·庞培作战的一个训练中心，办法则是用一道水路把它同相邻的阿维尔努斯湖连接起来，并且打通和加固把它和拜阿伊湾分割开来的砂丘。这样形成的 portus Iulius 曾多年弃置不用，但它的外部入口处还可以供小渔船使用，阿格里披娜就是由这种捞牡蛎的小船救上来的。在 16 世纪，由于新山（Monte Nuovo）隆起，这个湖实际上已不复存在。

③ 这座别墅也许是包利别墅，也许是她自己在路克利努斯湖畔的一座别墅。如果是包利别墅的话（这个假定同本卷第 9 章中关于她的火化和下葬的记述很容易吻合），那么读者自然就可以推测到，在上岸之后，她弄到了一副肩舆把自己带到那里去。但另一方面，原文 suae，即 infertur 一词前面的词，以及这样一个情况，即一个被淹得半死的妇女似乎不可能（即使可能也未必愿意）在午夜之后很久的时候（参见狄奥·卡西乌斯，第 61 卷，第 13 章）走相当长的一段路，穿过拜阿伊，从而就几乎是在她的儿子亲眼目睹的情况下来到一座里面有他的奴隶和被释奴隶的别墅（而且那只出了事故的船表面上也是说要到这座别墅来的）：所有这些都是有力的反证。可再参见本卷第 8 章开头的部分。

由于上天的护佑和她自己的幸运，她竟然安全地避过了一场意外的灾难。尽管他对于母亲遭到的危险会感到震惊，但她求他不要急着来看她，因为目前她需要休息。这时，她装作若无其事的样子为自己的伤口涂药并进行热敷。她下令寻找阿凯罗尼娅的遗嘱，并把她的财产封存起来，只有这一个行动她不是做作的。[①]

(7) 正当尼禄在这里等候使者前来报告阴谋进行情况的时候，消息传来，他的母亲并没有死，只是受了轻伤；她遇到了很大的危险，但是却弄清楚了是谁在谋害她。吓得半死的尼禄坚决认为，渴望复仇的阿格里披娜随时都可能来到这里。她可能把她的奴隶武装起来，可能煽动军队，也可能到元老院或人民那里去控诉他在船上布置的谋杀和使她负伤与杀害她的朋友的罪行。但不拘她是怎样做法，他这一方面的对策是什么呢？塞内加和布路斯也许有办法！于是他立刻派人去把塞内加和布路斯召来——这是要试探一下他们的态度，还是他们事先已参与了这一阴谋，就不清楚了。

但是两人沉默了良久。这或是他们不愿作无益的劝告，或是他们认为事情已经发展到这样一个地步：尼禄必须先下手弄死阿格里披娜，否则他自己也活不成。过了一会儿，塞内加才敢于先望望布路斯，问他是不是要给军队下令把她处死。布路斯回答说，近卫军是对恺撒全家效忠，并且是十分怀念日耳曼尼库斯的，因此他们必定不愿对他的女儿下这样的毒手。看来阿尼凯图斯必须实践他的诺言了。于是，阿尼凯图斯毫不迟疑地请求把执行罪恶计划

① 阿格里披娜要求寻找阿凯罗尼娅的遗嘱，可能是希望通过遗嘱取得她的全部财产。关于阿格里披娜的贪婪，参见本书第 12 卷，第 7 章。

的任务全部交给他。尼禄知道了阿尼凯图斯的这个表示以后就叫道，从今天起他才真正得到帝国的统治大权，而这样一份丰厚的礼物却是一名被释奴隶送给他的！阿尼凯图斯必须带领一批绝对服从命令的侍从火速前往！

当尼禄本人听说阿盖尔穆斯[①]带着阿格里披娜的信息前来的时候，他就先发制人地布置下了一个会构成大逆罪的圈套。当阿盖尔穆斯向他传话时，他把一把匕首抛到他的脚下，然后便下令把他作为一名现行的谋杀犯逮捕起来；他这种做法的目的在于捏造事实，硬说她的母亲要来谋杀他，但由于被发觉，她才不得不在羞愧中自尽的。

(8) 在这个时候，阿格里披娜遇险的事情外面的人全都知道了，但大家都认为这是一桩意外的事情。大家听到了这个消息之后，便都跑到海岸地带这里来。一些人聚集在海边的堤岸上，[②]另一些人聚集在附近的渔船上，还有一些人在海边浅滩上一直涉水到没腰深度的地方，一些人则站在那里张开双臂。号泣和许愿的声音，提出各种各样的问题和含混的回答的声音，响遍了整个海岸。大批的人拿着火把拥到这里来，当他们知道阿格里披娜平安无事的时候，他们又开始表示庆贺。

但这时一支森严可畏的武装部队来到这里，把在场的人们强行

① 有的本子是 Agerinum，这样译名就应当是阿盖里努斯了。

② 如果她的别墅是在路克里努斯湖湖畔的话，那么这里的 molium obiectus 显然指的是那座半天然半人工的大堤。斯特拉波说这座堤有八佛朗（一英里）长，像一条宽阔的马车路那样宽，湖和海就是被它分开的。如果这一别墅是包利（参见本卷第4章注）的话，那么荷拉提乌斯的话（参见 Carm. II，18，19：“修筑宫殿，从而极力想使波涛汹涌的拜阿伊海岸向外伸展开去”），仍然能用来解释这一大堤。

驱散了。阿尼凯图斯在她的别墅四周布置了一圈哨兵之后就闯了进去，把他遇到的每一名奴隶都捉了起来，最后他来到了她的寝室门口。有一些仆从正站在这里；其余的人在军队冲进来时都吓跑了。屋里灯光很暗，只有一个女仆陪伴着阿格里披娜。阿格里披娜的心情一刻比一刻都更加紧张不安。不但她的儿子那里没有人来，甚至阿盖尔穆斯也没有回来。如果不发生什么意外的话，那么事情就不会是这个样子。而现在的情况却只是一片孤寂，跟着是突然发出的喧嚣，一切都预示着无可挽回的最险恶的命运。过了一会儿，她的侍女也站起来要离开她。她说，你也要离开我！就在这时，她一回身看见了阿尼凯图斯，同他在一起的有三层桨船只的船长赫丘列乌斯和海军百人团长奥巴里图斯。“如果他是前来看望病人的，那么他可以带信给皇帝，说她比先前好一些了。如果他是来谋杀她的，她知道这种事情和她的儿子毫不相干，要知道，他是绝不会下令杀死自己母亲的。”刽子手们把她的床围了起来。船长先用木棍打她的脑袋，然后是百人团长也要抽出刀来刺她。这时她指着自己的腹部叫道：“刺呀，刺这里呀。”百人团长一刀一刀地刺下去，终于把她杀死了。

（9）当时的历史家对于上述事件的记述都是一致的。有人说尼禄看到他母亲的尸体时，曾称赞她的体形之美，但也有人否认这个说法。[①] 当天夜里，她就在一个用晚餐的卧榻[②]上十分潦草地被

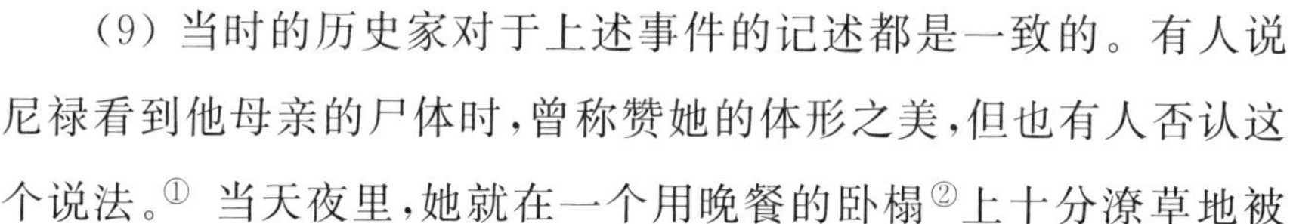

① 苏埃托尼乌斯：《尼禄传》，第 34 章据说“根据可靠的材料”有更多的记述。狄奥·卡西乌斯（第 61 卷，第 14 章）至少在性格方面作了更多的说明：“我不曾知道我有这样美丽的一位母亲。”

② 罗马人吃饭是半卧在床榻上的，这里是说尸体随便被放在餐室的床榻上，而按常规则应当停放在灵床（lectus funebris）上。

火化了。在尼禄的全部统治时期,她的葬地上面既没有添土,也没有特别用什么标志圈起来。后来,她过去的仆人才给她弄到一块简陋的墓地,墓地就位于通往米塞努姆的道路的近旁,离开独裁官恺撒的那座别墅不远;别墅在高耸的山峦之上,俯临下面的海湾。

正当阿格里披娜被火化的时候,她的一名被释奴隶莫涅斯特用刀自戕了。他这样做是出于对女主人的爱戴,还是由于害怕自己也被陷害,这一点就不清楚了。阿格里披娜这样的结局,她自己在多年以前便知道了,但是并未放在心上。原来过去她曾要占星术士给尼禄算命,占星术士们回答说,他可以做皇帝,但是会杀死他的母亲。[①] 阿格里披娜说:“只要是能做皇帝,杀就杀吧。”

(10)但尼禄只有在干下了这一罪行之后才认识到罪行的严重。那天晚上的其余时间中,他时而呆呆坐着,一句话也不讲,时而像发了疯似的吓得从床上跳起来,等候着天明——他相信天明将是他的末日。但是当百人团长和将领们由于布路斯的建议而到尼禄这里来握住他的手,祝贺他逃出了他母亲想出其不意地杀掉他的罪恶企图的时候,这种谄媚的行动的确又促使尼禄开始有了希望。尼禄的朋友们也到各个神殿去。这个前例一经树立起来,附近康帕尼亚的各个城市便也用奉献牺牲和派遣代表团的方式来表明自己的欢乐情绪。

尼禄这一方面却装模作样地表现出悲痛的样子,好像对于他自己竟还活在世上这种情况感到遗憾,而对于母亲的去世又深为

① 可能就是特拉叙路斯的儿子的预言(参见本书第 6 卷,第 22 章)。占星术士在共和国时期一般受到鄙视,但在帝国时期很受欢迎。

痛心似的。但是由于河山的面貌不能像人的面孔改变得那样方便，并且由于他的视线总是避不开海洋和海岸的阴郁景色——此外还有人说他可以听到周边山中的喇叭声①和他母亲的墓地那里的哭声，因此他离开罗马到那不勒斯，并且给元老院写了一封信，大意是说，阿格里披娜的一位知心的被释奴隶阿盖尔穆斯向他阴谋行刺时被发觉，而他的女主人在事发后认识到自己的主使罪行的严重，所以就畏罪自杀了。

(11) 他又从先前的事例中给阿格里披娜找出了一大串罪名加到她身上。他说，“她想同他分享帝国的统治大权，②要近卫军士兵向一个女人宣誓效忠，并想使元老院和罗马人民也蒙受同样的耻辱。当她的这种野心遭到挫折的时候，她就蓄意同士兵、同元老院、同罗马人民作对，反对把慷慨的赠赐送给他们，还阴谋陷害重要的罗马公民。正是他尼禄费了极大的力量，才使得她不曾挤

① 这里所指的大概是葬仪中的喇叭声。在佩尔西乌斯的《讽刺诗》，第 3 卷，第 103 行以次便提到：“这之后就是喇叭和火把，最后是这个可怜的人离开，他被安置在很高的灵床上，身上涂着油脂，向着门口伸着他那僵冷的双脚，而那昨天才被解放的、戴着象征自由的尖帽的罗马公民把他抬了出去下葬。”并参见狄奥·卡西乌斯，第 61 卷，第 14 章：“尽管他在元老院发表了谈话，但他自己的良心在夜间却仍然感到如此不安，以致他会突然从床上跳起来，而在白天，当他一听到从阿格里披娜的埋骨之所那边喇叭吹出振奋人心的、尚武的调子的时候，他就吓得魂不附体。”

② 奥古斯都最初为了保证自己有一个适当的继承人而制定了任命“共治者”(censors imperii)的办法。皇帝首先把“统率军队的权力”(imperium proconsulare)，然后把“管理法律的权力”(tribunicia potestas)授给他。censors 虽然不等于皇帝，但他的地位极为重要，以致在 princeps 死时，他就是当然的继任人，除非发生了内战。提贝里乌斯在奥古斯都死时，尼禄在克劳狄乌斯死时，他们的地位就是这样。阿格里披娜显然是想通过尼禄把持大权。因为女人担任公职是罗马法律所不容许的。尼禄这里的意思似乎也是说她想通过他本人来夺取罗马的统治大权。

到元老院里面来接待外国使节!”他还间接地指责了克劳狄乌斯的统治时期,把当时所发生的一切丑事的罪过都推到他母亲身上,并且把他母亲的死亡说成是国家之福。甚至船上的事件也提到了:然而哪里会有这样一个傻瓜竟然会相信这只是偶然的事件,或竟然会相信一个遭到难船事件的女人会派出孤零零的一个人拿着凶器穿过近卫军和海军的重重防线来到皇帝跟前?因此舆论谴责的对象就不再是尼禄(因为他的残暴行为已达到无从谴责起的程度),而是塞内加,因为他给尼禄起草的这种辩护词,正是对自己的罪行的招供。

(12) 但是,显贵人物争先恐后地进行阿谀献媚,命令接二连三地公布出来了:在一切适当的神殿都要举行感恩祭;规定在阿格里披娜的阴谋被发觉的那一天,即米涅尔瓦节,每年都要举行赛会;给女神立一座金像,在它旁边再立皇帝的一座像,这两座像都要安置在元老院里;阿格里披娜的生日[①]被列为凶煞日。特拉塞亚·帕伊图斯过去对于那些讨好的建议或是采取沉默态度,或是敷敷衍衍地表示同意;但是这一次他却走出了元老院。这种做法虽然给他自己造成了危险,却未能使其余的元老得到独立思考的机会。

这时出现了不少并不灵验的朕兆:一个女人生了一条毒蛇;另一个女人在她丈夫的怀抱里被雷击死;太阳又一次突然被遮住了;[②]首都的十四个市区都遭到了雷击。不过这些朕兆看来并没

---

① 11月6日。

② 参见本书第13卷,第41章注。

有任何意义，它们并不代表诸神的意旨，因为尼禄在这之后又统治了多年，又做了许许多多的坏事。

不过，为了加深人们对阿格里披娜的憎恶情绪，以及为了显示一下他那在铲除了阿格里披娜之后比以前要宽厚一些的作风，他把两名显要的妇女优尼娅①和卡尔普尔尼娅②，以及前任行政长官瓦列里乌斯·卡皮托和李奇尼乌斯·伽波路斯③都召回了罗马；他们都是先前被阿格里披娜放逐出去的。他甚至批准把洛里娅·宝琳娜的骨灰运回罗马，并为她修建一座坟墓。不久之前被他放逐的伊图里乌斯和卡尔维西乌斯④现在也被他赦免了。至于西拉娜⑤，她已在塔伦特寿终正寝；原来她是从她的遥远的流放地回来的，因为那时阿格里披娜（西拉娜正是由于得罪了阿格里披娜才垮台的）的复仇心情已经不是那样坚决，或者说不是那样严厉了。

（13）然而尼禄却还流连在康帕尼亚的各个城市，拿不定主意到底应该怎样进入罗马。元老院会不会服从他？民众会不会热情地欢迎他？尽管尼禄心里有一些害怕，但是所有的恶棍——世界上任何一个宫廷都没有这样多的恶棍！——都在鼓励他，说什么人们普遍憎恶阿格里披娜的名字，而且她的死亡已使他赢得了全国人民的爱戴。他应当十分坦然地回到城里，去体验一下人们对他是多么尊敬。他们还要求让他们在尼禄之前先动身。他们在那

① 参见本书第12卷，第4章、第8章。优尼娅·卡尔维娜是路奇乌斯·西拉努斯的姊妹。西拉努斯是屋大维娅原来的丈夫。

② 参见本书第12卷，第22章。

③ 不详。除这里之外，这两个人未出现于别处。

④ 参见本书第13卷，第19章以次。

⑤ 参见本书第13卷，第22章。

里确实看到一片欢腾的情景，比他们先前所希望的还更热烈：各个特里布斯的人都夹道迎接他。元老们都穿上了节日的盛装；大批妇女和儿童按照他们的性别和年龄排列起来。在他走过的道路上，人们搭起了一排排的座位，就好像是观看凯旋式一样。征服了一个奴性十足的民族的胜利者尼禄于是满怀着自豪的心情到朱庇特神殿去，在那里向神感恩还愿。在这之后，他就肆无忌惮干起各种各样的坏事来了。到现在为止，他对于母亲的一点尊敬，尽管几乎未能约束住他干坏事，至少推迟了他的行动。

（14）尼禄很久以来就有一个愿望，这就是驾着四匹马的马车参加比赛。另一个同样令人作呕的愿望就是在竖琴的伴奏下登台歌唱。他常常这样说，“马车比赛是过去国王的才艺，古代的统帅们也参加过这种比赛。这种比赛因诗人的称颂而十分有名，并且是为了敬神才举行的。至于歌唱，这在阿波罗看来是神圣的。不管是在希腊的城市还是在罗马的神殿，我们看到这位伟大的和有先见之明的神总是穿着歌手的服装站在那里。”

现在谁也不能劝阻他了。但塞内加和布路斯想对他的一种想法让步，而不让他在两种事情上都称心如意。于是在梵蒂冈谷地[①]圈出了一块场地，这样他就可以在不被人们看到的情况下表演他的驾车技术了。但不久之后，罗马人民便被邀请来参观，并且对尼禄大加赞扬起来。要知道，群众就是这样，他们渴望看到各种表演和比赛，而如果皇帝也有同样嗜好的话，那他们是会非常高兴的。但是这种可耻的公开露面并没有给尼禄带来像他身边的顾问

① 在梵蒂冈以东他的花园里，圣彼得教堂便是这块地方的一部分。

们期望他会取得的那种满足，而是进一步刺激了他。由于他相信，如果他把别人也引上堕落的道路，这便会冲淡他本人的耻辱，所以他便使那些显要家族的子弟，也就是那些因贫穷而堕落的人也登上了舞台。[①] 这些人现在都已经不在人世了，我看在这些人的祖先的面上，不把他们的名字列举出来。虽然他们的行动是可耻的，但是那给他们钱要他们干坏事，而不是要他们不干坏事的人也并非不可耻。他甚至用可以称为丰厚赏赐的东西去引诱那些知名的罗马骑士到斗兽场上表演。不过应当指出，从一个掌握了生杀大权的人物手里取得的赏赐，显而易见是带有强迫性质的。[②]

(15) 不过尼禄总算还没有到舞台上去使自己丢脸的意思，但是他却发起了一个所谓“青年竞赛会”[③]，而许多人就自愿参加了这个竞赛。出身、年龄和官阶都不能阻止人们去扮演希腊或拉丁戏剧中的一个角色，甚至在表演时做女人的身段和唱女人的腔调。就连显要的妇女也扮演下流的角色。在奥古斯都于海军湖[④]四周所营造的森林里，出现了许多幽会的地点和小酒店，而每种可以刺激淫欲的东西都是公开出售的。人们还赏赐金钱：正派的人是不得已才这样做，但那些花花公子这样做却是出于虚荣心。荒淫无耻的丑行层出不穷；罗马人的道德早就败坏

① 罗马的优伶虽然可以十分出名，但没有任何社会地位，真正的罗马人是不许干这个行道的。

② 这是说，接受赏赐未必是由于贪财，而是因为他们没有别的选择。

③ 这是为了纪念他第一次剃胡须，参见狄奥·卡西乌斯，第 61 卷，第 19 章（比较同上书第 17 章中的记述和苏埃托尼乌斯：《尼禄传》，第 34 章）。

④ 参见本书第 12 卷，第 56 章。奥古斯都开辟这个湖是为了举行海军战斗演习的。

了,然而从来还没有过像今天的恶棍们这样助长着人们的堕落。甚至在高尚人士之中,谁想保持清白都不是一件容易的事情。在大家争相作恶的环境里,那就更谈不到任何贞操、谦逊或哪怕是一点点的清白了。

最后皇帝本人也登上舞台了。他细心地试了试他的竖琴,并且向着他身旁的师傅们唱了几个定音的调子。一个近卫军中队的全体士兵和他们的百人团长与将领在场做观众;布路斯也在那里一面叹气,一面叫好。在这期间又第一次成立了一个罗马骑士的团体,称作奥古斯提亚尼会[①],参加这个团体的都是年轻力壮的人,其中有些人生来放荡,有些人则是为了通过这样的做法开拓向上爬的道路。他们日日夜夜地为皇帝的表演高声喝彩,把歌颂神明的那些形容词[②]都用来赞扬皇帝的外貌和声音。他们过着尊荣的生活,就仿佛他们给国家立下了很大功劳似的。

(16) 皇帝还不仅仅是以演剧方面的才能而出名,他还特别喜爱诗歌,并在自己身边集合了一批会写些押韵的东西,然而还未曾引起人们的注意的人物。吃过晚饭之后,这些人就和他坐到一处,把他们从家里带出来的诗句缀合到一起或是即兴吟诵,把尼禄本人胡诌出来的零碎诗句好歹全部凑成整篇的诗作。这

① 大概在四年之后,据说这个团体除去骑士之外,把四千名精壮的平民(根据狄奥·卡西乌斯的说法是士兵)也包括进来,这些人的头目有固定的薪水,他们有规定成套的喝彩方式,在打扮上也有特别的规定——头发要搽油,左手不戴戒指等等(参见苏埃托尼乌斯:《尼禄传》,第 20 章,第 25 章;狄奥·卡西乌斯,第 61 卷,第 20 章)。

② 这类的例子可见狄奥,第 61 卷,第 20 章。

种作诗的方法甚至从尼禄的诗作的一般特征也可以看出来；[①]要知道，这些诗既没有力量，又没有灵感，也没有统一的风格。他甚至还用一些时间来同哲学教师们相周旋，不过时间是在晚餐以后，他这样做在于听取他们在陈述不同观点时相互间的争论以达到消遣的目的。事实上也并不缺少这样一些面容装得阴沉而忧郁的圣人[②]在那里清谈，以便给皇帝开心解闷。

(17) 大概就在同时，一件很小的事故引起了罗马的两个移民地努凯里亚[③]和庞培之间的严重纠纷。事故是在李维涅乌斯·列古路斯主办的一次剑斗比赛上发生的。关于列古路斯其人被逐出元老院的事情我在前面已经谈过了。[④] 在相互嘲弄的时候（这是外地城市中那些性情暴躁的公民的特征），他们对骂起来，继而就相互抛石块，最后更动起武器来了。庞培的居民占了上风，因为比赛是在庞培举行的。结果许多被打成残废的和负伤的努凯里亚人被抬到罗马来，许多人为孩子和父母的死亡痛哭。皇帝把这一案件交给元老院处理，元老院又交给执政官。当案件最后再交到元老院进行裁决的时候，元老院决定不许庞培市的公民在今后十年内再举行任何类似的集会，城内的非法

① 苏埃托尼乌斯的意见完全不同，在《尼禄传》，第52章里，他说："我曾经得到过一些札记簿和文稿，上面有他的一些有名的诗，诗都是他手写的，而从这些诗可以十分清楚地看到，它们不是抄来的，也不是出自别人的口授，而完全是他自己通过思考和创造的过程才写出来的。这里有许多抹掉的字，有删去的字和写在行上面的字。"

② 这里似指那些斯多噶派的哲学家。

③ 庞培东面的城市，即现在的诺切拉（Nocera）。

④ 本书的这部分已经遗失。

团体均予解散。李维涅乌斯和其他煽动事端的人则给予放逐的处分。

(18) 培狄乌斯·布莱苏斯[①]也被逐出了元老院:库列涅人[②]控告他玷污了埃司库拉皮乌斯的宝库,并且在征募军队的工作中有贪赃枉法和徇私的行为。库列涅人还控告了担任过行政长官并曾为克劳狄乌斯派来处理过去属于国王阿披昂[③]的产业的阿奇里乌斯·斯特拉波[④]。这些产业是阿披昂在他的遗嘱中同他的王国一道赠送给罗马人民的。但这些地产被邻近的土地所有者吞占了,这些土地所有者把他们那长久以来被默许的兼并行为看成是一种公正合法的权利。因此当他们在受到处理的过程中失去过去侵占的土地时,他们便对处理者心怀忌恨;元老院所能回答的只是他们还不知道克劳狄乌斯的指示如何,因此必须请示皇帝。尼禄虽然支持斯特拉波的决定,但另一方面却又写信给行省居民支持他们的要求,说他要批准把已经占领的土地还给他们。

(19) 继而两个显要的人物多米提乌斯·阿菲尔[⑤]和玛尔库

① 此人十年后又被奥托恢复了元老的职位,参见塔西佗:《历史》,第1卷,第77章。

② 库列涅和克里特构成一个属于元老院的较小的行省。

③ 托勒米·阿披昂是埃及的托勒米七世("庇司孔")的私生子(死于公元前96年)。由于在1930年左右发现了庇司孔的一份未经执行的遗嘱,人们才知道阿披昂在公元前96年把库列奈卡遗赠给罗马,只不过是实现他的父亲所拟订的一个计划而已。

④ 此人只在这里提到一次。

⑤ 著名的告密者。参见本书第4卷,第52章注;同卷第66章注。

斯·塞尔维里乌斯[①]逝世了。这两个人都作为显要的官吏和雄辩的演说家闻名于世。但是阿菲尔之得名是由于他在法庭上的辩护活动,塞尔维里乌斯之得名最初是由于在法庭上的长期活动,后来则是由于他的罗马历史著作,并且还由于他那风格崇高的生活,而这一点又因下述事实而显得尤其突出:他和他的对手才能虽然不相上下,但在品格方面却完全相反。

罗马建城813年,即公元60年

(20) 在尼禄——这是他的第四任——和科尔涅里乌斯·科苏斯[②]担任执政官的一年里,罗马举行了一种希腊式的、每五年一次的舞台表演比赛。[③] 和对于几乎所有的新措施一样,人们的意见各不相同。有些人说,甚至庞培在建立一座永久性的剧场时都受到了他的长辈们的批评。[④] 先前每有表演时,通常都是临时搭起一排排的座位,舞台也是临时搭起来的。再早的时候,人们都是站着看戏,因为人们担心剧场里的座位会诱使人们整天在那里留

① 玛尔库斯·塞尔维里乌斯·诺尼亚努斯是公元35年度的执政官。他撰述历史的时期是在克劳狄乌斯当政时期,克劳狄乌斯曾听过他的一次朗诵(参见小普利尼:《书信集》,第1卷,第13章)。塔西佗把他和奥菲狄乌斯·巴苏斯并提,用来同西森纳和瓦罗相对照,认为他们是当代雄辩术的典范(参见塔西佗:《对话录》,第23章;克温提里亚努斯,第10卷,第1章);他所以被认为是担任过执政官的一位历史学家,是因为他曾叙述过他在提贝里乌斯的餐桌上亲眼见到的一件事情(参见苏埃托尼乌斯:《提贝里乌斯传》,第61章结尾处)。

② 公元25年度执政官科尔涅里乌斯·科苏斯的儿子。

③ 苏埃托尼乌斯(《尼禄传》,第12章)告诉我们,尼禄按照希腊人的方式制定了音乐、角力和赛马的比赛,每五年举行一次。他把这种比赛称为尼禄尼亚(Neronia)(参见本书第16卷,第4章)。因为这样的三项比赛是尼禄第一次介绍到罗马来的(参见苏埃托尼乌斯:《尼禄传》,第12章)。

④ 参见本书第4卷,第7章注。

连忘返而无所事事。他们认为只要是由行政长官来主持,[①]只要是不强迫任何公民在这种事情上竞争,那么还是按照罗马的老样子举行表演为好。但是逐渐堕落下去的国家道德,却被这种外来的放荡作风彻底摧毁了。这种情况导致了这样的后果:每一个国家的每一种事物,只要是堕落的或足以使人堕落的,都要在罗马出现;而且我们的青年人在外国趣味的影响下都要蜕化成为希腊式体育爱好者、懒汉和淫乱的人了。这种情况的产生要由皇帝和元老院负责。他们不仅仅对于堕落的行为不加惩罚,他们甚至迫使罗马贵族在发表演说或吟唱诗篇的借口之下在舞台上玷污自己。[②] 这样一来,剩下来要做的那就只能是把全身的衣服都脱光,戴上手套到场子里去表演拳斗,[③]而不是去参加军队了!如果他们对于哆声哆气的音乐和靡靡之音很内行的话,难道能够伸张正气么,难道骑士等级出身的审判官能够更好地履行自己的重大的法律职责么。甚至黑夜都被利用来干坏事,这样就没有半点做好事的余地了。在这个乱七八糟的人群当中,每一个最卑鄙的浪荡哥儿都敢在黑夜里干出他在白天想干的坏事。

---

① 奥古斯都把负责公开比赛的职责从营造官转到行政长官身上。但是在现在的情况下,尼禄"任命执政官级的人主持全部比赛,他们用抽签办法选出,用以代替行政长官的位置"(苏埃托尼乌斯:《尼禄传》,第 12 章)。这一节同本书第 11 卷,第 11 章的 sedente claudio 与优维纳尔(《讽刺诗》,第 11 卷,第 195 行)的"行政长官坐在献神的马那里"联系起来看,则可以看出里普西乌斯(Lipsius)把原稿改为 praetoresederent 是没有根据的。按本书的拉丁文原文是 praetor sederet。

② 其中就有在舞台上称颂过尼禄的路卡努斯。参见苏埃托尼乌斯:《路卡努斯传》开头部分。

③ 希腊的自由公民可以参加拳斗,但罗马人却把这种比赛看成是剑斗之类的下流事情。罗马人认为有价值而又不玷污自己身份的唯一的体力训练是军事训练。

（21）这种可以尽情享乐的机会得到了大多数的人们的欢迎，他们还为这种事找到好听的借口，说什么“甚至我们的祖先在当时财力许可的情况下都不反对举办这样的比赛来娱乐自己。这一点也正好说明我们为什么从埃特路里亚召来优伶，[①]从图里伊学会了赛马。[②] 自从阿凯亚和亚细亚并入罗马以来，[③]比赛的规模就越来越大了。尽管现在离开路奇乌斯·穆米乌斯——他是第一个把演剧介绍到罗马来的人——的凯旋[④]已有二百年之久，但是在这一期间，没有任何一个高贵的罗马人曾屈尊以演戏作为一种职业。而且进一步来说，建设一座永久性的剧场，较之每年花费巨额金钱搭盖临时剧场而在事后再把它拆掉，反而是一种节约办法。

而且，如果这笔费用由国家支付的话，那么不仅是高级长官自己可以不必再出钱，[⑤]同时还可以使民众不能再有借口向高级长官要求举行希腊式的比赛。演说家和诗人在比赛时取得的胜利可以刺激他们的才能。如果一位法官把高尚的艺术作为正当的赏心乐事，那么他内心又有什么可以感到不安的地方呢？在五年当中仅有的这几夜是为了给人们以欢乐，不是为了使人们放纵情欲，何况在这火光通明的夜里，人们又能偷偷地干什么坏事呢！”

---

① 参见李维：《罗马史》，第 7 卷，第 2 章。

② 图里伊是布路提乌姆（Bruttium）的一个希腊移民地，它是伯利克里斯（Pericles）时期在叙巴里斯（Sybaris）更早的一座城市的原址上建立的。但这个说法仅见于此处。

③ 事情分别发生在公元前 146 年和公元前 133 年。

④ 公元前 145 年。

⑤ 高级长官为讨好民众争取选票而出钱举办赛会，是共和国时期他们贪污的原因之一。在帝国时期，这种官吏自己出钱的情况实际上已不存在。

应当承认，在这次比赛的举行期间，确实没有发生什么耸人听闻的丑事。民众间没有发生任何哪怕是轻微的、为捧角而相互争吵的情况。原来那些演员虽然被允许回到舞台上来，却禁止他们参加神圣的比赛。演说比赛的头奖没有发，但是皇帝本人却被宣布为优胜者。[①] 比赛期间许多观众都穿希腊式的服装，但这种服装立刻就不再风行了。

(22) 这时在天空出现了一颗明亮的彗星。人们普遍认为这样的天象预示皇位将有变动。因此人们就开始议论谁将继位，就仿佛尼禄已经被废黜了似的。大家谈论的焦点都集中在路贝里乌斯·普劳图斯[②]身上。这个人的母亲出身优利乌斯家族。他本人的观点是属于老一辈人的；他举止严肃，私生活幽静而清白。他由于畏惧而过着退隐的生活，这反而提高了他的声誉。人们对于一次雷电作了同样迷信的解释，这样一来，关于彗星的议论就更热烈了。原来有一次，尼禄在西姆布路伊尼湖[③]畔苏布拉奇乌姆别墅[④]吃饭时，雷电击中并打碎了他的餐桌。而由于这一事件是发生在提布尔境内，提布尔又正是普劳图斯的父亲的故乡，[⑤]因此人们便认为神的意旨指定普劳图斯为皇位继承人。普劳图斯在这样一

---

① 尼禄本人并未参加竞争“拉丁演说与诗歌冠”，但是那些参加的人(苏埃托尼乌斯:《尼禄传》，第 12 章)说他们自愿地把它让给了他。另一方面，他取得的“竖琴花冠”(citharae corona)却是裁判授予他的正规奖品。

② 他是路贝里乌斯·勃兰都斯和提贝里乌斯的孙女优利娅的儿子。参见本书第 13 卷，第 19 章注。关于他的被杀，参见本卷第 59 章以次。

③ 阿尼奥河(Anio)形成的三个小湖。参见本书第 11 卷，第 13 章注。

④ Sublaqueum 直译是“在湖下手”。

⑤ 参见本书第 6 卷，第 27 章注。

类人当中有许多支持者:这些人怀有热切的,但往往是不切实际的妄想:尽早在新的尚未稳定下来的皇帝手下当一名食客。听到这些议论而深感不安的尼禄于是便写了一封信给普劳图斯,劝他"为着罗马的安全离开这些专门会造谣生事的人:他在亚细亚有自己的家业,他可以在那里安全而又宁静地享受自己的青春。"于是,他便带着他的妻子安提司提娅[①]和一些好友退居到亚细亚去了。

就在这个时候,尼禄的过分放纵的行为给他的声誉和安全都带来了一些不好的影响。他到克温图斯·玛尔奇乌斯的那引水到罗马的水道[②]的源头那里去游泳。人们认为他到那里去沐浴,就玷污了圣水和这一地点的神圣。神发怒了,其证明就是尼禄后来得了一场重病。

(23) 在这个时候,科尔布罗在夷平了阿尔塔克撒塔之后,[③]便决定利用在开头时给对方造成的恐怖印象以夺取提格拉诺凯尔塔。他可以摧毁这座城市以加深敌人的恐惧情绪,但他也可以赦

① 安提司提娅·波利塔是路奇乌斯·安提司提乌斯·维图斯的女儿。她后来同她父亲遭到了同样的命运。

② 玛尔奇乌斯水道(aqua Marcia)即今天的披亚水道(Acqua Pia),是克温图斯·玛尔奇乌斯·列克斯担任行政长官时(公元前 149 年)受元老院的委托修建的。它的源头在佩利格尼人的山区里。古人常常称颂这里的水清凉和有益卫生(参见:斯特拉波,第 5 卷,第 3 章;普利尼:《自然史》,第 31 卷,第 24 章等等)。关于禁止在某些河流里游泳的问题,参见小普利尼:《书信集》,第 8 卷,第 8 章(这里是指克里图姆努斯河):"上面修建一座桥,把神圣的部分同供公众使用的部分分了开来:乘船的人可以到桥的上手来,但在上手不能游泳,要游泳只能在桥下手的河道里。"

③ 科尔布罗的这一战役是接着前面第 13 卷,第 41 章叙述的,而以向提格拉诺凯尔塔的进军为开始,时间是公元 59 或 60 年(参见本书第 13 卷,第 35 章注)。

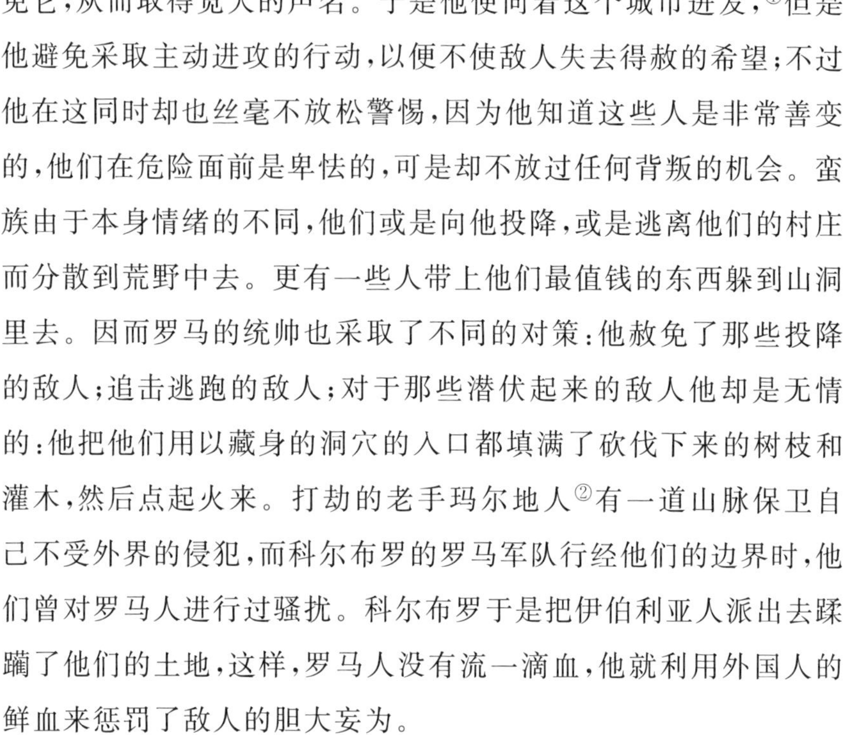

免它，从而取得宽大的声名。于是他便向着这个城市进发，[①]但是他避免采取主动进攻的行动，以便不使敌人失去得赦的希望；不过他在这同时却也丝毫不放松警惕，因为他知道这些人是非常善变的，他们在危险面前是卑怯的，可是却不放过任何背叛的机会。蛮族由于本身情绪的不同，他们或是向他投降，或是逃离他们的村庄而分散到荒野中去。更有一些人带上他们最值钱的东西躲到山洞里去。因而罗马的统帅也采取了不同的对策：他赦免了那些投降的敌人；追击逃跑的敌人；对于那些潜伏起来的敌人他却是无情的：他把他们用以藏身的洞穴的入口都填满了砍伐下来的树枝和灌木，然后点起火来。打劫的老手玛尔地人[②]有一道山脉保卫自己不受外界的侵犯，而科尔布罗的罗马军队行经他们的边界时，他们曾对罗马人进行过骚扰。科尔布罗于是把伊伯利亚人派出去蹂躏了他们的土地，这样，罗马人没有流一滴血，他就利用外国人的鲜血来惩罚了敌人的胆大妄为。

（24）他本人和他的军队虽然没有在战争中遭到损失，但是他们开始尝到缺粮和过度劳苦的滋味了，他们只能用顿顿吃肉的办法来防止饥饿。[③] 此外还有缺水、酷热的夏天和长途的行军等等

---

① 这段路程如笔直地计算，估计为二百七十五英里：从日期则很难确定路程。可能第一段是从阿尔塔克撒塔到巴雅吉特平原（Bayazid），最后一段是通过比特里斯山路（Bitlis）到提格拉诺凯尔塔。中间的既长而又困难的一段进军是经过凡湖以北还是以南，这一点还不能确定。

② 分布在波斯和亚美尼亚的库尔狄什人。他们的分布极其广泛，因而要确定科尔布罗在进军时遇到的是哪一部分人是很困难的。

③ 罗马军团的食物主要是谷物，口粮每人每月三十六公升左右（未碾过的）。关于士兵拒绝吃过多肉类的事情，可参见恺撒：《高卢战记》，第7卷，第17章。

情况；统帅吃苦耐劳，是使他们减轻痛苦的一个因素，他和士兵们同样地受苦，甚至比士兵受的苦更多。

他们终于到了一个农业地区，就在那里收割庄稼。那里有两座要塞藏有亚美尼亚人：其中一座被罗马士兵攻克了；另一个虽然击退了罗马士兵的第一次袭击，但是在围攻之下也屈服了。从这里他进入了陶洛尼特人的地区[①]，他在那里逃过了一次没有预料到的危险。一个比较有地位的蛮族被发现在科尔布罗营帐附近带着武器徘徊，经过严刑拷问之后他才把阴谋的全部内情，他自己在阴谋中的责任以及他的同谋者招供出来。打算在友好的掩饰下进行谋杀的阴谋者们于是被定罪和判刑了。

不久之后，提格拉诺凯尔塔方面就有使节带信来说，城门都已经打开，那里的人们在等候他的命令。同时他们又把一顶黄金的王冠交给他作为欢迎的标记。他在接受了这一王冠时说了一番很客气的话，对于这个城市丝毫没有触动，这样做是想使这些未受任何损失的居民会更加愿意表示他们对罗马的忠诚。

(25) 另一方面，在进攻者的面前由一队坚决的青年防守着的、名叫列吉尔达[②]的要塞却是通过战斗才攻克的；守城者不仅冒险到城外来作战，而且在被赶回城内之后，直到罗马士兵在城下堆起攻城的土山来并发动了猛攻的时候，他们才屈服。

这些胜利所以得来比较容易，是因为帕尔提亚人正在全力对

① 这一地区今天在何处目前尚无法确定。

② “在幼发拉底河和底格里斯的河源之间”(参见托勒米，第 5 卷，第 13 章，第 18—19 节)。

叙尔卡尼亚人作战而无暇兼顾。叙尔卡尼亚人实际上曾派遣使节到罗马皇帝这里来请求缔结联盟，并提出由他们牵制沃洛西吉斯，以此作为友谊的保证。科尔布罗担心在使节们返回途中渡过幼发拉底河时会受到敌人前哨部队的截击，因此就拨给他们一队卫士，护送他们到他们自己的海[①]的岸边，从那里他们便可以不经过帕尔提亚人的领土而返回自己的国家了。

(26)[②]而且，正当提里达特斯企图通过米地亚突入亚美尼亚最远的边界地带的时候，科尔布罗把副帅维路拉努斯和辅助部队先派出去，随后他本人也率领着军团火速赶来，这样他便迫使这个国王退了回去，不敢再来挑战了。他发现这些地区对我们采取敌对态度，因此用火和剑进行了扫荡，其后他就统治了亚美尼亚，直到被尼禄指定为国王的提格拉尼斯来到这里为止。提格拉尼斯是卡帕多奇亚王室的成员，国王阿尔凯拉乌斯的重孙辈[③]，但是由于他长期留在罗马做人质，所以他驯顺得像个奴隶一样。然而他并没有受到普遍的欢迎，因为在某些地区，人们还是欢迎阿尔撒奇达伊王族的：不过大多数对帕尔提亚人的横傲有反感的人们还是欢迎罗马指定的国王。

---

① 这里用里普西乌斯本子的 Maris sui。叙尔卡尼亚海(Mare Hyrcanum)就是今天的里海。从幼发拉底河上游到叙尔卡尼亚去一定要经过这个海。

② 从第 24 章对进军提格拉诺凯尔塔的情况的描述可以推想到，不到秋天这座城是不容易占领的。因此，这年的其他时期便无法包括这一章里提到的这样多的事情——比如说，击退提里达特斯通过米地亚·阿特洛帕提尼向遥远的东方发动的进攻就要花去夏天的大部分时间——因此我们不能同意蒙森把本卷第 23 章到 26 章中记述的一切事件都归入公元 60 年。

③ 他的父亲出自希罗大帝。

此外还允许他拥有一支由一千军团士兵，三个联盟步兵中队和两个骑兵中队组成的卫戍部队；同时为了使他的新王国更便于统治，罗马人还命令把亚美尼亚同帕拉司玛尼斯[①]、波列莫[②]、阿里斯托布路斯[③]、安提奥库斯[④]接壤的地区，分别交给他们治理。科尔布罗退到叙利亚去，而由于叙利亚的长官翁米狄乌斯[⑤]这时已死，这一行省从此便由他治理了。

(27) 同年，一座著名的亚细亚城市拉欧狄凯亚[⑥]毁于地震。但是他们却未经我们的协助而通过自己的力量把这一城市重建起来。意大利的一座古城普提欧里从尼禄手里取得了移民地的权利和称号。老兵被遣送到塔伦特和安提乌姆[⑦]去，但是他们仍不能防止那里人口的减少，因为大多数的人都偷偷溜回他们过去曾服役的那些行省去。而且，既然他们没有娶妻养家的习惯，所以他们留在那里的家既无子女又无继承人。要知道，在过去是整个整个的军团——其中包括军团将领、百人团长和百人团的普通士兵——转移过来，以便通过一致的协议和同志的关系而建立一个小小的共同体。但是这样的日子已经过去了。现在这里的移民谁同谁也不相识，人们是从完全各不相干的小队来的；他们没有首

① 伊伯利亚的国王。

② 本都的最末一个国王波列莫二世。

③ 小亚美尼亚国王，参见本书第 13 卷，第 7 章。

④ 孔玛盖尼国王安提奥库斯四世埃披帕尼斯，参见本书第 13 卷，第 7 章。

⑤ 盖乌斯·翁米狄乌斯·杜尔米乌斯·克瓦德拉图斯，参见本书第 13 卷，第 22 章。

⑥ 普里吉亚的城市，在迈安德罗斯河附近。

⑦ 塔伦特在公元前 122 年成为罗马移民地，安提乌姆还要早。

领，相互间各不关心。猛然一看，他们根本不像士兵，这里不像是罗马的一个移民地，而只像是杂凑到一起的一群陌生人。

(28) 行政长官的选举通常是由元老院负责进行的。但本年度的选举由于竞选的人数多而发生了十分激烈的倾轧；于是皇帝任命多出来的那三个候选人为军团将领，从而平息了竞选引起的争端。[①] 他还提出了一条提高元老院威信的规定，这就是：从民事法庭向元老院上诉的人，必须缴纳同向皇帝上诉时同样数量的保证金。[②] 在先前，向元老院上诉是没有限制的，而且在上诉不当时是不会受到惩罚的。在这一年的年终，罗马骑士维比乌斯·谢孔都斯被玛乌列塔尼亚人控以勒索罪，结果他被判了罪并被逐出了意大利。他之所以未受到更严厉的惩罚，是由于他的兄弟维比乌斯·克利司普斯[③]的力量。

罗马建城814年，即公元61年

(29) 在凯森尼乌斯·帕伊图斯[④]和佩特洛尼乌斯·图尔披里亚努斯[⑤]担任执政官的一年，不列颠遭到了巨大的灾难。我在前面已经说过，[⑥]不列颠的副帅奥路斯·狄第乌斯只是守住了已

① 行政长官定额十二名，但候选人有十五人（参见本书第1卷，第14章以次）。

② 相当于双方争执的全部款项的三分之一。

③ 克温图斯·维比乌斯·克利司普斯出身于下层人民（参见塔西佗：《对话录》，第8章），以演说家和控诉者而享名。他在佛拉维乌斯朝诸帝时期是十分得宠的人物。塔西佗在《历史》的第2卷第10章中对他的评述是“由于金钱、权力和能力而著名，但是声誉并不好”。优维纳尔在他的《讽刺诗》（第4卷，第81—93行）里对他的评述却要宽大多了。

④ 关于他在东方的丑恶行为，参见本书第15卷，第6章以次。

⑤ 他在3月左右离职到不列颠去接替苏埃托尼乌斯（参见本卷第39章）。

⑥ 参见本书第12卷，第40章。

经征服的土地，而他的继任者维拉尼乌斯[①]开头也只是对西路里斯人展开了小规模的进攻，但是他的死亡却使他无法进一步开展自己的军事行动。他在活着的时候，是以孤介耿直出名的，但是从他的遗嘱的最后一些话来看，这个人却很会谄媚奉承。原来在遗嘱里，他对尼禄说了许多讨好的话；他还说，如果他能多活两年，他本来是会把整个行省平定的。

但现在不列颠的长官是苏埃托尼乌斯·保里努斯。他在作战能力方面[②]以及在人们的舆论中——舆论是最能激发每个人的好胜心的——都是科尔布罗的劲敌。他渴望摧毁国家的敌人，以便使自己的功业抵得上收复亚美尼亚的功勋。因此他便准备进攻莫纳岛[③]；莫纳岛本身虽然人烟稠密，却依旧收容了不少前来避难的人。

鉴于海峡水浅多变，苏埃托尼乌斯修造了一批平底船把步兵渡了过去。跟在他们的后面渡过去的是骑兵：骑兵是乘马涉水渡过去的，在水深的地方他们便下马，和马一同泅水渡过去。

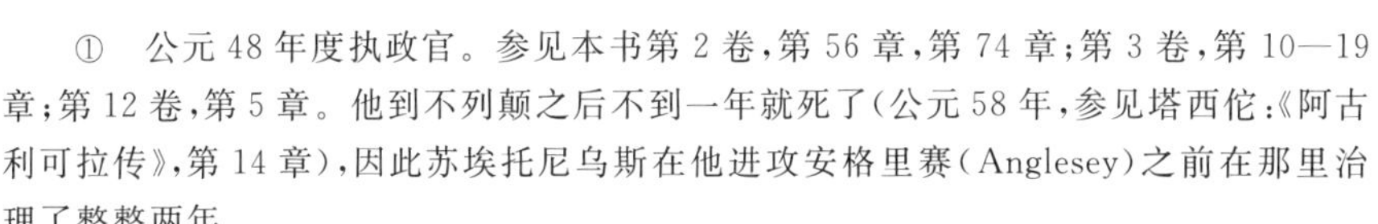

① 公元 48 年度执政官。参见本书第 2 卷，第 56 章，第 74 章；第 3 卷，第 10—19 章；第 12 卷，第 5 章。他到不列颠之后不到一年就死了（公元 58 年，参见塔西佗：《阿古利可拉传》，第 14 章），因此苏埃托尼乌斯在他进攻安格里赛（Anglesey）之前在那里治理了整整两年。

② 二十年前，他以副帅的身份镇压过玛乌列塔尼亚的一次起义，并穿过阿特拉斯山有数英里之远（参见普利尼：《自然史》，第 5 卷，第 1 章）。公元 66 年，他是执政官。后来（公元 69 年），他又率部站在奥托一边对维提里乌斯派作战，但几乎不能应付局面。（塔西佗：《历史》，第 2 卷，第 25 章："他本来就是个拖拖拉拉的人，他宁愿制定慎重的和周密的计划，而不想贪图侥幸的胜利。"）

③ 即安格里赛（Anglesey）：保里努斯的大本营必定设在切斯特（Chester），即德瓦（Deva）。

（30）全副武装的敌人密密麻麻地沿着海岸列阵，还有一些妇女在其中忽隐忽现。这些妇女披散着头发，穿着深黑色的衣服，像复仇女神①那样挥动着火把。同时还有一群德鲁伊德②向着天空伸出双手，发出许多可怕的诅咒。

他们的这种做法所造成的凄厉可怖的景象使罗马士兵感到十分害怕，以致他们竟呆呆地站在那里一动不动，从而成了敌人进攻的极好目标。后来受到他们的统帅的说服，他们之间又相互激励不要在一群妇女和疯子③面前退缩，这样他们才在队旗的前导下发动了进攻。他们杀死了所有迎击他们的人，并且把敌人包围在他们自己点起的火中间。继而他就在这里配置了一支卫戍部队，来镇抚被征服的居民，并且摧毁了当地蛮族用来献给他们自己的神的丛林：原来他们的一条必须遵守的教规，便是用被俘敌人的鲜血来浸灌祭坛，并且用人的内脏来进行占卜。苏埃托尼乌斯正在忙于这些事的时候，他得到报告，说行省突然发生了叛乱。④

（31）因长期享受荣华富贵而出名的、伊凯尼人⑤的国王普拉苏塔古斯把皇帝和自己的两个女儿指定为自己的继承人；他想利用这一表示敬意的行动使他的王国和他的一家免遭伤害。但结果

① 希腊神话中的复仇三女神，她们的名字是提西丰妮（Tisiphone）、阿列克托（Alecto）和美该拉（Megaera）。她们的传统形象十分可怕，头上散乱的头发是一条条的毒蛇，一手拿着火把，一手拿着匕首。

② 德鲁伊德（Druids），不列颠古时的巫师。

③ 有的英译者译为"疯狂的妇女"，似不确。"疯子"在这里所指的正是那些德鲁伊德。

④ 行省指不列颠岛已被征服的部分。

⑤ 参见本书第12卷，第31章注。

却适得其反：二者都仿佛成了敌人手中的战利品，百人团长们掠夺了他的王国，奴隶掠夺了他的全家。在开头时，他的妻子布狄卡[①]受到了鞭打，他的两个女儿受到了蹂躏：伊凯尼人的所有显要人物的财产全部被夺走，国王的亲属都成了奴隶。伊凯尼人在这种暴行的逼迫下，并且因为害怕今后更加不堪的命运——因为现在他们已经被降低到一个行省的地位——于是拿起了武器进行反抗，并且把特利诺班提人[②]和其他部落也拉到自己的一方面来；因为这些人不曾因奴役而失去斗志，他们曾秘密地勾结起来，企图背叛罗马而重新取得自己的独立。他们最痛恨的是那些罗马的老兵。原来这些老兵不久之前在卡木洛杜努姆建立了一个移民地，他们在这里的行动就仿佛这块地方是他们的可以任意处置的礼物一样：他们把当地人赶出了家园和故土，把这些人称作“俘虏”和“奴隶”。他们的残暴行为还受到军队的鼓励，因为军队的生活作风和他们相去无几，而且希望自己将来也可以同样地胡作非为。此外，连为神圣的克劳狄乌斯修建的神殿[③]也一直被当地人认成是永久的残暴统治的堡垒：被任命在这座神殿里担任祭司的人们势必要在宗教的借口之下大量消耗他们的财产。

要摧毁一个没有工事保卫的移民地并不是一件十分困难的事情。我们那些讲求舒适而不讲求实用的统帅们对于工事的修建一

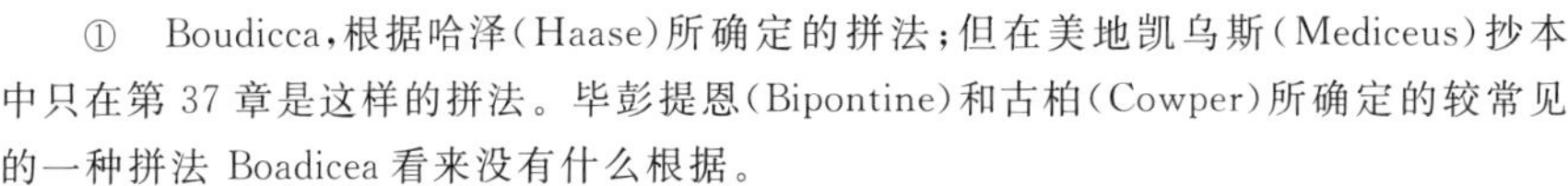

① Boudicca，根据哈泽（Haase）所确定的拼法；但在美地凯乌斯（Mediceus）抄本中只在第 37 章是这样的拼法。毕彭提恩（Bipontine）和古柏（Cowper）所确定的较常见的一种拼法 Boadicea 看来没有什么根据。

② 在今天的萨福克和埃塞克斯；他们的首都是科尔切斯特，即卡木洛杜努姆（Camulodunum）。过去曾有人错误地把它认成是今天的莫尔登。

③ 这还是在克劳狄乌斯生前建立的。

向是不经心的。

(32) 这时,卡木洛杜努姆的一座胜利女神像[①]没有什么明显的理由便倒掉了,它的背部向上,就仿佛是在敌人[②]面前跑开似的。兴奋欲狂的妇女们高呼,毁灭就在跟前,又说在侵略者的元老院中听到了外国人的喊叫声。尖锐的叫声在剧场里回荡着;人们在泰晤士河河口的地方看到了一个已经沦为废墟的移民地的幻景。[③] 此外,海洋呈现出血红的颜色,而退潮时又把一些像是人的尸首的东西留在海岸上。这一切朕兆都给不列颠人带来希望,给老兵们带来相应的恐惧。

不过既然苏埃托尼乌斯还在很远的地方,所以他们便到皇帝的代理官卡图斯·德奇亚努斯那里去请求援助。他派出了还不到二百人,而且没有适当的武器。在这之外,在城里还有一小支军队。他们指望神殿的保护,同时又受到暗中同情叛乱从而破坏他们的计划的人们的阻挠,因此他们既不用壕沟或壁垒把他们的阵地防守起来,又不采取措施把妇女和年老的人转移出去而只把有作战能力的人们留在这里。他们的各种保卫措施做得十分疏忽,就仿佛世界上完全平安无事一样,但实际上,他们这时却正在陷入一支蛮族大军的包围之中。当敌人开始发动进攻时,所有其他的一切都被掠夺走或是烧掉了。只有军队所集中的那座神殿还支持了两天,但在这之

① 这个移民地的名称就来自胜利女神,而称为维克特利克斯(Victrix)——colonia victricensis。

② 这里指罗马的敌人,即不列颠人。

③ 可能因海市蜃楼附会而成。

后依旧在敌人的猛攻之下陷落了。在第九军团[①]的将领佩提里乌斯·凯里亚里斯[②]前来支援罗马卫戍部队时，取得胜利的不列颠人前去迎击这个军团，并把他们打败了。步兵遭到全部被歼灭的命运，凯里亚里斯和骑兵则逃回自己的营地，躲在工事的后面不敢出来。代理官卡图斯看到这样的惨败局面，吓得不敢在这里再待下去。他知道正是他的贪欲才逼得行省居民拿起了武器，[③]才激起了行省居民对他的切齿痛恨的，于是他便渡海到了高卢。

（33）但另一方面，苏埃托尼乌斯却十分坚定地穿过敌人的地区向伦狄尼乌姆（即伦敦——中译者）推进。[④] 这个地方虽然不是

① 这个军团（nona Hispania）大概驻守在林肯（Lincoln），即林杜姆（Lindum），因而凯里亚里斯能立刻从埃尔米恩路（Ermine Street）开往科尔切斯特。不列颠人在什么地方遇到他，已不能确定，可能是科尔切斯特附近的沃明福特（Wormingford）。

② 他是维斯帕西亚努斯的一位近亲和受到信任的副手（参见塔西佗：《历史》，第 3 卷，第 59 章等）；他曾镇压过奇维里斯的起义（参见同上书，第 4 卷，第 68 章以次）；从公元 71 到 74 年他是不列颠的一位活跃的和在战场上屡建功勋的副帅（参见塔西佗：《阿古利可拉传》，第 8 章，第 17 章）。塔西佗曾通过他发表了他的最著名的演说之一，为罗马的统治进行辩护的演说（参见塔西佗：《历史》，第 4 卷，第 73 章以次）。

③ 克劳狄乌斯应许给部落领袖并正式经元老院批准的东西都被他取消和收回了（参见狄奥·卡西乌斯，第 62 卷，第 2 章开头处；第 60 卷，第 23 章结尾处）。

④ 他的出发点毫无疑问是切斯特（Chester）。人们认为他的目的地是科尔切斯特（Colchester）；中间经过的就是通过伦敦的华特林路（Watling Street）。事情的经过大致如下：苏埃托尼乌斯率领他的轻武装部队在前面赶路，第十四军团和第二十军团的一部分则急行军随行在他的后面。他曾要第二军团同他会合（会合地点大概在佛洛克西特〔Wroxeter〕，即当时的维洛科尼乌姆〔Viroconium〕），但第二军团的将领波伊尼乌斯·波司图姆斯拒绝使自己的防线毫无防御地暴露在南威尔士地方西路里斯人的面前。伦敦当时的情况是毫无希望的，敌军的力量在那里占着绝对的优势，而且第九军团实际上已全部被歼灭了。因此苏埃托尼乌斯便沿着华特林路后退，直到遇到军团士兵的时候，他才在英格兰中部地区的某地被迫展开战斗，而只是由于他得到允许自己去逃命，他才活了下来。

作为罗马的移民地而出名，却依旧是个繁盛的中心；这主要是因为大量的商人和店铺都集中在那里。到了那里之后，他一时拿不定主意是否应把它作为自己的作战基地。但是后来考虑到他的军队人数不多，而佩提里乌斯的冒失曾付出了多么惨重的代价，于是他决定放弃伦狄尼乌姆这一个城市而去援救整个行省。尽管当地的居民向他哭诉，恳求他留在这里保护他们，但是他不为所动：他还是下了出发的信号，并且把那些能够随军出征的人们都带走了；所有那些妇女，那些老年人，那些因依恋故土而留下来的人最后都落到敌人手里了。维路拉米乌姆市[①]也遭到了同样的灾难。

那里的居民生来只喜欢打劫，而不考虑其他任何营生。他们把那些要塞和守卫的据点抛开不管，只去攻击那可以夺取最丰富的战利品并且不易防守的地点。人们估计在上述各地死掉的罗马公民和联盟者差不多有七千人。[②] 原来敌人既不收容俘虏也不把俘虏卖为奴隶，他们更不在战时进行其他任何交换。他们迫不及待地杀死、绞死、烧死和磔死敌人[③]——就仿佛尽管他们清楚地知道最后算账的日子一定会到来，但他们却想在这期间抢先进行报复似的。

(34) 苏埃托尼乌斯已经集合了第十四军团，第二十军团的一部分，还有从附近地点征募来的辅助部队，加起来大概有一万名士兵。因此他决定用这支力量立刻展开一场堂堂正正的战斗。他在一条隘路附近选择了一处阵地，阵地的后面则是一片森林。他首

---

① 在圣奥尔本斯附近。

② 这个估计没有什么价值。

③ 关于更详细的记述，参见狄奥·卡西乌斯，第62卷，第7章结尾处。

先感到安心的是，在他的背后绝对没有任何敌人，而前面的平原上又没有任何隐蔽之处，因此可以不用担心敌人的任何埋伏。军团士兵组成了密集的队形，两边是轻武装部队，最外面的两翼则集合着骑兵。另一方面，不列颠士兵的步兵和骑兵队伍却在那片广阔的土地上的各处活动着，情绪十分热烈。他们人数之多是空前的并且具有如此坚定的胜利信心，以致竟把他们的妻子带来观看胜利，并且把她们安置在被他们停放在平原边沿那里的马车上。

（35）布狄卡驾着马车依次走过了各个部落，她的两个女儿就在她的前面。她坚决地表示，“她知道不列颠人习惯上是在妇女的统率下作战的。但是现在她不是作为一个具有光荣世系的女王，为着她那遭人践踏的国土和权力来报仇雪恨；她是作为一名普通的妇女来进行复仇的，因为她失掉了自由，她的身体受到了鞭笞，她的女儿遭到了蹂躏。罗马人的贪欲甚至连她们本人都不放过：上了年纪的人和少女都不能逃脱他们的侮辱。不过，上天是赞同他们进行正义的报复的。一个敢于出战的军团已经被歼灭了；其余的军团躲在他们的营地里，或是正在向四面寻找一个逃跑的出路。罗马士兵甚至不敢正视他们千千万万人的怒吼声，更不用说他们的猛攻和他们的刀剑了！如果他们在内心里考虑过他们已有多少人武装起来，考虑过他们是为何而战，那么他们就会认识到这是非胜即死的一仗。这是一个妇女的确定不移的决心——如果男子甘愿作奴隶的话，就让他们忍辱偷生吧！”

（36）在这危急关头，甚至苏埃托尼乌斯也讲话了。尽管他相信他的士兵的勇敢，但在鼓励之中也夹杂着恳求：“他们绝不能把蛮族的喧骚和虚张声势的恫吓放在眼里：他们可以看到，在敌人的

队伍里，女人的数目比士兵还要多。敌人斗志不高，装备不好，他们在罗马人手下吃过多次败仗，他们在再次尝到征服过他们的人们的武力和勇气时，就会立刻垮台。甚至在若干军团同时作战的时候，决定战斗命运的也总是其中的少数人。如果他们能以少数的军队取得一支大军才能取得的胜利的话，那就是他们的一个特殊的光荣了。他们只需保持住队伍的序列，而在把投枪投出去之后，便用盾牌的牌心和剑进攻，他们应当坚持杀伤敌人，而不要考虑掠夺战利品。一旦取得胜利，他们便可以得到一切了。”统帅的发言得到了士兵们的热情支持。那些久经战阵的老兵立刻十分迅速地作好了抛出投枪的准备。苏埃托尼乌斯接着便满怀信心地发出了作战的命令。

(37) 罗马军团的士兵最初站立不动，他们固守隘路，利用它来为自己形成一道天然的屏障。后来，敌人逐渐逼近，他们可以准确地抛出自己的投枪时，他们便以楔形的队列猛冲出去。辅助步兵部队以同样的方式发动进攻。骑兵也刺出了他们的长枪在他们遇到的任何坚决的敌人队伍中间冲出了一条道路。其余的不列颠人逃跑了，但是他们要想逃跑是困难的，因为四面的马车已把这个地方围起来了。罗马军队甚至对敌人的妇女也没有饶过，驮畜本身也都被刺死，它们的尸体就和敌人的弃尸堆到一起。

这天取得了很大的胜利，它比得上我们先前的任何一次胜利。根据一种说法，不列颠人阵亡的几近八万，但另一方面，罗马人阵亡的却只有四百，伤者也多不了很多。布狄卡服毒自尽了；但第二军团的营帅波伊尼乌斯·波司图姆斯听到了第十四和第二十军团的胜利消息之后却用剑自戕了，因为他认识到，他未能使自己的军团参加取得这样的荣誉,同时又因为无视统帅的命令而违犯了军令。

(38)全部军队现在都集中在一处,并住到帐篷里,以便做战争的结束工作。恺撒又加强了这支军队的力量,他从日耳曼调来两千名军团士兵、八个辅助步兵中队[①]和一千名骑兵。他们的到来使得第九军团的缺额得到正规军队的补充。[②] 联盟的步兵和骑兵驻守在新的冬营里;那些对罗马持观望或不满态度的部落则受到了无情的烧杀。但是敌人受到的最大苦难却是饥馑,因为他们不重视谷物的种植,而使所有不同年纪的居民都从事战斗,以夺取我们的给养。〈他们对罗马的憎恨情绪依然是顽强的。〉生性暴烈的不列颠诸部落更不想很快向罗马人求和,因为被派来接替卡图斯的优利乌斯·克拉西奇亚努斯和苏埃托尼乌斯不合,结果他就因为私仇而损害了国家的利益。他还到处宣传这样一种看法,最好等一位新的副帅到这里来,这人既没有敌人的狠毒,也没有胜利者的骄傲,这样他就能对投降的人采取宽大的措施。同时他又向罗马报告说,只有把苏埃托尼乌斯调走,战争才会停止。克拉西奇亚努斯把苏埃托尼乌斯的失败归之于他本人的刚愎自用,而把他的成功归之于好运。

---

① 这些部队显然是属于第十四军团而不是第九军团的,因为在塔西佗:《历史》,第 1 卷,第 59 章中提到的八个巴塔维亚步兵中队是属于第十四军团的。

② 参见本卷第 32 章。尼佩尔第认为补充的这两千人是第九军团派出去,因而得以保全,现在又被派了回来的。如果其余部分几乎全部被歼的话,这两千人也不能补充定额(因为一个军团的定额是六千人),可能第九军团被歼的只有一半左右,另一半被留下来守卫林肯(Lincoln)。

(39) 于是一名被释奴隶波里克利图斯[①]便被派到不列颠视察当地情况。尼禄满心希望通过波里克利图斯的影响,不仅使副帅和皇帝代理官之间取得和解,就是当地居民的叛变情绪也能够平息下去。波里克利图斯的大批随从人员对意大利和高卢确实已经是极大的灾难,他在渡海之后,甚至把罗马军队也都吓住了。

但是另一方面,他在敌人眼中却成了一个笑料。敌人并没有丧失争取自由的信心;他们还不习惯于看到一个被释奴隶这样地耀武扬威。而且他们不能理解,曾经进行了这样一场大战的一位统帅和一支军队为什么会听命于一群奴隶。

虽然如此,送到尼禄那里去的一切报告却是写得比较婉转的。[②] 结果苏埃托尼乌斯就继续留在他的统帅的地位上。但是后来他在海岸上损失了一些船只和上面的水手,于是在战争尚未能结束的借口之下,命令他把军队移交给现在已经交卸了执政官职务的佩特洛尼乌斯·图尔披里亚努斯。[③] 新来的统帅不向敌人挑战,他自己也没有遇到敌人的挑战,而他却把这种委靡不振的无所事事的情况美其名为和平。[④]

(40) 同年,罗马发生了两件引人注目的罪行:一件是一个元老干出来的,另一件则是一个胆大的奴隶干的。有一个担任过行政长官的名叫多米提乌斯·巴尔布斯的人,他的年龄、他的财富和

---

① 参见塔西佗:《历史》,第 1 卷,第 37 章;第 2 卷,第 95 章。

② 这里是同克拉西奇亚努斯的报告相比。

③ 从这里可以看出,执政官在帝国时期任期并不满一年。此后执政官的任期更加缩短,以便满足更多人的官瘾。

④ 从塔西佗的《阿古利可拉传》的第 16 章我们知道,苏埃托尼乌斯被撤换的真正原因是他使用了过分严厉的惩罚手段。

他之没有子嗣都足以使他成为阴谋陷害的对象。他的一个亲戚瓦列里乌斯·法比雅努斯(一个预定要走上仕途的人物)勾结两个罗马骑士维尼奇乌斯·路菲努斯和提伦提乌斯·连提努斯伪造了巴尔布斯的遗嘱。这两个骑士又把安托尼乌斯·普利姆斯[①]和阿西尼乌斯·玛尔凯路斯[②]拉进来参加他们的阴谋。

安托尼乌斯是一个什么事情都敢干的人。玛尔凯路斯是阿西尼乌斯·波里欧[③]的重孙辈,因此有点名气,他的品行一般说来还过得去,只是有个缺点,就是他把贫穷看成是最大的不幸。瓦列里乌斯于是在我上面提到的那些同谋犯以及其他不甚著名的同谋犯的证明下,把这份文书封了起来。但是这一伪造文书的罪行在元老院被证实了,于是法比雅努斯和安托尼乌斯,以及路菲努斯和提伦提乌斯便按照科尔涅里乌斯法[④]被判了罪。玛尔凯路斯借着祖先的余荫和恺撒的斡旋总算被免除了惩罚,但他却洗不掉自己的耻辱。

(41) 同年,一个担任过财务官的青年人彭佩乌斯·埃里亚努斯因为同法比雅努斯狼狈为奸而被判了罪。他不但被赶出了意大利,而且被赶出了他的出生地西班牙。瓦列里乌斯·彭提库斯也

① 玛尔库斯·安托尼乌斯·普利姆斯是图路斯(Toulouse)人,塔西佗在《历史》中常常提到这个人(例如第 2 卷,第 86 章;第 3 卷到第 4 卷随处可见)。公元 68 年,他回到元老院之后,从伽尔巴手中取得了第七军团的统率权;人们认为他曾为奥托服务,后来又不顾一切地支持维斯帕西亚努斯登上皇帝的宝座。

② 公元 54 年度执政官,参见本书第 12 卷,第 64 章。

③ 公元前 40 年度执政官,恺撒的拥护者,曾参加安托尼乌斯和屋大维之间的布伦地西乌斯条约。他又是维吉尔和贺拉斯的保护人。

④ 公元前 81 年苏拉制定的法律,法律的目的在于制止对遗嘱的各种形式的诈骗行为。

受到了同样的处分，因为他为了使被告不受罗马市长官[1]的审判而把案件转到行政长官手里去，目的则是在合法的借口下暂且敷衍过去，慢慢地再通过同谋以逃避法律的制裁。元老院的命令[2]又加上了一条，即任何人如果受贿或行贿以图逃避法律惩处，对他的惩罚就和在刑事法庭上对诽谤罪的惩罚一样。

（42）其后不久，市长官佩达尼乌斯·谢孔都斯被他自己的一名奴隶杀死了。这或者是因为在佩达尼乌斯约定价格之后依然拒绝解放他的这个奴隶，或者是因为这个奴隶爱上了一个娈童，而不容许他的主人同他争夺。但是不管怎样，当他家中的全部奴仆按照古老的惯例[3]而理当扫数被处死的时候，想挽救这样多无辜生命的民众的迅速集合起来，使事件几乎发展到叛乱的程度。元老院也被人们包围起来了。尽管在元老院内部，大多数的人都主张不改变自己的决定，但是仍然有一部分人反对这一过分严厉的措施。在大多数的元老中有一个名叫盖乌斯·卡西乌斯[4]的人，在轮到他发言时，他就提出了如下的意见：

（43）“元老们！我常常参加这里的庄严的会议，听到有人要求发布新的元老院的命令，但这些命令与我们祖先的原则和立法背道而驰。可是我并没有提出反对的意见，这倒不是因为我对下列两点有什么怀疑：一是过去在各种问题上所作出的规定都是考

---

① 关于这一官职参见本书第 6 卷，第 10 章注。这一时期市长官的审判权的范围尚不清楚，但显而易见它比行政长官的权限更加具有即决的性质。

② 即给彭提库斯判罪的命令。

③ 参见本书第 13 卷，第 32 章；关于共和国时期的情况参见西塞罗：《致友人书》，第 4 卷，第 12 章。

④ 法学家（参见本书第 12 卷，第 11 章注）。

虑得比较周到的也是比较正确的，一是任何改变都是不值得赞扬的；而是因为我不愿意表现得过分爱好古时的习惯，从而显得我好像在抬高我本行的学问。同时，我还考虑到我可能有的微不足道的影响不应被别人的不断反对而丧失净尽。我宁肯把我的影响完整地保存到国家需要它的时候。现在，这样的时刻已经到来了，因为有一位担任过执政官的人在自己家里被他自己的奴隶谋害了。但是没有任何一个奴隶来阻止或揭露这一阴谋，尽管元老院在发生这种情况时要处死全体奴隶的命令，[①]在任何反对下还不曾动摇过。但是，如果你们愿意的话，就赦免了他们吧！如果市长官的地位都不能保证自己的安全的话，那么谁的地位还能保证自己的安全呢？如果四百名奴隶还不能保护佩达尼乌斯·谢孔都斯的话，那么要多少奴隶才能保证主人的安全呢？如果本身生命的危险都不能促使奴隶关心我们、使我们免遭危险的话，那么谁还能指望自己奴隶的帮助呢？

“也许有人会恬不知耻地胡说什么凶手杀死自己的主人是为了报复自己所受到的损害。那么，难道那契约影响了他祖先留下来的产业吗？难道他家业里损失了一名奴隶吗？[②] 如果真是这样的话，那我们就不如索性宣布说他杀死主人是正当的行为了！

(44)“对于比我们更有智慧的人们曾经考虑过的事情，难道你们还有兴致喋喋不休地加以论证吗？但是，甚至如果我们是

---

① 参见本书第 13 卷，第 32 章。

② 当然，这句讽刺话是针对着本卷第 42 章开头处所提出的原因。不言而喻，在当时，奴隶是根本谈不上什么权利或受到损害的。

第一次作出决定的话，你们是否相信，在奴隶作出谋杀他的主人的决定时，竟然会不走漏一点口风，不说一句威胁的话吗？就算他能保守秘密，就算他能瞒过别人弄到了凶器，但是他能够在谁也不知道的情况下躲过守夜的人，带着火把到寝室去把他的主人杀死吗？一件罪行事先总会有不少迹象的。如果我们的奴隶把这些迹象揭发出来，那么我们尽管是孤零零地生活在他们许多人中间，我们却可以生活得很安全，因为他们经常要为他们本身的安全而感到不安。而且到最后，即使如果我们非死不可的话，那我们至少也可以知道我们的犯罪的奴隶是一定会受到报复的。

"我们的祖先对他们的奴隶的品行一直是抱着怀疑态度的，即使这些奴隶是生在他的田庄上或是他的家里，即使他们从一生下来就对自己的主人有好感。但现在我们的奴隶里哪一国人都有，他们有和我们完全不同的风俗习惯，完全不同的宗教信仰，或完全没有宗教信仰。只有用威慑的办法才能制服这一群乱七八糟的渣滓。但是你们会说，一些人会无辜而死啊 正是这样。要知道，一支战败的军队，有十分之一的人要受到笞死的刑罚，[①]而勇敢的士兵也不是没有被抽中的可能啊。任何重大的惩戒都会有一些不公正的地方——但是这种表现为个人的损害的不公正的情况，是可以通过全体公民的受惠而得到补偿的。"

（45）没有一个人敢出来驳斥卡西乌斯的意见，于是人们便

① 指处死败逃军队的十分之一的规定（decimatio），参见本书第3卷，第21章注。

用一阵鼓噪来回答他，以表示他们对这样多的男女老少的怜悯，表示他们同情大多数人的毫无疑问的无辜。但是主张处死的大多数元老的意见仍然占了上风。不过这一决定却不能得到执行，因为大群民众拿着石头和火把气势汹汹地站在那里好像要进行干预的样子。恺撒于是发布敕令对民众进行斥责，并用军队防守押送犯人到刑场去的全部道路。钦戈尼乌斯·瓦罗[①]建议，甚至死者家中的被释奴隶也都应逐出意大利。皇帝否决了他的这个建议：古老的惯例不能通过宽恕变得缓和，但也不能毫无道理地使它变得更加残酷。

(46) 也在这一年，比提尼亚人控告了他们的长官塔尔克维提乌斯·普利斯库斯的勒索罪行。元老院看到普利斯库斯自己也受到了控告，很为高兴，因为他过去曾经控告过他自己的上级、总督提图斯·司塔提里乌斯·陶路斯。[②] 克温图斯·沃路西乌斯[③]、塞克斯提乌斯·阿非利卡努斯和特列贝里乌斯·玛克西姆斯在高卢诸行省进行了一次人口调查。[④] 沃路西乌斯和阿非利卡努斯因为自己都是显贵家族出身，所以他们相互倾轧得相当厉害。但他们两个人却又都看不起特列贝里乌斯，这一点反而使特列贝里乌斯得到了超越他们两个人的机会。[⑤]

① 参见塔西佗：《历史》，第 1 卷，第 6 章、第 37 章；普鲁塔克：《伽尔巴传》，第 14 章以次。

② 本书第 12 卷，第 59 章中提到了这件事。

③ 公元 56 年度执政官。

④ 参见本书第 1 卷，第 31 章注。

⑤ 因为两个人都不把他作为竞争的对手，自然不再去排挤他，从而给他造成了升迁的机会。但后来他继图尔披里亚努斯担任不列颠长官时却完全失败了（参见《历史》，第 1 卷，第 60 章；第 2 卷，第 65 章。塔西佗：《阿古利可拉传》，第 16 章）。

（47）这一年，美米乌斯·列古路斯[①]去世了。他的威信、节操和他的崇高品格使得他在至大至尊的皇帝的庇护之下取得了尽可能大的荣誉。这一情况可以从下述事实十分清楚地看出来：有一次尼禄生病，他身边的那些奸佞之徒都说，如果天不假年，帝国将难逃瓦解的命运，尼禄听了就说，帝国还有一个指望。人们向他进一步探询，在谁的身上可以发现这个指望，尼禄就说，这个指望在美米乌斯·列古路斯身上。尽管如此，美米乌斯还是平安无事地活下来了，因为他淡于名利，保全了自己。他出身于一个不久之前才显贵起来的家族；而且他的财富不多，因而更不会招引别人的忌妒了。

这一年里，尼禄奉献了一座大竞技场，[②]而且仿效希腊人的慷慨之风，把油[③]免费供应给元老和骑士。

罗马建城815年，即公元62年

（48）在普布里乌斯·马利乌斯和路奇乌斯·阿菲尼乌斯担任执政官的一年里，行政长官安提司提乌斯——关于这个人在他担任保民官时的放浪行为，我在前面已经谈过[④]——写了一些诽谤皇帝的诗篇，并且当他在欧司托里乌斯·司卡普拉[⑤]家中晚餐

---

① 他是公元31年度的补缺执政官，担任过美西亚、马其顿和阿凯亚的长官（继波培乌斯·撒比努斯之后）。他娶了洛里娅·宝琳娜，但在盖乌斯的强迫下同她离婚了。参见本书第5卷，第11章注。

② 供尼禄尼亚节（Neronia）比赛用，在玛尔斯广场，尼禄尼亚温泉（Thermoe Neronianae）附近。

③ 这种油当是在体育比赛之前擦身体用的。在雅典，这种油由节日主办人免费供应，作为他们必须履行的义务。

④ 参见本书第13卷，第28章

⑤ 不列颠前任长官的勇敢的儿子（参见本书第12卷，第31章）。关于后来他被安提司提乌斯陷害的事情，参见本书第16卷，第14章以次。

时，又曾在很多参加晚餐的人们面前朗诵过。因此科苏提亚努斯·卡皮托[①]控诉他犯了大逆罪。卡皮托是仰仗着他的岳父提盖里努斯[②]的斡旋在不久之前才重新回到元老院来的。这次是第一次恢复实施大逆罪的条款。[③] 人们认为，这样做的目的与其说是要毁掉安提司提乌斯，不如说想提高皇帝的荣誉，因为他能够利用保民官的权力使安提司提乌斯不致被元老院判处死刑。

尽管欧司托里乌斯作证说，他没有听到过任何这类的诗，但另一方面提供的证据却被相信是真实的；于是当选的执政官尤尼乌斯·玛儒路斯便建议剥夺被告的行政长官的职位，并依照古老的方式来处刑。[④] 另一些元老对这一点表示同意，但这时特拉塞亚·帕伊图斯在长篇大论地颂扬了恺撒和极为猛烈地斥责了安提司提乌斯之后，却提出了这样的看法：一个犯罪的囚犯所应受到的充分惩罚，在一位杰出的皇帝和完全是自由的元老院的统治之下，不一定就是人们所决定的惩罚。人们已不记得刽子手和绞索为何物了。[⑤] 过去许多不同的法律规定了各种惩罚办法，根据这些法律所作的判决既可以使审判官们不致蒙受残暴之名，又可以使时

① 参见本书第11卷，第6章注。

② 尼禄的臭名昭著的宠臣。有关他早年的经历可参见优维纳尔第1卷第155行的内容丰富的注释。他的政治生活中的一些突出的事实可以从本书其他部分收集到。关于他在奥托时的自杀和关于他的性格的精彩的叙述，参见《历史》，第1卷，第72章。

③ 参见本书第1卷，第73章等。卡里古拉在名义上取消了有关大逆罪的条款（参见狄奥·卡西乌斯，第59卷，第4章）；但克劳狄乌斯在实际上取消了这一条款（参见同上书，第60卷，第3章）。

④ 参见本书第4卷，第30章注。

⑤ 在理论上绞刑仍是正规的处刑方式（参见本书第3卷，第50章；第5卷，第9章）；但在实际上它已为被判罪者的自杀代替了。

代不致蒙受耻辱之名。老实讲，如果没收他的财产并把他放逐到一个岛上去，他带着罪名生活得越是长久，他个人的痛苦便越会加深，而且人们还能够从他身上看到国家对他的宽大这样一个崇高的范例。

(49) 特拉塞亚所发表的独立不倚的见解使得别的元老也多少改变了自己的奴性。因此，当执政官将这一建议付诸表决的时候，除了少数人表示不同意见以外，大多数人都同意他的看法。在少数不同意的人中间，最无耻的谄媚者就是奥路斯·维提里乌斯①。他咒骂所有品德高尚的人，但是又和所有那些生性怯懦的人一样，当别人反问他的时候，他却不讲话了。不过执政官不敢正式公布元老院的决定，因此他写信给皇帝，向他陈述了元老院会议的意见。尼禄的情绪起初是有些害羞，又有些愤怒，但他终于写了一封回信说，"安提司提乌斯没有受到任何伤害就无缘无故地对皇帝讲出了最不能容忍的侮辱言词。元老院应当对这些严重的侮辱罪行给予相应的惩处。元老院理应规定一项同罪行的严重性相适应的惩处。虽然如此，既然他曾建议他们不要作出过分严厉的决定，因此他就不想干预他们的宽大措施。他们愿意怎样决定就怎样决定吧。他们甚至有把他赦免的自由。"

这些意见以及诸如此类的话在元老院公开宣读了。显而易见，皇帝是不高兴的。虽然如此，执政官并没有改变他们对这件事的决定；特拉塞亚并没有撤回他的建议；其他元老也依旧坚持他们先前所同意的处理办法；一部分人这样做是为了不使皇帝处于招

① 即后来的皇帝。

人忌恨的地位；但大部分人却是由于自己方面人多而感到安全，特拉塞亚则是出于他那一向坚定不屈的性格，而且因为他不愿损害自己一贯的声誉。

(50) 法布里奇乌斯·维伊安托[①]也在同样的罪名下受到了控告，他被控在他名之为《遗言》[②]的一部书里，对元老院和祭司们大肆诽谤。控告者图里乌斯·盖米努斯还说，维伊安托一贯利用自己同皇帝的关系设法使别人升官而从中受贿。这样一项罪名使得尼禄决定亲自处理这一案件。他判处把维伊安托从意大利放逐出去，并烧毁他的著作。正是由于阅读这些书要冒着风险，因此人们反而更加热心地寻找和阅读这些书籍。但后来对这些书解了禁，人们也就把它们忘掉了。

(51) 但是当国家的道德日益堕落的时候，那种力挽狂澜的力量也正在削弱，这时布路斯也去世了。他是病死的，还是被人毒死的，颇值得人们的怀疑。从下面的情况来判断，可以认为他是病死的：他的咽喉里越来越大的肿瘤终于堵住了他的气管，从而使他窒息而死。但是更多的人却认为，正是由于尼禄的主使，布路斯的上颚在接受治疗的借口下被涂上了一层毒药。布路斯识破了这一阴谋，因而在尼禄探视他的时候，他转过脸去不去看尼禄，并且在回

① 多米提安时期的一个著名的告密者。优维纳尔在《讽刺诗》里的好几个地方提到他。在第4卷的第113行中，他说他是“贤明的维伊安托”；在第4卷的第115行中，他又说他“甚至在我们的时代都是一个巨大的、突出的怪物”。他甚至得到涅尔瓦的宠信(参见小普利尼：《书信集》，第4卷，第22章)。

② 他的诽谤写在一篇假想的遗嘱里。在帝国时期，只有在死后出版遗著才是最安全的，因此这是对大人物进行攻击的方便方式。

答尼禄的问话时只说了一句：“**我**很好。”[①]

布路斯的死亡引起了全国人士长时期的极大悲痛。大家没有忘记他过去做的好事，同时又注意到了他的两个继承者：一个人老实而无能，另一个人却是个罪大恶极的罪犯。因为恺撒任命了两名近卫军长官：一个是法伊尼乌斯·路福斯，他在负责供应罗马粮食的工作中[②]没有自私自利的行为，因此群众对他颇有好感；一个是索佛尼乌斯·提盖里努斯，他过去因放荡和无耻而得到尼禄的赏识。这两个人的行为都与大家所了解的情况没有什么出入。提盖里努斯对皇帝的影响更要大一些，他被允许参加尼禄的最隐秘的放荡行为。路福斯在人民和军队中间则因为品行端正而享有崇高的声誉，但这一点却使得他同尼禄之间的关系处得并不好。

（52）布路斯的死亡动摇了塞内加的地位：不仅因为两位君子人物之一的死亡使高尚风气失去了力量，而且因为尼禄正在接受更坏的顾问的意见。这些人对塞内加进行了各种各样的攻击：他们说，塞内加的巨大财富已经超过了私人财富所应有的限度，而且这笔财富还在不断地增加；他正在争取罗马人民对他个人的好感；甚至在庭园的秀丽和别墅的雄伟方面，他都想胜过皇帝。他们还说，塞内加认为真正称得起有演说天才的人物只有他一人；而由于尼禄喜欢诗，所以他也就更频繁地写起诗来。他公开挑剔皇帝的一般娱乐，嘲笑皇帝驾车的本领太差，又奚落皇帝唱歌的声调不

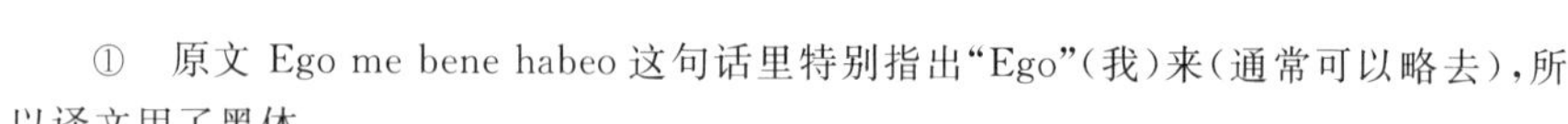

①　原文 Ego me bene habeo 这句话里特别指出“Ego”（我）来（通常可以略去），所以译文用了黑体。

②　参见本书第 13 卷，第 22 章。

好。在罗马这里，只要不是塞内加发明的东西，就不能被认为是杰出的，这种情况要继续到什么时候呢？毫无疑问，尼禄已经度过了他的少年时代，他已经是一个精力旺盛的成年人了。他应该把他的教师打发走，他是可以在他自己的祖先里找到很多杰出的教师的。

（53）塞内加知道有人在攻击他：那些还有一些荣誉感的人把这些事情告诉了他，恺撒也显然日益同他疏远起来。

于是他便请求尼禄安排一段时间同他晤面，而当他得到了允许的时候，他就对尼禄说："恺撒啊，自从我同你那前途光明的幼年时代发生关系以来，到如今已经是第十四个年头了，而自从你取得统治大权以来，也已经是第八个年头了。[①] 在这段时期里，你把这样多的荣誉、财富赐给了我，而我所需要的只是谨慎地利用这些荣誉和财富，以便享受完满的幸福。我可以举出一些伟大的前例来，而且我将不是从我这样的身份的人，而是从你那样身份的人方面举出前例来。你的祖父的祖父[②]奥古斯都允许玛尔库斯·阿格里帕退居到米提利涅去，[③]并且允许盖乌斯·迈凯纳斯隐居在罗马

① 公元 49 年，塞内加被任命为尼禄的教师。他之所以不把公元 62 年称为尼禄当政的第九年，是因为这时还没有到尼禄继位九周年的日子。

② 尼禄是小阿格里披娜的儿子，小阿格里披娜是老阿格里披娜的女儿，老阿格里披娜又是奥古斯都的女儿优利娅的女儿。这样看来尼禄同奥古斯都的祖孙关系是在母系方面。但在法律上他们在父系方面也有这样的关系，因为他的外祖父日耳曼尼库斯被提贝里乌斯过继为继子，而提贝里乌斯又被奥古斯都过继为继子。

③ 奥古斯都为了建立一个王朝，曾把自己的女儿嫁给了他的姊妹的儿子玛尔凯路斯。但在公元前 23 年奥古斯都生病时，他觉得玛尔凯路斯年纪太轻而担不起这样大的责任，因而便把他的带有图章的戒指交给了阿格里帕。这一做法激起了阿格里帕的野心，并使阿格里帕和玛尔凯路斯相互忌妒起来。奥古斯都病好之后，为了进行调解，他只得在一个好听的借口之下把阿格里帕调到东方去。阿格里帕没有执行这一命令，而负气到米提利涅去。

本城，就和退居到外地去一样。[①] 阿格里帕曾同他一道作战，而迈凯纳斯则更多地是在罗马为他分劳。他们每个人都取得了自己的酬报，这酬报的确是丰厚的，然而又确实同他们的丰功伟绩相适应。至于我本人，我之所以取得了你这样慷慨的赠赐，只不过是因为我有一些书本上的知识，而且应当说，这些书本知识又只是我一个人独自在寒窗之下取得的。但是这些知识所以使我得到了荣誉，是因为我曾经在你幼年的学习中帮助过你，我的这种服务取得的报酬是过多了啊！

“但是你又给了我极大的信任，给了我无数的财富。因此我就常常扪心自问：像我这样一个出生在外省的普通骑士家庭的人[②]不是已置身于国内权要人物的行列之中了么！我的这样一个不见经传的名字不是也出现在那些出身于具有长久的光荣历史的门第的显贵人物当中了么！我过去那种谦抑知足的精神到什么地方去了呢？修建这些华丽的庭园么？巡视郊区的这些别墅么？仰仗着广大的田产和取之不尽的资财过豪奢的生活么？我只能找到一个辩解的理由，那就是，我没有权利拒绝你的慷慨赏赐。

(54)“但是我们两个人都已经达到完满的程度了：凡是君王能给予他的朋友的，你全部都给了，而凡是朋友所能从他的君王手里得到的，我也都得到了。越过这个限度就要引起别人的忌妒了！

---

① “例如(奥古斯都)……常常抱怨说玛尔库斯·阿格里帕耐性不够，而迈凯纳斯又有些爱讲话。原来阿格里帕曾怀疑自己被冷淡和玛尔凯路斯被偏爱，因而立刻抛掉一切，跑到米提利涅去，至于迈凯纳斯，则他把发现穆列纳阴谋的全部秘密都泄露给了自己的妻子提伦提娅(穆列纳的姊妹)。”(参见苏埃托尼乌斯：《奥古斯都传》，第66章)

② 塞内加的故乡是科尔多瓦(Cordova)。

当然，你的伟大已经远远越出于嫉妒之类的人间事物之上，但是我却感到忌妒加到我身上的压力。因此我是来请求你帮助我摆脱这一负担的。就好像在战争中或是在劳顿的旅途中我需要支持一样，在生命的旅途中，我也需要支援，因为我已经老了，连最轻微的工作也无力担负了。我的财富压得我再也无法支持了。请下令你的代理官接管我的产业，把它们收归你的财产的名下吧。我这样做并不是想使自己重新去过贫苦的生活，我只是想放弃那些使我看了眼睛发晕的巨大财富，而把现在用于照料我的庭园和别墅的时光重新用到自己的精神活动上去。你有旺盛的精力，你有掌理国家最高权力的多年经验。我们，也就是你的这些老朋友们，现在可以向你请求退休了。这一点也会增加你的光荣，因为经你提拔到最高地位上来的人也是那些能安于低位的人。”

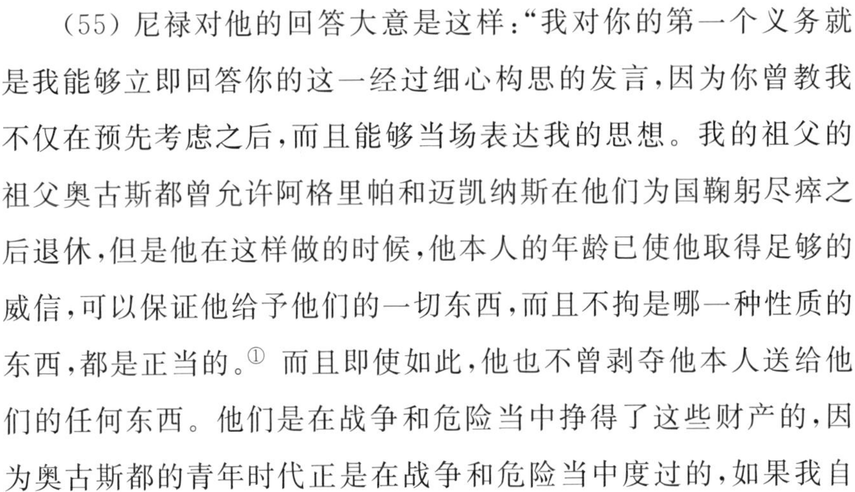

(55) 尼禄对他的回答大意是这样：“我对你的第一个义务就是我能够立即回答你的这一经过细心构思的发言，因为你曾教我不仅在预先考虑之后，而且能够当场表达我的思想。我的祖父的祖父奥古斯都曾允许阿格里帕和迈凯纳斯在他们为国鞠躬尽瘁之后退休，但是他在这样做的时候，他本人的年龄已使他取得足够的威信，可以保证他给予他们的一切东西，而且不拘是哪一种性质的东西，都是正当的。[1] 而且即使如此，他也不曾剥夺他本人送给他们的任何东西。他们是在战争和危险当中挣得了这些财产的，因为奥古斯都的青年时代正是在战争和危险当中度过的，如果我自

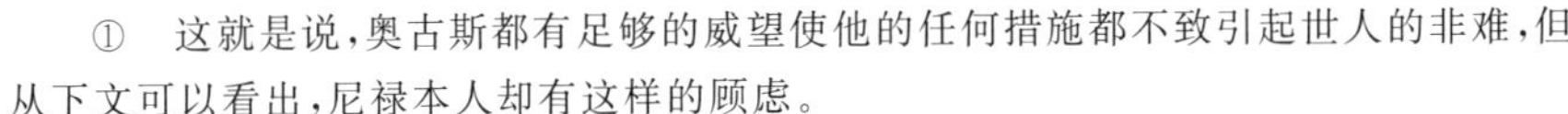

① 这就是说，奥古斯都有足够的威望使他的任何措施都不致引起世人的非难，但从下文可以看出，尼禄本人却有这样的顾虑。

己的少年时代也是在戎马倥偬的生活中度过的话，那么你也一定会拿起武器来为我作战。但你所做的正是当时的实际情况要求你做的，你用你的理智、忠告和箴言抚育了我的童年和青年。你的礼物对我来说是终生不灭的，可是我给予你的庭园、金钱、别墅之类的东西却会在意外的事故中受到损害。这些东西看来也许不少，但是有不少品格不能与你相比的人，却有比你更多的财富。羞耻的心情使我不愿再谈那些以比你的财富更多的财富相夸耀的被释奴隶了！你是我最敬爱的人，但你的财富却还不能超过所有的人，这一点我想起来甚至都要脸红。

“也许你认为，你的地位还比不上三次担任过执政官的维提里乌斯，[①]而我尼禄的慷慨程度还比不上克劳狄乌斯；或是你以为，我对你的慷慨赠赐比不上沃路西乌斯[②]多年来节省下来的财富？[③]

（56）“相反地，目前你不仅是精力旺盛的，你不仅还有能力处理国家大事和享受取得的报酬，而且我本人也只是刚刚进入统治的开始阶段。如果我这样一个年轻人在什么地方有脱离正轨的迹象，你是可以及时加以纠正的；既然我是在你的教导之下长大成人的，为什么你不能更加热心地指导和支持我的成年时代呢？如果你把你的财富交还给我，如果你离开你的皇帝，那么人们将不会谈论你的谦逊、你的退隐，而只会议论**我的**贪婪，议论你对**我的**残酷的恐惧。不管人们怎样称颂你的自我克制的精神，一位智者仍然

① 参见本书第 11 卷，第 2 章注。

② 参见本书第 13 卷，第 30 章结尾处。

③ 这一段是按尼佩尔第和施本格尔建议的读法。原抄本这一段是在下一章第一句（……开始阶段）的后面。

是不应该从一件会损害他的朋友的令名的行动中取得信誉的。”

他说了这话之后就拥抱并吻了几下塞内加。本性使他（而习惯又训练得他）能够把他的憎恨掩盖在虚伪的亲切下面。塞内加在结束了同一个专制皇帝的对话之后，表示了谢意：[①]但是从此他一改一贯的有权有势的派头，不许大量的人到他家的前庭来向他问候，避开了他周边的人们；[②]他很少到罗马来，[③]而把不常来的理由归之于身体不好，或是在家里研究哲学。

（57）在塞内加被贬黜之后，要想搞垮法伊尼乌斯·路福斯就不困难了。他的罪名是他同阿格里披娜的友谊。提盖里努斯的势力也日益加强起来，他之所以取得权力是因为他作恶有术，他现在认为只有在他把皇帝也拉进来同他一道犯罪，他才能对皇帝发生更大的作用。于是他着手研究尼禄所害怕的是什么，而发现他最害怕的是路贝里乌斯·普劳图斯和法乌司图斯·科尔涅里乌斯·苏拉·费里克斯。这两个人，前者在不久之前被调到亚细亚去，后者则被调到纳尔波高卢。提盖里努斯于是便要尼禄特别注意他们的显贵的世系，以及他们同东方的和日耳曼的军队的接近。

他说，“他和布路斯不同，他心目中没有两个不可调和的愿望，而只有尼禄的安全。首都这里是他值勤守卫的地点，因而皇帝的安全多多少少是有一些保障的，但是如何才能镇压远处的叛乱呢？

① “一个变得衰老的人向国王致敬时所讲的话是尽人皆知的：当有人问他，他如何能活到宫廷中极其难得的老年的时候，他回答说：‘忍受侮辱并且表示感谢。’对侮辱进行报复往往是不适宜的，甚至指出这是侮辱都是不适宜的。”（塞内加：*De ira*，II，33）。

② 罗马的显要人物在公开的场合出现时习惯上总是有大群人跟在后面。

③ 这里指他住在郊区的别墅里，罗马的显要人物在罗马郊区或罗马附近城市大都有别墅。

高卢听到独裁官[①]的名字是很受鼓舞的。对于亚细亚的各族人民来说，杜路苏斯的外孙[②]的光荣也使他们感到激动。苏拉是贫困的，因此胆子特别大，现在他装出一副懒懒散散的样子，目的不过是想寻找机会发动政变。拥有巨量财富的普劳图斯甚至连退隐的意思都没有，这个人不仅极力模仿古罗马人，他还继承了斯多噶派的高傲，以及这一派中教人搞叛乱和搞阴谋的一个分派的衣钵。"[③]

尼禄很快就下手了。在这之后第六天，凶手就奉派渡海到玛西里亚去。正在吃晚饭的苏拉在他能够听到危险的声音以前就被杀死了。他的首级被带回了罗马。尼禄看了开心地说，他那过早出现的灰白头发损害了他的外表。

(58) 正在计划中的谋杀普劳图斯的勾当要完全保守秘密，并不是件容易的事情，因为关心他的安全的人比较多。而且，陆路和海路都很遥远，由此而产生的时间的耽搁已引起了各种各样的传说。人们传说他已到科尔布罗那里去了(科尔布罗当时正在统率着强大的军队)，如果清清白白的著名人物在那里遭到杀害，那么科尔布罗就是特别危险的人物了。而且据说亚细亚已经发动了拥戴普劳图斯的叛乱；被派去谋杀他的为数不太多而且又不很热心

① 指苏拉。上面所谈到的苏拉(参见本书第12卷，第52章注)就是独裁官苏拉的后人。他是公元51年度的执政官，娶了克劳狄乌斯的女儿安托尼娅，关于他的性格和被放逐到玛西里亚的事情，参见本书第13卷，第47章。

② 普劳图斯(参见本书第13卷，第19章注)是杜路苏斯的女儿优利娅的儿子。

③ 总的说来，从尼禄到多米提安的这一段时期，罗马的斯多噶派是明确地敌视帝国的。在尼禄统治时期牺牲的其他斯多噶派人物有著名的塞内加、路卡努斯、巴列亚·索拉努斯和特拉塞亚·帕伊图斯。

的士兵,在看到无法执行自己接到的命令的时候,便投到叛军的一面去了。这些捏造的消息照例是要被那些闲散无聊的轻信者越传越夸大。

这时的实际情况却是,普劳图斯的一名被释奴隶借着顺风的帮助,赶过了百人团长[①],并且从普劳图斯的岳父路奇乌斯·安提司提乌斯[②]那里带信给他的主人:"当他还有办法逃避的时候,他不应当像一个胆小的人那样地等死。人们对他的伟大声名的同情将会使他赢得好人的支持和勇士的协助。同时不要拒绝任何方式的帮助。如果他能把这次派来的六十名士兵击退的话,那么在这段时间里——这里的消息传到尼禄那里去,尼禄又派来一支军队——还会发生一系列可能发展为战争的事件。总之,或者是他用这个办法拯救自己的性命,或者是他的大胆行动会引起危险的后果,然而这种后果无论如何也不会比胆怯所引起的后果更坏。"

(59) 但是普劳图斯听了这番话却无动于衷。这或者是因为他亡命在外,又没有武装,因而想不出什么办法;或者是因为他对于这段时期里的不可逆料的命运已不再敢抱着什么希望;也可能是因为他以为,如果他不使皇帝的平静生活受惊,那么他所爱的妻子儿女就有可能受到皇帝的比较宽大的对待。但也有人说,他的岳父又派使者来告诉他,他不会有任何生命危险,另一方面他的哲学教师科伊拉努斯[③]和

① 指后面率领着六十名近卫军士兵的百人团长。

② 公元 55 年度执政官,公元 58 年上日耳曼副帅。公元 65 年他和他的女儿波利塔一道被处死。参见本书第 13 卷,第 11 章;第 16 卷,第 10 章。

③ 此人只在老普利尼著作第 2 卷的"作者名录"里提到过。

穆索尼乌斯[①]——前者是希腊人，后者是图司奇人——都劝他勇敢地迎接死亡，而不要过前途渺茫、忧虑重重的生活。

总之，凶手在中午过后不久的时候发现他时，他正在脱下衣服做体操。百人团长就在这种情况下杀死了他；当时从旁监视这次谋杀的是宦官佩拉戈，这个人是被尼禄派出来监视百人团长和他的队伍的，就好像国王的一个佞幸监视着他的侍臣一样。死者的首级被送回了罗马。尼禄看到这个首级时叫道(我在这里是完全按照皇帝的原话叙述的)："尼禄啊，〈你怎么会害怕有这样一个鼻子的人呢?〉"[②]

既然现在已经没有使他担心的事情，他便加紧与波培娅结婚的准备工作了，在这之前他就是因为有诸如此类的顾虑才不敢办这件事情。这时他把他的妻子屋大维娅也遣送走了。屋大维娅虽然性情和顺，但是尼禄仍然把她看成是眼中钉，因为她是她父亲的女儿，[③]同时又得到人民的爱戴。他还写了一封信给元老院，信里并没有承认他杀死了苏拉和普劳图斯，却说他们两个人都有反叛的意图，而他本人却一直是在极其注意维护国家的安全的。为了这个缘故，举行了一次全

---

① 盖乌斯·穆索尼乌斯·路福斯是最著名的斯多噶派哲学家之一；他生于埃特路里亚的沃尔西尼(Vulsinii)的骑士家庭；小普利尼的朋友；当埃皮克提图斯还是个奴隶时，他曾做过埃皮克提图斯的教师(《谈话录》，第1卷，第9章)；由于参加过披索的阴谋而被放逐到吉雅拉(Gyara)(参见本书第15卷，第71章)；尼禄死后返回罗马(参见塔西佗：《历史》，第3卷，第81章；第4卷，第10章，第40章)；在维斯帕西亚努斯统治期间放逐哲学家时特别被赦免(参见狄奥·卡西乌斯，第66卷，第13章)；他的著作有许多片段保守下来，这些片段主要保存在斯托拜厄斯(Stobaeus)的作品里。

② 哈姆(Halm)对原文所作的补充〈hominem nasutum timuist〉是从狄奥·卡西乌斯的著作(第62卷，第14章)得到启发的："我不知道他有这样一个大鼻子，这好像是说，如果他事先知道这一情况，他会饶过他的。"

③ 这就是说，她是皇帝的女儿，这种身份特别容易引起人们的注意。

国的感恩祭，苏拉和普劳图斯被开除出元老院，这种侮辱性的嘲弄比杀死他们二人的罪行更引起人们的憎恶。

(60) 尼禄从元老院的命令中清楚地看到，他的每一件罪行都被说成是崇高德行的典范，因此他作恶的胆量就更大了。他随即以不能生育为借口同屋大维娅离婚，娶了波培娅。

波培娅很久以来便以情妇[①]的身份控制了尼禄，现在又以妻子的身份控制着他。她唆使屋大维娅的一名仆从控告屋大维娅同一名奴隶通奸，扮演她的奸夫的是一个叫做优凯路斯的人，这个人是亚历山大人，是一个技艺高妙的笛师。于是按照原定的阴谋，拷问了屋大维娅的侍女们。虽然少数人熬不过严刑拷问而作了毫无根据的招供，但大多数人却坚持说她们的女主人是清白的，其中的一个人在提盖里努斯的威逼之下回骂他说，屋大维娅的身体的任何部分都比他的嘴还要干净。不过屋大维娅还是被送走，但开头只是作为普通的离婚来处理的。她取得了两件不吉利的礼物——布路斯的邸宅和普劳图斯的产业。不久之后，她就被放逐到康帕尼亚去，并受到了士兵的监视。这一措施引起了普通罗马人民的普遍的和公开的抗议，要知道他们的行动并不像显贵人物那样谨慎，而且由于他们的卑微的地位，他们所冒的危险也就比较少。〈继而又传说〉尼禄对自己的横暴行为感到悔恨，并把屋大维娅召回到自己身边来了。

(61) 欢欣鼓舞的人群立刻爬上了卡披托里乌姆神殿，并最后向上苍表示感谢。他们打倒了波培娅的像，把屋大维娅的像抬在肩头上，把花洒到她的那些像上，并把它们立到广场和各个神殿里面去。

---

① 她同尼禄的关系开始于公元 58 年，参见本书第 13 卷，第 46 章。

他们甚至又到皇帝那里去向他欢呼致敬。而且他们已大量地拥到皇宫里来欢呼，但这时却出现了一队队的士兵。这些士兵用鞭子和刀尖胡乱地把他们驱散。但这一事件所促成的一切变化又都被改变回来了：波培娅的荣誉又恢复了。波培娅对她所憎恨的人一向是残忍无情的，这次她十分担心群众的怒火会更加猛烈地爆发出来，或是尼禄会受群众情绪的影响，因此她就跪到尼禄的面前说，"尽管结婚对她来说是比生命更加宝贵的事情，但当前的情况却是这样：她已不能争取同尼禄结婚了。她的生命本身在屋大维娅的食客和奴隶的威胁之下已处于朝不保夕的境地；屋大维娅利用这些人来冒充罗马人民，并在和平时期作出了连战争时期都几乎不会发生的事情。他们的武器是针对着皇帝本人的，所缺少的只是一个领袖罢了。但骚乱一旦爆发，领袖是不难出现的。她只需离开康帕尼亚，亲身来到罗马就行了！甚至她从远处点一点头就足以激起一场风暴了！

"再说，波培娅干了什么非法的事情呢？难道她伤害过任何人吗？是不是因为她即将给恺撒的家庭生一个嫡亲的后裔？是不是罗马宁肯要一个埃及笛师的后裔坐在罗马的皇位上？总而言之，如果国家的利益有这样的需要，那么他就应当出于自愿而不是被迫地把他过去的妻子召回来，不然的话，就让他考虑考虑自己的安全吧！刚刚开始的骚动，用适当的惩罚和宽大的措施是可以镇抚下去的。但群众一旦不能指望使屋大维娅成为尼禄的妻子，他们是很快就能给她找到一个丈夫的！"

(62) 波培娅提出的目的在于激起对方的恐惧和愤怒的各种理由显然立刻把尼禄吓住和激怒了。但是对一个奴隶的怀疑起不了什么作用。对侍女们的拷问证明这种怀疑是毫无根据的。因此决定找一个人要他供认自己和屋大维娅之间的奸情，此外还可以把捏造的叛逆罪加到这个人身上。阿尼凯图斯被认为担任这样的角色是合适的，他就是帮助尼禄杀死尼禄的母亲阿格里披娜的那个凶手。前面我说过，[①]他是米塞努姆的海军长官，他在替尼禄谋杀了自己的母亲以后，多少受到了尼禄的一些酬报，但后来尼禄却更加讨厌他，因为看到自己先前的同谋犯，在良心上感到很大的痛苦。因此他就被皇帝召了来，皇帝向他提起了先前他干的事情：

“只有他一个人才保证了皇帝的生命安全，使皇帝不致受皇帝的母亲阿格里披娜的阴谋陷害。现在他又有了一个同样使皇帝感谢的机会，那就是给皇帝铲除一个不怀好心的妻子。他甚至可以不使用暴力或是凶器。他只需供认曾和屋大维娅通过奸就行了。”尼禄许给他一笔丰厚的报酬（但在开头并没有说明是哪些东西）和一个安适的退休场所。如果他拒绝的话，他就有生命危险。生性邪恶而且已习惯于犯罪的阿尼凯图斯在皇帝本人所召集并由他的近臣们所组成的国务会议上捏造和供认了比命令给他的更多的东西。因此他就被放逐到撒丁尼亚去，[②]在那里过着相当阔绰的亡命生活，并且老死在那里。

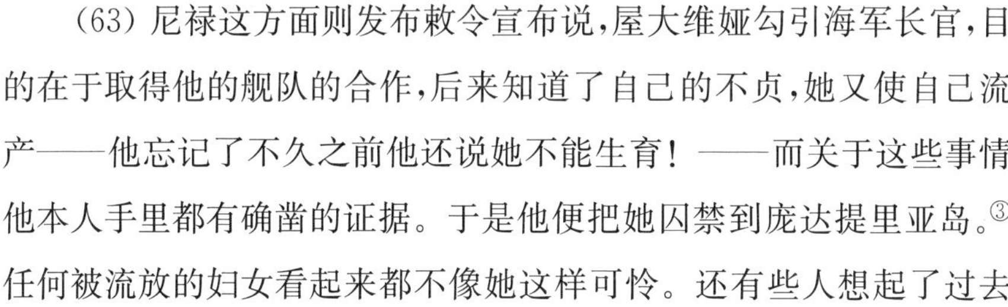

（63）尼禄这方面则发布敕令宣布说，屋大维娅勾引海军长官，目的在于取得他的舰队的合作，后来知道了自己的不贞，她又使自己流产——他忘记了不久之前他还说她不能生育！——而关于这些事情他本人手里都有确凿的证据。于是他便把她囚禁到庞达提里亚岛。[③]任何被流放的妇女看起来都不像她这样可怜。还有些人想起了过去

① 参见本卷第 3 章。

② 但那里的自然条件是有害于健康的（参见本书第 2 卷，第 85 章结尾处）。

③ 参见本书第 1 卷，第 53 章注。

提贝里乌斯放逐阿格里披娜[①]的事情。人们也还没有忘记不久以前克劳狄乌斯放逐优利娅[②]的事情。但是这两个人是在成年之后被放逐的,[③]她们总算享受过一些幸福,而对于过去比较欢乐的幸福日子的回忆能以缓和当前的痛苦遭遇。但是对屋大维娅来说,首先一点,结婚的日子也就是她死亡的日子。在她来到的新家庭这里只有悲惨的命运等待着她。在这个家庭里,她的父亲是被毒死的,她的兄弟很快地也遭到了同样的命运。在这之后,一名女奴隶占了女主人的上风,而尼禄和波培娅的结婚竟把屋大维娅完全毁掉了。最后则是最难堪的命运,她受到了控告。

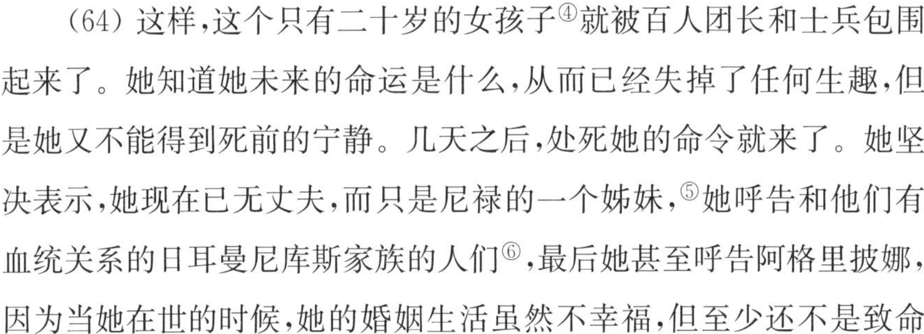

(64) 这样,这个只有二十岁的女孩子[④]就被百人团长和士兵包围起来了。她知道她未来的命运是什么,从而已经失掉了任何生趣,但是她又不能得到死前的宁静。几天之后,处死她的命令就来了。她坚决表示,她现在已无丈夫,而只是尼禄的一个姊妹,[⑤]她呼告和他们有血统关系的日耳曼尼库斯家族的人们[⑥],最后她甚至呼告阿格里披娜,因为当她在世的时候,她的婚姻生活虽然不幸福,但至少还不是致命

---

① 日耳曼尼库斯的妻子。本书第5卷正在她被放逐到庞达提里亚之前中断(公元29年)。

② 优利娅·里维拉是日耳曼尼库斯和阿格里披娜的最小的女儿,生于公元18年。公元37年她被她的兄弟卡里古拉放逐,克劳狄乌斯即位之初把她召了回来,但后来由于美撒里娜的教唆,她又因和塞内加通奸的罪名被放逐,不久之后,她便被处死了(参见狄奥·卡西乌斯,第60卷,第4、8节)。

③ 实际上这种说法只适用于阿格里披娜。

④ 实际上她是不列塔尼库斯的姐姐,而不列塔尼库斯生在公元41年2月13日,因此屋大维娅这时至少也有二十二岁。作者这里的说法显然是不正确的。

⑤ 因为克劳狄乌斯过继了尼禄。

⑥ 这个姓是元老院授予提贝里乌斯的兄弟杜路苏斯和他的后人的。他的儿子克劳狄乌斯是屋大维娅的父亲;他的孙女阿格里披娜是尼禄的母亲。

的。她全身被绳索捆绑起来，四肢的血管都被切开；但是她的恐惧却不能使血液顺畅地流出来，继而她就被拖到极热的蒸汽浴室里去被窒息死了。更加可怕的残酷行径是她的头被割了下来，送到罗马去给波培娅过目。

为着所有这些行为，元老院又发布命令，在各神殿向诸神奉献牺牲供物以示感谢——这类的话我还要讲多少次呢？所有那些从我的作品以及从别的作品知道了那一时期的历史的人，都可以认为这样的事实是当然的，即每当皇帝发布命令放逐或杀害某人的时候，〔元老院〕总是要向上苍诸神表示感谢。凡是先前被认为应当庆幸的事情，现在看来正是国家的灾难。虽然如此，任何一项元老院的命令，不管它谄媚到什么程度，卑鄙到何等地步，我是绝不会把它放过去的。

(65) 这一年，据信尼禄又毒死了他的两名重要的被释奴隶：多律弗路斯[①]和帕拉斯。多律弗路斯遇害是因为他反对过尼禄和波培娅的婚姻。帕拉斯则是因为他老而不死，从而长期占着他手中的巨量财富。

洛玛努斯[②]在暗中控告了塞内加，说他同格涅乌斯·卡尔普尔尼乌斯·披索相勾结。但是他本人却被塞内加用同样的罪名加以控诉，而且确实被搞掉了。这种结果使披索感到十分不安，于是他搞了一个精心策划的但是没有成功的反尼禄的阴谋。[③]

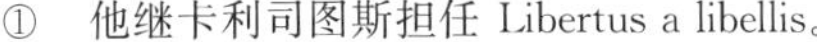

① 他继卡利司图斯担任 Libertus a libellis。

② 此人可能是皇帝的另一名被释奴隶。这里没有提到他的名字和族名，说明塔西佗在前面一定提到过此人，只是那一部分已经遗失了。

③ 披索的反尼禄的阴谋是公元 65 年的事情。阴谋的失败招致了许多著名人物的死亡。其中包括塞内加和诗人路卡努斯。

第十五卷

(1) 在这个时候,[①]帕尔提亚的国王沃洛吉西斯知道了科尔布罗的战绩和不相干的外人提格拉尼斯取得了亚美尼亚的王位的事情之后,便渴望采取措施,湔雪由于他的兄弟提里达特斯被逐出亚美尼亚而使阿尔撒奇达伊王族蒙受的耻辱。但是另一方面,罗马的威望以及他对于他同罗马所缔结的长期的条约[②]的尊重,使他又不敢鲁莽从事而犹豫起来。原来他生性优柔寡断,而且强大的叙尔卡尼亚部落的起义和他们对他展开的多次战斗又对他起了牵制作用。正当他这样犹豫不定的时候,一件新的受侮辱的消息促使他采取了行动:提格拉尼斯从亚美尼亚出发,蹂躏了同他的国土相邻接的阿狄亚贝尼人的土地,蹂躏的规模之大、时间之长都已超过了一般打劫的范围。

这些部落的贵族对这种做法实在无法忍受下去了。他们抱怨说,他们已经被贬损到这样的地步,以致不仅仅是一位罗马统帅能够欺侮他们,就是多年来被敌人不当人看待的一名人质现在都敢来欺侮他们了。阿狄亚贝尼人的国王莫诺巴佐斯更激发了他们的愤恨情绪。他

---

① 这里是接着本书第 14 卷的第 26 章叙述的。本卷前 17 章所叙述的事件虽然归入了公元 62 年的项下,但里面的事情却从公元 61 年讲到了公元 63 年。

② 这项条约从公元前 20 年缔结以来没有正式破裂过(公元前 20 年罗马重新取得了公元前 53 年克拉苏斯在卡尔莱被夺去的军旗)。

一直不断地在提出这样的问题:“他要去寻求怎样的庇护？到什么地方去寻求庇护？亚美尼亚已经失去了,相邻的地区也正在遭到同样的命运。而且,如果帕尔提亚拒绝保护我们的话,那我们就必须设法不使罗马的奴役过重地压到我们头上,要知道,罗马对待投降的民族比对待被征服的民族多少要好一些!”

提里达特斯也被贬黜和被放逐,他沉默寡言,提出抗议也很讲分寸,他的这种表现却使他的言论更加有分量。他说,“伟大的帝国是不能靠无所事事维持下去的,它们需要士兵拿着武器为之战斗。对国王来说,只有实力才是他的唯一的权利。个人的能力在于保存自己的财产;但国王的光荣却在于能要求取得别人的财产。”

(2) 被这些话所打动的沃洛吉西斯于是召开了一次会议,他要提里达特斯坐在他的身旁,然后就对大家说:

“和我是一父所生的这位国王曾以年龄的长幼有序为理由把最高的王位让给了我,我把亚美尼亚送给了他,这在我家是属于第三等的国家。因为米地亚已经送给了帕科路斯[①]。在我看来,我公正地妥善处理了我一家的事务,而没有发生过去那种兄弟之间相互仇视和忌妒的事情。但罗马人反对我们这种做法。尽管破坏和平从来不曾给他们带来过好处,但他们却又一次破坏了和平。不过这种做法是会使他们遭到毁灭的!

“我不否认,为了保存我的父祖们争得的产业,我宁愿采取公平合理的办法,而不想诉诸血腥的战争,宁愿通过合理的谈判,而不想

① 他的另一个兄弟,这个兄弟分配到阿尔撒奇达伊王的一个属邑米地亚·阿特洛帕提尼(在亚美尼亚和米地亚本土之间)。

使用武力。如果我由于徘徊观望而犯了错误，那么我的勇气可以加以补偿。无论怎样，**你们的**实力和名誉都没有受到任何损害。此外你们还加上了一种谦逊的品德，这种品德是品格最崇高的人都不能鄙视的，也是诸神所尊重的。”说了这话之后，他就把王冠加到提里达特斯的头上。他把他身边的一队经常护卫他的骑兵交给了一个名叫莫纳伊西斯的贵族，又加上阿狄亚贝尼人组成的一些辅助军队，然后委托提里达特斯把提格拉尼斯从亚美尼亚驱赶出去；他本人则把自己同叙尔卡尼亚的争吵放到一边，动员了他国内的兵力，全副武装地准备向罗马行省发动进攻。

(3) 科尔布罗在取得了有关这些事件的确切情报的时候，便派出了两个军团去援助提格拉尼斯：一个军团由维路拉努斯·谢维路斯[①]率领，另一个军团由维提乌斯·波拉努斯[②]率领。但是他在暗中却指示他们，要他们的一切行动都应当慎重而不可唐突。老实讲，他宁愿迎接一场战争，而不想去挑起一场战争。他还写信给尼禄说，另外还需要有一位统帅来保卫亚美尼亚。他说，如果沃洛吉西斯发动攻击的话，叙利亚方面的局势却是更加危险的。在这期间，科尔布罗把他手下的其余的军团布置在幼发拉底河的沿岸，把从行省临时征募来的一支军队武装起来，还用卫戍据点把敌人可能借以攻入的通路封锁起来。此外，由于这一地区的水源缺乏，凡是有泉水的地方均派兵加以防守。有一些小水流也被他用沙子堵塞了。

---

① 参见本书第14卷，第26章。

② 被维提里乌斯任命为不列颠的副帅(legatus)，后来担任亚细亚长官。

(4) 正当着科尔布罗为保卫叙利亚而进行种种准备的时候，莫纳伊西斯却在火速地向前推进，打算在人们知道他到来之前达到目的地。虽然如此，他却发现提格拉尼斯并不是没有戒备的，并不是没有准备的。提格拉尼斯据守着提格拉诺凯尔塔。这是一座十分强大的城市，因为它不但拥有大批的卫戍士兵和十分坚强的工事，在这之外，它的一部分城墙还有一条相当宽阔的尼凯波里乌斯河[①]环绕着，而在没有河流的地方则又有巨大的壕沟保卫着。城里驻守着罗马军队，粮食也早已储备好了。在搜集粮食的时候，一些人因为不慎重从事而走得太远，结果被突然出现的敌人切断了归路。他们的这种遭遇并没有吓住自己方面的士兵，却毋宁说激怒了他们。但是作为围攻的一方来说，帕尔提亚人却没有同敌人短兵相接的勇气。他们只是偶尔向敌人射一些箭，但这并吓不住守城的士兵，而只是一种自欺的行动。当阿狄亚贝尼人开始把他们的梯子和攻城器械向前移近的时候，罗马人很容易把他们击退，继而又从城中向外出击，把他们击溃。

(5) 虽然科尔布罗已处于有利的地位，但他却决定不乘胜直追，而只是写了一封抗议的信给沃洛吉西斯。他说沃洛吉西斯进

① 尼凯波里乌斯河是哪一条河要决定于提格拉诺凯尔塔的地点在什么地方。撒绍(Sachau)等人认为，如果这座城市就是玛西乌斯山(Masius 即今天的埃特-图尔山〔et-Tûr〕)以南的提尔·厄尔门(Tell Ermen)的话(这种说法同塔西佗与斯特拉波〔第522、747 章〕的材料相符合，但是和普利尼的说法［参见《自然史》，第 6 卷，第 27 章，第129 节；又第 9 章，第 26 节］不符合)，那么这条河便是泽尔干河(Zergan)，这条河流入幼发拉底河的一个支流哈布尔河(Khabûr)。另一方面，如果按照埃里(Egli)的说法，提格拉诺凯尔塔是玛西乌斯山以北和凡湖(Van)西南的塞尔特(Sert)的话，那么这个地方就在比特里斯-苏河(Bitlis-su)的河畔。

攻他的行省，并正在包围同罗马军队结成联盟和友好的国王。沃洛吉西斯最好是撤退围攻的军队，否则他自己就要攻到敌人的土地上去了。[①] 奉命传达这个意见的百人团长卡司佩里乌斯在尼西比斯[②]——离提格拉诺凯尔塔三十七英里的一座城市——见到了国王，并且精神抖擞地向他传达了科尔布罗的意见。

沃洛吉西斯的一项由来已久的、坚定的原则就是避免对罗马作战。何况在这个时候，沃洛吉西斯本身的情况也并不是十分顺利的。围攻没有取得任何成果。有卫戍部队保护并且拥有充足粮食的提格拉尼斯是安全的。对这个防守据点发动猛攻的兵力被击败了；罗马军团已被派到亚美尼亚去，而且有更多的罗马军队集结在叙利亚的边界，准备发动进攻。他知道他的骑兵缺乏草料而无法发挥力量，因为出现了大批的蝗虫，[③]它们把草和树叶全都吃光了。因此他便把恐惧藏到内心深处，而用一种比较温和的语调回答说，他将要把使节派到罗马皇帝那里去，讨论他对于亚美尼亚所提出的权利问题，和建立两国之间巩固持久的和平的问题。在这之后，他便下令莫纳伊西斯撤离提格拉诺凯尔塔，同时他本人也开始退去了。

(6) 大多数的人都认为，由于沃洛吉西斯的恐惧和科尔布罗的威胁而取得的这些成果是一次胜利。有一些人认为他们之间暗

① 这就是说，他可以渡过幼发拉底河进攻美索不达米亚。

② 在美索不达米亚的东北部。这座城市（“蛮族称为尼西比斯，但希腊人称之为安提奥卡·米哥多尼克”，参见普鲁塔克：《路库鲁斯传》，第 32 章）从路库鲁斯的时候起到若望·吉米色斯时止一直是重要的战略据点，但当前它只是拥有数百茅屋的一个荒村而已。

③ 从蝗虫的飞来的情况可以断定，这是 6 月或 7 月间发生的事情。

中已缔结了一项条约，条约规定，如果双方停止军事行动，则沃洛吉西斯撤离亚美尼亚，但提格拉尼斯也要退出亚美尼亚。人们不明白，为什么罗马军队要从提格拉诺凯尔塔撤退？为什么他们在战争时保卫的地点，在和平时期反而要放弃？在卡帕多奇亚边界地带仓促修造的茅屋里过冬，[1]却不在他们不久之前所拯救的王国的首府过冬，这对他们难道有什么好处吗？而事实却是，冲突只不过是延缓下来，这样沃洛吉西斯便可以应付科尔布罗之外的另一个对手，而科尔布罗也不想再拿他多年来挣得的荣誉来冒险。前面我已经说过，他曾经要求另派一位统帅来保卫亚美尼亚，而且听说凯森尼乌斯·帕伊图斯[2]也就要到了。不久他就到达了目的地。他们把军队作了这样的分配：第四军团和第十二军团，加上第五军团（这是不久之前从美西亚召来的），再加上本都、加拉提亚和卡帕多奇亚的辅助部队交给帕伊图斯率领；第三、第六和第十军团加上叙利亚的原有的军队则仍归科尔布罗统辖。其余的军队是合是分，则要根据具体情况再作处理。不过，不仅仅是科尔布罗容不下他的对手，就是帕伊图斯，尽管名位仅次于科尔布罗，对他来说，已是一件相当光彩的事情，但是对于科尔布罗的功勋，他依旧是十分瞧不起的。他总是说，“既没有流过血，又没有战利品；攻打城池更属空谈。他本人想做的不是安置一个有名无实的国王，而是想把罗马的税收、法律和罗马的统治加到被征服的土地上去。”

---

① 同沃洛吉西斯的协议是在年底达成的，因此冬天是公元 61 年到公元 62 年的冬天；后面的说明则是公元 62 年的春天或夏天的事情。

② 公元 60 年度执政官（参见本书第 14 卷，第 29 章）。科尔布罗要求专门派一位统帅保卫亚美尼亚（qui Armeniam defenderet）的事情已在本卷第 3 章提到。

(7) 差不多就在这同时，沃洛吉西斯的一些使节——他们到皇帝那里去的使命我已经谈过了——毫无结果地回来了。帕尔提亚于是发动了公开的战争。帕伊图斯也很乐于接受这次挑战，于是他带领着两个军团——由富尼苏拉努斯·维托尼亚努斯[①]指挥的第四军团和由卡拉维乌斯·撒比努斯[②]指挥的第十二军团——开进了亚美尼亚，但是这时出现的一些朕兆却是不吉利。原来在幼发拉底河的一个渡口的地方[③]（罗马军队便是从这里的一座桥渡过去的），带着执政官标记的一匹马没有任何明显的理由便惊了起来，跑到后方去了。同时在冬营中，[④]尚在修建中的工事旁边的一头作为供物之用的牲畜也穿过尚未完成的工事逃到堡垒外面去。一些士兵的长枪引上了火——这所以是特别引人注目的一个朕兆，因为敌人帕尔提亚人就是利用投枪来决定胜负的。

(8) 但帕伊图斯完全不把这些朕兆放在心上。他的冬营还没有加以适当的防守，也没有安排好粮食的供应，便匆匆忙忙地挥师穿过了陶路斯山，扬言要收复提格拉诺凯尔塔并蹂躏科尔布罗没有蹂躏过的地区。他的确也攻占了一些设防据点，取得了一些荣誉和若干虏获物；但是帕伊图斯却贪图过分的荣誉，又不小心使用他的战利品。因此当他在他无法据守的广大地区上长途行军的时候，他所虏获的粮食全部毁掉了，而且冬天也临近

① 一些铭文表明，此人在佛拉维乌斯朝曾是十分显赫的人物。

② 此人仅见于此处。

③ 他可能秋天在米利提尼（Melitene，今天的马拉提亚）地方从卡帕多奇亚渡河进入亚美尼亚，然后南进穿过陶路斯山向提格拉诺凯尔塔推进。

④ 这是为即将到来的冬天（公元 62—63 年）所准备的冬营。

了。于是他便率军回师，而为了造成一种好像战争已经结束的印象，他给恺撒写了一封信，信里的措辞有多么动听，内容也就有多么空洞。

(9) 这时，科尔布罗十分警觉地据守着幼发拉底河的河岸，[①]并且大大加强了防守的阵地。为了使架设浮桥的工作不致受到敌人骑兵部队的威胁——这支部队已经威风凛凛地出现在附近的平原上——他把许多大船在河上用木板接到一起，船上安设塔楼，从那里用弩机和投石机击退了蛮族，因为可以从远处发射的石块和投枪是敌人所射的箭无法相比的。桥架设成功之后，前面的那些小山就被占领了。最初占据那些小山的是联盟的步兵部队，后来则是一个军团的营地。他们攻占敌人的阵地时显示了这样的速度和力量，以致帕尔提亚人竟然放弃了他们进攻叙利亚的准备工作，而把他们的全部希望寄托在亚美尼亚上面了。

但帕伊图斯在亚美尼亚完全不知道这即将到来的危险，他把第五军团单独地安置在本都，而因为他随便允许人们请假离开，结果其余的军队[②]就都被削弱了。直到最后，他才得到如下的消息：沃洛吉西斯已经率领着一支不可轻视的、威胁性很大的军队打到他这边来了。

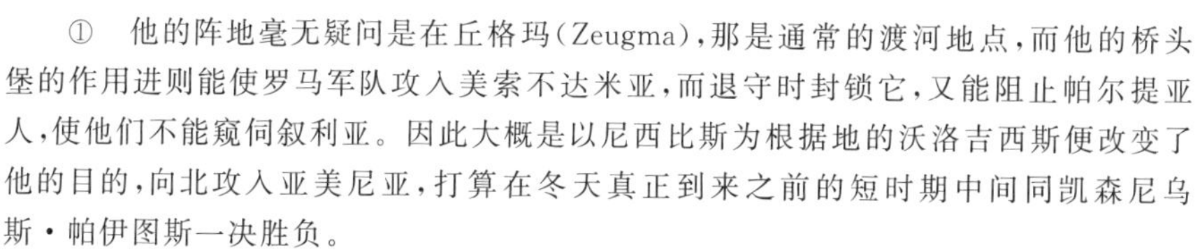

① 他的阵地毫无疑问是在丘格玛(Zeugma)，那是通常的渡河地点，而他的桥头堡的作用进则能使罗马军队攻入美索不达米亚，而退守时封锁它，又能阻止帕尔提亚人，使他们不能窥伺叙利亚。因此大概是以尼西比斯为根据地的沃洛吉西斯便改变了他的目的，向北攻入亚美尼亚，打算在冬天真正到来之前的短时期中间同凯森尼乌斯·帕伊图斯一决胜负。

② 指第四军团和第十二军团。从下面的话来看，他们同第五军团是分开驻守的。

(10) 帕伊图斯召来了第十二军团。[①] 他想利用这样一个措施来显示自己的力量已经加强,但实际上却正好显示出了他自己的弱点。虽然如此,如果他有魄力按照自己的决定或按照别人的决定始终不渝地做下去,那么他仍然可以保有自己的阵地,并且利用拖延的战略挫败帕尔提亚人。但实际上,那些有作战经验的士兵刚刚使他有了迎接迫在眉睫的危险的勇气,他立刻就改变了方向,表示不甘心听从别人的意见,而自己采取了相反的但对自己更加不利的办法。他扬言交给他对付敌人的是士兵和武器,而不是壕沟和堡垒,因此他便把他的军团引出了他的冬营,就仿佛是出发去作战的样子。

但后来,被他派出去侦察敌情的一个百人团长和一些士兵失踪了,他这才提心吊胆地返回了自己的营地。不过沃洛吉西斯那方面并没有尽自己的全力进行追击,所以帕伊图斯又恢复了他那盲目的自信。他把三千名精锐的步兵配置在附近的陶洛斯山上,以便阻止国王从这里穿过去:他的骑兵中最精锐的潘诺尼亚骑兵队则驻守在一部分平原上。他的妻子和儿子则被安置在一个名叫阿尔撒莫撒塔的要塞里,要塞由一个步兵中队防守着。帕伊图斯如果把这些军队集中起来,他本来是可以更加有成效地对付出没无常的敌人的,但是他却把这支军队分散开来了。

① 目的在于在"朗戴亚"(Rhandeia)同帕伊图斯和第四军团会合。朗戴亚的名字被保存在狄奥·卡西乌斯的著作里(狄奥·卡西乌斯,第 62 卷,第 21 章),这个地方位于"阿尔撒尼亚斯河"(Arsanias)的北岸,这条河可以有把握地被认为就是今天的穆拉德苏河(Murâd-su)。营地的确实地址在何处颇难肯定:可能是在卡尔普特(Khar-put)稍东的地方。

据说，人们费了很大的力量才使得帕伊图斯向科尔布罗承认自己处于危险的地位。但是科尔布罗自己那一方面却一点也不忙于展开行动；他的打算是：如果等到帕伊图斯处于千钧一发的危急地步时再加以援救，那么他的援救的荣誉也就可以更加提高。虽然如此，他还是下令要三个军团每个军团出一千人，再加上八百名辅助骑兵部队和同样数量的辅助步兵部队整装待命。

（11）另一方面，沃洛吉西斯虽然已侦察到帕伊图斯一侧用步兵，另一侧用骑兵挡住了他的去路，但是他却不改变自己原来的计划。他武力与威胁并用，吓跑了骑兵部队，打垮了步兵部队。只有一名百人团长塔尔克维提乌斯·克列司肯斯有勇气捍卫他正在据守的塔楼。他不断地出击，斩杀了那些敢于迫近的敌人，但最后还是被敌人从四面八方投过来的大量火把打败了。少数幸存下来的步兵逃到遥远的荒野地区去。那些受伤的士兵返回军营之后，恐惧的心情使他们夸大了国王的勇敢，夸大了蛮族各部落的凶猛和人数，一句话，一切都被他们夸大了。他们的话很容易被那些同样感到惊惶不安的听话的人们所相信。甚至统帅对当前的困难都想不出任何办法。帕伊图斯在再一次向科尔布罗提出请求以后，便放弃了自己的一切军事职责。他请求科尔布罗火速前来挽救军旗、队旗和一支不幸的军队所剩下的仅有的名誉。他说在这期间，这支军队只要能活着，他们是一定能保持自己的忠诚的。

（12）毫不惊慌的科尔布罗把他的一部分兵力留在叙利亚，守卫他在幼发拉底河河岸上修建的要塞，然后就循着一条在粮食方

面有保证的最短的道路开向孔玛盖尼地区，[①]继而从那里到卡帕多奇亚，从卡帕多奇亚又到了亚美尼亚。除了一般的军事用品之外，军队还带着大批载运粮食的骆驼，这样他便用它们不仅来防止饥饿，而且可以防御敌人。在败军当中，他遇见的第一个人是主力百人团长帕奇乌斯[②]，这之后又遇见了大群普通士兵。他们向他谈了为自己的逃跑辩解的许多相互矛盾的托词，但他只是劝他们回到他们自己的队伍那里去，看帕伊图斯是否能赦免他们。"从他这一方面来说，除了对战胜者之外，对别的人他是绝不宽恕的。"

在这同时，他却到自己的军团士兵那里去，鼓励他们，要他们记起自己过去的光荣并向他们指出了新的立功机会："他们作战的目的不是亚美尼亚的乡村或城市，他们劳苦的报酬是一个罗马军营和军营里的两个军团。如果一个士兵救了一名罗马公民的生命，他的皇帝都会给他戴上光荣的花冠[③]的话，那么一支救助者的大军拯救了同样数量的人的性命，这岂不更是无限荣誉的事情么？"

他的这番话以及诸如此类的话受到了士兵的全体一致的欢迎。士气大振的士兵——他们中间有一些人还有个人的动机，因为他们有兄弟或亲属在那里处于危险的地位——便以最大的速度昼夜不停地行进了。

(13) 沃洛吉西斯更加猛烈地向被围攻者发动了进攻，他有时

---

① 参见本书第2卷，第42章注。

② 帕克奇乌斯·奥尔菲图斯(参见本书第13卷，第36章)现在恢复了他原来的职位。

③ 即"公民的"荣冠(参见本书第3卷，第21章注)。

威胁军团的营地，有时又威胁非战斗人员藏身的要塞。他和帕尔提亚人平时的做法不同，他更加逼近敌人的工事，想用这种大胆的行动诱使敌人出战。但是他的敌人却很难被他引出营地，而只是限于保卫自己的工事。一些人固然是因为统帅这样命令他们，但另一些人却是因为怯懦或是打算等待科尔布罗。同时他们心里又在盘算，如果敌人真的发起猛攻的话，那么这样的事情他们在罗马历史上依然是有前例可寻的，这就是考地乌姆之败[①]和努曼齐亚之败[②]。他们说，“撒姆尼特人不过是意大利本土的一个外地的部落，他们确实无法同实力足以与罗马帝国分庭抗礼的帕尔提亚人相比。甚至那些勇猛顽强的、值得赞美的古人，在遇到运气不好的时候，也必须考虑自己生命问题呢！”

尽管全军的沮丧情绪使帕伊图斯感到十分失望，但是他写给沃洛吉西斯的第一封信，其口吻与其说是请求，毋宁说是对沃洛吉西斯的一种抗议，因为沃洛吉西斯为了亚美尼亚人而出兵反对罗马，但亚美尼亚人一向是在罗马宗主权的保护之下，或是由皇帝选定的国王进行统治的。“和平对双方都是同样有利的事情：国王不能只顾眼前，他以他举国的兵力来对付的只是罗马的两个军团。但是罗马身后却有整个世界支持它作战。”

(14) 沃洛吉西斯的回答闪烁其词。他说他必须等候他的兄

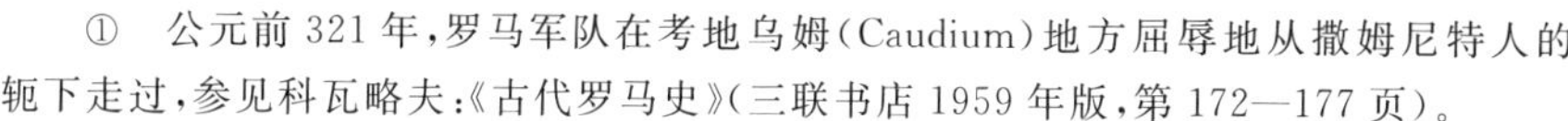

① 公元前 321 年，罗马军队在考地乌姆(Caudium)地方屈辱地从撒姆尼特人的轭下走过，参见科瓦略夫：《古代罗马史》(三联书店 1959 年版，第 172—177 页)。

② 公元前 137 年，罗马执政官盖乌斯·荷司提里乌斯·曼奇努斯(Gaius Hos-tilius Mancinus)在努曼齐亚地方杜埃罗河(Duero)和提拉河(Tera)合流处被凯尔提贝里人战败。公元前 321 和前 137 年的两次投降的条款都为罗马当局所否认。

弟帕科路斯和提里达特斯的到来。“他们曾经安排在此时此地来对亚美尼亚的命运作出决定：上天还给阿尔撒奇达伊王族增加一项他应担负的任务，这就是同时决定罗马军团的命运。”帕伊图斯又派出使节，要求同国王会晤，但国王派来的却是他的骑兵将领瓦撒凯斯。在会晤的时候，帕伊图斯提到了路库鲁斯和庞培的名字，提到了恺撒们借以保有或赠送亚美尼亚的王冠的各项法令。但瓦撒凯斯说，事实是：罗马人只是在名义上保有或有权处理亚美尼亚的事务，但那里的实权却在帕尔提亚人手里。

双方经过长时间的谈判之后，阿狄亚贝尼人的国王莫诺巴佐斯在第二天被召来为他们双方所同意的安排作证。双方约定，沃洛吉西斯解除对罗马军团的包围，全部军队[1]撤出亚美尼亚的领土，要塞和粮食则移交给帕尔提亚人。在这一切完成之后，沃洛吉西斯获准派一个使团到尼禄那里去。

(15) 在这期间，帕伊图斯在阿尔撒尼亚斯河[2]——这条河就从营地旁边流过去——上架设了一座桥，表面上是为了给自己准备一条向那个方向撤退的道路，但实际上却是帕尔提亚人命令他修建，以证明他们的胜利的。原来帕尔提亚人使用了这座桥，而我们的军队却是朝着相反的方向撤退。还有谣言说，军团是从轭下穿过去的；谣言还提到了若干细节，这些细节与我们的不幸遭遇倒很相称，而且与亚美尼亚人的行为确实是相符合的。他们不仅在罗马军队离开之前便开进了防守的工事，还站在道路的两旁，把很

① 这里指罗马军队。

② 今天的穆拉特河(Murat)，它穿过索佩尼之后流入幼发拉底河。

久之前我们从他们那里俘获的奴隶或驮畜认出和拖出来。他们甚至剥下我们士兵的衣服，截留武器，我们的军队心存恐惧，毫不反抗，以免敌人得到重新挑起争端的借口。

沃洛吉西斯把武器和阵亡者的尸体堆到一处，作为罗马人的灾难的标记，但在这之后他却不想亲眼看到罗马军团的撤退。他的虚荣心得到了满足之后，却又想取得谦逊的荣誉。他骑在一只大象上泅过阿尔撒尼亚斯河，他的侍从则骑在马背上泅渡，好不容易才跟上他。原来这时流行着一个谣传，说修桥的人在修造时搞了阴谋，重东西压上去桥就会坍塌。但那些敢于冒险一试的人却发现那桥是结实可靠的。

(16) 后来人们才知道，被围的军队有非常丰足的粮食，以至他们还烧掉他们的一些谷仓。但另一方面，根据科尔布罗的记载，[①]帕尔提亚人却由于粮食的缺乏和秣草的耗竭几乎要撤走被围的军队了，科尔布罗又说，他本人离开那里至多也只有三天的路程了。他还说，帕伊图斯曾在队旗和国王派来的证人面前发誓说，在尼禄就是否同意讲和发下命令之前，任何一个罗马人都不会进入亚美尼亚。如果说这种说法毫无疑问是编造出来以加重帕伊图斯的耻辱的话，那么其他的说法则肯定是确实的：在一天里，帕伊图斯行军走了四十英里，[②]一路上到处扔下伤员；逃兵们惊惶奔逃的景象就同战场上士兵的败退一样地丢人。

科尔布罗和他的士兵在幼发拉底河的河岸上接应他们。他并

① 这里指他的回忆录。塔西佗在下面虽然作了保留的说明，但仍然受了它的影响，以致帕伊图斯和科尔布罗形成了过分鲜明的对照。

② 在夏天，正规的行军路程是二十英里，在特殊情况下也只有二十四英里。

没有炫示自己的军事标记和武器，以免这种对照会形成对于对方的一种责难。心情沉重、由于兄弟士兵的悲惨遭遇而感到难过的士兵，都忍不住地掉下了眼泪，他们哭得连军礼都几乎不能行了。比试勇气，争取荣誉，只有胜利者才有的这种种感情，都已消失殆尽了。人们心里只是觉得这些人太可怜了，特别是那些下级士兵。

(17) 两个统帅作了简短的交谈。科尔布罗抱怨说，“他的辛苦白费了！这一仗，帕尔提亚人本来会被打败的。”帕伊图斯回答说，他们两个人的态度都是绝不屈服妥协的。他们只需掉转军旗，把兵力结合起来向亚美尼亚发动进攻，因为由于沃洛吉西斯的撤退，亚美尼亚已经削弱了。但是科尔布罗说，“他没有从皇帝得到这样的命令。他所以离开他的行省，只是因为他为罗马军团遭受的危险而感到不安。由于帕尔提亚人的计划很难在事先弄清，所以他要回到叙利亚去。即使这样，他还必须为自己祈求好运气，希望他手下的因长途行军而筋疲力尽的步兵能赶上敌人的活跃的骑兵——这支骑兵在平坦的土地上几乎可以肯定会比他走得更快。”

帕伊图斯于是就在卡帕多奇亚扎下了冬营；[①]沃洛吉西斯则派遣使节到科尔布罗那里去，建议他撤销设立在幼发拉底河对岸上的哨所，仍像先前那样地把幼发拉底河作为他们的分界线。罗马人则要求分散在亚美尼亚各地的帕尔提亚卫戍部队也应当撤

① 根据注释中所提出的日期，这里的冬天就是本卷第 8 章所说的即将到来的冬天(而且冬天也临近了)，而从那时开始到这时叙述的全部事件，必定是在很短的时期中间发生的。这一假设当然有它的困难之处，但是大规模的军事行动只有在阿尔塔克撒塔附近不再发生时，在尼西比斯附近才可能发生。这一点从普鲁塔克的《路库鲁斯传》(第 32 章)可以看出。

走。经过长期的折冲之后,国王终于让步了:科尔布罗拆除了幼发拉底河对岸的工事,亚美尼亚人现在可以自行处理本国的事务了。

(18) 但是在罗马,在卡庇托里努斯山的中央,人们已经在修建记功碑和凯旋门,准备纪念对帕尔提亚人的胜利。当战争的胜负还没有最后确定时,元老院已经作出了修建这些东西的决定。但现在这些决定并没有取消,人们只是注意面子,尽人皆知的事实却只好置之不顾。

此外,为了掩盖自己对国外局势感到的不安,尼禄把为民众准备的、由于年深日久而霉坏的粮食倒到台伯河里去,以证明罗马的粮食供应是不成问题的。尽管大约二百只业已入港[①]的运粮船在一次暴风中被摧毁,此外又有一百多只船在从河口循台伯河上行罗马的途中不慎被火烧掉,但粮食的价格并没有提高。他还着手任命了三位担任过执政官的人路奇乌斯·披索、杜肯尼乌斯·盖米努斯和彭佩乌斯·保里努斯监管国库的收入,[②]并且对先前的皇帝进行了批评,因为他们的毫无节制的破坏性的花销超过了合法的收入:至于他个人,他每年要把六千万谢司特尔提乌斯送给国家。[③]

(19) 这时,普遍流行着一种坏习俗,那就是,竞选高级长官、但是没有子嗣的人,在选举或派往行省工作之前不久采取欺骗办

① 这港口不是奥斯蒂亚(Ostia)(因为台伯河的淤泥使这里没有可用的港口),而是克劳狄乌斯港(portus Claudii),后来的罗马港(portus Romae),亦即今天的波尔托(Porto)。它在奥斯蒂亚以北二英里。

② 指元老院国库的全部收入。

③ 皇帝的财库(fiscus)偶尔把钱送给国库的事情还是常常提到的,例如本书第13卷,第31章。但这里所指的是每年固定的赠送,有关细节我们已不得其详了。

法过继儿子[1]而在他们以父亲的身份取得行政长官或行省长官的职位以后，却又立刻摆脱被过继的人。结果真正的家长向元老院提出了愤怒的控诉。他们提出了他们的天赋权利——抚养子女时受到的种种劳苦——来同过继子嗣的行为的有意弄虚作假和极为短暂的性质作了对比。他们说，“没有子嗣的人已经得到了丰富的报偿，因为他们几乎不用操心而且完全无须负什么责任，便可以取得势力、荣誉，可以非常容易地取得一切。但是他们自己又如何呢？他们期待已久的应当享受的合法权利却被变成了一种笑柄，因为一些不用操劳就成了父亲、无需丧子就又没有了孩子的人，转眼之间便实现了真正的父亲们长久以来的希望。”于是元老院便发布了一项命令，规定在竞选任何官职时，甚至在接受遗产时，虚假的过继不能生效。[2]

（20）在这之后就发生了审讯克里特人克劳狄乌斯·提玛尔库斯的事件。控告他的罪名绝大多数就是行省显贵通常被控告的罪名，因为他们的无数财富必然使他们压迫不如他们的人。但是有一点却发展到成为对元老院的一种侮辱，因为据说他不止一次地说，他有权力决定治理克里特的长官能不能得到这个行省人民的感谢。特拉塞亚·帕伊图斯想使这一事件转而对国家有利。他首先建议把被告逐出克里特，他又说：“元老们，经验证明，在正直

① 因为公元9年的帕披乌斯·波塔乌斯法(lex Papia Poppaea)规定，在竞选时有子嗣的人对无子嗣的人享有优先权。参见本书第3卷第25—28章和第2卷第51章的例子。

② 帕披乌斯·波培乌斯法禁止独身者取得任何遗产，除非死者和此人的关系是在特定亲等以内。结婚但没有子嗣的遗产继承人只接受遗产的一半。

的人们居住的城市里，由于别人犯了过失，便产生出好的法律和有益的先例。比如说，辩护人的放肆行为引起了秦奇乌斯法；[①]竞选人的贪污腐化引起了优利乌斯法；[②]官吏的贪得无厌引起了卡尔普尔尼乌斯平民法。[③] 要知道，按照时间的先后，过错一定发生在惩罚之前，改革一定发生在滥用职权之后。因此，面对着在行省发生的这种空前的横傲行径，我们应当制定一项同罗马的荣誉与尊严相适应的决定。这个决定在不会损害我们对行省居民的保护的情况下将会使我们矫正如下的一个错误看法，即一个罗马人的荣誉可以在其他地方而不是由罗马人本身作出决定。

(21)“确实，过去我们派遣出去的不仅仅是一位行政长官或是一位执政官，我们甚至还派遣普通公民到各个行省去，委托他们就每一名公民是否忠诚作出报告。许多民族战战兢兢地等待着一个人所作的判决！但是现在我们却向外国人讨好，向他们献媚。他们当中有谁点一点头，我们的统治者才会得到他们的感谢，但是外国人更高兴的是对统治者进行告发！就让他们告发吧！即使我们允许行省居民有权利以那样的方式来显示他们的权力，我们仍然应注意严厉制止长官们通过请求的方式而得到这些空洞的赞扬，就和我们严厉制止无赖行为或残酷行为那样。我们对人施恩

① 关于秦奇乌斯法(lex Cincia)，参见本书第 11 卷，第 5 章注。

② 关于奥古斯都的优利乌斯法(leges Iuliae)(原文的复数看来只是出于修辞上的考虑)，参见苏埃托尼乌斯：《奥古斯都传》，第 34 章。

③ 卡尔普尔尼乌斯平民法(lex Calpurnius de repetundis)是在公元前 149 年通过的。提出这一平民法的是保民官路奇乌斯・卡尔普尔尼乌斯・披索。根据这一平民法，行省居民有权利向罗马要求赔偿高级长官勒索去的款项，并为此设立一个常设的法庭。

较之我们伤害别人往往会造成更加有害的后果。[①] 实际上某些美德会招引别人的憎恨。这种美德就是坚定不移的严厉态度和不受别人的拉拢。因此我们的官吏在开头时一般是最好的,但是到末尾就堕落了,因为在这个时候,这些人就像竞选人那样,开始为自己张罗选票了。如果我们禁止这种做法的话,行省就可以治理得更踏实、更稳定了。人们害怕自己的勒索行径会受到审判,这样他们的贪婪就可以得到制止,同样地,禁止人们提出表示感谢的建议,这样讨好人民的行为也就可以禁绝了。”

(22) 这个建议受到了热烈的赞同,但是元老院不能发布命令,因为执政官不肯把这一建议提交元老院讨论。后来由于皇帝的建议,这才通过一项规定:任何人不能在行省的议会[②]中建议在元老院中向代表恺撒的或代表元老院的长官表示感谢,任何人不许参加这种表示感谢的代表团到罗马来。

同年,竞技场(gymnasium)[③]遭到雷击,并被烧成了一片瓦砾。竞技场里尼禄的一座像被烧成了一堆不成样子的青铜。一次地震也严重地摧毁了康帕尼亚的一座人口众多的城市庞培。[④] 维司培贞女莱利娅去世了,她的职位由科苏斯家族出身的科尔涅里娅递

① 福尔诺举出彼拉多、希罗·阿格里帕(参见《使徒行传》,第 12 章,第 2 节)、费里克斯(参见同上书第 24 章,第 27 节)、费司图斯(参见同上书第 25 章,第 9 节)的例子。

② 各行省常常派遣代表团到元老院来向返回罗马的总督或长官表示感谢,理由是那里的人民在他们的统治下享受了“幸福”。这种做法往往为被卸任的长官用来沽名钓誉。

③ 参见本书第 14 卷,第 47 章注。

④ 在这一事故之后不久写作的塞内加指出,这一事件发生的日期是公元 63 年 2 月 5 日。

补。

(23) 在美米乌斯·列古路斯[①]和维尔吉尼乌斯·路福斯[②]担任执政官的一年里,波培娅为尼禄生了一个女儿。尼禄高兴得超过了人类的喜悦的限度,他给这个女孩子起了奥古斯塔的名字,并且把同样的称号也赠给了波培娅。这个女孩子的出生地是安提乌姆移民地,这里也正是尼禄本人诞生的地方。元老院曾经请求诸神护佑波培娅分娩时的安宁,并且以国家的名义许了愿。他们现在加码地履行了他们许下的愿。此外又举行了全国的感恩式,元老院还发布命令修建丰产神殿,按照阿克提乌姆节的方式举行了一次比赛。[③]〈安提乌姆的〉两位命运之神[④]的金像被安放到卡披托里乌姆神殿朱庇特神的宝座上。此外,为了纪念克劳狄乌斯家族和多米提乌斯家族,在安提乌姆将要举行赛马,就和过去为了纪念优利乌斯家族在波维莱举行赛马一样。[⑤]

罗马建城816年,即公元63年

但这一切都是过眼云烟,不到四个月,这孩子就死了。于是又出现了谄媚的新花样。死去的婴儿被宣布为神,在诸神间给她留

① 著名的普布里乌斯·美米乌斯·列古路斯(Publius Memmius Regulus)的儿子或侄子(参见本书第5卷,第11章注)。

② 上日耳曼的著名的副帅,他在镇平了温代克斯的起义之后,"没有侵吞统治大权,而是把它给了祖国"。公元97年,他第三次担任执政官。继他担任执政官的是塔西佗,塔西佗在他的葬仪上发表了对他的赞词。

③ 原来由奥古斯都制定的体育与音乐比赛,每五年举行一次,以纪念公元前31年9月2日他在阿克提乌姆一役取得的胜利,举行的地点是尼科波利斯(参见本书第2卷,第53章注)。这种节日和希腊的四大节日一样,也是圣会。

④ 两个 Fortunae Antiates 被认为是姊妹。对他们的奉祀(以及她们的神托)看来一直存续到提奥多西乌斯时期。

⑤ 参见本书第2卷,第41章注。

了一个神座，[①]为她修建了一座神殿，设置了一名奉祀的祭司。

尼禄不能控制自己的欢乐，同样也不能控制自己的悲痛。人们都看到，在皇帝的女儿诞生之后不久，全体元老便都涌向安提乌姆。但是特拉塞亚却被禁止前去。对于这一预示着即将到来的死亡的侮辱，特拉塞亚却无动于衷。据说不久之后，尼禄曾向塞内加夸口说他已经同特拉塞亚和解了。塞内加向恺撒表示祝贺：这一事件提高了那些著名人物的声誉，同时也增加了他们的危险。

(24) 这时正是初春时分，一个帕尔提亚的使团奉沃洛吉西斯之命前来，并且带来了国王的意见和一封信，信里的内容是这样："现在他不谈他先前常常提出的、对于占有亚美尼亚的要求，因为诸神、各个国家(不拘是多么强大的国家)的命运的仲裁者已经把亚美尼亚的所有权给予了帕尔提亚，而这对罗马来说，当然是一件有些丢面子的事情。只是在不久之前他才包围了提格拉尼斯；稍后，当他本来有力量摧毁帕伊图斯和他的军团的时候，他却让他们得到了活命。他已经充分显示了自己的力量，同时他又表现了自己的宽厚仁慈。如果不是在提里达特斯所担任的祭司职务方面有一些禁忌阻止他的话，[②]他是不会拒绝亲自到罗马来接受他的王冠的。他愿意到皇帝的军旗和胸像那里去，当着罗马军团的面宣布自己就任国王的职位。"[③]

① 她的像在神宴(lectisternia)时同其他诸神的像放在一处。

② 因为他本身是玛哥斯僧，所以他拒绝渡海，"因为精通魔法的人照例是不允许向海里吐痰或是用人身不可免的其他任何排泄物玷污海水的"(普利尼：《自然史》，第30卷，第2章，第16节)。

③ 参见本卷后面第29章。

(25)沃洛吉西斯的这封信同帕伊图斯的报告很不一致,因为后者声称局势依旧是僵持不下。于是陪同使者前来的百人团长便受到询问,要他谈谈亚美尼亚的情况。百人团长回答说,所有罗马人都离开了亚美尼亚。蛮族所要求的是他们实际上已经取得的东西,这种做法的讽刺味道是十分明显的。尼禄于是和他的顾问们集会商讨,是进行一场冒险的战争,还是接受这一可耻的和平。大家毫不犹豫地决定作战。具有多年对敌作战经验的科尔布罗被任命为这次战争的唯一统帅。人们对帕伊图斯已是深恶痛绝,但如果派一位无能的新统帅,那又可能会造成新的错误,所以只能把全权授予科尔布罗。因此使团没有达成自己的使命便被遣送回去了,但是给了使节们一些礼物,使他们还有这样一个指望:如果提里达特斯亲自前来提出同样请求的话,他的目的是可能会达到的。盖乌斯·凯司提乌斯被任命为叙利亚的长官,军队则交给了科尔布罗,此外还加上在马利乌斯·凯尔苏斯[①]率领下的潘诺尼亚的第十五军团。藩王[②]和国王、队长[③]和代理官[④],治理相邻各行省的行政长官[⑤],都接到书面指令,要他们听从科尔布罗的节制。科尔

① 可能是前一年度的执政官的儿子。他以同样的勇气、能力和荣誉先是为伽尔巴服务,后来又为奥托服务。甚至维提里乌斯仍然把执政官的职位给他(参见塔西佗:《历史》,第 1 卷和第 2 卷有关各处)。

② 藩王(tetrachus)的地位在"国王"之下,参见本书第 13 卷,第 7 章;第 14 卷,第 6 章。

③ 指较小行省步兵中队(cohortes)和骑兵中队(alae)的队长(praefectus)。

④ 代理官(procurator),指犹太和卡帕多奇亚的统治者。

⑤ 这里所说的行政长官,包括较重要行省的长官——不仅是奇里奇亚、吕奇亚、潘披里亚和加拉提亚的行政长官衔副帅(legati pro praetore),而且还有由前任行政长官治理的元老院所属行省比提尼亚的总督(proconsul)。

布罗的权力现在差不多达到了过去罗马人民赋予庞培对海盗作战时那样的程度。[①] 帕伊图斯返回罗马之后，担心自己会受到比较严厉的处分，但尼禄只是用开玩笑的口吻斥责了他，大意如下："如果再在那里拖下去，帕伊图斯这个胆小的人就很容易吓出病来，因此他立刻宽恕了帕伊图斯。"

（26）这时科尔布罗认为第四军团和第十二军团已经不适于作战，因为这两个军团中最勇敢的士兵都阵亡了，而其余的士兵的纪律也都败坏了，于是他便把他们调到叙利亚去。另一方面，他却从叙利亚新调来了第六军团和第三军团——他们受过多次卓有成效的严格训练——并率领他们开入了亚美尼亚。他又把第五军团和第十五军团加上去。第五军团是因为驻守在本都才免于覆灭的灾难；第十五军团则是最近才开来的。[②] 在这之外，还有从伊里利库姆和埃及调来的精锐部队、联盟者提供的骑兵和步兵部队和藩王们派来的辅助部队。这些军队都集中在米利提尼，因为他就准备在这里渡过幼发拉底河。在行过一般的祓除礼之后，他便召集军队讲话，将在皇帝恩德的庇护下他自己的功勋大大夸耀了一番，却把失败归之于帕伊图斯的无能。他讲话时具有一种威严，这种威严在一个久经战场的军人身上很好地代替了演说的口才。

（27）不久他就开拔了。他所走的是过去路奇乌斯·路库鲁

① 公元前67年。参见科瓦略夫：《古代罗马史》，三联书店，1957年版，第573—575页。

② 从潘诺尼亚。

斯所开拓的道路。[1] 他首先克服了路上由时间所造成的各种障碍。当沃洛吉西斯和提里达特斯派来商谈和约问题的使节到来的时候，他并不拒绝他们的建议，而是派几名百人团长同他们一道回去，同时给了这些百人团长带有和解口吻的指示："事态还没有发展到必须用战争手段来最后解决问题的严重程度。罗马取得过多次的成功，但帕尔提亚也取得过一些成功，因此这种情况使双方都得到教训，不敢狂妄自大。因而，不仅接受一个不曾遭受蹂躏的王国为慷慨的赠礼，对提里达特斯是有利的，而且同罗马结成联盟而不是相互侵害，这对沃洛吉西斯来说也更加符合于帕尔提亚的利益。他知道在他[2]的王国里内部的倾轧是何等严重，他所治理的各民族又是何等倔强和凶悍。但相反地，他自己的皇帝却在国内到处享有巩固的和平，而这一战争又是他所进行的唯一的战争。"

劝说之外，他又使用了恐吓的办法。最先叛离了罗马人的那些亚美尼亚贵族都被赶出了自己的家庭。他夷平了他们的要塞，使得平原和山地，坚强的和懦弱的人都同样感到十分惊惶不安。

（28）蛮族本身对于科尔布罗的名字既不痛恨，也不敌视，他们认为他的劝告是可以信赖的。因此沃洛吉西斯并不想给人这样的印象，好像自己在主要问题上必须坚持自己的意见，于是他要求在某些省份[3]里停战。提里达特斯则要求指定会晤的地点和日期。会晤的日期定得很早，至于地点，蛮族则选定了帕伊图斯和他

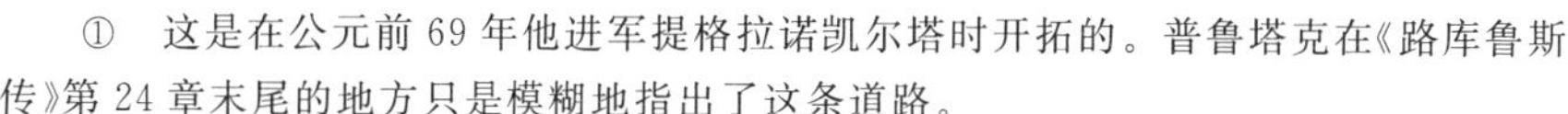

① 这是在公元前 69 年他进军提格拉诺凯尔塔时开拓的。普鲁塔克在《路库鲁斯传》第 24 章末尾的地方只是模糊地指出了这条道路。

② 指沃洛吉西斯。

③ 参见本书第 11 卷，第 9 章注。

的军团被围的地方，以纪念他们在那里取得的胜利。科尔布罗也不回避这个地方，因为他打算通过不同遭遇的对比来提高自己的声誉。帕伊图斯的污点并不曾使他感到苦恼，这一点可以从这样一个事实非常清楚地表现出来：他命令被战败的统帅的儿子，一名军团将领，率领着一些步兵小队把战败的战场上的尸骨掩埋起来。

到了约定的那天，一位显要的罗马骑士提贝里乌斯·亚历山大[1]（他被任命为这次出征的顾问官）和科尔布罗的女婿安尼乌斯·维尼奇亚努斯[2]（他还没有达到担任元老的年龄，[3]这时他代理第五军团副帅）进入了提里达特斯的营地。这次访问既是对他的问候，又是一种保证，使对方不致怀疑有什么阴谋。双方各有护卫的骑兵二十人。国王看到科尔布罗到来时，首先跳下了马；科尔布罗紧跟着也下了马，两个人站在那里相互紧紧地握手。

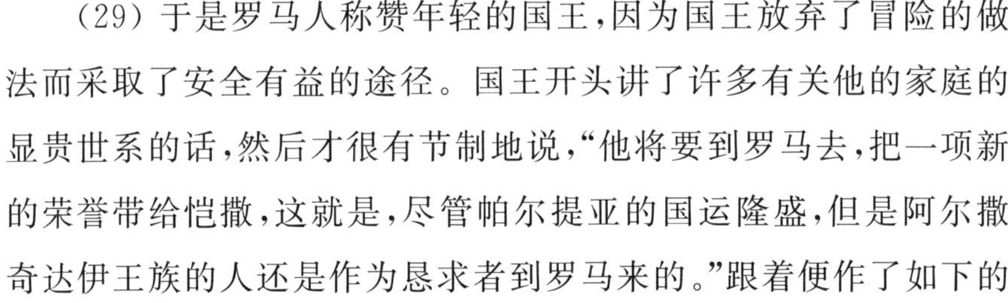

（29）于是罗马人称赞年轻的国王，因为国王放弃了冒险的做法而采取了安全有益的途径。国王开头讲了许多有关他的家庭的显贵世系的话，然后才很有节制地说，“他将要到罗马去，把一项新的荣誉带给恺撒，这就是，尽管帕尔提亚的国运隆盛，但是阿尔撒奇达伊王族的人还是作为恳求者到罗马来的。”跟着便作了如下的

---

[1] 提贝里乌斯·优利乌斯·亚历山大是庇洛·犹太乌斯（Philo Judaeus）的侄子，但他是一个异教徒；公元46年，他是犹太的代理官（procurator），二十一年后又是埃及的长官；公元69年7月1日，他带头宣布维斯帕西亚努斯为皇帝；在围攻耶路撒冷时是提图斯的副帅。

[2] 后来奉派随提里达特斯到罗马去，可能参与过倍尼文图姆的“维尼奇乌斯阴谋”（参见苏埃托尼乌斯：《尼禄传》，第36章）。

[3] 这时他二十五岁，但军团副帅（legatus legionis）必须是一名元老，通常是一位担任过行政长官的人。

安排:提里达特斯把他的王权标记放到皇帝的像的前面,而只有从尼禄的手中他才能重新取得它。谈话之后,两人便接吻告别。

几天之后,双方便出现了引人注目的盛大列队的场面。在提里达特斯方面,分为中队的骑兵部队带着他们本国的标帜;在罗马方面,一队队的军团士兵拿着五光十色的军旗、队旗、神像,这种场面给人以类乎神殿的感觉。在中间,一个高级长官的座椅放在一个座坛上,座椅上则是尼禄的像。提里达特斯走到尼禄的像跟前,按惯例奉献了牺牲之后,便从自己的头上摘下皇冠,把它放到尼禄像的脚下。这种做法在所有在场人们心中引起了很大的激动,特别因为是人们这时还清楚地看到被屠杀的和被包围的罗马士兵的情况。“但是现在情况完全改变了。提里达特斯就要成为对世界各族人民示众的材料,他目前的地位和囚徒到底还有什么区别啊!”

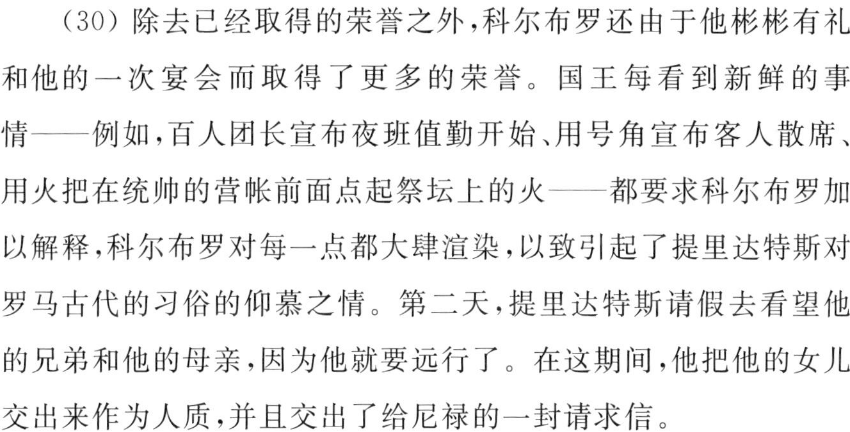

(30) 除去已经取得的荣誉之外,科尔布罗还由于他彬彬有礼和他的一次宴会而取得了更多的荣誉。国王每看到新鲜的事情——例如,百人团长宣布夜班值勤开始、用号角宣布客人散席、用火把在统帅的营帐前面点起祭坛上的火——都要求科尔布罗加以解释,科尔布罗对每一点都大肆渲染,以致引起了提里达特斯对罗马古代的习俗的仰慕之情。第二天,提里达特斯请假去看望他的兄弟和他的母亲,因为他就要远行了。在这期间,他把他的女儿交出来作为人质,并且交出了给尼禄的一封请求信。

(31) 他在离开的时候,到米地亚去看帕科路斯,[1]到埃克巴塔

① 即在帕科路斯自己的王国里(参见本卷,第 2 章注)。

纳[1]去看沃洛吉西斯。沃洛吉西斯对他的兄弟提里达特斯的事情是很关心的,他甚至通过专使请求科尔布罗不要把藩臣的任何外部标记加到提里达特斯身上,不要摘下他的佩刀,[2]不要使他不能拥抱行省长官或是使他侍立在长官的门外,并希望他在罗马能取得和执政官同样的荣誉。显而易见,他虽然习惯于外国宫廷中的那种表面的排场,但是他却完全不懂得,我们罗马人是重视统治的实权,而不把它的虚荣放到眼里的。

(32) 同年,恺撒把拉丁权[3]给了沿海阿尔卑斯[4]各族人民。在竞技场里,他把普通人民前面的座位给了罗马骑士。而在这之前,骑士是同普通人民混坐在一起的,[5]因为罗司奇乌斯法的规定只限于剧场里的前"十四排"。[6] 在同一年里,还举行了几次规模不小于以前的剑斗比赛。不过超过以前各次的是:有更多显要的妇女和元老在比赛场上玷辱他们自己。[7]

① 阿尔撒奇达伊王族夏天居住在大米地亚,今天的哈马丹(Hamadan)。

② 他本国的佩刀(medus acinaces)。提里达特斯甚至在尼禄面前都想佩带它,他首先作了这样的保证,即把刀刃钉在剑鞘里(参见狄奥·卡西乌斯,第 63 卷,第 2 章)。

③ 同盟战争以来在意大利即不复存在的部分公民权,但这种部分公民权却受到行省人民的重视,因为这是取得全部公民权的一个步骤。

④ 公元前 14 年建立并由代理官负责的小行省,位于尼斯(Nice)以北,瓦尔河(Var)的两侧。

⑤ 克劳狄乌斯"用大理石的栏杆和镀金的标柱装饰大竞技场,但在先前,它们是凝灰岩和木头的。他还给元老分配了专用的座位,而过去元老习惯上是和其余的人们混在一处参观比赛的。"(参见苏埃托尼乌斯:《克劳狄乌斯传》,第 21 章;狄奥·卡西乌斯,第 60 卷,第 7 章),尼禄也用同样的办法对待骑士。

⑥ 据罗司奇乌斯法(lex Roscio),参见本书第 6 卷,第 3 章注。

⑦ 苏埃托尼乌斯说,尼禄要四百名元老和六百名罗马骑士参加剑斗比赛和对野兽搏斗。他还约请维司塔贞女参观角力比赛,因为他说,在奥林匹亚赛会上,凯列司的女祭司就可以参观表演。

(33) 在盖乌斯·莱卡尼乌斯和玛尔库斯·李奇尼乌斯担任执政官的一年里,尼禄一天比一天更加不可忍耐地想正式出现在公开的舞台上。直到这时为止,他在青年竞赛期间,是在自己的宫殿里或是在他自己的庭园里歌唱的。[①] 不过对于这种方式的表演,他现在已经感到厌恶,因为欣赏他的表演的人太少了,而且对于他的洪亮的声音来说,地点也过于狭窄了。[②] 但他还不敢在罗马出面表演,于是他便选择了那不勒斯这座希腊城市。[③] 他以为,在那里初试锋芒之后,就可以渡海到阿凯亚,通过歌唱在竞赛中赢得光荣的和长久以来受到人们尊敬的桂冠,这样就可以增加自己的声誉,从而取得国人的赞美了。

罗马建城817年,即公元64年

结果那不勒斯的剧场就挤满了观众:观众中除了当地被召来的群众以外,有相邻各移民地和自治市闻讯赶来的人,有为了致敬或其他各种事务而随皇帝到这里来的人,还有一些士兵的小队。

(34) 剧场里发生了一件事故,这事在许多人眼里是不祥朕兆,但在尼禄看来,却是上天嘉佑的一个朕兆。原来在观众退场之后,这座空空如也的剧场倒坍下来,不过没有伤害任何人。于是尼禄写了一组诗对诸神表示感谢,因为在新近的一次变故中没有发生任何悲惨事件。

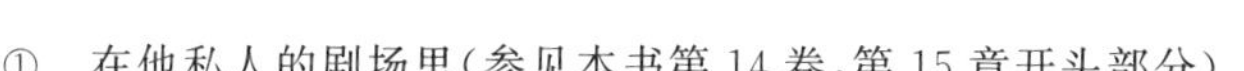

① 在他私人的剧场里(参见本书第 14 卷,第 15 章开头部分)。

② 称赞他的人说他的声音"绝世难得"(参见本书第 16 卷,第 22 章);但是根据狄奥·卡西乌斯(第 61 卷,第 20 章)和苏埃托尼乌斯(《尼禄传》,第 20 章)的说法,他的声音是"沙哑而又微弱"。

③ 这座城市是卡尔启斯的殖民地库麦(Cumae)所建立的,它甚至直到中世纪仍然保存了它的一些希腊特征。

尼禄这时决定在渡过亚得里亚海时，在贝内文托[1]逗留一下。当时一个名叫瓦提尼乌斯的人正在那里举办一场有大量观众的剑斗比赛。瓦提尼乌斯是宫廷中最丑恶的怪物之一；他出身于鞋匠家庭，身体畸形，趣味下流。他起初是个被人嘲弄的对象，但后来通过对每个好人的陷害，他竟然取得了很大的权力，以致在势力方面，在财富方面以及在害人的本领方面，即使在坏人当中都居于首要地位。[2]

(35) 尼禄参观了瓦提尼乌斯举办的比赛。但是即使在他消闲解闷的时候，他都没有放过犯罪的机会；原来就在那些日子里，托尔克瓦图斯·西拉努斯[3]被迫致死，原因是他不满足于他那出身尤尼乌斯家族的高贵身份，他竟可以指出圣奥古斯都是他的高祖的一辈。控诉者被指使控诉他，说他在别人身上花钱太放手，以致只有发动叛乱才有希望。此外，他们硬说他还在他的被释奴隶中间任命了官吏如秘书长、法律秘书、财务秘书等等[4]只有在皇室中才有的头衔，因此托尔克瓦图斯的这种做法就是当皇帝的预演了。其后，他的一些知心的被释奴隶都被逮捕和杀掉了。托尔克瓦图斯看到他的死亡已是眼前的事情，就把自己两臂的动脉切断了。在这之后，照例又是尼禄发表声明说，不管被告犯了怎样的

---

① 在撒姆尼乌姆境内的阿披亚大道上。尼禄就是从这条路到布伦地西乌姆的。

② 关于此人，除这里之外所知者甚少。参见塔西佗:《历史》，第 1 卷，第 37 章；塔西佗:《对话录》，第 11 章；狄奥·卡西乌斯，第 63 卷，第 15 章。在优维纳尔:《讽刺诗》的第 5 章，第 46 行以次里说:“要给你一只有四个鼻子的破杯子，这个杯子的名称是从贝尼文托的一个鞋匠那里来的。”这里的鞋匠即指瓦提尼乌斯，因为他的鼻子特别长。

③ 参见本书第 12 卷，第 58 章注。

④ 参见本书第 11 卷，第 29 章和注，本书第 16 卷，第 8 章。

罪，不管他如何有理由不相信他的辩护，如果他等待他的法官的宽大的话，他仍旧是可以活下去的。

(36) 不久之后，尼禄暂时放弃了到希腊去的念头(理由还不清楚)，又回到了罗马。但是现在他暗地里却打算到东方诸行省，特别是到埃及去。他先是发布敕令，声称他离开罗马不会很久，而且国家的一切行政机构将要同平时一样稳定和顺利地执行自己的任务，接着他就到卡披托里乌姆神殿去，请示有关他的这次出行的事情。他在那里向诸神作了祷告，但是当他走进维司塔的神室时，他四肢却发起抖来：这或许是因为女神使他感到战栗，或许是因为每当他想起自己所犯的罪行时，他总是要战栗的。于是，他就放弃了出行计划，借口是他一切个人兴趣比起他对祖国的爱来都是无足轻重的。

他说，"他看到了他的国人的沮丧的面孔。他可以听到他们由于皇帝不久就要出发远行而发出的低声的怨言，因为皇帝的最短时期的出行对他们来说都是无法忍受的；要知道，他们已习惯于在不幸的时候，由于看到他们的皇帝而感到安慰了。因此，正如在私人的关系方面与自己最接近的人也就是自己最亲爱的人一样，在国家事务方面，罗马人民对尼禄就有优先的权利提出这样的要求，因此当罗马人民想要他留下时，他就只得服从。"

诸如此类的自我表白十分适合民众的口味，因为他们喜欢各种比赛和表演，而他们还担心在尼禄离开以后粮食的供应量会不足(这始终是关心的主要问题)。元老院和显要贵族则不知道，他的残暴到底是在远方更可怕呢，还是在罗马更可怕。结果，正像人们在遇到一切巨大危险的时候所必然会发生的情况那样，他们认为成为事实的，可能就是最坏的事情。

(37) 尼禄本人为了造成这样一种印象，好像他喜欢罗马甚于喜欢任何其他地方，于是他就在各个公共场所设宴，仿佛全城都是他的宫殿似的。在这些宴会中，以提盖里努斯所安排的那一次最为奢侈，也最为荒唐。我把他的宴会作为典型加以叙述，这样就不必三番五次地再去叙述那单调乏味的奢侈事例了。

当时他在阿格里帕湖[①]上修造了一只木筏，宴会就在木筏上举行，另有一些船作为拖船拖着这只木筏在湖上荡漾。船只上面有黄金和象牙的装饰，划手都由男妓担任，这些人都是按照他们的年龄和纵淫的本领加以配置的。提盖里努斯还从世界各地搜集了各种鸟兽，从大洋搜集了水生动物。在湖的各个停泊处则设有妓馆，里面都是显贵的妇女。她们对面可以看到裸体的妓女。她们先是表演猥亵的姿势和舞蹈，夜幕降临之后，附近的整个森林和它周边的住宅里就开始回荡着歌声，闪烁着火光。尼禄本人早已为所有正常的和反常的淫行弄得堕落不堪，但是如果不是在几天之后干了这样一件勾当的话，人们本来可以认为他那可憎的罪恶生活已经是登峰造极了：原来他举行了全套的合法婚礼，竟做了他身边的一名歹徒[②]的妻子。这个歹徒名叫毕达哥拉斯。皇帝在证人的亲临之下戴上了新娘的面纱。在那里不但有嫁妆、有结婚用床，还有婚礼的火把。总之，甚至在一次正常结合的情况下[③]需要黑夜来掩蔽的东西，在这里也完全公开了。

---

① 这个湖在何处不详。

② 参见本书第 2 卷，第 14 章注。

③ 这是说如果新娘是妇女的话。

(38) 紧跟着就发生了一场灾难。这是出于偶然还是由于皇帝的罪行,就不清楚了。同意哪一种说法的人都有。[①] 这次的灾难比罗马过去所遭到的任何一次火灾都更加严重、更加可怕!火灾开始在大竞技场同帕拉提努斯山和凯利乌斯山相连接的那一部分;火是从那些堆积着易燃商品的店铺引起的。火势一起就十分猛烈,它在烈风的助长之下很快就把整个大竞技场点着了:因为那里没有被界墙围起来的房屋,没有被石垣围起来的神殿,又没有任何其他障碍物可以阻挡火势的蔓延。大火首先猛烈地延烧平坦的地区,继而就烧到山上去,随后又从山上烧到下面来,任何预防措施都赶不上延烧的速度。火灾蔓延得很快,这特别因为旧罗马的特征是:它的巷子狭窄而又曲折,而它的街道又是建筑得不规则。[②]

加上到处是惊慌呼叫的妇女;到处是逃难的老幼;有的人只管自己安全,有的人也照顾别人,他们拖着病弱的人或是停下来等待他们。这些人不论是走得慢还是走得快,都只会使乱上加乱。当他们向回看的时候,往往火焰就从两侧或从前面扑了过来;或者,如果他们逃到邻区去,邻区那里也被火焰包围了,甚至那些他们认为是远离危险地带的市区也同样都遭到了火灾。最后他们竟不知

---

① 活下来的人都采取了那更加耸人听闻的说法(参见苏埃托尼乌斯:《尼禄传》,第 38 章;狄奥·卡西乌斯,第 62 卷,第 16 章;普利尼:《自然史》,第 17 卷,第 1 章等等)。显然,要最后确定哪种说法正确是困难的。

② 类似的说法是常见的。正如李维所说(参见李维:《罗马史》,第 5 卷结尾处),在公元前 390 年高卢人进攻之后,这座城实际上是“毫无规则地建立起来的”,而且它的外貌的简陋曾使希腊人十分吃惊(参见李维:《罗马史》,第 40 卷,第 5 章)。

道要回避什么和要逃到什么地方去，于是他们就都拥到大路[1]上去或是倒卧在田地里：有些人已把财产丢得一干二净，甚至每天的口粮都丢了。在这种情况下，虽然他们可以逃命，也宁愿死去。另一部分人也学了他们的样子，因为他们虽然爱自己的亲人，却又没有力量去救他们。没有人敢去救火，因为许多不许人们去救火的人不断发出威胁，还有一些人竟公然到处投火把。他们喊着说，他们是奉命这样做的。[2] 也许他们的确接到了这样的命令，也许是因为他们这样做可以更加放手去趁火打劫。

（39）这时正在安提乌姆的尼禄，直到大火快要烧到他用来把帕拉提努斯山和迈凯纳斯花园[3]连接起来的那所房屋的时候才回到罗马来。但是要想使大火不把帕拉提努斯山和山上面他的宫殿及其周边一切建筑物烧光，看来是不可能的了。但是，尼禄却开放了玛尔斯广场、阿格里帕的那些建筑物[4]以至他自己的花园，来收容无家可归的逃亡人群；他还搭起了许多临时的窝棚，来安置走投无路的群众。必需的食品都是从奥斯蒂亚和邻

① 指罗马近郊的大路。

② 苏埃托尼乌斯的说法却更加详尽：“他以不喜欢难看的旧建筑和曲折狭窄的旧街道为借口，竟而如此公开地点着了这座城市，以致几位前任的执政官在他们自己的庄园上发现尼禄的侍从拿着麻屑和火把时，竟然不敢拿捕他们。而在他特别想占用的黄金房屋附近的一些谷仓，是先用作战器械摧毁后才付之一炬的，因为它们的墙壁是石头的”（参见《尼禄传》，第38章）。不管这种说法是否可信，明显的是，如果罗马城是被故意放火烧掉的，那么人们并不想对这事特别保密，因为在火灾之前的那一夜有一轮满月的（7月17到18日）。

③ 在埃司克维里埃山（Esquiliae）上，现在是属于皇帝的财产（参见本卷第42章）。

④ 阿格里帕在他的全盛时期在玛尔斯广场上修建的巨大建筑物：万神殿（Pantheon）、迪里比托里乌姆（Diribitorium）、撒伊普塔·优利娅（Saepta Iulia）等等。

近的各城市运来的，粮食的价格降低到三谢司特尔提乌斯。他的措施尽管对人民群众有利，却未得到应有的效果。因为外面传说，正当罗马起火的时候，他却登上了他的私人舞台，[①]而且为了用过去的灾难来表示当前的灾祸，他竟然歌唱起特洛伊被毁的故事。

（40）直到第六天，在烧毁了大片土地上的建筑物之后，大火才在埃司克维里埃山的山脚下停了下来。这时火焰虽然依旧十分凶猛，但是却面临了一片空地和一无所有的空际。不过在人们的惊惶情绪得以平静下来，或者人们得以重新有了希望以前，在城内人口不太稠密的地方大火又开始肆虐了。在这里死亡的人数并不太多，可是神殿和用于游憩的柱廊毁坏的规模却更大。第二次大火引起了更大的非议，因为它是从埃米里乌斯区提盖里努斯的房屋[②]那里开始的，这种种迹象都表明尼禄是在想取得建立一座以他的名字命名的新首都的荣誉。[③]

罗马实际上分为十四个市区，其中只有四个市区还是完整的，三个市区已被烧成一片空地：在其他七个市区里面，除了一些烧得半焦的、破烂的断瓦残垣以外，什么都不剩了。[④]

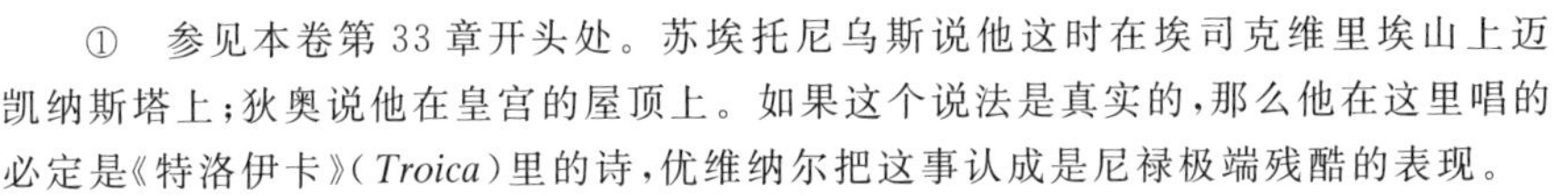

① 参见本卷第 33 章开头处。苏埃托尼乌斯说他这时在埃司克维里埃山上迈凯纳斯塔上；狄奥说他在皇宫的屋顶上。如果这个说法是真实的，那么他在这里唱的必定是《特洛伊卡》（*Troica*）里的诗，优维纳尔把这事认成是尼禄极端残酷的表现。

② 确实的地点不详。

③ 新首都的名字大概是尼禄诺波里斯（Neronopolis）（参见苏埃托尼乌斯：《尼禄传》，第 55 章）。有同样野心的孔莫都斯（Commodus）则决定用更新鲜的名称 Colonia Commodiana。

④ 考古学的以及文献上的材料都表明这个说法太过分了。

(41) 要计算被火烧光的私人住宅、房区[1]和神殿,是困难的。但是在古老的宗教建筑物当中,被烧掉的有谢尔维乌斯·图里乌斯献给鲁娜神的神殿;[2]阿尔卡地亚人伊凡德尔献给肉身显现的赫尔克里士的大祭坛和神殿;[3]罗木路斯还愿修建的朱庇特·司塔托尔的神殿;努玛宫;维司塔和罗马人民的家神的圣所。[4] 在这些之外还必须加上在无数次战斗中夺得的珍贵战利品,希腊艺术的杰作,还有罗马的那些天才作家的不朽的古老文献;[5]这样看来,尽管重建起来的城市十分壮丽美观,但是老一代的人仍然能回忆很多不可能再恢复起来的东西。有些人注意到,火最初是在7月19日烧起来的,这正是谢洛尼人攻占和焚烧罗马的日子。

另有一些人还特别计算出来,在这两次大火中间是同样数目的年代、月份和日子。[6]

---

① 四条街之间的一片房屋,今天英语中称为 block 的,罗马人则称为 insula (岛),这个名称在今天法国南部的一些城市里还保存着。

② 鲁娜神(Luna)即月神,她的神殿在阿文提努姆山上。

③ 大祭坛(Ara Maxima)和赫尔克里士神殿在牛场(Forum Boarium)。

④ 朱庇特·司塔托尔、努玛宫(即后来的王宫,Regia)和维司塔的圣所都在帕拉提努斯山的北侧。

⑤ 这里大概是指帕拉提努斯山上的图书馆被焚毁的事情,不过没有直接的证明可以说明这件事。

⑥ 公元前390年,阿里亚河(Allia,台伯河左方的支流,位于罗马以北)一役之后,高卢人焚烧了罗马,而在这两次大火之间的四百五十四年大略可以计算成四百十八年加四百十八月再加四百十八日(四百十八月折合差两个月三十五年,四百十八日减去二月,若每月按三十一日计,则为三百六十六日即一年,三十六年加四百十八年,正好是四百五十四年)。里普西乌斯和后来许多编者都未能解决的这个问题,直到1843年才由格罗提芬(Grotefend)解答出来。

(42) 但是尼禄却利用罗马的大火的废墟来修造一座新的宫殿,[①]这座宫殿的特别诱人之处,与其说在于那人们早已熟悉的和庸俗的奢侈品如宝石和黄金之类的东西,毋宁说在于那些草地和湖泊以及由林地、空地和开阔的景物交错而成的一种幽静气氛。尼禄的建筑师和工程师是谢维路斯和凯列尔,他们甚至有才能和勇气不顾大自然的规律,来试验他们的技艺的力量,并且耗掉了一位恺撒的财产。

他们打算从阿维尔努斯湖到台伯河河口地方,沿着荒瘠的海岸或是通过中间的那些小山开凿一条可以通航的运河;[②]在河道经过的地区只有彭普提努斯沼地[③]可以把水供应给这条河。其余的地方都是悬崖和干涸的沙地,而且要是想打通这些地方,那就要付出极大的努力,而且又没有充分理由来说明为什么一定要这样做。[④] 虽然如此,极力想完成不可能的事情的尼禄还是努力要把离阿维尔努斯湖最近的那些小山打通,这一徒劳无益的工程的遗迹到今天还可以看到。

① 即著名的金宫(Domus Aurea),这一建筑使得皇帝承认,他"开始有了像人一样的住所"。苏埃托尼乌斯列举了他那短暂的豪奢生活(参见《尼禄传》,第 31 章)。1913 年韦格(Weege)写了一篇专论《尼禄的金宫》(*Das Goldene Haus des Nero*)。它被维斯帕西亚努斯摧毁,而他的圆形剧场(Colosseum)占金宫旧址的十分之一。

② 整修优利乌斯港之后,人们就可以从拜阿伊湾进入湖内(参见本书第 14 卷,第 5 章注)。这条运河是要向北入台伯河,开凿时所使用的劳动力是从帝国各地调来的囚犯,运河的长度估计有一百六十罗马里(参见苏埃托尼乌斯:《尼禄传》,第 31 章)。

③ 这是南部拉提乌姆地方沃尔斯奇人的山区和大海之间一块约三十英里长、六到十一英里宽的浸水的热病流行地区。

④ 这一工程的目的除了疏干沼地之外,还可以使运粮船不致再走一百二十五英里的毫无屏障的和危险的沿海航路。

(43) 不过，首都这里，在尼禄未修造宫殿的地方，重建工作却不像高卢大火之后那样东一座西一座毫无秩序地进行，而是按照一定的市街规划修建的；街道宽阔，建筑物高度有一定限制，房屋和房屋之间留有空地，而且房区的正面还有柱廊作为保护。尼禄是用自己的钱来修建这些柱廊的，他还把清理了现场瓦砾的建筑地址归还给原主。他又按照不同请求者的身份和财富向他们悬赏奖金，规定他们必须在一定的日期之前把房屋或房区重新修建起来，如果他们要取得奖金的话。他指定欧斯提亚沼地为堆积垃圾废土的地方，并下令从台伯河运粮到罗马的船在回去时一定要运走垃圾。

建筑物本身的特别规定的部分必须是坚固的、使用伽比努斯山或阿尔巴努斯山的石材①的非木造结构，因为这两种石材是耐火的。此外又特别设置一队守卫，负责使人们能更大量地和在更多的地点都能为公务使用这些水，而在过去，非法的私人截水常常引起供水的不足；每个人都要有消防用具放在明显的地方。建筑物之间不能相互连接，每幢房子都必须有自己的围墙。这些做法因为实用而受到欢迎，同时对改变首都的面貌也大有裨益。但仍有一些人认为旧城的格局对健康却更加有利，因为狭窄的街道和高耸的房屋不容易使阳光照进来，但目前宽敞的地带没有可以避暑的阴凉地方，从而也就显得更热了。

(44) 以上就是在人类谋虑所及的范围内所作的预防措施。

① 这里指康帕尼亚的两种碎晶凝灰岩(peperino)——后一种是在阿尔巴努斯山开采的，前一种则是在提沃利(Tivoli)和佛拉司卡提(Frascati)之间的坑道开采的。

继而又设法采取平息神怒的措施，于是人们便向西比拉预言书请示。根据预言书的指示，对武尔卡努斯[1]、凯列司[2]和普洛西尔皮娜[3]举行公开的祈祷。优诺也受到了已婚的主妇们的慰藉，地点起初是在卡披托里乌姆神殿，后来是在离罗马最近的一个沿海地点，在那里人们把海水汲上来，用以喷洒神殿和女神的神像。所有有夫之妇都要参加礼宴和整夜不眠。但不拘是人为的措施，不拘是皇帝的慷慨赠赐，还是各种平息神怒的措施，都不能使传到外面去的丑闻平息下去，更不能使人们不相信这次大火是故意放起来的。因此尼禄为了辟谣，便找到了这样一类人作为替身的罪犯，用各种残酷之极的手段惩罚他们，这些人都因作恶多端而受到憎恶，群众则把这些人称为基督徒。他们的创始人基督，在提贝里乌斯当政时期便被皇帝的代理官彭提乌斯·彼拉图斯[4]处死了。这种有害的迷信虽一时受到抑制，但是不仅在犹太即这一灾害的发源地，而且在首都本城(世界上所有可怕的或可耻的事情都集中在这里，并且十分猖獗)再度流行起来。

起初，尼禄把那些自己承认为基督徒的人都逮捕起来。继而根据他们的揭发，又有大量的人被判了罪，这与其说是因为他们放火，不如说是由于他们对人类的憎恨。[5] 他们在临死时还遭到讪

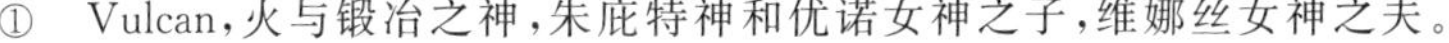

① Vulcan，火与锻冶之神，朱庇特神和优诺女神之子，维娜丝女神之夫。

② Ceres，农业、谷物之神。朱庇特神和她生了普洛西尔皮娜(Proserpine)。

③ 参见前注。地狱之神普鲁托(Pluto)之妻。

④ 在非教会的拉丁语文献中只有这里提到此人。在中文官话本圣经中译为彼拉多。

⑤ 这一点说明当时犹太人已经是被歧视的。

笑：他们被披上了野兽的皮，然后被狗撕裂而死；或是他们被钉上十字架，而在天黑下来的时候就被点着当作黑夜照明的灯火。尼禄把自己的花园提供出来作为游览之所，他还在他的竞技场举行比赛，他自己则穿着驭者的服装混在人群里或是站在他的马车上。尽管基督徒的罪行完全当得起这种极其残酷的惩罚，但他们依旧引起了人们的怜悯，因为人们觉得他们不是为着国家的利益，而是牺牲于一个人的残暴手段之下的。

（45）这时为了勒索金钱，意大利本土到处都受到了搜刮。行省、联盟城市和所谓自由市都败落了。诸神自己也未能逃脱这次劫掠：因为首都的神殿里由世世代代的罗马人民在凯旋或还愿时，在昌盛幸福时或危惧时所呈献的黄金都被劫夺一空。但是在亚细亚和阿凯亚，则不仅仅是供物，就是神像也都被夺走，因为被派到那两个行省去的是阿克拉图斯和谢孔都斯·卡尔里那斯。阿克拉图斯是个无恶不作的被释奴隶；谢孔都斯在口头上自称精通希腊哲学，但是他的人品却同德行毫不相干。

谣传塞内加为了使自己不沾染这一渎神的罪行所引起的憎恨情绪，曾请假到遥远的乡间别墅去。但是当他的这个请求遭到拒绝时，他就装病说是神经痛，把自己关在寝室里不出来。根据某些人的记载，塞内加的一个名叫克里欧尼库斯的被释奴隶曾奉尼禄之命要毒死塞内加。但是塞内加却逃避了这一阴谋：这或是因为阴谋者自己坦白了，或是因为他自己的恐惧心情——原来他的食物极为简素，他只吃野地上生产的果子，在很渴的时候就去喝泉水。

（46）大概在这同时，普列涅斯特城[①]的一群剑奴企图发起暴动，但暴动被当地驻守的一队士兵镇压下去了。不过，那些照例不是受到叛乱的引诱就是为叛乱所吓倒的人民群众，却早已在谈论着斯巴达克斯[②]和过去的灾祸了。不久之后又传来了海上的灾祸的消息。这次灾祸不是战争所引起的（要知道在任何时候都不像目前这样完全平静），但是尼禄却下令海军在规定的时期里返回康帕尼亚，[③]可是他完全没有考虑到在海上会遇到危险。因此舵手就不顾海上的狂风而从佛尔米埃出发，当他们企图绕过米塞努姆海岬的时候，一阵猛烈的西南风把他们吹到库麦的海岸上去，使他们损失了许多三层桨船只和大批小船。

（47）这年年底，到处都传说着预示灾难即将临头的朕兆——空前频繁的雷电；一颗彗星的出现（对于这个朕兆，尼禄照例是用贵族的血加以抵偿）；人或其他兽类的双头怪胎，它们或是被抛到外面，或是在牺牲的腹内发现，因为按照规定，屠宰的牺牲都必须是怀孕的。此外，在普拉肯提亚[④]地方的道旁生了一只小牛，小牛的头和一条腿长在一起。随后预言者就解释说，世上会有另一头这样的牛产生出来；不过这头小牛既不强壮，又不是秘密的，因为它在子宫内部便已被压成畸形，并且是在路旁生产出来的。

---

① 今天的帕利司特里那（Palestrina）。从有士兵守卫这一点来看，剑奴是属于皇帝的训练所的（参见本书第 11 卷，第 35 章注）。

② 参见本书第 3 卷，第 73 章注。

③ 海军打算从佛尔米埃（今天的摩拉·迪·伽伊塔，Mola di Gaëta）沿着拉提乌姆的海岸回到米塞努姆的基地去。

④ 今天的披亚岑扎（Piacenza）。

罗马建城818年，即公元65年

(48) 在西里乌斯·涅尔瓦和维司提努斯·阿提库斯担任执政官的一年里，一项阴谋刚刚策划，立刻就发展成为一支巨大的力量。[①] 元老、骑士、士兵甚至妇女们自己都争先恐后参加了这一阴谋，他们这样做不单纯是由于憎恶尼禄，而且也是由于他们对盖乌斯·披索[②]的偏爱。披索出身卡尔普尔尼乌斯家族，父系的血统高贵，他身上集中了好多显贵家族的血统。他在群众中享有极高的声望，这或是由于他的崇高德行，或是由于一些令人看起来类似崇高德行的引人注目的品质。[③] 原来他曾利用他的口才为他的国人在法庭上进行辩护，他又非常慷慨地帮助自己的朋友。甚至对于陌生人，他在谈话和交往时都十分谦逊。他还具有一些天生的优点：身材颀长，容貌英俊。

他的性格并不凝重，私生活也有些随便：他十分轻佻，喜好夸耀，有时甚至非常放荡——然而这个特色却是大多数的人所赞许的，因为在这样多坏事的引诱之下，他们并不希望一国首脑的性格严格或是过分严峻。

---

① 从本书第14卷第65章最后一句话来判断，在公元63年这一阴谋至少已经在策划中了，如果本卷第50章的 ardente domo(参见该章注)是正确的，则可以想见这一阴谋在罗马大火时期已经成熟了。

② 奇怪的是，他的双亲是何许人已不能确定。我们只知道他在公元37年结婚，但是参加他的婚礼的卡里古拉却夺去了他的妻子(参见苏埃托尼乌斯：《卡里古拉传》，第25章)；两年之后(?)他被放逐；还知道，在克劳狄乌斯当政时期，他返回罗马，担任过执政官，后来又从他母亲那里接受了一笔财产(参见优维纳尔：《讽刺诗》，第5卷，第109行)。

③ 这些品质在《披索赞》(*Laus Pisonis*)里曾谈到过，这是一个年轻而又贫困的作者所写的一首有二百六十一行的抑扬六步格的诗。摩里斯·豪普特(Maurice Haupt)和拉赫曼(Lachmann)认为这个诗人就是田园诗人卡尔普尔尼乌斯(Calpurnius)。

(49) 阴谋并不是由于披索本人的倡议策划起来的。同时我个人也很难说准谁是阴谋的发起人,是谁策划的一个有许多人参加的阴谋。苏布里乌斯·佛拉乌斯——近卫军的一名将领和百人团长苏尔皮奇乌斯·阿司佩尔始终是阴谋的最坚决的参加者,他们的英勇不屈的死亡便证明了这一点;安奈乌斯·路卡努斯和普劳提乌斯·拉提拉努斯[①]则是把他们的强烈的憎恨寄托在阴谋里。路卡努斯这样做有他的私人的动机,因为尼禄压制他的诗名,并且命令他不要发表他的诗作。原来尼禄竟然自视甚高地认为自己的诗可以同路卡努斯相比。已经当选为执政官的拉提拉努斯所以参加这一阴谋不是出于个人的怨恨,而是从热爱祖国一点着眼。另一方面,佛拉维乌斯·司凯维努斯和阿弗拉尼乌斯·克温提亚努斯这两个元老却一反自己向来的臭名,而带头参与了这样一件冒险事件,因为司凯维努斯的脑力毁于放荡的行径,他的生活实际上就是昏昏沉沉的鬼混;克温提亚努斯则是个臭名昭著的坏蛋,他曾被尼禄在一首下流的诗里攻击过,现在他一心想对这一侮辱进行报复。

(50) 于是,他们就在他们自己人或他们的朋友们中间散布有关皇帝的罪行,帝国即将崩溃以及必须选一个人来挽救腐朽的社会等等的流言飞语。他们拉进了克劳狄乌斯·塞内奇奥、凯尔瓦

① 克劳狄乌斯任命的不列颠驻军的统帅奥路斯·普劳提乌斯·西尔瓦努斯的侄子;他曾被牵连到美撒里娜和西里乌斯的丑事里去,但因为他的叔父的关系而被赦免(参见本书第 11 卷,第 36 章);尼禄使他回到了元老院(参见本书第 13 卷,第 11 章)。他在科埃里乌斯山上的巨大邸宅被康司坦丁送给了教皇,因而他的名字现在还保存在拉德兰宫这一名称上面。

里乌斯·普洛库路斯、乌尔卡奇乌斯·阿拉里库斯、优利乌斯·奥古里努斯、穆纳提乌斯·格拉图斯、安托尼乌斯·纳塔里斯和玛尔奇乌斯·费司图斯，这些人都是罗马骑士。在这些人中间，塞内奇奥是尼禄的主要密友之一，[①]那时他甚至还同皇帝保持着表面上的友谊，从而他就比别人有遭到更多危险的机会。纳塔里斯参与了披索的一切机密计划。其他人则是为了寻求个人的出路才希望变革的。除去上面已经提到的苏布里乌斯和苏尔皮奇乌斯之外，近卫军将领伽维乌斯·西尔瓦努斯和司塔提乌斯·普洛克苏木斯以及百人团长玛克西姆斯·司考路斯和维尼图斯·保路斯是军人中参加了这次阴谋的。但是人们认为，他们的主要力量在于近卫军长官法伊尼乌斯·路福斯。[②] 他的令人尊敬的行为和刚正的品格在尼禄眼里抵不上提盖里努斯的残暴和贪欲。提盖里努斯不但毁谤法伊尼乌斯，而且还不断提出了如下的说法使他感到不安：法伊尼乌斯是阿格里披娜的情夫，到现在还悼念着她，并且决心为她复仇。

因此，当法伊尼乌斯的反复多次的声明使得阴谋者深信近卫军长官本人也参加了他们的阴谋的时候，他们便开始更积极地讨论起暗杀的时间和地点来了。据说苏布里乌斯·佛拉乌斯曾想利用尼禄在台上歌唱时，或是当宫殿起火，[③]尼禄在没有侍卫的情况下独自一人在夜间这里那里乱跑时，向尼禄发动袭击。在后一种情况之下，有利之处是只有皇帝一人在那里而便于下手，但在前一

① 参见本书第 13 卷，第 12 章。

② 参见本书第 14 卷，第 51 章。

③ ardente domo 不是原文，然而还不能作出令人满意的订正。

种情况之下，却有大批的人可以亲眼看到他所成就的这一英勇业绩，这是很为使他神往的。但是只有贪生怕死的思想，也就是那些壮举的宿敌，才使他不敢贸然下手。

(51) 就在这时，当他们仍然在踌躇观望，仍然在希望和恐惧中动摇而不敢立即动手的时候，一个名叫埃皮卡里丝的女人，不知道从什么地方知道了这件事情，便开始鼓动和责备阴谋者。这个女人对于任何荣耀的事情过去是从来不感兴趣的。最后，她对他们的动作迟缓再也忍耐不住，而且这时她又恰好在康帕尼亚，因此她便尽力游说米塞努姆的海军军官，并把他们拉进了这一阴谋。这次勾结是这样开始的。在舰队里有一个名叫沃路西乌斯·普洛库路斯的海军将领，这个人曾参加过尼禄谋杀自己母亲的勾当，但是在他看来，他虽然为皇帝干了这样一件重大的罪行，却没有得到应有的升迁。同这个女人先前便相识的这个人(也可能他们是不久以前才相识的)，透露了他先前给尼禄干的罪行，并说尼禄对他又是何等刻薄寡恩，接着他便大发牢骚，声称一有机会便要同尼禄算账。他的这种说法表明，他可以被拉进这一阴谋并引入更多的参加者。人们认为，海军的协助不是一件小事，它有很多方便的下手机会，因为尼禄喜欢经常在普提欧里和米塞努姆附近的海面上乘船游览。

于是埃皮卡里丝便更进一步，列举了皇帝的各种罪行："他任何东西都不留给元老院〈或是人民〉[①]！但是人们已经想出了一项对策可以使尼禄为他的祸国殃民的罪行付出代价。普洛库路斯只

① 据哈姆的意见增(〈neque populo〉)。

消准备做他分内的事，这就是使他手下那些最坚决的人参加阴谋。然后他就可以等候按功领赏了。”

但是她却没有谈出参加阴谋的人们的名字。因此，当普洛库路斯把他所听到的一切报告给尼禄的时候，他的揭发并不能生效。因为埃披卡里丝被召来同告密的普洛库路斯对质，但对方既然举不出令人信服的证据，她自然就很容易使对方哑口无言了。不过她本人还是被押了起来，因为尼禄怀疑这些话即使没有证明是真实的，却也不一定就是假的。

(52) 阴谋者十分害怕事情被人泄露出去，于是他们决定赶快在拜阿伊地方披索的一座别墅中动手。因为恺撒十分欣赏这座别墅的风光，因此就常常到这里来尽情地沐浴或是饮宴，这时他不但不带侍卫，而且还免除了皇帝应有的一切单调乏味的仪仗。但是披索拒绝了，他的借口是“如果他们用皇帝——不管这是多么可鄙的一个皇帝——的血玷污了神圣的宴席和好客诸神的话”，将会给人们造成十分不快的印象。他说，罗马是他们动手的较好的地方，他们应在他那用人民血汗修建的、被人憎恶的宫殿里，或是在众目睽睽之下为了国家的利益而做他们应做的事情。

披索这话是讲给参加阴谋的人们听的，但是在内心里他还有秘而未宣的顾虑；这就是，出身高贵，受过盖乌斯·卡西乌斯[①]的教育的路奇乌斯·西拉努斯[②]有充分的资格担任任何显赫的职位，而正是这个人有可能掌握皇帝的统治大权。而且那些未参加

① 法学家（参见本书第12卷，第11章等）。

② 玛尔库斯·西提努斯的儿子（参见本书第13卷，第1章）。如果不算尼禄的话，他是奥古斯都的最后一个直系后裔。

阴谋的人或是怜悯尼禄之被杀的人，会立刻拥戴他为皇帝。人们都相信，披索这时还担心执政官维司提努斯会加以干预，他害怕维司提努斯会乘机恢复共和制度或是选任另一个人为皇帝，从而把国家变成他私人的赠礼。尽管尼禄后来利用阴谋的罪名向一个无辜的人发泄了他的长期以来的憎恨情绪，但实际上维司提努斯和阴谋毫无关系。

（53）最后，他们决定在为凯列司神举行赛马会的那一天[①]执行自己的计划。皇帝虽然很少离开自己的宫殿，而总是把自己关在宫殿或花园里，但每逢有赛马的时候他照例是到场的，而且在观看比赛的欢乐气氛里，要接近他也比较容易。他们实现阴谋的程序是这样的。拉提拉努斯以要求财政上的援助为借口跪到皇帝的面前恳求他，并在皇帝不注意的时候把他摔倒在地上并把他捉住，因为拉提拉努斯不仅性格勇猛，而且又魁梧有力。皇帝一旦全身仰卧被压倒在地上不能动转，将领、百人团长和其余有胆量的人自然可以跑上来把他杀死了。司凯维努斯自愿担任主要的刺客，他从费伦提努姆城[②]的安全神殿——另一些人说是幸福神殿——取来了一把匕首，经常把它带在身上，作为完成一件大事时使用的神授的武器。

① 凯利亚里亚节（Cerialia）的日期是 4 月 12—19 日，在开头和结束的日子里举行赛马。

② 这里大概指埃特路里亚的费伦提努姆或费伦提乌姆（Ferentium），即今天在维提尔波（Viterbo）和波玛尔祚（Bomarzo）之间的费伦托（Ferento），而不一定是拉提乌姆的同名城市（即今天阿纳尼〔Anagni〕附近的费伦提诺）。如果是这样的话，那么“幸福”肯定是指埃特路里亚的女神诺尔提亚（Nortia），而“安全”也可能是指这个女神。参见优维纳尔：《讽刺诗》，第 10 卷，第 74 行。

在这期间，披索应当在凯列司神殿等候着；近卫军长官法伊尼乌斯和其他人将要把他从那里召出去，并把他带往近卫军的军营：克劳狄乌斯的女儿[①]安托尼娅要和他同往，这样做的目的在于取得群众的同意。这是普利尼的说法。至于我个人，则不管他的说法价值如何，我都不想去隐瞒它，尽管下述两种设想看来都是荒谬的：一是安托尼娅竟然会把自己的名誉和安全用来作为一项很不可靠的赌注；一是对自己的妻子忠诚得出名的披索竟然愿意再同别人结婚——除非他的权力欲确实在他身上压倒了所有其他的想法。

（54）虽然如此，令人惊讶的是，由这样一些不同地位和等级、不同年龄和性别、富人和穷人参加的阴谋，竟能完全保持秘密，直到最后才在司凯维努斯家中败露。在打算动手的前一天，司凯维努斯同安托尼乌斯·纳塔里斯进行了一次长谈。长谈之后，他便回到家里，正式签署了他的遗嘱。当他把前面提到的那把匕首从鞘中抽出时，他抱怨说，匕首多年未用，已经变钝了，于是他便命令他的一名被释奴隶米利库斯把它在砥石上磨快、磨光。同时他又开始安排了一顿比平时要精美的晚餐，并且把自由给予他心爱的奴隶，还有一些奴隶从他那里得到了金钱的赏赐。他本人是郁郁不乐的，并且显然是在深思着什么，尽管在表面上，他还是强作欢笑地同人们漫无条理地搭讪着。最后，他又吩咐这同一个米利库

① 安托尼娅是克劳狄乌斯和埃利娅·帕伊提娜所生（参见本书第 12 卷，第 2 章）。她最初嫁给格涅乌斯·彭佩乌斯，后来又嫁给法乌司图斯·苏拉。波培娅死后她拒绝了尼禄的求婚，后来以叛乱活动的罪名被处死（参见苏埃托尼乌斯：《尼禄传》，第 35 章）。

斯准备包扎伤口用的绷带和止血用品。

米利库斯可能知道这次阴谋，但直到这时为止他一直是忠诚的。也可能，正像一般所传说的那样，他原来根本不知道有这样一个阴谋，而直到这时他才开始怀疑起来。但是关于后来的情况，〈大家的说法却是一致的〉[①]。当这个奴性未除的人考虑到出卖主人的报酬的时候，他眼前立刻浮现出了无限的财富和权力，而另一方面，他自己的良心、他的主人的安全、他从主人手里取得的自由，却早已被忘得一干二净了。他的妻子也给他提供了更加卑鄙的妇人之见，因为她指给了他又一个值得害怕的理由：许多被释奴隶和奴隶都在旁边和他同样地看到了这些事情："一个人保持缄默管不了什么用，但是只有第一个告密的人才有资格领到赏金。"

(55) 于是在天刚亮的时候，米利库斯立刻就到塞尔维里乌斯花园去。[②] 起初那里的人不许他进去，但是当他坚持说有极其重要的可怕的消息要报告的时候，他才被门卫带到尼禄的被释奴隶埃帕普洛狄图斯那里去，[③]埃帕普洛狄图斯又领他去见尼禄。米利库斯于是把这一迫在眉睫的危险报告给尼禄，向尼禄揭露了阴谋者的为达到目的而不惜采取一切手段的性质以及他所听到或猜

① 据缪勒本增补(〈consentitur〉)。

② 它的位置只能从塔西佗：《历史》第3卷第38章和苏埃托尼乌斯的《尼禄传》第47章约略判断出来。

③ 他继多律弗路斯之后担任 Libertus a libellis(参见本书第14卷，第65章)；曾陪伴垮了台的尼禄到帕昂(Phaon)的别墅去帮助他自杀(参见苏埃托尼乌斯：《尼禄传》，第49章；狄奥·卡西乌斯，第63卷，第29章)并为此而被多米提安所杀(参见苏埃托尼乌斯：《多米提安传》，第14章；狄奥·卡西乌斯，第67卷，第14章)。他是埃皮克提图斯(Epictetus)的主人，并且几乎可以肯定就是约瑟普斯(Josephus)在《自传》、《犹太古代史》和《反阿披昂论》中所提到的那个埃帕普洛狄图斯。

测到的所有其余的一切。他还把准备用来谋杀的匕首拿了出来，并要求把被告召来。士兵们赶快地把司凯维努斯捉了来，但是司凯维努斯根本否认这样的罪行。

他为自己辩解说："被拿来作为罪证的匕首是他家多年以来的传家宝物，匕首一向保存在他的寝室里，它是被他的被释奴隶无耻地偷出来的。他用来写他的遗嘱的木板也是常常重加签署的，所以不需要特别注明什么日期。先前他也曾把自由和金钱给予自己的奴隶，只是这一次给得比较放手，但理由却也简单：他的财产比从前少了，他的债权人也逼得越来越紧了，因此他势必要为他的遗嘱担心了。至于他吃饭的事，在这方面他永远是不吝惜钱的。他在生活中一直是喜欢享乐的，而且几乎是严格的批评者所看不惯的。他根本不曾要别人给他准备什么包扎伤口的绷带，倒是这个诬告者由于他的其他说法很明显地站不住脚，所以他才又捏造了这样一项罪名，因为在这样的事情上诬告者总是想怎样讲就可以怎样讲的。"

接着他便理直气壮地把这个被释奴隶说成是一个品质极坏的恶棍。他的表情和语气充满了这样的自信，以致告密者的话眼看就要不能成立了。但是这时米利库斯记起了他的妻子提醒给他的话：安托尼乌斯·纳塔里斯曾同司凯维努斯在暗中进行过一次长谈，而他们两个人又都是盖乌斯·披索的密友。

(56) 于是召来纳塔里斯。他们二人分别被询以他们交谈的性质和主题。由于他们两个人的回答合不到一处，尼禄现在才开始怀疑起来。两个人于是就被加上了镣铐。

他们在看到拷问的情况并受到拷问的威胁时便不能坚持了。

但首先是纳塔里斯软了下来。纳塔里斯更加熟悉全部阴谋的内情，同时又是一个比较老练的控告者，因而他先是供出了披索，后来又提到了安奈乌斯·塞内加的名字。他这样做或许因为他曾是塞内加和披索的调解人，或许因为他知道尼禄对塞内加恨之入骨，早就想寻找机会除掉塞内加，这样他就可以讨好尼禄了。在纳塔里斯进行了这样的揭露之后，同样是个软骨头的司凯维努斯看到真相既已大白，再沉默也没有什么用处，于是就把其余的阴谋参加者也都供了出来。在这些人中间，路卡努斯、克温提亚努斯和塞内奇奥长时期不承认自己参加过阴谋。最后，在他们得到了不予惩处的保证之后，他们才为了给他们之迟迟不肯招供进行辩解而出卖了他们最亲近的人。路卡努斯出卖了他的母亲阿奇里娅；克温提亚努斯和塞内奇奥则分别供出了他们最要好的朋友格里提乌斯·伽路斯和安尼乌斯·波里欧。

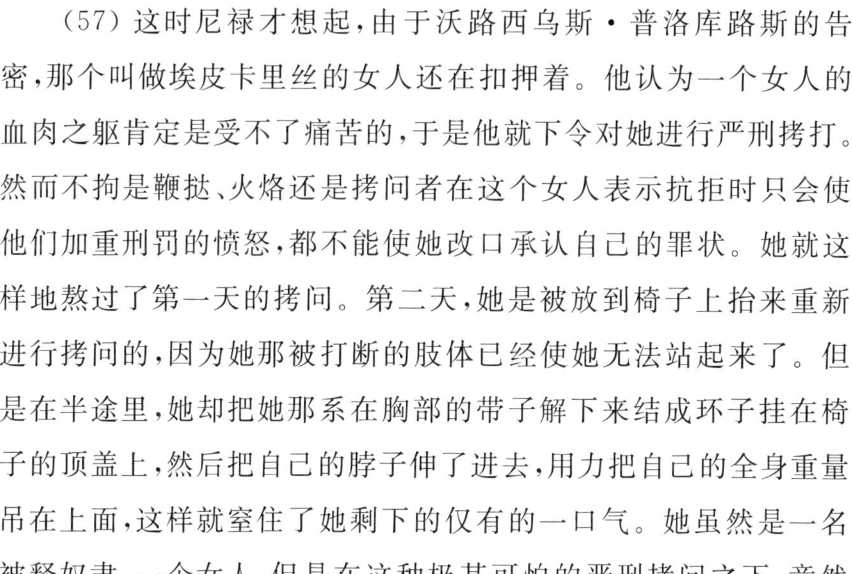

（57）这时尼禄才想起，由于沃路西乌斯·普洛库路斯的告密，那个叫做埃皮卡里丝的女人还在扣押着。他认为一个女人的血肉之躯肯定是受不了痛苦的，于是他就下令对她进行严刑拷打。然而不拘是鞭挞、火烙还是拷问者在这个女人表示抗拒时只会使他们加重刑罚的愤怒，都不能使她改口承认自己的罪状。她就这样地熬过了第一天的拷问。第二天，她是被放到椅子上抬来重新进行拷问的，因为她那被打断的肢体已经使她无法站起来了。但是在半途里，她却把她那系在胸部的带子解下来结成环子挂在椅子的顶盖上，然后把自己的脖子伸了进去，用力把自己的全身重量吊在上面，这样就窒住了她剩下的仅有的一口气。她虽然是一名被释奴隶，一个女人，但是在这种极其可怕的严刑拷问之下，竟然掩护了同她没有关系的，而且几乎是素不相识的男子。这样她树立了一个榜样，这个榜样特别是把罗马的那些生而自由的男子、骑士和元老们比得黯然无光：因为这些人尽管没有受到任何拷问，每人却依旧出卖了自己的最亲近的人。要知道，路卡努斯本人、塞内奇奥和克温提亚努斯也把他们的同谋者全都招供出来了。另一方面，尼禄虽然大大地加强了他的近卫部队的力量，却还是日益害怕起来。

(58) 他又采取了进一步的措施。他在整个罗马都实行了戒备。城墙上配备了小队的士兵，通向罗马的海路与河道本身也被士兵封锁了。步兵和骑兵在广场和住宅甚至在近郊地区和附近城镇到处搜索。在这些军队中间有日耳曼人，[①]正因为他们是外国人，因而得到皇帝的信任。跟着就是一批又一批上了镣铐的人被解送和羁押在皇帝的花园[②]门口的地方。当他们开始申诉理由的时候，审讯者认为他们对参加阴谋的人有过亲切表情，与阴谋者偶尔进行过一次谈话，参加过一次事先不知其内容的集会，同阴谋者参加过一次宴会或看过一次表演，凡此种种都被认成是罪行。而且除了尼禄和提盖里努斯的无情审讯之外，还有那没有被控告者指出名字来的法伊尼乌斯·路福斯也在那里进行野蛮的咒骂。他这样做的意图是尽力想用威吓自己同谋者的办法表明自己与阴谋无涉。当苏布里乌斯·佛拉乌斯在路福斯身旁用一个暗号向他探

---

① 主要由巴塔维亚人组成的一支骑兵队伍。它最初由奥古斯都组成，用来代替他的西班牙近卫队(参见苏埃托尼乌斯：《奥古斯都传》，第 49 章)。尽管这支部队是忠诚可靠的，但最后还是被伽尔巴解散了(参见苏埃托尼乌斯：《伽尔巴传》，第 12 章)。

② 这里指塞尔维里乌斯花园(参见本卷第 55 章)。

询，在实际审讯时他是否应抽出刀来把尼禄杀死的时候，路福斯摇了摇头，抑制住了苏布里乌斯的这一冲动，因为苏布里乌斯的手这时已经摸着自己的刀柄了。

(59) 阴谋被揭发之后，当米利库斯还在那里进行控诉而司凯维努斯也还在那里犹豫不决的时候，有人劝披索到军营[①]去，或是到广场的讲坛去试探一下军队和人民的情绪。“如果他的同谋者看到他的这一行动而重新集合到他的身边，局外人自然也会跟上来。这样开始的举动会宣扬出去，而对于策划中的政变，这一点是极端重要的。尼禄绝不会提防这样的一个步骤。甚至勇敢的人遇到猝不及防的事件时也会手足无措。毫无疑问，只有一个提盖里努斯和自己的情妇们伴随着的这个优伶如何能用武力来应付我们的武力行动呢？在怯懦的人眼里看来也许是困难的许多事情，如果敢于尝试的话是可以得到成功的！

“指望这样多的同谋者都全心全意始终不渝地保守机密那是徒劳的。任何事情都抵挡不住严刑拷问或金钱的进攻啊！一定会有人来把他也捉去，最后使他落得一个很不光彩的下场。如果他为了祖国的利益，为了号召人们保卫自由而死，那么他的死亡就光彩得多了啊！如果他必须牺牲的话，只要他自己的死亡在他的祖先和他的后人眼里看来是完全值得的，即使士兵们不来帮他的忙而民众又把他抛开，那也没有什么关系。”

但是披索听了这些话之后完全无动于衷。他在公开的场合出现了不大一会儿，便闭居在自己家里，死心塌地地迎接死亡的到

① 这里指近卫军的军营。

来。最后，果然有一队近卫军到他这里来；这些军队都是最近才补充进来的新兵，他们是特意被尼禄选出来担任这项任务的，因为他担心老兵可能会对披索表示同情。披索选择的死法是切断两臂的脉管。他的遗嘱里充满了谄媚尼禄的令人作呕的词句；他是因为爱他的妻子才出此下策的。他的妻子虽然出身卑微，但长得很美，她是披索从她的前夫、他的一位朋友多米提乌斯·西路斯那里勾引来的。她的名字是撒特里娅·伽拉。西路斯的讨好态度和伽拉的淫荡行为，使披索更显得寡廉鲜耻。[①]

(60) 尼禄随即把当选的执政官普劳提乌斯·拉提拉努斯也加进了被处死者的名单，而且这事又宣布得是这样迅速，以致他竟不给被处死的人以最后拥抱自己的孩子的机会，或通常用来选择自己的死法的犹豫时间。他被拖到处决奴隶的地方[②]之后，就被一名近卫军将领司塔提乌斯杀死，他坚定地沉默不语，甚至不屑于责骂那一将领，说他同样参加了这一阴谋。

在这之后被杀的是安奈乌斯·塞内加，这对皇帝来说是一件高兴的事情；并不是因为他肯定了塞内加同阴谋有联系，而是因为在毒药不起作用的情况下，他急于想用刀剑来解决塞内加的性命。实际上只有纳塔里斯提到了塞内加；而且他所说的也只是：他曾被派去看望生病的塞内加，并且向塞内加发了牢骚："为什么他塞内加闭门不接待披索？如果他们亲密地会晤从而使他们之间的友谊

① 此处拉丁文原文的含义不甚清楚。

② 即埃司克维里努斯广场(Campus Esquilinus)上的谢索里乌姆(Sessorium，直译是住所)。帕特洛比乌斯(Patrobius)的奴隶把伽尔巴的头就抛在这里。(参见普鲁塔克:《伽尔巴传》，第28章。)埃皮克提图斯也曾经提到过拉提拉努斯的勇气。

得以建立起来，岂不更好?”塞内加回答说，“常常见面交谈，对双方都没有好处。而且他个人的生存依赖于披索的安全。”近卫军将领伽维乌斯·西尔瓦努斯奉命把这些话带给塞内加，并问塞内加，纳塔里斯的话和他自己的回答是否都是真的。不知是偶然还是故意的，塞内加那天刚好从康帕尼亚回来，并且中途停留在离罗马四英里地方他的一座别墅里。近卫军将领来到他这里并在他的别墅四周设下哨兵的时候，天色已经晚了。他于是向主人传达了皇帝的命令，主人这时正在同他的妻子彭佩娅·宝琳娜和两个朋友吃晚饭。

(61) 塞内加回答说，“纳塔里斯曾被派到他这里来，以披索的名义对他之拒绝会见披索一事表示抗议。当时他拒绝的借口是健康情况不佳，他喜欢安静。他没有理由把任何私人的安全放到他自己的安全之上，而且他的性格也不喜欢谄媚。对于这一点，没有人比尼禄知道得更清楚。尼禄在塞内加身上看到的更多是坦率，而不是奴颜婢膝。”[①] 当将领把这些话当着波培娅和提盖里努斯——他们是皇帝在发泄兽性时的亲密顾问——的面报告给尼禄的时候，尼禄就问，塞内加是否准备自杀。这个军官于是告诉他说，他没有看到塞内加有惊惶的神色，而且从谈话或表情看，也没有看出有任何悲伤的地方。于是他就奉命回到塞内加那里去，向他宣布死刑。法比乌斯·路斯提库斯[②]说，这将领并不是按着他

① 塞内加否认他能说出这样的话:“他个人的生存依赖于披索的安全。”他不可能认真地讲出这样的话，因为他认为只有皇帝的安全在他本人的安全之上。他也不可能为了应酬而讲这样的话，因为这种讨好的做法不合他的性格。

② 参见本书第 13 卷，第 20 章注。

来时的道路回去的，他绕道到近卫军长官法伊尼乌斯那里去，而在重述了恺撒的命令之后，就问他应不应执行尼禄的命令。但是法伊尼乌斯却劝他执行命令。命运注定他们都要成为怯懦的人。要知道西尔瓦努斯本人也是阴谋的参加者，可是现在他却把新的罪行加到他阴谋报复的罪行上去。不过，他总还是不忍亲口宣布皇帝的命令和亲眼看到塞内加的死亡，因此他便派他的一名百人团长到塞内加那里去宣布对方的死刑。

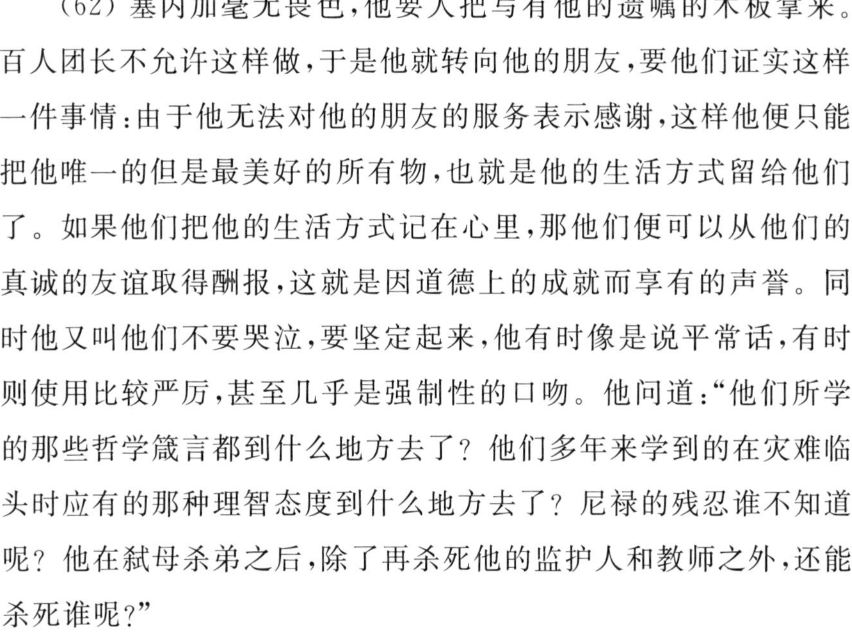

(62) 塞内加毫无畏色，他要人把写有他的遗嘱的木板拿来。百人团长不允许这样做，于是他就转向他的朋友，要他们证实这样一件事情：由于他无法对他的朋友的服务表示感谢，这样他便只能把他唯一的但是最美好的所有物，也就是他的生活方式留给他们了。如果他们把他的生活方式记在心里，那他们便可以从他们的真诚的友谊取得酬报，这就是因道德上的成就而享有的声誉。同时他又叫他们不要哭泣，要坚定起来，他有时像是说平常话，有时则使用比较严厉，甚至几乎是强制性的口吻。他问道："他们所学的那些哲学箴言都到什么地方去了？他们多年来学到的在灾难临头时应有的那种理智态度到什么地方去了？尼禄的残忍谁不知道呢？他在弑母杀弟之后，除了再杀死他的监护人和教师之外，还能杀死谁呢？"

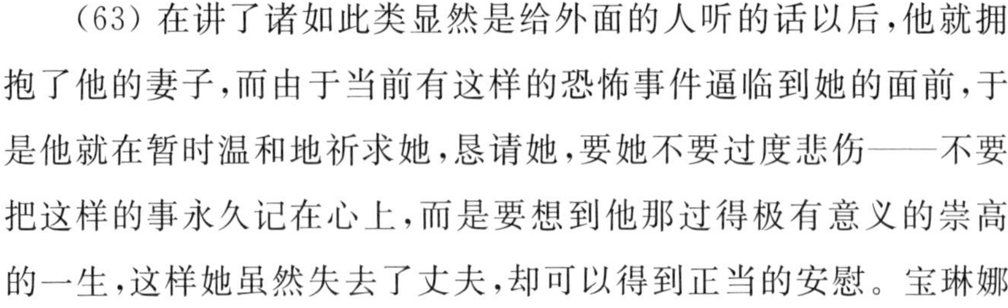

(63) 在讲了诸如此类显然是给外面的人听的话以后，他就拥抱了他的妻子，而由于当前有这样的恐怖事件逼临到她的面前，于是他就在暂时温和地祈求她，恳请她，要她不要过度悲伤——不要把这样的事永久记在心上，而是要想到他那过得极有意义的崇高的一生，这样她虽然失去了丈夫，却可以得到正当的安慰。宝琳娜

的回答则是坚持要和他同死，她要求刽子手把她同时也杀死。塞内加不愿阻拦她的光荣行动，而且也不忍抛掉他全心宠爱的妻子任凭别人蹂躏，于是他就说："我已经为你指出了在生活中得到慰藉的办法，但是你宁肯选择光荣的死亡。你要树立这样一个光辉的榜样，这一点我是不反对的。让我们俩分享这一坚定的死亡的勇气吧。但愿你的死亡更加光荣！"

说了这话之后，他们便各自一刀切断了自己的血管。塞内加由于上了年纪，而且简素的生活又使得他形容憔悴，因此他的血流得很慢，于是他又切断了腿部膝盖后面的血管。被巨大的痛苦折磨得奄奄一息的塞内加，担心他的痛苦会使他的妻子的决心受到挫折，同时又担心他自己看到妻子的痛苦时感情上又支持不了，于是他便劝她到另一间寝室去。甚至在死前，他的口才依旧不衰。他把他的秘书召了来，口授了长篇的谈话，因为谈话的全文已经发表，因此我就不在这里重述了。

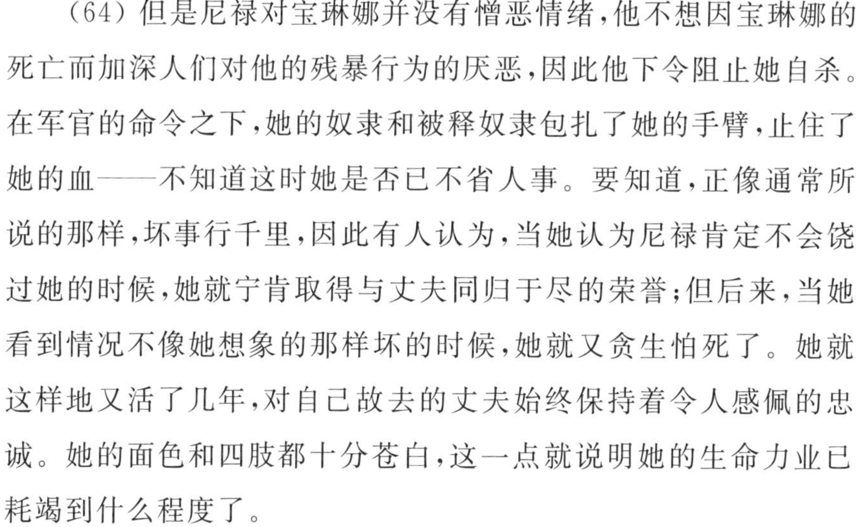

(64) 但是尼禄对宝琳娜并没有憎恶情绪，他不想因宝琳娜的死亡而加深人们对他的残暴行为的厌恶，因此他下令阻止她自杀。在军官的命令之下，她的奴隶和被释奴隶包扎了她的手臂，止住了她的血——不知道这时她是否已不省人事。要知道，正像通常所说的那样，坏事行千里，因此有人认为，当她认为尼禄肯定不会饶过她的时候，她就宁肯取得与丈夫同归于尽的荣誉；但后来，当她看到情况不像她想象的那样坏的时候，她就又贪生怕死了。她就这样地又活了几年，对自己故去的丈夫始终保持着令人感佩的忠诚。她的面色和四肢都十分苍白，这一点就说明她的生命力业已耗竭到什么程度了。

这时，塞内加依旧是没有马上就死，因此他就请司塔提乌斯·安奈乌斯——这个人是他长久以来信任的忠诚的老朋友，并且是一位能干的医生——把毒药[1]给他。这毒药很久以前便已准备好了，本来是用来毒杀被雅典的国家法庭已经定罪的犯人的。毒药拿来之后，塞内加就吞了下去，但是没有起什么作用；他的四肢已经冷却了，他的身体已经不再能感受毒药的作用了。最后，他把自己泡在一盆热水里面，用盆里的一些水洒在他身旁的那些奴隶身上，并说这是向解放者朱庇特神[2]行灌奠之礼。继而他被抬去洗蒸汽浴，结果才在那里窒息致死。在火葬时没有举行任何仪式。这是他自己在遗嘱中吩咐的，他这遗嘱还是在他的财富和权力如日中天的时候写的，但那时他已经考虑到他临终时的问题了。

（65）外面谣传苏布里乌斯·佛拉乌斯和近卫军的一些百人团长在塞内加知悉的情况下私下商定，尼禄一旦被披索一派的人打死，披索跟着也要被杀死，然后把帝国大权交给塞内加。这样做，就好像塞内加是由于他的突出的德行才被一些同阴谋无关的清白的人拥戴出来取得最高大权似的。此外，外面还传说着佛拉乌斯的这样一句话："就无耻这一点而论，那么赶走一个竖琴歌手而用一名悲剧演员来代替他，这实际上并没有什么区别！"要知道，

① 这种毒药，据认为是精选的毒芹。

② 在本书第16卷的第35章里，特拉塞亚说过同样的话。据说，除去尼禄的钱币和在一个历表里有这样的拉丁文译法（解放者朱庇特，Jupiter liberator）之外，只有这一个地方出现过这样的称呼。

披索穿着戏装唱戏是可以同尼禄拿着竖琴唱歌相比的。[①]

（66）但是军事阴谋本身再也无法隐瞒下去了；告发者不能再忍耐法伊尼乌斯·路福斯那种既是同谋犯又是审讯者的双重身份，因此他们便气愤地把他揭发出来了。故而正当法伊尼乌斯在那里申斥和恐吓的时候，司凯维努斯却有礼貌地嘲笑他说，任何人对阴谋都不像法伊尼乌斯知道得那样清楚，倒是他应当向他的这样一位仁慈的皇帝表示感激呢。对这样的话，他既不能用言语，又不能用沉默表示反驳。他结结巴巴地说不上话来，这表明他心里是十分惊慌的，而就在这个时候，其余的人，特别是罗马骑士凯尔瓦里乌斯·普洛库路斯，便尽一切力量控诉他的罪行。在皇帝的命令下，他被附近侍立的一名普通士兵卡西乌斯捉住和捆绑起来了，这名士兵所以被选来侍立在尼禄身旁，就是因为他是特别孔武有力的。

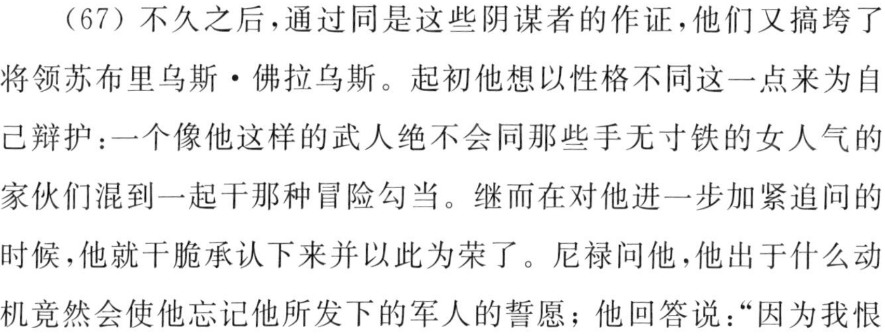

（67）不久之后，通过同是这些阴谋者的作证，他们又搞垮了将领苏布里乌斯·佛拉乌斯。起初他想以性格不同这一点来为自己辩护：一个像他这样的武人绝不会同那些手无寸铁的女人气的家伙们混到一起干那种冒险勾当。继而在对他进一步加紧追问的时候，他就干脆承认下来并以此为荣了。尼禄问他，他出于什么动机竟然会使他忘记他所发下的军人的誓愿；他回答说：“因为我恨

① 披索也和皇帝本人常常做的那样，在抒情悲剧中担任主角。苏埃托尼乌斯在《尼禄传》第 21 章里就说：“在其他的歌当中，他唱了《分娩中的卡纳凯》、《弑母者欧列斯特斯》、《厄伊狄普斯的失明》和《赫尔克里士的发狂》”（*inter cetera cantavit Canacen parturientem，Oresten matricidam，Oedipodem occaecatum，Herculem insanum.*）这种表演的详情大部分已经不清楚了。

你。当你值得受人们的爱戴的时候，全军的人对你都是同样忠诚的。但是当你杀死你的母亲和妻子的时候，当你变成一个驾着马车赛马的家伙、一个优伶、一个纵火犯的时候，我就开始恨你了。”我把他的话原样地记录下来，因为他的这些话和塞内加的话不同，它们并没有公布过。一个军人的坦率而强烈的感情是同样值得介绍的。大家知道，在这一阴谋里没有任何别的话使尼禄听了更感到刺耳的了，因为尼禄一方面尽管不惜干出任何罪行，但另一方面，他却不习惯于被人指出他干的是什么勾当。佛拉乌斯的处刑被委托给一个名叫维亚尼乌斯·尼格尔的将领。尼格尔下令在附近的土地上挖掘了一个墓穴，但是佛拉乌斯在那里却嘲笑说，这个墓穴挖得既不够深又不够宽。他向他身旁的士兵们说：“甚至在这里士兵训练得也很糟糕！”当行刑的人要他把脖子伸直不要动的时候，他说：“我只希望你下刀时也干得同样地干脆！”全身抖得很厉害的将领砍了两刀，好不容易才把头砍了下来。但他却向尼禄吹嘘自己的残暴，说他用一刀半就把他杀死了。

(68) 苏尔皮奇乌斯·阿司佩尔随之就树立了威武不能屈的又一个范例。当皇帝问他，为什么他想谋杀他的时候，他简略地回答说，只有通过这样的办法才能挽救像他这样一个罪行累累的人。于是他便得到了命定的惩罚。其他的百人团长在临刑时也没有玷辱自己人格的表现。可是法伊尼乌斯·路福斯却没有表现出这样的决心，他甚至在遗嘱里悲伤不已。

尼禄还想把罪名加到执政官维司提努斯身上，因为他认为这个人性格暴烈，而且是敌视他的。但是阴谋者并没有让他了解他们的计划——有些人是因为长久以来同他不合，但大多数的人则因为他这个人刚愎自用，无法与之共事。尼禄恨他，是因为同他有过密切交往。对于皇帝的卑怯无能，维司提努斯了解得很清楚，并且十分鄙视。尼禄很怕这位常常用粗鲁的玩笑嘲弄他并且盛气凌人的朋友。因为，这些玩笑如果都有事实的根据，那就会留下辛辣难受的回忆。

而且还有一个新的因素。维司提努斯最近同一个叫司塔提里娅·美撒里娜[①]的女人结了婚，虽然维司提努斯十分清楚地知道，她的情夫之中就有恺撒。

(69) 尼禄找不到他的罪名，又找不到原告，便不能担任审判官的角色，于是干脆施用专制的武力：他派出将领盖列拉努斯率领一中队士兵，命令他"对执政官采取先发制人的行动，占领可以称之为他的城堡的地方，并镇压他的由青年组成的一支精锐队伍"。原来维司提努斯有一所俯临广场的房屋，还有一队年纪一般大小的漂亮奴隶作为他的随从。那一天正是他结束他的执政官职务的一天；当士兵进来说，他们的将领要找他的时候，他正在设晚宴：也许是他根本不担心会发生这样的事情，也许是他力图掩盖他所担心的任何事情，他一听到士兵的话立刻就站起来，[②]很快地安排好了一切。他把自己关在寝室里，把医生叫来切断了他自己的血管：在他还有足够的精力而没有感到致命的影响时，他就被抬往浴室并被投到热水里

① 她是在本书第 6 卷，第 11 章中所提到的那个司塔提里乌斯·陶路斯的玄孙女一辈。波培娅死后，她就成了尼禄的妻子，尼禄是她的第五个丈夫。奥托原定要娶她为妻，他的最后两封信就是写给她和她的姊妹的（参见苏埃托尼乌斯：《奥托传》，第 10 章）。

② 罗马人在吃饭时是半卧式的。一排卧床围在饭桌的周边。

去,一句自叹自怜的话也没有讲。这时同他一道晚餐的客人则被守卫们包围起来,直到夜深才被放回。尼禄设想那些参加宴会的人在宴会后等待自己丧命时那一副狼狈相,他笑得合不拢嘴。他说,这些人参加了执政官的宴会,这一下已够他们受的了。

(70) 接着他又下令处死路卡努斯。路卡努斯的血在流着,他觉得他的手脚变冷,生命正从手指足尖上一点一点地消失,只是心脏却还有微热和知觉。这时路卡努斯记起了他自己的一首诗中的一节,他曾在这首诗里描写一个以同样方式死去的受伤士兵,于是他就背诵这些诗句。[①] 这就是他临终前说的话。继而塞内奇奥、克温提亚努斯和司凯维努斯和参加阴谋的其他人也结束了自己的生命。塞内奇奥等三人在临终时一反他们过去一贯的怯懦表现;至于参加阴谋的其他人,他们就没有任何值得我们追忆的言论和行动了。

(71) 这时,城里到处都举行葬仪,在卡披托里乌姆神殿里则堆满了烧烤过的牺牲。这里是由于一家的儿子被杀,那里是由于一个兄弟、亲戚或朋友被杀;人们向上天感恩,用月桂的花环装点他们的房屋,跪在皇帝面前不断吻他的手。尼禄认为这些做法是欢乐的表现,于是他就赦免了安托尼乌斯·纳塔里斯和凯尔瓦里乌斯·普洛库路斯,因为他们迅速地把阴谋的内容向尼禄作了报告。米利库斯

① 可能是指路卡努斯第 3 卷,第 642 行以次"躯体的下半部已经使没有内脏的四肢听任死亡的摆布,但当肺部还能呼吸而心脏还有热力的时候,在人体的这一部分,死亡久久不能得逞并且遇到了很大的困难,最后才好不容易制服了整个躯体"。而关于死前的情况,苏埃托尼乌斯则有另一种说法:"当他得到允许自己选择死法的时候,他写了一封信给他父亲,改正了他写作的一些诗,而在痛痛快快地吃了一顿饭之后就把胳膊伸给医生要他切断脉管。"

因为得到的赏赐而富了起来,并且采取了希腊语的“救星”一词作为自己的称号。在将领当中,[①]伽维乌斯·西尔瓦努斯虽然被免了罪,却自戕了;司塔提乌斯·普洛克苏木斯也得到了皇帝的赦免,但是他也用离奇的手法结束了自己的性命,从而使这一赦免归于无效。[②]随后,……彭佩乌斯、科尔涅里乌斯·玛尔提亚里斯、佛拉维乌斯·涅波斯和司塔提乌斯·多米提乌斯都被免了职,理由是:他们虽然不憎恨恺撒,但是在外面,人们却说他们很恨他。诺维乌斯·普利斯库斯受到了放逐,因为他是塞内加的朋友;格里提乌斯·伽路斯和安尼乌斯·波里欧也受到了放逐,他们几乎不能说是被判罪,而只是被弄得没有面子而已。陪伴着普利斯库斯的是他的妻子阿尔托里娅·佛拉奇拉,陪伴着伽路斯的是他的情妇埃格纳提娅·玛克西米拉[③],这是一个拥有巨大财产的女人,这笔财产起初一点也没有受到侵犯,但后来却被没收了——这两种情况同样都提高了她的声誉。路福里乌斯·克利司披努斯也被放逐了:参加这次阴谋不过是一个借口,实际上却是尼禄讨厌他,因为他是波培娅的前夫。对维尔吉尼乌斯·佛拉乌斯[④]和穆索尼乌斯·路福斯[⑤]来说,放逐是他们的显赫的声名招来的。原来维尔吉尼乌斯是青年人的著名的演说教师,穆索尼乌斯则是他们的杰出的哲学教师。克路维狄耶努

① 这里指近卫军的将领。他们之中参加了阴谋或受到了怀疑的人在这里提到的有六个,而苏布里乌斯·佛拉乌斯则是特别突出的。

② 他是怎样死的不详。

③ 他们夫妻在安德罗斯(Andros)度过了亡命的岁月,保存下来的那里的一个铭刻证明他们在当地很有声望。

④ 修辞学家和佩尔西乌斯(Persius)的教师。

⑤ 参见本书第 14 卷,第 59 章注。

斯·克维耶图斯、优利乌斯·阿格里帕、布利提乌斯·卡图里努斯、佩特洛尼乌斯·普利斯库斯和优利乌斯·阿尔提努斯则好像是一整批犯人那样地被放逐到爱琴海的岛屿上去。但是司凯维努斯的妻子凯迪奇娅和凯森尼乌斯·玛克西姆斯[①]却被赶出了意大利，他们两人是直到被判罪的时候——而且只有在这个时候——才发现自己也受到了审判。路卡努斯的母亲阿奇里娅被放了过去：没有被赦免，但也没有受到惩处。

(72)这一切都过去之后，尼禄便把军队召集起来，[②]赏给每名士兵两千谢司特尔提乌斯，此外还免除了士兵口粮的价款——先前他们的口粮是要按市价付钱的。接着就仿佛像是要列举一次战争中的功勋似的，他召集了元老院会议，并且把凯旋的荣誉授予担任过执政官的佩特洛尼乌斯·图尔披里亚努斯[③]，当选的行政长官科凯乌斯·涅尔瓦[④]和近卫军长官提盖里努斯。他把涅尔瓦和提盖里努斯提拔到这种程度：不仅把他们那穿着凯旋服装的像立在广场上，而且还把他们的像立在宫殿里面。执政官的标记被通令授给了尼姆披狄乌斯·〈撒比努斯[⑤]……〉。因为这个尼姆披狄

① 塞内加的朋友(参见塞内加：《书信集》，第87章；玛尔提亚里斯，第7卷，第44、45章)。

② 这里指近卫军的军队。军团士兵的口粮这时好像已经是免费的。不过在本书第1卷第17章的牢骚中并没有提到他们的口粮要付钱的问题。

③ 参见本书第14卷，第29章注。

④ 未来的皇帝。

⑤ 现在他代替法伊尼乌斯·路福斯担任近卫军长官，和提盖里努斯是同僚。这一任命可能在这里的空白或后面的空白中提到。普鲁塔克详尽地记述了他先是对尼禄，而后又对伽尔巴的叛变以及他被守卫杀死的事情(参见他的《伽尔巴传》，第2章；第8章以次；第13章以次)。

乌斯在我的书里是第一次出现，所以在这里我要对他作个简略的介绍；而且他还是参加罗马的即将到来的悲剧的一个人物。他是个被释女奴隶[①]的儿子，这个十分漂亮的被释女奴隶过去就在皇帝的奴隶和被释奴隶中间干卖淫的勾当。但尼姆披狄乌斯自称是盖乌斯·恺撒的儿子，因为他恰巧也生得身材高大，面色阴沉。甚至喜欢寻花问柳的盖马斯也许曾经和别人一道玩弄过这个人的母亲。……

(73) 但是尼禄在元老院发言之后，随即向人民发布了一道敕令，还以文件汇编的形式公布了告发者的揭发材料和被定罪者所供认的罪状。因为这时外面人们的谈论一般都认为他是出于忌妒或恐惧的动机才杀害了一批显要而无辜的罗马公民的。然而一次阴谋从发起到成熟，最后它的参加者又不得不认罪，对于这样的事实，不但当时苦心探索事实真相的人们已经不怀疑，就是在尼禄死后返回罗马的那些亡命者对这一点也不否认。但是在元老院，当所有的元老，特别是那些最感悲痛的人，又都在屈身献媚的时候，那位被自己的兄弟塞内加的死亡弄得惶惶不安、正在请求皇帝保全他自己的性命的尤尼乌斯·伽里奥[②]却受到了撒利耶努斯·克利门斯的攻击；克利门斯把他说成是国家的敌人和弑亲者；但最后克利门斯放弃了这一行动，因为元老们一致请他不要这样做。他

① 根据普鲁塔克的说法，她是卡利司图斯(Callistus，参见本书第 11 卷，第 29 章注)和一个雇佣的女裁缝所生的女儿。他认为新的近卫军长官的父亲可能是著名的剑奴玛尔提亚努斯(Martianus)。

② 他的原名是玛尔库斯·安奈乌斯·诺瓦图斯(M. Annaeus Novatus)，在过继之后改名为路奇乌斯·安奈乌斯·尤尼乌斯·伽里奥(参见本书第 6 卷，第 3 章注)。根据耶罗美(Jerome)的说法，他是在披索阴谋之后一年自杀的。

们指出，他的这种做法会给人这样一种印象，仿佛他在利用国难报私仇，而且他会在已经由于皇帝的宽大而业已处理或取消的事情上重新招惹起残酷的行为。

(74) 元老院决定向上天诸神，特别是向太阳神献祭和感恩。太阳神——它在大竞技场，也就是准备发动阴谋的地方，有一座古老的神殿——之所以受到特别的尊崇，是因为它通过自己的神力揭露了阴谋的秘密。奉祀谷物女神凯列司的赛马会准备增加庆祝比赛的场次。4 月改用尼禄的名字来命名。[①] 在……[②]地方修建一座献给撒路司女神的神殿，……[③] 这里也正是司凯维努斯取得他的匕首的地方。皇帝亲自把这一武器献到卡披托里乌姆神殿中去，并在上面刻了“献给复仇者朱庇特神”(Iovi Vindici)的字样。当时这件事并没有引起人们的注意：但是在另一个“复仇者”优利乌斯·温代克斯[③]的武装叛乱之后，这件事便被看成是未来的报应的朕兆和预示了。我在元老院的议事录中发现，已经当选的执政官阿尼奇乌斯·凯里亚里斯曾提出意见说，应当尽快用公款给圣尼禄修建一座神殿。老实讲，他的这个动议只是说，皇帝的声名已经超出了凡人，并且赢得了全人类的崇

① 参见本书第 16 卷，第 12 章注。

② 空白处(原文是一个空白，中译文因行文关系分成两个空白)先是说明在罗马的什么地方修建了一座给 Salus 女神的新神殿，下面又说明在这一女神的旧神殿(在费伦提努姆)设立一个纪念碑的事情(参见本卷第 53 章)。

③ 盖乌斯·温代克斯是阿克维塔尼亚皇室的成员和路格杜努姆高卢的副帅(公元 68 年)。这年里他的起义——他内心的打算不清楚——被维尔吉尼乌斯·路福斯镇压下去，但是却引起了一系列导致尼禄垮台和内战爆发的事件。按拉丁原文 Vindex(温代克斯)有“复仇者”之意。此处原文 Iulii Vindicis 和上面的 Iovi Vindici 语义双关，故被看成是一种朕兆。

拜。但是皇帝自己制止了这种做法,因为别的解释者会把这认成是预兆和期望尼禄的死亡。要知道,神圣的荣誉只有在皇帝不再生活在人们中间之后才能够取得。①

① 但在行省把活着的皇帝当做神加以奉祀的情况却是正常的。

第十六卷

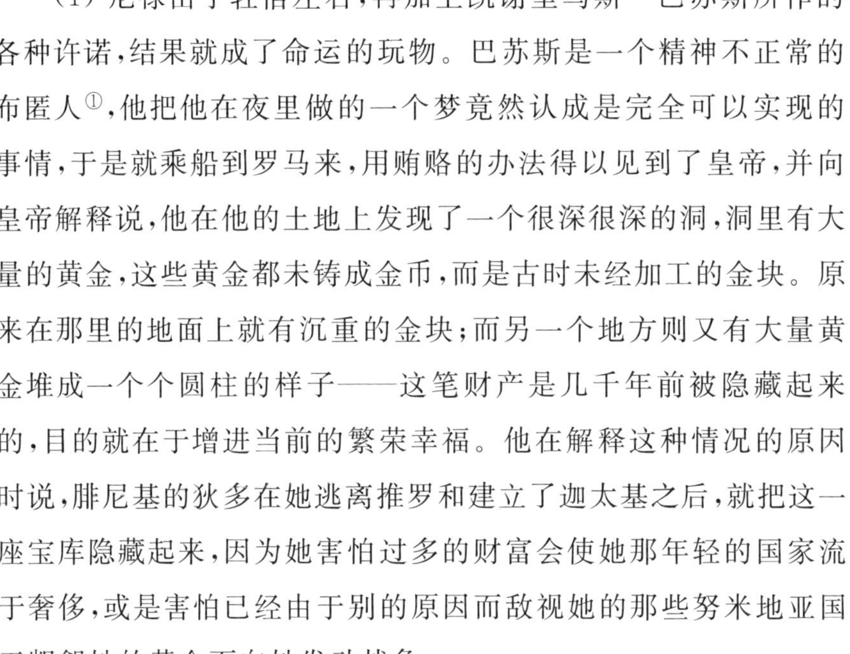

（1）尼禄由于轻信左右，再加上凯谢里乌斯·巴苏斯所作的各种许诺，结果就成了命运的玩物。巴苏斯是一个精神不正常的布匿人[1]，他把他在夜里做的一个梦竟然认成是完全可以实现的事情，于是就乘船到罗马来，用贿赂的办法得以见到了皇帝，并向皇帝解释说，他在他的土地上发现了一个很深很深的洞，洞里有大量的黄金，这些黄金都未铸成金币，而是古时未经加工的金块。原来在那里的地面上就有沉重的金块；而另一个地方则又有大量黄金堆成一个个圆柱的样子——这笔财产是几千年前被隐藏起来的，目的就在于增进当前的繁荣幸福。他在解释这种情况的原因时说，腓尼基的狄多在她逃离推罗和建立了迦太基之后，就把这一座宝库隐藏起来，因为她害怕过多的财富会使她那年轻的国家流于奢侈，或是害怕已经由于别的原因而敌视她的那些努米地亚国王觊觎她的黄金而向她发动战争。

（2）因此，尼禄没有很好地考虑向他报告的这个人或是他所报告的事情本身是否可信，也没有派人先去确定一下这件事是否确实，却有意地夸大这个报告的内容，于是派人去取来这批他认为

① 即迦太基人。

是唾手可得的掘获品。他把一些三层桨的船给了这一行人等；为了增加航行的速度，他特意挑选了精壮的划手。

那些日子，人民群众以轻信的口吻谈论着这件事，审慎的人则对它提出各种各样的看法。而且这时又恰巧是第二届五年赛会[①]，因此演说家们便把这件事作为他们歌颂皇帝的主要题目："大地现时不仅生产常见的谷物，生产同其他金属合到一起的黄金，它又有了一种丰富的新产品，上苍在没有受到请求的时候就送来了财富！"此外他们还施展极大的口才，表现了其他各种各样卑躬屈节的做法和同样程度的阿谀谄媚。他们深信，他们的这个头脑简单的皇帝是很容易相信别人的话的。

(3) 就在这时，由于有了这种毫无根据的指望，他就浪费得更厉害了；长时期积累起来的财富被散发出去，因为尼禄认为他还会取得另一批可以供他挥霍多年的财富。实际上他已经仗着这笔钱来进行赏赐了；[②]对财富的期待成了国家贫困的一个原因。巴苏斯在他自己的很大一片土地上以及在与之相邻的地段上挖来挖去，硬是说这里或那里就是他所说的那个洞窟。跟在他身后的不仅有士兵，而且有一大群农民，他们是被征发来干这个工作的。但最后他只得放弃了自己的梦想，一面却十分吃惊地坚持说，他的梦从来没有落过空，而这是他第一次受骗。为了避免受辱和危险，他自杀了。有人说他最初被关了起来，不久就被释放，但他的财产却被充公用来代替他所说的那个女王的财富。

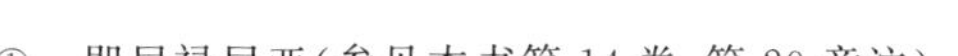

① 即尼禄尼亚（参见本书第 14 卷，第 20 章注）。

② 关于尼禄当政末期穷奢极欲的情况参见塔西佗：《历史》，第 1 卷，第 20 章；苏埃托尼乌斯：《尼禄传》，第 30 章；普鲁塔克：《伽尔巴传》，第 16 章。

（4）五年赛会就要举行了。元老院为了避免丑闻而预先把歌唱的胜利的奖赏授给皇帝，同时还加上一顶“演说获胜者的荣冠”，以掩饰他由于登台而必然会发生的丑闻。但是尼禄却坚持说，他既不需要私人的请托，更不需要元老院的威信来支持他。他要以平等的身份同竞争者比赛，他要通过评判员的不违背良心的奖赏而取得公正的荣誉。他开始是在舞台上背诵一首诗：而当在场群众向他高呼“把他所有的才艺表演出来”的时候（这是他们当时的原话），他便再一次走上舞台，完全按照职业艺人的规则进行表演——累了也不坐下，只用自己穿的长袍拭汗，并使自己的口沫或鼻涕不被观众看到。最后，他跪了下来，吻自己的一只手，向各色各样人组成的听众致敬，装成战战兢兢的样子在那里等候着评判人的决定。于是（至少是）城市的群众（他们赞许一般优伶的这种姿势已是家常便饭了）便以整齐的声调和有节奏的鼓掌发出雷鸣般的喝彩声。你可以设想这些人是十分高兴的；他们也许是真高兴，因为他们已经把国家的耻辱忘得一干二净了。

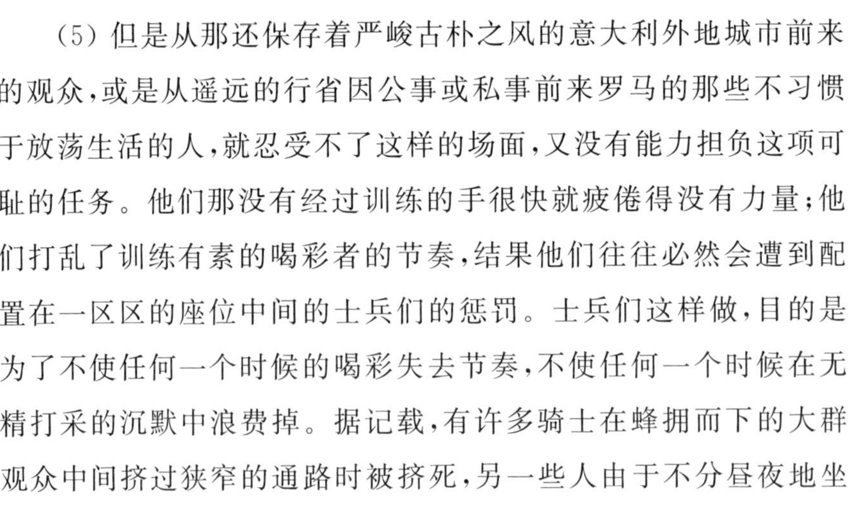

（5）但是从那还保存着严峻古朴之风的意大利外地城市前来的观众，或是从遥远的行省因公事或私事前来罗马的那些不习惯于放荡生活的人，就忍受不了这样的场面，又没有能力担负这项可耻的任务。他们那没有经过训练的手很快就疲倦得没有力量；他们打乱了训练有素的喝彩者的节奏，结果他们往往必然会遭到配置在一区区的座位中间的士兵们的惩罚。士兵们这样做，目的是为了不使任何一个时候的喝彩失去节奏，不使任何一个时候在无精打采的沉默中浪费掉。据记载，有许多骑士在蜂拥而下的大群观众中间挤过狭窄的通路时被挤死，另一些人由于不分昼夜地坐在剧场的板凳上而得了不治之症。要知道,不来看戏是一件更加冒险的事情,因为不但在表面上有大批的侦探在场,隐蔽的密探人数更多,他们时刻在注意人们的名字和面孔,人们的欢乐和阴郁的表情。结果,下等人的命运是立刻受到惩罚,但显要人物却要遭到忌恨,这种忌恨一时虽然不显露出来,但很快地就会受到报复。有这样一个传说,维斯帕西亚努斯曾受到一个名叫佩布斯的被释奴隶的斥责,因为他看戏时闭上了眼睛。许多有力人物为他斡旋,好不容易才免于治罪。他后来又一次逃脱千钧一发的丧命危险,则是由于他注定要成就大事业的命运。[①]

(6) 节日过后,由于一次偶然发火,尼禄踢倒了已有身孕的波培娅,波培娅便丧命了。有些作者说她是被毒死的,但这一点我不能同意。他们所以这样写,这与其说是由于相信事实如此,毋宁说是出于愤恨。要知道,尼禄很想要孩子,而且从主要的方面来说,他是爱自己的妻子的。波培娅的尸体并没有按照罗马的方式火化,而是按照外国宫廷的惯例在尸体外面涂上油膏,里面填上香料,[②]然后葬到优利乌斯家族的陵墓中。[③]

波培娅的葬礼还是公开举行了;在广场的讲坛上,皇帝称赞了

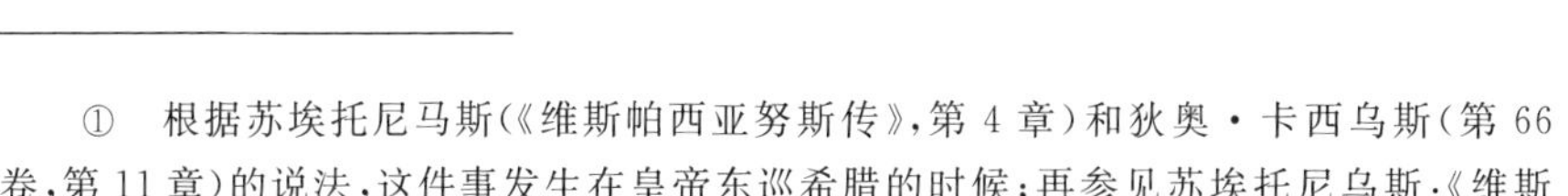

① 根据苏埃托尼马斯(《维斯帕西亚努斯传》,第 4 章)和狄奥·卡西乌斯(第 66 卷,第 11 章)的说法,这件事发生在皇帝东巡希腊的时候;再参见苏埃托尼乌斯:《维斯帕西亚努斯传》,第 14 章。

② 这表明尼禄的很大的悔恨心情。波培娅崇奉犹太教,曾被称为"改宗者"(参见约瑟普斯:《犹太古代史》,第 20 卷,第 8 章)。不过这一情况和这里的叙述似乎无关。尸体的处理同埃及人之制造木乃伊有相似之处,关于木乃伊的制作可参见希罗多德:《历史》,第 2 卷,第 86—89 章(中译本,商务印书馆 1959 年版,第 311—312 页)。

③ 参见本书第 1 卷,第 8 章注。

她的美貌，称赞她是一个已被列入诸神行列之中的女婴的母亲，还称赞她的可以称之为美德的其他幸遇。

(7) 人们对波培娅之死虽然表示哀悼，但所有熟知她的放荡和残酷的人，对这事心里却十分高兴。这时尼禄又做了一件招人反感的事情，那就是，他不许盖乌斯·卡西乌斯参加葬仪。这是灾祸的第一个暗示。而且这一灾祸很快就到来了。西拉努斯[①]同他一道被卷到里面。他们的唯一的罪名就是，卡西乌斯有一笔庞大的世袭财产和严峻的性格，西拉努斯则因为他的血统高贵、年轻而又温文尔雅。于是皇帝便把一篇演说送到元老院，建议不许他们两人参加政治生活；而他加到卡西乌斯身上的罪名是：他除了他的祖先的像之外，还供奉了盖乌斯·卡西乌斯的胸像，而且像上刻着"献给党派领袖"(Duci partium)的字样。[②] 散播内战的种子，背叛恺撒的家族——这便是卡西乌斯所追求的目的。

皇帝还说，单是怀念一个被憎恨的名字还不足以说明他有背叛之心，他还把一名年轻的贵族路奇乌斯·西拉努斯拉来做他的伙伴，这是一个性格莽撞的人，他是不怕担起叛乱领袖这个名义的。

(8) 后来，尼禄又像过去攻击西拉努斯的从父托尔克瓦图斯[③]

① 参见本书第 15 卷，第 52 章注。

② 这位法学家是"弑暴君者"卡西乌斯的直系后裔(参见本书第 12 卷，第 12 章注)。他受控告的主要理由无疑是上面刻的铭文。从本书第 4 卷第 35 章科列姆提乌斯·科尔杜斯的话可以看出，这种胸像并不是绝对禁止的，但是对于卡西乌斯以及对于布鲁图斯家族的英雄崇拜总是危险的事情。参见本书第 3 卷，第 76 章；第 4 卷，第 34 章；第 16 卷，第 22 章。

③ 参见本书第 12 卷，第 58 章；第 15 卷，第 35 章。

一样攻击西拉努斯，说他已经在分配帝国的职务，已经在指定被释奴隶来掌管“财务、文书和通信”了。这一控诉既荒唐，又毫无根据。因为许多事情已向西拉努斯敲了警钟，他行事是十分谨慎的，而且他的叔父的命运也把他吓得对任何事情都特别小心了。随后，那些所谓告密者又被带到元老院里来对卡西乌斯的妻子、西拉努斯的姑母列庇妲[①]进行控告，她的罪名是和他的内侄有近亲相奸的行为以及使用巫术。乌尔卡奇乌斯·图里努斯和科尔涅里乌斯·玛尔凯路斯这两名元老被检举为罗马骑士卡尔普尔尼乌斯·法巴图斯[②]的同谋者。但是他们由于求助于尼禄，后来又由于情节不太严重，而逃过了立即定罪的命运。他们得以逃出了尼禄的毒手，是因为这时尼禄全部时间都正在用于策划一些极其严重的罪行。

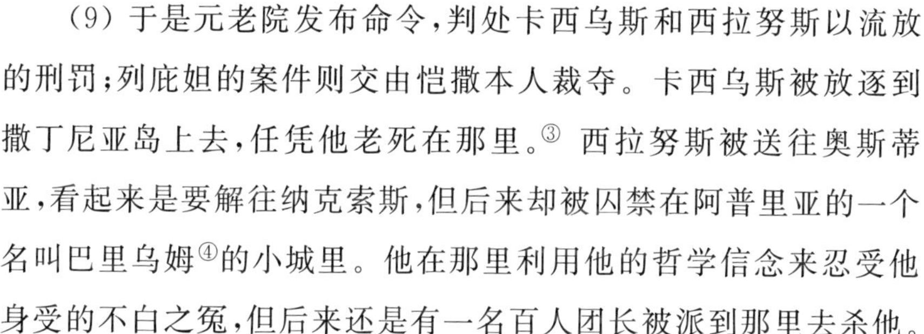

(9) 于是元老院发布命令，判处卡西乌斯和西拉努斯以流放的刑罚；列庇妲的案件则交由恺撒本人裁夺。卡西乌斯被放逐到撒丁尼亚岛上去，任凭他老死在那里。[③] 西拉努斯被送往奥斯蒂亚，看起来是要解往纳克索斯，但后来却被囚禁在阿普里亚的一个名叫巴里乌姆[④]的小城里。他在那里利用他的哲学信念来忍受他身受的不白之冤，但后来还是有一名百人团长被派到那里去杀他。

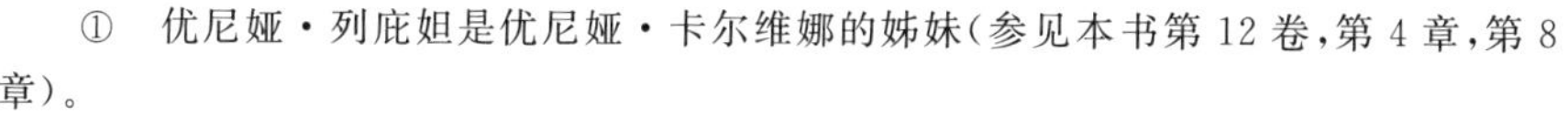

① 优尼娅·列庇妲是优尼娅·卡尔维娜的姊妹(参见本书第 12 卷，第 4 章，第 8 章)。

② 小普利尼的妻子的祖父，他的《书信集》中有九封信是给法巴图斯的。

③ 尽管他年老而又失明，到维斯帕西亚努斯当政时他还是回到了罗马。

④ 今天是布林迪西西北七十英里左右的巴里(临亚得里亚海)。在荷拉提乌斯时期(尼禄时期可能也是如此)，它比一个小小的渔村大不了许多，现在却是一个相当大的城市了。

当百人团长捉住他并建议他自己割断脉管的时候，他回答说，他实际上早已下定决心寻死，但是不能容许凶手执行这一光荣任务。百人团长看到西拉努斯虽然手里没有武器，体格却是非常健壮，而且在激愤的情绪中并无畏惧的表示，于是便下令手下士兵先把西拉努斯制服脱下来。西拉努斯没有乖乖地在那里束手待擒，他尽力赤手空拳地加以抗拒，直到他前身受伤，死在百人团长的刀下，就像在战场上阵亡那样。

(10) 路奇乌斯·维图斯[①]以及他的岳母塞克司提娅和他的女儿波利塔[②]，也同样勇敢地结束了自己的生命：他们都是皇帝所讨厌的人物。他认为这三个人活在世上，就是对他之杀死维图斯的女婿路贝里乌斯·普劳图斯[③]的一种永久的抗议。但是被释奴隶佛尔图那图斯却给他提供了一个表现他的残暴的机会。佛尔图那图斯侵吞了他主人的财产之后，现在却抛弃了他的主人而变成了一个控告者，并且把克劳狄乌斯·德米亚努斯拉来作他的帮凶。德米亚努斯在维图斯担任亚细亚总督时曾由于犯了极其可恶的罪行而被维图斯囚禁起来，但是现在却被尼禄释放，作为控告的报偿。当被告得到这个消息之后，他知道他将要同他的被释奴隶在对等的地位上进行这场诉讼，于是他便到他在佛尔米埃的别墅去。在那里，他受到了军队的暗中监视。

同他在一起的，是他的女儿。除了即将临头的危险之外，她还

---

① 路奇乌斯·安提司提乌斯·维图斯，参见本书第 13 卷，第 11 章，第 53 章；第 14 卷，第 58 章。

② 本书第 14 卷，第 22 章的安提司提娅。

③ 参见本书第 13 卷，第 19 章注。

有一件痛心的事情，这件痛心的事情从她的丈夫普劳图斯被暗杀的那天便已开始。当时她曾拥抱丈夫的流血的脖颈，[①]而到这时仍然保存着她那血迹斑斑的袍子。她毫不打扮地过着孀居的日子，生活里没有半点慰藉，吃的东西也只够维持起码的活命。但是，现在，在父亲的催促下，她到那不勒斯去；她在那里见不到尼禄，就在他的门口逡巡不去，向他呼吁，要他倾听无辜者的申诉，而不要使一个曾和他一道担任过执政官的同僚毁在一个被释奴隶的手里。她时而像是妇女那样的哭诉，时而又像男子那样用威胁的口吻讲话。但尼禄对于她的请求和她的斥责全都无动于衷。

（11）于是她便带话给她的父亲说，事情已没有任何指望，只能准备一死了。同时又有消息说，元老院正在安排一次审讯，并将作出一项残酷无情的宣判。这时也有一些人劝他把恺撒指定为主要继承人，[②]因为这种做法至少还可以保证他的孙子们能得到剩余的一些产业。但是他拒绝了这个建议，因为他不愿意在他临终的时候，还用一种奴颜婢膝的行径玷污他那大体说来是自由的一生。他把他可以动用的钱都分给了他的奴隶：他要他们把一切可以搬动的东西都拿去使用，只留下三只床供临终时使用。继而就在同一房屋里，用同一件刃器，他们切断了自己的脉管；他们随即被匆匆地抬到浴室去，而为了体面的关系，他们每个人都被裹在一件外袍里。父亲望着女儿，外祖母望着外孙女，而波利塔则望着父亲和外祖母两个人。他们三人都争相认真地请求尽快结束他们那

---

① 参见本书第 14 卷，第 59 章。

② 这种预防措施是常用的，参见本书第 14 卷第 31 章中普拉苏塔古斯的遗嘱和《阿古利可拉传》第 43 章中阿古利可拉的遗嘱。

越来越微弱的呼吸，这样他们就可以先离开自己的那虽然还活着但肯定会死去的亲人。命运安排了适当的次序；年长的两个人先死了，然后才是刚刚进入青年时期的波利塔。他们是在埋葬之后才受到控诉的。元老院的命令说，他们应当按照我们祖先的方式受到惩罚。尼禄对这事加以干预，而允许他们可以在不受监视的情况下死去。不过这幕笑剧是在当事人自杀之后才表演出来的。

（12）同法伊尼乌斯·路福斯有亲密的交往，并且也同维图斯相识的罗马骑士普布里乌斯·伽路斯被断绝了火与水[①]：控告他的那个被释奴隶则因为这一行动而在剧场内将领的侍从的座位当中被赐予一个座位。4 月——也叫"尼禄尼乌斯月"[②]——以后的各月重新起了名字：5 月改为"克劳狄乌斯月"，6 月改为"日耳曼尼库斯月"。[③] 根据提出这一建议的科尔涅里乌斯·奥尔菲图斯的论证，6 月（拉丁语 Junius，尤尼乌斯）之所以改名，是因为两个托尔克瓦图斯的因罪处死已经使得"尤尼乌斯"[④]这一名称成为不吉利的了。

---

① 相当于剥夺公民权。

② 参见本书第 15 卷，第 74 章。

③ 这些名字都是属于他自己的，因为他的全名就是克劳狄乌斯·尼禄·恺撒·日耳曼尼库斯；因而不能把这 5 月和 6 月的名称看成是他的继父克劳狄乌斯和外祖父日耳曼尼库斯的名字。孔莫都斯也用一大堆头衔凑成了一年十二个月的名称：阿玛佐尼乌斯月（Amazonius）、音维克图斯月（Invictus）、披乌斯月（Pius）、费里克斯月（Felix）、路奇乌斯月（Lucius）、埃利乌斯月（Aelius）、奥列里乌斯月（Aurelius）、孔莫都斯月（Commodus）、奥古斯都月（Augustus）、赫尔克里士月（Herculeus）、罗玛努斯月（Romanus）、埃克苏佩拉托里乌斯月（Exuperatorius）。参见狄奥·卡西乌斯，第 72 卷，第 15 章。

④ 两个托尔克瓦图斯的氏族名（参见本书第 15 卷，第 35 章；第 16 卷，第 8 章）。

(13) 这一年已被这样多的可耻行为弄得很不光彩，同时上天也以暴风雨和疾病来显示朕兆。康帕尼亚遭到了旋风的蹂躏，这场旋风糟蹋了大片的农田、果树和谷物，并且几乎把它的威力扩展到首都附近。在罗马本城，各个阶级都有大批的人死于致命的瘟疫。染上了瘟疫的空气看不出任何表面的征象，然而房屋里却堆满了尸体，街道上到处都是殡仪的行列。任何性别，任何年龄都不能成为不受传染的保证；奴隶和自由人同样都立刻倒毙。为他们的死亡而哀泣的妻子儿女，在料理丧事或哀悼死者的时候也会受到传染，结果往往就同他们的丈夫或父亲在同一个柴堆上被火化了。

骑士和元老虽然也死了不少，但他们的死亡看起来却并不显得那样悲惨，因为他们如果遭到和别人一样的命运，却躲过了皇帝的血腥手掌。

同年，在纳尔波高卢、阿非利加和亚细亚进行了征兵，以补充驻在伊里利库姆的各个军团，因为在这些军团里，所有那些因为年老或有病而丧失作战能力的人都退役了。皇帝为了抚慰路格杜努姆的火灾，[①]拨给了他们四百万谢司特尔提乌斯，以补偿该城的损失。这笔钱恰好等于先前路格杜努姆为支援受灾的罗马而提供的那笔钱。

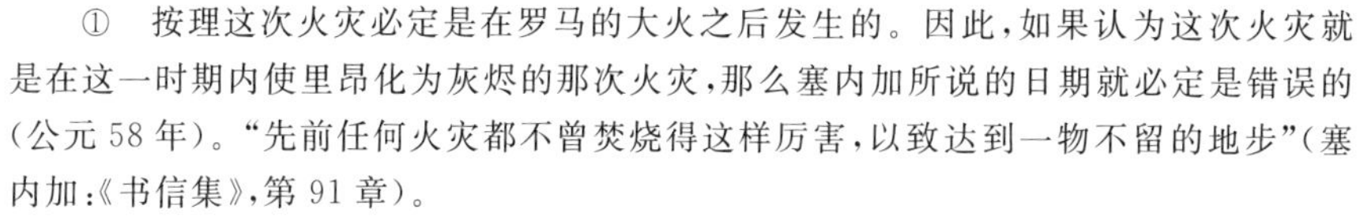

① 按理这次火灾必定是在罗马的大火之后发生的。因此，如果认为这次火灾就是在这一时期内使里昂化为灰烬的那次火灾，那么塞内加所说的日期就必定是错误的(公元 58 年)。“先前任何火灾都不曾焚烧得这样厉害，以致达到一物不留的地步”(塞内加：《书信集》，第 91 章)。

罗马建城819年，即公元66年

(14) 在盖乌斯·苏埃托尼乌斯[1]和路克奇乌斯·提列西努斯[2]担任执政官的一年里，我前面提到，[3]由于写作侮辱尼禄的下流诗篇而被放逐的安提司提乌斯·索西亚努斯听到了告密者所取得的荣誉和尼禄喜爱血腥屠杀的情况。这个生性不安分守己而又善于投机取巧的人，就利用共患难这一点，跟一个也是被放逐到当地的，名叫帕姆美尼斯的人结成朋友。这个帕姆美尼斯是一个结交广泛的著名的占星术士。他看到不断有使者前来向帕姆美尼斯请教，便认定其中必有缘故了。同时他得悉，普布里乌斯·安泰乌斯[4]每年都要送一笔钱给帕姆美尼斯。他还知道，尼禄憎恨安泰乌斯，是因为安泰乌斯过去同阿格里披娜要好，而且他的财富又很容易引起别人的垂涎；这种情况是使许多人丧命的原因。于是他截取了安泰乌斯的一封信，还从帕姆美尼斯的文件夹里窃到了载有安泰乌斯的星命和流年的文件，同时还发现了占星术士的有关玛尔库斯·欧司托里乌斯·司卡普拉[5]的生辰和流年的一些计算。然后他就写信给皇帝，请求给他一些期限让他从流放地回到罗马，以便把一些对他的安全很有帮助的重大消息报告给他：原来安泰乌斯和欧司托里乌斯有夺取帝国统治大权的阴谋，他们正在

---

① 苏埃托尼乌斯·保里努斯(参见本书第14卷，第29章以次)。

② 他喜欢哲学，并且在庇洛斯特拉图斯(Philostratus)的《阿波洛尼乌斯传》中很有声誉地出现了几次(参见《阿波洛尼乌斯传》，第4卷，第40章，第43章；第7卷，第11章；第8卷，第7章，第12章)。在玛尔提亚里斯的作品中，他曾拒绝把钱在没有保证的情况下借给自己的“老朋友”；玛尔提亚里斯也和庇洛斯特拉图斯一样，提到他在多米提安当政时期被放逐的事情(参见本书第12卷，第25章)。

③ 参见本书第14卷，第48章。

④ 参见本书第13卷，第22章。

⑤ 参见本书第14卷，第48章。

仔细占算他们自己的命运和皇帝的命运。

快速的船只立刻就派了出去,索西亚努斯匆忙地赶到了罗马。他的控告的事情一旦被知道,安泰乌斯和欧司托里乌斯立刻就被认为不是受到控告,而是已经被判了罪。结果竟没有一个人敢于给安泰乌斯的遗嘱签字作证,直到提盖里努斯预先通知立遗嘱人赶快办完最后的手续,从而出头批准了这一行动的时候。安泰乌斯吃了毒药;但是他嫌药性发作得太慢,结果又切断了自己的脉管以求速死。

(15) 欧司托里乌斯这时正在遥远的利古里亚边界地带自己的一处别庄里;一名百人团长被派到那里,迅速执行处死的命令。下述的事实说明这件事需要赶快地执行:欧司托里乌斯是一个在军事上相当有声望的人,而且曾在不列颠获得过公民荣冠;[①]他不但膂力过人,而且精于战术;面对着这样一个人物,一贯怯懦而在不久之前被揭发阴谋之后又变得更加终日惴惴不安的尼禄十分害怕他可能会对皇帝发动攻击。百人团长在把守住了欧司托里乌斯的别庄的一切出口之后,就向他宣布了皇帝的命令。被害人对他自己表现出了过去他常常是在敌人面前表现的英勇。当他发现他那已被割断的脉管血流得太慢的时候,他就请一名奴隶只为他做一件事情,那就是紧紧地握住一把匕首。然后他就把奴隶的手拉向自己,切断了自己的喉咙。

(16) 即使我以前所叙述的都是对外战争和为共和国英勇牺牲的事迹,对于这些事件的千篇一律的叙述,不但我自己会感到厌

① 拯救了罗马公民的性命的人可以得到公民荣冠。

烦，我想别的人也会感到厌烦：因为他们听到的尽是罗马人的接二连三悲惨牺牲的故事——尽管那些人也许是死得英勇的。老实说，这种奴才式的忍耐以及在国内的和平环境中白白流掉大量鲜血的事实，会使人感到腻烦，会使人感到心头沉重。对于阅读我的这些纪录的人，我只要求他们在一件事上给以谅解，那就是：他们允许我不憎恨那些死得如此怯懦的人！因为这不是他们的过错，这是罗马触怒了上天——这和军队战败或城市被攻占的情况不同，在目前的情况下，你不能一次就交代清楚上天的愤怒，然后接着就谈别的事情。让我们把这一特权给予这些显贵家族的后人吧。既然他们的葬仪和普通民众的葬仪不同，那么当历史上记载了他们的死亡的时候，就让他们每个人都取得并保有自己特有的一席地位吧。

(17) 因为就在几天的工夫里，仅仅在一批人中间相继死去的就有安奈乌斯·梅拉、阿尼奇乌斯·凯里亚里斯、路福里乌斯·克利司披努斯、提图斯·佩特洛尼乌斯。梅拉和克利司披努斯是元老级的罗马骑士[①]。克利司披努斯一度担任过近卫军长官，并曾被授以执政官的标记，[②]但后来以阴谋的罪名被放逐到撒丁尼亚。他在听到死刑的命令业已发出之后，立刻就自杀了。梅拉是伽里奥和塞内加的亲兄弟，他过去不曾追求过什么官职，却有一个荒唐的野心，那就是想以一名普通骑士的身份取

① 他们就是所谓 laticlavii，即具有元老的财产资格并且经过皇帝的允许而穿宽边紫色外袍的骑士。

② 他的行政长官——并不是执政官——的标记曾在本书第 11 卷，第 4 章中提到；关于他的放逐参见本书第 15 卷，第 71 章。

得一个担任过执政官那样的人的影响；同时他又认为取得财富的比较便捷的办法是担任为皇帝处理私事的代理官。他又是路卡努斯的父亲，这个身份也大大地有助于他的声誉的提高。在他的儿子死后，他以这样激烈的手段来讨还他儿子借出的债款，致使路卡努斯的一位好友法比乌斯·洛玛努斯捏造了一项罪名来控告他，说他和他的儿子都参加过阴谋，并且捏造了路卡努斯的一封信作为证明。尼禄在检查了这封信之后，就下令把它带给梅拉（尼禄早就觊觎着梅拉的财产）。梅拉于是采取了当时的一种流行的死法，即割断脉管；在这之前他先写下了一份遗嘱的附录，说明把一大笔钱赠给提盖里努斯和他的女婿科苏提亚努斯·卡皮托，[①]想借以保全遗嘱上财产的其余部分给自己的家属。遗嘱附录后面的一段话，看来是不满意自己的不公正的遭遇，因为在这里面他说，他自己是在没有被处死的理由的情况下丧命的，但十分敌视皇帝的路福里乌斯·克利司披努斯和阿尼奇乌斯·凯里亚里斯[②]却还活着。人们认为这段话是捏造的：因为就克利司披努斯来说，他已被处死了；就凯里亚里斯来说，肯定会被处死。[③] 但不久之后，他就自杀了。他的自杀并没有引起像别人的死亡所引起的那样的惋惜，因为人们并没有忘记他曾向盖乌斯·恺撒揭发过一件阴谋。[④]

① 参见本书第 11 卷，第 6 章注。

② 参见本书第 15 卷，第 74 章。

③ 人们有理由怀疑附加上去的这段文字是根据尼禄的命令加上去的，以便为一项死刑辩解，并为另一项死刑提供借口。

④ 我们只知道这一阴谋是公元 40 年的事情。

(18) 关于佩特洛尼乌斯[①]的事情，我们还要简略地回溯一下。他这个人白天睡觉，夜里处理公务和享受人生之乐。别人的声名是通过勤勉取得的，但佩特洛尼乌斯却是因懒散的生活而闻名于世。而且不同于普通纨绔子弟的是，他并不被人们看作放荡哥儿和花花公子，而被认成是一个精于享乐之道的人物。他的言论和行动不拘细节、放荡不羁，而表现这些特征的那种天真质朴使得他的言行反而特别引起人们的好感。虽然如此，在他担任比提尼亚的总督，后来又担任执政官的时候，他却表现出自己是一个刚毅果断和有处理事务能力的人。但后来由于他沾染上了做坏事的习惯，或是向那些类似坏事的东西学样，他钻进了尼禄的小圈子，成了尼禄的风雅顾问。[②] 对各种玩乐都已腻透了的皇帝，只能在佩特洛尼乌斯所赞许的东西里发现诱人的和优雅的东西。他的得宠引起了提盖里努斯的忌妒，提盖里努斯把佩特洛尼乌斯看成是自己的一个明显的对手，因为佩特洛尼乌斯在享乐之道上比他自己更为精通。因此，他就致力于激起皇帝的残酷心肠，因为这是皇帝的主导情绪。他指责佩特洛尼乌斯同司凯维努斯的友谊，[③]另一方面又唆使他的一名奴隶密告佩特洛尼乌斯，却不给佩特洛尼乌

---

① 现在人们一致承认他就是那著名的讽刺诗(Satire)的作者。这是一种以强盗为主角的小说，小说中间夹杂着一些诗句。在全书的十六卷或更多的卷数当中，只有十分残缺的两卷保存下来。有人认为，如果事实是如此的话，作者应当在这里谈一谈他的文学才能，但这种说法是站不住脚的。因为在塔西佗看来，再没有比昂科尔皮欧斯(Encolpios)、阿司库尔托斯(Ascyltos)、吉同(Giton)之流所写的可耻的历险记之类的东西更加不像“文学”的了。

② 《讽刺诗》(*Satire*)的手稿和一些语法家把顾问(Arbiter)一词认成是姓(cognomen)。

③ 参见本书第 15 卷，第 49 章以次。

斯以任何为自己辩护的机会，同时扣押了他家里的大部分人。

(19) 皇帝在那些天里恰巧到康帕尼亚去。佩特洛尼乌斯一到库麦，就被看管起来了。他不愿意再在恐惧或希望中拖延时日，又不想匆忙地自杀，因此他就突发奇想，把他那已经切断的脉管包扎起来，随后又把它们打开，并开始同他的朋友轻松地交谈，看来他无意取得坚定地迎接死亡的声誉。他听他们背诵的并不是有关灵魂不朽的对话[①]或是有关哲学学说的对话，而是轻快的抒情歌曲和轻薄的诗篇。他赏赐一些奴隶，又责打一些奴隶。他吃晚饭，又打了个盹，这样就使他这一死虽然是为人所迫，至少看起来像是寿终正寝。

甚至他的遗嘱同一般自杀者对尼禄或提盖里努斯等庞然大物进行谄媚的调子也有所不同。他在遗嘱里详细列举了皇帝的放荡行为和他的每种淫行的新花样——首先是把各式各样的娈童和女人的名字标示出来——然后把这一文件签押之后送交尼禄。他毁坏了他的图章戒指，因为他担心这东西后来会给别人招惹麻烦。[②]

(20) 尼禄不知道为什么他在夜间的那些丑事竟会传到外面去。但他突然想起那个名叫西里娅的女人来。这个西里娅是个元老的妻子，因而是个有些名望的女人，尼禄本人曾在她身上用各种

① 关于这方面的另一种想法，可参见塞内加：《论灵魂的宁静》(*De tranquill animi*，第 14 章)："他的哲学教师陪着他，当他们离开小山(在这里每天都向恺撒——我们的神〔指卡里古拉——引者〕，奉献牺牲)不远的时候，教师对他说：'卡努斯，你现在在想什么？你处于怎样的内心状态？'卡努斯说：'我想注意一下，在那最迅速的瞬间到来时，是否感觉到自己的灵魂正在离开躯体。'他表示，如果他发现什么情况时，他会遍告诸友，并告诉他们，他自己的灵魂处于怎样的状态。"

② 这种顾虑显然是从路卡努斯死后的伪造事件而引起的。参见本卷第 17 章。

各样的方式发泄淫欲，此外她同佩特洛尼乌斯又极为要好。因为她对她所看到的和身受的事情不能保守秘密，所以便遭到了放逐。尼禄这样做，因为他很恨她。但是他处死担任过行政长官的米努奇乌斯·提尔穆斯却是因为提盖里努斯忌恨这个人。因为提尔穆斯的被释奴隶竟敢对皇帝的这个宠臣进行了一些有损对方声名的控告，结果控告者本人受到了严刑的拷打，他的主人则被无辜处死。

（21）在屠杀了这样多显要人物之后，尼禄最后竟然想消灭道德本身，因为这次他屠杀的对象已经是特拉塞亚·帕伊图斯和巴列亚·索拉努斯了。[①] 这两个人都是他的老对头，而他忌恨特拉塞亚还有另外的原因。我在前面说过，[②]在讨论阿格里披娜的问题时，特拉塞亚曾走出元老院，而在参加青年节的时候，特拉塞亚也并不怎样热心。这一情况所以特别使尼禄感到不高兴，是因为在特拉塞亚的故乡帕塔维乌姆[③]，就是这个特拉塞亚，在特洛伊人安提诺尔[④]过去发起的比赛中，……穿着悲剧的服装歌唱。此外，正当行政长官安提司提乌斯由于讽刺尼禄的诗篇而几乎就要被判处死刑的时候，他却建议一项较轻的刑罚，而这一建议并且得到通过。[⑤] 当波培娅死后元老院决定赠她以身后的荣誉时，他故意避不参加；在这之后，他又不参加她的葬礼。

---

① 参见本书第12卷，第53章。

② 参见本书第14卷，第12章。

③ 今天的帕都亚（Padua）。

④ 参见维吉尔：《埃涅阿斯》，第1卷，第242行以次；李维：《罗马史》，第1卷，第1章。

⑤ 参见本书第14卷，第48章。

科苏提亚努斯·卡皮托经常在尼禄耳边提起这些事情。原来，除了他的性格本来就十分喜欢犯罪之外，他也十分忌恨特拉塞亚，因为特拉塞亚曾利用自己的影响帮助奇里奇亚的使者控诉他的勒索行为，[①]结果使他被定了罪。

(22) 但是卡皮托还提出了其他罪名。"这年年初，特拉塞亚不参加例行的宣誓；[②]他虽然是十五人祭司团的成员，却回避参加全国发愿的祭典；[③]他从来没有为皇帝的安宁或是为他的神圣的嗓音而奉献过牺牲；过去对于元老们所作的任何最平常的决定，他这位在国事的讨论中一贯十分热心的元老总是明确表示自己的赞许或反对的，[④]但现在他三年都不到元老院来一次；可是，在昨天，当元老们一致争先恐后地努力打垮西拉努斯和维图斯的时候，[⑤]他却宁肯牺牲自己的闲暇时间为他的食客的私事而到处奔走。事情业已发展到拉山头、搞分裂的局面了。如果许多人都这样胆大妄为的话，那么这就是战争了！他说，'如果过去这个常常发生内部纠纷的国家都在谈论恺撒和加图的话，那么现在，尼禄啊，人们所谈论的便是你本人和特拉塞亚的纠纷了。'而且他还有他的追随者——或毋宁说他的臣仆。这些人虽然并不赞同他那种与人相左的作风，但是他们却很欣赏他的风采和容貌，并且仿效他的固执和

① 参见本书第 13 卷，第 33 章。
② 参见本书第 1 卷，第 72 章注。
③ 这里特指为皇帝的安全而发愿，参见本书第 4 卷，第 17 章注。
④ 参见本书第 13 卷，第 49 章。
⑤ 参见本卷第 7 章和第 10 章以次。

严厉,其目的则在于谴责你的放荡。[①] 只有他一个人不关心你的安全,只有他一个人不尊重你的才能。他不能容忍皇帝的欢乐,对于皇帝遇到的丧事,遭到的痛苦,他不是更感到不解恨吗?不相信波培娅是神,这说明这样的情绪也正是拒绝向圣奥古斯都和圣优利乌斯的法令宣誓效忠的情绪。他瞧不起宗教,废除了法律。

“在所有的行省和全体军队中,人们都特别细心阅读罗马人民的官报,[②]想知道特拉塞亚所拒绝做的是些什么事情!如果他的建议正确,我们就采用吧,否则的话,就铲除这些企图发动政变的人的首脑和煽动者吧。图倍罗[③]和法沃尼乌斯[④]之流就是从这一派产生出来的,这样的人甚至在古老的共和国里都是不受欢迎的。为了推翻帝国,他们提出了自由的口号:帝国被推翻之后,他们就下手扼杀自由本身了。如果你容许这些敢于同布鲁图斯之流比美的人不断增多和强大起来,则即使你消除一个卡西乌斯那也起不了什么作用。最后总说一句:对于特拉塞亚,你无需亲自写什么指示,交给元老院,让我们来决定吧!”

---

① 曾被利用来反对“嫌疑者逮捕令”(Loi des Suspects)的塔西佗的一段文字使卡米勒·德木兰(Camille Desmoulins)付出了自己的生命:“Était-il vertueux et austère dan les moeurs? Bon! nouveau Brutus qui prétendait par sa pâleur et sa perruque de jacobin faire la censure d'une cour aimable et bien frisée. Gliscere aemulos Brutorum vultus rigidi et tristis qui tibi lasciviam exprobrent. Suspect!”(Le Vieux Cordelier,第 4 号,共和二年霜月 30 日。)

② 参见本书第 3 卷。第 3 章注。

③ 克温图斯·埃利乌斯·图倍罗是法学家帕纳伊提乌斯的学生,西塞罗的《论共和》(De Republica)中的对话者。他是格拉古兄弟的对头。

④ 玛尔库斯·法沃尼乌斯,一个仿效加图的人物,在菲利披之战(他就在这一战斗中被俘并被屋大维处死)之前的二十年中间是个比较有名,但声誉却不太好的人物。

尼禄更是火上加油地煽起科苏提亚努斯的激怒情绪，还要言语尖刻的埃普里乌斯·玛尔凯路斯[①]来协助他。

(23) 至于巴列亚·索拉努斯，罗马骑士欧司托里乌斯·撒比努斯曾对他提出了控诉，案情是在被告担任亚细亚总督时发生的。在被告担任亚细亚总督时期，他的公正和魄力加深了皇帝对他的忌恨。造成这种忌恨的原因还有：他细心清理了以弗所的港口；虽然培尔伽门城的人们使用武力阻止恺撒的被释奴隶阿克拉图斯[②]强行劫走他们的雕像和绘画，但是索拉努斯却没有对该城加以惩罚。不过这次他的罪名却是他同普劳图斯的友谊，还有他在行省中以发动政变为目的的、讨好行省居民的行动。定罪日期正选择在提里达特斯就要前来接受亚美尼亚的王冠的时候。[③] 这样做的目的是：当大家的好奇心都放到对外事件上去的时候，国内的罪行就不会再引起人们的注意，或者，也许是为了通过皇帝对显要人物的杀戮以显示皇帝的威严。

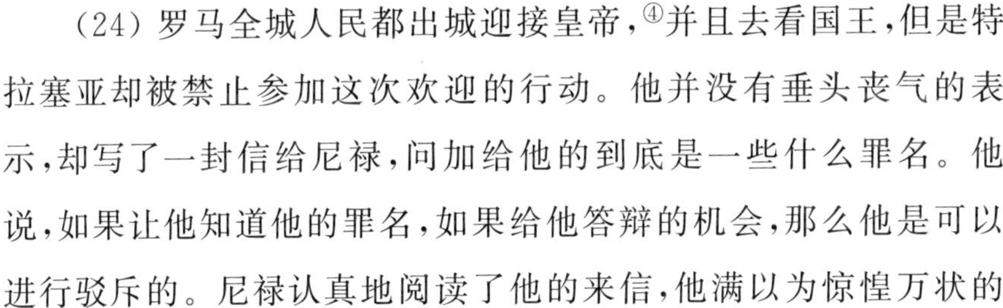

(24) 罗马全城人民都出城迎接皇帝，[④]并且去看国王，但是特拉塞亚却被禁止参加这次欢迎的行动。他并没有垂头丧气的表示，却写了一封信给尼禄，问加给他的到底是一些什么罪名。他说，如果让他知道他的罪名，如果给他答辩的机会，那么他是可以进行驳斥的。尼禄认真地阅读了他的来信，他满以为惊惶万状的

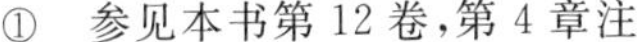

① 参见本书第12卷，第4章注。

② 参见本书第15卷，第45章。

③ 根据同科尔布罗取得的协议（参见本书第15卷，第29章以次）。

④ 尼禄是同提里达特斯一道从康帕尼亚返回罗马的。在这之前，他在那不勒斯接见了提里达特斯。

特拉塞亚一定会写下一些可以增加皇帝的荣誉和玷辱自己声望的东西。但当他看到事实并非如此的时候,倒是尼禄本人对于这位无辜的人物的表情、气概和坦率感到吃惊了。于是他便下令召集元老院的会议。

(25) 于是特拉塞亚同他的最亲密的朋友们商量:他是试行辩护还是根本不屑于进行辩护。人们提出了各种不同的意见。认为他应当去元老院的人的理由是,他们确信特拉塞亚一定会很坚定。“他讲的话只会增加他的光荣。只有懦弱的和胆怯的人才会死得不声不响。让全国都能看到敢于正视自己的死亡的男子汉吧。让整个元老院都能听到可能被认为是出于某位神的启发,并且是超人的言论吧。说不定甚至尼禄也会被这一真正的奇迹所感动。但是,如果他依旧坚持他的残暴行为的话,那么至少后世的人一定能分辨出一次光荣的死亡和一次沉默而卑怯的死亡之间的区别。”

(26) 但另一方面,也有一些人认为他应当等在家里。这些人对特拉塞亚本人虽然持有相同的看法,但是他们却认为,如果他到元老院去,他会受到嘲弄和侮辱。他最好不去听那些谩骂和侮辱的言词。“急于干坏事的不止科苏提亚努斯和埃普里乌斯这两个人:还有别的野蛮成性的人也许会动起武来;甚至那些有身份的人也会由于担心自己的安全而跟着动手。他曾经是元老院的很大的光荣,他还是不必使元老院犯下这样一件可耻的罪行吧。让人们去猜测在审判特拉塞亚时元老院会作出怎样的决定吧!要尼禄因为自己的丑行而感到羞耻那只是妄想,而更加可怕的是他会对特拉塞亚的妻子、女儿和其他亲人施加残暴的行动。因此他应当死得清白无瑕,应当死得与他在生平为人处世最服膺的人们一样光荣。”

在参加这次密谈的人当中有一个少年气盛的阿路列努斯·路斯提库斯[①];这个渴望取得名誉的人建议否决元老院的决议,因为他是一位保民官。但是特拉塞亚制止了他的热情,他劝路斯提库斯不要做那种本身起不了作用、对被告没有好处,但对否决者却会引起致命后果的事情。他说,“他自己的一生已经结束了,他无论如何不能放弃他在多年间从未间断地奉行过的处世之道。但是路斯提库斯却刚刚走上自己的从政的道路,他的未来完全可以由他自己决定:因此他必须在事先好好考虑,在这样一个时代里,他应当采取怎样的政治立场。”至于他自己应不应当到元老院去,这个问题他自己会再作仔细研究。

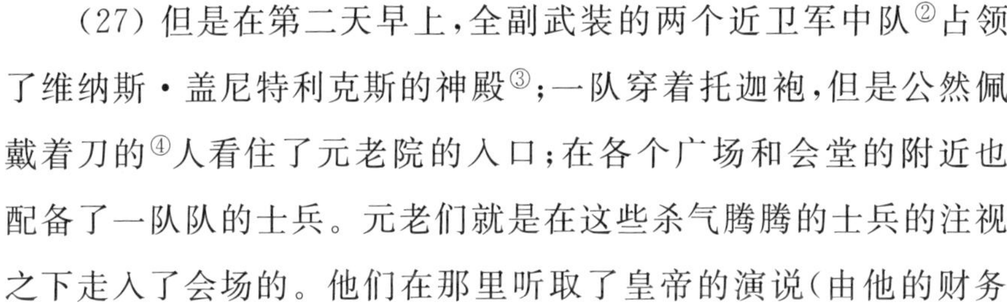

(27) 但是在第二天早上,全副武装的两个近卫军中队[②]占领了维纳斯·盖尼特利克斯的神殿[③];一队穿着托迦袍,但是公然佩戴着刀的[④]人看住了元老院的入口;在各个广场和会堂的附近也配备了一队队的士兵。元老们就是在这些杀气腾腾的士兵的注视之下走入了会场的。他们在那里听取了皇帝的演说(由他的财务

① 路奇乌斯·尤尼乌斯·阿路列努斯·路斯提库斯(Lucius Junius Arulenus Rusticus)也是斯多噶派的信徒;公元 69 年他是行政长官(参见塔西佗:《历史》,第 3 卷,第 80 章);但在多米提安时期,他由于编写特拉塞亚的传记而被处死(参见塔西佗:《阿古利可拉传》,第 2 章)。他在罗马曾听过普鲁塔克讲学,所以普鲁塔克就写了一段逸事,描述他的威严(参见普鲁塔克:Mor,522 E)。

② 参见本书第 3 卷,第 4 章注。

③ 这是优利乌斯家族的圣母的神殿,据说它是恺撒在帕尔撒里亚一役的前夕许下愿,后来在他的新广场的中央修建的。对于元老院在这里集会一事很难提出什么怀疑,虽然,通常召开会议的地点却是在它附近的优利乌斯会堂(curia Iulia)。

④ 这说明他们是便衣保卫人员。

官代为宣读)。他没有特别指出任何人的名字,却责备元老们有忽职守,从而给罗马骑士树立一个偷懒的榜样。如果担任过执政官和祭司的许多人对装点自己的花园表现出更大劲头的话,那么那些元老不愿从遥远的行省到元老院来,又有什么可以奇怪的呢?

这是给控告者的一种进攻的武器,而控告者也就抓住了这个武器。

(28)首先发动攻击的是科苏提亚努斯,继而玛尔凯路斯作了更加激烈的发言:"国家已经到了生死存亡的关头。皇帝手下的人们的冥顽不灵,糟蹋了皇帝的宽容。到目前为止,元老院对人太放任了,他们在过去竟然使怀有二心的特拉塞亚愚弄他们而不给以惩处;而嘲笑元老院的还有装得同特拉塞亚一样疯疯癫癫的、他的女婿赫尔维狄乌斯·普利斯库斯[1];此外有这种行径的还有帕科尼乌斯·阿格里披努斯[2],这个人从他父亲那里继承了对皇帝们的憎恨;还有写作了可恶的诗篇的库尔提乌斯·蒙塔努斯[3]。特拉塞亚虽然担任过执政官,但是他不来元老院;他虽然是祭司,却不参加全国的发愿的仪典;他虽然是罗马公民,却不参加效忠宣誓。除了特拉塞亚根本不把自己祖先的制度和仪典放到眼里,而公然干那出卖祖国背叛人民的勾当,否则他的行动是无法解释的。

"不必多说了,让这个一贯自命为完美无缺的元老,这个保护

---

① 著名的斯多噶派殉道者,地位仅次于塞内加和特拉塞亚。关于他的经历和性格,参见塔西佗:《历史》,第 4 卷,第 5 章以次;关于他被维斯帕西亚努斯处死的事情,参见苏埃托尼乌斯:《维斯帕西亚努斯传》,第 15 章;狄奥·卡西乌斯,第 66 卷,第 12 章。

② 此人声名虽不如特拉塞亚或赫尔维狄乌斯,但是颇得埃皮克提图斯的赞赏。他的父亲(参见本书第 3 卷,第 67 章)曾被提贝里乌斯处死,处死的原因大概因为卷入了谢雅努斯的阴谋(参见苏埃托尼乌斯:《提贝里乌斯传》,第 61 章)。

③ 关于此人所知者极少,参见塔西佗:《历史》,第 4 卷,第 40、42 章。

诽谤皇帝者的人物到这里来，并且提出建议，他认为哪些应当改正，哪些应当修改吧。他挑剔这挑剔那，较之他那种一概否定却又不吭一声的做法，倒更容易忍受些！难道天下太平的局面，难道不折一兵一卒而取得的胜利，使他不高兴吗？对于一个对国家的喜事感到悲痛的人，对于一个把广场、剧院和神殿看成是荒野的人，对于一个用亡命来进行威胁的人，我们绝不能让这样的人的野心得到满足！在特拉塞亚的眼里，这些并不是什么元老院的决议，没有什么高级长官，也没有什么罗马。让他死掉吧，让他从这个国家消失吧，因为这个国家他早已经不爱，现在甚至连看也不想看了！”

（29）玛尔凯路斯讲这类话的时候，他像往常一样阴森可畏，他的声音、面容和眼睛都射出了逼人的怒火。元老们听着，内心并无悲痛之感，因为接二连三出现的危险使他们心中早已感到习以为常了。但是当他们看到近卫军士兵的手都放在武器上的时候，他们却感到了一种从未有过的、更加强烈的恐怖。同时，特拉塞亚的可尊敬的形象也出现在他们的头脑里。有些人还同情赫尔维狄乌斯的遭遇，因为他很快地就要因为一次纯洁的婚姻关系而付出自己的生命。阿格里披努斯不就是由于他父亲的悲惨命运而受到连累的吗？要知道，他的父亲虽然同样是无辜的，但还是被提贝里乌斯残酷地杀害了。至于蒙塔努斯，他是个正派的青年，也没有写过中伤别人的诗篇，他之被放逐，纯粹是因为他显露了自己的才华。

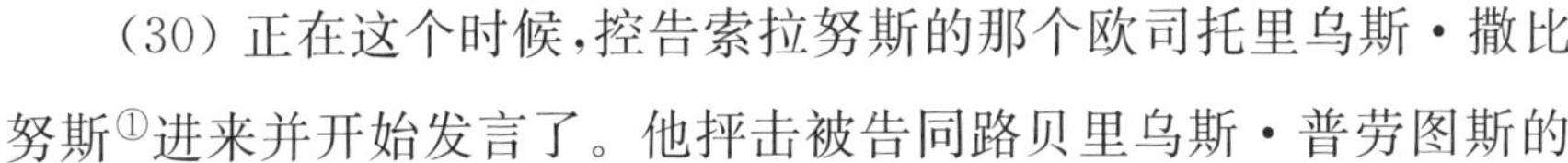

（30）正在这个时候，控告索拉努斯的那个欧司托里乌斯·撒比努斯[①]进来并开始发言了。他抨击被告同路贝里乌斯·普劳图斯的

① 参见本书第 15 卷，第 56 章，第 71 章。

友谊和被告在亚细亚的统治。他说,“被告在那里统治时心目中没有国家的利益,只是想如何使自己便于取得别人的好感,以提高自己的声望:他曾对那里的城市的叛乱情绪采取同情的态度。”这话并不新鲜了。但是,这次控诉也有新东西,就是把索拉努斯的女儿也牵涉到她父亲的案件里面来,罪名是她曾把金钱送给那些魔法师。这样的事情确实是有的,不过这是出于谢尔维里娅(这就是他的女儿的名字)的孝心。她因为爱她的父亲,同时因为她少不更事,所以才向这些魔法师只是询问有关她一家的安全的事情;此外她还询问过尼禄会不会对他们宽大,元老院的审理会不会作出引起悲惨后果的判决。于是她便被召到元老院来,这样在执政官的座坛的两端,一边是年老的父亲,同他相对的是他那还不到二十岁的女儿。她的丈夫安尼乌斯·波里欧[1]不久之前被放逐,这样她就不得不过着孤寂的独居生活。她甚至不能抬起眼睛来望一望她的父亲,因为显然她已加深了她的父亲的危险处境。

(31)当控诉者问她,她是否出售了她出嫁时的妆奁,是否从脖颈上摘下了她自己的项链,以便弄到钱举行魔法仪式的时候,她起初是倒在地上,饮泣了很长一个时候。随后她就俯在座坛的台阶和座台上,高声叫道:“我从来没有向邪恶的神求助过,从来没有向魔法求助过!在我的不幸的祈祷当中,祈求的只是希望你恺撒,和你们诸位元老,能够保全这位最好的父亲的性命。如果魔法师们需要的话,我就会把我的珠宝和外袍,以及足以表示出我的地位的一切标记交出来,就像我会献出我的鲜血和生命那样。这些人先前我并不认识。他们的名誉、他们的法术,这一切都要由他们自己来负责:对于皇帝,我从来是把他看作神明的。但是这一切我都是背着我那最不幸的父亲做的。如果这是罪行的话,那么全部责任只应由我一个人负担!”

(32) 她还在讲话的时候,索拉努斯插进来大声说道,“她没有同他一起到他的行省去;从她的年纪来说,她不可能同普劳图斯相识;而且她也没有被牵涉到对她的丈夫提出的控诉中去。他们应当对她的案件进行个别处理,她所犯下的唯一罪行,只是对父亲太孝顺了。至于她自己,她甘愿接受任何命运!”

就在这个时候,他想冲到他的女儿那里去拥抱她,他的女儿也想跑到他这面来;但是在场的侍从们跑到他们父女中间,不许他们相互拥抱。在这之后则是证人讲话。这次控诉的残暴所引起的同情,与普布里乌斯·埃格纳提乌斯[①]作证时所激起的愤怒简直不相上下。埃格纳提乌斯原来是索拉努斯的一名食客,这次是被收买来陷害他的朋友的。他把自己装扮成一名严肃的斯多噶派信徒,在举止和表情方面好像是十分公正廉洁的样子,但是在内心里,他却是阴险狡诈的,他只是把贪欲和淫乱隐藏在内心深处罢了。但是黄金戳穿了他的假面具。埃格纳提乌斯本人这样一个例子足以向世人说明,应当提防的与其说是有不公正之名或是为罪行所玷污的坏人,毋宁说倒是那些想用一些高尚的学识来掩盖自己的虚伪和出卖朋友的丑行的人。

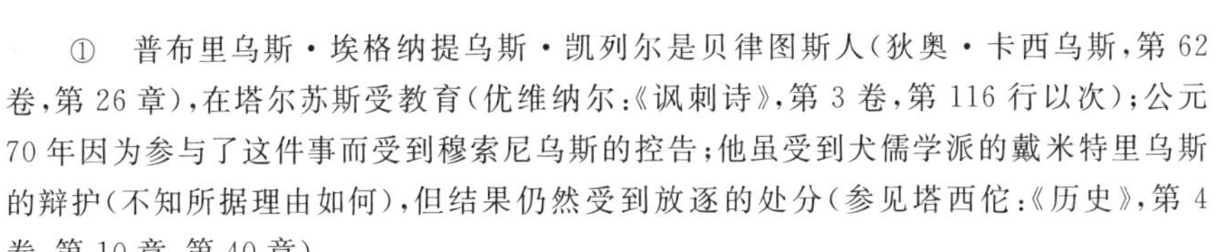

① 普布里乌斯·埃格纳提乌斯·凯列尔是贝律图斯人(狄奥·卡西乌斯,第 62 卷,第 26 章),在塔尔苏斯受教育(优维纳尔:《讽刺诗》,第 3 卷,第 116 行以次);公元 70 年因为参与了这件事而受到穆索尼乌斯的控告;他虽受到犬儒学派的戴米特里乌斯的辩护(不知所据理由如何),但结果仍然受到放逐的处分(参见塔西佗:《历史》,第 4 卷,第 10 章,第 40 章)。

(33) 但是在这一天里，我们却又看到了一位崇高人格的典范，这个人就是卡西乌斯·阿司克列皮奥多图斯，他很有钱，在比提尼亚是首户。在索拉努斯的全盛时代，他对索拉努斯就十分尊重，但是在索拉努斯即将垮台的时候仍然不肯背弃他。为此他被剥夺了全部财产，并遭到放逐——这一点证明上天对好人和坏人是不作区分的。

特拉塞亚、索拉努斯和谢尔维里娅奉准选择自己的死亡方式；赫尔维狄乌斯和帕科尼乌斯被逐出意大利；蒙塔努斯由于他父亲[①]的关系而被饶过了性命，但是条件是他不能再担任官职。在控告者当中，埃普里乌斯和科苏提亚努斯每人各得五百万谢司特尔提乌斯的赏金；欧司托里乌斯则取得了一百二十万谢司特尔提乌斯的赏金，还取得了财务官的标记。

(34) 执政官的财务官于是奉派到特拉塞亚那里去：特拉塞亚正在他的花园里。这时天色已近黄昏。他把很多显赫的男男女女约来，但是他的主要注意力却是放到犬儒学派的一位大师戴米特里乌斯[②]的身上。从特拉塞亚的严肃认真的面容以及从人们所能听到的、他同戴米特里乌斯谈话时偶然高声说出的片言只语来判

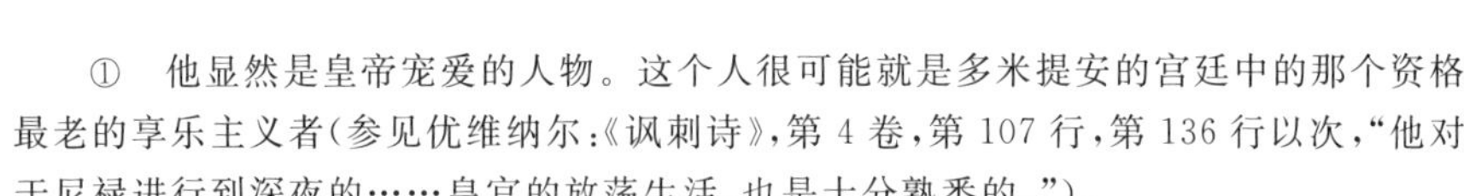

① 他显然是皇帝宠爱的人物。这个人很可能就是多米提安的宫廷中的那个资格最老的享乐主义者(参见优维纳尔:《讽刺诗》，第 4 卷，第 107 行，第 136 行以次，“他对于尼禄进行到深夜的……皇宫的放荡生活，也是十分熟悉的。”)。

② 他是一个犬儒派的苦行者。称他为“半裸者”的塞内加同他交谊很深，对他极为钦佩。他早在盖乌斯当政时期就到了罗马，并且似乎追求过波澜迭起的生活，因为没有这种波澜，生活在他的心目中就成了死海。维斯帕西亚努斯最后放逐了他，并且给了他这样的评语：“你做的每件事都使得我非杀死你不可，但是我是不杀只会吠叫的狗的。”(狄奥·卡西乌斯，第 66 卷，第 13 章)。庇洛斯特拉图斯说他是阿波洛尼乌斯的朋友。

断，他正在同戴米特里乌斯讨论灵魂的本质，以及精神和身体的分离的问题。后来他的一位密友多米提乌斯·凯奇里亚努斯向他报告了元老院所作的决定。于是特拉塞亚就在他的朋友们的哭声和悲叹声中要他们赶快离开，以免受到一位已被定罪者的危险的牵连。特拉塞亚的妻子阿里娅也想学她母亲[①]——也叫阿里娅——的榜样跟丈夫同死，但是特拉塞亚却劝她活下来，因为他们的女儿还需要有人照顾。[②]

(35) 现在他向柱廊走去。财务官在那里发现他的神色与其说是悲哀，毋宁说是欢乐，因为他已得到确实的消息说，他的女婿赫尔维狄乌斯只不过受到了被放逐出意大利的处分。未几，在得到元老院的命令之后，他便把赫尔维狄乌斯和戴米特里乌斯带到自己的卧室，把双臂伸给他们二人，要他们切断他的脉管。当血流出来、洒到地上的时候，他就把财务官唤到近前，对他说："我们在向解放者朱庇特神行灌奠之礼呢。年轻人啊，看吧——让上天不要垂示这样的朕兆吧！——但你是生活在这样

① 这里所提到的三代是这样：(1)老阿里娅是凯奇纳·帕伊图斯的妻子，帕伊图斯在克劳狄乌斯当政时期曾被牵连入卡米路斯·司克里波尼亚努斯的阴谋(参见本书第12卷，第52章注)。老阿里娅为了鼓励她的丈夫自杀，曾先用匕首戳自己，然后把它交给了丈夫，并且说："帕伊图斯，不要难过。"(2)凯奇纳·安妮娅是凯奇纳和老阿里娅的女儿，特拉塞亚的妻子，特拉塞亚死后，她又活了很久。(3)芳尼娅是特拉塞亚和小阿里娅的女儿，赫尔维狄乌斯·普利斯库斯的妻子。在多米提安当政时期，她被放逐，财产也被没收，到涅尔瓦当政时期，她才和母亲一道返回罗马。

② 特拉塞亚这时必然想起了二十四年前他劝老阿里娅不要自杀时的情景。当时他问："如果我非死不可，你肯不肯让你的女儿与我同死？"老阿里娅回答说："如果你同她也是这样长久而和谐地生活在一起，就和我同帕伊图斯那样，那么我是愿意的。"(参见小普利尼：《书信集》，第3卷，第16章。)

一个时代里,在这个时代里,坚定的范例对于锻炼坚强性格是有好处的。"他死得很慢,受到极大的痛苦,于是他的眼光转向戴米特里乌斯……[①]

① 美地凯乌斯本(Mediceus)在这里中断。这一卷里遗失的大约有三十章,第17卷和第18卷(如果有的话;参见引言)也全部遗失了。

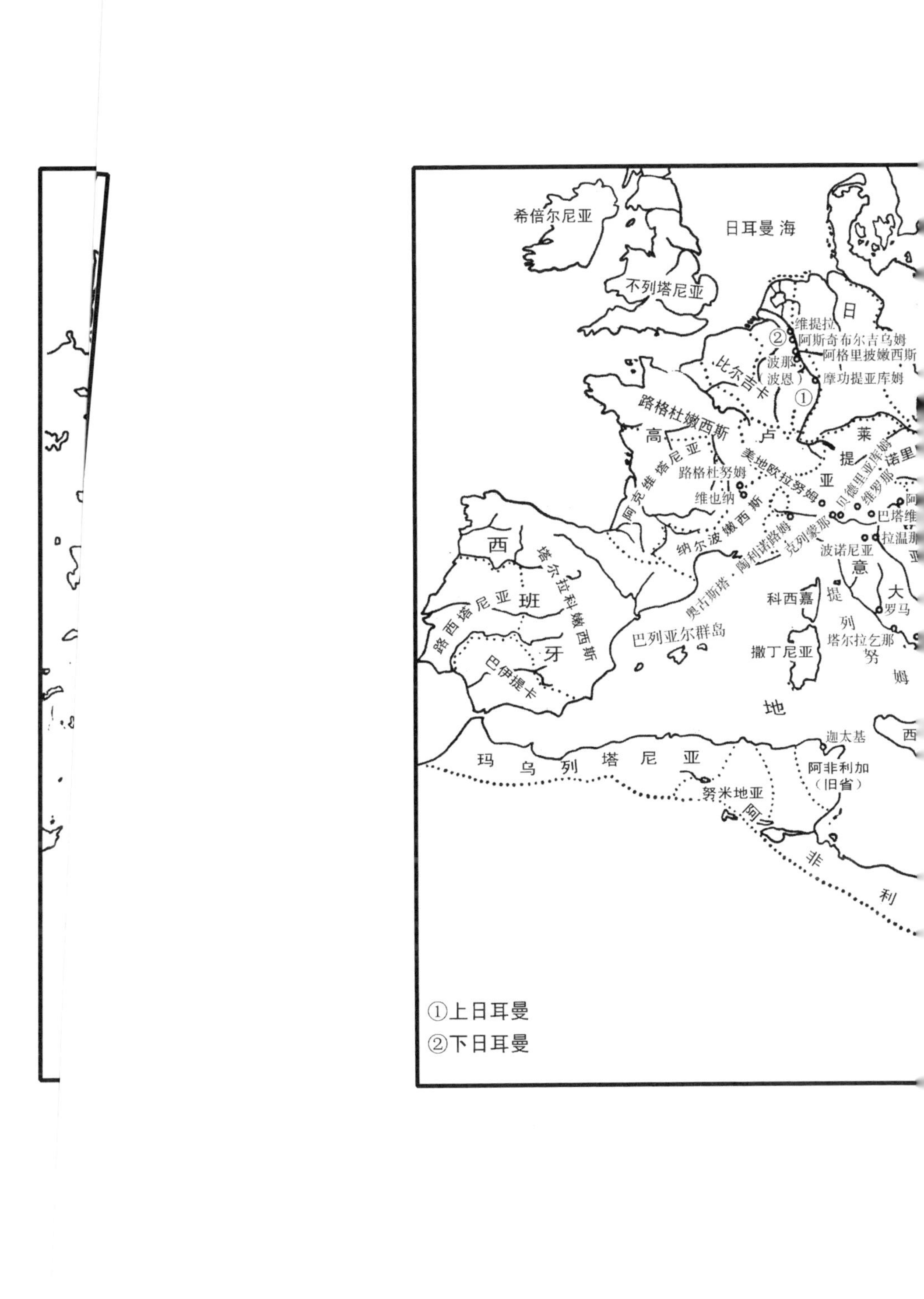
希倍尔尼亚
日耳曼 海
不列塔尼亚
日
维提拉
阿斯奇布尔吉乌姆
阿格里披嫩西斯
波那
（波恩）
摩功提亚库姆
比尔吉卡
路格杜嫩西斯
高
卢
莱
提
诺里
美地欧拉努姆
亚
贝德里亚库姆
维罗那
路格杜努姆
维也纳
阿克维塔尼亚
纳尔波嫩西斯
克列蒙那
巴塔维
拉温那
陶利诺路姆
波诺尼亚
奥古斯塔
意
西
塔尔拉科嫩西斯
班
路西塔尼亚
牙
巴伊提卡
巴列亚尔群岛
科西嘉
撒丁尼亚
提
列
塔尔拉乞那
努
姆
大
罗马
地
迦太基
西
玛 乌 列 塔 尼 亚
阿非利加
（旧省）
努米地亚
阿
非
利
①上日耳曼
②下日耳曼

苏
埃
比
海
耳
科洛尼亚
曼
多
潘诺尼亚
克维莱阿
瑙
伊里利库姆
得
里
亚
海
利
卡普阿
达
奇
亚
河
黑
海
美
（上）
西
亚（下）
色
雷
斯
拜占廷
比提尼亚与本都
马
其
顿
爱
琴
海
亚
细
亚
加
拉
提
亚
卡帕多奇亚
埃庇路斯
爱奥
尼亚海
西西里海
阿凯亚
吕奇亚
潘披里亚
奇里奇亚
叙利亚
贝利图斯
塞浦路斯
中
克里特
海
叙利亚
巴勒斯提那
耶路撒冷
亚历山大
阿拉伯·培特莱阿
加
昔兰尼加
埃
及
阿
拉
伯
湾

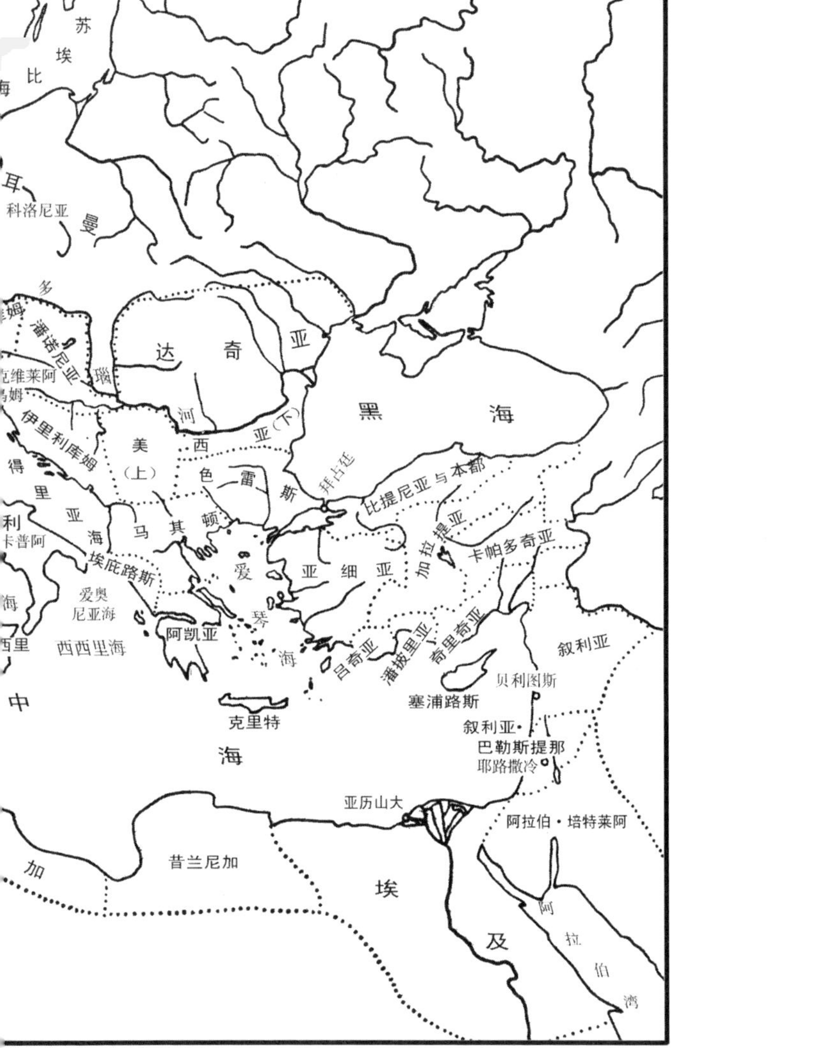

罗马帝国

要 目 索 引

说明:1.条目首字按汉语拼音字母顺序排列;2.每一首字项下按该条目(如系人名,则以名字的主要部分为准)的字数多少的顺序排列,同样字数的条目则按后面一字笔画多少的顺序排列;3.各条中的阿拉伯数字,黑体字为卷次,白体字为章次。

A

B

D

J

M

O

P

Q

R

S

T

696

W

X

Z

图书在版编目(CIP)数据

塔西佗《编年史》/(古罗马)塔西佗著;王以铸,崔妙因译.—北京:商务印书馆,2017
(汉译世界学术名著丛书:120年纪念版:珍藏本)
ISBN 978-7-100-14214-4

Ⅰ.①塔… Ⅱ.①塔… ②王… ③崔… Ⅲ.①古罗马—编年史 Ⅳ.①K126

中国版本图书馆CIP数据核字(2017)第137695号

汉译世界学术名著丛书
(120年纪念版·珍藏本)
塔西佗《编年史》
(上下册)
王以铸 崔妙因 译

商 务 印 书 馆 出 版
(北京王府井大街36号 邮政编码100710)
商 务 印 书 馆 发 行
北京中科印刷有限公司印刷
ISBN 978-7-100-14214-4

2017年12月第1版 开本 710×1000 1/16
2017年12月北京第1次印刷 印张 48¼ 插页 1
定价:245.00元